Rudolf Eisler
Kritische Einführung in die Philosophie

SEVERUS Verlag

ISBN: 978-3-95801-305-6
Druck: SEVERUS Verlag, 2015

Der SEVERUS Verlag ist ein Imprint der Diplomica Verlag GmbH.
Bibliografische Information der Deutschen Nationalbibliothek:
Die Deutsche Nationalbibliothek verzeichnet diese Publikation in der Deutschen National-
bibliografie; detaillierte bibliografische Daten sind im Internet über http://dnb.d-nb.de
abrufbar.

Rudolf Eisler

Kritische Einführung in die Philosophie

Kritische Einführung

in die

PHILOSOPHIE

von

D<u>R</u>. RUDOLF EISLER

Meinem verehrten Lehrer

Wilhelm Wundt

Vorwort.

Das Buch will, wie es der Titel besagt, in das Studium der Philosophie einführen. Es will nicht etwa bloß eine „Einleitung" zur Philosophie geben, sondern es stellt sich die Aufgabe, die Grundprobleme der Philosophie selbst vorzuführen und zugleich eine Art philosophischer Enzyklopädie zu bieten. Der philosophischen Systembildung ist die Zeit nicht gewogen, um so größer ist das Bedürfnis, angesichts der Kleinarbeit und Spezialisierung auf philosophischem Gebiete auch eine gedrungene Zusammenfassung des Materials desselben zu erhalten. Diesem Bedürfnis kann eine „Einführung" wohl dienen; sie gibt eine Übersicht über die Mannigfaltigkeit der philosophischen Grundfragen, formuliert sie, zeigt die verschiedenen Richtungen der Lösungsversuche, kritisiert diese und leitet zu selbständiger Stellungnahme an. Für die vorliegende „Einführung" darf als charakteristisch angegeben werden die Berücksichtigung aller philosophischen Disziplinen, der Versuch einer gewissen Systematisierung der Ergebnisse philosophischer Denkarbeit, wie sie dem Verfasser in der Linie historischer Entwicklung zu liegen scheinen, sowie eine möglichste „Objektivität", äußerlich zu erreichen gesucht durch, wie gehofft wird, treue Darstellung der Standpunkte (— unterstützt durch ausgewählte, charakterisierende Zitate —), innerlich durch die Geistesanlage des Verfassers zur „Objektivität", welche wiederholt seitens der Kritik hervorgehoben wurde. In seinem Bestreben, den Motiven der verschiedenen Richtungen und Standpunkte gerecht zu werden, das Haltbare derselben aufzuzeigen, mag der

Verfasser vielleicht manches, was er in einem „System der Philosophie" schärfer, subjektiver formuliert hätte, gemäßigt haben; gleichwohl dürfte ohne Mühe gefunden werden, daß hier eine feste, einheitliche, keineswegs bloß „eklektische" Weltanschauung vorliegt, die sich wohl historisch orientiert (zu didaktischen Zwecken besonders), nicht aber etwa eine bloße Resultante verschiedener Anschauungen ist. Das Historische ist hier überall nur Mittel zum Zweck, insbesondere zur Orientierung des Lesers und Studierenden bezüglich der Zugehörigkeit bekannterer Philosophen zu dieser oder jener Richtung.*)

In erster Linie ist das Buch für gebildete Laien und Studierende aller Fakultäten bestimmt, es wird aber wohl auch den Philosophiebeflissenen im engeren Sinne nicht unwillkommen sein. Vielleicht trägt es, wie der Verfasser es möchte, ein wenig zur Verbreitung einer auf streng wissenschaftlicher Grundlage fußenden und dennoch nicht materialistischen, sondern idealistischen Weltanschauung bei, vielleicht lehrt es, daß man „spekulieren" darf, ohne „unwissenschaftlich" zu werden, vielleicht fördert es den Sinn für eine wahrhaft kritische Philosophie, die sich ihrer Grenzen wohl bewußt ist und doch nicht voreilig ein „Ignorabimus" ausspricht. Vielleicht ist es dem Verfasser auch gelungen, zu zeigen, daß, wie er glaubt, eine Synthese von Kritizismus und Evolutionismus möglich ist.

Wien, 1905.

Der Verfasser.

---

*) Ausführlicheres betreffend die Geschichte philosophischer Richtungen findet der Leser in des Verfassers „Wörterbuch der philosophischen Begriffe, historisch-quellenmäßig bearbeitet", 2. Aufl., 2 Bde., Berlin 1904, E. S. Mittler & Sohn.

Inhalt.

Einleitung.

§ 1.

Die Aufgabe der Philosophie.

„Philosophie" ($\varphi\iota\lambda o\sigma o\varphi\iota a$) bedeutet wörtlich „Weisheits-
liebe". Wer aus Lust am Forschen, um der Erkenntnis
willen, also aus theoretischen Gründen und nicht bestimmter
praktischer Zwecke wegen, sein Leben der Forschung wid-
mete, der zuerst hieß bei den Griechen ein „Philosoph" (vgl.
Herodot I, 30, 50, und Thukydides II, 40). Während aber
anfangs der Name „Philosophie" sich auf das wissenschaftliche
Streben überhaupt bezog, nahm er in der Folge eine engere
Bedeutung an, indem als das für den Philosophen Wesentliche
das Nachdenken in bezug auf allgemeine und allgemeinste
Probleme erkannt wurde. Zwar befassen sich noch lange die
Philosophen auch mit Einzelgebieten der Erkenntnis, aber
das, worauf es ihnen in erster Linie ankommt, ist doch das
Forschen nach den allgemeinen „Gründen", nach den „Prin-
zipien"($\acute{a}\varrho\chi a\iota$, principia, „Anfänge", „Grundlagen") der Dinge.
Der Philosoph will von alters her Wesen und Zusammenhang
des Daseins, des Geschehens erfassen, die Mannigfaltigkeit
der Erfahrungsinhalte will er einheitlich begreifen, wissen
will er, „was die Welt im Innersten zusammenhält", was das
„eigentlich", „wahrhaft" Seiende, das absolut Wirkliche ist,
bei dem das Denken sich beruhigen kann. Die Einheit des Ich
fordert als Gegenstück die Einheit von Erkenntnissen, und da
die gemeine Erfahrung eine solche Einheit nicht bietet, so
sucht der Denker die Erfahrung im Sinne eines Weltbildes zu
ergänzen, zu interpretieren. Zugleich wird das menschliche

Leben mit seinem Sinnen und Treiben zum Problem; die erst
auf die „Welträtsel" gerichtete Aufmerksamkeit wendet sich
nun auch auf das Handeln der Menschen, der Sinn des Lebens
will gefunden, verstanden werden, man forscht nach dem
Zwecke unseres Tuns, unseres Daseins, so kommt es zur Ausbildung einer praktischen, einer „Lebens-Philosophie". Und
indem am und durch das Denken die Abstraktionsfähigkeit
wächst, erstarkt, wobei man zur Einsicht gelangt, daß die
Funktionen des Erkennens, des Wahrnehmens und des Denkens von Bedeutung für die Art des zu gewinnenden Weltbildes sein müssen, biegt sich das Erkennen auf sich selbst
zurück, fragt es nach Ursprung und Tragweite seiner selbst;
so tritt die Erkenntnistheorie ins Leben, die freilich erst in
späterer Zeit von fundamentaler Bedeutung wird.

Im Laufe der Zeiten erfährt der Begriff der Philosophie
mancherlei Wandlungen. Zunächst in bezug auf den Umfang
des Begriffes, indem, successive, Disziplinen, die erst einen
Bestandteil der Philosophie bildeten, aus dem Kreise der
philosophischen Spekulation heraustreten und selbständig
werden, wie z. B. die Psychologie; im Mittelalter, ja noch zur
Zeit eines Descartes und später umfaßt die Philosophie fast
die Gesamtheit der Wissenschaften. Aber auch qualitativ, in
bezug auf die Aufgabe der Philosophie hat der Begriff derselben mannigfache Bestimmungen erhalten. Angefangen von
der Auffassung der Philosophie als Spekulation über das,
„was man nicht wissen kann", über das „Übersinnliche", bis
herab zur bescheidenen Reduktion der Philosophie auf bloße
Erkenntnistheorie oder auf Analyse der Erfahrung, des Gegebenen gibt es eine ganze Reihe zum Teil voneinander
erheblich abweichender Begriffsbestimmungen. Es muß eben
beachtet werden, daß die philosophische Denkarbeit Momente
enthält, deren einseitige Hervorhebung sofort die Stellung
des Begriffes der Philosophie verrückt; dazu kommt noch die
Subjektivität der Philosophen, welche sich im Interesse bald
für diese, bald für jene Seite oder Aufgabe des Philosophierens
bekundet, und endlich sind es Bedürfnisse der Zeit, wurzelnd
im sozialen, ethischen, religiösen, wissenschaftlichen Leben,

nicht am wenigsten auch in der Entwicklung der Philosophie selbst, welche den Begriff der Philosophie variieren lassen mußten. Das Gesetz der Anpassung der Begriffe an bestimmte, wechselnde Voraussetzungen und Bedürfnisse des geistigen Lebens bewährt sich auch hier.

„Prinzipienlehre", allgemeine Wissenschaft vom Seienden als solchen, von den „Gründen" der Dinge, ist die Philosophie bei den Indern, sie ist es (als „Dialektik") bei Plato, als „Erste Philosophie" (πρώτη φιλοσοφία) besonders, bei Aristoteles (φιλοσοφία meist soviel wie „Gesamtwissenschaft") u. a. Eine Wendung zum Praktischen, zur „Lebensphilosophie", nimmt der Begriff dieser Wissenschaft bei den Stoikern (als Streben nach Lebensweisheit, nach Tugend) und den Epikureern (Streben nach Glückseligkeit), während sie bei den Neuplatonikern u. a. den Charakter der auf das übersinnliche Jenseits gerichteten, stark mystischen „Theosophie" erhält. Im Mittelalter zeigt sich die Philosophie in starker Abhängigkeit von der Theologie („Magd der Theologie"); sie ist bei den Scholastikern Gesamtwissenschaft, im engeren Sinne Prinzipienlehre vermittelst des „lumen naturale", der natürlichen Verstandeskraft im Unterschiede vom Offenbarungswissen. Bei den großen Systematikern der neueren Zeit ist die Philosophie Prinzipienwissenschaft, so bei Descartes, Spinoza, Leibniz, Chr. Wolff u. a. Das erkenntnistheoretische Moment tritt stärker hervor zuerst bei Locke, Leibniz, Hume, und mit psychologischen Untersuchungen befaßt sich stark das achtzehnte Jahrhundert. Den Versuchen, aus Begriffen Erkenntnisse der aller Erfahrung entrückten Prinzipien der Dinge zu gewinnen, tritt Kant entgegen, der die Philosophie auf Erkenntniskritik basiert. Als „Wissenschaftslehre" bestimmt die Philosophie J. G. Fichte. Nach Hegel ist die Philosophie formal „denkende Betrachtung der Gegenstände", „dialektische" Konstruktion des Weltinhaltes durch „reines Denken", material ist sie „Wissenschaft des Absoluten", ein sich selbst Bewußtwerden des Seienden. In die Bearbeitung der mit „Widersprüchen" behafteten Begriffe setzt die Aufgabe der Philosophie Herbart. Die Definition der Philosophie als „Wissenschaft der Prinzipien" findet sich u. a. bei Ueberweg. Nach Schopenhauer ist die Philosophie ein Mittleres zwischen Kunst und Wissenschaft, Weltdarstellung in (nicht aus) Begriffen. Der Positivismus eines A. Comte erblickt in der Philosophie das allgemeine System der wissenschaftlichen Erkenntnisse („le système général des conceptions humaines"). Nach H. Spencer ist die Philosophie voll-vereinheitliches Wissen („completely-unified knowledge"). Als „kritische Wissenschaft von den allgemein gültigen

Werten" bestimmt W. Windelband die Philosophie. Nach Wundt ist die Philosophie Weltanschauungslehre, die „allgemeine Wissenschaft, welche die durch die Einzelwissenschaften vermittelten allgemeinen Erkenntnisse zu einem widerspruchslosen System zu vereinigen hat". Ihr Zweck ist die „Zusammenfassung unserer Einzelerkenntnisse zu einer die Forderungen des Verstandes und die Bedürfnisse des Gemütes befriedigenden Welt- und Lebensanschauung" (System der Philosophie ^{2}, S. 1, 15, 17; vgl. Einleitung in die Philosophie, S. 5 ff.). Ihr Ziel ist also die „Gewinnung einer Weltanschauung, die dem Bedürfnis des menschlichen Geistes nach der Unterordnung des einzelnen unter umfassende theoretische und ethische Gesichtspunkte Genüge leistet" (Logik II 2 ^{2}, 641 ff.). A. Riehl unterscheidet Philosophie als Erkenntnislehre und als „Kunst der Geistesführung".

Zum besseren Verständnis der Aufgabe der Philosophie wird uns eine kurze Betrachtung ihres Ursprungs dienen können, „Ursprung" im zeitlichen und im psychologischlogischen Sinn genommen.

Den Keim zur Philosophie finden wir im Mythus, den wir als „Protophilosophie" bezeichnen könnten. Der Mythus ist der Niederschlag der primitiven Weltauffassung. Er ist der Inbegriff von Vorstellungen, die als Produkte eines ursprünglichen, phantasiemäßigen Denkens gemeinschaftlich in einer sozialen Gruppe entstehen, ein Erzeugnis des „Gesamtgeistes". Die Erlebnisse, welche dem primitiven Menschen zuteil werden, bieten in ihrer verwirrenden Mannigfaltigkeit den Anstoß für das nach Einheit seiner selbst strebende Bewußtsein, eine gewisse Einheitlichkeit und Ordnung in der Vorstellungswelt herzustellen. Aber das unausgebildete Bewußtsein des primitiven Menschen hat nicht die Kraft, einen streng notwendigen und dabei gesetzlichen Zusammenhang der Erlebnisse herzustellen; zur Höhe des abstrakten Begriffes, der reinen Gesetzlichkeit der Erscheinungen vermag es sich nicht aufzuschwingen. Der primitive Mensch wird vom Kausaltrieb ebenso beherrscht wie der „Kulturmensch", das ist nicht zu leugnen, aber dieser Trieb lebt sich sozusagen ganz im Konkreten aus, er ist gar bald befriedigt, und er setzt mehr die Phantasie als das eigentliche, logische Denken in Bewegung. Das Denken muß sich auf dieser Stufe der psychologischen Wirksamkeit der Phantasie durchaus unterordnen. Widersprüche, die allenfalls bemerkt werden, führen nicht etwa zur Aufhebung des phantasiemäßig Ersonnenen, sondern nur zu neuen Phantasiegebilden, zu Deutungen seitens des Denkers im Sinne der Phantasiewelt.

Die primitive und mythologische Weltanschauung hat den Charakter des Anthropomorphismus. Sie vermenschlicht die Umwelt, faßt die irgendwie auffälligen Dinge als quasi-persönliche Wesen auf, betrachtet die dem Interesse sich aufdrängenden Ereignisse als Betätigungen persönlicher Wesen. Vermittelst der „personifizierenden Apperzeption" (Wundt) erblickt der mythologisierende Mensch überall in der Natur sein Ebenbild, er legt den Dingen unwillkürlich, in Analogie mit sich selbst, sein eigenes Leben, sein eigenes Fühlen und Wollen, sein Ich unter, er schaut sich, sein seelisches Wesen in die Dinge hinein, beurteilt, deutet die Naturvorgänge als Ausflüsse von Willenshandlungen. Nicht Naturgesetze kennt diese Weltanschauung, sondern nur Abhängigkeiten vom Willen, den sie an ein System von Geistern, Dämonen, Göttern verschiedener Art gebunden denkt. Menschliche, soziale, ethische Motive werden als „Gründe" für Naturphänomene angenommen, „gute" und „böse" Mächte wirken in Willkür; denn auf diesser Stufe ist alle Wirksamkeit Wirkungsweise des Willens, alle Kraft Willenskraft. Sein eigenes Wollen und Wirken ist dem Menschen das Bekannteste, und so erklärt er sich alles dadurch, daß er es auf dieses Bekannte phantasievoll zurückführt. Die Einheit, die zur Begreiflichkeit einer Mannigfaltigkeit von Erfahrungsinhalten notwendig ist, kommt durch die universale Beziehung des Geschehens auf Willenskräfte dämonisch-göttlicher Art wenigstens im Groben zustande, und auch die Ahnung einer Gesetzlichkeit ist schon in den höher ausgebildeten Mythologien wach, wenn auch der Gedanke der Unverbrüchlichkeit der Naturgesetze erst später zum Durchbruche gelangt.

Dies geschieht bei jenen Völkern, welche eine höhere, eine „eigentliche" Kultur entwickeln. Die wirtschaftlichen und sozialen Verhältnisse nehmen hier an Ausdehnung und

Kompliziertheit zu, das Leben wird bewußter, rationeller geregelt, die Masse differenziert sich durch Arbeitsteilung, die Individualität bildet sich heraus. Das reichere, intensivere und extensivere Leben nötigt zu größeren Denkanstrengungen, es weckt die Anlagen des Verstandes, bringt sie zur Entfaltung. Die Phantasie mit ihrer Geister- und Götterwelt bleibt in Kraft, aber allmählich nimmt das Denken nun auch die Richtung auf die Tatsachen selbst mit den Eigenschaften, welche an ihnen sinnenfällig zu konstatieren sind. Die Not des Lebens, das praktische Bedürfnis treibt zur Beobachtung der Wahrnehmungsobjekte, zur Aufsuchung ihrer Merkmale, zur Berechnung von Ausdehnungen und Entfernungen, kurz, die „Ratio", die denkende Betrachtung der Dinge, tritt in Übung. Mathematik, Astronomie und praktische Naturkunde sind die ersten Wissenschaften, deren Anfänge durch die Bedürfnisse des Lebens geweckt worden sind. Und im Gefolge dieses wissenschaftlichen Betriebes, aber auch wesentlich genährt durch die staatliche Gesetzlichkeit, entfaltet sich der Sinn für Gesetzlichkeit überhaupt. Die Willkür, die Laune tritt zurück, sogar in der Mythologie erscheint sie abgeschwächt. Viel mehr aber als bei der Masse des Volkes, welche Gewohnheit und Tradition beherrschen, kommt das logische, das abstrakte Denken bei einzelnen Individualitäten, bei stärkeren und freieren Geistern zur Entfaltung. Für sie genügt die Ableitung der Naturphänomene aus Willkürakten persönlicher Wesen nicht mehr, sie streben nach einer der Konstanz und Regelmäßigkeit der Erscheinungen in höherem Maße gerecht werdenden Naturdeutung.

In der Natur selbst sieht man sich jetzt nach brauchbaren „Gründen" um, statt Dämonen und Geistern werden nun natürliche „Prinzipien" zur Erklärung genommen. Die Einheit des Weltbildes stellt das Denken jetzt durch die Wahl bestimmter Grundstoffe oder Grundkräfte her, deren unveränderliches Wesen zum festen Ansatzpunkte für das Verständnis der Veränderungen in der Natur gemacht wird. Ein Analogon des seelischen Lebens (Empfindung, Streben) wird meist auch jetzt noch in die Dinge hineingelegt, „introjiziert", aber diese seelischen Zustände, Eigenschaften, Kräfte werden, und dies ist das Bedeutsame, als unpersönlich aufgefaßt, der grobe Anthropomorphismus ist überwunden, wenn auch das „Metaphorische" bestehen bleibt — wie wir sehen werden, mit vollem Recht und ohne notwendigen Widerspruch mit einer streng gesetzlichen Weltauffassung. Zwischen der mythologischen Weltanschauung freilich und der am Leitfaden des logisch-spekulativen Denkens fortschreitenden Wissenschaft entsteht eine Kluft, die zu überbrücken erst einer späteren Phase des Denkens vorbehalten ist. Die vom Mythus abgelöste Philosophie beeinflußt mannigfach die ebenfalls aus dem Mythus hervorgegangenen höheren Religionsformen, wie sie auch selbst von diesen Einwirkungen erfährt, aber nicht ohne daß ein langer und zuweilen sehr heftiger Kampf zwischen beiden Arten der Weltdeutung ausgefochten wird, ein Kampf, der zu immer weitergehender Emanzipation des philosophisch-wissenschaftlichen Denkens von allem Mythischen der Religion führt.

Mit dem Nachdenken über die Prinzipien der Dinge und des Geschehens, mit dem ersten Versuche, die Mannigfaltigkeit der Erscheinungen einheitlich-natürlich, „unpersönlich" abzuleiten, zu begreifen, ist die Philosophie, die Denkarbeit der geistigen Individualität (die freilich von nationalen, sozialen und anderen Verhältnissen, vom Volks- und Zeitgeist beeinflußt ist) gegeben. Das auf sich selbst sich stellende Denken findet, von „Verwunderung" (wie Plato und Aristoteles erklären) über die gemeinhin nicht beachteten oder anthropomorph gedeuteten Tatsachen des Daseins erfüllt, nach und nach eine Reihe von Problemen, deren Lösungsversuche, teils einseitig, teils — der Natur des menschlichen Geistes gemäß — unvollständig, teils ungenügend, zu oft erneuter Bearbeitung der gleichen Probleme führen, aber auch ihrerseits wieder neue Probleme zeitigen. Die Grundbegriffe des Erkennens, die „Denkmittel" werden, mit zunehmender Kraft der Abstraktion, nach und nach herausgearbeitet (so die Begriffe des Stoffes, der Form, der Substanz, des Seins, des Werdens, der Qualität, der Quantität, der Kraft usw.), und in verschiedener Weise bemüht man sich, einen einheitlichen, widerspruchslosen, in sich geschlossenen Zusammenhang der Erfahrungsinhalte herzustellen.

Erscheint der Mythus als „Protophilosophie", so ist die Philosophie anfangs und auch noch lange hernach großenteils identisch mit der „Urwissenschaft". Sie umspannt mit ihren Untersuchungen einen großen Teil des Gegebenen, welches vielfach „spekulativ", aus allgemeinen Prinzipien abgeleitet wird. Allmählich erfolgt aber ein weiterer Differenzierungsprozeß, durch den successiv, die einen früher, die anderen später, die Einzelwissenschaften als solche sich von der Gesamtwissenschaft ablösen und selbständig werden. Die Fülle der Tatsachen innerhalb eines Teilgebietes des Daseins nötigt zu ausschließlicher Beschäftigung mit diesem Gebiet. Die besondere Gesetzlichkeit desselben verlangt gebieterisch ihr Recht, und die Zurückführung der Tatsachen dieser Sondergebiete auf die allgemeinen Prinzipien der philosophisch-metaphysischen Spekulation genügt dem differenzierten Denken nicht mehr, welches seine eigenen Wege geht, seine eigenen Methoden wählt. Damit werden die Einzelwissenschaften immer „positiver", so daß es geradezu zu einem gewissen Gegensatze zwischen ihnen und der Philosophie kommt. Die großartigen Erfolge der Einzelwissenschaften bringen die Gefahr mit sich, daß die Arbeit der „Spekulation" mißachtet, ja die Philosophie als überflüssig angesehen wird. Sobald aber die Einsicht erwacht, daß Einzelwissenschaften und Philosophie aufeinander angewiesen sind, daß sie, richtig aufgefaßt, weit entfernt, einander auszuschließen, vielmehr sich gegenseitig in die Hände arbeiten können und müssen, kann die Spannung zwischen beiden Arten geistiger Betätigung wegfallen.

Die Aufgabe der Einzelwissenschaft ist es, ein Teilgebiet von Erfahrungsinhalten, eine bestimmte Klasse von Objekten methodisch zu beschreiben, zu erklären, kurz, zu erkennen. Wenn sie die einzelnen Tatsachen ihres Gebietes dargestellt und einen Zusammenhang zwischen ihnen hergestellt hat, ist ihre Aufgabe erfüllt. Wir erhalten so eine

Summe von Disziplinen, die sich auf verschiedene Objekte oder auf verschiedene Seiten und Betrachtungsweisen der gleichen Objekte beziehen (Natur- und Geisteswissenschaften). Während nun die „Urwissenschaft" zwar ohne Differenzierung, ohne Reichtum ihres Inhaltes war, dafür aber eine gewisse Einheit aufwies, sofern sie zugleich philosophisch betrieben ward, ist der Reichtum an Sonderheiten in den Einzelwissenschaften ein ungeheurer, stetig wachsender, aber eines fehlt ihnen: der Zusammenhang zwischen den verschiedenen Teilgebieten, die sie behandeln. Je „positiver" gerade die Einzeldisziplinen werden, je stärker sie auf Elimination rein spekulativer Voraussetzungen aus ihrer Sphäre dringen, desto unweigerlicher wird das Bedürfnis nach der Gewinnung eines Weltbildes, aus welchem die Beziehungen der allgemeinen Resultate der Sonderwissenschaften zueinander erhellen.

Eine Synthese dieser Resultate zur Einheit und Geschlossenheit eines widerspruchslosen Weltgedankens tut immer wieder not, die wirklichen und scheinbaren Gegensätze zwischen den Ergebnissen verschiedener Wissenschaften wollen überbrückt werden. Ferner hat jede Einzelwissenschaft naturgemäß einen einseitigen Stand- und Gesichtspunkt der Betrachtung, sie arbeitet mit Forschungsmitteln, die wohl geeignet sind, ihr Teilgebiet in wachsendem Maße der Erkenntnis zugänglich zu machen, anderen Gesichtspunkten gegenüber aber versagen. Dies tritt besonders im Verhältnis der Natur- zu den Geisteswissenschaften zutage; die physikalische Betrachtungsweise der Wirklichkeit, so wichtig und fruchtbar sie auch vom Standpunkt der „äußeren Erfahrung" ist, kann nicht auf das Psychische, Geistige als solches übertragen werden. Ferner bedient sich jede Einzelwissenschaft einer Reihe von Begriffen und Grundsätzen, deren sie notwendig als allgemeiner Denk- und Arbeitsmittel bedarf, ohne aber sich über die logische Bedeutung, über das Wesen derselben klar zu werden. Diese den verschiedensten Wissenschaften gemeinsamen Begriffe (wie Sein, Ding, Substanz, Kraft u. dgl.) fallen nicht mehr in den Bereich der Einzelwissenschaften; um die Leistung, den Wert, die Gültigkeitsart dieser „Prinzipien" festzustellen, genügen die Mittel der Einzelwissenschaft nicht; es bedarf dazu einer umfassenden, das wissenschaftliche Forschen in der Gesamtheit seiner Leistungen und allgemeinen Ergebnisse berücksichtigenden Untersuchung und Kritik, es bedarf einer allgemeinen Wissenschaft. Diese hat an den Grundbegriffen der Einzelwissenschaften, welche für diese bloß als Denkmittel, also funktionell in Betracht kommen, ihren besonderen Gegenstand. Endlich erheben sich schon aus der Mitte der Einzelwissenschaft selbst, an den Grenzen ihres Forschens, Probleme, die nur unter Berücksichtigung sowohl anderer Wissensgebiete, als auch der Grundbegriffe des Erkennens überhaupt in fruchtbarer Weise in Angriff genommen werden können. Zu zeigen, daß und wo solche Probleme auftauchen, auf die besondere Art derselben aufmerksam zu machen und so die reinliche Scheidung des „Empirischen" vom „Spekulativen" oder „Metaphysischen" anzubahnen, ist ebenfalls eine wichtige Arbeit.

Die Philosophie ist demnach die Wissenschaft von den Prinzipien, zunächst nicht von den letzten, obersten Seinsgründen, sondern in erster Linie von den Prinzipien des Wissens und des Gewußten, die sie einzeln untersucht und prüft, um sodann mittelst ihrer eine Synthese der allgemeinen Wissensergebnisse zu einer möglichst harmonischen Weltanschauung zu unternehmen. Auch wenn es kein Seiendes außer unseren Begriffen gäbe oder dasselbe unerkennbar wäre, würde der Einheitstrieb unserer Natur gegenüber der Zerspaltung unserer Begriffswelt in eine Reihe von Teilstücken eine Philosophie als Analyse, Kritik und Synthese unserer Begriffe bedingen. Die Philosophie ist also kein künstliches Gebilde, kein müßiges Spiel, welches durch die Arbeit der Einzelwissenschaft entbehrlich gemacht werden könnte, sie ist das notwendige Korrelat, das Gegenspiel zur wissenschaftlichen Differenzierung. Und auch abgesehen davon entspringt sie mit psychologischer Gesetzlichkeit aus dem Verlangen des Menschengeistes nach einer einheitlichen Welt- und Lebensauffassung. Da auf einer gewissen Stufe geistiger Evolution das Weltbild des Mythus und der Religion nicht mehr genügt, um so weniger, da es den Ergebnissen der Wissenschaften in so manchem Punkte widerspricht oder doch zu widersprechen scheint, so fühlt sich der Geist zur selbständigen Gestaltung eines Weltbildes getrieben. Die Zeit, da dieses Weltbild vielfach im Gegensatze zu den Ergebnissen und Methoden der wissenschaftlichen Einzelforschung erzeugt wurde, ist nun wohl vorüber. „Wissenschaftlich" kann, das hat man eingesehen, nur jene Philosophie sein, welche nicht Einzelheiten des Daseins mit Umgehung der Resultate wissenschaftlicher Einzelforschung in spekulativ-deduktiver Weise „konstruiert", sondern in engster Fühlung mit den Sonderwissenschaften bleibt. Will sie nicht in Mythologie zurückverfallen, oder will sie mehr sein als symbolisch-mystisches oder künstlerisches Schauen, so muß die Philosophie die Einzelwissenschaften zur Basis für ihre eigene Arbeit nehmen, sie muß sich auf jenen aufbauen, um sodann weiterzubauen.

Die nächste, verstandesmäßige Bearbeitung der Einzeltatsachen hat nicht die Philosophie — die als allgemeine Wissenschaft dazu nicht befähigt und befugt ist — vorzunehmen, sondern diese hat sie der hier allein kompetenten Sonderwissenschaft zu überlassen, um dort einzusetzen, wo die Arbeitsmöglichkeit der letzteren ihre Grenze hat. Nur so kann sie ein möglichst gesichertes, ein objektives, von der Individualität des „Spekulierenden" unabhängiges Fundament gewinnen.*) Aber damit ist nicht etwa gesagt, daß die Philo-

---

*) „Wer über die Fragen, auf die allein die Erfahrung Antwort geben kann, die letzten metaphysischen Ideen zu Rate zieht, vermag höchstens die empirischen Tatsachen in Verwirrung zu bringen. Ebensowenig können freilich die metaphysischen Probleme allein aus der Erfahrung entschieden werden: diese deutet uns aber den Weg an, den wir zu gehen haben. Denn Voraussetzungen, die über die Tatsachen der Erfahrung hinausreichen, können ihre logische Berechtigung immer nur dadurch gewinnen, daß sie sich als folgerichtige Weiterentwicklungen der auf empirischem Gebiete notwendig gewordenen Hypothesenbildungen erweisen" (Wundt, System der Philosophie 2, S. V f.).

sophie in sklavischer Abhängigkeit von der Einzelwissenschaft zu stehen habe. Nur wirkliche Tatsachen oder empirisch gefestigte Theorien der Einzelwissenschaften darf die philosophische Forschung als Voraussetzung gebrauchen, so aber, daß sie an der Hand logischer Prinzipien prüft, inwieweit den Sätzen der Wissenschaft wirklich ein Erkenntnischarakter zukommt. Die letzten Hypothesen der Einzelforschung müssen besonders vorsichtig verwertet werden, sie dürfen nicht mit gefestigten Theorien oder gar mit Tatsachen verwechselt werden. Eine Philosophie, die die Lehren der Wissenschaft blind übernimmt, ist in Gefahr, einem „Dogmatismus" zu verfallen, der mit Recht eine gewisse Verachtung solcher, sich „wissenschaftlich" nennenden Philosophie hervorrufen kann. Philosophie und Einzelwissenschaft müssen in lebendigster Wechselwirkung stehen. Von der Philosophie empfängt die Sonderwissenschaft die Klärung und Begründung der von ihr verwandten Prinzipien und Methoden, sie wird dadurch besonnener, kritischer, besser von anderen Wissenschaften abgegrenzt und doch auch zu ihnen in Beziehung gesetzt.

Die Philosophie wiederum nimmt zwar von der Wissenschaft das begrifflich verarbeitete Erfahrungsmaterial herüber, bleibt aber, sofern sie allgemeine Wissenschaft ist, nicht bei dem Standpunkte und den Ergebnissen der Sonderwissenschaft stehen, sie bildet diese weiter teils durch denkendspekulative Fortführung der Erfahrung über sie hinaus, teils durch Ergänzung des Standpunktes der äußeren durch den der inneren Erfahrung. Bearbeitung und Ergänzung des durch die wissenschaftliche Erfahrung und Denkarbeit Gegebenen ist also, soll eine einheitliche, universale Weltanschauung zustande kommen, notwendig. Indem die Spekulation, um die Tatsachen der Wissenschaften prinzipienhaft zu vereinheitlichen, notwendig über die Erfahrung hinausgeht, sie „transzendiert", wird sie nicht unwissenschaftlich, wohl aber überwissenschaftlich. „Die Philosophie ist Wissenschaft, weil sie auf wissenschaftlicher Grundlage und mit wissenschaftlichen Forschungsmitteln arbeitet. Sie ist mehr als Wissenschaft, weil sie die Erfahrung nicht bloß zu ordnen, sondern auch zu ergänzen genötigt ist, und weil zur Erreichung ihres Zieles einer harmonischen Weltanschauung auch Phantasie und Gemüt mitwirken müssen" (W. Jerusalem, Einleitung in die Philosophie[2], S. 12). Das Hypothetische teilt die Philosophie mit der Wissenschaft überhaupt, nur daß sie auch gewisse Annahmen machen muß, die zwar zur Begreiflichkeit der Gesamterfahrung dienen, selbst aber niemals durch Erfahrungen ihre Bestätigung finden können. Dies aber muß von einer wissenschaftlichen Philosophie verlangt werden, daß sie keine unnützen Hypothesen aufstellt, daß ihre Annahmen den Erfahrungstatsachen in keiner Weise widersprechen, vielmehr ihnen durchaus sich anpassen, und daß die Erfahrung nirgends übersprungen wird. Die philosophische Hypothese soll nicht den Anfang, sondern den Abschluß der Spekulation bilden, sonst bekommen wir nur zu leicht statt oberster Begriffsbearbeitung bloße „Begriffsdichtung".

Die Philosophie wird durch den Stand des Wissens einer Zeit beeinflußt, sie muß mit den Fortschritten der Wissenschaften Schritt halten, den sie selbst durch ihre kritische Tätigkeit fördern hilft. Ihr Einfluß erstreckt sich aber auch auf das übrige Kulturleben der Menschen. Zwar nicht immer gleich stark, gleich umfassend, nicht überall und sofort merklich, nicht immer direkt, aber doch sicher und unaufhaltsam. Die Ideen der Philosophen dringen allmählich in den Gesamtgeist ein, modifizieren ihn, bringen „Aufklärung", beseitigen Aberglauben und allerhand Vorurteile, wirken auf den Entwicklungsgang der Religion, der Sittlichkeit, des sozialen und staatlichen Lebens ein, in welchem sie zur Realisation gelangen. Die Individuen erhalten durch sie eine tiefere und klarere Einsicht in den Sinn des Daseins, eine Lebensanschauung, die sie zu besserer, rationeller Lebensführung vielfach befähigt. Der Mensch kommt zum Bewußtsein dessen, was, für ihn wenigstens, die Welt bedeutet und welchen Sinn das Leben hat; seine Stellung im All der Dinge wird ihm klarer, verständlicher, das Einzelne bekommt Bedeutung durch Beziehung aufs Ganze, dem sich der Mensch eingeordnet sieht. Ihren unverlierbaren Wert hat die Philosophie endlich, sofern sie — als Metaphysik — ein in gewissem Sinne künstlerisches, ästhetisch befriedigendes Weltbild gibt, welches der Phantasie Nahrung gibt und gleichsam befreiend, erlösend wirkt. Solch künstlerisch gestaltete Weltbilder büßen, auch wenn sie im einzelnen auf wissenschaftliche Brauchbarkeit keinen Anspruch mehr erheben können, ihre kulturelle Bedeutung niemals ein, abgesehen davon, daß sie vielfach Gedanken enthalten, die einer Weiterbildung fähig sind oder später, wenn die Zeit für sie günstig ist, wieder zu Ehren kommen können, in neuem Gewande und den Errungenschaften fortgeschrittener Methodik und Erkenntnis angepaßt. So erweist sich in jeder Beziehung die Philosophie als ein Kulturfaktor ersten Ranges, der den menschlichen Geist zu immer größerer Feinheit und Kraft emporzüchtet, ihn kraftvoller, freier, bewußter macht. Von den Bedürfnissen des Lebens ausgehend und immer wieder sich auf dieses beziehend, arbeitet sie zugleich mit an der Potenzierung des Lebens in der Richtung der Idee, des Ideals, der Vergeistigung des Daseins. Und indem sie auch den Versuch macht, ein Bild von dem zu geben, was der Mensch ist und sein wird, sofern er nicht bloß „lebt", dieser bestimmte, individualisierte Organismus ist, weist sie über das Leben hinaus, schließt sie das Endliche auch hier ans Unendliche an, das sie zwar nicht zu erkennen vermag, dessen Idee sie uns aber näher bringt.

§ 2.

Methode und Einteilung der Philosophie.

Die „Königin der Wissenschaften", die Philosophie, ist von den Einzelwissenschaften nur durch die Weite ihres Gesichtspunktes, durch die volle Bewußtheit der Bedingungen und Grenzen des Forschens, durch die allseitige Verwendung der Kritik ihrer selbst unterschieden. Sie ist eben nicht bloß

Wissenschaft, sondern Wissen um das Wissen, d. h. „Wissenschaftslehre". Sie ist also selbstbewußtes Wissen, oder sie erhebt das Wissen ins Selbstbewußtsein, beugt es auf sich selbst zurück, wurzelt also durchweg in der Reflexion. Diese übt sie anfangs nur an den Inhalten des Erkennens aus, später aber wird die Philosophie kritisch und „kritizistisch", sie prüft ihre eigenen Denkmittel, ihre Methoden, ihre Voraussetzungen; indem sie nichts schlechthin als „gegeben" voraussetzt, sondern jede These begründet oder aber als letztes, unableitbares Prinzip rechtfertigt, wird die Philosophie kritische, „exakte" Philosophie.

Im übrigen sind die Methoden der philosophischen Forschung keine anderen als die der Wissenschaft überhaupt, nur eben in jener Modifikation, wie sie die auf das Ganze der Erkenntnis gehende Richtung mit sich bringt. Nur braucht der Philosoph, sofern er auch Metaphysiker ist, mehr „konstruktive" Phantasie, größere Kraft der synthetischen Geistesformation. Die Gabe der intellektuellen Intuition muß man haben, um die Einheit der Prinzipien an der Mannigfaltigkeit des Weltinhaltes herzustellen. Es ist eine besondere Fähigkeit, mit „Geistesblick" allgemeinste Daseinszusammenhänge zu erschauen und sie dann sofort in Begriffe zu fassen; es ist dies die Leistung einer logisierten, durch Richtpunkte des Denkens geleiteten, „intellektuellen Phantasie", die das philosophische Denken so recht zu dem macht, was man als „Spekulation" bezeichnet. Je nachdem mit der Spekulation begonnen wird und aus der Einheit des „Zusammengeschauten" das Einzelne abgeleitet wird oder aber die Synthese erst auf Grundlage einer behutsam durchgeführten Analyse ins Werk gesetzt wird, lassen sich zwei Typen des Philosophierens, des Philosophen unterscheiden (z. B. Plato, Plotin, Eckhart, Spinoza, Schelling, Hegel — Aristoteles, Descartes, Locke, Kant, Comte, Spencer, Wundt u. a.).

Jedenfalls soll die bewußte, begriffliche Synthese, durch welche ein allgemeiner „Weltbegriff" gewonnen wird, erst nach genauer Analyse der Begriffe des Erkennens stattfinden. Bevor Begriffe zu einem System vereinigt werden, ist es notwendig, den Inhalt derselben klar und deutlich zu machen, ihn aus einem funktionell gebrauchten zum voll bewußten zu machen. Es erfordert dies eine Zerlegung des Begriffsinhaltes in seine Elemente, in die allgemeineren Teilbegriffe und schließlich Anschauungen oder Postulate, aus denen er hervorgeht. Die Philosophie hat alles Zusammengesetzte der Erkenntnis aufzulösen, um zu den letzten erreichbaren Daten der Erfahrung und des Denkens zu gelangen. Jedem Ausdruck, den sie verwendet, muß sie die begriffliche und möglichst auch die konkrete oder anschauliche Grundlage verschaffen, d. h., sie muß das Wort als wirklichen Begriff, den Begriff als Abstraktion eines wirklichen Erfahrungs- oder Denkinhaltes (und sei dieser nur ein Akt der Beziehung oder ein Postulat) rechtfertigen, legitimieren. Nur so werden Scheinbegriffe eliminiert, Scheinprobleme als solche enthüllt. Indem die Philosophie gleichsam den „Urwert" jedes Begriffs aufsucht, zeigt sie uns die Entstehung der Begriffe im erkennenden Bewußtsein, verfährt sie genetisch, wird sie Theorie der „Ursprünge".

Das Material für ihre Beurteilungen und Folgerungen entnimmt die (wissenschaftliche) Philosophie nicht der gemeinen Erfahrung allein oder einer oberflächlichen, verworrenen Kenntnis der Wissenschaft, sondern einer genauen Erkenntnis der allgemeinen Ergebnisse der Einzelwissenschaften. In diesem Sinne muß die Philosophie induktiv verfahren, vom Einzelnen, Besonderen zum Allgemeinen stufenweise aufsteigen. Aus allgemeinen Begriffen durch „reines Denken" auf „dialektische" Weise den Weltinhalt logisch zu konstruieren, wie dies etwa Hegel versuchte, oder aus Begriffen ohne weiteres die Wirklichkeit des Gedachten zu folgern („ontologisches" Verfahren, z. B. bei Descartes), kann heute nicht mehr als zulässig angesehen werden. Anderseits ist eine rein induktive Philosophie (wie sie z. B. H. Spencer unternommen) nicht durchführbar. Die Grundbegriffe und obersten Grundsätze des Erkennens sind nicht induktiv zu entnehmen, da sie allem Denken und Erkennen, also auch dem Verfahren der Induktion schon zugrunde liegen, schon überall vorausgesetzt werden müssen. Und auch die letzten Seinsgründe, die „Urfaktoren" der Wirklichkeit sind nicht mehr induktiv zu gewinnen; hier muß die Analogie einsetzen, welche die äußere durch die innere Erfahrung ergänzt, und die Hypothese, welche die Erfahrung durch Setzung eines nicht Gegebenen ergänzt. Solche Hypothesen sind nicht bloße Fiktionen, sollen es nicht sein, sondern müssen ihre Stütze in Postulaten des Denkens und Erkennens haben. Mit Hilfe der Grundbegriffe und des Erkennens und der begrifflich erarbeiteten Prinzipien des Seins vermag die Philosophie nun auch deduktiv die Tatsachen der Erfahrung begreiflich zu machen und neue Einsichten zu gewinnen. Induktion und Deduktion, Analyse und Synthese unterstützen, wie überall, so auch in der Philosophie einander gegenseitig.

Insofern die Philosophie an der Hand der Erfahrung und der Einzelwissenschafts-Ergebnisse arbeitet, ist sie empirisch fundiert; insofern sie diese Tatsachen einer letzten begrifflichen Verarbeitung unterzieht und sie mittelst der im Denken und Willen wurzelnden Prinzipien und Ideen synthetisch verknüpft und begreiflich macht, ist sie eine Begriffswissenschaft. Insofern sie nicht direkt auf die Dinge, sondern auf die im gemeinen und wissenschaftlichen Denken erzeugten Begriffe von den Dingen, also auf geistige Inhalte und Werte geht, ist sie eine Geisteswissenschaft. Als solche bedient sie sich der Psychologie als Hilfsmittel, ohne aber etwa selbst bloße Psychologie zu sein oder durch eine solche schon begründet werden zu können, wie der extreme „Psychologismus" meint; vielmehr gibt sie selbst der Psychologie wie den anderen Wissenschaften die feste logische Begründung durch ihre Kritik des Erkennens, durch ihre „Methodenlehre". Aber die Tatsachen der Psychologie kommen für die Philosophie wesentlich in Betracht, weil ja aus ihnen das gesamte Geistesleben sich zusammensetzt, und weil die Aufzeigung des Ursprungs der verschiedenen allgemeinen Begriffe zunächst im „natürlichen" Bewußtsein zum vollen Verständnis der logischen Begriffsentwicklung nötig ist,

dieses jedenfalls erleichtert und vor manchen Irrtümern bewahrt. Während aber die Psychologie nichts über die Geltung, die Wahrheit, den Wert von psychischen Gedanken, die
Wertung von Begriffen verschiedener Art in bezug auf eine
einheitliche Weltanschauung entscheidet, ist für die Philosophie Kritik und Wertung wesentlich. Sie benutzt die
logischen, ethischen, ästhetischen Normen, um die Berechtigung und den Wert von Gedanken, Willenshandlungen,
Phantasieschöpfungen im Hinblick auf die allgemein ge-
wollten oder die zu wollenden Ziele des Erkennens, des Handelns, des Gestaltens zu prüfen. Voraussetzungen und Resultate der Wissenschaften werden von der Philosophie daraufhin untersucht, ob sie den logischen Forderungen genügen,
ob sie wirklich logischen Motiven entspringen.

In verschiedener Weise hat man das Gebiet der Philosophie zu gliedern versucht. So finden wir im Altertum und
auch noch später die Einteilungen in „Logik", „Physik",
„Ethik" oder in theoretische und praktische Philosophie
(letztere Einteilung bei Aristoteles). F. Bacon unterscheidet „Erste Philosophie" (philosophia prima: Ontologie),
Naturphilosophie, natürliche Theologie, Anthropologie (umfassend Psychologie, Logik, Ethik) und Staatsphilosophie.
In theoretische und praktische Philosophie gliedert die Philosophie Chr. Wolff; erstere besteht aus natürlicher Theologie, Psychologie, Physik (Naturphilosophie). Bei Hegel
setzt sich die Philosophie aus Logik (zugleich Ontologie),
Naturphilosophie und Geistesphilosophie zusammen. Herbart unterscheidet Logik, Metaphysik, „Ästhetik" (zugleich
Ethik). Wundt teilt die Philosophie folgendermaßen (annähernd) ein: I. Genetische Philosophie oder Erkenntnislehre, welche die Prinzipien des Erkennens in ihrer
(psychologisch-logischen) Entstehung darstellt. II. Systematische Philosophie oder (allgemeine und spezielle) Prinzipienlehre (oder Metaphysik im weiteren Sinne), welche
die Objekte des Erkennens und Handelns prinzipienhaft verarbeitet und eine Weltanschauung herstellt. Sie gliedert sich
in 1. Allgemeine Metaphysik (Ontologie; Seinslehre);

2. Naturphilosophie, Geistesphilosophie (Allgemeine Geistesphilosophie = philosophische Psychologie — bei Wundt selbst nicht einzeln aufgeführt — Ethik, Rechtsphilosophie, Ästhetik, Religionsphilosophie, (Sozial- und) Geschichtsphilosophie) (vgl. Einleitung in die Philosophie, S. 85; System der Philosophie [2], S. 31). An diese Einteilung der Philosophie wollen wir uns im folgenden anschließen. Es muß aber ausdrücklich bemerkt werden, daß die empirische Psychologie heute schon nahezu eine selbständige Disziplin geworden ist, welche zur Philosophie nur in einem besonders engen Verhältnis steht. Ebenso sind Moralwissenschaft, Ästhetik, Soziologie Disziplinen, die sich mit der Zeit vielleicht auch selbständig machen werden. Aber die Selbständigkeit aller dieser Disziplinen, sofern sie durchgeführt wird, macht die philosophische Bearbeitung ihrer Prinzipien keineswegs überflüssig, so daß sie — in der oben aufgeführten Weise — ihre Stelle auch im System der Philosophie bekommen müßten. Ferner ist zu betonen, daß die Zweige der „speziellen Prinzipienlehre" zur Metaphysik im weiteren Sinne gerechnet werden, insofern sie durch die von der allgemeinen Metaphysik erarbeiteten Prinzipien erst ihren Abschluß erlangen und indem sie auch selbst metaphysisch sind, weil sie zwar von den Erfahrungstatsachen ausgehen, diese aber über jede gegebene Erfahrung hinaus zur Einheit der Idee führen müssen; nicht sollen aber etwa die Tatsachen des Natur- und Geistesgeschehens aus metaphysischen Voraussetzungen „konstruiert" werden. Es ginge auch an, die allgemeine Metaphysik an den Schluß zu stellen, als Synthese von Natur- und Geistesphilosophie. Es hat dies manches für sich, doch lassen wir es aus verschiedenen Gründen hier bei der angeführten Anordnung bewenden.

I.

Erkenntnislehre.

§ 3.

Aufgabe und Methode der Erkenntnislehre.

Es ist das Charakteristische aller kritischen Philosophie, die Erkenntnislehre zur Basis aller weiteren Philosophie zu machen, damit kein Begriff, kein Grundsatz verwendet wird, der ohne die Prüfung seitens der Kritik der Leistungen der Erkenntnisfunktion, des Erkenntnismittels im Systeme Platz findet. Das Handwerkszeug, dessen sich die Spekulation bedient, will der kritische, seines Unternehmens klar bewußte Philosoph erst genau bezüglich seiner Beschaffenheit, seiner Teile, seiner Wirkung, seines Wertes untersuchen, bevor er es gebraucht. Der Gefahr, mit Vorurteilen zu beginnen und die ganze Denkarbeit umsonst zu verrichten, soll so nach Kräften begegnet werden.

Erkenntnistheoretische Erörterungen finden sich im einzelnen wohl schon im Altertum und in der mittelalterlichen Philosophie (z. B. der „Universalien-Streit", die Frage nach der Gültigkeitsart der Gattungsbegriffe oder „Universalien" — ob sie nun subjektiv: Nominalismus, Terminismus, oder auch objektiv: „Realisten", existieren). Mehr Gewicht auf die Erkenntnislehre legen aber erst die Philosophen neurer Zeit, F. Bacon, Descartes, Hobbes. Als besondere Disziplin tritt die Erkenntnislehre freilich erst bei Locke auf. Sie hat die Aufgabe, „den Ursprung, die Gewißheit und die Ausdehnung des menschlichen Wissens sowie die Grundlagen und Abstufungen des Glaubens, der Meinung und der Zustimmung zu erforschen" (Essays concern. hum. understand. I, ch. 1, § 2). In verschiedener Weise führen die Erkenntnislehre weiter Leibniz, Hume u. a. In eine neue Phase tritt diese Disziplin, als Kant sie zur eigentlichen Erkenntniskritik („Kritik der reinen Vernunft", d. h. Kritik der ursprünglichen Bedingungen aller Erkenntnismöglichkeit) erhebt und sie zur Stütze aller Philosophie macht, ohne die besonders eine Metaphysik (als Prinzipienlehre) nicht bestehen kann. Die Erkenntniskritik ist bei Kant nicht Psychologie des Erkennens, sondern logische Analyse und Wertung, Kritik „des Vernunftvermögens überhaupt, in Ansehung aller Erkenntnisse, zu denen sie unabhängig von aller Erfahrung streben mag, mithin die Entscheidung der Möglichkeit einer Erkenntnis überhaupt und die Bestimmung sowohl der Quellen als des Umfanges und 'der Grenzen derselben, alles aber aus Prinzipien" (Kritik der reinen Vernunft, S. 5 f.). Die Erkenntnislehre erwarb sich in der Folge solche Achtung, daß manche Philosophen geradezu die theoretische Philosophie auf sie beschränken wollten. Von neueren Definitionen der Erkenntnislehre führen wir die Ed. Zellers an, nach dem sie „die Bedingungen untersucht, an welche die Bildung unserer Vorstellungen durch die Natur unseres Geistes geknüpft ist und hiernach bestimmt, ob und unter welchen Voraussetzungen der menschliche Geist zur Erkenntnis der Wahrheit befähigt ist" (Vorträge und Abhandlungen, 2. Samml. S. 479 f.).

Die Erkenntnislehre ist die Wissenschaft, welche den Erkenntnisprozeß, wie er sich im Individuum und in der Wissenschaft darstellt, der Analyse und Kritik unterzieht. Sie beschreibt die Erkenntnisfunktionen, zeigt ihre Elemente auf, fragt nach den Bestimmungen des Erkennens, insbesondere der wahren Erkenntnis, des Wissens, geht also den „Ursprüngen" der Begriffe nach, indem sie vor allem die logischen Motive ihres Gebrauches hervorholt bezw. prüft, ob solche Motive bestehen oder nicht. Sie führt das Erkennen auf letzte Prinzipien, Grundbegriffe oder Grundsätze oder Grundfunktionen zurück, benützt diese, um Normen für die Forschung zu gewinnen, welche sie den Einzelwissenschaften wie der Philosophie vorhält. Sie trennt das Gebiet des Erkennbaren von dem des Unerkennbaren ab, zeigt, wie weit die Wahrnehmung, wie weit das Denken, wie weit die Erkenntnis überhaupt reicht, stellt also Umfang und Grenzen der Erkenntnis fest. Was leisten die verschiedenen Funktionen und Elemente des Erkennens für die Erreichung eines sicheren Wissens oder deren Wahrscheinlichkeit, worauf stützt sich berechtigterweise irgend eine allgemeine Betrachtung letzten Endes? Diese Frage ist für die Erkenntnislehre wesentlich. Die logischen Grundlagen für jede Erkenntnisart zu geben, ins Bewußtsein zu erheben, das Erkennen zu begründen, zu legitimieren, nicht bloß die Möglichkeit, sondern auch die Notwendigkeit des Gebrauchs von Prinzipien des Erkennens darzutun, ist eine wichtige Aufgabe der Erkenntnislehre. Was muß gegeben oder gedacht werden, soll wahres Wissen, soll Erkenntnis überhaupt zustande kommen, was konstituiert Erkenntnis in allgemein gültiger Weise, dies will untersucht werden.

Es besteht ein Streit darüber, ob die Erkenntnislehre die Psychologie zur Grundlage nehmen muß, in dem Sinne, daß sie entweder selbst nichts als angewandte Psychologie ist oder doch wenigstens ihre Ableitungen psychologisch-genetisch (aus der Entwicklung des seelischen Lebens) durchführt — oder ob sie völlig unabhängig von aller Psychologie, von aller Aufzeigung der beim Erkennen beteiligten psychischen Funktionen in Angriff zu nehmen ist, so daß sie nur nach dem logischen „Ursprung" und Werte der Erkenntnis und ihrer Elemente fragt. Es ist dies der Streit zwischen (dem extremen und gemäßigten) Psychologismus und Antipsychologismus; der ersteren Richtung gehören*) u. a. Beneke, J. St. Mill, Th. Lipps, Brentano, Heymans, H. Cornelius, der letzteren Kant, ferner die „Neukantianer" O. Liebmann, W. Windelband, H. Cohen, P. Natorp, auch Husserl, Riehl, Külpe u. a. Vermittelnd lehren W. Wundt, H. Höffding, G. Villa, M. Palágyi u. a. Biologisch, d. h. aus Funktionen und Bedürfnissen des Lebens, begründen die

---

*) Die Methode der Kantschen Erkenntnistheorie ist die „transzendentale", welche auf die Bedingungen der Erfahrung und deren Anwendbarkeit geht. „Ein transzendentales Prinzip ist dasjenige, durch welches die allgemeine Bedingung a priori vorgestellt wird, unter der allein Dinge Objekte unserer Erkenntnis überhaupt werden können" (Kritik der Urteilskraft, Einleitung). Von dem „Transzendentalen", der Erkenntnis des „Präempirischen", ist das „Transzendente", das Überempirische, jenseits aller Erfahrung Belegene, Metaphysische, zu unterscheiden.

Erkenntnistheorie (teilweise schon Hume) R. Avenarius, E. Mach, Jerusalem, Nietzsche u. a.

In Wahrheit besteht zwischen Psychologie und Erkenntnislehre ein Verhältnis der Wechselwirkung. Die Psychologie bedient sich einer Reihe von allgemeinen Begriffen, deren Erkenntniswert sie voraussetzt, die aber in bezug auf ihre logische und „transzendentale" Gültigkeit (als Erkenntnisbedingungen) vor das Forum der Erkenntnislehre gehören. In diesem Sinne ist die Psychologie — aber nur ihren „Prinzipien" nach — von der Erkenntnislehre ebenso abhängig, wie es jede Einzelwissenschaft ist. Dies vorausgesetzt, kann aber die Psychologie als ein Hilfsmittel für die Erkenntnislehre dienen. Denn die Beschreibung, Analyse und Genese des Erkenntnisprozesses und seiner Momente, also die Erforschung des tatsächlichen, lebendigen Vorganges, Akts im Erkennen nebst der Aufzeigung seines Zusammenhanges mit den übrigen Momenten und Elementen des Seelenlebens, ist für das volle Verständnis des Ursprungs und der Richtung, welche das Erkennen zunächst, beim „naiven" Menschen und auch vielfach in der Wissenschaft nimmt, unentbehrlich. Sollen die rein „logischen" Motive und Ursprünge von den bloß „natürlichen", psychologischen reinlich gesondert werden können, so ist eine genaue Kenntnis auch der psychologischen Ursprünge von Wichtigkeit. Die Bedingungen des richtigen Urteilens z. B. kann man wohl ohne Psychologie, rein logisch oder erkenntniskritisch festlegen, aber die Leistung des Urteils überhaupt zum Zustandekommen unseres Weltbildes erfordert auch eine psychologische Theorie der Urteilsfunktion. Teilweise gibt auch schon die psychologische Untersuchung Handhaben und Fingerzeige für die eigentliche Erkenntnislehre. Anderseits darf aber nicht verkannt werden, daß Psychologie der Erkenntnisfunktionen noch nicht Erkenntnislehre ist. Für diese sind logische und „transzendentale" Gesichtspunkte wesentlich, ebenso kritische Beurteilung und Wertung, die über die Sphäre und Kompetenz der Psychologie hinausragen. Psychologische Begründung und Ableitung ist eben nicht eins mit logischer Genese, und die

Zwecke des Erkennens sowie die Mittel zur Erreichung derselben gehen die Psychologie als solche kaum etwas an. Sie stellt nur dar, wie die Erkenntnisfunktionen (Wahrnehmung, Denken usw.) von statten gehen, nicht wie sie gebraucht werden müssen im Sinne der Idee wahrer oder sicherer Erkenntnis, noch kann sie den Geltungswert der Grundbegriffe und Grundsätze beurteilen, der nicht von den „Naturgesetzen" des Erkennens allein, sondern in erster Linie von Normen und Postulaten abhängt, die nicht rein psychologisch zu begreifen sind.*) Kurz, es sind der Erkenntnislehre besondere Gesichtspunkte eigentümlich, die der Psychologie fehlen, ebenso sehr natürlich auch der Biologie; daß die Verwertung der biologischen Betrachtungsweise des Erkennens (mit ihren Begriffen der Anpassung, Vererbung, „Ökonomie" u. dgl.) der Erkenntnislehre wichtige Dienste leistet, soll deshalb durchaus nicht geleugnet werden. Biologie und Psychologie sind eben bedeutsame Hilfswissenschaften der Erkenntnislehre, welche in analoger Weise auch durch die Soziologie unterstützt wird, indem die Einsicht in die soziale Bedingtheit des Erkennens (Übereinstimmung der Denkgenossen, gemeinsame Überzeugung von der Leistung der Außenwelt u. dgl.) manches Licht in den Erkenntnisprozeß und dessen Resultate bringt.

Die Erkenntnislehre ist Theorie und Kritik der Erkenntnis. Sie ist im engeren Sinne Erkenntnistheorie (oder Erkenntniskritik), insofern sie die Bedingungen und Voraussetzungen des realen Erkennens, d. h. des seiner objektiven Gültigkeit nach bestimmten Wahrnehmens und Denkens unterzieht. Sie forscht nach dem Ursprung und dem logischen Werte von Begriffen und Grundsätzen fundamentaler Art,

---

*) „Die Erkenntnistheorie untersucht die Formen und Elemente unserer Erkenntnis hinsichtlich der Frage, ob sie sich gebrauchen lassen, um das Seiende zu verstehen, während die Psychologie sie hinsichtlich ihrer tatsächlichen Entstehung untersucht, sie mögen nun brauchbar und gültig sein oder nicht" (H. Höffding, Religionsphilosophie, S. 85). Vgl. Wundt, Einleit. in die Philos.², S. 82; Philos. Studien X, 6; Logik I², S. 1 ff.).

wie die von Raum, Zeit, Qualität, Quantität, Substanz, Kausalität, Kraft, Zweck u. dgl. Es sind dies allgemeinste Erkenntnisinhalte, die zugleich „Formen" der Erkenntnisobjekte und ihrer Erfassung sind. Zur Erkenntnislehre im weiteren Sinne kann man nun auch die Logik (λογική, logica, Lehre vom Logos, von der Vernunft, vom Gedanken) zählen,*) die Lehre vom richtigen Denken oder von den Bedingungen (Gesetzen) des richtigen Denkens. Sie zeigt den logischen, d. h. vom Gesichtspunkt der Richtigkeit geleiteten Denkprozeß in seinen Elementen, Bestandteilen, Momenten sowie in der Gesetzmäßigkeit des Denkzusammenhangs auf. Insofern heißt sie vielfach Elementarlehre, welche es mit dem Urteil, dem Begriff und dem Schlusse im wesentlichen zu tun hat. Insofern die Logik auch das logische Verfahren untersucht und darstellt, welches der Gewinnung von Wissensinhalt überhaupt und von besonderen Wissenschaften im besonderen dient, ist sie Methodenlehre, allgemeine (die sich mit Definition, Einteilung, Beweis, Analyse, Synthese, Induktion, Deduktion u. dgl. befaßt) und spezielle (Logik der Mathematik, der Natur-, der Geisteswissenschaften).

Insofern die Logik nicht auf die Objekte der Erkenntnis geht, sondern direkt es nur mit dem Formalen des denkenden Erkennens, mit der (logischen) Gesetzlichkeit des Denkprozesses zu tun hat, ist sie eine formale Wissenschaft, welche sich von der Erkenntnistheorie (im engeren Sinne) auch dadurch unterscheidet, daß für sie die Realitätsart des Gedachten zunächst nicht in Betracht kommt; jedes richtige Denken, ob es nun mit wirklichen oder ideellen oder eingebildeten Objekten sich beschäftigt, wird von der Logik in bezug auf seine Gesetzlichkeit untersucht und bestimmt. Welchen bestimmten Urteilen ein realer Sachverhalt entspricht oder entsprechen kann, dies wird von ihr im allgemeinen nicht unter-

---

*) Von anderen (z. B. Herbart) wird diese als selbständige („propädeutische") Disziplin der Philosophie aufgefaßt. Wieder andere betrachten die Erkenntnistheorie als Teil der „Logik" (z. B. Wundt), während z. B. H. Cohen Logik und Erkenntnistheorie in eins zusammenfaßt.

sucht, dies ist Sache der Einzelwissenschaften oder (bei fundamentalen Urteilen, bei aller Erfahrung zugrundeliegenden Grundsätzen) der Erkenntniskritik. Die Logik hingegen hat es nicht mit der Entscheidung über diese „materiale Wahrheit" als solche zu tun, wenn sie auch feststellt, was materiale Wahrheit ist und auf welchen Beziehungen sie allgemein beruht, sondern sie stellt die Normen für die Richtigkeit (auch „formale Wahrheit"), d. h. die Einstimmigkeit des Denkens mit sich selbst, auf. Das logische Denken ist das absolut gesetzliche Denken, das von den allgemeinen Denknormen beherrschte und im einzelnen mit sich kongruente, konsequente Denken; ob aber die materialen Voraussetzungen, von welchen das Denken ausgeht, auf Wahrheit Anspruch machen dürfen oder nicht, ob etwa ein Urteil wirklich aus der Erfahrung abstrahiert oder nur „Vorurteil" ist, das kümmert sie nicht, wenigstens nicht in erster Linie und direkt. Ein Denken (etwa ein Schluß) kann (formal) richtig sein, d. h. mit logisch-zwingender Gesetzlichkeit aus Urteilen hervorgehen, und doch muß es nicht auch (material) wahr sein; umgekehrt gibt es Urteile, die wahr sind und doch nicht richtig gefolgert sind. Daß das Gedachte mit dem Seienden übereinstimme, ihm konform sei, ist zwar ein Ideal der Erkenntnis, aber von einer vollendeten Identität des Denkens mit dem Sein (wie z. B. Hegel sie annahm) oder auch von einem Parallelismus beider (wie Schleiermacher, Trendelenburg u. a. sie voraussetzen) kann nicht die Rede sein, wenigstens nicht für das endlich-beschränkte menschliche Denken.

Die Logik ist formal, insofern sie die Formen, Gesetzlichkeiten des richtigen — zwar nicht immer „wahren", aber zur Erreichung von Wahrheit tauglichen, notwendigen — Denkens darstellt. Sie sieht von der Besonderheit der Erkenntnis- und Denkobjekte ab, welche sie nur als spezielle Methodenlehre insofern berücksichtigen muß, als hier die Anwendung des Denkverfahrens auf mannigfache Gebiete des Erkennens und mit Beziehung auf dieselben in Frage kommt. Keineswegs kann aber die Logik von allem und jedem Denkinhalt absehen, da es ein „reines" Denken konkret nicht gibt und die künstliche Ablösung des Denkprozesses von jeder Besonderheit seiner Anwendung zu einem toten Formalismus führt, der für den lebendigen Betrieb der Wissenschaft ziemlich unfruchtbar bleibt. Als Reaktion gegen die formalistische Logik*) ist denn auch eine „Gehalts-Logik" aufgetreten, die nicht bloß den Denkinhalt berücksichtigt, insofern er den Stoff für das logische Denken abgibt, sondern geradezu die Logik der Erkenntnistheorie, ja der Ontologie gleichsetzt. So betrachtet die metaphysische Logik Hegels die „dialektische", durch den in den Begriffen steckenden „Widerspruch" ausgelöste Denkbewegung als identisch mit der Entwicklung der Wirklichkeit, welche an sich selbst „Begriff", Idee, Logos ist. Die formale Logik wird hier gering geschätzt, ebenso von der erkenntnistheoretischen Logik, welche zum Gegenstande die allgemeinen Denkgebilde hat, die in Einem Bestimmtheiten, Formen, Konstituenten des Seienden sind (Einheit, Ding, Qualität usw.); es wird hierbei vorausgesetzt, daß das Seiende ein Gedachtes, ein allgemeingültiger, notwendig gesetzter Denkinhalt ist, nicht eine jenseits des Bewußtseins, des Wissens (Bewußten) belegene, „transzendente" Realität.**)

---

*) Eine formalistische Logik gibt (neben der erkenntniskritischen, „transzendentalen") Kant. Sie „abstrahiert von allem Inhalte der Verstandeserkenntnis und der Verschiedenheit ihrer Gegenstände und hat mit nichts als der bloßen Form des Denkens zu tun" (Logik, S. 78). Im Sinne Herbarts erklärt z. B. Volkmann: „Die Aufgabe der Logik besteht in der Darstellung jener Gesetze, denen das Denken seine Richtigkeit in formaler Beziehung verdankt" (Lehrbuch der Psychologie I⁴, 52).

**) Nach Hegel ist die Logik eins mit der Metaphysik, der „Wissenschaft der Dinge in Gedanken gefaßt, welche dafür galten, die Wesenheiten der Dinge auszudrücken" (Encycl. § 24). Nach Schuppe ist die Logik „die Wissenschaft von dem objektiv gültigen, d. i. dem aus dem Wesen des Bewußtseins überhaupt notwendigen Denken, d. i. von dem ins Bewußtsein aufgenommenen oder bewußt gewordenen wirklichen Sein" (Gr. d. Log., S. 99). „Die Logik lehrt also nicht eine subjektive Verfahrungsweise des bloßen Denkens (ohne Objekte) — die ist gar nicht denkbar —,

Ein Gegensatz besteht ferner bezüglich der Frage nach der Stellung der Logik zur Psychologie. Die psychologistische Logik (J. St. Mill, A. Bain, F. Brentano, Th. Lipps, G. Heymans u. a.) betrachtet die Logik entweder als einen Teil oder eine Anwendung der Psychologie oder aber doch als eine auf der Psychologie fußende, von ihr abhängige Wissenschaft. Hiernach sind die logischen Gesetzmäßigkeiten nur ein Spezialfall psychologischer Gesetzlichkeit, die Denkgesetze sind Abstraktionen aus Naturgesetzen psychischer Art. Demgegenüber behauptet die antipsychologische („reine") Logik die volle Selbständigkeit der Logik, welche mit Psychologie gar nichts zu tun habe, von ihr völlig unabhängig sei. Nicht wie in individueller Weise von diesem oder jenem gedacht werde, sondern wie allgemein gedacht werden soll, um richtig zu denken, kommt für die Logik in Frage. Die Denkgesetze seien nicht psychologisch-natürliche, sondern „Ideal-Gesetze", welche unabhängig von den Denkakten und dem Gedachtwerden seitens der Subjekte ihre Geltung beanspruchen und haben, als „Wahrheiten an sich" (wie schon Bolzano sagt). Mehr oder weniger antipsychologistisch bestimmen die Logik Kant, Herbart, Bolzano, Lotze, H. Cohen, Natorp, Husserl, B. Erdmann u.a. Mehr in vermittelnder Weise Sigwart, Wundt, Uphues, Höffding, M. Palágyi u. a.*)

---

sondern gibt inhaltliche Erkenntnisse, natürlich allgemeinster Art, vom Seienden überhaupt und seinen obersten Arten" (ebd. S. 4). H. Cohen erklärt: „Die Logik des Urteils erzeugt formal aus dem Urteil die Kategorien, als die reinen Erkenntnisse. Diese aber sind die Sachen, welche den Inhalt und Gehalt vornehmlich der mathematischen Naturwissenschaft ausmachen. Das formale Urteil erzeugte diese sachlichen Grundlagen, als die Voraussetzungen der Wissenschaft." Die Logik ist zugleich die Metaphysik, ist „Lehre vom Denken, welche an sich Lehre von der Erkenntnis ist" (System der Philosophie I, 12, 501).

*) Nach Husserl hat die reine Logik es nicht mit dem psychologischen Akt des Urteilens, sondern mit dem „Inhalt" des Urteils zu tun, welcher überzeitlich, ideell gilt, während ersterer vergänglich ist (Logische Untersuch. I, 119). Die reine Logik geht

Von der Logik gilt, da sie zur Erkenntnislehre (im weiteren Sinne) gehört, das gleiche in bezug auf ihr Verhältnis zur Psychologie. Diese bedeutet uns eine Hilfswissenschaft, nicht aber die eigentliche „Grundlage" der Logik. Die Logik ist weder reine noch angewandte Psychologie, muß aber die Beschreibung und Analyse des Denkprozesses entweder der Psychologie entnehmen oder selbst psychologisch durchführen. Das Denken ist zunächst ein (biologischer und) psychologischer Prozeß, der in bestimmter, typischer Form entsteht und verläuft. Es ist für den Logiker von nicht geringem Werte, zunächst die „Naturgesetze" des Denkens genau zu erkennen, zu sehen, wodurch das lebendige Denken bedingt ist, aus welchen Faktoren es hervorgeht, wie es mit Gefühl (Interesse) und Wille zusammenhängt, welche Rolle hierbei die aktive Aufmerksamkeit gegenüber den Vorstellungen und ihren Assoziationen spielt, worin sich die gedanklichen „apperzeptiven" Verbindungen von den „assoziativen" unterscheiden, u. dgl.; auch die b i o l o g i s c h e Bedingtheit des Denkens, die anfänglich fast ausschließliche Richtung desselben aufs Praktische, Lebenerhaltende ist zu berück-

---

auf die „Wahrheit an sich" (l. c. S. 190, 229). N a t o r p bestreitet, daß die logischen Gesetze biologische oder psychologische (oder teleologische) Gesetze seien; denn sie besagen nicht, „wie man im allgemeinen, unter normalen Umständen denkt, sehr oft aber auch nicht, sondern sie erklären ganz ohne einschränkende Bedingung ein solches und solches, bestimmten Forderungen genügendes Denken für richtig, das entgegengesetzte für falsch". Die „Frage der logischen Begründung ist eben wurzelhaft verschieden von der der Verursachung des Denkens". Logische Gesetze sagen auch nicht, wie man denken soll, sondern: „w e n n man so und so denkt, — ob man es tut oder tun sollte, danach ist gar nicht die Frage — so denkt man Wahres, d. h. w a s i s t, andernfalls Falsches, d. h. w a s n i c h t i s t. Und worauf gründet sich die Gewißheit dieses Seins und Nichtseins? Nicht auf tatsächliches So-denken oder dessen tatsächliche Bedingungen, noch auf die Folgsamkeit gegen ein normatives Gesetz, wie man denken soll; sondern rein am I n h a l t d e s G e d a c h t e n muß dies Sein und Nichtsein eingesehen werden können, überhaupt ohne Rücksicht auf das Denkgeschehen oder den Denkvollzug, sei es den wirklichen oder den geforderten" (Sozialpädagogik[2], S. 16 ff.).

sichtigen. Löst man die Logik völlig vom Biologisch-Psychologischen ab, so kommt man in Gefahr, das Produkt des Denkens als ein Absolutes zu nehmen, es zu hypostasieren und dadurch leicht aus der Logik eine Art Metaphysik zu machen. Anderseits ist zu bemerken, daß die Logik mit vollem Rechte, planmäßig und künstlich, von dem bloß „tatsächlichen" Verlauf des Denkens im einzelnen Subjekt absieht, nur das „rein logische", d. h. das von allen Störungen der Assoziation, des Gefühls, des Gedächtnisses, der Phantasie freie Denken, das absolut gesetzliche Denken zum Gegenstande hat. Das logisch gesetzliche Denken ist das Denken, wie es sein soll, um richtig zu sein, um als Mittel zur Wahrheitsfindung dienen zu können.*) Eine Isolation der logischen Beziehungen aus dem Ganzen konkreter Erlebnisse ist nicht nur möglich, sondern auch notwendig, damit das rein Gedankliche zur Geltung kommen kann.

Insofern die Logik die Gesetze, welche sie als Bedingungen des richtigen Denkens durch Reflexion findet, als für jeden richtig denken Wollenden absolut gültig, bindend feststellt, ist sie eine normative Wissenschaft. Die logischen Denkgesetze unterscheiden sich von den psychologischen, sie sind nicht wie diese unmittelbar „gegeben", das konkrete Denken wird nicht ausnahmslos von ihnen beherrscht. Sie müssen vielmehr vom Denkwillen selbst erst gesetzt werden, als Forderungen an sich selbst — wann und bei wem immer er auch in Ausübung tritt — als Postulate, die erfüllt werden müssen, soll anders der Denkwille zugleich

---

*) „Während die Psychologie uns lehrt, wie sich der Verlauf der Gedanken wirklich vollzieht, will die Logik feststellen, wie sich derselbe vollziehen soll, damit er zu richtigen Erkenntnissen führt. . . . Hiernach ist sie eine normative Wissenschaft, ähnlich der Ethik. Wie diese die Gefühle und Willensbestimmungen, deren Verhalten die Psychologie schildert, nach ihrem sittlichen Werte prüft, um Normen zu gewinnen für das praktische Handeln, so scheidet die Logik aus den mannigfachen Vorstellungsverbindungen unseres Bewußtseins diejenigen aus, die für die Entwicklung unseres Wissens einen gesetzgebenden Charakter besitzen" (Wundt, Logik I², 1).

Wille zur (formalen und auch materialen) Wahrheit, zum wahren, echten, korrekten, sein Ziel nicht verfehlenden Denken sein. Die logischen Denkgesetze sind demnach Willensgesetze (wie schon Wundt betont), sie entspringen dem Willen zur Einheit und Einstimmigkeit im Zusammenhange seiner Akte, im besonderen also der Denkakte, die in einer Beziehung zugleich „innere" Willensakte sind. Da die logischen Gesetze begriffliche Ausdrücke für die Formen des richtigen Denkens sind, da sie ohne ein richtiges Denken nicht möglich sind, vielmehr jedes richtige Denken durch sie bedingt ist, haben sie absolute Gültigkeit. Sie sind nicht abhängig von irgendwelcher Willkür, auch nicht von der Organisation der denkenden Subjekte, sie können nicht biologisch-psychologisch entstanden, erworben sein, da schon das erste Denken, um ein richtiges, wahres Denken (nicht bloße Assoziation oder ein durch irgendwelche Faktoren getrübtes, verschobenes Denken) zu sein, in dieser Gesetzlichkeit stattfinden mußte. Sie sind in diesem Sinne ursprünglich („a priori") oder, wenn man will, mit dem Denken zugleich (— welches wohl genetisch abzuleiten ist —) gesetzt, so daß sie also nicht vom Denken „abhängig" sind; denn es hat keinen Sinn, zu sagen, die Gesetzlichkeit des Denkens sei ein Produkt des Denkens, welches sie ja selbst schon konstituiert, bedingt.

Die logischen Gesetze (die fundamentalen und die abgeleiteten) sind also überindividuell, übersubjektiv gültig, sie gelten „ideal", ob sie nun wirklich anerkannt werden oder nicht. Aber sie haben keine Wesenheit „an sich", sie sind nichts ohne ein „Denken überhaupt", dem sie als Form oder Gesetzlichkeit zugehören; Denkgesetze ohne irgend ein mögliches Denken (und sei es das göttliche) sind ein Unding. An sich kann die Wirklichkeit, nicht aber die Wahrheit bestehen, welche die dem Sein entsprechende, konforme Denkbeziehung bedeutet, ohne welche sie nichts ist. „Absolut" ist ein Logisches, eine Wahrheit nur insofern, als ihre Geltung nicht von der Verwirklichung des Denkaktes, der sie zum Ausdruck bringt, abhängig ist, so daß sie (in Beziehung auf das, was sie gedanklich bestimmt, und vorausgesetzt, daß die Wahrheit absolut gewiß ist) „überzeitlich", d. h. für alle Zeit, oder auch abgesehen vom zeitlichen Moment, Gültigkeit besitzt.*) Die Gesetzlichkeit, die dem Denken anhaftet, die Wahrheit, die das Denken findet, setzt, sie geht vom denkenden Bewußtsein aus, setzt dieses voraus (als logische Gesetzlichkeit, als Wahrheit), löst sich aber auch gleichsam von ihm ab, tritt ihm als etwas relativ Selbständiges gegenüber, dem das Einzel- und Gattungsbewußtsein sich unterwerfen muß, unterwerfen will, wofern es sich des eigenen Wahrheitswillens irgendwie bewußt ist.

Die logischen Denkgesetze (der Satz der Identität, des Widerspruches, des ausgeschlossenen Dritten, des Grundes, nebst den auf ihnen beruhenden spezielleren Denkgesetzen) sind weder Seinsgesetze noch subjektive Abbilder von solchen, aber sie befähigen das Denken doch, wiewohl sie nur Formen desselben sind, — zur Erkenntnis der Wirklichkeit. Für sich allein sind sie formaler Art, aber da das Denken stets an einem von ihm verschiedenen Inhalt sich betätigen muß, für sich allein als reine Form nicht besteht, sind die Denkgesetze zugleich Gesetze der Verarbeitung des Denkinhalts, beziehen sich auf sie als allgemeinste Bedingungen, denen sie genügen müssen, um Objekte wissenschaftlicher Erkenntnis werden zu können. Indem die Denkobjekte ausnahmslos ihre Tauglichkeit, sich logisch erfassen und verarbeiten zu lassen, bekunden, zeigt sich, daß das Denken, ohne mit dem Sein identisch zu sein, doch dem Sein konform, zur geistigen Nachkonstruktion desselben in gewissem Sinne befähigt ist. Aber nicht das „reine" Denken vermag der Wirklichkeit beizukommen,, sondern nur das aus der anschaulichen Erfahrung schöpfende und sich an ihr

*) Vgl. dazu die Ausführungen von Husserl, Uphues, Palágyi, Twardowski (Archiv für Philosophie, 1902). Nach M. Palágyi sprechen wir im Urteil die ewige Wahrheit des Stattfindens (Statt-Gefundenhaben) der vergänglichen Tatsache aus (Die Logik auf dem Scheidewege, S. 164).

ständig orientierende Denken. Eine wechselseitige Anpassung von Denken und Erfahrung aneinander zeitigt allein Erkenntnis im objektiven Sinne und von größtmöglicher Gewißheit und Allgemeinheit.

Unter logischer Notwendigkeit ist die Sicherheit und die unmittelbar im Denken zum Bewußtsein kommende, durch sich selbst gewisse („evidente") Bestimmtheit der gedanklichen Gesetzlichkeit zu verstehen. Wo gewisse subjektiv-psychologische Hemmungen nicht bestehen, ist jeder Denkende sich der Notwendigkeit der logischen Denkweise ohne weiteres bewußt. Diese Notwendigkeit ist aber kein von außen an das Subjekt herantretender Zwang, auch nicht ein „innerer Zwang", wie er im associativen und im Triebleben herrscht, sondern eine durch die Natur des Denkens, der Vernunft selbst gesetzte Notwendigkeit. Sie steht keineswegs im Widerspruch zur Tatsache, daß alles Denken eine aktive Ich-Tätigkeit, ein (innerer) Willensakt, also insofern „frei" ist. Ebenderselbe Wille, der (als „Denkwille": Sigwart) sich die Wahrheit, die Erkenntnis zum Ziel nimmt, anerkennt, wenn er die einzelnen Momente des Gedankenprozesses in gesetzlicher Weise, notwendig verknüpft, seine eigene, in seiner Einheit und Einstimmigkeit wurzelnde Gesetzlichkeit, die zugleich teleologische Art ist, insofern jedes Denkmoment ein mit dem Denkziele mitgewolltes Denkmittel ist. Wie bei jedem Akte des „freien Willens" findet im Denken eine Selbstdetermination des Willens statt. Die absolute Gewißheit des rein Logischen beruht also darauf, daß das Subjekt des Denkens (welches eins ist mit dem des Wollens, denn Verstand und Wille sind nicht zwei „Vermögen", sondern nur verschiedene Betätigungsweisen einer Kraft, die als Kraft stets Willenskraft ist) im Verlaufe des Denkprozesses seine Einheit bewährt, und daß es am Denkzusammenhange unmittelbar die Gültigkeit seiner Operationen einzusehen vermag; insofern die Mathematik angewandtes Denken ist (denkende Verarbeitung von Größen bzw. Größenbegriffen), gilt von ihrer „Evidenz" das gleiche. In diesem Sinne ist die Gewißheit des Logischen von der

Erfahrung, an und in der sie zur Betätigung gelangt, unabhängig, sie ist nichts „Empirisches".

Als Wissenschaft hat Aristoteles die Logik begründet, welche er (wie auch andere) stark an die Grammatik anlehnt, wiewohl zu beachten ist, daß die Grammatik nicht so sehr der Ausdruck logischer als psychologischer Gesetzlichkeiten ist, so daß sie nicht zum Ausgangspunkte der logischen Untersuchung genommen werden darf. Weitergebildet wurde die Logik insbesondere von den „Peripatetikern" Theophrast und Eudemus sowie von den Stoikern und Epikureern (Lehre von der Induktion u. a.). Die scholastische Logik fußt im wesentlichen auf den Lehren des Aristoteles, die sie aber auch weiterbildet, und mit der sie auch den Umstand gemein hat, nicht formalistisch zu sein, wiewohl zu einem logischen Formalismus von ihr in späterer Zeit der Grund gelegt wird. Die Reform der Logik durch Petrus Ramus (dessen Gliederung der Logik vorbildlich geworden ist) hat keine besondere Bedeutung. Die Lehre von der logischen Induktion begründet neu der antischolastisch denkende F. Bacon. Durch Descartes, Locke, Leibniz, Tschirnhausen, Chr. Wolff, Ploucquet u. a. wird die Logik in verschiedener Weise weitergeführt. Kant und Herbart arbeiten eine formalistische Logik aus. Hegel begründet eine metaphysische Gehaltslogik, während Schleiermacher, H. Ritter, Beneke, Ueberweg u. a. vermittelnd lehren. Eine „induktive", besonders die Methodenlehre neu ausgestaltende und wissenschaftlich erst eigentlich fruchtbar machende Logik begründet J. St. Mill. Für die Lehre vom Urteil und Schließen kommen u. a. W. Hamilton („Quantifikation des Prädikats"), sowie Boole, Jevons u. a. in Betracht, welche den „Logical-Calcul" („Logischen Algorithmus"), d. h. die anstatt sprachlicher sich mathematischer Zeichen bedienende Logik begründen, die auch von McColl, Delboeuf, Schroeder u. a. bearbeitet worden ist. In bezug auf die Urteilstheorie unterscheidet man (quantitative) „Umfangs-" und (qualitative) „Inhalts-Logik" (vgl. darüber B. Erdmann, Logik I, 246ff.), je nach der Auffassung des Verhältnisses zwischen Subjekt und Prädikat des Urteils. In neuester Zeit waltet ein Streit zwischen psychologischer und „reiner" Logik. Zwischen formalistischer und „erkenntnistheoretischer" Logik (Schuppe, H. Cohen u. a.) vermitteln Wundt, Sigwart, B. Erdmann u. a. Manche Förderung hat die Logik durch die Schule von F. Brentano erfahren, wie überhaupt die scheinbar abgeschlossene, erstarrte Logik in der Gegenwart neues Leben erhalten hat.

Im zunächst Folgenden haben wir es nun wesentlich nur mit erkenntnistheoretischen (nicht formal-logischen)

Problemen zu tun, welche von fundamentaler Bedeutung sind. Die erkenntnistheoretischen Grundprobleme bzw. die allgemeinen Richtungen der für sie in Betracht kommenden Antworten lassen sich in eine Dreizahl („trichotomisch") gliedern. Erstens erhebt sich die Frage nach der Möglichkeit einer (wahren, sicheren, objektiven) Erkenntnis überhaupt, damit in Verbindung auch die Frage nach dem Umfang und den Grenzen der Erkenntnis (Dogmatismus, Skeptizismus, Positivismus, Kritizismus). Zweitens besteht das Problem vom Ursprung der Erkenntnis (Rationalismus, Empirismus, Kritizismus im engeren Sinne). Endlich wird nach der Art der Gültigkeit, der Existenz, der Realität des Erkenntnisinhaltes gefragt (Realitätsproblem), welche Frage verschieden beantwortet wird, je nachdem der Standpunkt des Realismus, Idealismus oder des Phänomenalismus (Ideal-Realismus) eingenommen wird.

Spezielle Probleme erkenntnistheoretischer Art beziehen sich auf das Außenweltsbewußtsein, den Raum- und Zeitbegriff, den Begriff der Zahl, der Kausalität, der Substanz, der Kraft, des Zweckes, des Seins, des Werdens u. dgl., kurz auf die Erörterung der Bedeutung der Grundbegriffe des Denkens.

§ 4.

Das Problem der Erkenntnismöglichkeit.

Der naive Mensch glaubt geradezu „instinktiv" — natürlich nicht abstrakt, sondern im und mit dem Wahrnehmen und Denken — an die Erkennbarkeit der Dinge. Er sieht, wie sein Wille, sich in der Welt zu orientieren, die Verhaltungsweisen der Dinge nicht nur von Fall zu Fall zu kennen, sondern auch allgemein zu antizipieren, vorauszuwissen, vielfach realisiert werden kann und ist so zwar von der Beschränktheit menschlichen Wissens mehr oder weniger überzeugt, aber doch darüber nicht im geringsten zweifelhaft, daß es etwas wie eine Erkenntnis für den Menschen gibt.

Nun will aber auf einer gewissen Stufe der Kulturentwicklung der Mensch nicht bloß die Mannigfaltigkeit der Objekte und ihrer Eigenschaften kennen lernen, er will auch wissen, was sie im Grunde zusammenhält, er will, als Philosoph, die „Prinzipien", die Urgründe der Dinge erkunden. Er bedient sich hierbei des Denkens, mittels dessen er über die Erfahrung hinausgeht und die „Wesenheiten" der Dinge so bestimmt, wie sie ihm in Wirklichkeit zu sein scheinen. Er wird so zum „Metaphysiker", der schließlich überzeugt ist, der Mensch könne durch die Kraft seines Denkens das Seiende, wie es unabhängig vom Erkennen ist, erfassen. Oder aber der Mensch, der Philosoph, traut der Erfahrung, der Wahrnehmung ohne weiteres zu, sie sei fähig, die Wirklichkeit der Dinge uns nahe zu bringen.

Wer nun in dieser Weise, und zwar o h n e v o r h e r gehende Prüfung der Leistungsfähigkeit der Erfahrung oder des Denkens, die Möglichkeit einer allgemeingültigen, sicheren, objektiven, insbesondere einer metaphysischen (auf das Unerfahrbare gerichteten) Erkenntnis voraussetzt und demgemäß auch darauf los philosophiert, ist ein „Dogmatiker" ($\delta\delta\gamma\mu\dot{\alpha}$, Behauptung), und dieser Standpunkt, dieses Verfahren selbst heißt (seit K a n t) D o g m a t i s m u s. Dogmatisch ist also der naive Mensch mit seiner Weltanschauung (seiner „Protophilosophie"), dogmatisch ist in bezug auf die von ihr verwendeten Grundbegriffe die Einzelwissenschaft als solche, dogmatisch war aber auch vielfach und lange eine Wissenschaft, die es absolut nicht sein darf, die Philosophie. Insbesondere heißt diejenige Philosophie dogmatisch, welche aus bloßen Begriffen, durch „reines" Denken die nicht erfahrbare Wirklichkeit metaphysisch ableiten zu können glaubte (typisch z. B. S p i n o z a, C h r. W o l f f). Der „Dogmatiker" kennt zwar vielfach die Beschränktheit des endlichen, menschlichen Geistes, er weiß z. B., daß Gott nicht voll und gleichsam in concreto zu erkennen ist, aber die Grenzen der Erkenntnis steckt er doch recht weit ab, er zweifelt vor allem nicht an der Möglichkeit unbedingt sicherer Urteile auch dem „Übersinnlichen" gegenüber, er glaubt an die Kraft der Vernunft, aus sich heraus absolut gültige Erkenntnisse der „an sich" bestehenden Wirklichkeit zu gewinnen.

Wer, unterstützt durch eine gewisse Naturanlage, einen besonderen Sinn für die Irrungen und Täuschungen der Sinne, des Denkens hat, wer insbesondere die Widersprüche zwischen den Aussagen verschiedener Denker bemerkt, wessen Denken schließlich so geartet ist, daß er aus dem Wirrwarr verschiedener (fremder und eigener) Urteile über die Beschaffenheit des Seienden nicht herauskommt, wird leicht dazu kommen, die Erkennbarkeit der Dinge zu bezweifeln, an ihr zu verzweifeln, d. h., er wird den Typus des „Skeptikers" (σκέπτομαι, spähen, prüfen) repräsentieren, sich der „Skepsis" hingeben. Der Skeptizismus ist also der Standpunkt der Bezweiflung bzw. der Verneinung wahrer, sicherer, objektiver Erkenntnis. Was die Dinge selbst (an sich) sind, wissen wir nicht, noch mehr: es gibt kein allgemein gültiges Wissen, nur die Möglichkeit fallweiser Entscheidung, aber nicht über den Charakter der Dinge selbst, sondern nur über die Art und Weise, wie sie von diesem und jenem erlebt werden, wie sie uns also jedesmal und unter besonderen Umständen erscheinen. Wir haben nicht das Recht zu sagen: es ist so, sondern nur: es scheint (mir oder anderen) so, es stellt sich dem einzelnen Subjekt jetzt und hier so dar (individualistischer Subjektivismus), in der und der Beziehung (Relation) zum einzelnen Subjekt (individualistischer Relativismus). Nichts ist absolut gewiß, an allem läßt sich zweifeln (daß es so ist, wie wir es beurteilen), da sowohl die Sinne als auch das Denken täuschen können. Keine Aussage ist (im objektiven Sinne) sicherer, berechtigter als die andere, die verschiedenen, einander entgegengesetzten Urteile halten sich das Gleichgewicht („Isosthenie"). Da die Sinneswahr-

nehmung verschieden ist je nach der Art des Wahrnehmenden und seiner Beziehung (Stellung) zu den
Dingen, ist das Wirkliche außer uns unerfaßbar. Da das
Schließen und Beweisen sich im „Zirkel" dreht („circulus
vitiosus") oder aber ins Unendliche führt (weil die Voraussetzung selbst einen Beweis verlangt usw.), ist ein sicheres
Urteil über die wahre Beschaffenheit der Dinge nicht möglich,
um so weniger, als wir nicht einmal ein sicheres Erken-
nungszeichen, ein Kriterium für Wahrheit im allgemeinen
besitzen. Um nun der Unruhe und Verwirrung zu entgehen,
ist es am besten, sich jeder objektiv gemeinten Behauptung zu
enthalten, auf Erkenntnis zu verzichten (Urteilsenthaltung,
ἐποχή, welche die Gemütsruhe, die ἀταραξία, mit sich bringt).
Dies ist ein praktisches Motiv des Skeptizismus, insbesondere
des antiken, bei dem sich die angeführten Argumente finden.

Der universale Skeptizismus bezweifelt jedwede (absolute, objektive) Erkenntnismöglichkeit. Der partielle Skeptizismus betrifft nur besondere Gebiete des Erkenntnisstrebens
oder der Wertung. So ist ein religiöser Skeptiker, wer
die Existenz einer Gottheit in Frage stellt (z. B. Protagoras), und der ethische Skeptizismus bezweifelt oder
negiert die Allgemeingültigkeit sittlicher Werte.

Der radikale (extreme, absolute) Skeptizismus (theoretischer Nihilismus") anerkennt keinerlei Art von Erkenntnissen; sicher sind ihm nicht einmal die Axiome der Logik
und der Mathematik, die Denkgesetze haben keine absolute
Gültigkeit. Der gemäßigte Skeptizismus bezieht seine
Skepsis nur auf die Erkenntnis der Wirklichkeit außer uns.
Ein Wissen von dieser ist nicht zu gewinnen, wir können
nicht sagen, ob sie so oder so ist. Wird betont, daß das
jenseits aller Erfahrung Belegene nicht mit Sicherheit zu
erkennen ist, so wenig, daß überhaupt kein Urteil mit Recht
über dessen Beschaffenheit zu fällen ist, und zwar ohne
prinzipienhafte Prüfung der Erkenntniskraft, so ist das ein
metaphysischer Skeptizismus (auch — seit Huxley —
als „Agnostizismus", ἀ-γνῶσις) bezeichnet, der mit dem „Positivismus" vereinbar ist, ja, geradezu die Kehrseite des Positi-

vismus ist. Insofern der Skeptizismus die Unerkennbarkeit der Dinge ohne genügende Kritik entschieden behauptet, ist er in Wahrheit „negativer Dogmatismus". Der Skeptizismus als bloßer methodischer Grundsatz, nichts für sicher anzunehmen, was nicht durch das Denken geprüft wurde, ist ein „methodischer Skeptizismus" („Methodischer Zweifel", „doute méthodique": Descartes).

Skeptische Aussprüche finden sich im einzelnen schon bei Xenophanes, Demokrit, bei den Sophisten (Subjektivismus), insbesondere bei Gorgias (Nihilismus). Dem Skeptizismus begegnet Sokrates durch seine begrifflich-induktive Methode, welche zu Allgemeingültigem, Objektivem führt. Einen gemäßigten Skeptizismus, für den es wenigstens eine Wahrscheinlichkeitserkenntnis gibt, vertritt die „Akademie". Extremer faßt den Skeptizismus auf der „Pyrrhonismus". Die bekanntesten dieser Skeptiker sind Pyrrhon, Timon der Sillograph, Aenesidemus, Agrippa, Arkesilaus, Karneades, Sextus Empiricus. „Skeptische Tropen" sind die Gründe für die Unerkennbarkeit der Dinge. Das Mittelalter kennt wenig Skepsis, ist sowohl sehr glaubensstark als auch von der Macht der Vernunft (des „lumen naturale") zur Erkenntnis überzeugt; doch fehlt es nicht ganz an Skeptikern, zu denen besonders Algazel gehört. Im 16. und im 17. Jahrhundert erwacht die Skepsis teils methodisch (Descartes), teils aber auch prinzipiell zu neuem Leben, als Zweifel an der Erkenntniskraft des Menschen (wobei der religiöse Glaube nicht selten als um so sicherer dargetan wird). Zu nennen sind besonders Agrippa, Montaigne, Charron, Huet, Hirnhaim, Pascal, Bayle, Glanvill. Metaphysischer Skeptiker, zugleich Positivist ist Hume, während Kants Kritizismus über Dogmatismus und Skeptizismus hinausgeht. Skeptische Elemente finden sich bei französischen Aufklärern, ferner in den Lehren von S. Maimon, G. E. Schulze u. a. „Niedere" und „höhere" (methodische) Skepsis unterscheidet Herbart. Von neueren Skeptikern seien Nietzsche (erkenntnistheoretisch und, teilweise, auch ethisch), R. Shute, F. Mauthner genannt. Vielfach herrscht in der Gegenwart ein gewisser „Stimmungsskeptizismus", der mit der Zerfahrenheit des hastigen Lebens der Zeit zusammenhängt.

Negiert der Skeptizismus die Möglichkeit jeder Wissenschaft und inhaltlich bestimmten Philosophie, so geht die Ansicht des Positivismus nur dahin, daß eine Erkenntnis von nicht erfahrbaren Wesenheiten der Dinge unmöglich,

Metaphysik nichts ist als Phantasiespiel ohne jeden objektiven Wert. Aber die Erkennbarkeit der Objekte wird nicht geleugnet, es gibt vielmehr neben vielem Wahrscheinlichen auch feste, sichere Sätze, nur bezieht sich die Erkenntnisfähigkeit nicht auf das Übersinnliche, sondern einzig und allein auf das „Positive", „Gegebene" („Gegebenheitsstandpunkt"), Erfahrbare, Wahrnehmbare, auf die „Tatsachen" und deren konstante Beziehungen und „Abhängigkeiten". Gegenstand der Erkenntnis sind die Gesetze der Verknüpfung der Erfahrungsinhalte, der Phänomene; was „an sich" existiert, kommt für uns nicht in Frage. Alle „metaphysischen" Voraussetzungen und Begriffe (z. B. die von unbekannten „Prinzipien", Urkräften u. dgl.) sind aus der Wissenschaft zu eliminieren, da sie nichts als Fiktionen sind. Beschreibung und Erklärung des Gegebenen durch anderes, bekanntes, allgemeines Gegebenes oder nur analog Gedachtes ist die einzig exakte Methode der Wissenschaft. Alle durch Erfahrung nicht verifizierbaren Hypothesen sind zu vermeiden, die Wissenschaft soll ein möglichst treues Bild von den Tatsachen der Erfahrung selbst geben, möglichst „reine Erfahrung" begrifflich zusammenfassen, nichts seitens des Denkens selbständig hinzufügen.

Der Ausdruck „Positivisme" geht auf Comte zurück, dessen System „Positivismus" im engeren Sinne heißt. Positivistisch im weiteren Sinne denkt die moderne Wissenschaft, insofern sie nach einer möglichst getreuen Rekonstruktion der Tatsachen strebt, möglichst das „Metaphysische" eliminiert. Davon ist aber der philosophische Positivismus als Prinzip zu unterscheiden. Keimhaft ist derselbe schon in gewissen Lehren der Sophisten, der Kyrenaiker, der Skeptiker angelegt. Unter den neueren Denkern, welche positivistische Äußerungen machen, sind besonders D'Alembert und Turgot zu nennen. Als Begründer des Positivismus ist David Hume zu betrachten, welcher als entschiedener Gegner aller metaphysischen Denkweise auftritt. Er bemerkt: „Es gibt ja keine wichtigere Forderung für einen wahrhaften Philosophen als die, daß er das ungezügelte Verlangen, nach Ursachen zu forschen, unterdrückt und, wenn er eine Lehre auf eine genügende Anzahl von Beobachtungen aufgebaut hat, sich damit zufrieden gibt, sobald er sieht, daß eine weitere Untersuchung ihn in dunkle und ungewisse Spekulationen führen muß" (Treatise I, sct. 4). Als

System hat den Positivismus („philosophie positive") mit Erfolg Aug. Comte begründet. Nach dem „Gesetz der drei Stadien" (lois des trois états) ist die menschliche Wissenschaft erst anthropomorphistisch-theologisch, dann abstrakt-metaphysisch, endlich „positiv", die Gesetzlichkeiten der Phänomene selbst darstellend. „Tous les bons esprits," sagt Comte, „reconnaissent aujourdhui que nos études réelles sont strictement circonscrites à l'analyse des phénomènes pour découvrir leurs lois effectives, c'est-à-dire leurs relations constantes de succession ou de similitude, et ne peuvent réellement concerner leur nature intime ni leur cause, ou première ou finale, ni leur mode essentiel de production" (Cours de philosophie positive I, leç. 28). Positivisten sind Littré, Taine, Renan (teilweise), im weiteren Sinne J. St. Mill, Lewes, Huxley, Ch. Darwin (Agnostizismus), H. Spencer, ferner L. Feuerbach, E. Dühring, E. Laas, C. Göring, W. Dilthey, Fr. Jodl u. a., im Sinne des Empirismus (s. unten) R. Avenarius, E. Mach u. a.

Mit dem Positivismus teilt der Kritizismus die Überzeugung von der Unmöglichkeit einer über die Erfahrung hinausgehenden, auf das „Transzendente" gerichteten Metaphysik, ferner auch die Betonung der Erkennbarkeit der Erfahrungsobjekte. Aber er unterscheidet sich von ihm doch in wesentlichen Punkten. Erstens hält er die (begründeten) metaphysischen Annahmen, wiewohl sie keine Erkenntnisse sind, doch für berechtigt (etwa vom Standpunkt der „praktischen Vernunft", der Postulate des Menschengeistes in bezug auf die Begreiflichkeit des Daseins und der bestehenden Werte). Zweitens begründet er die Unerkennbarkeit des Nichterfahrbaren prinzipienhaft durch Kritik des Erkenntnisvermögens oder er stellt (als Kritizismus im weiteren Sinne, der noch nicht identisch ist mit der besonderen Form des von Kant begründeten Kritizismus) mittelst der Kritik nur den hypothetischen Charakter aller metaphysischen Aussagen fest. Endlich erblickt er im Denken eine Quelle von Erkenntnisbedingungen, die mehr Gewißheit und Notwendigkeit in das Erkennen bringt, als es die bloße Beschreibung von Erfahrungsinhalten je vermöchte. Das metaphysische Denken kann höchstens eine gewisse Wahrscheinlichkeit beanspruchen; die Aussagen über Tatsachen können durch

Induktion usw. zu größtmöglicher Sicherheit erhoben werden; die Aussagen aber über das Formale der Erkenntnis (über deren „Grundsätze") gelten unbedingt, a priori, bedingen alle wissenschaftliche Erfahrung, sind nicht schon durch sie gegeben, sondern entspringen entweder der „reinen Vernunft" („Apriorismus") oder der denkenden Verarbeitung der „Erfahrung". Es gibt also — auf Grund der Kritik wird dies gefunden, nicht vorurteilsmäßig oder aus ungenügender Einsicht — für den Menschen so weit sichere und wahrscheinliche Erkenntnis, als mögliche (potentielle) Erfahrung reicht und ferner in bezug auf die Grundlagen der Erfahrung (die Anschauungs- und Denkformen und die in ihnen gründenden Sätze). Kennen wir auch nur die Dinge, so wie sie für uns (für die Menschheit als Ganzes: genereller Subjektivismus), in Relation zu uns (genereller Relativismus) sind, wie sie uns „erscheinen", also wie sie als „Phänomene" (Erscheinungen), nicht wie sie „an sich" (unabhängig von aller Erkenntnis) sind, so hindert dies doch keineswegs die Erkenntnis fester Relationen dieser Phänomene sowie die Bestimmung ihrer Eigenschaften (Qualitäten und Quantitäten). Es gibt demnach nach Kant empirische und „apriorische" Erkenntnis, aber letztere bezieht sich nur auf Gegenstände möglicher Erfahrung, nicht auf das unbekannte „Ding an sich". Erkenntnis ist hiernach nicht Ableitung der Dinge, sondern Verarbeitung der Erfahrungsinhalte, des „Gegebenen" durch die gesetzmäßigen Funktionen des Geistes, so daß die Objekte der Erkenntnis ungeachtet der „Subjektivität" des Erkenntnisprozesses als solchen in ihren konstanten Bestimmtheiten wohl erfaßbar sind.

Den Kritizismus als neue Grundlegung der Erfahrung und des Denkens hat Kant durch seine „Kritik der reinen Vernunft" begründet, welche feststellen will, was das Erkenntnisvermögen aus sich heraus zu leisten vermag und wie weit es reicht. Die Kritik „beschneidet dem Dogmatismus gänzlich die Flügel in Ansehung der Erkenntnis übersinnlicher Gegenstände" und geht darauf aus, „etwas Gewisses und Bestimmtes in Ansehung des Umfanges unserer Erkenntnis a priori festzusetzen". Eine „Metaphysik" ist nur in der Weise möglich, daß sie als Inbegriff „apriorischer" (unbedingt notwendiger), die Erfahrung überhaupt und in ihren verschiedenen Formen („Metaphysik der Natur", „Metaphysik der Sitten") kon-stituierender, bedingender Grundbegriffe und Grundsätze durch-geführt ist. Dies setzt voraus, daß die Gegenstände sich nach der Gesetzlichkeit des Intellekts richten, indem sie ja nach Kant von den apriorischen (ureigenen) Formen der Anschauung und des Denkens abhängig sind. „Bisher nahm man an, alle unsere Er-kenntnis müsse sich nach den Gegenständen richten; aber alle Versuche, über sie a priori etwas durch Begriffe auszumachen, wodurch unsere Erkenntnis erweitert würde, gingen unter dieser Voraussetzung zunichte. Man versuche es daher einmal, ob wir nicht in den Aufgaben der Metaphysik damit besser fortkommen, daß wir annehmen, die Gegenstände müssen sich nach unserer Erkenntnis richten, welches so schon besser mit der verlangten Möglichkeit einer Erkenntnis derselben a priori zusammenstimmt, die über Gegenstände, ehe sie uns gegeben werden, etwas fest-setzen soll. Es ist hiermit ebenso als mit den ersten Gedanken des Kopernikus bewandt, der, nachdem es mit der Erklärung der Himmelsbewegungen nicht gut fort wollte, wenn er annahm, das ganze Sternenheer drehe sich um den Zuschauer, versuchte, ob es nicht besser gelingen möchte, wenn er den Zuschauer sich drehen und dagegen die Sterne in Ruhe ließ" (Kritik der reinen Vernunft, S. 18). Wir erkennen von den Dingen nur das a priori, d. h. ohne erst auf Erfahrung und Induktion rekurrieren zu müssen, „was wir selbst in sie legen" (ib.). Zum Kritizismus kam Kant besonders, seitdem er durch das Studium Humes (bei dem, teilweise auch schon bei Locke und Leibniz Keime des Kritizismus bestehen) aus seinem „dogmatischen Schlummer" erweckt wurde. Über den Kritizismus in bezug auf das zweite Erkenntnisproblem vgl. den nächsten Paragraphen.

Sollen wir nun auch selbst Stellung nehmen zu dem Problem der Erkenntnismöglichkeit, so gehen wir am besten von der Kritik des Skeptizismus aus. Als methodischer Grundsatz, nichts ohne Prüfung als gesichert hinzunehmen, nicht vorschnell der Leistungsfähigkeit unseres Intellekts zu trauen, das Zweifelhafte als solches anzuerkennen, kurz, als Gegengift gegen jeglichen Dogmatismus ist die Skepsis von hohem Werte. Sonst aber, prinzipiell durchgeführt und festgehalten, führt der Skeptizismus leicht zu einer Schwä-chung des Denkens und zu einem theoretischen „Indifferen-tismus", zur Gleichgültigkeit gegenüber Problemen, welche der Menschheit doch am Herzen liegen müssen und es stets auch werden. Aber der Skeptizismus ist kein notwendig einzunehmender Standpunkt, ja es läßt sich zeigen, daß ein absoluter radikaler Skeptizismus gar nicht konsequent durchzuführen ist.

Entweder erklärt der Skeptiker vorsichtig, man könne nicht einmal wissen, ob Erkenntnis möglich sei oder nicht. Dann steht es uns frei, wenigstens den Versuch zu machen, das, was wir unter „Erkenntnis" verstehen, weiterzuführen, da ja immerhin die Möglichkeit einer Erkennbarkeit der Dinge nicht ausgeschlossen ist. Aber diese Behauptung des Skeptikers ist als unrichtig zu erweisen, was weiter unten geschehen wird. Oder aber der Skeptiker behauptet entschieden die Unmöglichkeit einer Erkenntnis, bestimmter Umstände wegen. Durch solche Behauptung hat aber der Skeptiker schon stillschweigend die Tatsache einer Erkenntnis zugestanden, denn er hat ja etwas wahr sein Sollendes ausgesagt 1. betreffs der „Erkenntnisunmöglichkeit", 2. betreffs des Waltens bestimmter Umstände, welche diese verhindern. Die Behauptung: „alles ist zweifelhaft" ist entweder auch zweifelhaft, dann schlägt sich der Skeptizismus selbst, noch mehr aber, wenn er erklärt: „es kann keine Wahrheit geben" — denn dann ist auch dieser Satz nicht wahr, jedenfalls aber nicht sicher. Oder die Behauptung ist wahr, ist sicher — dann ist sie eben schon eine Erkenntnis, und wenn man sie analysiert und begründet, dann muß man damit alle Prinzipien anerkennen, die man in Frage stellen wollte (Denknotwendigkeit, Schlußkraft, Beweiskraft usw.).

Die Macht und Geltungssicherheit der logischen Grundsätze ist eben so groß, daß der Skeptiker sich ihrer bedienen muß, um seine These zu begründen, und so hebt der radikale Skeptizismus unfehlbar sich selbst auf. Wahrheit, Erkenntnis, die negiert werden sollen, werden durch den Akt der Negation und ihre Begründung als gültig gesetzt, anerkannt. Dies hat schon Augustinus bemerkt, welcher sagt. „Omnis, qui se dubitantem intelligit, verum intelligit et de hac re, quam intelligit, certus est. Omnis igitur, qui utrum sit veritas, dubitat, in se ipso habet verum, unde non dubitet"

(De vera religione, 73). Besonders aber ist es Descartes, welcher (nach dem Vorgange Campanellas) ausführt, daß der sein Zweifeln Behauptende denkt, daß also etwas wenigstens sicher sein mußte: das Denken; der Denkende muß existieren: „cogito, ergo sum" — „Ich denke, also bin ich"; an allem läßt sich methodisch zweifeln, aber nicht an der Tatsache des denkenden Subjekts, welches absolut sicher ist (Meditationes II; Princip. philos. I, 7). Ist aber erst einmal die Tatsache, daß es überhaupt so etwas wie Erkenntnis gibt und daß diese durch den Gebrauch der logischen Funktionen erlangt wird, gesichert, dann ist es nicht mehr schwer zu zeigen, daß wegen der von der individuellen Besonderheit unabhängigen Gültigkeit der Denkgesetze alles Mögliche, was aus wahren Prämissen richtig gefolgert wird, insofern wahrhaft erkannt werden kann. Aus einem als wahr anerkannten Satze folgt schon ein anderer, aus diesem wiederum ein anderer usf., da jeder Begriff als solcher zu anderen Begriffen in Beziehung steht, über sich hinaus weist zu anderen Begriffen. Die Gesetzlichkeit des Denkens ist das formale Fundament der Erkenntnis, ihre Stütze, ihre Grundlegung vom Subjekt aus.

Das Denken allein liefert uns freilich noch keine „Tatsachen", wenn es auch ein Mittel ist, etwas als Tatsache zu setzen, darzustellen. Nun gibt es aber auch unzweifelhaft Erlebnisse, d. h. das Subjekt findet eine Summe von Inhalten des Bewußtseins vor, die auch der extremste Skeptiker nicht in Frage stellen kann; nur in Bezug auf die Bedeutung, auf die Daseinsart, auf den Ursprung dieser Erlebnisinhalte läßt sich unter Umständen zweifeln. Ob z. B. Farben, Töne usw. sowie Komplexe von solchen, die uns als „Objekt" sich darstellen, unabhängig von uns existieren, ob es Dinge gibt außerhalb dieser Erlebnisse, und ob sie an sich solche Eigenschaften haben, wie wir sie ihnen auf Grund unserer Erlebnisse zuschreiben, das allein kann zum Problem gemacht werden, nicht aber das Erlebnis selbst, welches schlechthin vorgefunden wird und damit zugleich für jedes erlebende Subjekt vorhanden ist, besteht, existiert. Durch denkende

Verarbeitung, Formierung, Deutung der Erlebnisse entsteht alle Erkenntnis, gewinnen wir Tatsachen, objektive Wahrheiten im Unterschiede von bloß formalen Richtigkeiten. Die Urtatsache gleichsam ist aber die Existenz eines Denkens, eines Bewußtseins, das als Momente ein Erlebendes (Subjekt) und eine in bestimmter Ordnung sich darstellende Reihe von Inhalten aufweist. Diese Urtatsache ist unaufhebbar, sie ist Voraussetzung alles weiteren Erkennens, aller Skepsis selbst, sie ist unmittelbar zu konstatieren, aber auch logisch (als Bedingung der Erkenntnis oder des Zweifels an derselben) darzustellen.

Wer als das Wirkliche den gesetzmäßigen Zusammenhang gegebener und möglicher Bewußtseinsinhalte, der vom Standpunkt der Praxis die „Außenwelt" heißt, betrachtet, nichts außer dem Bewußtsein, außer den Erlebnissen und ihrer Verarbeitung durch das methodische Denken zu gedanklich-objektiven Einheiten annimmt, also der erkenntnistheoretische Idealist (über diesen Standpunkt vgl. § 6), wer also unter „Erkenntnis" nichts anderes versteht als richtige, genaue Beschreibung von Erlebnissen durch Begriff, Urteil und Sprache oder richtige gedankliche Konstruktion dessen, was zum Inhalt eines „Bewußtseins überhaupt", also gattungsmäßig-allgemeiner Erlebnisse und Gedanken gehört, der kann und wird wohl im einzelnen skeptisch sein können, d. h. die Richtigkeit der „Beschreibung" oder „Konstruktion" in Frage stellen können, aber im Prinzip versagen bei ihm die Argumente des Skeptizismus gegenüber der Möglichkeit einer realen, das Wirkliche selbst treffenden Erkenntnis. Da die Objekte und ihre Eigenschaften als (allgemeine) Bewußtseinsinhalte zum Subjekt in notwendiger Beziehung stehen, ohne daß dadurch der Charakter derselben im Wesen modifiziert wird, wie das etwa der Fall wäre, wenn die Dinge etwas außerhalb des Bewußtseins (der Erlebnisinhalte) wären, so kann man sich hier, dem Idealismus gegenüber, nicht gut auf die „Subjektivität" und „Relativität" der Erkenntnis berufen, welche

hier keine Rolle mehr spielt. Dies bemerkt treffend R. Richter (Der Skeptizismus in der Philosophie, S. 197 f.), indem er ausführt: „Beschaffenheiten an dem Dinge sind
[für den Idealisten] die einzelnen Empfindungen, die den
[Ding-]Komplex bilden, nicht Akzidenzien an einem für
sich bestehenden Substrat; wirkliche Dinge sind die unmittelbar uns eingeprägten Wahrnehmungen, nicht etwas von
diesen Wahrnehmungen Unabhängiges; nicht wirkliche
Dinge die von uns erzeugbaren Erinnerungs- oder Phantasievorstellungen, nicht etwas Irreales im Gegensatz zu etwas
Realem. Mit den Sinnen ein wirkliches Ding erkennen, kann also
nunmehr einzig darin bestehen: die unmittelbare sinnliche
Wahrnehmung eines Dinges im Bewußtsein haben, in vertieftem
Sinn: es in seinen Bestandteilen, d. h. den Bestandteilen der
Wahrnehmung sich gut einprägen, genau kennen lernen, allenfalls noch: es in seinem Zusammenhang mit andern Dingen,
d. h. mit andern Wahrnehmungen erfahrungsmäßig beobachten und dadurch die Möglichkeit gewinnen, seinen Eintritt
in die Wirklichkeit (ins Bewußtsein) oder sein Fernbleiben
von ihr (ihm) voraussehen zu können. Infolgedessen beantwortet sich die Frage: was können wir von den Dingen
erkennen? einfach dahin: „Die Sinne erkennen stets die Beschaffenheiten der Dinge, wie diese selbst, vollständig und
restlos. Denn die Empfindungen sind selbst die Beschaffenheiten und die Empfindungskomplexe sind selbst die Dinge.“
Gegenüber einer Bestimmung des Begriffs „Erkenntnis“ als:
Erhebung eines (noch Unbewußten) ins Bewußtsein, Erweiterung und Verfeinerung des Bewußtseins, wodurch Unbekanntes bekannt, Bekanntes bekannter und mit anderem in allgemeinen Zusammenhang gebracht wird, urteilende Beziehung
von Inhalten zu Einheitskomplexen (Objekten) in gesetzmäßigmethodischer Weise, d. h. so, wie sie von jedem methodisch
verfahrenden auch gesetzt werden muß oder müßte, kurz
als richtige, treffende (Nach-)Konstruktion gegebener und
(noch) möglicher (bisher nicht gehabter) Erlebnisinhalte und
deren Beziehungen durch das (sprachlich formulierte) Denken
— ist die Tatsache der Erkenntnis nicht zu bezweifeln.

Denn auch die Erfahrung bestätigt immer wieder, daß unsere Gedanken von den Objekten diesen entsprechen, sie genau wiedergeben, oder aber sie läßt uns das Wahre vom Irrigen, das Sein vom Schein (des Denkens, der Einbildung, der Sinneshalluzinationen und -Illusionen, des Traumes usw.) mit fortschreitender Genauigkeit unterscheiden. Nur in dem Sinne ist auch für diesen Standpunkt die Wahrheit menschlicher Erkenntnis nicht „absolut", als die Endlichkeit unseres Bewußtseins sowie die damit verknüpften Schranken, es nicht gestatten, in irgend einem Zeitpunkt das volle Wesen der Dinge, d. h. die Gesamtheit der möglichen Bewußtseins-Inhalte, welche sie konstituieren, zu erleben und zu erreichen; dies wäre nur für ein absolutes, unendliches, göttliches Bewußtsein möglich, nicht für das Gattungsbewußtsein der Menschheit (wie es in der Wissenschaft sich entwickelt), noch weniger natürlich für das Individualbewußtsein als solches.

Der (gemäßigte) Skeptizismus hat seine Geltung nur gegenüber einem „naiven Realismus" von der Art, daß als „Ding" etwas außer dem Bewußtsein, **außerhalb** jeder Wahrnehmung Bestehendes angenommen wird, das die gleichen Eigenschaften hat, wie das Bewußtsein sie uns an ihm zeigt. Soll demnach Erkennen ein A b b i l d e n einer nicht im Bewußtsein enthaltenen Wirklichkeit sein, ist aber die Art des Erkennens eine von der Relation der Dinge zum erlebenden Subjekt, zugleich von der Beschaffenheit desselben abhängige, dann läßt sich mit gewissem Recht sagen: es gibt für uns keine wahre Erkenntnis, wir wissen nicht, was die Dinge sind, können nichts über ihr Wesen aussagen, sicher sind nur unsere Erlebnisse, nicht aber die Deutungen dieser als Eigenschaften der Dinge. Ist „Wahrheit" genaue Übereinstimmung von Bewußtsein und (dem) Sein (außer den Erlebnissen), zwischen Vorstellung und Ding (an sich), dann können wir freilich nicht wissen, ob wir der Wahrheit teilhaftig werden können, ja es läßt sich wegen der Subjektivität des Erkentnisprozesses zeigen, daß Wahrheit in solchem Sinne nicht realisierbar ist.

Der Satz der Skepsis: „wegen der Relativität und Subjektivität unserer Aussagen ist wahre Erkenntnis nicht möglich" ist auch vom Standpunkt des Realismus (der Anerkennung einer außer dem Bewußtsein belegenen Wirklichkeit) anzufechten, indem gezeigt wird, daß der Skeptiker einen **dogmatischen, unzutreffenden Begriff des Erkennens, der Wahrheit hat und daß er ferner den Gedanken der Subjektivität überspannt.**

Wahrheit, dies sei zunächst bemerkt, ist nicht ein Verhältnis zwischen Vorstellung und dem Gegenstande; Vorstellungen als solche sind weder wahr noch falsch, sie sind noch diesseits von Wahrheit und Falschheit, werden gehabt oder nicht. Wahrheit liegt nur im Sprechen (moralische Wahrheit: Konformität zwischen Rede und Gedanken) und im Denken, im Urteil (theoretische Wahrheit). „Wahrheit" ist ein Prädikat, dessen Subjekt ein Urteil bildet, ein „Charakter", zugleich ein Wert des Urteils. Wahr ist aber ein Urteil, wenn und sofern es sich auf ein Sein bezieht, wenn sein Gegenstand (das, worüber geurteilt wird) existiert, statthat, d. h. mehr ist als ein bloßes Wort, ein bloßer subjektiver Gedanke, eine Einbildung u. dgl., wenn es also zu irgend einer Wirklichkeitssphäre gehört, d. h. entweder ein Vorgang der Außen- oder der Innenwelt, ein Physisches oder Psychisches, ein Ding oder eine Eigenschaft oder eine Beziehung, kurz, wenn es das ist, als was es „gemeint", gedacht wird. Ob der Gegenstand des Urteils in seiner Beschaffenheit von uns unabhängig ist oder nicht, kommt hier nicht in Betracht, findet er sich in der ihm eigenen Wirklichkeitssphäre so vor, wie es behauptet wird, ist das Urteil wahr, ist es gültig, objektiv. Die Farben als solche z. B. sind sicher nur als Empfindungsinhalte wirklich, sind nicht „an sich", aber sie finden sich erfahrungsmäßig als „Eigenschaften", als Abhängige bestimmter Objekteinheiten vor. Das Urteil: „Gold ist gelb" ist wahr, weil und wofern die Beziehung Gold — gelb nicht nur in meiner Phantasie, in meinem Denken statthat, sondern auch angesichts der Wirklichkeit, des Erlebnisses „Gold" notwendig von jedem normalen, ähnlich organisierten Subjekt gefällt werden muß, und dies wieder

deshalb, weil eine „empirische Nötigung" zu dieser Verknüpfung von Eigenschaft und Objekt besteht.

Wird die Beziehung des Prädikats zum Subjekt auf Grund
der Erlebnisse selbst oder zwingender Folgerungen aus
solchen oder notwendiger gedanklicher Ergänzungen derselben in allgemeingültiger Weise notwendig gesetzt, dann
heißt ein solches Urteil wahr, weil ihm ein Seiendes, etwas
außer dem Urteil Bestehendes entspricht. Die Formel: Wahrheit = Übereinstimmung des Denkens mit der Wirklichkeit
hat also den Sinn, daß zwar das Denken, das Bewußtsein
nicht das „Transzendente" (außer dem Bewußtsein Gelegene,
„An sich") abbildet oder nachbildet, es nicht abspiegelt oder
mit ihm kongruent ist, wohl aber dem Sein in seiner
Weise „entspricht", „konform" ist. Das Urteil, welches durch
die Art seiner Beziehung die Wirklichkeit so „darstellt",
gedanklich „zum Ausdruck bringt", „symbolisiert", daß es
ihr gerecht wird, ihr beikommt, sie uns in dem ihr eigenen,
erfahrbaren Zusammenhange ihrer Teile bekannt macht, ist
wahr, und das heißt zugleich: ist ein Erkenntnisakt, ein Erkennen. Wahrheit ist demnach (vom realistischen Standpunkt)
Konformität von Denken und Sein, wobei unter dem
Seienden zunächst alles verstanden wird, was sich von bloßer
„Einbildung" (Phantasiebildern, Hallucinationen u. dgl.), von
bloßem „Schein" unterscheidet, sei es auch nur ein im Bewußtsein Vorkommendes, wenn es nur in diesem wirklich
(erlebbar) vorkommt und nicht bloß gedacht wird, daß es
vorkommt.

Wir sehen also: die „Subjektivität" von Urteilsgegen-
ständen bildet noch kein Hindernis für die Möglichkeit von
Wahrheit und Erkenntnis. Die Erkenntnis der Existenz und Beschaffenheit eines Subjektiven ist
nicht selbst subjektiv, sondern ist, sofern dem
Urteil ein von ihm verschiedenes Objekt entspricht, objektiv, ist wahr. Nehmen wir also selbst
an, das Seiende sei uns nicht, wie es „an sich" ist, gegeben,
sondern nur als Inhalt unsres oder eines Bewußtseins überhaupt, sei also in diesem Sinne „subjektiv" (an das Subjekt

gebunden, von diesem abhängig), so können gleichwohl wahre Aussagen über dieses „bewußtseins-immanente" Sein der Dinge wahre, den „Sachverhalt", das Erlebte oder zu Erlebende in entsprechender Weise ausdrückende Aussagen gemacht werden. Nennen wir das Sein der Dinge in unserem Bewußtsein, in ihrer Abhängigkeit vom Subjekt, in ihrer Beziehung zu ihm „Erscheinung", so gilt jedes auf Erscheinungen (also auf die Qualitäten, Quantitäten, Relationen der Dinge für eine mögliche Erfahrung) bezügliche Urteil, wenn es die Erscheinungszusammenhänge entsprechend symbolisiert (begrifflich zum Ausdruck bringt), also wahr ist, absolut. Nur insofern das Ausgesagte auf die „Dinge an sich" bezogen wird, ist die Wahrheit relativ, d. h. das Urteil ist dann nur wahr vom Standpunkt des Subjekts, zu dem das „An sich" des Dinges in Beziehung steht, weil dieses nur in dieser Beziehung so beschaffen sein kann, wie es gedacht wird. Die metaphysische (auf das „An sich" bezügliche) Wahrheit und Erkenntnis ist also allenfalls relativ (oder auch „subjektiv"), gilt nicht von der Wirklichkeit, wie sie für sich oder an sich, sondern wie sie für das Bewußtsein ist, also in der Relation der absoluten Wirklichkeit zum wahrnehmenden Subjekt (z. B. „Gold ist gelb" bedeutet „metaphysisch": Das „An sich" des Goldes ist in Beziehung zu einem Sinnesorgan gelb, an sich aber ist das Gold überhaupt nicht farbig). Aber selbst diese relative Wahrheit läßt eine gewisse Absolutheit der Erkenntnis zu. Faßt man die Beurteilung einer Qualität als „Eigenschaft" (konstante Wirkung des „An sich" auf jeden gleichartig Organisierten) im Sinne der Feststellung einer Relation zwischen Ding und Subjekt, dann kann man diese Art der Erkenntnis als absolut gültige Erkenntnis von Relationen bestimmen.

Subjektiv und relativ im engeren Sinne ist nur das, was von der besonderen „Stellung" und Beschaffenheit (den Gefühlen, Leidenschaften, Vorurteilen, Einbildungen usw.) des einzelnen Subjekts als solchen abhängt, durch sie bedingt, bestimmt, modifiziert wird. Dieses Hindernis „objektiver", d. h. möglichst ungetrübter, intellektueller, vom

reinen Willen zur Wahrheit geleiteter Erkenntnis kann durch
eine methodisch forschende Wissenschaft bis auf einen kleinen,
immer geringfügiger werdenden Rest auf vielen Gebieten
(vor allem den theoretischen) überwunden werden. Das Zu-
sammenarbeiten vieler Forscher, der Kampf der Meinungen,
die Bestätigung der Urteile des einen durch die der anderen
trägt zur Eliminierung dieser Art von Subjektivität bei. Es
bleibt somit nur das gattungsmäßig Subjektive und Relative, d. h. das Gleichartige in der Bedingtheit unserer Erkenntnisinhalte seitens des erkennenden Subjekts überhaupt,
in welchem Individuum es auch tätig ist. Sofern sich ein
Urteil auf dieses für jedes erkennende Subjekt Gleichartige
bezieht, also auf ein für jedes Subjekt mögliches oder notwendiges Objekt (eine „Erscheinung“) geht, hat es Objektivität. Wie man sieht, bilden Subjektivität und Objektivität in diesem Sinne gar keinen Gegensatz, sie sind
Korrelate, schließen einander nicht aus, indem das für jedes
erkennende Subjekt Gültige objektiv, das Objektive das Allgemeingültige in der Erkenntnis ist, welches als solches von
der Besonderheit der Individuen sowie dem Akte des
Denkens unabhängig ist. In der Herausarbeitung
dieses Objektiven durch methodische Erfahrung
und Gedankenarbeit besteht eben der Prozeß wissenschaftlicher Erkenntnis, die zwar niemals die volle Wahrheit
hat, wohl aber sich dieser fortschreitend nähert. Die Bestätigung der Gedanken durch die konkrete Erfahrung, unterstützt durch die Einstimmigkeit des Denkenden mit sich selbst
und mit anderen, durch die Möglichkeit konsequenter Fest-
haltung der Urteile gibt das Kriterium der Wahrheit, der
Objektivität, des Erkenntnischarakters dieser Urteile. Im
einzelnen mannigfachen Irrtümern und Zweifeln ausgesetzt,
ist also Erkenntnis im Prinzipe möglich.

Der wohlverstandene Relativismus nötigt keineswegs
zum Skeptizismus, zur Negierung sicherer und allgemeiner
Erkenntnis, er besagt nur, daß wir die Wirklichkeit nicht
anders aufzufassen vermögen, als sie uns gemäß unserer
Organisation erscheint, wobei aber zu betonen ist, daß diese

Erscheinungsweise nicht bloß vom Subjekt, sondern auch vom „An sich" der Dinge abhängig sein muß, weil die B e - s t i m m t h e i t e n und die K o n s t a n z der Objektenwelt aus dem Subjekt allein nicht zu begreifen ist. Doch davon später. Die O b j e k t b e s c h a f f e n h e i t e n r i c h t e n s i c h n a c h dem e r k e n n e n d e n S u b j e k t , a b e r d i e s e s s e l b s t r i c h t e t s i c h a u c h i n g e w i s s e m S i n n e n a c h d e r B e - s t i m m t h e i t d e r D i n g e s e l b s t , i s t i n s e i n e m W a h r - n e h m e n u n d D e n k e n d u r c h d i e s e g e b u n d e n , „s o l l i - z i t i e r t " , z u b e s t i m m t e r G e s e t z l i c h k e i t d e r V e r - k n ü p f u n g g e n ö t i g t . So allein kommt es zur „Konkordanz" .von Denken und Sein. Und so gibt es „absolute" („ewige") Wahrheit nicht nur in formalem Sinne (l o g i s c h e Wahr- heit), sondern auch im materialen Sinne einer auf die Er- kenntnis konstanter, auf die Dinge selbst hinweisender Re- lationen dieser zu uns bezüglichen (o n t o l o g i s c h e n) Wahr- heit. „An sich" freilich existiert nicht die Wahrheit — die ja schon ein Urteil voraussetzt, dessen Prädikat sie ist — sondern nur die Wirklichkeit, der Inbegriff des Wirklichen, in seiner Eigenart Wirksamen.

„Direkte" Erkenntnis, d. h. qualitativ adäquate Erkenntnis auf Grund der Erfahrung, gibt es sowohl von den „Erschei- nungen", welche die „Außenwelt" konstituieren, als auch von unserem eigenen seelischen Sein und Tun. „Indirekte" Erkenntnis gibt es von den „Dingen an sich", insofern sie vermittelst unserer Vorstellungen und Begriffe, auf gattungs- mäßig-subjektive (= „objektive") Weise, also als „Objekt der Erkenntnis", erkannt, d. h in der uns Menschen eigenen (zugleich aber von ihnen selbst mitbestimmten) Weise s y m - b o l i s c h , d u r c h b e g r i f f l i c h e Z e i c h e n a l s d e r e n „R e p r ä s e n t a n t e n " , zum Bewußtseinsausdruck gebracht werden. Inwiefern noch wenigstens eine analogiemäßige Er- fassung des „An sich" der Dinge selbst als m e t a p h y s i - s c h e H y p o t h e s e möglich ist, soll später zur Sprache kommen. Daß aber die E i n z e l w i s s e n s c h a f t als solche es nicht mit diesem „An sich" selbst, dem „Trans- zendenten", sondern mit den „Tatsachen der Erfahrung" bzw. mit der erfahrbaren, „phänomenalen" Wirklichkeit, mit der „Welt der Erscheinungen" (Naturwissenschaften) zu tun und diese in möglichster Reinheit, ohne überflüssige Annahmen unbekannter Wesenheiten metaphysischer Art darzustellen hat, dies geben wir dem Positivismus ohne weiteres zu, ohne aber den rein „empirischen" Standpunkt desselben zu teilen (vgl. darüber den nächsten Paragraphen).

Den Grundsatz des Relativismus spricht zuerst der Sophist Protagoras aus. Dessen „homo mensura-Satz" besagt, der Mensch (ob der einzelne oder die Menschheit gemeint ist, ist nicht sicher) sei „das Maß aller Dinge" ($\pi\acute{a}\nu\tau\omega\nu$ $\chi\varrho\eta\mu\acute{a}\tau\omega\nu$ $\mu\acute{e}\tau\varrho\upsilon$ $\check{a}\nu\vartheta\varrho\omega\pi\upsilon\varsigma$, Diogen. Laërt. IX, 51; $\pi\acute{a}\nu\tau\alpha$ $\varepsilon\tilde{\iota}\nu\alpha\iota$ $\check{o}\sigma\alpha$ $\pi\tilde{\alpha}\sigma\iota$ $\varphi\alpha\acute{\iota}\nu\varepsilon\tau\alpha\iota$, Sext. Empir. Pyrrhon. hypotyp. I, 217). Relativistisch (im gattungsmäßigen Sinne) denken viele Philosophen, so Bonnet, D'Alembert, Goethe, Kant (für die Metaphysik), Comte, H. Spencer, F. A. Lange, Helmholtz, Riehl, Simmel u. a., so besonders auch E. Laas (Korrelativismus" von Objekt und Subjekt, welcher erklärt, „daß alle räumlichen und zeitlichen Objekte nur relativ sind, in Relation zueinander stehen und zuletzt alle zusammen zu dem zentralen Standort des jeweilig apprehendierenden Subjekts" (Idealismus und Positivismus III, 450). Nach L. Stein ist das Relative „das einzige Absolute, das wir kennen" (An der Wende des Jahrhunderts, S. 267). Hingegen meint u. a. Husserl: „Was wahr ist, ist absolut, ist ‚an sich' wahr" (Log. Unters. I, 117). Die individuelle Subjektivität des Erkennens (und Werdens) haben besonders (und zuerst) die Sophisten betont. (Wie einem etwas jeweilig erscheint, so ist es; allgemeingültige Urteile gibt es nicht.) In neuerer Zeit wird die Subjektivität aller Wahrheit besonders von Kierkegaard und Nietzsche ausgesprochen. Das Gattungsmäßig-Subjektive im Erkennen wird von vielen Denkern anerkannt.

<h2 style="text-align:center">§ 5.</h2>

Das Problem des Erkenntnisursprungs.

In zweifacher Weise läßt sich nach dem „Ursprung der Erkenntnis" fragen. Erstens so, daß man wissen will, wann und bei welcher Gelegenheit gewisse Erkenntnisse erworben wurden; es ist dies wesentlich eine geschichtliche Untersuchung. Zweitens in dem Sinne, daß nach der konstanten Quelle der Erkenntnis überhaupt und ihrer Grundformen gefragt wird, nach den Faktoren und Elementen, auf welche Erkenntnis genetisch zurückzuführen ist, wobei neben biologischen und psychologischen Momenten und Ursachen insbesondere logische Motive sowie die „transzendentalen", d. h. die jede wissenschaftliche Erkenntnis allgemein und notwendig bedingenden Faktoren des Bewußtseins heranzuziehen sind. Zugleich wird gefragt, welche denn die Grundlagen der Erkenntnis und ihrer Gültigkeit sind, worauf sich diese stützt, worin sie gründet, was ihr die Berechtigung gibt, sich als Erkenntnis zu geben, also was Erkenntnis konstituiert, ermöglicht.

Die diesem Probleme entsprechenden Standpunkte sind der Rationalismus,*) der Empirismus, der Kritizismus.

Der Rationalismus (ratio, Vernunft) bestimmt als Quelle zwar nicht der gesamten Erkenntnis, aber der Grundwahrheiten, der denknotwendigen Urteile, der Grundbegriffe, die Vernunft oder das „reine Denken". Wir haben hiernach die Fähigkeit, unabhängig von der Erfahrung Erkenntnisse zu gewinnen von Wesenheiten, die alle Erfahrung übersteigen (Gott, Seele, Substanz u. a.), und Wahrheiten zu finden, welche absolut sicher und notwendig sind (wie die Axiome des Denkens), zeitlos gelten („ewige" Wahrheiten), mit einer Geltungskraft, wie sie die Erfahrung nicht bieten kann, welche immer nur „zufällige", d. h. auch anders denkbare Tatsachen kennen lehrt. Solche Wahrheiten entspringen der „reinen Vernunft", auch sind sie durch sich selbst sicher, gültig, wie überhaupt die Erkenntnis ihre Bewährung nicht durch

---

*) Oder „Intellektualismus" im engeren Sinne, während das Wort im weiteren Sinne überhaupt die Betonung des Intellekts gegenüber Willen und Gefühl bedeutet. „Rationalismus" bedeutet auch die Ableitung der Religion und ihrer Elemente aus der vernünftigen Natur des Menschen oder das Streben, die Religion logisch-spekulativ (im Gegensatze zum bloßen Offenbarungsglauben) zu erfassen („Theologischer Rationalismus").

die Sinne, nicht durch Wahrnehmung, sondern ureigentlich
erst durch das begriffliche Denken findet. Die Vernunft ist
eine selbständige Quelle von Erkenntnissen überempirischer
Art, sie erzeugt gewisse Grundbegriffe und Grundsätze rein
durch und aus sich selbst. Diese Grunderkenntnisse sind
„angeboren" (Lehre von den „angeborenen Ideen"), d. h.
sie sind im Wesen, in der Natur der Vernunftkraft selbst
angelegt und bedürfen der Erfahrung nur, um zur Entfaltung,
zur Verwirklichung, zum klaren Bewußtsein zu gelangen; die
Erfahrung ist nicht die Quelle, nur der Anlaß zu ihrer bewußten Produktion. Auf die Frage: woher hat die Vernunft diese ihr eingeborenen Ideen, wird bald auf eine prä-
existentiale Erfahrung (ein Schauen der ewigen „Ideen" im
Zustande vor dem Leben) hingewiesen, so daß die Erkenntnis
gleichsam eine „Wiedererinnerung" (Anamnese, ἀνάμνησις,
Plato) ist, oder es wird Gott als derjenige bezeichnet, der
unserem Geiste diese Einsichten (als Dispositionen wenigstens) eingepflanzt hat, oder endlich es wird eine ursprüngliche, nicht weiter erklärbare Gesetzmäßigkeit der Vernunftkraft angenommen. In jedem Falle enthält der Rationalismus eine besondere Wertung, Schätzung des begrifflichen
Denkens, des Intellekts überhaupt, gegenüber den Funktionen der Sinne und den Leistungen der (sinnlichen) Erfahrung. Wesentliches Erkenntnismittel ist das Denken, nicht
die Wahrnehmung; denn aus dem ersteren stammen die Prinzipien der Erkenntnis, der Erfassung der (absoluten) Wirklichkeit.

Die Bevorzugung des begrifflichen Denkens gegenüber der
Unzuverlässigkeit und Subjektivität der Sinneswahrnehmung findet
sich bereits in der antiken Philosophie, so bei den Eleaten, bei
Heraklit, Demokrit, Sokrates, Plato (Lehre von der Ursprünglichkeit der Grundbegriffe als Maßstäbe für die Beurteilung
des Empirischen), auch bei Aristoteles, der aber die Erfahrung
höher schätzt und sie als Ausgangspunkt für die Wissenschaft genommen haben will, teilweise auch bei den Stoikern, die aber
anderseits als Empiristen zu betrachten sind. Den Vorrang des Be-
grifflich-Abstrakten von der Sinneswahrnehmung, sowie die Ursprünglichkeit, Notwendigkeit der Grundsätze („aeternae veri-
tates") lehren die Scholastiker, welche teilweise von einer

Anlage gewisser Begriffe (z. B. der Gottesidee) in unserem Geiste sprechen. Ausgehend von der Sicherheit des mathematischen Denkens kommt Descartes zum Rationalismus, zum Vertrauen auf die Evidenz des Denknotwendigen, sowie zur Annahme „angeborener Ideen". Diese „idea innatae" sind „notiones, quas ipsimet in nobis habemus" (Princip. philos. II, 75). Sie heißen so, nicht weil sie von Anfang an fertig im Bewußtsein liegen, sondern weil sie aus der Denkkraft allein produziert werden, weil sie „nec ab obiectis, nec a voluntatis determinatione procedunt, sed a sola facultate cogitandi necessitate quadam naturae ipsius mentis manant" (Opera I, 185). Nach Fénelon ist die angeborene Idee „le sceau de l'ouvrier tout-puissant, qu'il a imprimé sur son ouvrage" (De l'existence de Dieu, p. 132). Auch die englischen „Platoniker", H. More und R. Cudworth, nehmen solche angeborenen Ideen an, welche von J. Locke energisch bestritten werden (s. unten). Gemäßigter tritt diese Lehre bei Leibniz auf, welcher in den angeborenen Ideen nur Anlagen, Dispositionen zur notwendigen, durch die Erfahrung erst ausgelösten Entwicklung bestimmter Begriffe und („ewiger", absolut gültiger) Wahrheiten erblickt, deren Unbedingtheit und Gewißheit sie von den „empirischen Wahrheiten" (vérités de faits) als „Vernunftwahrheiten" (vérités de raison) unterscheidet; denn sinnliche Erfahrung gibt keine absolute Notwendigkeit. Diese absoluten Denknotwendigkeiten (die Axiome der Logik, Mathematik, Metaphysik) sind dem Geiste eingeboren, sie fließen aus seinem eigenen Wesen, sind aus diesem selbst zu abstrahieren. Sie sind ursprünglich, als unterbewußte Anlagen (potentiell „virtuellement") im Geiste (als „inclinations", „habitudes", „virtualités naturelles"), durch die „Apperzeption" werden sie bewußt, zu welcher Lebenszeit, ist gleichgültig. „Dans ce sens on doit dire que toute l'arithmétique et toute la géometrie sont innées et sont en nous d'une maniére virtuelle, en sorte qu'on les y peut trouver en considérant attentivement et rangeant ce qu'on a déjà dans l'esprit" (Nouv. Essays préf.; I, ch. 1 ff.). Der Intellekt ist ursprünglicher Art, nicht ein Produkt der Sinne, er ist von Haus aus keine „tabula rasa", sondern verhält sich „comme la figure tracée par les veines du marbre est dans le marbre, avant qu'on les découvre en travaillant" (l. c. § 25). „Nihil est in intellectu nisi ipse intellectus" (l. c. II, ch. 2, § 2). Die schottische Schule (Reid, Stewart u. a.) lehrt, der „common-sense" (Gemeinsinn), die allgemeine Vernunft sei die Quelle ursprünglicher, selbstgewisser Wahrheiten (self-evident truths). Kant setzt an die Stelle des Angeborenen das „A priori" (s. Kritizismus), hat aber einen Zug zum Rationalismus beibehalten („Reine Vernunft" als Quelle der „Kategorien", der Grundbegriffe des denkenden Erkennens). Rationalistische Elemente finden sich vielfach im späteren Kritizismus, so besonders bei J. G. Fichte, H. Cohen, Natorp u. a. Die Fähigkeit des „reinen Denkens", aus sich heraus das Wirkliche zu erkennen, zu „konstruieren", ist für Hegel unzweifelhaft. Rationalisten sind auch V. Cousin, W. Rosenkrantz, Boström u. a. Das Berechtigte des Rationalismus hat vielfach der Kritizismus als Moment in sich aufgenommen.

Den Gegensatz zum Rationalismus bildet der Empirismus ($\grave{\varepsilon}\mu\pi\varepsilon\iota\varrho\acute{\iota}a$, Erfahrung, „empirisch"=aus der Erfahrung, auf die Erfahrung bezüglich, durch Erfahrung). Die Vernunft ist hiernach keine selbständige Erkenntnisquelle, das Denken allein kann nichts erkennen, keine von der Erfahrung unabhängigen Begriffe und Grundsätze produzieren, denn es ist durchaus von der Erfahrung abhängig. Nur soweit Erfahrung reicht, gibt es ein Wissen (ein sicheres wenigstens), und alles Wissen entspringt aus der Erfahrung, gründet sich auf sie. Es gibt keine angeborenen Ideen", alle, auch die abstraktesten Begriffe und Gedanken, sind aus Erfahrungen hervorgegangen, sind Produkte der Erfahrung, sind aus ihr abstrahiert. Das Denken hat keine schöpferische, nur eine synthetisch-analytische Kraft, d. h. die Fähigkeit der Verknüpfung von Vorstellungen zu Gesamtvorstellungen und Begriffen, sowie die der Zerlegung von Vorstellungen in ihre Elemente; es übt ferner eine beziehend-vergleichende Tätigkeit an den Vorstellungen und Begriffen aus. Begriffe, die nicht auf Erfahrung zurückzuführen sind, sind ungültig, sind Scheinbegriffe, Gebilde der Phantasie, Fiktionen, durch welche die Erfahrung verfälscht wird. Möglichst zu „reiner Erfahrung", zu dem von den „Zutaten" des Denkens befreiten „Erleben" selbst vorzudringen und dieses, eindeutig, präzis und zugleich einheitlichabgekürzt, vorteilhaft für das Merken und Vorauserkennen („denk-ökonomisch") zu beschreiben, ist das Ziel aller Wissenschaft. Den Zusammenhang der Tatsachen selbst in seiner konstanten Gesetzlichkeit aufzeigen, dies allein ist wahres „Erklären"; alle „metaphysischen" Hypothesen müssen vermieden, müssen „eliminiert" werden. Das Denken hat im wesentlichen nur eine ordnende, verallgemeinernde, zusammenfassende, rekonstruktive Kraft, hat keine eigenen Prinzipien der Erkenntnis, keine ureigene Gesetzlichkeit, durch welche die Erkenntnis logisch bedingt ist, sondern alle Erkenntnis wurzelt letzten Endes in „Erlebnissen", in Erfahrungstatsachen, welche schlechthin „gegeben", „vorgefunden" sind. Durch die sinnliche sowie durch die innere oder Selbst-Wahrnehmung werden die „Eindrücke" („Impressions", „Elemente") uns gegeben, in deren Konstatierung die Erfahrung besteht.

Wird alle Erkenntnis, auch die der psychischen Vorgänge (bzw. diese selbst) aus der Sinneswahrnehmung oder der Empfindung allein abgeleitet, aus der sich alle geistigen Gebilde, also auch die Erkenntnisse entwickelt haben sollen, aus der sie entspringen, dann nimmt der Empirismus die Form des Sensualismus (sensus, Sinn, Empfindung) an, für den vielfach nur das sinnlich Wahrnehmbare existiert. Unsere Begriffe sind demnach nur dann echte Begriffe, wenn sie sich als einheitliche, geistige Arbeit ersparende Zusammenfassungen sinnlicher Daten bewähren. Was über wirkliche und mögliche (potentielle) Wahrnehmungsinhalte hinausgeht, ist unwirklich, unwahr.

Empiristisch ist großenteils die Erkenntnislehre der Stoiker, die bei den Epikureern geradezu sensualistisch (Evidenz der Sinneswahrnehmung) wird, nachdem schon die Kyrenaiker einen gewissen Sensualismus vertreten. In der mittelalterlichen Philosophie ist vom Empirismus kaum die Rede, doch tritt ein Ansatz dazu bei Wilhelm v. Occam auf, auch bei Roger Baco (Betonung des Wertes der Erfahrung). Die Renaissancezeit hat als partielle (methodische) Empiristen besonders L. da Vinci, Galilei, Nizolius, Campanella, der sogar dem Sensualismus zuneigt, u. a. Den neueren methodischen Empirismus begründet F. Bacon mit seiner Betonung der Erfahrung als Ausgangsprodukt aller echten Erkenntnis und der methodischen Induktion, sowie des Experiments als Forschungsmittels gegenüber dem „syllogistischen" (begrifflich ableitenden) Verfahren der Scholastik. Dem Empirismus (bzw. Sensualismus) sind ergeben (großenteils) Hobbes, Gassendi, Montaigne. Den erkenntniskritischen Empirismus (als Begründung des Erkenntnisursprungs) lehrt systematisch zuerst Locke, der aber nicht Sensualist ist, die synthetische, Begriffe produzierende Aktivität des Denkens nicht verkennt. Energisch wendet er sich gegen die Lehre von den angeborenen Ideen, die sich nach ihm bei Kindern und Wilden allgemein finden müßten, was nicht der Fall ist, nicht sein kann. Bei der Geburt glich der Geist einem „white paper", einer „tabula rasa" (unbeschriebenen Tafel, der Vergleich schon bei den Stoikern u. a.), auf welche erst die Erfahrung Eindrücke verzeichnet. Der sämtliche Stoff des Denkens stammt aus der Erfahrung („Nihil est in intellectu, quod non prius fuerit in sensu", schon bei Thomas v. Aquino u. a.), d. h. aus der Sinneswahrnehmung (sensation) und der inneren Wahrnehmung (reflection), deren Vorstellungen vom Denken beziehend-vergleichend verknüpft werden (Ess. conc. hum. understand. II, ch. 1 ff.). Als Empirist ist auch Berkeley zu bezeichnen, ebenso Hume, der sogar dem Sensualismus zuneigt (bis auf die Auffassung der Mathematik). Ein Begriff (idea) ist echt, ist gültig, wenn er wirklich aus Eindrücken, „Impressionen" abstrahiert ist, aus Sinneseindrücken (Empfindungen) oder Erlebnissen der inneren Wahrnehmung (Gefühlen, Strebungen u. dgl.); die Begriffe sind nichts als „Kopien" der Eindrücke, das Denken ist nichts als Verknüpfung, Verarbeitung gegebener Daten der Erfahrungen (Inquiry, sct. 2, Treatise I, sct. 1 f., III, sct. 4). Gewisse Begriffe, wie die der Substanz und der Kausalität, sind nach Hume deswegen ohne sichere objektive Geltung, weil sie weder dem reinen Denken entspringen können, noch Kopien von Impressionen sind (Wirken wird nicht wahrgenommen, nur regelmäßige Sukzessionen, welche wir auf ein Verhältnis von Ursache und Wirkung beziehen, weder logisch noch empirisch, sondern infolge der rein subjektiven, biologisch-psychologischen Wirksamkeit von Gewohnheit, Assoziation und Überzeugungsgefühl, „belief"). Sensualist ist Condillac, nach welchem aus der „sensation" alle geistigen Prozesse sich entfalten; neben ihm sind Holbach, Helvetius, Lamettrie, Cabanis, auch Bonnet (als Empirist) zu nennen, in späterer Zeit neigen dem Sensualismus zu L. Feuerbach, L. Knapp, Czolbe u. a. Eine Neubegründung erfährt der Empirismus durch J. St. Mill, besonders in methodischer Beziehung, aber auch in Bezug auf die Ableitung der Gesamterkenntnis aus der Erfahrung durch Induktion und Generalisation. Selbst die mathematischen Axiome sind induktiv gewonnen. Die allgemeinste Induktion, welche allen anderen stets zugrunde liegt, ist die zur Erwartung gewordene Überzeugung von der Gleichförmigkeit, Uniformität, also Gesetzlichkeit der Natur. Als „kritische Empiristen" kann man Denker wie Beneke, Ueberweg, Opzoomer, C. Göring, E. Laas, E. Dühring, O. Caspari, H. Cornelius u. a. bezeichnen. In neuester Zeit ist eine (teilweise an Berkeley, Hume und Comte erinnernde) Richtung hervorgetreten,

welche den Standpunkt der „reinen Erfahrung" („Empirio-Kritizis-
mus": Avenarius), wonach alle die Erfahrung „verfälschenden"
„Zutaten" des Denkens (bzw. der Phantasie) aus der Erkenntnis
„eliminiert" werden sollen, da wahre Erkenntnis in der genauen
Beschreibung des Gegebenen, Vorgefundenen, der „Erlebnisse"
besteht, welche das Denken nur in „ökonomischer" Weise (Prinzip
der Denkökonomie, des „kleinsten Kraftmaßes" geistiger Arbeit)
zu ordnen, zu vereinheitlichen hat, um sodann Erfahrungen voraus-
sagen zu können; in der möglichst genauen „Anpassung" der Gedanken (Urteile, Begriffe) an die Erlebnisse (an die „Umgebung")
mit Ausschluß aller metaphysischen Hypothesen, aller Ergänzungen
seitens des Denkens besteht alle wahre, objektive Erkenntnis, deren
Gegenstand die gesetzmäßigen Zusammenhänge, Komplexe von
Erlebnissen („Elementen") sind. R. Avenarius ist einer dieser
Empiristen, er betont die Notwendigkeit der Ausmerzung der die
Erfahrung verfälschenden „Introjektion" (Einlegung von Vorstellungen in das Ich, Auffassung derselben als subjektive Zustände,
wodurch ein Gegensatz zweier Welten, „Innen"- und „Außenwelt"
entsteht) und die Gewinnung eines „natürlichen Weltbegriffs", welcher nur „reine Erfahrung" zum Inhalt hat (Kritik der reinen Erfahrung, Der menschliche Weltbegriff). E. Mach wiederum betont den biologischen und ökonomischen Charakter der Wissenschaft, die Anpassung der Gedanken an die Tatsachen, die einheitliche Beschreibung der Erlebnisse. Vermittelst der Denkökonomie, des Ausdruckes einer Mannigfaltigkeit gleichartiger Tatsachen durch einen Begriff (eine Formel) beherrschen wir die Welt
der Erfahrungen; dies ist das Ziel der Naturwissenschaft, den
„sparsamsten, einfachsten begrifflichen Ausdruck" zu verwenden.
Ähnlich Clifford, H. Cornelius, H. Kleinpeter u. a.

Die Synthese von Rationalismus und Empirismus stellt
der Kritizismus dar, von dem wir zwei Formen unterscheiden: den strengen Apriorismus und den, wie wir ihn
nennen wollen, genetischen Kritizismus.

Ansätze zum Apriorismus finden sich schon bei Plato,
Descartes, Leibniz u. a. Doch ist der eigentliche Begründer des apriorischen Kritizismus Kant gewesen. Sein
unsterbliches Verdienst ist es, energisch gelehrt zu haben,
daß Erfahrung selbst nicht schlechthin gegeben
ist, sondern schon unter Mitwirkung des Intellekts, des Denkens zustande kommt. Alle Erkenntnis
von Objekten beginnt mit der Erfahrung und reicht nur

so weit als mögliche Erfahrung; aber nicht alles an der
Erkenntnis entstammt der Erfahrung, entspringt aus ihr.
„Erfahrung ist ohne Zweifel das erste Produkt, welches unser
Verstand hervorbringt, indem er den rohen Stoff sinnlicher
Empfindungen bearbeitet." „Wenn aber gleich alle unsere
Erkenntnis mit der Erfahrung anhebt, so entspringt sie
darum doch nicht eben alle aus der Erfahrung. Denn es
könnte wohl sein, daß selbst unsere Erfahrungserkenntnis ein
Zusammengesetztes aus dem sei, was wir durch Eindrücke
empfangen, und dem, was unser eigenes Erkenntnisvermögen
(durch sinnliche Eindrücke bloß veranlaßt) aus sich selbst
gibt, welchen Zusatz wir von jenem Grundstoffe nicht eher
unterscheiden, als bis lange Übung uns darauf aufmerksam
und zur Absonderung desselben geschickt gemacht hat" (Kritik
der reinen Vernunft, S. 35, 647). Alle Erfahrung enthält
1. den „gegebenen", aufgenommenen „Stoff" der Mannigfaltigkeit von Empfindungen und Wahrnehmungsinhalten,
2. die „Form", d. h. die durch eine bestimmte, gesetzmäßig
wirkende Formung seitens des Intellekts (der „Anschauung"
und des „Verstandes") hergestellte Ordnungseinheit oder
Synthese. In der mit ursprünglicher Gesetzmäßigkeit er-
folgenden Formung und Vereinheitlichung eines sinnlich-in-
tellektuellen Materials (Empfindungs-, Vorstellungs-Begriffs-
inhalt) durch den Intellekt und dessen Einheit („Einheit der
transzendentalen Apperzeption", des „reinen Selbstbewußtseins", der Ichheit) erblickt Kant das Wesen des Erkenntnisprozesses. Die „Form" der Erfahrung, d. h. die sie (logisch)
bedingende, konstituierende, ermöglichende, gestaltende
Geistesfunktion und deren Gebilde (die „Anschauungsformen" Raum und Zeit, die zwölf Denkformen oder „Kategorien": Einheit, Vielheit, Kausalität, Substantialität u. a.),
ist nicht selbst Erfahrungsprodukt, ist nicht von dem Erfahrungsinhalt abstrahiert, sondern geht der Erfahrung schon
(logisch, als Bedingung) vorher, ist in diesem Sinne vor
aller Erfahrung und unabhängig von ihr, nicht aber als
angeborene Idee, sondern als Art der Verknüpfung
(Synthese), die bei Gelegenheit, aus Anlaß der Empfin-

dungen gesetzmäßig, allgemein und notwendig aus der Natur des Geistes entspringt, in welcher sie nur als Anlage prädisponiert ist (nicht etwa als fertiger Begriff oder Grundsatz). Auf diesem formalen Faktor der Erkenntnis (welcher „macht, daß das Mannigfaltige der Erscheinung in gewissen Verhältnissen geordnet angeschauet wird") beruht nun die a b s o - l u t e N o t w e n d i g k e i t (Apodiktizität), welche nach Kant den Grundsätzen (Axiomen) der Mathematik, Physik und Ontologie (Metaphysik, z. B. dem Satz der Kausalität: alles hat seine bestimmte Ursache) zukommt.

Die Möglichkeit anschauungs- und denknotwendiger Sätze, welche unabhängig von Erfahrungen Gesetzmäßigkeiten aussagen, die für jede mögliche Erfahrung im Vorhinein notwendig und allgemeingültig gelten, weil ohne sie Erfahrung gar nicht zustande käme, weil alle Wissenschaft auf sie sich stützt — solche Sätze nennt Kant „synthetische Urteile a priori" —, liegt in der Zugehörigkeit der „Formen", der Erkenntnis zu unserem Intellekte, der so organisiert ist, daß er nicht anders Erkenntnis gewinnen kann als in diesen bestimmten Formen, welche er dem Inhalt, aus sich heraus sie erzeugend, hinzufügt. Da Erfahrung (nach Kant) immer nur lehren kann, „was da sei und wie es sei, niemals aber, daß es notwendigerweise so und nicht anders sein müsse" (Prolegomena, § 14), da es ferner (nach Kant) streng notwendige Urteile gibt, so müssen diese auf etwas sich stützen, was von der Erfahrung unabhängig ist, auf a p r i o r i s c h e*) Erfahrungsbedingungen formaler Art, welche den Urteilen (Axiomen) selbst den Charakter der Apriorität, der absoluten Geltung für jede mögliche Erfahrung, verleiht. Wir können a priori das „Formale" der Dinge erkennen, weil diese, um Gegenstände der Erkenntnis werden zu können, sich nach der

---

*) „A priori" (von vornherein) bedeutet, schon vor Kant, zunächst alles relativ von der Erfahrung Unabhängige, d. h. begrifflich Abgeleitete. Bei Kant erst bedeutet das „reine A priori" soviel wie „von aller Erfahrung schon ursprünglich unabhängig", aus „reiner Vernunft" entspringend.

Natur unseres Geistes „richten", in die Formen unserer Auffassung des Gegebenen eingehen, zur Einheit der erkennenden Ichheit (des „reinen Ich") sich verknüpfen lassen müssen.
Sie können sich aber nur so zu uns verhalten, weil sie, die zu
erkennenden Inhalte, nicht „Dinge an sich", sondern nur
Vorstellungen sind, die durch den Intellekt zu „Erscheinungen (Phänomenen) geformt werden. Während also der
Rationalismus in der Vernunft eine Quelle apriorischer
Erkenntnis des Nichterfahrbaren („Übersinnlichen") sieht,
betont Kant, das reine Denken erzeuge wohl selbsttätig (durch reine „Spontaneität) die Grundbegriffe (Kategorien), aber diese hätten nur Gültigkeit als Bedingungen, Formen möglicher Erfahrung, dienten nur dazu, um
Erfahrung „buchstabieren" zu können, nicht aber zur Erfassung des „Ding an sich"; sie sind „transzendental" (Er-
fahrungsbedingnis), aber nicht „transzendent", nicht auf das
Überempirische anwendbar. Denn zu jeder Erkenntnis gehört
nebst dem Denken Anschauung, Wahrnehmungsmöglichkeit,
beide Faktoren erzeugen nur zusammen Erkenntnis; ohne
Anschauung ist der Begriff „leer", ohne Begriff die Anschauung „blind" (Krit. d. rein. Vern. S. 77). Da die Kategorien Arten der Synthese, der Einheitssetzung sind, können
sie ohne entsprechendes Anschauungsmaterial keine reale
Erkenntnis verschaffen.

Nach Kant ist demnach der Stoff zu unserem Erkennen
„von außen" gegeben, die Form, das eigentlich Erkenntnis-
Gestaltende also stammt aus uns, aus ursprünglichen (präempirischen Verknüpfungsweisen unseres wahrnehmend-
denkenden Intellekts. Es gibt erfahrungsfreie, „reine" Erkenntnis („reine Anschauung", „reines Denken"), aber nur
bezüglich dieser formalen Prinzipien, alle reale, inhaltlich
erfüllte Erkenntnis bezieht sich auf mögliche Erfahrung und
deren Objekte, welche, weil sie in ihrer Beschaffenheit schon
durch die Funktionen unseres Intellekts bedingt sind, nicht
die Dinge sind, wie sie „an sich" (unabhängig von unserer
Auffassung) bestehen, sondern wie sie uns „erscheinen". Erfahrung selbst aber ist ihrer Form nach ein Produkt des

Geistes, nicht (wie der Sensualismus meint) ein passiv und fertig Aufgenommenes.

Die Unterscheidung von Form und Inhalt der Erkenntnis ist auch schon bei Lambert (und Tetens) zu finden. Den Apriorismus haben (bald wieder mehr im Sinne der Lehre vom „Angeborenen", psychologisch, bald rein logisch), teilweise mit gewissen Modi-fikationen, J. G. Fichte, Schopenhauer, Fries, Renouvier u. a., ferner die „Neukantianer" F. A. Lange (a priori = „in unserer Organisation wurzelnd"), J. B. Meyer, Helmholtz, Fr. Schultze, H. Vaihinger u. a., dann H. Cohen, P. Natorp, O. Liebmann, K. Laßwitz, W. Windelband, O. Schneider u. a. — Eine Verbindung von Apriorismus und Empirismus wird verschiedenerseits vom Gesichtspunkt des Evolutionismus, der Ent-wicklungslehre, angestrebt. So sind nach H. Spencer die Er-kenntnisformen phylogenetisch, von der Gattung erfahrungsmäßig erworben, durch Vererbung aber (als Anlagen) für das Individuum a priori (Psychol. II, § 332). Ähnlich Lewes, Nietzsche, G. Simmel, L. Stein u. a.

Der genetische Kritizismus ist jene Auffassung der Erkenntnis, nach welcher ohne die Annahme einer Reihe im Vorhinein bestimmter apriorischer Formen gleichwohl zwischen Form und Stoff der Erkenntnis unterschieden wird, wobei betont wird, daß erst aus der Vereinigung von Denken und Erfahrung oder aus der denkenden Verarbeitung von Erfahrungsinhalten Erkenntnis erwächst. Als „A priori" wird die Gesetzmäßigkeit des Intellekts als Quelle all-gemein-notwendiger Apperzeptionen, Urteile, Grundbegriffe bestimmt, die aber erst in Verbindung mit der Erfahrung und veranlaßt, bestimmt durch deren Inhalte zur Wirksam-keit gelangt, so daß von „präempirischen Begriffen" keines-falls die Rede sein kann. Weiteres in den positiven Aus-führungen, in welchen wir selbst diesen Standpunkt darlegen.

Genetische Kritizisten sind Fries, Herbart, Beneke, Lotze, Ulrici, Volkelt, Erhardt, L. Busse, Külpe, Höffding u. a. und besonders A. Riehl und W. Wundt. Nach Riehl ist jede Vorstel-lung „ein Produkt der besonderen Erfahrungen in die Gesetze der allgemeinen, welche letztere allein, erkenntnistheoretisch genom-men, apriorisch ist" (Der philosoph. Kritizismus II 1, S. 8). Die Identität des Selbstbewußtseins ist die „Quelle aller apriorischen Begriffe" (l. c. S. 78), das „allgemeine logische Prinzip der Erfahrungen" (l. c. S. 234). „Nichts kann erfahren werden, was nicht zu einem Bewußtsein vereinigt gedacht werden kann" (l. c. S. 235). Nach Wundt sind a priori, in uns nur die „allgemeinen Funktionen des logischen Denkens". Alle Erkenntnisse sind „gemeinsame Erzeugnisse des Denkens und der Erfahrung" (Logik I², 435, 490ff.; System der Philos.², S. 140, 208ff.). Die allgemeinen Grundbegriffe sind nicht selbst apriorisch, sondern sind die „letzten Stufen zur logischen Verarbeitung des Wahrnehmungsinhalts, die mit den empirischen Einzelbegriffen begonnen hat."

Bevor wir nun unseren eigenen Standpunkt summarisch entwickeln, wollen wir dazu erst in Kürze die Richtungen des Rationalismus, Empirismus und Apriorismus kritisch beleuchten.

Das Verdienst des Rationalismus — der als „aufgehobenes Moment" im Kritizismus zu bewahren ist — ist es, auf die wichtige Rolle des Denkens hingewiesen zu haben. Nur überschätzt er die Kraft des reinen Denkens, indem er diesem Erkenntnisse zutraut, zuschreibt, die in Wahrheit rein logisch nicht zu gewinnen sind. Rein aus sich heraus kann das Denken keinen Inhalt objektiver Art gewinnen, es bedarf immer eines solchen, um über die Wirklichkeit gültige Aussagen zu machen. Die Realität läßt sich durch bloßes, rein begriffliches Denken, ohne Appellation an die Erfahrung nicht ableiten. Das Denken ist wohl ein unentbehrliches Mittel, ein Organon zur Erkenntnis, aber für sich allein noch kein Erkennen irgendwelcher Wirklichkeit. Ein „reines" Denken kann man nur in dem Sinne zugeben, daß man darunter das sich selbst zum Objekt machende, seine eigene Gesetzlichkeit beurteilende Denken versteht; ein solches reflexives Denken ist aber nicht ohne Inhalt, ist nicht rein formal, es wird nur von dem dazugehörigen Inhalte geflissentlich abstrahiert und auf die Form des Gedachtwerdens ausschließlich geachtet; das „reine" Denken ist also ein bloßes Abstraktionsprodukt, als solches freilich muß es anerkannt und nach seiner Bedeutung für die Logik gewürdigt werden. Dieses „reine" Denken ist für sich sowie in seinen Anwendungen auf beliebige Inhalte von strenger, absoluter Notwendigkeit (vgl. § 4), in ihm gründet alles abgeleitete

Wissen seiner logischen Form nach. Die Gesetzlichkeit des Denkens ist also logische Bedingung begrifflicher Erkenntnis, ist in diesem Sinne „a priori", eine Quelle „ewiger Wahrheiten", die aber erst durch die Erfahrung einen realen Erkenntnisinhalt gewinnen, auf den sie sich beziehen lassen, ohne selbst besondere Erfahrungen oder Induktionen aus solchen zu sein; denn jede Induktion, jedes methodische Vorgehen der Forschung setzt die Gültigkeit und Funktion jener logischen Gesetzmäßigkeit schon voraus, ist ohne sie gar nicht durchführbar.

Die Lehre von den „angeborenen Ideen" kann nur in zweifacher Weise Anspruch auf eine gewisse Berechtigung machen. Daß es vor aller Erfahrung keine ursprünglichen Erkenntnisse, Begriffe, Urteile gibt, davon ist man heute wohl allgemein überzeugt. Ein Begriff, eine Vorstellung ist kein Ding, kein fertiges Gebilde, das etwa ererbt sein könnte, sondern ein Produkt der Geistestätigkeit, die an der Erfahrung erst zur Wirksamkeit gelangen kann. „Angeboren" können nur gewisse „Anlagen", „Dispositionen" funktioneller Art sein, d. h. der menschliche Intellekt hat infolge vielfacher Übung von Generationen die Tendenz ererbt, bei Gelegenheit von Erlebnissen gewisse Formungen derselben früher, leichter, sicherer, gleichsam „instinktiv" auszuführen. Ferner ist der menschliche Geist „von Natur" aus so beschaffen, so angelegt, daß er allgemein und notwendig unter „normalen" Entwicklungsbedingungen in gewisser Weise gefühls-, trieb-, vorstellungsmäßig funktioniert. In diesem Sinne ist etwa die „Gottesidee" angeboren, weil sie wohl eine allgemeine Reaktion des Menschengeistes gegenüber den Eindrücken der Umwelt bedeutet. Genau gesprochen, ist aber nicht der Begriff der Gottheit, sondern nur die Prädisposition zur Bildung desselben angeboren, d. h. in der Organisation des Geistes als allgemeine, erst durch Erfahrung zu aktualisierende Möglichkeit (Potenz) angelegt. Da aber in diesem Sinne eigentlich jedes Element der Erkenntnis, d. h. jede Empfindungsart als Disposition „angeboren" ist, weil Empfindungen nicht von außen in uns „erzeugt", nur „ausgelöst" werden können (da sie keine Dinge, sondern „Reaktionen" des Subjekts sind), so kann der Rationalismus nicht in der Lehre vom Angeborenen seine Stütze finden, da ein wohlverstandener Empirismus sich mit ihr ganz wohl abzufinden vermag. Das „Angeboren" muß daher, soll es wahrhaft rationalistisch aufgefaßt werden, im Sinne des apriorisch Denknotwendigen genommen werden, insofern dieses aus der Gesetzlichkeit der „reinen Vernunft" selbst fließt, zu dieser untrennbar gehört. In diesem Sinne „angeboren" sind jedenfalls die logischen Grundsätze; bezüglich dieser ist dem (wohlverstandenen) Rationalismus recht zu geben. Die Vernunft schöpft diese Gesetze nicht aus irgendwelchen Erfahrungen, sondern aus dem Bewußtsein der eigenen Gesetzlichkeit, welches aber erst in ihrer Anwendung auf Denk- und Erfahrungsinhalt und mit Hilfe der Abstraktion erst auf einer späten Stufe geistiger Entwicklung erwacht.

Erkenntnisse „materialer" Art, d. h. von Existenzen und ihren Beschaffenheiten sind durch reines Denken nicht zu gewinnen, da das Seiende wohl, auch wenn es nicht direkt „gegeben" ist, erschlossen werden kann, aber nicht ohne (bewußten oder versteckten) Ausgang von der Erfahrung; aus bloßem Denken läßt sich auf keine Weise die einzelne Realität herausklauben. Zur Erkenntnis bedarf es unbedingt irgendwelcher „Erlebnisse", die den Stoff für das Denken bieten, nicht aber selbst aus der Vernunft ableitbar sind (wie dies z. B. Fichte versucht hat, der nichts „Gegebenes" anerkennt, alles aus dem „Ich" denkend deduzieren will). Anderseits ist (dem Sensualismus gegenüber) zu betonen, daß das Denken (das logische insbesondere) keine „impression", kein „Erlebnis", sondern eine geistige Tätigkeit ist, die sich wohl erst mit der Erfahrung und an den Erlebnissen entfaltet und kräftigt, als „Denkkraft" aber ebenso „ursprünglich" ist wie die Fähigkeit, Erlebnisse zu machen, zu empfinden.

Der Sensualismus, den wir gleich jetzt betrachten wollen, verkennt eben den eigenartigen Charakter der Denktätigkeit, welche sich von der Funktion des Empfindens,

Vorstellens und von bloßer Vorstellungs-Assoziation deutlich unterscheidet. Gedanken sind weder Empfindungen
oder Sinnesvorstellungen noch deren „Kopien" oder Abbilder
(„Nachbilder"), sondern sie sind Erzeugnisse der Denktätigkeit, aus der alle Begriffe als solche entspringen. Ein
Begriff entsteht nicht von selbst, auf passive Weise, durch
„assoziative" Selbst-Verbindung von Vorstellungen miteinander, sondern auf „apperzeptive" Weise, als „apperzeptive Verbindungen" (Wundt), d. h. unter dem Einflusse der „aktiven
Apperzeption", der nach bestimmten Gesichtspunkten (Motiven,
Zwecken) auswählenden und bestimmte Vorstellungsbestand-
teile zur Fixierung, zur besonderen Bewußtheit und bewußten
Verbindung mit anderen Vorstellungselementen bringenden
Aufmerksamkeitskraft. Diese Kraft ist aber keine andere als
die des Willens in dessen „innerer" Betätigung, so daß alles
Denken eine auswählende und zweckmäßig ordnende Willenstätigkeit, also etwas den „Eindrücken" oder Erlebnissen gegenüber formal Selbständiges, „Spontanes" ist. Das
Denken ist aktive Ich-Tätigkeit, ist nicht „Rezeptivität", sondern geistige Arbeit, Gestaltung von Vorstellungen zu bestimmten logischen Gebilden, in welchen eine Mannigfaltigkeit von Inhalten zur festen Einheit, zum Begriff, zusammengefaßt erscheint. Das Denken ist also kein Produkt der
Sinne, kein Erzeugnis von Empfindungen; nicht diese denken,
sondern das Ich denkt. Denken ist auch nicht eine Art Abbildung von Erlebnissen, sondern geistige, logische (im
Dienste des Erkenntniswillens stehende) Verarbeitung
von Erlebnisinhalten durch eine vergleichend-be-
ziehende, analytisch-synthetische Tätigkeit,
deren Gesetzlichkeit Bedingung aller Erkenntnis ist. Das
Denken ist aber nicht bloß „sekundäres" (abstraktes und
reproduktives), sondern auch „primäres" (konkretes, anschauliches Denken, welches schon in und an der Sinneswahrnehmung sich betätigt; denn diese ist mehr als bloße
„Empfindung", ist schon (unbemerkt bleibende) Beziehung
des Erlebnisses auf ein Objekt, Deutung des Erlebten als (so
und so beschaffenes) Ding oder Eigenschaft eines solchen.

Empfindungen oder einfache Erlebnisse sind für sich noch keine Erkenntnisse, sie sind „leer", weisen nicht über sich selbst hinaus, stehen isoliert da, solange sie nicht durch die Einheit des erkennenden Bewußtseins synthetisch zusammengefaßt werden. Denken ist nicht bloße „Beschreibung" fertig gegebener Tatsachen, sondern ist zweckvolle Bearbeitung von „Sinnesdaten" im Sinne objektiver, allgemeingültiger Erkenntnis. Von den Aussagen über subjektiv-individuelle Erlebnisse sind jene Urteile wohl zu unterscheiden, die im Zusammenhang der Denkgenossen miteinander auf methodische, streng geregelte Weise, auf Grund von Erfahrung, Experiment, Konklusion erst „Tatsachen" als solche setzen oder zum anerkennenden Bewußtsein bringen. Objektive Tatsachen sind als solche nicht gegeben", die bloße Sinnesempfindung bietet noch keine Gewähr dafür, daß irgendwo eine Tatsache vorliegt, das Urteil erst, also das Denken verarbeitet das Material unserer Sinne zu objektiven Tatsachen, zu überindividuellen, „transsubjektiven" Erkenntnisobjekten. In demjenigen, was wir eine „Tatsache" nennen, steckt also immer schon außer dem sinnlichen Rohmaterial und der anschaulichen Bestimmtheit des Raum-Zeitlichen etwas Gedankliches, urteilsmäßig und begrifflich Gesetztes, Befundenes. Denken ist als lebendiger Akt Urteilen, und dieses ist nicht bloße „Abbildung" einer uns gegenüberstehenden Tatsache, sondern enthält einen Akt der Beziehung, durch welchen ein Zusammenhang unter den Erlebnisinhalten hergestellt wird, welcher unter gewissen methodischen Bedingungen als ein allgemeingültiger (für jedes erkennende Subjekt notwendig geltender), völlig gleichartiger bestimmt werden kann. Als „Niederschlag" von Urteilen erscheinen die Begriffe. Diese sind keineswegs „Kopien" von Empfindungen oder Erlebnissen, nicht Summen oder Komplexe von solchen, auch nicht bloße „denkökonomische" Einheiten, wenn sie auch eine denkökonomische Funktion haben, sondern sie haben eine besondere, streng logische (nicht bloß psychologisch-biologische) Bedeutung.

Der Begriff ist zwar nicht, wie der (extreme) „scholastische Realismus" (dessen Formel: „Universalia sunt realia", auf Platos Ideenlehre zurückführt) meint, selbständig existierende „Urbilder" der Dinge, auch sind sie nicht apriorische, im Bewußtsein von aller Erfahrung bereit liegende geistige Formen. Aber sie sind doch mehr als gleichsam Nachbilder von Erlebnissen der „Impressionen", sie entstehen nicht passiv in uns, sondern sind Produkte der geistigen Aktivität, welche selbständig, wenn auch durch die Erlebnisse motiviert, zu den Erlebnissen sich stellt und aus ihnen nur das herauswählt, fixiert und mit anderem ebenso „Apperzipierten" zusammenfaßt, was der Denk- und Erkenntniswille fordert. Begriffe haben letzlich stets ihr „Fundament", ihre „materielle" Grundlage in irgendwelchen Erlebnissen (der Wahrnehmung, des Willens, des Denkens usw.), sie selbst aber sind immer schon (als logische Begriffe, nicht als psychologische „typische Vorstellungen") Reflexe einer vorhergehenden geistigen (urteilenden) Verarbeitung von Erlebnissen zu Erfahrungen, zu deren Weiterverarbeitung sie dann selbst beitragen. Der Begriff geht nicht derart auf Erlebnisse schlechthin, sondern auf das Denk-Wesentliche, das nicht selbst als solches erlebt, sondern nur, auf Grund von Erfahrungen und Erlebnissen, beurteilt werden kann. Und diese geistige Verarbeitung von Daten der Sinne ist wohl von „außen" veranlaßt, mitbestimmt, aber zugleich auch abhängig von der Gesetzmäßigkeit des Denkens, des erkennenden Bewußtseins überhaupt, welche insofern das allgemeine „A priori" alles Erkennens, die Urbedingung und Voraussetzung aller Erkenntnis ist.

Es ist dem Empirismus überhaupt zuzugeben, daß das Erkennen sowohl von der Erfahrung seinen Ausgang nimmt, als auch beständig durch Erfahrung seine Kontrolle findet und schließlich, daß sichere objektive Erkenntnis inhaltlicher (nicht rein formaler Art) nur so weit statthat, als mögliche Erfahrung reicht. Über Gegenstände möglicher Erfahrung Urteile zu fällen, ohne direkt oder indirekt auf Erfahrung und ihre denkende Verarbeitung zu rekurrieren, ist kein methodisches Vorgehen, führt zu uferloser Spekulation. Aber dann darf auch der Begriff „Erfahrung" nicht in dem allgemeinsten Sinne des „Erlebnisses" genommen werden. Erfahrung im engeren, logischen Sinne ist kein bloßes Erleben, sondern schon ein Urteil über ein Konstantes, Allgemeines an einer Reihe von Erlebnissen, bzw. Beziehung eines Erlebnisinhaltes auf etwas Objektives. Die „Erfahrung" enthält immer schon eine Deutung, eine gedankliche Bestimmung von Erlebnisinhalten, ist ohne ein (primäres, konkretes) Denken gar nicht möglich. „Erfahrung" und „Denken" sind nur insoweit Gegensätze, als das begriffliche, abstrakte Denken dem der Erfahrung einwohnenden (immanenten) anschaulichen Denken, dem konkreten Urteil der allgemeine (deduktive) Schluß gegenübergestellt wird. Eine „Tatsache erfahren" heißt in Wahrheit soviel wie: etwas erleben, wahrnehmen und es als (so und so bestimmte) Tatsache beurteilen. Um nun festzustellen, ob eine Tatsache wirklich eine Tatsache, eine Erfahrung wirklich eine allgemeingültig zu machende objektive Erfahrung ist, muß man in kritischer Weise die „Erfahrung" selbst beurteilen, d. h. eigentlich ein Urteil über ein Urteil fällen, womit schon eine Wertung erfolgt.

Die Erfahrung selbst kann sich also nur durch das Denken als solche bewähren, sie ist insofern abhängig vom Denken, ist durch und durch mit dem Gewebe der Gedanken verflochten. „Reine" Erfahrung, d. h. eine von allem Denken gereinigte, pure Erfahrung gibt es nicht, höchstens als Abstraktionsgebilde, als imaginären, unwirklichen letzten Begrenzungspunkt für das Denken, nicht als ursprünglichen Bewußtseinsinhalt. Das Material zur Erfahrung, also etwa die Summe von Sinnesdaten, kann nicht selbst als Erfahrung angesehen werden, welche erst durch Synthese dieses Materials durch das einheitliche Erkenntnissubjekt zustandekommt.*) Erfahrung setzt schon rein psychologisch die

---

*) „Reine Erfahrung und reines Denken sind . . . begriffliche Fiktionen, die in der wirklichen Erfahrung und im wirklichen

Fähigkeit der Bildung von Erinnerungsvorstellungen voraus, welche wiederum an eine funktionelle Einheit des Erkenntnissubjekts gebunden ist. Wie nun aber die Erfahrung als solche immer über den Einzeleindruck hinaus zu anderen Erlebnissen übergeht, muß das Denken Erfahrungen miteinander verknüpfen, zueinander in Beziehung setzen, um vermittelst der Erfahrung (aber nicht durch sie allein) objektive, allgemeingültige, sichere Urteile zu gewinnen. Die Gewißheit, welche einer „empirisch erworbenen" Erkenntnis eignet, ist nicht selbst ein Erfahrungsmerkmal, sondern entspringt einem Verhältnis des (logischen) Denkens zur Erfahrung, ist geknüpft an die Determination, Begrenzung des Denkens durch die Art und Weise, wie die ihm ureigene Gesetzmäßigkeit im Erfahrungsprozesse zur Anwendung gelangt.

Zur Erkenntnisquelle wird Erfahrung erst unter der Leitung und Zucht des Denkens. Das Denken ist eben nicht eine bloße „Abhängige" der Erlebnisse und ihrer nächsten Deutung, der Erfahrung, sondern es ist, wenn methodisch-wissenschaftliches Denken, eine die Erfahrungsinhalte von bestimmten logischen Gesichtspunkten aus verarbeitende, ordnende und kritische Tätigkeit. Was wahr, was wirklich (real), objektiv-allgemeingültig ist, das zu entscheiden, reicht bloße Erfahrung nicht aus, dazu gehört eine genaue, methodische Prüfung, eine Kritik des durch Wahrnehmung und Erfahrung Vorgefundenen. In mannigfacher Weise sind wir, um objektive Wahrheit der Erkenntnis zu erzielen, genötigt, die Erfahrung durch das Denken zu kontrollieren, zu be-

---

Denken nicht vorkommen" (Wundt, System der Philosophie[2], S. 2o8 ff.; Philos. Studien XIII, 6; VII, 47). Vgl. Riehl, Zur Einführ. in die Philos. d. Gegenw. S. 69. — Nach Kant besteht Erfahrung in der „synthetischen Verknüpfung der Erscheinungen in einem Bewußtsein, sofern dieselbe notwendig ist." Sie enthält „außer der Anschauung der Sinne, wodurch etwas gegeben wird, noch einen Begriff von einem Gegenstand, der in der Anschauung gegeben wird oder erscheint" (Prolegom. § 22, 26; Krit. d. rein. Vern. S. 11o).

richtigen (z. B. Sinnestäuschungen gegenüber, die sich auch als Erfahrungen geben), sei es, indem wir an anderen, allgemeineren, regelmäßigeren, „normalen" Erfahrungen denkend einen Maßstab finden, sei es durch den Fortschritt zu abstrakten, durch das methodische Denken herausgehobenen Teilstücken des Erfahrbaren (z. B. „Umsetzung" von Qualitäten in Quantitäten). Die Wahrnehmungen und Erfahrungen sind vielfach lückenhaft, isoliert, einseitig; um mittelst ihrer Erkenntnis objektiver Zusammenhänge zu gewinnen, müssen wir die Lücken begrifflich ausfüllen, müssen wir die Erfahrung ergänzen, durch Hypothese und Theorie, welche natürlich streng dem empirischen Befunde Rechnung zu tragen haben, nicht „ins Blaue hinein" aufgestellt werden dürfen.

Endlich treten wir schon mit gewissen Voraussetzungen, Erwartungen, Forderungen an die Erfahrung heran. Zunächst im einzelnen, indem wir betreffs des Verhaltens der verschiedensten Objekte denkend uns Fragen stellen, deren Beantwortung wohl vermittelst der Erfahrung, nicht aber rein aus ihr heraus erfolgt.*) Dann aber auch in einem rein erkenntniskritischen Sinn, in dem des „A priori", mit dem wir es jetzt zu tun haben. Apriorische Begriffe als „prä-empirische", im Geiste bereit liegende, nur auf einen Inhalt wartende leere Formen, wie sie der Apriorismus manchmal anzunehmen scheint (auch Kant ist davon nicht ganz freizusprechen), haben wir bereits früher abgelehnt. Wir müssen reinlich zwischen psychologischem und erkenntnistheoretischem A priori unterscheiden. Unter dem ersteren ist die „psycho-physische Organisation" (wie sie z. B. F. A. Lange betrachtet) zu verstehen, aus deren Eigentümlichkeit unser subjektiv bestimmtes Reagieren auf die „Reize der Außenwelt" zu verstehen ist. Wer z. B. als Psycho-

---

*) „Ohne gedankliche Leitung und Vorbereitung wird jedes Experiment sinnlos, wie oft werden neue Wege in der Erkenntnis eingeschlagen, und die Tatsachen sagen uns nicht, in welchen Zusammenhang sie gebracht oder wie sie dargestellt sein wollen" (Külpe, Die Philosophie der Gegenwart in Deutschland[2], S. 21).

log annimmt, die Raumanschauung sei nicht aus der Erfahrung entstanden, sondern eine in unserer Organisation von allem Anfang angelegte und zu jeder (Gesichts-, Tast-)Empfindung schon ursprünglich hinzukommene „Form", ist psychologischer Apriorist oder „Nativist". Man kann aber ganz wohl behaupten, etwas sei psychologisch erst auf Grund von Erlebnissen und durch sie bedingt entstanden, sei ein Entwicklungsprodukt, vermittelt durch psychische Prozesse (der Assoziation, „Verschmelzung" u. dgl.), also eine „genetische" (etwa Raum-) Theorie vertreten, und doch erkenntnistheoretisch von der „Apriorität" dieses so abgeleiteten Gebildes sprechen. Dieses „Apriori" bedeutet eben nicht Angeborensein oder aber ursprüngliches „Bereitliegen im Gemüte" (wie Kant sagt, der übrigens in bezug auf die Raumvorstellung kaum als „Nativist" anzusehen ist), sondern (wie H. Cohen u. a. es auffassen) eine logische Urbedingung, eine Grundweise, eine prinzipielle Methode und Voraussetzung objektiver Erkenntnis, zugleich auch schon ein notwendiges Mittel, einen Grund der Möglichkeit von Erfahrung. Absolut a priori ist aber nur, was Erfahrungsbedingung ist, ohne selbst Erfahrungsinhalt zu sein, nur von einem solchen „reinen" A priori ist hier die Rede.

Der „Apriorismus" (in der Kantschen Fassung) nimmt gerade zwei Anschauungsformen (Raum und Zeit) und zwölf Kategorien (Denkformen) als absolut apriorisch in Anspruch, aber, (wie wir hier nur behaupten, nicht dartun können), ohne vollgültigen, unwiderlegbaren Beweis;*) denn es ist der Zweifel möglich, ob die Notwendigkeit der „Axiome" (der „synthetischen Urteile a priori") eine, wie Kant meint,

---

*) Der rationalistische Apriorismus H. Cohens bedeutet einen nicht geringen Fortschritt Kant gegenüber. „Die Kategorien sind nicht angeborene Begriffe, sondern vielmehr die Grundformen, die Grundrichtungen, die Grundzüge . . ., in denen das Urteil sich vollzieht", „Betätigungsweisen des Urteils" (System d. Philos. I, S. 43 ff.). Die Kategorie ist die „reine Erkenntnis, welche die Voraussetzung der Wissenschaft ist" (l. c. S. 222).

„apodiktische" (absolute) ist, ob diese Notwendigkeit nicht auch aus einer r e l a t i v e n Apriorität der Anschauungs- und Denkformen zu begreifen ist. Hiernach wären z. B. die Anschauungsformen (Raum und Zeit) zwar G r u n d b e d i n g u n g e n a l l e r E r f a h r u n g v o n A u ß e n d i n g e n; sie können nicht von diesen abstrahiert sein, weil zum Zustandekommen der Vorstellung von solchen Dingen und ihren Veränderungen die Anschauungsformen Raum und Zeit schon notwendig sind. Aber diese Anschauungsformen müssen deshalb noch nicht völlig unabhängig von der Erfahrung aus „reiner Vernunft" („reiner Anschauung") selbst entspringen, sondern können ganz wohl z u s a m m e n m i t d e m E r f a h r u n g s- i n h a l t, als O r d n u n g s w e i s e d e s s e l b e n u n d d u r c h- g ä n g i g b e s t i m m t d u r c h d e n I n h a l t s e l b s t, wenn -auch nicht zu ihm gehörend oder aus ihm zu abstrahieren, -entstehen. Die Notwendigkeit und Allgemeingültigkeit der -m a t h e m a t i s c h e n (o b e r s t e n) G r u n d s ä t z e ist dann keine „apodiktische", sondern nur eine solche, wie sie sich aus der Unaufhebbarkeit, der K o n s t a n z der allgemeinen, für jeden Erkennenden gleichartigen Anschauungsformen sowie aus der, an diesen sich unmittelbar betätigenden Anschauungs- und Denkgesetzlichkeit ergibt. „Apodiktisch", von streng (formal-)l o g i s c h e r Notwendigkeit sind nur die sekundären, durch Schluß und Beweis, unter Voraussetzung der (auch anders zu wählenden Axiome)*) gewonnenen Lehrsätze. „Absolute" Apriorität in diesem Sinne kommt keinerlei Anschauung zu, absolut ist nur die r e i n l o g i s c h e A p r i o- r i t ä t d e r D e n k g e s e t z l i c h k e i t. Die Denkgesetze (z. B. der Satz des Grundes) gelten unabhängig von aller Erfahrung,

---

*) Wie bei der „nicht-Euklidischen" Geometrie, welche sich mit „n-dimensionalen" Räumen befaßt, für die z. B. das „Parallelen-Axiom" keine Geltung hat. „Die geometrischen Axiome sind so wenig wie das Kausalgesetz logisch notwendig, es lassen sich Räume und also Geometrien denken, in denen ganz andere Axiome als die unsrigen gelten . . . Aber unbedingt notwendig sind sie für unsere Erfahrung, weil sie diese erst zustande bringen" (Simmel, Kant, S. 18).

weil durch sie erst ein gesetzlicher Zusammenhang zwischen Erlebnissen gestiftet wird, welcher zur Erfahrung führt, und weil ihnen kein Inhalt der Erfahrung entspricht, aus dem sie abstrahiert sein könnten; sie sind vielmehr Formen des Denkens oder Gedachtwerdens als solchen und gelten unbedingt zugleich für jeden möglichen Denkinhalt, da ja Denken stets ein geistiges Verarbeiten (bzw. Verarbeitetwerden) irgendwelcher anschaulicher oder begrifflicher Inhalte ist. Aber erst aus der Anwendung dieser Denkgesetzlichkeit in der Erfahrung, im Zusammenwirken mit ihr entspringen fundamentale Begriffe (Einheit, Identität, Kausalität u. a.), welche von jeder besonderen Erfahrung unabhängig sind, weil sie zur allgemeinsten Form der Erfahrung überhaupt, mit der zugleich sie ausgebildet werden, gehören.

Die Verschiedenheit der Erfahrungsinhalte kommt für sie ebensowenig in Betracht wie die Anschauungsformen, so daß sie auf jeden beliebigen Inhalt sich anwenden lassen; jeder Inhalt muß sich ihnen fügen, weil ohne sie Erfahrung von Dingen und Vorgängen sowie die Erkenntnis irgendwelcher Gesetzmäßigkeiten nicht möglich ist.*) Daß z. B. jeder Vorgang durch einen bestimmten anderen Vorgang kausal bestimmt ist, durch ihn „bewirkt" ist, das erfahren wir nicht, das „Wirken" nehmen wir an den Dingen nicht wahr, sondern um objektive Zusammenhänge etwa in der Außenwelt herzustellen, sind wir genötigt, durch einen Akt allgemeiner Beziehung einen „Kausalnexus" denkend zu setzen. Die Gesetzlichkeit des denkenden Erkennens (der „Satz vom Grunde") kommt hierbei in Anwendung, sie ist das „absolut" Apriorische an der „Kategorie" der Kausalität. Diese selbst ist auch „apriorisch", insofern ohne das Kausalurteil empirische Erkenntnis nicht möglich ist. Aber sie ist nicht mehr absolut (rein logisch) apriorisch, sondern schon durch den anschaulich gegebenen Erfahrungsinhalt, d. h.

---

*) Vgl. Wundt, Syst. d. Philos.², S. 105ff., IIIff., 208ff., 140ff.; Logik I², 435, 487ff.

hier durch die bestimmte Art der raum-zeitlichen Verbindung der Erlebnisse bestimmt, ist ohne diesen Inhalt nur eine rein logische Denk-, keine objektive Erkenntnisform. Als solche richtet sich die „Kategorie" nach der Art und der Bestimmtheit des Inhalts, an welchem das Denken erst ersehen kann, was es als Ursache zu bestimmen hat. Kurz: die allgemeinen, für jede einzelne Erfahrung als unbedingt gültig und konstituierend vorauszusetzenden Erkenntnisformen haben einerseits ein empirisches „Fundament", anderseits einen rein apriorischen Faktor: die Gesetzlichkeit des anschauend-denkenden Bewußtseins, welche lediglich durch die Einheit und Identität des Subjekts bedingt ist.*) Diese ist (wie Kant vortrefflich dargetan hat) der formale Urquell aller Erkenntnis, das absolut „Überempirische" (Riehl) in ihr. Die Einheit und Identität, die wir den Außendingen zuschreiben, ist schon ein Reflex, ein Analogon dieser „Ichheit", eine Verarbeitung und Deutung des Erfahrbaren im Sinne dessen, was das Ich von sich selbst am unmittelbarsten erfaßt und beurteilt. In und mit den Kategorien der „Identität", „Substanz", „Ursache" („Kraft", „Vermögen", „Zweck") über-

---

*) Nach Kant ist das „reine Selbstbewußtsein", die „Einheit der transzendentalen Apperzeption", die oberste „transzendentale" Bedingung der Erkenntnis. Das „Ich denke" muß alle unsere Vorstellungen begleiten können. „Nun können keine Erkenntnisse in uns stattfinden, keine Verknüpfung und Einheit derselben untereinander, ohne diejenige Einheit des Bewußtseins, welche vor allen Datis der Anschauungen vorhergeht, und worauf in Beziehung alle Vorstellung von Gegenständen möglich ist. Dieses reine, ursprüngliche, unwandelbare Bewußtsein will ich nun die transzendentale Apperzeption nennen" (Krit. d. rein. Vern. S. 121). Die Einheit derselben macht „aus allen möglichen Erscheinungen, die immer in einer Erfahrung beisammen sein können, einen Zusammenhang aller dieser Vorstellungen nach Gesetzen" (ib.). Durch „reine Synthesis" kommt alle Erkenntnis als solche zustande, welche in einer Ordnung des Erlebnismaterials durch die Gesetzmäßigkeit des Intellekts besteht; in diesem Sinne muß sich die „Natur" (der Inbegriff von Erfahrungsinhalten) nach dem Intellekt „richten", trägt der Verstand seine eigenen Gesetze in die Natur hinein.

trägt die Ichheit Momente ihres eigenen Seins, ihrer eigenen Gesetzlichkeit (Die Gesetzlichkeit des Denkens, des Denkenden = Gesetzlichkeit des Denkwillens = Gesetzlichkeit der Ich-Tätigkeit, in welcher das Sein der Ichheit besteht) auf die „Objekte der Außenwelt", die dadurch aus bloßen „Nicht-Ichs" zu Gegen-Ichs, zu Ich-Analoga, zu selbständig erscheinenden Dingen werden („Introjektionismus"); davon wird weiter unten die Rede sein.

Das ist der Standpunkt eines — ein „A priori" der Erkenntnis anerkennenden, aber gleichwohl nicht (extrem) „aprioristischen" — genetischen Kritizismus, der natürlich vom „Apriorismus" nicht schroff zu scheiden ist, um so mehr, da er sich mit mancher Weiterbildung des letzteren in manchem berührt. So wenig wir den Rationalismus, das Ausgehen bloß vom „reinen Denken", und die Überschätzung der Leistungen desselben für die Setzung der „Realität" annehmen können, so muß doch in einer Lehre, wie sie besonders bei H. Cohen sich findet, eine berechtigte Reaktion gegen den sensualistischen Empirismus erblickt werden. Daß die Objekte des wissenschaftlichen Erkennens uns nicht mit ihren Eigenschaften und Beziehungen einfach „gegeben" sind, sondern daß uns nur ein Material von Inhalten zur methodischen Verarbeitung unter der Leitung von Prinzipien, von Grundbegriffen und Grundsätzen, die in der Gesetzlichkeit des „Intellekts überhaupt" (nicht bloß des psycho-physisch zu bestimmenden Individuums) fließen, „aufgegeben" ist*) — dies kann auch ein „genetischer Kriti-

---

*) „Der Gegenstand ist nicht gegeben, sondern vielmehr aufgegeben; aller Begriff vom Gegenstand, der unserer Erkenntnis gelten soll, muß erst sich aufbauen aus den Grundfaktoren der Erkenntnis selbst, bis zurück zu den schlechthin fundamentalen" (Natorp, Platos Ideenlehre, S. 367). Es ist zu betonen, „daß die Welt der Dinge auf dem Grunde des Denkens beruht; daß die Dinge nicht schlechthin als solche gegeben sind, wie sie auf unsere Sinne einzudringen scheinen; daß vielmehr die Grundgestalten unseres denkenden Bewußtseins zugleich die Bausteine sind, mit denen wir die sogenannten Dinge in uns aus letzten Stoffteilchen zusammensetzen, und die Normen, mit denen wir die Gesetze und

zismus" (selbst ein „rationaler Empirismus") zugeben. Die Unterscheidung von F o r m und S t o f f der Erkenntnis und der Erfahrung ist eine fundamentale und bleibende. Es braucht dies noch keineswegs einen „logischen Dualismus" (wie M. P a l á g y i meint) zu ergeben, der nur entsteht, wenn die „Formen" der Erkenntnis als ursprünglich vom Inhalt abgetrennte, für sich im Geiste existierende ideale Wesenheiten bestimmt werden. In Wahrheit sind Form und Stoff stets zu einem Ganzen lebendiger Erkenntnis vereinigt, sie kommen nicht äußerlich zusammen, sondern die Reflexion unterscheidet erst an der Erkenntnis den variablen Inhalt und die konstante, allgemeine, notwendig für jeden Einzelfall mit logischer Apriorität vorauszusetzende Gestaltung, Ordnung, welche nicht auf Rechnung der Sinnesdata als solcher zu setzen, sondern auf die Verarbeitung der Wahrnehmungsinhalte durch die Gesetzlichkeit des Intellekts zu beziehen ist. Ohne formale, aber nur an einem Inhalte zum Ausdruck kommende Operationen des Denkens kommt keine Erkenntnis zustande. Die besonderen Verknüpfungen, Synthesen, Gesetzlichkeiten sind durch den Erfahrungsinhalt und durch Induktion aus diesem bedingt. Aber die s y n t h e t i s c h e F u n k t i o n d e s I n t e l l e k t s ü b e r h a u p t in der ihr gemäßen Gesetzlichkeit ist ein Erfahrung und Erkenntnis erst ermöglichender Prozeß. Die V o r a u s s e t z u n g einer G e s e t z l i c h k e i t ü b e r h a u p t ist nicht rein empirisch oder induktiv gewonnen, sondern f l i e ß t a u s d e r I n t e l l i g e n z b z w. d e m i h r z u g r u n d e l i e g e n d e n D e n k w i l l e n, der auf e i n h e i t l i c h e n Z u s a m m e n n h a n g a l l e r s e i n e r A k t e u n d G e b i l d e a b z i e l t; die „Erfahrung" ist nicht die Quelle, nur ein nicht zu entbehrendes F u n d a m e n t zur Besonderung der „Gesetzlichkeit überhaupt", sowie sie eine beständige B e s t ä t i g u n g des denkend Gesetzten zu gewähren vermag.

Ohne die „Gesetzgebung des Intellekts" könnten wir keine Naturgesetze erkennen, da die bloße Wahrnehmung dazu zu

Zusammenhänge jener entwerfen und als Gegenstände wissenschaftlicher Erfahrung beglaubigen" (C o h e n, Das Prinzip der Infinitesim. S. 125 ff.).

lückenhaft, der Zusammenhang der Wahrnehmungsinhalte für sich allein ein unvollständiger ist. „Das Denken ergänzt die Wahrnehmung. Immer wieder setzen wir einen weit größeren Zusammenhang voraus, als in den bloßen Tatsachen gegeben ist," sagt Riehl treffend (Zur Einf. S. 69). Der Intellekt ist seinem Wesen nach selbst ein Ordnungsprinzip, nicht aber als ein vom Willen getrennt funktionierender „Verstand", sondern als Richtung des allem Denken und Erkennen zugrunde liegenden Einheits-Willen, der als Urwurzel aller Erkenntnis zu betrachten ist. Das „Gesetzgebende" in der theoretischen wie in der praktischen Vernunft ist der Wille, nicht aber ein leerer, abstrakter Wille, sondern ein Wille, zu dessen Wesen notwendig eine Richtung, ein Inhalt gehört. Die Postulate, mittelst welcher wir in den „Grundsätzen" des Denkens und Erkennens jede mögliche Erfahrung formal antizipieren und in „ursprünglicher", in der Gesetzmäßigkeit des Geistes selbst wurzelnder Notwendigkeit und Gewißheit das Stattfinden von Einheit, Ordnung, Gesetzmäßigkeit für das (ideale) Gesamtsystem aller Erfahrung, für das gesamte Denkbare überhaupt voraussetzen (in diesem Sinne „a priori" annehmen), sind in letzter Linie Forderungen des „reinen Erkenntniswillen", der gleichsam die innerste Triebfeder der „reinen Vernunft" darstellt. In einer Ergänzung des Kantschen „Intellektualismus" (auf den besonders Simmel in seinem „Kant" 1904, aufmerksam macht), durch einen, wie wir sagen wollen, „logischen Voluntarismus", glauben wir einen Fortschritt der Erkenntnislehre erblicken zu dürfen.

Unabhängig von jedweder „Erfahrung" ist eine mehr als formal-logische Erkenntnis nicht möglich. Aber die Erfahrung selbst kommt, insbesondere als allgemeine, wissenschaftliche Erfahrung, schon unter Mitwirkung, unter wesentlicher Beteiligung des Denkens zustande, und ferner ist sie durch die Gesetzlichkeit des Intellekts sowie der aus ihr entspringenden Grundvoraussetzungen bedingt, also nicht eine einfache Aufnahme fertig gegebener „Impressionen" und deren Verbindungen ins Bewußtsein. Indem das mit Er-

fahrungsinhalt erfüllte Denken durch seine eigene Gesetzlichkeit zu Ergebnissen gelangt, die durch spätere Erfahrungen
(bzw. an ihnen) konkret zu verifizieren sind, sich als objektiv berechtigt erweisen, bezeugt es eine Erkenntniskraft,
die mehr leistet als bloße „Nachbildung" von „Erfahrungstatsachen". Wo jede Möglichkeit einer direkten oder indirekten
Erfahrung aufhört, nicht bloß wegen der Grenzen unserer
Sinne und Unterscheidungsfähigkeit, sondern wegen der
Natur des Erkenntnisobjekts (z. B. das „Ding an sich", die
Gottheit), da gibt es freilich keine direkte und gewisse Erkenntnis mehr. Aber selbst hier vermag das Denken, durch
die ihm immanente Forderung nach einheitlichem Zusammenhang aller Erkenntnis getrieben, die (metaphysische)
„Idee" eines überempirischen „Grundes" von Erfahrungszusammenhängen verschiedener Art zu gewinnen, welche
immerhin eine indirekte Erkenntnis von einer gewissen Wahrscheinlichkeit zu gewähren vermag, mindestens aber einen
Gedanken bedeutet, durch den wir das Erfahrbare besser
in seiner Totalität umfassen und erfassen. Doch dies führt
uns bereits zu einem neuen Problem, dem Problem der
Realität.

§ 6.

Das Realitäts-Problem.

Das Problem der Realität ist das „Problem des Erkennt-
nisgegenstandes". Wir wollen jetzt wissen, was es denn eigentlich ist, was wir erkennen, was den Gegenstand unserer
Erkenntnis bildet und in welchem Sinne er existiert,
welchen Existenzwert er hat, also ob er ein von uns
völlig Unabhängiges, „Reales", oder ein vom erkennenden
Subjekt Abhängiges, „Ideales", oder endlich ob er sowohl real
als ideal ist. Mit anderen Worten: ist das, was wir als
„Gegenstand" meinen, ein (auch) außer dem erkennenden Bewußtsein Bestehendes („Transzendentes") oder ein an ein
Bewußtsein als dessen Inhalt Gebundenes („Bewußtseins-

immanentes") oder ist es eine „Erscheinung", d. h. die im Bewußtsein sich (auf eine uns gemäße Art) darstellende, manifestierende, „objektivierende" Existenzweise eines (in anderer Weise) „an sich" (unabhängig von jedem fremden Erkennen) Wesenhaften? Die entsprechenden Antworten auf diese Frage sind die des Idealismus, des Realismus und des Phänomenalismus.

Geht das Problem des Erkenntnisursprungs auf die Art der subjektiven Geistesarbeit, die für das Zustandekommen von Erkenntnis notwendig ist, so bezieht sich das Realitäts-Problem wesentlich auf die Frage nach der Art des Objekts, insofern sie eine solche sein muß, daß sie auch ihrerseits Erkenntnis möglich macht.

Bevor wir die Richtungen in der Beantwortung der Frage nach dem Erkenntnisgegenstande betrachten, müssen wir zuerst einige terminologische Erörterungen voranschicken.

Real (realis) ist etwas, sofern es nicht eine bloße subjektive Vorstellung, nicht eine bloße „Idee" ist, sondern unabhängig von der subjektiven Vorstellung, vom bloßen Gedanken, vom bloßen Begriffe besteht. „Realität" (realitas) bedeutet also eine Existenzweise, welche vom bloßen Vorgestellt- und Gedachtwerden unterschieden, diesem gegenübergestellt wird, ein „Anderssein" im Verhältnis zum bloßen Vorstellungsinhalt des individuellen Bewußtseins. „Real" ist also, was den Wert einer „Sache" (res) hat, d. h. ein Ding ist oder zu dessen Eigenschaften oder Beziehungen zu anderen Dingen gehört. Z. B. der Baum als Gegenstand der Erkenntnis, als Bestandteil der Außenwelt ist „real", dagegen ist das Bild des Baumes in meiner Phantasie, in meiner Erinnerung nur „ideal". Und ideal (idealis) ist, allgemein, etwas, sofern es als bloßer Vorstellungs- oder Gedankeninhalt bestimmt wird, insofern es also von der „Sache selbst" unterschieden wird.*)

---

*) Diese Bedeutung von „ideal" geht auf den (späteren) Sinn von „idea" als: Vorstellung, Gedanke zurück (Descartes u. a.). „Ideal" heißt aber auch soviel wie: der Idee, dem Vollkommenheitsbegriff entsprechend, weil *ἰδέα* früher (bei Plato u. a.) so-

In gleicher Bedeutung wie „Realität" wird vielfach auch das Wort „Wirklichkeit" gebraucht. Es läßt sich aber auch zwischen beiden Ausdrücken unterscheiden. „Real" ist dann nur das vom Erkennen Unabhängige, Objektive, wirklich aber alles, was überhaupt als in irgend einer Weise, in irgend einer Sphäre (im oder außer dem Bewußtsein) bestehend, geltend betrachtet wird, im Gegensatz zum bloß Eingebildeten, Gemeinten, fälschlich für bestehend, gültig Angenommenen, zum „Scheine". „Wirklichkeit" ist das Gegenstück zur „Wahrheit"; der Gegenstand eines wahren Urteils „besteht wirklich", und wäre es auch nur als ein subjektives Gefühl (z. B. ein bestimmtes Lustgefühl, eine Empfindung). Vom Standpunkt des Realismus wenigstens (aber auch in gewissem Sinne von dem des Idealismus, s. unten) kann man sagen: die Empfindung, die Vorstellung ist (als Zustand, als Akt) ein Wirkliches (d. h. sie findet statt, ist mit Recht behauptet), aber sie ist nicht das Reale, nicht die Realität, nicht das wenigstens relativ) an sich Existierende, nicht das Objekt; denn daß etwas ein Name oder ein Begriff von „Objekten", dem Subjekt Gegenübergestellten ist, macht es eben zum Ausdruck eines „Realen". Inwiefern sich eine relative („empirische") von einer „absoluten" (transzendenten") Realität unterscheiden läßt, soll später gezeigt werden.

Von allen möglichen Dingen sagen wir aus, daß sie „sind". Aber nur das mit logisch-empirischem Rechte als seiend Ausgesagte ist wahrhaft, existiert, ist wirklich. (Wahres) Sein ist soviel wie Wirklichsein, (wahrhaft) Seiendes soviel wie Wirklichkeit. Aber nicht alles, was ist, besteht, ist auch real; das reale Sein ist schon eine Abart des Seins schlechthin. Und nicht alles, was real, objektiv ist, hat auch ein absolutes Sein, das Sein absoluter Realität. Was nicht wahrhaft ist, nur durch (natürliche, konstante oder „zufällige", individuelle) Täuschung, durch Irrtum als seiend galt, ist, sofern es als irrtümlich geurteilt, erkannt und gewertet

viel wie „Urbild", übersinnlicher Typus einer Klasse von Dingen bedeutete und teilweise noch jetzt bedeutet (z. B. Idee der Menschheit).

wird, bloßer **Schein** (z. B. das auf Grund von „Sinnestäuschungen" Ausgesagte). Davon ist sehr genau die Erscheinung zu trennen. „Erscheinung" ist nicht Schein, sondern ein objektiv Seiendes, Reales, sofern es als „Manifestation" („Apparenz"), „Sichtbarwerdung" eines direkt nicht Erfahrbaren betrachtet wird. Erscheinung ist die Daseinsweise des Realen für das Subjekt, insbesondere die allgemeine, gesetzmäßige Daseinsweise für (nicht das einzelne, sondern) das erkennende Subjekt überhaupt. So z. B. sind die Farbenqualitäten Erscheinungen von Bestimmtheiten der Dinge, deren Beziehung auf unseren Gesichtssinn durch jene zum Ausdruck, zum Bewußtsein gelangen. Der Gegensatz zur Erscheinung ist das „An sich" (oder „Für sich") der Dinge, die Art und Weise, wie sie unabhängig von der Beziehung auf ein wahrnehmend-erkennendes Subjekt existieren, sich verhalten, wie sie für sich selbst, in sich selbst sind.

Subjektiv ist etwas in zweierlei Sinne: 1. wenn es ein Urteil ist, das ganz und gar durch die Individualität des Erkennenden bedingt ist, also aus dessen Voreingenommenheiten, Leidenschaften u. dgl. zu erklären ist oder nur vom Standpunkt eines solchen Individuums Gültigkeit beanspruchen kann; 2. was zwar von jedem erkennenden Subjekte, sofern dieses rein erkennend sich verhält, notwendig ausgesagt werden muß, aber ohne Beziehung auf ein solches Subjekt überhaupt (gleichgültig welches), also unabhängig von irgend einem Subjekt nicht besteht, keine Geltung, keinen Sinn hat (z. B. eine Farbenempfindung als solche). Unter **Subjektivität** ist also, erkenntnistheoretisch, die Abhängigkeit eines irgendwie Vorgestellten oder Gedachten vom erkennenden Subjekt schlechthin zu verstehen.

Objektiv hat gleichfalls einen zweifachen Sinn: 1. den des rein „sachlich" Beurteilten, 2. den des „Sachhaften" selbst, d. h. objektiv ist, was einem vom erkennenden Subjekt unterschiedenen Gegenstand zugehört, ihn konstituiert, auf ihn als Eigenschaft, Geschehen, Beziehung, Gesetz bezogen wird, oder auch: was durch den Gegenstand selbst bedingt ist. **Objektivität** ist also, erkenntnistheoretisch, der Charakter der vom Erkenntnisakt des Subjekts unterschiedenen, ihm im gewissen Sinne gegenüberstehenden Dinglichkeit. Inwiefern Subjektivität und Objektivität Korrelate bilden können, wird später gezeigt werden.*)

Auf die Frage: was bildet den Gegenstand unseres Erkennens, worauf ist dieses gerichtet, womit hat es dieses zu tun, antwortet der Realismus: Erkenntnisgegenstand ist das vom erkennenden Subjekt völlig unabhängige, jenseits des Bewußtsein Belegene („Extramentale"), nicht bloß in ihm enthaltene, sondern auch außerhalb desselben bestehende Seiende, die absolute Realität. Der Erkenntnisgegenstand ist das Ding selbst („an sich"), dessen Eigenschaften mehr oder minder getreu, mehr oder minder vollständig durch Sinneswahrnehmung oder Denken oder beides zusammen von uns erkannt werden. Vorstellung**) und Gegenstand (Ding) sind zweierlei, jene ist „in uns" (d. h. im Bewußtsein, als ein zum Subjekt Gehöriges, nicht etwa „im Kopfe"), ist insofern subjektiv, letzterer aber ist „außer uns" (d. h. unabhängig vom Ich, vom Subjekt, vom Vorstellen), „an sich", existiert, auch wenn niemand ihn wahrnehmen könnte. Die Dinge „erkennen" wir, indem wir von ihnen „affiziert" (erregt) werden, „Eindrücke" erhalten, die wir sodann mit ursprünglicher Notwendigkeit auf Eigenschaften oder auf Wirkungen der Dinge selbst beziehen. Dinge nebst ihren Eigenschaften sind uns schlechthin „gegeben", unsere Erkenntnis derselben besteht in einer Art „Abbildung" oder aber in einer Art „Nachbildung" des Objektiven durch unsere Vorstellungen und Gedanken. Unsere Vorstellungen sind Bilder

---

*) Bei den Scholastikern bedeutet „obiectum" den vorgestellten, „gemeinten" Gegenstand, während „subiectum" gerade den wirklichen, von uns unabhängigen Gegenstand bedeutet; „obiective" = der Vorstellung nach, „subiective" = seiner wirklichen Existenz nach.

**) „Vorstellung bedeutet hier nicht etwa die Erinnerungsvorstellung, sondern in erster Linie die Wahrnehmungsvorstellung.

oder Zeichen der Objekte, deren Eigenschaften mindestens teilweise den Bestimmtheiten der Wahrnehmungsinhalte gleich oder ähnlich sind.

Während der (aus dem „naiven Realismus" des Nicht-Philosophen hervorgehende) dogmatische Realismus so ziemlich den gesamten Wahrnehmungsinhalt als Eigenschaftskomplex der Dinge selbst, wie sie unabhängig von uns sind, betrachtet, d. h. den Dingen selbst fast alles das als Attribut zuschreibt, was wir empfinden und wahrnehmen, also alle „Sinnesdaten" (Farben, Töne u. dgl.), sowie die raum-zeitlich kausale Ordnung derselben, ist der kritische Realismus schon gemäßigter, schon teilweise auch „idealistisch". Einen Teil der Wahrnehmungsinhalte subjektiviert er, bezieht er aufs Subjekt und dessen Sinnesfunktionen, ohne deren Wirksamkeiten Qualitäten wie: Farben, Töne, Gerüche, Geschmäcke, Wärme, Kälte, Glätte u. dgl. nicht (als solche) bestehen können, weil sie in Wahrheit Sinnesempfindungen sind, welche von uns nach ihrer räumlichen „Projektion" und „Lokalisation" als „Eigenschaften" der Dinge angesehen werden, dies aber nur in bezug auf ein empfindendes Wesen sind, nicht auch unempfunden im Dinge selbst stecken. Von diesen „sekundären" werden nun die „primären" Qualitäten oder die Anschauungsinhalte: Ausdehnung, Menge (Zahl), Dichtheit (Solidität), Undurchdringlichkeit, Bewegung u. dgl. unterschieden, welche als Eigenschaften den Dingen selbst, nach Abzug alles bloß „Subjektiven", zukommen.

Die Dinge haben hiernach nur einen Teil der „Qualitäten", welche die Sinneswahrnehmung an ihnen aufzuzeigen scheint, nämlich nur denjenigen, welcher durch seine Konstanz, Allgemeinheit, Widerspruchslosigkeit, mathematische Berechenbarkeit als das den Gegenstand wesentlich Konstituierende erscheint. Die Motive aber, welche zur „Subjektivierung" der „sekundären Qualitäten" nötigen, sind mehrfacher Art. Erstens wird man die Widersprüche gewahr, welche sich ergeben, wenn man die Empfindungsqualitäten als „Eigenschaften an sich" bestimmt; so z. B. ist für die vorher abgekühlte Hand ein und dasselbe Wasser relativ

warm, für die andere vorher erhitzte relativ kalt, und da
nicht beide entgegengesetzten Qualitätsgrade demselben
Ding selbst eignen können, müssen sie auf Rechnung der
Beschaffenheit des Wahrnehmenden gesetzt, d. h. als relativ-
subjektiv betrachtet werden. Ähnlich verhält es sich mit
den anderen Sinnesdaten. Ferner weist auch die Abhängigkeit dieser Qualitäten von der Stellung des Dinges zu anderen
Dingen und insbesondere zum wahrnehmenden Subjekt, kurz
die Bedingtheit der Sinnesdaten durch die verschiedensten
Umstände auf deren bloße Relativität und Subjektivität hin.
Endlich gewinnt man auf physikalisch-physiologisch-psycho-
logischem Wege die deutliche Einsicht in die Abhängigkeit
der „Qualitäten" von der Organisation und Funktion der
Sinnesorgane und des Nervensystems, man erkennt genau den
Unterschied zwischen dem „Reiz" und der durch ihn nur
ausgelösten, von ihm verschiedenen „Empfindung". So zeigt
uns die (seit dem Auftreten des Physiologen Johannes
Müller besonders bekannte) Tatsache der „spezifischen
Energie" der Sinne, daß gleichartige äußere Reize die Sinne
zu verschiedenartigen Funktionen, verschiedenartige Reize
in einem und demselben Sinnesorgan immer nur die gleiche
Funktion erregen, was freilich in verschiedener Weise zu
erklären ist, jedenfalls nicht mehr, wie einst, durch eine
ursprünglich-spezifische „Nervenenergie", sondern besser
durch die Eigenart der Sinneswerkzeuge.

Werden auch noch die „primären Qualitäten" bzw. die
Eigenschaften der Körper überhaupt als „ideal", als nur in
Beziehung auf ein Erkennen gültig bestimmt, gleichwohl aber
ein „an sich" Seiendes, vom Erkennen Unabhängiges angenommen, als „Grund" von Bestimmtheiten des Erkenntnis-
objektes, dann wird der Realismus zum „Ideal-Realismus"
(oder „Real-Idealismus"), der also nicht mehr reiner Realismus ist. Wir besprechen ihn weiter unten.

Realisten sind die meisten Philosophen vor und ein großer
Teil derjenigen nach Kant, teils mehr dogmatische, teils kritische
Realisten, zu denen die meisten Naturforscher gehören. Den Realismus vertreten insbesondere Demokrit, Aristoteles, die Stoiker,
die Epikureer, die Scholastiker, ferner Descartes, Spinoza,

Hobbes, Locke, Newton, Holbach u. a., ferner L. Feuerbach, E. Dühring, Czolbe, Ueberweg, H. Spencer, Uphues u. a., mit Beschränkung auch Ulrici, E. v. Hartmann („transzendentaler Realismus"), Wundt u. a. (die besser als Ideal-Realisten zu bezeichnen sind). — Die Unterscheidung zweier Arten von Eigenschaften (subjektiver und objektiver) führt zuerst Demokrit durch, nach welchem „an sich" nur die rein quantitativ-mechanisch bestimmten Atome existieren, während die Sinnesqualitäten subjektiv („νόμω") sind (Sext. Empir. adv. Mathem. VII, 135). In der Neuzeit wird diese Unterscheidung erneuert durch Descartes, Hobbes, Gassendi, Galilei, Boyle u. a., besonders Locke, welcher erklärt: „Wenn man die Qualitäten in den Körpern so betrachtet, so ergeben sich zunächst solche, welche von dem körperlichen Gegenstande ganz untrennbar (inseparable) sind, gleichviel in welchem Zustande er sich befindet. . . . Diese Qualitäten der Körper nenne ich die ursprünglichen (original) oder ersten (primary), und man bemerkt, daß sie einfache Vorstellungen in uns, die Dichtheit, Ausdehnung, Bewegung oder Ruhe und Zahl hervorbringen". Die „sekundären" (secondary) Qualitäten (Farben, Töne u. dgl.) sind den ersten ungleich, Wirkungen dieser auf uns (Ess. conc. hum. underst. II, ch. 8, § 9 f.).

Der erkenntnistheoretische Idealismus (der vom praktischen, ethischen, metaphysischen „Idealismus" wohl zu unterscheiden ist) bestimmt den Gegenstand der Erkenntnis als ein „Ideales", d. h. ein bloß innerhalb eines erkennenden Bewußtseins und für ein solches Seiendes. „Die Welt ist meine Vorstellung", „Kein Objekt ohne Subjekt" — dies sind idealistische Formeln. Alles „Sein" ist demnach „Bewußt-Sein", Inhalt eines Vorstellens und Denkens, nichts vom Bewußtsein Unabhängiges, Absolutes („Bewußtseinstranszendentes"), sondern ein im Bewußtsein Beschlossenes (Bewußtseinsimmanentes"), nur als „Idee" (Vorstellungs- oder Gedankeninhalt) Existierendes. Die „Dinge" sind nicht „Dinge an sich", sondern Produkte oder Inhalte des erkennenden Subjekts, sind an ein solches untrennbar geknüpft, haben keine andere Existenz als die, mögliche oder notwendige Inhalte eines Bewußtseins zu sein. Ein Objekt kann nicht „an sich" existieren, indem es vorgestellt oder auch nur gedacht wird, wird es schon zum Bewußtseinsinhalt, zum Subjekt, vom Erkennen kann nur praktisch und einzelwissenschaftlich, nicht aber prinzipiell abstrahiert werden. Was wir an den Dingen wahrnehmen, auch ihre „primären Qualitäten" sowie die „Anschauungsformen" (Raum und Zeit) und die denkend erkannten Beziehungen (wie Substantialität, Kausalität, Einheit u. dgl.) sind nur als Inhalte eines Bewußtseins möglich, sind Bestimmtheiten, bzw. Formen, Ordnungsweisen innerhalb des Bewußtseins, sind ohne dieses nichts, sind also durchaus abhängig von einem erkennenden Subjekt. Der Gegenstand des Erkennens ist diesem nicht „von außen" gegeben, sondern nur ursprünglich (unbewußt, unwillkürlich) durch Erkenntnisfunktionen gesetzmäßig produziert, und erscheint dann, weil wir auf diesen Ursprung der Gegenständlichkeit nicht achten, als ein dem Subjekt fremd Gegenüberstehendes, als ein „Nicht-Ich", als „Objekt". Der Unterschied des „Objektiven" vom „Subjektiven" wird anerkannt, aber er fällt in das Bewußtsein selbst hinein, bedeutet nicht zwei absolut gegensätzliche, durchaus getrennte Seinssphären. Subjektiv (im engeren Sinne) ist alles bloß Individuelle, die individuell gefärbte Einzelempfindung, das Gefühl, das Streben, die Phantasievorstellung, Halluzination, Illusion, die „Einbildung" des Traumes u. dgl. Dagegen ist „objektiv" alles, was ein Objekt der Erkenntnis konstant, notwendig, allgemeingültig, methodisch-gesetzlich konstituiert und charakterisiert. Was auf Grund von denkender Bearbeitung von Erfahrungsinhalten als ein für jedes erkennende Subjekt notwendig Wahrzunehmendes oder zu Denkendes, in gesetzmäßiger Verknüpfung zu Setzendes bestimmt werden muß, ist, wiewohl untrennbar an ein „Bewußtsein überhaupt", an ein mögliches Erkennen, an ein Subjekt gebunden, objektiv, real. Ein und dasselbe ist im Hinblick auf seine Zugehörigkeit zu einem Subjekt „ideal" und in bezug auf seine Allgemeingültigkeit eine Realität: Das Ideale ist selbst das Reale, nicht ein Hinweis auf ein solches. Objektiv, real ist es, sofern es, als überindividuell („gattungsmäßig"), allgemeingültig, von der Willkür und besonderen, wechselnden Beschaffenheit des Einzelsubjekts als solchen unabhängig, vom besonderen Vorstellungs- und Denkakte zu unterscheiden ist.

Die gesamte „Außenwelt" ist „wirklich" (nicht bloß scheinbar) vorhanden, ihre einzelnen Teile sind naturgesetzlich miteinander zu verknüpfen, während die Traum- und Wahngebilde völlig subjektiv-individuell sind; aber die gesamte Außenwelt ist nichts „an sich" Existierendes, sondern der Inbegriff, das System gesetzlicher Zusammenhänge wirklicher und möglicher (potentieller, zu erwartender) Bewußtseinsinhalte oder Vorstellungen, wie sehr auch Traum und Wachen, Erinnerungs- oder Wahrnehmungswelt sich voneinander unterscheiden. Praktisch also sind für den Idealisten ebenso Dinge mit Eigenschaften vorhanden, wie für den Realisten, nur identifiziert jener diese Dinge mit den von ihm erlebten und methodisch gesetzten Bewußtseinsinhalten, während der letztere den Dingen eine absolute Existenz außerhalb aller Vorstellung zuschreibt. Auch der Idealist unterscheidet vielfach „Vorstellung" und „Gegenstand", aber doch nur in der Weise, daß ihm der letztere einen gesetzlichen Zusammenhang von Vorstellungsinhalten bedeutet, der durch den einzelnen Vorstellungsakt repräsentiert wird, ohne daß also der Gegenstand ein „Ding an sich" ist. Einen Gegenstand vorstellen heißt hier nichts als: einen Vorstellungsinhalt auf einen allgemeingültigen Komplex, auf eine gesetzlich verknüpfte Einheit von Inhalten eines möglichen Bewußtseins (das jetzt für mich nicht aktuell zu sein braucht) beziehen. Solch ein gesetzlicher Zusammenhang ist gegenüber den einzelnen Bewußtseinsfunktionen und deren Verbindung im Einzel-Ich, sowie bei Absehung von dessen Bewußtseinscharakter ein „Physisches", das also mit dem „Psychischen" zusammen dem Bewußtsein zufällt.

Verschiedene Abarten des Idealismus sind zu unterscheiden. Die Auffassung der gesamten Welt einer Vielheit von Dingen und Individuen als eine Art Traum eines einheitlichen, ganz anders gearteten Wesens, als eine dem „Schleier der Maja" entstammende Illusion des Subjekts, heißt I l l u - s i o n i s m u s (besonders in der Vedanta, im Buddhismus; auch bei Mystikern, sowie bei S c h o p e n h a u e r angedeutet). Die Lehre, daß absolut wirklich und selbständig nur das eigene

Ich des Erkennenden existiert, während die Dinge und anderen Ichs nur Inhalte des Bewußtseins jenes Subjekts sind, heißt („theoretischer Egoismus" oder) Solipsismus (solus, ipse). Werden die Dinge als Vorstellungskomplexe verschiedener Einzelsubjekte oder als Produkte des Einzel-Subjekts betrachtet, so haben wir es mit einem subjektiven Idealismus zu tun. Wird hingegen ein allgemeines, universales Subjekt oder Bewußtsein angenommen, das sowohl die Objekte als die Ichs in sich einschließt, umfaßt, so ist das objektiver Idealismus. Die Immanenzphilosophie („erkenntnistheoretischer Monismus") ist eine neuere Form des Idealismus, nach welcher das Wirkliche das Bewußt-Sein ist, dessen Momente Subjektpunkt und Objektinhalte sind, welche beiden gleicherweise ursprüngliche, einander bedingende, aber nicht erzeugende Korrelate sind. Zuweilen wird auch das Subjekt oder Ich als bloßer Komplex von Bewußtseinsinhalten (Vorstellungen, Gefühlungen, Strebungen) oder von „Elementen" der gleichen Art wie jene, die „Objekte" zusammensetzen, betrachtet.

Der „formale" („transzendentale") Idealismus ist in gewisser Beziehung auch realistisch und wird erst weiter unten (als „Phänomenalismus") zur Sprache kommen.

Ansätze zum Idealismus finden sich schon in der antiken Philosophie. So bei den Eleaten, welche das sinnlich Wahrnehmbare für Schein erklären, so bei Plato, nach welchem den Sinnesobjekten kein wahres, absolutes Sein zukommt, ferner im Neuplatonismus, für welchen die Körper als solche nur sinnenfällige Erscheinungen sind. Aber erst in der Philosophie der Neuzeit bildet sich ein strenger Idealismus aus. Zuerst in empirischem Gewande bei Collier, Berkeley, Hume, dann als rationalistischer Halb-Idealismus bei Malebranche, Leibniz, als „kritischer" Idealismus bei Kant. Als Produkt des (reinen) Ich leitet die Außenwelt J. G. Fichte ab, dessen Idealismus ethisch fundiert ist. Einen objektiven Idealismus lehren Schelling, Hegel, Schopenhauer, Lotze, J. H. Fichte, Fechner, J. Bergmann, Eucken, Lipps, Boström u. a. Den kritischen (oder „methodischen Idealismus vertreten die Neukantianer (bzw. Neufichteaner), besonders F. A. Lange, Windelband, Rickert, Münsterberg, A. Riehl, H. Cohen, P. Natorp, O. Liebmann, Lasswitz, Renouvier u. a., ferner Green, Ferrier, Bradley u. a. Anhänger einer „Immanenzphilosophie" sind (außer A. Bain, E. Laas, „Korrelativismus") W. Schuppe, J. Rehmke, M. Kauffmann, Schubert-Soldern, A. v. Leclair, Ziehen, Verworn u. a. „Positivistische Idealisten sind J. St. Mill, E. Mach, Clifford, H. Cornelius u. a.

Nach Berkeley ist kein Grund vorhanden, die „primären" Qualitäten für extramental zu halten, sie sind ebenso Wahrnehmungsinhalt wie die übrigen Qualitäten der Dinge (Principl. VIII ff.). Eine „Materie" anzunehmen, ist ganz überflüssig, sie ist nicht ernstlich denkbar, ist ein Unding. Ein „Ding" ist nichts als ein Komplex gesetzlich zusammengehöriger Vorstellungen oder Empfindungen, nur daß wir gewöhnlich nicht darauf achten, daß alles Sein ein Vorgestelltsein („esse = percipi") ist, l. c. II, XCIX). Eine Existenz außer der Vorstellung ist undenkbar; eine „Idee" kann nicht ein Abbild eines Extramentalen, nur mit einer „Idee" ähnlich sein. Etwas existiert, heißt: es ist in meiner oder in irgend eines Subjekts Vorstellung oder es ist als dessen Vorstellung gesetzlich zu erwarten, wenn bestimmte Bedingungen eintreten. „Sage ich: der Tisch, an dem ich schreibe, existiert, so heißt das: ich sehe und fühle ihn; wäre ich außerhalb meiner Studierstube, so könnte ich die Existenz desselben in dem Sinne aussagen, daß ich, wenn ich in meiner Studierstube wäre, denselben perzipieren könnte, oder daß irgend ein anderer Geist denselben gegenwärtig perzipiere" (l. c. III). Doch haben die wirklichen, objektiven Dinge (Vorstellungskomplexe) wegen ihrer Unabhängigkeit von unserer Willkür und wegen ihrer Eindringlichkeit, Notwendigkeit, Gesetzlichkeit einen Grund außer uns, nämlich den göttlichen Geist, der den Einzelgeistern die Objekt-Vorstellung, nach „naturgesetzlichem" Zusammenhange einprägt. Die Geister, Subjekte sind absolut real, sind aktive, immaterielle Substanzen. Dagegen lehrt Hume, das Ich sei selbst nichts als ein „Bündel" oder eine „Kollektion" von Bewußtseinsinhalten, kein substantielles Wesen. Ähnlich J. St. Mill, nach welchem das Sein der Objekte nichts ist als eine Wahrnehmungsmöglichkeit („possibility of sensation"), kein An-sich-Sein. Nach J. G. Fichte setzt das unendliche, absolute Ich (Subjekt) in sich (seiner Sphäre) durch Selbstbegrenzung den Gegensatz von Einzel-Ich (als Intelligenz) und Nicht-Ich (Objekt); „Sein" heißt: vom Ich „gesetzt" sein und als von diesem unabhängig erscheinen, weil die Produktion der Objektivität eine unbewußte Leistung der „produktiven Einbildungskraft" ist. Form und Stoff der Objekte stammen so aus dem Geiste selbst, Erkenntnis ist nur bewußte Nachbildung dessen, was schon ursprünglich das (absolute) Subjekt ideal-gesetzlich erzeugt hat. Den „Anstoß" zur

Objekt-Produktion gibt dem Ich die Notwendigkeit, Zielpunkte für
das sittlich-vernünftige Handeln zu setzen, die dann immer weiter,
höher hinaufgerückt werden, so daß die Welt „das versinnlichte
Material unserer Pflichten" ist („Ethischer Idealismus"). Nach
H e g e l ist (wie später dargetan werden wird) die Welt Produkt
und Objektivation des Weltgeistes, der „Idee", der Allvernunft. —
Nach H. C o h e n ist Sinnesobjekt die „methodisch konstruierte
Erscheinung" (Kants Theorie der Erfahr.[2], S. 170). Die „Dinge"
sind intellektuell geformte, gesetzlich verknüpfte Einheiten von
(möglichen) Bewußtseinsinhalten (vgl. Prinz. d. Infin. S. 125ff.;
System der Philos. I). Nach P. N a t o r p ist der Gegenstand „nicht
gegeben, sondern vielmehr aufgegeben", er ist methodisch durch
die Denkgesetzlichkeit erst aus Bewußtseinselementen zu konstituieren (Platos Ideenlehre, S. 367; Archiv für system. Philos. III,
197). Daß die Objekte als solche nicht unmittelbar dem wahrnehmenden, sondern dem denkenden Bewußtsein angehören, betont
auch E. K ö n i g (Entwickl. des Kausalprobl. II, 383, 393). W.
S c h u p p e erklärt: „Es gehört zu dem Sein selbst, daß es in sich
die beiden Bestandteile, den Ich-Punkt und die Objekten-Welt und in
dieser Einheit zeigt, daß jedes von ihnen ohne das andere sofort
in nichts verschwindet, eines mit dem andern gesetzt ist" (Begründ.
d. Log. u. Erk., S. 21f.). Sein ist Bewußt-Sein, Objekt-Sein = Inhalt des „gattungsmäßigen" „Bewußtseins überhaupt" sein (l. c.
S. 18ff., 2). Den theoretischen Solipsismus anerkennt als unüberwindbar S c h u b e r t - S o l d e r n, nach welchem der Gegenstand nur
eine Einheit von Wahrnehmungs- und Vorstellungsbeziehungen ist
(Grundz. einer Erkenntnislehre, S. 181). Nach E. M a c h ist das
absolut Reale weder das „Ding", noch das „Ich", sondern der
gesetzmäßige Zusammenhang von „Elementen" (Empfindungen),
die, je nach ihrer Komplexion teils die Objekte, teils die Ichs bilden
(„Sensualistischer Idealismus"). Die Dinge sind nichts absolut Beharrliches, konstant sind nur die Abhängigkeiten der Empfindungskomplexe und die Zusammenhänge von Elementen. Nur für die
Praxis hat der Ding- oder Substanzbegriff einen Wert, nicht prinzipiell. „Dinge" sind in Wahrheit nur „abkürzende Gedanken-
symbole für Gruppen von Empfindungen und Symbole, die außerhalb unseres Denkens nicht existieren" (Populärwissensch. Vorles.
S. 217; Analyse der Empfind. 4, S. 5ff.). Ähnlich C l i f f o r d, der
aber außer den Objekten „Ejekte" anerkennt, welche gleichsam das
Innensein der Objekte bilden.

Weder als „Ding an sich" noch als bloßes Bewußtseins-
produkt bestimmt den Erkenntnisgegenstand der P h ä n o -

menalismus*). Der Gegenstand der Erkenntnis ist hier (durchweg oder mit Beschränkung) als Erscheinung (Phänomen) gedacht, d. h. als ein (zunächst) Ideales, in welchem ein (absolut) Reales sich wenigstens teilweise manifestiert, so daß die Existenz und Einzelbestimmtheit der Objekte einen, von uns völlig unabhängigen „Grund" im „An sich" der Dinge hat. Dieses „An sich" ist zwar nicht, wie der reine Realismus meint, das direkte Objekt unserer Erkenntnis, es kann nicht selbst wahrgenommen und auf Grund der Sinneswahrnehmung in bezug auf seine „Qualitäten an sich" denkend bestimmt werden, aber es bildet die unumgängliche Voraussetzung objektiver Erkenntnis einer Außenwelt. Indem wir Objekte der Außenwelt erkennen, haben wir es nicht bloß mit Gebilden unseres Bewußtseins zu tun, sondern die objektiven „Bestimmtheiten" und „Gesetzlichkeiten" weisen auf eine Art Beziehung des „An sich" der Dinge (des „Transzendenten") zum wahrnehmend-erkennenden Subjekt hin, eine Beziehung, welche in der uns gemäßen („idealen") Weise von uns indirekt, „symbolisch" (durch „natürliche Zeichen") konstatiert wird. Der „subjektive" Phänomenalismus gibt freilich nicht mehr zu als: 1. Es gibt ein „Ding an sich", 2. einen „Grund" in diesem für das Auftreten unserer Empfindungen und der empirischen Bestimmtheiten ihres Zusammens und Wechsels. Die Objekte der Erkenntnis aber sind als solche Verknüpfungen von Empfindungsinhalten durch die Formen unseres Bewußtseins, so daß eine positive Erkenntnis irgend welcher Qualitäten oder Beziehungen des außerhalb des Bewußtseins liegenden „Ding an sich" unmöglich ist; ja selbst das Ich kann sich nur so wahrnehmen und erkennen, wie es sich erscheint, nicht wie es an sich ist (Absoluter Phänomenalismus). Hingegen haben wir nach dem „objektiven" Phänomenalismus, der auch als „Ideal-Realismus" zu bezeichnen ist, vermittelst der Objekt-Erkenntnis auch eine indirekte, symbolische Erfassung der Beziehun-

---

*) „Phänomenalismus" heißt auch manchmal die Ansicht, daß es nichts gibt als Bewußtseinsinhalte, also der Idealismus.

gen oder Ordnungen der Dinge an sich, sowie ein unmittelbares Bewußtsein des Ich selbst, wie es für sich ist, nicht bloß, wie es als Objekt erscheint. „Erscheinungen" sind gesetzlich verknüpfte (wirkliche oder mögliche), allgemeingültige Bewußtseinsinhalte, die in ihrer Gesetzlichkeit vom individuellen Subjekt und Bewußtseinsakt unabhängig, überindividuell und allgemeingültig sind, ohne aber selbst „an sich", völlig unabhängig von jeder Bewußtseinsmöglichkeit in ihrer qualitativen Existenz zu bestehen. D. h., die Objekte als „Objekte", als „für ein Subjekt Gegebenes" sind samt den Sinnesqualitäten und raum-zeitlichen kausalen Verbindungsweisen „empirisch real", wirklich und notwendig zu konstatieren, aber sie sind nicht selbst als diese Objekte das „Absolut Reale", sondern nur die Art und Weise, wie dieses uns sich darstellt, erscheint, während es „für sich" selbst nicht ein solches Objekt, nicht ein räumliches Ding ist. Denn die Eigenschaften, die ein Etwas erst durch seine Beziehung zu anderem und zum wahrnehmbaren Subjekt hat, kann es nicht auch ohne diese Beziehung haben; lassen sich also die Sinnesqualitäten, sowie die raum-zeitlich-kausalen Verbindungsformen derselben als vom Subjekt (mit) abhängig darstellen, so ist der Phänomenalismus in dem gleichen Sinne gerechtfertigt, als es der (ihm als Moment immanente) Idealismus ist.

Den „subjektiven" Phänomenalismus hat Kant begründet. Einen „objektiven" Phänomenalismus, der bald mehr idealistisch, bald mehr realistisch (Ideal-Realismus) ist, lehren Plato, Plotin, Scotus Eriugena u. a., ferner Leibniz, Maupertuis, Bonnet, Weishaupt, Bouterwek, Herbart („So viel Schein, so viel Hindeutung aufs Sein", Lehre vom „intelligiblen Raum"), Beneke, Schleiermacher, H. Ritter, Trendelenburg, Schopenhauer, Fechner, Lotze, Helmholtz, Riehl, Mansel, Renouvier, Fortlage, J. H. Fichte, Ulrici, E. v. Hartmann, Wundt, Paulsen, Volkelt u. a.

Nach Leibniz sind die Sinnesobjekte „phaenomena realia", Erscheinungen („verworrene Vorstellungen") der an sich seelenartigen „Monaden". Das Räumliche als solches ist

nicht absolut real, aber doch ein „phaenomenon bene fun-
datum", dem eine intelligische Ordnung im „An sich" entspricht. Den absoluten Phänomenalismus spricht deutlich
Maupertuis aus: „Nous virons dans un monde où rien de
ce que nous apercevons ne ressemble à ce que nous apercevons" (Lettres philos. 1752). Ebenso Bonnet: „L'essence
réelle de l'âme nous est aussi inconnue que celle du corps"
(Ess. de Psychol., ch. 36; ähnlich schon Locke). Nach
Kant sind die Gegenstände unserer Erkenntnis nicht Dinge
an sich, sondern Erscheinungen oder Phänomene, weil und
sofern sie nichts sind als allgemeingültige Zusammenhänge
von a priori geformten Erfahrungsinhalten. Es muß ein
„Ding an sich" geben, als äußere Voraussetzung des Erkennens, welches diesem seinen „Stoff", das Empfindungsmaterial überliefert; Erscheinung kann nicht ohne etwas sein,
was da erscheint (Krit. d. rein. Vern. S. 23). Die Dinge
an sich „geben den Stoff zu empirischen Anschauungen
(sie enthalten den Grund, das Vorstellungsvermögen, seiner
Sinnlichkeit gemäß zu bestimmen), aber sie sind nicht der
Stoff derselben" (Über eine Endeck. S. 35 f.). Was die Dinge
an sich sind, können wir nicht wissen, wir kennen nur „ihre
Erscheinungen (d. i. die Vorstellungen, die sie in uns wirken)"
(Prolegomena, § 13). Nur die Art und Weise, wie das von
dem Ding an sich in uns ausgelöste Empfindungsmaterial
durch die Gesetzmäßigkeit unserer Anschauung und unseres
Denkens zu Objekten geformt wird, ist (unbegrenzt) erkennbar. Da wir alles, auch unser eigenes Selbst, in den (aus
uns stammenden, in diesem Sinne rein subjektiven) Formen
von Raum, Zeit und Kategorien (Kausalität usw.) erfassen
müssen, ohne diese apriorischen Formen Erfahrung nicht
möglich ist, ohne Erfahrung aber eine Anwendung der An-
schauungs- und Denkformen in der Luft schwebt, ist das
vom erkennenden Subjekt Unabhängige wohl als seiend zu
denken (es ist insofern ein „Noumenon", ein Gedanken-
wesen, zugleich ein „Grenzbegriff"), aber nicht in seiner
Eigenheit zu erkennen. Die Subjektivität der Anschauungs-
und Denkformen leitet Kant aus ihrer Apriorität ab; „syn-

thetische Urteile a priori" sind nur möglich, wenn das, worauf sie sich beziehen (— das Formale der Erkenntnis —) nicht von uns unabhängig, sondern im Gegenteil zum Wesen unseres Intellekts selbst gehört, so daß wir es an jede Erfahrung im Vorhinein mit größter Notwendigkeit heranbringen können. Die Grundfunktionen, welche unsere Erkenntnis, unsere Erfahrung bedingen, konstituieren zugleich die Objekte der Erfahrung.

Das Objekt ist eine „Erscheinung", d. h. es weist zwar in seinen qualitativen Bestimmtheiten auf ein „An sich" hin, ist aber als Objekt nichts als eine allgemeingültige Vereinheitlichung von Erfahrungsinhalten. Erscheinungen sind „bloße Vorstellungen, die nach empirischen Gesetzen zusammenhängen", haben aber „Gründe, die nicht Erscheinungen sind" (Krit. d. rein. Vern. S. 431). Vorstellungen auf ein Objekt beziehen heißt: sie in eine gesetzliche Ordnung bringen, die für alle Subjekte gültig und vom einzelnen Vorstellen als solchen (dem Subjektiven) zu unterscheiden ist. „Alsdann sagen wir: wir erkennen den Gegenstand, wenn wir in dem Mannigfaltigen der Anschauung synthetische Einheit bewirkt haben" (l. c. S. 120 ff.). Objekt ist „das, in dessen Begriff das Mannigfaltige einer gegebenen Anschauung vereinigt ist" (l. c. S. 662 f., 136 f.). Die Objektivation bringt in den Vorstellungszusammenhang (den sie als solchen erst herstellt) Gesetzlichkeit (des Zusammens, der Abfolge). „Wenn wir untersuchen, was denn die Beziehung auf einen Gegenstand unseren Vorstellungen für eine neue Beschaffenheit gebe und welches die Dignität sei, die sie dadurch erhalten, so finden wir, daß sie nichts weiter tun, als die Verbindung der Vorstellungen auf eine gewisse Art notwendig zu machen und sie einer Regel zu unterwerfen; daß umgekehrt nur dadurch, daß eine gewisse Ordnung in dem Zeitverhältnis unserer Vorstellungen notwendig ist, ihnen objektive Bedeutung erteilet wird" (l. c. S. 187). Aber Erscheinung ist nicht mit Schein zu verwechseln. „Erscheinen" = „objektiv" = „allgemeingültig" (überindividuell) = „empirisch real" (wenn auch, weil nur für ein Subjekt, nicht an sich so existierend, zugleich von „tranzendentaler Idealität"). „Wenn ich sage, im Raum und der Zeit stellt die Anschauung sowohl der äußeren Objekte als auch die Selbstanschauung des Gemütes [Bewußtseins] beides vor, so wie es unsere Sinne affiziert, d. i. wie es erscheint, so will das nicht sagen, daß diese Gegenstände ein bloßer Schein wären. Denn in der Erscheinung werden jederzeit die Objekte, ja selbst die Beschaffenheiten, die wir ihnen beilegen, als etwas wirklich Gegebenes angesehen, nur daß, sofern diese Beschaffenheit nur von der Anschauungsart des Subjekts in der Relation des gegebenen Gegenstandes zu ihm abhängt, dieser Gegenstand als Erscheinung von ihm selber als Objekt an sich unterschieden wird. So sage ich nicht, die Körper scheinen bloß außer mir zu sein, oder meine Seele scheint nur meinem Selbstbewußtsein gegeben zu sein, wenn ich behaupte, daß die Qualität des Raumes und der Zeit, welchen als Bedingungen ihres Daseins gemäß ich beide setze, in meiner Anschauungsart und nicht in diesen Objekten an sich liege" (l. c. S. 73, 431). Vom Standpunkte des erkennenden Subjekts sind also die „Objekte" (aber nicht das „Ding an sich") wirklich (empirisch) räumlich, kausal, substantiell usw. („Empirische Realität"). Das gattungsmäßig, universal Ideale ist zugleich das (relativ) Reale.

Die berechtigten Momente von Realismus und Idealismus sind, dies wollen wir gleich bemerken, im („objektiven") Phänomenalismus enthalten.

Seine Kraft hat der Realismus durch den Gedanken, daß etwas von unserem Erkennen völlig Unabhängiges, etwas „Bewußtseins-Transzendentes" bestehen muß, denn die einzelnen Bestimmtheiten in den Eigenschaften und Relationen der Objekte weisen unweigerlich auf ein solches „An sich" hin. Aus dem erkennenden Subjekte sind sie schlechterdings nicht abzuleiten, sie drängen sich ihm auf, sind durch unser Wollen und Zutun völlig unaufhebbar, sind unserer Willkür (auch der unseres Denkens) entrückt. Das „Material" unserer Erkenntnis ist zunächst nur ein Empfindungsmaterial, gewiß; aber ihren Ursprung können die Empfindungsinhalte, so sehr sie als solche auch an ein empfindendes Subjekt gebunden sind, nicht in diesem allein haben, zum mindesten müssen sie durch etwas Transsubjektives veranlaßt, ausgelöst sein. Gesetzt, die Objekte seien als solche nur gesetzmäßig verknüpfte Vorstellungskomplexe, also nur für ein Subjekt real, so muß es doch einen nicht im Subjekt selbst liegenden „Grund" geben, aus dem das Auftreten und die besondere Verbindungsart der Objekt-Vorstellungen oder Vorstellungsobjekte erst begreiflich wird. In der Tat vermag der Idealismus, wofern er nicht Subjekt und Objekt für gleich ursprüngliche Momente des Bewußtseins hält, die Objektivität nicht aus dem empirisch gegebenen Einzelbewußtsein abzuleiten, er muß folgerecht ein „reines", ein „Bewußtsein überhaupt" voraussetzen, welches über das Individualbewußtsein als solches weit hinausgreift, so daß die Inhalte jenes, die Objekte, wenigstens relative „Transzendenz" besitzen, da sie vom Einzel-Ich als solchen unabhängig sind und keineswegs, als diese Objekte, mit den Inhalten des Einzelbewußtseins identisch sind. Indem eine „Gesetzlichkeit" angenommen wird, wonach die Vorstellungsobjekte sich für jedes Einzelsubjekt notwendig so und nicht anders darstellen, wird das empirische Ich mit seinen Bewußtseinsakten insofern „transzendiert", als eben ein allen Ichs immanenter, oder ein alle umfassendes ursprüngliches, allgemeines Bewußtsein vorausgesetzt wird, dessen Funktionen den eigentlichen „Grund" für die Objektivität bilden, so daß bei aller Zurückweisung des „Ding an sich" in Wahrheit doch eine Art „An sich", ein von unserem Erkennen unabhängiges, vielmehr dieses bedingendes, setzendes Allbewußtsein vorausgesetzt wird, welches durchaus die Rolle des „Ding an sich" spielt, um das wir eben nicht herumkommen, mögen wir es auf realistischem oder auf idealistischem Wege erschließen. Aber auch wenn die Welt als Vorstellungszusammenhang nur von Einzelsubjekten aufgefaßt wird, muß, zur Erklärung der Objektivität, auf eine „unbewußte", im Bewußtsein selbst nicht als Inhalt gegebene Wirksamkeit verwiesen werden, welche, indem sie die Außenwelt setzt, zwar „im" Ich wirkt, aber nicht mit dem Bewußtseins-Ich identisch ist, sondern diesem gegenüber ein (relativ) Transzendentes bildet.

Der Realismus ist also ganz wohl berechtigt, einen „transzendenten Faktor", ein „An sich" zu setzen, zu postulieren. Setzt, denkt er dieses wirklich so, wie es als „An sich" bestehend gedacht werden kann, so zieht er es durch dieses Postulieren (welches ja kein Vorstellen ist) nicht (wie der Idealismus oft meint) in unser Bewußtsein hinein, macht er es also nicht zu einem Bewußtseinsimmanenten, Idealen, Subjektiven. Nicht darin, das der Realismus das Bewußtsein transzendiert, beim „Immanenten" nicht stehen bleibt, liegt der Fehler, sondern darin, daß er vielfach (als reiner Realismus) etwa als absolute, transzendente Realität setzt, denkt, was mit Rücksicht auf dessen Zugehörigkeit zum Erfahrungsinhalt, zum Bewußtseinsobjekt nicht mit Recht als ein Transzendentes gesetzt werden kann. So ist z. B. die räumliche Ausdehnung als solche eine „Anschauungsform", eine eigenartige Anordnungsmöglichkeit von Tast- und Gefühlsdaten, ohne welchen „Stoff" diese Form keinen Sinn, keine reale Existenz haben kann. Es geht daher nicht an, die absolute Wirklichkeit, die „transzendenten Faktoren" selbst als „ausgedehnt" zu bestimmen. So verhält es sich auch mit allen Sinnesdaten (Farben, Töne usw.), mit der zeitlichen Dauer, kurz mit allem, was zum Inhalt unseres Bewußtseins oder zum Zusammenhang desselben gehört: es kann, darf nicht verdoppelt werden, nicht als für uns und zugleich auch als an sich bestehend gesetzt werden; es ist relativer, nicht absoluter Art, ist wohl empirisch real, objektiv, aber nicht transzendent, an sich. Es kann höchstens die subjektive Reaktion auf die Einwirkungen sein, welche wir seitens der transzendenten Faktoren erfahren, nicht aber die ureigene Wesenheit, das „Für-sich-Sein" dieser kurz: das Sein der

Dinge ist von ihrem Objekt-Sein wohl zu unterscheiden, wie
Riehl treffend bemerkt.

Was aber die Setzung des „Transzendenten" oder „An
sich" anbelangt, so kann sich der Realismus noch auf das
folgende berufen, womit der subjektive Idealismus, insbesondere der „Solipsismus" angefochten werden kann. Ist
alles „Wirkliche außer mir" nur Inhalt meines Bewußtseins,
nur Vorstellungsinhalt, dann muß es konsequenterweise auch
das fremde Ich sein. Daß die fremde Person als Körper,
als Objekt unter Objekten, ebenfalls nur Anspruch auf die
„empirische Realität" der „Erscheinung" erheben kann,
dies kann unbedenklich zugegeben werden. Aber darum
handelt es sich hier nicht. Die Frage ist vielmehr, ob
das fremde Ich als Subjekt, als Einheit von Wollen, Fühlen,
Denken, als ein unserem eigenen Ich Gleichwertiges, Analoges bloß mein Vorstellungsinhalt, also „bewußtseinsimma-
nent" sein kann. Und da muß gesagt werden, daß dem nicht
so ist. Ein fremdes Ich ist niemals mein Erlebnis, nie Bestandteil meiner Bewußtseinsinhalte, es ist nicht Vorstellungsobjekt, sondern es ist (wie Clifford treffend sagt) ein
„Ejekt", eine Projektion meines Ichs nach außen in dem Sinne,
daß ich zu einem bestimmten Vorstellungsobjekt, dem „Leibe"
der fremden Person, auf Grund der Wahrnehmung bestimmter Bewegungen und sonstiger Zeichen (insbesondere denen
der Sprache), des gesamten, dem meinigen auffallend ähnlichen Verhaltens, eine mir analoge Ichheit, Subjektivität,
also eine Art „Innensein" oder „Für-sich-Sein" hinzudenke, es
als ein von mir völlig Unabängiges mit psychologischer, aber
auch mit logischer Notwendigkeit setze, postuliere. Jedes
Ich verfährt in gleicher Weise den anderen Ichs gegenüber
und hat zum mindesten das gleiche Recht, so zu verfahren.
Das fremde Ich wird aber nicht erfahren, sondern auf Grund
unabweisbarer, konstanter, allgemeiner Erfahrung dem Vorstellungsobjekt „fremder Leib" „introjiziert". Ohne diese Introjektion wären unsere Erfahrungen völlig unbegreiflich,
widerspruchsvoll, und so müssen wir das schon „instinktiv"
Angenommene auch vom Standpunkt der philosophischen

Reflexion aufrecht erhalten. Ein fremdes Subjekt setzen, heißt also nicht, es in unserem Bewußtsein als Inhalt vorfinden, sondern ein Ich zweimal, vielemal setzen. Im Begriffe der Ichheit liegt aber schon die absolute Realität, es gehört wesentlich zum Ich, ein „Selbstwesen", ein von mir verschiedenes, selbständiges, für sich seiendes und wirksames, ein eigenes „Kraftzentrum" zu sein, das den g l e i c h e n E x i s t e n z w e r t hat, wie ich selbst. Das fremde Ich ist ein Bewußtseinstranszendentes, es ist nicht mein Bewußtseinsobjekt, sondern selbst ein B e w u ß t s e i n s s u b j e k t, wie ich. Sein „Leib" mag Vorstellung oder Erscheinung sein, es selbst aber ist das (mindestens relative) „An sich" dieser Erscheinung, welche als seine „Objektivation" betrachtet werden kann. Da die Ichheit als solche keine sinnlichen Qualitäten hat, aber auch nicht räumlich ausgedehnt oder (nur) ein zeitlicher Vorgang ist, auch nicht ein Glied des physischen Kausalnexus als solchen ist, so ist sie etwas, was von den „Formen" unseres Erkennens nicht abhängig ist, sie ist also ein echtes, mit Recht setzbares Transzendentes, hat nicht bloß abgeleitete, sondern unmittelbare Realität, die eine ganz andere ist als die des bloßen Objekt-Seins, des Für Andere-Seins. Das fremde Ich ist etwas, was gar nicht einmal Inhalt meines Bewußtseins sein kann, schon deshalb, weil es dann nie zu einer Unterscheidung zweier Iche käme; denn was mein Bewußtseins i n h a l t ist, ist insofern auch m e i n Bewußtseinsinhalt, ist von meinem Ich als Objekt unterscheidbar, oder wird eben zu meinem Ich gerechnet; beides aber gilt vom fremden Ich nicht. Ferner müßten dann, da die Ichheit ein Haben von Bewußtseinsinhalten ist, die Erlebnisse, Vorstellungen usw. des anderen Ichs auch in meinem Bewußtsein anzutreffen sein; wir hören aber von so vielen Erlebnissen fremder Ichs, die wir nicht selbst erleben.*) Höchstens könnte

---

*) „M (Mein Mitmensch) hat gewiß vieles erlebt und erfahren, wovon ich nichts weiß. Wollte ich nun M bloß als meinen Bewußtseinsinhalt gelten lassen, so müßte ich ihm selbst entweder jedes Bewußtsein absprechen, oder ich müßte ihn wenigstens samt allen seinen Bewußtseinsinhalten in mein Bewußtsein gewissermaßen

das fremde Ich, wie das meinige, Inhalt eines Universal-, etwa eines göttlichen Bewußtseins sein. Dies aber ist erstens schon eine metaphysische, überempirische Annahme, zweitens wäre auch dann das fremde Ich im Verhältnis zu dem meinigen ein Transzendentes, ein (relatives) An- oder Für-Sich.

Dem idealistischen Satze: „Kein Objekt ohne Subjekt" kann man beistimmen, insofern es richtig ist, daß Subjekt und Objekt des Erkennens Korrelate sind, die, ursprünglich im „Erleben" noch ungetrennt, sich parallel miteinander aus der noch undifferenzierten Bewußtseinseinheit heraussondern. Aber das Objekt des Erkennens — dies muß wieder dem Idealismus vorgehalten werden — ist nicht eins mit der absoluten Wirklichkeit. Es ist vielmehr nur das Gegeben- und Gedacht-Sein dieser für ein erkennendes Subjekt, ist relativer Art. Es fordert unweigerlich eine überobjektive, „transzendente" Wirklichkeit, d. h. eine solche, welche in sich, auch ohne jegliche Bedingtheit durch die Funktionen des erkennenden Subjekts, Bestand hat. Aber dem reinen Realismus gegenüber hat der Idealismus recht: sofern wir die Dinge als Objekte unseres Erkennens auffassen, sind sie nichts Absolutes, sondern „ideal", d. h. in durchgängiger Bezogenheit auf ein mögliches Bewußtsein. Nicht daß die Objekte des Erkennens etwa nur subjektive Zustände oder auch nur „Vorstellung" wären. Den „Gegenstand" der „äußeren" Erfahrung bilden keineswegs die Empfindungen, aus denen (bzw. deren Residuen) sich die Einzelvorstellungen zusammensetzen. Unsere Aufmerksamkeit ist hier ganz und

---

hineinstellen. Dies ist aber unmöglich. Denn ich kann, wenn ich nicht den offenkundigsten und unzweifelhaftesten Tatsachen ins Gesicht schlagen will, niemals behaupten, daß ich alle Bewußtseinsinhalte des M kenne. Ja ich muß direkt zugeben, daß es Bewußtseinsinhalte des M gibt, die gar nicht mein Bewußtseinsinhalt werden können. Nun soll aber M nur mein Bewußtseinsinhalt sein. Es ergäbe sich somit die aller Logik Hohn sprechende Konsequenz, daß der Bewußtseinsinhalt meines Bewußtseinsinhalts nicht mein Bewußtseinsinhalt wäre" (W. Jerusalem, Einl. in die Philos², S. 65 f.).

gar nicht auf den subjektiven Verlauf unserer Empfindungen, Vorstellungen, Bewußtseinsvorgänge überhaupt gerichtet, wir haben es nicht mit diesen als Gegenständen zu tun, wenn sie auch den „Inhalt" unserer Erlebnisse bilden, oder wenn auch alle Erlebnisse, Erfahrungen, Erkenntnisse als solche (als Akte) Bewußtseinsvorgänge sind. Der „Gegenstand" der Vorstellung ist von dieser (auch auf idealistischem Boden) wohl zu unterscheiden. Denkend, urteilend beziehen wir Vorstellungen auf Objekte der Außenwelt, d. h. wir sehen in jenem die Repräsentanten, Vertreter, Zeichen für bestimmte einheitliche und gesetzliche Zusammenhänge, für konstante Einheiten, die sich in verschiedenen, wechselnden Vorstellungsinhalten darstellen, ohne mit diesen selbst oder auch mit deren bloßen Summe identisch zu sein, wenn auch vielfach die Partialvorstellung eines Dinges im Anschauen unmittelbar für dasselbe selbst genommen wird. Die Objekte des Erkennens sind weder schon das „Ding an sich" noch bloße subjektive Erlebnisse oder Empfindungskomplexe, sondern sie sind Gebilde, welche durch „primäres" Denken synthetisch auf Grund von Erlebnissen hergestellt werden und auf die dann die Erlebnisse selbst als Abhängige bezogen werden. Wir schließen nicht von dem subjektiv Empfundenen auf transzendente Dinge als deren Ursachen, sondern wir objektivieren das Erfahrbare selbst zu gesetzlichen, allgemein-notwendigen Zusammenhängen, aber so „ursprünglich", konkret-anschaulich, unwillkürlich ohne Tätigkeitsbewußtsein, daß uns die Objekte als fertig gegebene, absolut selbständige Wesenheiten erscheinen. Objekte sind aber nicht „gegeben", sondern im erlebend-denkenden Bewußsein gesetzt, zwar nicht aus dem Subjekt heraus, aber zusammen mit dem Subjekt-Moment und vermittelt durch die Bewußtseinsgesetzlichkeit. Der Gegenstand ist nicht von absoluter Bewußtseinstranszendenz, aber auch nicht eins mit dem jeweiligen, wechselnden Bewußtseinsinhalt, er ist viel mehr als dieser, ist nur im Fortgange erfahrender Bewußtseinsakte (annähernd) zu erfassen. Der Gegenstand hat sein Korrelat nicht in der Vorstellung, sondern im Begriff, der das Konstante im Zusammenhange des Gegebenen fixiert. Daß etwas als Gegenstand, als Ding und als dieses bestimmte Ding erkannt wird, ist nicht die Leistung der Sinne, sondern schon des (konkreten, an der Anschauung sich betätigenden) Denkens (wie schon Descartes eingesehen hat). Erst die anschaulich-begriffliche Formung des Erlebnismaterials gestaltet dieses zu Objekten der Erkenntnis, die vor aller Formung nur als Objekt-Möglichkeiten bestehen. Dies ist der haltbare Kern im Idealismus.

Der Idealismus ist ferner im Recht, wenn er in den „Eigenschaften" der Objekte als solchen etwas subjektiv Bedingtes erblickt. Und zwar, konsequent, in allen sinnenfälligen Qualitäten sowie in den raum-zeitlichen „Formen" derselben. Nur darf man nicht etwa meinen, daß diese Qualitäten und Quantitäten, weil sie als solche „Idealität" haben, nicht mehr als Eigenschaften der Dinge bestimmt werden dürfen. Sie bleiben vielmehr Eigenschaften, d. h. Eigenheiten, Besonderheiten der Dinge, sie werden mit Recht als Abhängige der Objekt-Einheiten aufgefaßt, als zu ihnen gehörige Merkmale (Attribute, Akzidenzien) betrachtet. Die Objekte sind demnach „wirklich" (nicht bloß unserer Einbildung nach) farbig tönend, bewegt usw. Aber während der naive Realismus diesen Qualitäten eine absolute Wirklichkeit zuschreibt, weil er noch nicht zur Einsicht in die Abhängigkeit des Wahrgenommenen (als solchen) von den Subjekt-Funktionen gekommen ist, bestimmt der Idealismus die Existenzart der dinglichen Eigenschaften als eine relative, nur für mögliche Erfahrung gültige. Die Korrektur des naiven Weltbildes geht also dahin, daß jetzt zu erklären ist: die Qualitäten und Quantitäten der Dinge sind wirkliche, aber relative Eigenschaften derselben, konstante Erfahrungsmöglichkeiten. Aber auch der Unterschied „sekundärer" und „primärer" Eigenschaften, den der kritische Realismus betont, ist vom idealistischen Standpunkte mit einer Korrektur aufrecht zu erhalten. Den variableren, von der Beschaffenheit der Einzelsubjekte abhängigen Sinnesdaten sind die beständigeren, meßbaren, auf allgemeingültige Einheiten und Bestimmtheiten zu bringenden quantitativ-dynamischen Relationen der Objekte als das im engeren Sinne Objektive, als die Komplexe begrifflich-methodisch konstatierbarer Eigenschaften gegenüberzustellen. Indem die Naturwissenschaft von den Sinnesdaten als solchen möglichst abstrahiert und nur die anschaulich-begrifflich fixierten Zusammenhänge des Räumlichen und der Bewegung in den Dingbegriff aufnimmt, erfolgt eine Scheidung des Erfahrungsinhaltes, welche die Aufstellung intersubjektiver, transsubjektiver gültiger Erkenntnissätze erst in vollstem Maße ermöglicht. In dem für jedes denkende Subjekt gleichartigen Begriff von räumlich-zeitlich-kausalen Relationen möglicher Erfahrungsinhalte ist das eigentlich subjektive Moment gleichsam neutralisiert, ohne daß das Erkenntnisobjekt für ein „Ding an sich" genommen werden muß. Die methodische Geistesarbeit der Denkgenossen erstellt so erst die für alle gemeinsame, einheitliche „Außenwelt", welche mit vollem Rechte, obgleich sie als solche nur „empirische Realität" besitzt, von der „Innenwelt", dem jeweiligen individuellen Bewußtseinszusammenhange unterschieden wird. In diesem Sinne ist die „Außenwelt" ein Produkt des Gesamtgeistes, sie ist gesetzt im Zusammen und Wechselwirken der Subjekte und steht jedem Individuum als eine feste, unaufhebbare Wirklichkeit gegenüber, von der sich jeder abhängig fühlt und weiß, in die wir schon gleichsam hineingeboren werden und die unsere Einzelerlebnisse bedingt, determiniert. Und die wissenschaftliche Erkenntnis dieser Außenwelt besteht darin, daß im Fortgange der Erfahrung und ihrer gedanklichen Verarbeitung immer mehr und immer genauere allgemeingültige Relationen und Abhängigkeiten konstatiert werden, durch welche wir das Einzelne, Besondere zu erklären vermögen.

Erkenntnis der Außenwelt ist somit Bewußtwerdung immer weiterer Reihen und Zusammenhänge von Objekten.

Indem nun das Berechtigte sowohl des Realismus als auch des Idealismus dargetan worden ist, haben wir uns schon auf den Standpunkt des Ideal-Realismus, des Phänomenalismus gestellt, dessen Satz dahin geht: Objekte sind nicht „Dinge an sich", sondern „Erscheinungen", d. h. sie weisen auf „transzendente Faktoren" hin, die sie uns gleichsam repräsentieren, durch die sie in irgendwelchem Maße bedingt sind. Daß etwas als bewußtseinstranszendent recht wohl denkbar ist, haben wir bereits festgestellt, mit der Klausel, daß das Etwas sich auch wirklich zu einem „An sich" eignen muß. Als ein solches zur Transzendenz Geeignetes haben wir ferner schon die „Ichheit", das „Innensein" überhaupt dargetan. Das Ich kann nicht bloß, es muß sogar als ein von unserem Bewußtsein absolut Unabhängiges, für sich Seiendes bestimmt werden, es ist der Sinn der Ichheit sowie ihrer Momente (Empfinden, Streben usw.), etwas anderes zu sein als bloßer Inhalt meines Bewußtseins. Das fremde „Erleben" selbst (die synthetische Aktion) und dessen „Einheitsprodukt" (die Ichheit) ist nicht der Inhalt des Erlebens, kann nicht in mein Erleben als Inhalt fallen, wofern es mit Recht gedanklich von mir und meinem Erleben unterschieden wird. Es kann mir also niemals als Erscheinung gegeben sein, sondern bedeutet wahrhaft ein „An sich", welches einem bestimmten Objekt, einer bestimmten Erscheinung (der des fremden Leibes) zugrunde liegt. Die Leib-Erscheinung ist der Ausdruck, die Objektivation der zugehörigen Ichheit, deren Bestimmtheiten, Besonderheiten in der Beschaffenheit des Leibes zur Erscheinung gelangt. Das fremde Ich ist ein transzendenter Faktor, ein „An sich" eines Dinges. Ist es nun erlaubt, außer den menschlichen und tierischen Ichheiten auch Ichheiten oder Momente von solchen (psychische Aktionen) als Korrelate des Anorganischen zu setzen, kurz zu jedem Objekt ein entsprechendes Für-sich-Sein, eine bestimmte „Subjektivität", ein „Innensein" hinzuzudenken, so haben wir einen Weg zur Setzung universaler Transzendenz. Das „An sich" wäre hiernach als Ichheit oder doch als Ich-Analogon aufzufassen. Ja, wofern das „An sich" überhaupt positiv bestimmt, gedacht werden soll, kann es nur als ein solches Analogon der Ichheit gedacht werden, denn andere Bestimmungsstücke für die Wirklichkeit als jene, welche uns „äußere" und „innere" Erfahrung liefern, gibt es nicht. Es ist nur die Frage, ob wir Anhaltspunkte und Motive für die Setzung solcher transzendenter Faktoren im Sinne eines Eigenseins der Dinge haben.

Da ist nun zunächst zu sagen, daß schon das naive Bewußtsein die Objekte nicht bloß als Objekte, sondern zugleich auch als „Subjekte", als Ichheiten, als „Wesen wie wir" aufzufassen geneigt ist. Der „Wilde", aber auch das Kind „introjiziert" das Bild seiner eigenen Ichheit in die ihm auffälligen Objekte. Während aber der „Wilde" diese Introjektion zur Grundlage einer anthropomorphistischen Weltauffassung macht, wandelt sich das kindliche Bewußtsein des Kulturmenschen unter dem Einflusse der naturwissenschaftlichen Weltanschauung um. In dieser scheint nichts mehr von solcher Introjektion übriggeblieben zu sein. In der Tat ist es das Bestreben der Naturwissenschaft, immer reiner das Objektive als solches, mit möglichster „Elimination" des „Transzendenten" begrifflich zu erfassen. Aber ganz ist das doch nicht möglich. Indem nach wie vor die Objekte als Dinge, als Substanzen, als Kräfte gelten, bedeuten sie mehr als Objekte, nämlich permanente Ausgangspunkte von dynamischen Relationen. Die Dinge sind eben nicht bloß Erkenntnisobjekte, sie sind auch Willensobjekte, Angriffspunkte, Zielpunkte für unser Wollen und zugleich Widerstände für dasselbe. Wir erleben Widerstände, finden uns, unseren Willen und dessen Aktionen gehemmt seitens der Objekte. Der erlebte Widerstand (psychologisch zum Teil durch Widerstandsempfindungen gekennzeichnet) ist noch nichts Transzendentes, fällt in unser Bewußtsein, ist an das wollende Subjekt geknüpft. Aber er wird („instinktiv"), indem er (assoziativ) auf das Objekt bezogen wird, von dem er ausgeht, auf ein aktives Widerstehen, auf eine Kraftleistung des Objekts zurückgeführt, welches dadurch erst eigentlich zum selbständigen Dinge wird.

Das „Widerstehen“ gilt uns von Natur aus als etwas, was wir nicht bloß selbst ausüben, sondern was auch von einem Nicht-Ich ausgeübt wird oder werden kann. Damit ist unsere eigene Ichheit, unser „Innensein“, unsere Willenskraft in das Objekt hineingelegt, dieses als Subjekt, als Ich-Analogon aufgefaßt.*) Es ist jetzt in vollem Sinne ein selbständiges, einheitliches, wirkungsfähiges Wesen, eine „Kraft“, ein „Ding“, welches somit aus zwei Faktoren sich zusammensetzt: dem Objekt-Moment (Für-uns-Sein) und dem Subjekt-Moment (Für-sich-Sein). Dem Dinge schreibt der Mensch ursprünglich eine Willenskraft gleich der seinigen zu, die zugleich Gefühle gleich den menschlichen einschließt. Dieser grobe Anthropomorphismus wird in der Folge, Hand in Hand mit der fortschreitenden Unterscheidung dessen, was die nicht menschlichen Dinge von Menschen trennt, zunächst dahin korrigiert, daß die „Kraft“, welche den Dingbegriff konstituiert, zwar immer noch als eine Art Willenskraft, aber jetzt als eine nicht-menschliche, niedere, einfachere, gleichmäßig wirkende aufgefaßt wird. Und noch später sieht die Naturwissenschaft von allem Qualitativen im Kraftbegriffe ab, so daß dieser zu einem reinen Relationsbegriffe wird. Ein Ding hat eine Kraft, heißt nun nur noch, es ist ein konstanter Ausgangspunkt bestimmter Wirkungen, Leistungen, deren Stattfinden unter bestimmten Bedingungen seitens des Dinges gesetzlich erwartet wird. Die Kraft wird also rein als Wirkungsfähigkeit bestimmt, durch ihre Wirkungen gemessen; was sie selbst an sich ist, dies entzieht sich der Kompetenz der Naturwissenschaft, welche es immer nur mit den Objekten der „äußeren“ Erfahrung als solchen, nicht

---

*) Die Tatsache der Introjektion oder Projektion unserer Ichheit oder Willens-Aktivität in die Objekte betonen insbesondere Beneke, Ueberweg, L. Feuerbach, Horwicz, L. Noiré, Teichmüller, J. Wolff, A. Biese, W. Jerusalem, Nietzsche, Wundt, Paulsen, Martineau, u. a. Den erlebten Widerstand als Elemente des Gegenstandsbewußtseins betonen Destutt de Tracy, Maine de Biran, Spencer, Mansel, Baldwin, J. Ward, Höffding, Laas, Schaarschmidt, E. v. Hartmann, Riehl, Dilthey, Jerusalem u. a.

mit deren „An sich" zu tun hat. Mit der Kraft als qualitativ bestimmten Faktor beschäftigt sich erst wieder die Metaphysik. Für die empirische Naturwissenschaft sind die „Kräfte" Grenzbegriffe, welche zur Begreiflichkeit der Erfahrung notwendig sind, aber nicht über sie in positiver Weise hinausführen. Was Kraft bedeutet, ist für diese Art der Erkenntnis völlig klar, denn „Kraft" ist ein Grundbegriff, den wir aus unserer eigenen Ichheit, aus unserer eigenen Wirkungsfähigkeit durch ein primäres Denken zuerst gewinnen und sodann an die Erfahrung von Objekten außer uns heranbringen; was die Kraft aber ist, dies ist der Naturwissenschaft als solcher unzugänglich.

Die Dinge als (absolute) „Kräfte", als „transzendente Faktoren" können wir nicht direkt erkennen. Was wir wahrnehmen, ist durch die Organisation unserer Sinne bedingt, es ist „Anschauungsinhalt" und weiter ist es noch „Anschauungsform" und denkende, „kategoriale" Verarbeitung anschaulicher Inhalte. Alles Objektive bleibt in den Grenzen eines möglichen Bewußtseins. Die „Kraft" aber, welche das (Außen-),,Ding" einschließt, ist nicht objektiv vorfindbar, ist nicht Objekt der (äußeren) Erkenntnis, sondern eine Voraussetzung derselben. Diese leistet uns aber das Wichtige, daß uns jetzt die Bestimmtheiten im Hier und Jetzt, So und nicht Anders der Dinge und ihrer Zusammenhänge, sowie die Tatsachen unserer Wahrnehmungen überhaupt erst völlig verständlich werden. Sie werden dies durch den logisch nicht bloß einwandfreien, sondern geradezu geforderten Gedanken der Relationen der Kraftfaktoren zueinander und zu uns, als deren Erscheinungen die objektiven Geschehnisse und Zusammenhänge in Raum und Zeit zu begreifen sind. „So viel Schein, so viel Hindeutung aufs Sein" — den begrifflich verarbeiteten Tatsachen der Sinneswahrnehmung müssen bestimmte, von uns absolut unabhängige, an sich bestehende Ordnungen „transzendenter Faktoren" und ihrer Aktionen entsprechen. Wie unser Wille überhaupt, so ist auch unser Denk- und Erkenntniswille in der Wahrnehmung und Erfahrung gebunden, beschränkt, begrenzt. So lange die Objekte der Wahrnehmung selbst als absolute Wesenheiten gelten (also auf dem Standpunkt des naiven Realismus), ist es möglich, sie selbst als das uns Hemmende aufzufassen. Sobald aber die Einsicht erwächst, daß die Wahrnehmungsobjekte als solche nicht absolut unabhängig vom Bewußtsein existieren, geht die „absolute Position" (Herbart), welche das Erfahrungsdenken gegenüber seinen Objekten ausübt, notwendig auf das nicht Wahrnehmbare über, d. h. es wird notwendig, zur einheitlich-gesetzlichen Begreiflichkeit der Wahrnehmungstatsachen, ein Überempirisches, „Transzendentes", Bewußtseins-Unabhängiges, ein „An sich" gesetzt, postuliert. Von seiner eigenen Willensaktion und Willenskraft aus deutet das Ich die Objekte seines Erlebens im Sinne der Vertretung von Willens-Analoga, von selbständigen, für sich seienden Aktionszentren. Von der Qualität derselben wird in der immer mehr „positivistisch" sich gestaltenden Naturwissenschaft abstrahiert. Inwieweit die ursprüngliche Willensqualität der „transzendenten Faktoren" oder „primären Kräfte" metaphysisch aufrecht zu erhalten ist, soll später gezeigt werden.

Unser „Phänomenalismus" ist „objektiver" Art, er lehrt: 1. Die Erkenntnisobjekte (im naturwissenschaftlichen Sinne, die „Außendinge") als solche sind nicht Dinge an sich, sondern nur allgemeine, gesetzliche Erscheinungen, Phänomena, welche als Korrelat ein erkennendes Subjekt voraussetzen, von dessen Willen sie aber unabhängig sind. 2. Diese Art der Unabhängigkeit setzt als weiteres Korrelat das Sein eines „An sich" der Dinge oder „transzendenter Faktoren" voraus, die irgendwie unserem eigenen „Für sich" (der Ichheit, der Willensaktion u. dgl.) analog gedacht werden dürfen, ohne direkt erkannt zu werden. 3. Das „Zusammen", die Relationen dieser Faktoren muß den „Grund" zu den Bestimmtheiten und Sondergesetzlichkeiten enthalten, welche wir auf Grund der Wahrnehmung erfahrungsmäßig durch das Denken setzen müssen. Diese „Faktoren" sind nicht die „Objekte", nochmals mit ihren Eigenschaften gesetzt, sondern dasjenige, was den Objekt-Komplex erst zu einem so und so bestimmten Dinge der Wahrnehmung und des Denkens macht, was uns also nötigt, gerade solche Objekte und gerade solche objektive Zusammenhänge zu erfahren. Mit dem „subjektiven" Phänomenalismus stimmen wir darin überein, daß die Objekte als solche samt ihren Qualitäten, Quantitäten, als die raum-zeitlich-kausalen Phänomene als solche „subjektiv", d. h. erst in bezug auf ein mögliches Subjekt (welches wir stillschweigend zu jedem Wahrnehmungsobjekte hinzudenken müssen als dessen Voraussetzung) bestehen. Aber entgegen dieser Art des Phänomenalismus müssen wir den Anteil des „An sich" am Zustandekommen der Erfahrungstatsachen energischer betonen und anders formulieren. Wir werden also sagen, daß die Anschauungsformen und („realen") Denk-Kategorien (Kausalität, Substantialität u. dgl.) sich zunächst nur auf das Erfahrbare, Phänomenale beziehen, daß sie Formen des Zusammenhanges solcher sind, nicht Formen, welche auch an sich bestehen. Aber diese Formen von Erfahrungsinhalten weisen gleichwohl — wie diese letzteren selbst — über sich hinaus, auf Ordnungen hin, welche „an sich" statthaben müssen. Während aber der reine Realismus diese „Ordnungen' an sich" mit den raum-zeitlich-kausalen Erscheinungszusammenhängen mehr oder weniger identifiziert, werden wir nur sagen, daß jene in letzteren zum „Ausdruck" gelangen, daß sie gleichsam in die Zeichensprache unserer Erfahrung übersetzt werden. In diesem Sinne ist das ganze „Objektive" nicht bloß subjektiv, sondern auch durch das Transzendente bedingt, bestimmt, es hat in ihm sein („metaphysisches") „Fundament", welches aber nicht selbst den „Erscheinungscharakter" der raum-zeitlichen Ausdehnung und des Kausalnexus der „Natur" hat. Für uns aber ist diese „intelligible" Ordnung nicht direkt erkennbar, nur daß sie besteht, kann erkannt werden, und daß sie eine Bedingung der Erfahrungstatsachen ist. Dies ist also samt der Einsicht, daß wir Relationen der „transzendenten Faktoren" zu uns und untereinander erkennen, eine „indirekte Erkenntnis", zum mindesten aber ein „Gedachtwerdenkönnen" des „An sich". Mehr brauchen wir nicht zur Begreiflichkeit der Erfahrungstatsachen und zur Herstellung einer abschließenden Weltanschauung, welche uns ja nicht — wie die eigentliche Wissenschaft — Tatsachen und Gesetzlichkeiten im einzelnen kennen lehren, sondern uns über das „Wesen" und den Sinn des Seins und Geschehens im Prinzip unterrichten will; eine „Wissenschaft" vom Transzendenten als solchen, eine Ableitung aller Naturphänomene aus den transzendenten Faktoren als deren „Ursachen" ist freilich — darin hat Kant völlig recht — unmöglich. Aber dies kann uns nicht hindern, in unserer Erkenntnis eine „symbolische" Erfassung der an sich bestehenden Ordnungen zu erblicken und anzunehmen, daß jeder (wahrhaft) objektiven Bestimmtheit, Ordnung und Ordnungsveränderung eine Bestimmtheit, Ordnung und Ordnungsveränderung im „An sich" der Dinge parallel geht, entspricht.

Sind Idealität, Für-sich-Sein, Wirken, Kraft u. dgl. Kategorien, welche wir ursprünglich an unserer eigenen Ichheit gewinnen, ist ferner die Ichheit oder das Ich-Analogon, das Subjekt- oder „Innen"-Sein das Vorbild für alles Bewußtseinstranszendente, so müssen wir mit der Setzung „transzendenter Faktoren" zugleich die überempirische Geltung dieser Kategorien setzen. Indem wir etwas als ein absolut Selbständiges, uns Gleichwertiges denken und als bestehend setzen, schreiben wir ihm schon implizite ein Verhalten zu, wie es die Ichheit aufweist, d. h. wir bestimmen es als ein Seiendes, Wirkendes, Kraftvolles. Diese Kategorien leisten also mehr als bloß die Objektivierung, Formung unserer Erfahrungsinhalte, sie „subjektivieren" (und „hypostasieren") sie, haben die Funktion der Transzendenz-Setzung. Ohne „Anschauung" sind sie „leer", gewiß, und ihre besondere, durch die Anschauung bestimmte Form gilt nur für mögliche Erfahrungsinhalte, für Objekte als Phänomene, nur diese sind physikalische „Substanzen", „Ursachen",

„Kräfte". Aber dieser phänomenalen Kausalität und Substantialität („causa phaenomenon", „substantia phaenomenon")
muß im „An sich" eine „intelligible" Wirksamkeit und ein
„intelligibles" beharrliches Selbst-Sein entsprechen. Die
mathematisch formulierbare Abhängigkeit physikalischer
Vorgänge voneinander z. B. ist phänomenale Kausalität, besteht ebensowenig „an sich", wie die physikalischen Vorgänge
selbst (als solche); es muß oder kann wenigstens) aber ihr
ein transzendentes „Wirken" entsprechen, ja, es ist sogar zu
sagen, daß ein wahres Wirken, eine wahre Tätigkeit nur den
„transzendenten Faktoren", nicht den phänomenalen Vorgängen zukommen kann, welche nichts „tun", nur bestimmte
Erfolge nach sich ziehen können, da sie eben nur Objekte,
keine wahren „Subjekte" sind. Tätigkeit, Wirken, Kraft ist
etwas, was in keiner Weise sinnlich wahrnehmbar ist, was
nicht zum Inhalt der äußeren Erfahrung gehört, nicht erfahren wird, sondern den Erfahrungsobjekten „introjiziert"
wird, wodurch sie zu Manifestationen, zu Erscheinungen transzendenter Faktoren werden, auf die sich also die Kategorien,
durch welche sie gesetzt werden, mit beziehen. Die Anwendung der Kategorien ist durch das Verhalten der Erfahrungsinhalte uns, unserem Willen und Denken gegenüber, motiviert, und in diesem Sinne mehr als eine bloße
„Zutat" unseres Denkens. Die Kategorien „verfälschen" die
Erfahrung keineswegs, sie machen sie vielmehr erst zur
objektiv-gesetzlichen Erfahrung und einheitlich begreiflich;
sie sind nicht zu „eliminieren", weil sie erst Erfahrungsobjekte als solche, als von dem subjektiven Bewußtseins-
verlaufe wohl zu unterscheidende Einheiten und Zusammenhänge ermöglichen. Nur dies ist richtig, daß wir nicht
die Erfahrungsobjekte, die Phänomene als solche selbst
als tätige, wirkende Wesen auffassen, sie zu solchen hypostasieren dürfen, wodurch wir freilich in eine unhaltbare
Metaphysik verfielen. Richtig ist ferner das „positivistische"
Bestreben, die nicht direkt erkennbaren, unsicheren, metaphysischen „Faktoren an sich" möglichst aus der Naturwissenschaft auszuschalten. Anderseits ist es nicht möglich,

etwa in den „Empfindungen" (oder „Elementen": M a c h)
letzte, absolute Wirklichkeiten zu erblicken. Die Empfindungsqualitäten (Farben, Töne usw.) sind 1. immer nur als
Glieder komplexer Wahrnehmungen, niemals isoliert gegeben,
2. gehören sie einem Bewußtsein, einem erlebenden Subjekt notwendig zu, sind abhängig von einem solchen, können
nicht für sich bestehen. Ein Idealismus, welcher nicht bloß
die Objekte, sondern auch die Subjekte als bloße Empfindungskomplexe bestimmt, löst künstlich den Empfindungs-
inhalt (das „Element") aus dem natürlichen, konkreten Ich-
Zusammenhange heraus, hypostasiert ihn und macht ihn
gleichsam zu einem „Ding an sich", aber zu einem unmög-
lichen, in sich widersprechenden. Indem die Welt als Komplex von Empfindungen gilt, die in bestimmten Gruppen
je ein Subjekt bilden, s c h l ä g t d e r I d e a l i s m u s in
n a i v e n R e a l i s m u s u m , u n d e s w i r d h i e r b e i n o c h d i e
p r i n z i p i e l l a b g e l e h n t e M e t a p h y s i k w i e d e r e i n g e -
s e t z t , da die für sich bestehenden Empfindungen oder
„Elemente" k e i n e s w e g s e m p i r i s c h e r Natur sind, nicht
„positiv" vorgefunden werden können. Es zeigt sich, daß die
extrem-positivistische Metaphysikfeindlichkeit erst recht einer,
noch dazu unkritischen, Metaphysik Tür und Tor öffnet.

D i e I c h h e i t a l s E i n h e i t v o n W o l l e n u n d D e n k e n
i s t d i e Q u e l l e d e r K a t e g o r i e n , z u g l e i c h d a s U r -
b i l d e i n e s d e n K a t e g o r i e n g e m ä ß e n S e i n s u n d V e r -
h a l t e n s . Die „reinen" Kategorien drücken ein Ich-Sein,
ein Ich-Verhalten aus. Indem die Kategorien auf den Inhalt
der Sinneswahrnehmung angewendet werden, erheben sie
diesen zu objektiv-phänomenalem Zusammenhang, zu einem
solchen, der so nur einmal — für mögliche Erfahrung —
existiert, zugleich aber auf das Sein und Verhalten von Subjekten, von letzten, selbständigen „Trägern" der Erfahrungsinhalte, von „transzendenten Faktoren" hinweist. Der Gebrauch der Kategorien ist: 1. von natürlich-psychologischer,
2. von methodisch-logischer, 3. von metaphysischer Notwendigkeit und Geltung. Eine Elimination der Kategorien ist
nicht konsequent durchführbar, weil sie „transzendentale"

Bedingungen der Erfahrung (im engeren Sinne) sind, weil sie mindestens objektive Erfahrung erst begreiflich machen.

Durch diese Kategorialbearbeitung der Erfahrungsinhalte wird zu diesem ein „An sich" gesetzt, indem den Objekten Ich-artige Faktoren unterlegt werden. Sollte, wie von Kant u. a. geglaubt wird, auch das Ich, das psychische „Innensein" schon „Erscheinung" eines Unerkennbaren sein, nichts Absolutes, so würde auch dann mit Recht von einem relativen (in bezug zur äußeren Erfahrung und zu uns selbst) „An sich" (oder „Für sich") der Dinge die Rede sein können. D. h., die Dinge hätten mindestens den gleichen Existenzwert wie unser Leib-Ding, sie wären mehr als bloßer Vorstellungsinhalt, als ein bloßes „Für uns". Aber es läßt sich zeigen, daß die Ichheit im Sinne des Subjekt-Seins und dessen, was dazu gehört, was dieses konstituiert, nicht bloß „Erscheinung", nicht bloß phänomenal sein kann.

Als „Erscheinung" wird etwas bestimmt, sofern es sich nicht so darstellt, wie es für sich ist, sondern wie es in Beziehung zu einem erkennenden Subjekt als Inhalt eines möglichen Bewußtseins ist. Die „Körper" als solche sind insbesondere zunächst sinnlich-anschauliche Phänomene, sie sind als Körper so, wie sie in Abhängigkeit von Sinnesfunktionen und der Raumform sich darstellen müssen. Das Ich aber ist kein Sinnesphänomen. Es gibt keinen „innern Sinn" analog den äußeren Sinnen, durch welchen etwa das Ich, das Subjekt modifiziert werden könnte, so daß es sich selbst anders erscheint, als es an sich ist. Identifiziert man das Ich oder Subjekt mit einer vom Bewußtsein verschiedenen „Seele", dann freilich wäre es möglich, daß diese außerhalb des Bewußtseins anders ist, als sie sich wahrnimmt; aber auch so wäre das Ich kein Sinnesphänomen, es könnte sich viel unmittelbarer erfassen, als das fremde Objekt. Aber eine solche außerbewußt existierende Seelensubstanz ist eine rein metaphysische, keineswegs notwendige Annahme. Die Ichheit, das Subjekt-Sein ist als solches ein Moment des Bewußtseins selbst, ist das aktive Bewußtsein in dessen permanenter Einheit und Wirksamkeit selbst, gehört als Be-

wußtseinseinheit zum Bewußtsein selbst, in dessen Mannigfaltigkeit es sich entfaltet, um sie immer wieder zur Einheit
zusammenzufassen, als analytisch-synthetische Tätigkeit, die
sich als Inhalt setzt und sofern ist. Die Ichheit ist, setzt
sich, ist Bewußtsein — dies alles ist identisch. Von der
Ichheit ausgesagt, sind Bewußtsein und Sein
eins; nicht ist da erst ein Objekt, das subjektiv oder phänomenal wird, sondern das Primäre
ist das Subjekt, das, indem es ist und wirkt, unmittelbar sich als Subjekt fühlt und weiß, indem es sich vom Nicht-Ich unterscheidet. Das
Ich ist Für-sich-Sein und hat damit die größte Selbständigkeit und Absolutheit, die erkenntniskritisch von einem
„An sich" gefordert werden kann; ob das Ich aber letzten
Endes, als Glied eines übergeordneten Zusammenhanges, nur
relative Selbständigkeit hat, dies gehört nicht hierher, ist
ein besonderes, metaphysisches Problem. Das Erkenntnissubjekt, gegeben in den Akten des Erkennens und
Wollens, ist nicht wie das (äußere) Erkenntnisobjekt Phänomen. Zwar gibt dies auch Kant zu, aber die Bedeutung
dieser Tatsache wird bei ihm verdunkelt dadurch, daß er 1.
wieder in den Begriff eines extramentalen Seelenwesens zu-
rückfällt, und 2. das Subjekt-Sein zu sehr als etwas bloß
Formales, Inhaltsloses bestimmt, während in
Wirklichkeit das Subjekt eine lebendige, kraftvolle, wollende, zielsetzende und Ideen realisierende Einheit ist, die um diese ideal-reale Wirksamkeit unmittelbar in jedem ihrer Momente weiß, sei es auch oft
nur in der Form von „Tätigkeitsgefühlen". Es erfaßt sich
freilich nicht als Ding, als eigentliches Objekt, aber es ist
mehr als ein solches, ist „Subjekt-Objekt" (wie Schelling
sagt). Das Subjekt ist, wie das Bewußtsein überhaupt, Urbedingung alles Objekt-Seins und aller
Phänomenalität, es kann daher nicht selbst Phänomen sein. Dasjenige, durch Beziehung worauf etwas erst
zur Erscheinung wird, wie sollte dies selbst Erscheinung
sein? Es müßte ein Bewußtsein voraussetzen, dieses wäre wieder

Inhalt eines anderen Bewußtseins usw. in Infinitum, aber auch so kämen wir zur Einsicht, daß Bewußtheit Subjektivität als Quelle der Phänomenalität, als Erscheinung setzende Wirksamkeit nicht phänomenal sein kann. Nur dies kann angenommen werden, daß das Ich 1. sich nicht vollkommen, nicht ganz, nicht in allen Potenzen erkennt, klar bewußt wird („apperzipiert"), 2. nicht so erfaßt, wie es möglicherweise als Glied eines übergeordneten geistigen Zusammenhanges von der Höhe dieses selbst sich darstellen müßte. Wenn in diesem Sinne das „Innensein" der Dinge (von Fechner) als „Selbsterscheinung" bezeichnet wird, die aber durchaus von der Phänomenalität der Außendinge zu unterscheiden ist, so läßt sich dem ganz wohl beipflichten. Auch die Behauptung mancher, daß die „innere Wahrnehmung" Evidenz nur für das Einzelerlebnis hat und daß, was im Bewußtsein psychologisch-gesetzlich vorgeht, erst durch denkende Erfahrung mit annähernder Sicherheit, nicht mit unmittelbarer Evidenz, festzustellen ist, hat Anspruch auf Billigung, ohne daß dadurch die Phänomenalität des Geistigen als solchen, im Prinzip also, zugestanden wird.*)

---

*) Vgl. dazu Kant, Kritik der reinen Vernunft, S. 72 ff., 120 f.; Beneke, Lehrb. d. Psychol., § 129; J. H. Fichte, Psychol. I, 189; E. v. Hartmann, Mod. Psychol.; Brentano, Psychol., S. 119; J. Bergmann, Vorles. über Metaphys., S. 190 ff; Wundt, Grundz. d. Psychol.; Husserl, Log. Unters. I, 122, u. a.

II.

Prinzipienlehre.

A.

Allgemeine Prinzipienlehre (Metaphysik).

§ 7.

Begriff und Möglichkeit der Metaphysik.

Der Ausdruck „Metaphysik" (metaphysica) ist dadurch entstanden, daß in der Anordnung der Aristotelischen Schriftten (durch A n d r o n i k o s von Rhodus) die allgemeine Prinzipienlehre nach der „Physik" (μετὰ τὰ φυσικά) zu stehen kam. Allmählich erhielt der Name die Bedeutung einer über alle Erfahrung hinausgehenden, einer Wissenschaft vom jenseits der Erfahrung Belegenen, Erfahrungstranszendenten (trans physica), Übersinnlichen, absolut Seienden. Untersuchungen dieser Art begegnen wir aber schon bei den alten „Naturphilosophen", ferner bei P l a t o, der die Wissenschaft vom Seienden, von den „Ideen", Dialektik (διαλεκτική) nennt, bei A r i s t o t e l e s, der die Metaphysik als „Erste Philosophie" (πρώτη φιλοσοφια), auch als „Theologie" (θεολογική) bezeichnet; sie ist ihm die Wissenschaft vom Seienden als solchen, wie es allen Dingen prinzipienhaft zugrunde liegt. Den Kern der Metaphysik bildet demnach die Seinslehre oder „Ontologie" (ontologia). So im ganzen Mittelalter und auch in der „dogmatischen" Metaphysik der neueren Zeit, z. B. bei C h r. W o l f f, nach welchem zur Metaphysik im weiteren Sinne die „Kosmologie", „rationale Psychologie" und „rationale Theologie" gehören.*)

Die Möglichkeit einer Metaphysik überhaupt bestreitet zuerst energisch Hume. Unser gesamtes Wissen ist auf Erfahrbares eingeschränkt. Dies lehrt in anderer Weise auch der spätere Positivismus, von A. Comte angefangen bis zu den Neuesten, wie E. Mach. Kant hingegen bestreitet eigentlich nur die Möglichkeit einer Metaphysik als apriorische Wissenschaft aus Begriffen, als Versuch, durch reines Denken das Unerfahrbare, Transzendente mit Erkenntniswert zu bestimmen. Da zu allem Erkennen außer dem Denken (mögliche) Anschauung gehört, das Transzendente aber nicht Gegenstand unserer Anschauung ist, können wir nichts von ihm erkennen und die Begriffe, welche unsere Vernunft (notwendig) produziert, um einen letzten Abschluß unserer Erfahrungen herzustellen, die „Ideen" („Vernunftbegriffe") werden zu Quellen eines „dialektischen Scheins", wenn sie als „konstitutive" Erkenntnisbegriffe aufgefaßt werden. Als „regulative", die Erfahrung ideell weiterführende, sie zur Totalität des „Unbedingten" synthetisch verknüpfende, unser Forschen zu immer weiterem Fortgange (Regreß) auffordernde Begriffe, also als „transzendentale" Bedingungen nicht von Erkenntnissen, wohl aber von Erkenntnissynthesen, haben die „Ideen" vollen Wert. Es ist also nur eine „kritische" Metaphysik möglich, als „System aller Prinzipien der reinen theoretischen Vernunftbegriffe", als „System der reinen theoretischen Philosophie", so daß sie nicht das „An sich" der Dinge, sondern nur unser Streben nach Vollendung unseres Gedankensystems über die Dinge zum Gegenstande hat. Das „Übersinnliche" aber, das nicht erkannt werden kann, ist doch Gegenstand des Vernunftglaubens und ethischer Postulate, die uns wenigstens der Existenz von transzendenten Wesenheiten, wie Gott, Seele, Freiheit, sicher werden lassen. Haben wir also nach Kant auch keine Metaphysik als Wissenschaft vom „Ding an sich",

---

*) Die Ontologie (oder „philosophia prima") ist „scientia entis in genere, seu quatenus ens est" (Ontologia § 1).

so anerkennt er jene durchaus 1. als das (immanente) System der reinen Philosophie, 2. als (transzendente) Welt- und Lebensanschauung, als W e l t g e d a n k e n , wie wir sagen können, wenn schon nicht als Welterkenntnis.

Das „ontologische" Verfahren der dogmatischen Metaphysik erneuert sich nach Kant in den Systemen S c h e l - l i n g s , H e g e l s u. a., sich vielfach mit einer vorgeblich „intellektuellen Anschauung" des „Absoluten" verbindend. Die Selbstwahrnehmung als Quelle des Metaphysischen ziehen Denker wie B e n e k e , S c h o p e n h a u e r , R o s m i n i u. a. heran. In die Bearbeitung und Ergänzung der Erfahrung durch die philosophische Denkarbeit setzt H e r b a r t die Auf- gabe der Metaphysik, so eine wissenschaftlichere Auffassung derselben anbahnend. Den engeren Anschluß an die Erfah- rung und die Einzelwissenschaften erstreben L o t z e , F e c h - n e r , E. v. H a r t m a n n („induktive Metaphysik"), L e w e s , R e n a n u. a., besonders W u n d t , welcher Positivismus und Spekulation harmonisch verbindet.*) In verschiedener Weise anerkennen eine „kritische Metaphysik O. L i e b m a n n , F. S c h u l t z e , L a s s w i t z , V o l k e l t , ferner M a n s e l , J a n e t , F o u i l l é e , S i g w a r t , P a u l s e n , J. B e r g m a n n , F. E r - h a r d t , L. B u s s e , H ö f f d i n g , K ü l p e , J e r u s a l e m , H e y - m a n s , M. P a l â g y i u. a.**) Bloß eine „immanente", das Er-

---

*) Die Aufgabe der Metaphysik ist eine „Ergänzung der Wirk- lichkeit in der Weise, daß sie „die in der Erfahrung begonnene Verbindung nach Grund und Folge konsequent und in gleicher Richtung weiterführt, bis die Einheit gewonnen ist, welche es uns möglich macht, die ganze Reihe samt den Gliedern, welche der Erfahrung angehören, als ein Ganzes zu denken" (Logik I², 7, 421; Einl. in d. Philos. S. 85; Syst. d. Philos.², S. 30ff.). Die Ver- nunft erzeugt „Ideen" (Abschlußbegriffe), welche die Erfahrung transzendieren, so daß sie „alle Erfahrungen umspannen und doch keiner Erfahrung angehören" (Syst. d. Philos.², S. 180ff.). Es wird durch sie je eine Einheit von Erfahrungszusammenhängen ge- wonnen (ontologische, kosmologische, psychologische Ideen) und so das Wirkliche begründet.

**) Nach L i e b m a n n ist Metaphysik „hypothetische Erörterung menschlicher Vorstellungen über Wesen, Grund und Zusammen- hang der Dinge" (Die Klimat. der Theor. S. 112).

fahrbare einheitlich zusammenfassende Metaphysik anerkennen Schuppe, H. Cornelius u. a. Für die „Neukantianer" ist Metaphysik eins mit Erkenntniskritik (z. B. H. Cohen). Als „Begriffsdichtung", als wertvolles Produkt gestaltender Phantasie betrachtet die Metaphysik (die von aller Wissenschaft verschieden ist) F. A. Lange.

Verstehen wir unter Metaphysik den Versuch, das Gebiet möglicher Erfahrung im allgemeinen und in ihren Sondergebieten durch Rückgang zu letzten, dem Denken (wenn schon nicht dem Erkennen) erreichbaren Prinzipien ideell abzuschließen, so ist gegen die Möglichkeit und Zulässigkeit der Metaphysik nichts Ernsthaftes einzuwenden. Zu beanstanden ist nur die dogmatische Metaphysik, die vermeintliche Wissenschaft vom Transzendenten, eine Wissenschaft, die nicht möglich ist, weil das Überempirische als solches niemals Gegenstand, nur Voraussetzung der Erkenntnis sein kann. Wir können von den Dingen nur solche Eigenschaften mit Bestimmtheit aussagen, die sich letzten Endes auf Erfahrung zurückführen lassen oder doch auf sie gründen. Was in der Sphäre der „transzendenten Faktoren" im einzelnen vorgeht, dies entzieht sich jeder direkten, eigentlichen Erkenntnis, da uns jedes Mittel fehlt, das Transzendente als solches wahrzunehmen oder auch nur mit Sicherheit vom Erfahrungsimmanenten (als Zeichensystem des „An sich") auf das Transzendente im besonderen zu schließen. Weder steht uns eine „intellektuelle Anschauung" mystischer Art zu Gebote, noch ist die Beewgung des „reinen Denkens" ein genaues Abbild des im an sich Seienden Geschehenden, daß wir a priori Aussagen über das Transzendente, alle Erfahrungsmöglichkeit Überschreitende machen könnten. Eine solche dogmatische Metaphysik trifft das von Kant und dem Positivismus Vorgebrachte. Anders steht es aber um eine kritische Metaphysik, wie wir sie definiert haben. Sie ist nicht eine Pseudowissenschaft vom Überempirischen, hat nicht dieses zum Objekt einer besonderen, „höheren" Art von Erkenntnis, sondern ihren Gegenstand bildet die Totalität wissenschaftlicher Erfahrung, nicht nach ihrer Breite oder Extension, sondern nach ihrer Begründung durch Prinzipien, die nicht selbst empirisch sind, aber in denkender Weiterführung der Erfahrung gewonnen sind und zu ihrem Abschluß, zu ihrer obersten Vereinheitlichung dienen. Die metaphysischen Begriffe sind zunächst nur regulative Ideen, Richtungspunkte zur höchsten Synthese des Erfahrungsmaterials bzw. der dieses schon verarbeitenden einzelwissenschaftlichen Begriffe. Zugleich sind sie aber, nicht, wie Kant glaubt, nur Postulate der praktischen Vernunft, sondern auch Forderungen der theoretischen, spekulativen, auf die Einheit des Begriffszusammenhanges überhaupt abzielenden Vernunft sowie des subjektiven Faktors dieser, des Denkwillens. Der „metaphysische Trieb" ist sozusagen ein „Vernunfttrieb", ein Ausfluß unseres Strebens nach einer möglichst lückenlosen, stetigen, einheitlich-zusammenhängenden Weltbegreifung. Dieser Trieb ist nicht auszurotten, er wird durch das Fortschreiten der Einzelwissenschaften keineswegs ertötet, sondern regt sich immer wieder; ja gerade der Reichtum wissenschaftlicher Erkenntnisse löst ihn in jenen Geistern, denen es um eine mythenfreie Weltanschauung zu tun ist, aus. Die Einzelwissenschaften selbst führen, insofern sie allgemeine Voraussetzungen machen und zu Ergebnissen gelangen, die ihren Abschluß nicht mehr mit einzelwissenschaftlichen Mitteln erhalten können, zu metaphysischen Bedürfnissen. Gerade damit eine reinliche Scheidung zwischen wissenschaftlich Erfahrbarem und metaphysischem Postulate oder metaphysischer Deutung zustandekommt, damit die Einzelwissenschaft als solche möglichst von den Zutaten metaphysischer Ideen frei bleibt, ist eine Metaphysik als besondere Geistesarbeit nötig, welche die Arbeit der Wissenschaft weiterführt, ergänzt, so weit als (eben oder überhaupt) möglich, abschließt.

Die Metaphysik ist also nicht selbst eine „Wissenschaft" exakter Art, aber sie ist doch mehr als „Begriffsdichtung", wofern sie mit wissenschaftlichen Mitteln betrieben wird. Sie muß, um Anspruch auf eine gewisse Wahrscheinlichkeit und auf Brauchbarkeit für das einheitliche Begreifen der Erfahrungstatsachen erheben zu können, erstens jeden Widerspruch mit den Grundlagen der Erfahrung vermeiden, zweitens so weit als möglich die wissenschaftliche (nicht bloß die vage, naive) Erfahrung zur Basis nehmen und in der Richtung weiterschreiten, die von der Erfahrung und deren denkenden Verarbeitung selbst gleichsam schon angezeigt, vorgezeichnet ist. An subjektiven Variationen des Weltbildes wird es freilich auch dann nicht fehlen, ja verschiedene Weltbilder werden vielleicht immer möglich sein, aber diese müssen dann doch einen gemeinsamen Kern haben und den Erfahrungstatsachen, jedes in seiner Weise, gerecht werden. Die Prinzipien, welche zur Interpretation und Ergänzung des wissenschaftlich Gewonnenen dienen, müssen in stetem Hinblick auf die wissenschaftlich bearbeitete Erfahrung aufgestellt und angewendet werden. Daß die metaphysische Denkarbeit ohne Hilfe der Phantasie nicht durchführbar ist, der Phantasie, welche die Lücken der Erfahrung ausfüllt und uns dasjenige vor das geistige Auge bringt, was direkt nicht erkennbar ist, liegt auf der Hand. Doch muß diese Phantasie durch den Logos, die Vernunft gezügelt werden, sie darf nicht ins Uferlose hinauswallen, nicht unlogisch und antiempirisch, nicht wüst, abenteuerlich, nicht phantastisch werden. Das mit Hilfe der Phantasie hergestellte Weltbild der Metaphysik muß ein logisch mögliches, ein in möglichst zwingenden Gedanken verankertes sein, dann ist die Metaphysik wissenschaftlich, so viel sie es nur im Prinzip sein kann.

Ein positives Hinausgehen über alle Erfahrung hinaus als ein Denken von Wesenheiten, die nicht ihrer Qualität nach irgendwie mit Erfahrbarem zusammenhängen, ist nicht möglich. Den Zusammenhang des Seins und Geschehens wird die Metaphysik daher nicht durch die Deduktion der Erscheinungen aus unbegreiflichen Wesenheiten, sondern durch Weiterbildung des Erfahrbaren zu quantitativer und qualitativer Transzendenz herstellen. Insbesondere wird sie danach trachten, die Einheit der Erfahrung, welche durch die Trennung der Erkenntnis in die der Natur-und Geistes-wissenschaften zerfällt wurde, durch Ergänzung der „äußeren" („mittelbaren") seitens der „inneren" („unmittelbaren") Erfahrung und Denkweise wieder, nun aber bewußt-begrifflich, herzustellen. Es gehört mit zur Metaphysik, das „Außensein" der Dinge, die Phänomenalität der Welt, durch prinzipienhafte Koordinierung zu einem ihm entsprechenden Eigen- oder Innen-Sein zu interpretieren und so zu ergründen.*) Weit entfernt, das Bekannte durch ein Unbekanntes auszudrücken, wird so die Metaphysik das wissenschaftlich Erkannte dadurch sinnvoll, lebendig bedeutsam machen, daß sie es zu dem uns Bekanntesten, unserem Eigensein, unserer Ichheit, Subjektivität, Geistigkeit in Bezug setzt, es nach Analogie dieses betrachtet. Der alte Satz: „Gleiches wird durch Gleiches erkannt," sowie der Leibnizsche Ausspruch: „Tout comme chez nous," und das Goethesche „Alles Vergängliche (scil. Phänomenale) ist nur ein Gleichnis" kommen in der Metaphysik zur Geltung. Den Schlüssel, wenn auch nicht zur Welterkenntnis, so doch zum Weltverständnis, zur Weltbeurteilung gibt uns unsere eigene Ichheit; sie ist der letzte Quell aller Metaphysik, nicht bloß formal-methodisch, sondern auch inhaltlich. Dies ist, wohlgemerkt, kein gewöhlicher „Anthropomorphismus". Denn wie die Einzelkörper ein allgemeines, die Körperlichkeit (Materie) enthalten, so ist der Mensch ein Modus des „Innenseins", eine besondere Form desselben, der (reinen) Ichheit oder Subjektivität, diese ist demnach mehr als bloß menschliches Sein. Daß zwar die Ichheit als Prinzip, nicht aber das Menschliche, Allzumenschliche als metaphysische Analogie dient, das unterscheidet alle wahre Metaphysik scharf vom Mythus und seinen Introjektionsgebilden. Denn das Transzendente als Ich-Analogon oder als ein der

---

*) Vgl. Schopenhauer, Welt als Wille und Vorstellung I. Bd., S. 426.

Geistigkeit gleichartiges Für sich- oder Innen-Sein denken, heißt noch nicht, es vermenschlichen.

Die kritische Metaphysik geht nicht den Einzelwissenschaften voraus, wird nicht zur Basis des Erkennens, der Philosophie gemacht, will nicht dasjenige, was nur durch einzelwissenschaftliche Forschung erzielt werden kann, spekulativ „konstruieren“. Sie will nicht der Wissenschaft ins Handwerk pfuschen, sondern nur dasjenige, woran die Mittel und Erfahrungen der Wissenschaften allein nicht heranreichen, was aber teils zur Einheit des theoretischen Weltbildes, teils zur Befriedigung unseres Willens zur Orientierung im All der Dinge, zur Einsicht in die Bedeutung und den Wert unseres Daseins, unserer Stellung im Universum dienen kann, hypothetisch darlegen. Nicht Dogmen irgendwelcher Art, aber auch nicht bloße Fiktionen, sondern wohlbegründete, möglichst brauchbare Hypothesen, Postulate, Denkzusammenhänge nach der Richtung der Weltbetrachtung, gleichsam „sub specie totalitatis“, gehören zur kritisch gehandhabten, ihrer Grenzen gegenüber der reinen Wissenschaft wohl bewußten Metaphysik.

Ein „System der Metaphysik“ müßte, im Anschlusse an die einzelnen philosophischen Disziplinen, die letzten Konsequenzen aus den Ergebnissen dieser und damit auch der wissenschaftlichen Erkenntnis ziehen. Hierbei muß sich die Metaphysik erkenntniskritisch erarbeiteter Voraussetzungen bedienen, um teils die allgemeinsten, allem Geschehen zugrunde liegenden Prinzipien, teils die besonderen Prinzipien, welche die verschiedenen Gebiete der Natur- und der Geisteserkenntnis abschließen, zu ergründen. Es ist demnach die „allgemeine Metaphysik“ eine Metaphysik der Erkenntnisobjekte überhaupt, die „spezielle Metaphysik“ eine „Metaphysik der Natur“ und eine „Metaphysik des Geistes“. Die verschiedenen Disziplinen, welche in der Metaphysik abschließend bearbeitet werden, sind nicht selbst bloß metaphysisch; die Psychologie, Ethik, Ästhetik, Religionsphilosophie, Soziologie usw. sind selbständige Wissenschaften, die auf Erfahrung fußen und diese, mit Hilfe philosophischer

Kritik, begrifflich verarbeiten. Aber alle diese Disziplinen münden in die Metaphysik und dienen zur Basis derselben. In dieser „Einführung" müssen wir aber nicht so sehr die metaphysischen Prinzipien dieser Disziplinen als ihre G r u n d - p r o b l e m e ü b e r h a u p t vorführen, sofern sie von allgemeinem Interesse sind und der Orientierung dienen.

Es sind d r e i G r u n d p r o b l e m e, welche den Gegenstand der allgemeinen Metaphysik bilden. Das erste derselben schließt direkt an das letzte erkenntnistheoretische Problem, das der Realität, an. Dort war die Frage beantwortet worden, was denn eigentlich den Gegenstand unseres Erkennens bilde. Nun soll danach geforscht werden, als was das von unserem Erkennen unabhängig existierende Seiende, das „An sich" der Dinge, das, was sie unabhängig von ihrer Beziehung auf das wahrnehmend-erkennende Subjekt konstituiert, zu denken ist, damit das Objekt-Sein der Dinge, ihr Sein für uns verständlich wird. Das erste metaphysische Problem ist demnach das o n t o l o g i s c h e, die Frage nach der Beschaffenheit, nach dem Wesen des Seienden: welches Seins-Prinzip hat absolute Gültigkeit, was liegt der Erscheinungswelt zugrunde, worauf läßt sich die Mannigfaltigkeit der Phänomene gedanklich zurückführen? Je nachdem nun für die beiden Arten des Daseins, das physische und das psychische, zwei besondere Prinzipien oder aber nur ein gemeinsames gesetzt werden, haben wir die Standpunkte des D u a l i s m u s und des M o n i s m u s vor uns. Für den Dualismus gibt es an sich zwei verschiedene Wesenheiten oder Substanzen, Geist und Materie (Körper), oder doch zwei selbständige Arten des Geschehens, psychische und physische Vorgänge (Dualismus der Substanz — Dualismus des Geschehens). Der Monismus nimmt entweder nur eine Substanz (mit zweierlei Weisen des Daseins, der Erscheinung, der Betrachtungsmöglichkeit) oder nur eine Art des Geschehens ohne substantiellen Träger an (Monismus der Substanz — Monismus des Geschehens*).

---

*) Ausdruck von W. Jerusalem.

Monistisch sind der Materialismus, der in der Materie oder im Physischen das allgemeine Seinsprinzip erblickt, der Spiritualismus (bzw. der „objektive Idealismus"), für welchen die absolute Wirklichkeit Geist oder psychisch ist, die Identitätslehre, nach welcher Physisches und Psychisches die beiden Daseins-, Erscheinungs- oder Betrachtungsweisen eines Identischen, einer und derselben Wirklichkeit sind.

Das zweite und das dritte metaphysische Problem lassen sich in dem Begriffe „kosmologisches" Problem (Problem des Weltzusammenhanges) zusammenfassen. Zunächst wird gefragt, ob der Vielheit der Dinge ein einheitliches Wesen, ein Monon, ein „Urwesen" zugrunde liegt oder ob die Mannigfaltigkeit der Individuen auch an sich besteht. Je nach der Antwort ergeben sich Singularismus*) (oft auch „Monismus" genannt) und Pluralismus („metaphysischer Individualismus"), Einheits- und Vielheitsstandpunkt. Ferner besteht die Frage nach der Art des Zusammenhanges (nicht mehr des Seins, sondern) des Geschehens. Wird derselbe als rein kausal oder als rein mechanisch aufgefaßt, so ergibt sich der Standpunkt des Kausalismus bzw. Mechanismus; werden Zweckursachen anerkannt, eine Finalität (Zielstrebigkeit) angenommen, so haben wir den Finalismus, die Teleologie. Anschließend an dieses Problem kann auch das Problem der Willensfreiheit behandelt werden.

Das psychologische und theologische Problem (Seelen-, Gottesbegriff) wird besser als in der allgemeinen in der speziellen Prinzipienlehre, in der philosophischen Psychologie und Religionsphilosophie, erörtert.

---

*) Ausdruck von O. Külpe.

§ 8.

Das Problem der Seins-Beschaffenheit.

(Ontologisches Problem.)

I.

Der Dualismus.

Was der metaphysische Dualismus*) („Zweiheits-Standpunkt") in seiner extremen Form, als „Dualismus der Substanzen", lehrt, ist folgendes: Da die Erfahrung uns zweierlei Arten von Eigenschaften und Vorgängen zeigt, solche, welche im Begriffe „physisch" (körperlich), und solche, welche unter dem Namen „psychisch" (geistig) zusammengefaßt werden, Eigenschaften, die voneinander wesentlich verschieden sind, auf der einen Seite Ausdehnung, Bewegung, Undurchdringlichkeit, Massigkeit u. dgl., auf der anderen rein zeitliches, unausgedehntes, immaterielles, bewußtes Verhalten — so muß es auch zwei verschiedene „Träger" dieser Eigenschaften geben, oder zwei „Substanzen", Geist und Materie, denkende und ausgedehnt-bewegte Substanz. Ein „Geist" ist ein unkörperliches, einfaches, unräumliches, beharrliches, unzerstörbares Wesen, dessen Attribut in der Bewußtseinsfähigkeit besteht. Der Geist ist von der Materie nur in einzelnen Zuständen bedingt, nicht aber seiner Existenz und seinem Wirken nach abhängig, er wirkt wohl mit dem Körper (im Organismus) zusammen, steht mit demselben in Wechselwirkung (sei es auch erst durch Vermittlung der Gottheit), ist aber im übrigen ein selbständiges Wesen, das auch unkörperlich, getrennt von einem Leibe, zu existieren vermag (vor der Geburt, nach dem Tode des Menschen).

Weniger schroff ist der „aktuale" Dualismus („Dualismus des Geschehens"), nach welchem zweierlei real verschiedene Reihen des Geschehens bestehen, die miteinander

---

*) Vom theologischen oder religiösen „Dualismus" zu unterscheiden, welcher (z. B. im Zend-Avesta) die Existenz zweier oberster Weltprinzipien, eines guten und eines bösen, lehrt.

in Wechselwirkung stehen, sonst aber ihrer eigenen Gesetzmäßigkeit gehorchen.

Vom ontologischen Dualismus ist der bloß anthropologisch-psychologische Dualismus zu unterscheiden, der zwar nur eine Seinsart (etwa seelischer Art) annimmt, aber innerhalb des menschlichen Organismus zwischen der selbständigen Seele und dem von ihr verschiedenen Leibe (als Aggregat von niederen, seelenartigen, unbewußten „Monaden") unterscheidet.

Den Dualismus vertreten im Altertum Plato, Aristoteles, Plotin u. a., so aber, daß der Seele auch „vegetative", organisch bildende, den Leib formende und regulierende Funktionen zukommen. Derart ist auch der Dualismus der Scholastiker, z. B. bei Thomas von Aquino, welcher von der mit dem Leibe vereinigten „anima vegetativa" (und „sensitiva") die von außen (ϑύραϑεν bei Aristoteles) kommende, immaterielle Seelenform unterscheidet. Den extremen Dualismus, für den es zwischen Seele und Leib keinerlei Verwandtschaft gibt, begründet Descartes. Außer der göttlichen absoluten Substanz gibt es zwei Arten geschaffener (relativer) Substanzen, die „res extensa" und die „res cogitans", die von uns deutlich als verschieden aufgefaßt werden und einander qualitativ entgegengesetzt sind (Princip. philos. I, 6o). Die Wechselbeziehungen zwischen Seele und Leib (dessen Bewegungen ihrer Richtung nach von der in der Zirbeldrüse sitzenden punktuellen Seelensubstanz modifiziert werden können, vermittels der „Lebensgeister") erfolgen nur unter „Assistenz" Gottes („concursus Deï"). Dies betonen besonders die „Okkasionalisten" Clauberg, Geulincx, Malebranche u. a.). Nur eine Dualität der Attribute der einen Substanz lehrt Spinoza, der als Monist zu betrachten ist. Einen anthropologisch-spiritualistischen Dualismus (Seelenmonade + Körpermonaden = menschlicher Organismus) vertritt Leibniz. Dualist ist im strengen Sinne Locke. Später verliert der Dualismus durch die Herrschaft der Identitätslehre sowie des Materialismus bedeutend an Ansehen. In scholastischer Form wird er in der Kirchenphilosophie gelehrt, und als „kreatürlicher" Dualismus ist er durch Günther (Geist, Seele = Lebensprinzip, Körper) erneuert worden. Gegenüber der Theorie des „psychophysischen Parallelismus" (s. unten) tritt in neuester Zeit hier und da eine dualistische Reaktion, insbesondere als „aktualer" Dualismus auf. Als anthropologische Dualisten insbesondere sind zu nennen Beneke, Herbart, Lotze, J. H. Fichte, Ulrici, Martineau, W. James, P. Janet, G. Thiele, L. Busse, Höfler, Külpe, Stumpf, W. Jerusalem u. a.

Seine Stütze findet der Dualismus in der empirischen Dualität, Verschiedenheit des Geistigen und des Körperlichen. Gegenüber der kritiklosen Vermengung psychischer und physischer Faktoren, also der Einverleibung seelischer Qualitäten oder Kräfte mitten in das System materieller Vorgänge, insbesondere in der Lehre von den Organismen, bedeutet der Dualismus einen wesentlichen Fortschritt. Als empirisch-methodischer Dualismus ist er denn auch unwiderlegbar, unüberwindbar. Die beiden Betrachtungsweisen der Wirklichkeit, die physikalische und die psychologische oder die der Natur- und die der Geisteswissenschaften, sind nun einmal nicht auszurotten; es kann nicht die eine auf die andere zurückgeführt, reduziert werden. Das Sein der Dinge als Objekte, als Gegenstände der „äußeren" Erfahrung, das körperliche oder physische Sein stellt sich ganz anders dar, als das Fürsich-Sein eines Wesens, als die Subjektivität, wie sie sich im Erleben jeder Art (als Vorstellen, Gefühl, Denken, Wille) kundgibt. Der Kausalnexus, in welchen die Naturwissenschaft die Objekte ihrer Erfahrung bringt, ist ein ganz anderer als der, in welchem die Bewußtseinsvorgänge stehen, die zu einem erlebenden Subjekt gehören.

Aber diese empirisch-methodische Dualität, dieser „Dualismus der Betrachtungsweisen" braucht nicht zu einem metaphysischen Dualismus umgedeutet zu werden. Der Unterschied des Geistigen und Körperlichen ist empirisch nicht als die Zweiheit geistiger und körperlicher Substanzen gegeben, sondern nur als die Entfaltung, Differenzierung des einen, ursprünglich einheitlichen Erfahrungsganzen nach der Seite des Subjekts und der Erkenntnisobjekte hin. Diese Dualität, die noch innerhalb des möglichen Bewußtseins fällt, wird nun seitens des metaphysischen Dualismus zur Zweiheit zweier selbständiger, nur äußerlich zusammentretender Prinzipien verabsolutiert und hypostasiert. Es wird aus dem einheitlichen Bewußtsein, dem unmittelbar bekannten Subjekt-Sein ohne Nötigung auf die Existenz einer besonderen geistigen und immateriellen Substanz geschlossen. Diese ist aber so ganz anders als die auf Grund der äußeren Erfahrung gesetzte

Körpersubstanz, und dies bringt mannigfache Schwierigkeiten mit sich. Es steht also um den Dualismus so, daß er die Verschiedenheit der Erfahrungsweisen mittels einer unnötigen Hypothese begreiflich machen will, und daß diese Hypothese zugleich dem Zusammenhange, der Koordination des Psychischen und Physischen nicht gerecht wird.

Nur vom Standpunkt des reinen Realismus ist es überhaupt möglich, metaphysischer Dualist zu sein. Wie es aber einerseits in keiner Weise zwingend ist, eine immaterielle Substanz als Träger des Bewußtseins anzunehmen, so führen Idealismus und Phänomenalismus zu dem Ergebnis, daß, bei aller Brauchbarkeit des Begriffs „Materie" als wissenschaftliches Denkmittel, die Materie doch nicht den Anspruch auf eine absolut reale Gültigkeit erheben kann. Weiter unten wird dies noch zu erörtern sein. Hier sei nur betont, daß das „Materielle", „Körperliche" nicht ein „An sich" der Dinge bedeutet, sondern höchstens ein Sein der Dinge, der Wirklichkeit in bezug auf das empfindend-anschauende Subjekt. Das Bewußtsein, die Subjektivität hingegen ist unmittelbar, für sich, an sich, ist erkenntnistheoretisch absolut. Es bedarf keines substantiellen Trägers, sondern ist selbst ein „subiectum", etwas, was (als Ichheit) nie Prädikat, Akzidens oder Attribut werden kann. Das vom Bewußtsein, vom Subjekt schon „abhängige" körperliche Sein kann jenem nicht als ein zweites, völlig koordiniertes metaphysisches Prinzip gegenübergestellt werden. Und es kann auch keine absolut reale Wechselwirkung zwischen einer unmittelbaren, selbständigen Wirklichkeit und einer subjektiv bedingten Realität bestehen. Die dem Körperlichen zugrunde liegenden, unserem „Innensein" analogen transzendenten Faktoren können wohl auf das Bewußtsein einwirken und von uns beeinflußt werden, aber zwischen dem Subjekt und dessen Objekt gibt es keinerlei absolute Wechselwirkung, nur das Verhältnis einer korrelativen Abhängigkeit.

Aber die Wechselwirkung zweier so heterogenen Dinge, wie es nach der Lehre des Dualismus Geist und Materie sind, erscheint auch sonst unbegreiflich. Wie- vermag das einfache, unräumliche, stoffweise Geistwesen auf die materielle Masse einzuwirken und wie kann letztere das Geistige, das ihr doch keinen Angriffspunkt darbietet, beeinflussen? Wie reicht die materielle Bewegung oder Energie ins immaterielle Geschehen hinein, wie lenkt der Geist die physische Bewegung oder Energie von ihrer Richtung ab? Daß so ungleichartige Prinzipien nicht gut direkt einander beeinflussen können, das hat schon der Begründer des Dualismus, Descartes, gemerkt und seine Zuflucht zur „Assistenz Gottes" genommen, welche nach dem „Okkasionalismus" die beiden, ihren eigenen Gesetzmäßigkeiten gehorchenden Reihen des physischen und des psychischen Geschehens beständig einander so anpaßt, als ob eine direkte Wechselwirkung bestände, wiewohl in Wahrheit eigentlich nur eine Abhängigkeit besteht, derart, daß das Physische für das Psychische und umgekehrt nur einen Anlaß (occasion), nicht eine wahre Ursache bedeutet. Diese beiderseitige „Abhängigkeit" aber, will man sich mit ihr als Tatsache begnügen, fordert eben eine metaphysische Erklärung, die, wo sie nicht okkasionalistisch oder im Sinne einer „prästabilierten Harmonie" (Leibniz) erfolgt, unweigerlich zur Setzung irgend eines Monismus führt.

Der Einwand, daß Ursache und Wirkung gleichartig sein müssen, trifft den psycho-physischen Dualismus nicht. Gewiß kann aus einem Geschehen ein qualitativ ganz verschiedenes anderes Geschehen kausal hervorgehen. Aber eins muß gefordert werden; daß Ursache und Wirkung wirklich Glieder eines einheitlichen, stetigen, in sich geschlossenen Zusammenhanges sind, daß sie in einer Art der Betrachtungsweise des Daseins angehören, welche in jedem ihrer Momente konsequent festzuhalten ein logisches Postulat ist. Seine „Ursache" kann demnach ein physischer Vorgang nur in einem anderen Teile der physischen Reihe, ein psychischer Prozeß nur in einem anderen Teile der psychischen Reihe haben, ebenso seine „Wirkung". Die Kausalität bedeutet ja zunächst nichts anderes als das notwendige Bedingtsein eines Teiles des („äußeren" oder „inneren") Erfahrungszusammenhanges durch die als „zureichend" betrachteten Glieder des Zusammenhanges. Die Einheit, Identität, Konsequenz unseres Denkens, welches als „Satz vom Grunde" an den Erfahrungsinhalten sich betätigt, muß in der Geschlossenheit des Kausalzusammenhanges a priori zur Geltung kommen. Es ist ein methodisch-heuristisch höchst bedeutsames Postulat, die Kausalreihe, die sich bei der einen Betrachtungsweise der Wirklichkeit ergibt, so lückenlos als möglich und soweit als möglich zu setzen; damit ist die Unzulässigkeit einer Durchbrechung der Reihe durch Herübernahme von Gliedern der anderen Reihe (als Ursachen oder Wirkungen) schon gegeben. Ein kausaler Übergang vom Physischen ins Psychische und umgekehrt ist (im absoluten) Sinne nicht möglich. Mit Recht betont Wundt, das „Prinzip der geschlossenen Naturkausalität" verlange, daß „Naturvorgänge immer nur in anderen Naturvorgängen, nicht aber in irgend welchen außerhalb des Zusammenhangs der Naturkausalität gelegenen Bedingungen ihre Ursachen haben können", und es verlange, „jeden Naturzusammenhang auf Kausalbeziehungen zurückzuführen, in die lediglich genau analysierbare und auf die allgemeinen Naturgesetze zurückführbare Naturvorgänge, als ihre Glieder, eingehen" (vgl. Log. II² 2, 258, Syst. d. Philos.², S. 380). Es muß also ein physikalischer Vorgang auf irgend welche andere Glieder derselben Reihe bezogen werden, d. h. er kann wieder nur physische Geschehnisse als Ursachen und Wirkungen haben. Der „Reiz", der in den Organismus eintritt, wirkt dort (als „innerer Reiz") im Sinneswerkzeug, dieses weiter auf die Nervenbahnen, die zum Gehirn führen, in welchem sie etwa chemische Prozesse erregen, die sich entweder wieder in Muskelbewegungen umsetzen oder in sonstige Energien, die am Leibe empirisch zu konstatieren bzw. erst denkend-hypothetisch zu setzen sind. Es bleibt da kein Raum für das Auftreten heterogener Wirkungen psychischer Art übrig, denn zwei Wirkungen zugleich einer und derselben Ursache (in Beziehung auf nur ein Ding) zuzuschreiben, geht nicht an. Betrachtet man aber das Psychische (etwa ein Gefühl) als Wirkung eines physischen Vorganges, dann bleibt wieder kein Platz für das Auftreten der doch zu erwartenden physischen Wirkung, der physische Zusammenhang, der weiter geht, ist durchbrochen, weist eine Lücke auf, dem Stetigkeitspostulat entgegen. Analog diesem ist auch zu zeigen, daß das Physische im Psychischen nicht seine Ursache haben kann, weil es, je nach der Auffassung, zwei Ursachen oder aber keine zureichende (der eigenen Reihe angehörende) hätte.

Gegen die Möglichkeit einer dualistischen Wechselwirkung zwischem Geistigem und Körperlichem (und damit indirekt gegen den Dualismus überhaupt) wird seitens des Monismus oft das Gesetz der Erhaltung der Energie vorgebracht. Diesem gemäß kann physikalische Energie (im weiteren Sinne) nur ausgelöst werden durch Verbrauch einer äquivalenten Menge anderer physikalisch-chemischer Energie, so daß solche Energie weder entstehen noch vergehen, immer nur aus schon bestehender (aktueller oder potentieller) Energie hervorgehen kann. Die Gesamtmenge der Energie innerhalb eines Systems muß daher konstant sein, sie kann weder einen Zuwachs noch eine Abnahme erleiden. Das Gesetz der Energieerhaltung, welches ein durch Erfahrung ausnahmslos erhärtetes Postulat physikalischer Betrachtungsweise ist, könnte freilich, für sich allein genommen und unter allerdings recht gekünstelter Umdeutung, vielleicht eine psychologische Wechselwirkung etwa in dem Sinne zulassen, daß „der bei der Verursachung eines psychischen Ereignisses entstandene Verlust an physischer Energie durch die Rückwirkung des Seelischen auf das Körperliche restlos wieder ersetzt werde" (Külpe, Einl. in d. Philos.[2], S. 144); die Gesamtmenge der Energie bliebe in diesem Falle konstant. In Verbindung mit dem Prinzip der geschlossenen Naturkausalität aber, welches auch den Einzelverlauf des kausal-energetischen Geschehens bestimmt, bleibt das Energieprinzip ein triftiger Einwand gegen den Dualismus. Auch wenn das Energieprinzip nicht im absoluten Sinne empirisch erhärtet wäre, ist es doch heuristisch so fruchtbar, daß es nicht einer metaphysischen Hypothese zulieb restringiert werden darf. Gewiß vermag die monistische Ansicht nicht alles in der psychophysischen Koordination zu erklären, aber im Prinzip ist sie doch durchaus verständlich und durchführbar, und es ist sicher, daß wir in der Koordination psychischer und physischer Vorgänge immer mehr fortschreiten. Der Mangel an absolut vollständiger, lückenloser Erkenntnis ihres Zusammenhanges berechtigt noch nicht, vorzeitig den monistischen Standpunkt aufzugeben und den Dualismus wieder einzusetzen. Jedoch wird die dualistische Reaktion das Verdienst haben, eine R e v i s i o n des Monismus anzubahnen.

Da, wie weiter unten zu zeigen ist (und wie auch der Dualismus selbst es annimmt), Geistiges nicht aus Körperlichem entstanden sein kann, so muß die Dualität der Prinzipien eine ursprüngliche, ewige (oder doch von Gott ursprünglich geschaffene) sein. Außer der Materie oder den Körpern (und ihren Elementen) gibt es also von Anfang an noch eine Summe von geistigen Substanzen (Seelen), welche mit je einem Leibe einen Organismus bilden. Die Welt ist so in zwei Teile geteilt, deren einer, der organische, beseelt ist, während der andere nichts als „tote" Masse oder Kraft ist. Dies aber paßt nicht zu der methodisch-heuristisch höchst wertvollen, mit der wissenschaftlichen Erfahrung im besten Einklange stehenden E n t w i c k l u n g s t h e o r i e, der ein apriorisches Element, das Postulat stetigen Hervorgang des Geschehens und stetigen Seinszusammenhanges, immanent ist. Vom Standpunkt der Entwicklungstheorie ist ein kontinuierlicher Zusammenhang des Seienden anzunehmen, derart, daß das Organische im Anorganischen wenigstens angelegt oder mit diesem aus einer noch undifferenzierten Urmasse hervorgegangen ist, nicht aber erst durch das Hinzukommen von Seelen die Organisation erhalten hat. Gibt dies nun der Dualismus zu (z. B. C. S t u m p f, L. B u s s e), so bleibt noch die große Schwierigkeit, es zu begreifen (wenn schon nicht zu erklären), wie die empirisch zu konstatierende strenge

Koordination des Geistigen und Körperlichen, wonach parallel
mit der reicheren Entfaltung des Organischen auch das Psychische sich differenziert, durch eine bloß äußerliche Verbindung organischer Substanz mit Seelen zustande kommen
kann. Es ist doch zumindest eine recht vage, phantastische
Vorstellung, daß etwa im Momente der Geburt Gott die für
einen bestimmten Leib passende „Seele" dem Organismus
hinzufügt („Kreatianismus"), oder daß diese Seele als Spröß-
ling der Eltern-(Vater- oder Mutter-?)Seele sich dem Leibe
verbindet („Traduzianismus"), und daß dann auch noch die
Beschaffenheit und der Grad des Seelenlebens so genau
dem organischen Habitus entspricht und umgekehrt. Dies
ist auf monistische Weise viel besser, jedenfalls wider-
spruchslos, verständlich. Der Monismus hat hierin wie auch
sonst den Vorzug vor allem metaphysischen, substantialen
oder aktualen, Dualismus.

2.

Der Monismus.

a) Der Materialismus.

Zu einer monistischen Weltanschauung kann man dadurch gelangen, daß man einem Standpunkt der Wirklichkeitsbetrachtung den Vorzug gibt, ja ihn zum einzigen wahren
Standpunkt erhebt. Dies tut zunächst der Materialismus:
für ihn ist die Betrachtungsweise der „äußeren" Erfahrung
diejenige, die absolute, metaphysische Gültigkeit beanspruchen darf; der Standpunkt der „inneren" Erfahrung (des
unmittelbaren Erlebens) muß sich der „physikalischen" Betrachtungsweise völlig unterordnen. Absolute, ursprüngliche,
volle Realität hat nur das Materielle, Physische, das räumlich Gestaltete und dynamisch Bestimmte, die materielle Substanz (als allgemeine Materie, als Körper, als Atomkomplex)
mit ihren physischen Eigenschaften. Alles Sein ist im Grunde
körperliches Sein, alles Geschehen ist an sich, seiner wahren
Natur nach ein physisches, physikalisch-chemisches Ge-

schehen. Nicht nur gibt es keine immateriellen Substanzen, keine psychischen Vorgänge ohne körperliche Substrate, keine „Geister", sondern das Geistige, Psychische ist überhaupt nichts Selbständiges, Wesenhaftes, Für sich-Seiendes, es ist vielmehr entweder selbst physischer Prozeß oder bloße Funktion, „Abhängige" physischer Prozesse oder Produkt des (organisierten) Stoffes. Das Wirkliche ist der kraftbegabte Stoff, zu dessen erst auf einer bestimmten Entwicklungsstufe produzierten Zuständen oder „Funktionen" das „sogenannte Psychische" (Empfindung, Gefühl, Gedanke usw.) gehört; dieses (bzw. das Bewußtsein) ist nur ein Akzidentielles, Hinzugekommenes („Surajouté"), eine Nebenerscheinung (Epiphaenomenon"). Eine besondere geistige Kausalität und Gesetzmäßigkeit besteht nicht, sondern dem Bewußtsein und dessen Veränderungen liegen physische Kausalzusammenhänge, physische Gesetze, physische Kräfte zugrunde. Das Geistige „erklären" heißt hier nur, es auf den Mechanismus und Chemismus des Organismus zurückführen, von dem es durchaus abhängig ist. Das Geistige ist nur ein Ausschnitt aus dem allgemeinen kosmischen Geschehen, ein Bestandteil der Natur und ein Erzeugnis derselben, welches in den Organismen entsteht und mit ihnen vergeht; die nichtorganische Welt ist ungeistig, ohne Bewußtsein, ohne Psyche („apsychisch"), ohne Fürsich-Sein, ist nichts als ein Mechanismus oder ein Spiel von Energien. Das Geistige ist Entwicklungsprodukt, ist kein Prinzip, sondern durchaus abgeleitet, sekundär, phänomenal, es ist eigentlich bloße Erscheinung des Materiellen, Physischen, nur ein subjektives Bild desselben, kein „An sich".

Dieser metaphysische Materialismus (der mit einem „ethischen Materialismus" keineswegs verbunden sein muß) tritt in verschiedenen Schattierungen auf, je nachdem eben das Geistige mit dem Materiellen selbst identifiziert („Psychische" Vorgänge = Gehirnprozesse) oder bloß als „Produkt" oder „Funktion" oder „Eigenschaft" (Attribut) desselben bestimmt wird. Wird der Unterschied des Psychischen vom Physischen als Qualität anerkannt, so aber, daß ersteres doch als „Abhängige" des letzteren gilt, durch dessen kausale Gesetzmäßigkeit es durchaus bestimmt und zu erklären ist, so heißt das „Psychophysischer Materialismus". Wird dieser nicht als letzte metaphysische Ansicht, sondern nur als psychologischer Arbeitsstandpunkt festgehalten, so ist er eine Form des (bloß) methodisch-empirischen Materialismus, der „zunächst" oder „auch" alles so betrachtet, als ob es physisch bedingt sei, der also das psychische Geschehen (auch) physisch interpretiert, wiewohl ihm das Materielle als solches nur „Erscheinung" oder gar bloßer Bewußtseinsinhalt ist; es kann also auch ein Phänomenalist oder (erkenntnistheoretischer) Idealist methodischer Materialist sein und etwa die Psychologie zu einem Kapitel der Physiologie machen.

Der Materialismus ist im Hylozoismus ($\mathit{\mathring{v}\lambda\eta}$, Stoff; $\zeta\omega\acute{\eta}$, Leben), welcher das Psychische als Eigenschaft des Körperlichen betrachtet (Thales u. a.) wenigstens schon angelegt. Zur Ausbildung kommt er erst in der griechischen Atomistik, bei Leukipp und Demokrit, welche als das allein wahrhaft Wirkliche die Körperatome betrachtet. Die Seele ist auch nur ein Komplex von (besonders feinen) Atomen. Einen mechanischen Materialismus lehren auch die Epikureer, mit welchen in der Ansicht, daß alles Wirkliche körperlich, nur das Körperliche wirklich sei, die Stoiker übereinstimmen, deren Materialismus aber ein „organischer" ist, indem der Urstoff (als $\pi\nu\varepsilon\tilde{v}\mu a$) zugleich vernünftige Kraft ($\lambda\acute{o}\gamma o\varsigma$) ist. Im Mittelalter hat der Materialismus nur geringen Anhang; von Denkern, die ihm in gewisser Hinsicht zuneigen (Seele als feine Materie, „spiritus"), sind Arnobius und Tertullian zu nennen. Den Übergang zum neueren Materialismus (der im Gefolge der mechanistischen Naturauffassung auftritt) bildet der Hylozoismus des Atomisten Gassendi. Psychophysische Materialisten sind Priestley, Hartley, ferner Diderot, Robinet (Hylozoismus) u. a. Ein materialistisches System begründet Holbach. Die Welt ist ihm ein Riesenmechanismus, auf Anziehung und Abstoßung der Atome beruht alles, auch das geistige Geschehen. Als „Maschine" betrachtet den Menschen Lamettrie, welcher im Denken eine vom Gehirnstatus streng abhängige materielle Eigenschaft erblickt. Als Gehirnfunktion betrachtet das Denken Cabanis. Ohne eigentlich Materialist zu sein, betont L. Feuerbach doch die primäre Realität des Physischen. Als Reaktion gegen den spekulativen Idealismus der ersten Hälfte des 19. Jahrhunderts erhebt sich der Materialismus seit etwa 1850. Seine Hauptvertreter sind C. Vogt (Streit mit Rudolf Wagner, 1854), welcher erklärt, „daß die Gedanken etwa in demselben Verhältnis zum Gehirn stehen, wie die Galle zu der Leber oder der Urin zu den Nieren", Moleschott, L. Büchner, der eigentliche Popularisator des Materialismus (schwankend in seinen Begriffsbestimmungen), M. Berger, J. C. Fischer, F. Wollny, Ph. Spiller (der Äther als Urkraft) u. a. Gemäßigter sind L. Knapp, Czolbe, Dühring u. a. Den psychophysischen Materialismus vertreten u. a. R. Avenarius, Ziehen, Huxley, Sergi, Richet, H. Münsterberg, der aber (nach dem Vorgange von Schopenhauer und besonders F. A. Lange, auch Huxley u. a.) nur methodischer Materialist (sonst Idealist) ist.

Den „wissenschaftlichen Materialismus", d. h. die Zurück-führung aller Naturphänomene auf mechanische Prozesse, auf Relationen materieller Substanzen bekämpfen u. a. E. Mach, Stallo, Clifford, Ostwald, der als einzige Substanz die Energie ansieht. („Energetische Weltanschauung").

Der bis vor kurzem überaus populäre Materialismus hat in den letzten Jahren, selbst bei Naturforschern, bedeutend an Ansehen verloren, ohne daß deshalb der „Monismus" überhaupt aufgegeben wird, der bei E. Häckel allerdings eine ziemlich materialistische Färbung hat.

Unstreitig hat der Materialismus seine Verdienste um die Förderung einer wissenschaftlichen Weltanschauung gehabt. Schon dadurch, daß er stets energisch gegen alles Mythenhafte, Phantastische, im schlechten Sinne „Übernatürliche", gegen jede Art des Wunderglaubens prinzipiell aufgetreten ist. Vor allem aber durch die rücksichtslose, konsequente Betonung der Festigkeit des Naturzusammenhanges, der Gesetzmäßigkeit des Geschehens in der Außenwelt, des Gesetzmäßigkeitsgedankens überhaupt. Daß der Mensch samt seinem Seelenleben auch als ein Glied der Natur, als ein Entwicklungsprodukt des Alls gilt, daß die Überzeugung erwacht ist, die gleichen Gesetze wie in der Natur herrschten auch im menschlichen Organismus, so daß es keine Ausnahme von der Weltgesetzlichkeit geben kann, dazu hat der Materialismus aller Zeiten sein gutes Teil beigetragen, und als Reaktion gegen einseitigen „Supranaturalismus" oder irrealen Spiritualismus u. dgl. wird er immer wieder sich erheben und gute Dienste leisten. So auch, wenn er dazu antreibt, den Beziehungen der psychischen Prozesse zu den Vorgängen im Nervensystem, im Gehirn, zum Physiologischen überhaupt immer gründlicher nachzugehen.

Da „äußere“ und „innere“ Erfahrung zwei Betrachtungsweisen eines Gegebenen sind, so ist es ein methodisches Postulat von höchstem heuristischem Wert, zu jeder psychologischen auch die entsprechende koordinierte physische Betrachtung anzustellen, alles, soweit als möglich, auch so zu denken, zu erkennen, wie es sich als physisches Phänomen darstellt oder darstellen könnte, wenn die Umstände es erlaubten. Die Einheit der Gesamterfahrung methodisch herzustellen, ist es also wichtig und unerläßlich, das physische Korrelat zum geistigen Leben konsequent zu erforschen. Die Erfahrung lehrt uns ja, daß es keine psychischen Vorgänge gibt, die nicht mit physischen Prozessen verbunden sind; leiblose Geister, rein geistige Vorgänge außerhalb eines Körpers, eines physischen Systems anzunehmen sind wir wissenschaftlich nicht berechtigt. So weit kann man mit dem Materialismus gehen, ohne den Boden des Kritizismus zu verlassen. Aber der übliche Materialismus ist unkritisch, dogmatisch, ist, wiewohl er oft die „Metaphysiker“ bekämpft, meist selbst metaphysisch. Es fehlt ihm meist an der geringsten erkenntniskritischen Methode, er ist sich nicht genügend klar betreffs der Voraussetzungen, die er macht, er übersieht vor allem den Anteil des erkennenden Subjekts am Zustandekommen der physischen „Außenwelt“, er ist meist zu sehr im reinen Realismus befangen. Die tatsächliche Korrelation des Psychischen und Physischen, wie schon die allgemeine Geltung der Naturkausalität für alles mögliche Physische, deutet der Materialist so um, daß die Korrelation zur „Abhängigkeit“ des Psychischen vom Physischen, die Naturkausalität zum Urbild aller Kausalität wird. Er merkt nicht, daß dasjenige, was vom Standpunkt der „äußeren“ Erfahrung allgemein, unbedingt, für jede mögliche Erfahrung a priori gilt, seinen Sinn völlig verliert, wenn es ohne weiteres auf die Wirklichkeit übertragen wird,

wie sie sich unmittelbar im Selbsterleben darstellt.

Die empirische Dualität des Psychischen und Physischen
wird vom Materialismus nicht genügend gewürdigt. Geradezu
eine Absurdität, ein Widerspruch, eine gegen jedes Unter-
schiedsbewußtsein verstoßende Denkweise ist es, zu sagen,
ein psychischer, ein Bewußtseinsvorgang, also etwa eine
Schmerzempfindung, eine Lust, ein Urteilsakt, eine Überlegung u. dgl., sei nichts als ein physisches Geschehen, eine
Bewegung, eine Summe von „Nervenschwingungen". Jeder
Unbefangene, das Erfahrbare selbst Beurteilende muß ein-
sehen, daß die Bewegung, die wir wahrnehmen, und die
Empfindung etwa eines Schmerzes, die sich an die Bewegung
(in der Haut, in den Nerven, im Gehirn) knüpft, total verschiedener Art sind; sie sind völlig unvergleichbar, disparat,
weil sie eben verschiedenen Weisen der Betrachtung angehören. Das Psychische kann niemals durch Prädikate des Physischen eindeutig beschrieben werden. Die Wahrnehmung einer Farbe ist nicht selbst farbig,
die Vorstellung einer Bewegung ist nicht selbst bewegt, der
Begriff des Raumes ist nicht selbst räumlich ausgedehnt, das
Urteil über Nervenschwingungen ist nicht selbst etwas
Schwingendes, kurz, die subjektive Erfassung eines
Objektiven ist nicht dieses Objektive selbst. Gerade dasjenige, was den Begriff des Psychischen, des Bewußt-
seinsvorganges als solchen konstituiert, nämlich das Moment
der Subjektivität, des Subjekt-Seins oder die Zugehörigkeit zu
einem solchen, das nicht weiter definierbare „Erleben", In
sich-Finden, Für Sich-Sein, das Tun und Geschehen in
lebendig-konkreter Beziehung auf eine Subjekteinheit, das
fehlt dem Physischen als solchem gänzlich. Einen physischen
Vorgang kann man allgemein wahrnehmen, das als „psychisch" charakterisierte „Erleben" aber nicht, dieses ist
immer nur als Selbsterlebnis gegeben und konstatierbar, nicht
als allgemeines Erkenntnisobjekt. Daß dem psychischen Erlebnis ein Gehirnprozeß koordiniert (bzw. gedanklich zu koordinieren) ist, ist richtig; daß aber dieser Gehirnvorgang, der

als solcher im Momente des Erlebens gar nicht für das Subjekt da ist, das psychische Geschehen selbst ist, ist geradezu ein Unsinn. Denn den Schmerz, den Willen, den Zorn u. dgl., also bestimmte Qualitäten von unmittelbaren Erlebnissen, kann man auf keine Weise eliminieren oder auf Bewegungen reduzieren. Die psychischen Werte sind intensiv abgestufte Qualitäten, aber sie sind keine Bewegungen; Lust u. dgl. ist nun einmal etwas ganz anderes als eine Ortsveränderung oder eine physikalisch-chemische Energie.

Ist das Psychische nicht dem Physischen gleich zu setzen, so kann es aber auch nicht als Produkt der Materie, des Gehirns aufgefaßt werden. Ein Stoff kann wieder nur einen Stoff abscheiden, sezernieren, z. B. die Leber die Galle. Ein psychischer Vorgang ist kein materieller Vorgang, geschweige eine materielle Substanz, ein Fluidum u. dgl., es ist nicht ein ausgedehntes, bewegliches Stück Masse, so daß es sinnlos ist, es als Erzeugnis des Gehirns zu betrachten; Gehirnsekrete sind zweifellos vorhanden, aber sie sind nicht identisch mit irgend einem Psychischen.

Ferner ist das Psychische nicht ein Attribut, eine Eigenschaft der Materie. Die Materie ist ein Begriff, der dazu dient, die Einheit der äußeren Erfahrung herzustellen, indem an dieser nur die allgemeinsten Eigenschaften der Körperlichkeit festgehalten werden, welche eben in dem Begriff „Materie" vereinigt werden. Etwas ist ein Stück oder ein Teil der Materie, heißt, es ist eine Modifikation der Körperlichkeit, die als „Substrat" des einzelnen Raumdinges gilt. Da es aber Körper nur vom Standpunkt der mittelbaren Erkenntnis äußerer Erfahrung gibt (wie es unten noch genauer zu erörtern ist), welche vom subjektiven Leben abstrahiert, gibt es für das Psychische keinen Platz im Begriffe der Materie. Ausdehnung und Bewegung oder Ausdehnung und Energie (Extension und Intension) konstituieren den Begriff der Materie, alle weiteren Eigenschaften sind solche, wie sie die äußere Erfahrung als objektiv setzt, und darunter findet sich nichts vom Subjekt-Sein, vom Erleben, vom Geistigen. Ein solches paßt absolut nicht in den

Komplex materieller Attribute hinein, ist diesen unmöglich sinnvoll und methodisch konsequent zu koordinieren, gehört einer ganz anderen Seins- und Betrachtungsweise an, von welcher die Naturwissenschaft als „Physik" (im weiteren Sinne) geflissentlich absehen muß, um die Geschlossenheit ihres Begriffssystems zu erlangen. Daß dem Physischen und dem Psychischen ein identisches Wesen (etwa die „Substanz" Spinozas) zugrunde liegt, oder daß das Psychische als Eigenschaft des „Organismus" wissenschaftlich betrachtet wird, dies ist freilich möglich, aber das ist kein Materialismus, sondern Monismus in anderer Form: Es ist eben unwahr, daß, wie die Materialisten oft behaupten, alle Nicht-Materialisten „Dualisten" seien.

Das Psychische kann, weiter, auch nicht eine Wirkung (Funktion) des Physischen sein. Dies folgt ohne weiteres aus dem von uns schon erörterten Prinzip der geschlossenen Naturkausalität. Ein physischer Vorgang kann diesem Prinzip gemäß, nur die Wirkung (oder „Abhängige") eines anderen physischen Vorgangs sein, und er kann auch nur wieder einen physischen Vorgang zur Wirkung (oder „Abhängigen") haben, sonst würde die Reihe der Naturkausalität durchbrochen, die Konsequenz des Kausalgedankens in seiner besonderen Anwendung aufgegeben werden. Es kann also ein Gehirnprozeß physikalisch-chemischer Art sich nur in weitere interorganische Vorgänge derselben Art umsetzen, nicht aber daneben noch eine zweite Reihe von Wirkungen psychischer Art haben. Ebenso muß die Nervenenergie sich in andere physische Energie verwandeln, so daß für die Erzeugung einer besonderen „psychischen Energie" nichts mehr bleibt, ganz abgesehen davon, daß das Psychische gar nicht in demselben Sinne wie das Physische als „Energie" bestimmt werden kann, da das für den Begriff physikalischer Energie so bedeutsame Äquivalenzprinzip auf dem Gebiete des Geistigen keine Geltung hat, weil dieses nicht quantitativ, nur qualitativ-intensiv charakterisiert ist.

Endlich kann das Geistige, das Bewußtsein nicht Er-

scheinung des Materiellen, Physischen sein. Einem bloß
objektiven, apsychischen Sein kann nichts erscheinen, „Erscheinen" setzt schon ein lebendes Subjekt voraus, dem etwas
zur Erscheinung wird, sowie geistige (Erkenntnis-)Funktio-
nen, durch die ein Objekt, eine Erscheinung als solche zustande kommt. Erscheinung ist nicht ohne ein Bewußtsein,
ohne Psyche, Geist, Subjektivität möglich; das Psychische,
weit entfernt, eine Erscheinung des Ungeistigen sein zu
können, ist schon selbst eine Bedingung der Erscheinung physischer Objekte. Hätte aber die Materie
schon ursprünglich das Vermögen, sich selbst zu erscheinen,
dann wäre sie nicht mehr bloße Materie, denn das Geistige
wäre schon irgendwie mit ihr verbunden und kann auch so
nicht aus dem Physischen abgeleitet werden. Zur Fähigkeit der Selbsterscheinung gehört die Geistigkeit, der psychische Charakter konstituierend.
Alle Versuche, das Psychische zu einem Phaenomenon zu
machen, setzen stillschweigend schon das Psychische, das
Erleben voraus. Das Subjektive aus dem Objektiven heraus-
zuklauben, kann nicht gelingen. Geistigkeit, Subjekt-Sein ist
etwas als Prinzip Ursprüngliches, nur qualitativ,
intensiv und extensiv entwickeltes, es ist ein Korrelat zum
Objekt-Sein, kann wohl biologisch-psychologisch genetisch
betrachtet, nicht aber erkenntniskritisch-metaphysisch aus
dem Objektiven abgeleitet werden. Das Erleben ist als eine
von aller Erfahrung untrennbare Seite des Bewußtseins, als
das mit dem Bewußtseinsakt Identische, schlechterdings nicht
als Produkt oder Erscheinung von Erfahrungs- oder Bewußtseinsinhalten zu begreifen, es ist die Voraussetzung alles
Erfahrbaren. Wie aus einem absolut Apsychischen ein Psychisches, aus einem absolut Unbewußten ein Bewußtsein hervorgehen, wie das bloße Objekt-Sein in das so heterogene
Subjekt-Sein umschlagen soll, ist unerfindlich. Schon gemäß
dem Prinzip der Stetigkeit des Denkens, wie es sich in der
Entwicklungstheorie bekundet, ist zu fordern, daß wenigstens
die Anlagen zum Psychischen im primärsten und primitivsten Sein bestehen, da sonst das prinzipiell Neue der Geistig-

keit gegenüber bloßer Materialität keinen zureichenden Grund besäße, einer Schöpfung aus Nichts gleichkäme. Es muß also das „Innensein" den Wirklichkeitsfaktoren schon ursprünglich zukommen, nicht erst später auf unbegreifliche Weise entstehen. Ja, in der Erkenntnistheorie haben wir schon eine Anzeige daraufhin erhalten, daß das Für sich-Sein geradezu die Realität der von uns absolut unabhängigen Faktoren konstituiert.

Die Subjektivität, die Geistigkeit ist unmittelbares, seiner selbst gewisses, sich selbst als seiend setzendes Wirken, dessen Existenz absolut unbezweifelbar ist. Es ist ferner absolute Realität, denn die Ichheit kann, wie wir früher dargetan haben, nicht Gegenstand eines objektiven, fremden Erkennens sein. Das Materielle hingegen, welches dem Materialisten als absolutes Sein gilt, ist in Wahrheit nicht unmittelbar gegeben, sondern ein Abstraktionsprodukt aus dem Physischen, welches wiederum das erkennende Subjekt zum Korrelat hat, subjektiv bedingt ist. Eine an sich bestehende und wirkende Materie ist ein metaphysisches Dogma, ist die Hypostasierung eines für die Naturwissenschaft methodisch bedeutsamen Begriffes mittelbarer, relativer Realität. Physische, materielle Objekte gibt es erst in Beziehung auf ein wahrnehmend-denkendes Subjekt, sie sind empirisch-real, phänomenal, aber nicht „Dinge an sich". Sie können daher nicht im metaphysischen Sinne Ursachen der Subjektivität, des Psychischen sein, welches für sie schon eine Voraussetzung bildet. Die subjektive „innere" Erfahrung, die mit der „äußeren" je eine Seite der Gesamterfahrung bildet, läßt sich nicht als Wirkung von objektivierter, „äußerer" Erfahrung begreifen.

Es gibt freilich auch einen „psychophysischen" Materialismus, welcher zwar die Phänomenalität oder die Idealität des Physischen anerkennt, gleichwohl aber meint, eine „Erklärung" der psychischen Vorgänge könne, weil das Psychische (d. h. das schon „objektivierte" Seelische) „akausal", ohne eigenen, selbständigen Kausalzusammenhang sei, nur durch die Darstellung der Abhängigkeiten der psychischen Prozesse von den ihnen entsprechenden physischen (physiologischen) Vorgängen erfolgen. Genaueres können wir darüber erst bei der Erörterung des psychologischen Problems feststellen. Hier sei bloß betont, daß das Psychische durch Physisches weder beschreibbar noch kausal erklärbar ist. Es läßt sich immer nur zeigen, bei welchen physisch-physiologischen Anlässen gewisse psychische Zustände und Vorgänge auftreten, wir können auch zuweilen aus dem Vorkommen von Zusammenhängen bestimmter Nervenprozesse auf psychische Zusammenhänge schließen. Aber eine solche Benutzung der Physiologie als Hilfswissenschaft setzt immer schon die Kenntnis der psychischen Prozesse voraus, welche aus dem Physiologischen für sich absolut nicht zu erraten, zu ersehen sind; Physiologie ist eben nicht Psychologie, nicht Wissenschaft von subjektiven Erlebnissen, sondern von den ihnen entsprechenden organischen Prozessen. Der eigenartige Inhalt des Psychischen, die Qualität und der Wert des Bewußtseinsvorgangs, die Eigenart der Verschmelzung und einheitlichen Verknüpfung, der Analyse, der Beziehung und anderer geistiger Akte ist nur durch innere Erfahrung, nicht aber durch Betrachtung von Gehirnprozessen zu konstatieren, auch nicht als Wirkung solcher. Erst muß die Psychologie ihre Arbeit verrichten, dann kann ihr die Physiologie überall da beispringen, wo die unmittelbare, innere Erfahrung versagt, lückenhaft ist oder wo das eigentliche Movens, der eigentliche Auslöser von Bewußtseinsvorgängen nicht selbst zu klarem, selbständigem Bewußtsein kommt; es müssen dann für die wahren psychischen Ursachen physiologische oder physische substituiert werden. Gewiß kann uns der physiologische Befund so manche Variation, Neigung, Schwächung, Störung im einzelnen sowie in Verbindungen des Seelenlebens verständlich machen, aber die eigentliche Erklärung des Psychischen muß die rein psychologische sein. So wie ein physischer Vorgang dadurch erklärt wird, daß er als Spezialfall einer allgemeinen Gesetzlichkeit, als Teil eines konstanten Zusammenhanges bestimmt wird, so

erklären wir einen psychischen Prozeß, wenn wir ihn auf
eine allgemeine, psychische Gesetzmäßigkeit zurückführen,
als Repräsentanten eines typischen Bewußtseinszusammenhanges darstellen können, in welchem er mit psychologischer
Notwendigkeit als Glied, Moment, Element auftritt oder aus
dem er durch Synthese von Einzelmomenten hervorgeht.
Die psychischen Einzelfaktoren und Zusammenhänge, die uns
einen psychischen Einzelfall begreiflich machen, ihn mit psychologischer Kausalität zeitigen, sind unentbehrlich für die
Psychologie; alles Physiologische ist da nur Surrogat, vor-
läufiger Behelf oder aber notwendige Ergänzung (nicht Ver-
drängung) der „innern" Betrachtungsweise durch die
„äußere". Und die empirische „Abhängigkeit" psychischer
Vorgänge von physiologischen muß nicht als eine kausale
betrachtet werden, sondern ist rein funktioneller Natur
(im Sinne der Mathematik), bedeutet nur, daß eine Koordination zwischen den beiden Betrachtungsweisen des organischen Lebens besteht, wobei noch gar keine Deutung
gegeben ist, welche Reihe des Geschehens die primäre, absolute ist. Daraus, daß zwei Dinge, A und B, niemals eines
ohne das andere auftreten, folgt noch keineswegs, daß eines
die Ursache des anderen, noch weniger, daß etwa gerade A
(das Physische) Ursache des B (des Psychischen) sein muß;
es könnte der Koordination beider ein Drittes als „causa
vera" zugrunde liegen, oder es könnte auch B Ursache von
A sein.

Vom Standpunkt des Materialismus ist das Dasein und
Wesen des Geistigen, des Für sich-Seins überhaupt, nicht zu
begreifen. Aus einer Summe von Atom-, Molekül- und
Massenbewegungen kann nicht einmal die einfachste, ärm-
lichste Empfindung, geschweige ein vernünftig-geistiges,
logisches, ethisches, ästhetisches Verhalten entstehen oder
hervorgehen. Dem Reichtum geistiger Werte vermag das
Weltbild des Materialisten nicht gerecht zu werden. Nimmer
ist es zu verstehen, daß aus Totem Leben, aus Vernunft-
losem, Ungeistigem die Innerlichkeit vernünftigen Willens
entspringen soll. In Wahrheit zeigt der sich gern als „Monis-

mus" par excellence geltende Materialismus einen gewissen dualistischen Charakterzug. Er teilt die Welt in zwei Teile, einer, das Anorganische, ist nichts als ein mechanisch-energetisches System, der andere, unendlich kleinere, hat als Begleiterscheinung ohne eigene Realität und Wirksamkeit, als bloße Spiegelung des allein wirklichen Physischen auch Bewußtseinszustände, Empfindung, Gefühl, Willen, Vernunft — Dinge, von denen im Kosmos als solchem sich nichts findet, die nur tierisch-menschlich sind, nicht universal. Geistigkeit nur als Akzidenz, nicht als Prinzip oder auch nur Attribut des Alls, Psyche nur als besonderes Entwicklungsprodukt, nicht als primärer Faktor des Geschehens, Mechanismus ohne ein Getriebe seelischer Kräfte und Tendenzen, die dem All in allen seinen Momenten erst Sinn, Bedeutung, Wert geben — dies ist nach der Lehre des Materialismus der Weisheit letzter Schluß.

b) Der Spiritualismus.

Im Gegensatze zum Materialismus ist der Spiritualismus*) die Metaphysik, welche den Standpunkt der inneren Erfahrung zum absoluten erhebt, transzendiert. Das Materielle, Physische, so wird angenommen, ist entweder ein Produkt, eine Wirkung des Psychischen, oder es ist Erscheinung seelischer Substanzen, Kräfte oder Aktionen; es existiert nicht an sich, hat keine absolute Realität, ist sekundärer, mittelbarer Art. Insofern ist der Spiritualismus (extremer oder gemäßigter) Immaterialismus. Die absolute, letzte Wirklichkeit kommt nicht dem Körperlichen als solchem, nicht der Materialität zu, sondern nur dem Geistigen und Psychischen. Dieses ist das „An sich" der Dinge, und, was deren Innen- oder Für sich-Sein konstituiert, das allgemeine Seinsprinzip. Immaterielle seelische Wesen oder Kräfte liegen allen

---

*) So nennt sich oft auch der Spiritismus, der aber ja nicht mit dem metaphysischen Spiritualismus zu verwechseln ist; ersterer glaubt an Geister Verstorbener, welche sich wieder „materialisieren" können, ist unwissenschaftlich, letzterer ist mit einer streng naturwissenschaftlichen Weltanschauung durchaus vereinbar.

Naturerscheinungen zugrunde, sind die letzten Faktoren alles Geschehens, die wahren „Träger" desselben; nur in ihrem Zusammensein in Gruppen und in ihren Wirkungen auf ein wahrnehmendes Subjekt bilden sie die Erscheinung der Körper mit ihren Qualitäten, Bewegungen, Energien. An sich sind die Wirklichkeitsfaktoren unausgedehnt, ohne sinnliche Qualitäten, sie sind vielmehr empfindend, fühlend, strebend, vorstellend u. dgl. Freilich ist Geist und Geist verschieden, während auf der niedersten Stufe höchstens ein dumpfes Fühlen und Streben der Wesen besteht, erhebt sich das höhere Wesen zu klaren Vorstellungen und Gedanken, zu spontanem, überlegtem Handeln, zum Selbstbewußtsein (im engeren Sinn).

Insofern die Lebendigkeit, Beseeltheit, Geistigkeit des Alls in allen seinen Teilen (auch im Anorganischen) angenommen wird, heißt dies Panpsychismus (Allbeseelungslehre).

Wird die materielle Außenwelt als Inhalt eines allgemeinen, göttlichen Bewußtseins, in welches auch die Einzelgeister fallen, betrachtet, oder wird eine universale geistige Potenz, eine Ur-Idee (die in ein System von besonderen „Ideen" sich gliedert) als das „Absolute" angenommen, dann nimmt der Spiritualismus die Form des objektiven Idealismus an. Wird hingegen das All als eine Vielheit seelischer Wesen verschiedener Art betrachtet, so ist dies Spiritualismus als Monadologie. Man kann ferner substantialen und aktualen Spiritualismus unterscheiden, je nachdem die Wirklichkeitsfaktoren als seelische Substanzen oder als seelische Kräfte oder Aktionen gelten.

Wird die geistige Qualität des Wirklichen als Vorstellen, Intellekt, Vernunft bestimmt, die Welt als Entfaltung einer in allem sich betätigenden All-Vernunft betrachtet, so ist dies metaphysischer Intellektualismus oder Panlogismus. Wird aber als das die Wirklichkeit an sich Konstituierende der Wille (oder Trieb) angesehen, so ergibt dies den metaphysischen Voluntarismus.*) Es ist aber auch

---

*) Ausdruck von Tönnies, durch Paulsen verbreitet.

(von F r o h s c h a m m e r) die „Phantasie" und (von F e l d e g g) das „Gefühl" als Weltprinzip bestimmt worden.

Was zunächst den Panpsychismus betrifft (der nicht immer spiritualistisch sein muß, sondern das Materielle auch als real ansehen kann), so hat er seinen Vorläufer im naiven „Animismus" des Naturmenschen, welcher allem irgendwie Auffälligen Leben, Beseeltheit zuschreibt, ferner im „Hylozoismus". Panpsychisten sind die S t o i k e r , N e u p l a t o n i k e r , ferner die meisten Naturphilosophen der Renaissance: P a r a c e l s u s , C a r d a n u s , J. B. v a n H e l m o n t , P a t r i t i u s , T e l e s i u s , C a m p a n e l l a , G i o r d a n o B r u n o , dann B a c o n , S p i n o z a , L e i b n i z , G l i s s o n , M o r e , C u d - w o r t h , M a u p e r t u i s , D i d e r o t , R o b i n e t , S c h e l l i n g („Alles im Universum ist beseelt"), S c h o p e n h a u e r , R o s m i n i , G i o b e r t i , L o t z e , F e c h n e r , v. H a r t m a n n , W u n d t , R. H a m e r l i n g , L. N o i r é , C l i f f o r d , N ä g e l i , Z ö l l n e r , H ä c k e l , L a c h e l i e r u. a.

Einen Ansatz zum Spiritualismus macht P l o t i n , welcher die P l a t o n i s c h e n „Ideen" (die ewigen, immateriellen, über Zeit und Raum erhabenen Urbilder der Erscheinungsdinge als Gattungen) zu geistigen Kräften umbildet. Den neueren Spiritualismus als Betonung des Primats der inneren Erfahrung und des Trägers derselben, des Geistes, lehren M a l e b r a n c h e , B r o o k e , B e r k e - l e y , besonders L e i b n i z , der Begründer der Monadologie als System. Das Körperliche als solches ist nur „verworrene Vorstel- lung", „phénomène bien fondu", es liegen ihm an sich Aggregate einfacher, unausgedehnter, stoffloser, spiritualer Substanzen, „Mo- naden" ($\mu o \nu \acute{\alpha} \delta \varepsilon \varsigma$ = Einheiten) zugrunde, von denen es eine unend- liche Mannigfaltigkeit gibt, von den primitivsten, „schlafenden" Monaden des Anorganischen bis hinauf zur „Monade der Monaden" (Gott), welche das All mit höchster Klarheit spiegelt. Die Seelen der Menschen sind besondere, selbstbewußte Monaden, die aber immer mit einem Leibe, mit einem Komplex von Körper-Monaden umgeben sind. Das Wesen der Monade ist die Kraft („être capable d'action"), die Qualität derselben das „Vorstellen" und die Tendenz zur Abwicklung von inneren Zuständen, durch welche, mit verschiedenen Graden der Klarheit, das Universum „darge- stellt", abgespiegelt wird, so daß jede Monade eine „Welt für sich" ist, ein „lebender Spiegel des Universum", welches jede Monade von ihrem besonderen „Gesichtspunkt" darstellt (als Mikro- kosmos). Spiritualistisches Gepräge haben in verschiedener Weise die Lehren von H e r b a r t , B e n e k e , S c h o p e n h a u e r , G i o b e r t i , L o t z e , J. H. F i c h t e , U l r i c i , E. v. H a r t m a n n , F e c h n e r , C a r r i e r e , T e i c h m ü l l e r , J. B e r g m a n n , B o s t r ö m , J o u f f r o y , C o u s i n , B o u t r o u x , S e c r é t a n , V a c h e r o t , R a v a i s s o n , J a n e t , L a c h e l i e r , d e G r o o s , F o u i l l é e , R e n o u v i e r , N a v i l l e , B o i r a c ,

Ferrier, Fraser, Collyns-Simons, J. Ward, L. Ferri, L. Busse, H. Wolff, Wundt u. a., nach letzterem ist der kosmische Mechanismus „die äußere Hülle, hinter der sich ein geistiges Schaffen, ein Streben, Fühlen und Empfinden verbirgt, dem gleichend, das wir in uns selbst erleben."

Den objektiven Idealismus lehren u. a. Schelling und Hegel, letzterer als „Panlogismus". Nach ihm ist die Welt an sich ein „dialektischer" Prozeß, logisch-reale Selbstentfaltung der Allvernunft, der „Idee" vom „An sich" zum „An und Für sich", bis zum Selbstbewußtsein des Absoluten im „absoluten Geist", als welcher die Weltvernunft zu sich kommt, nachdem sie in der Natur als ihrem „Anderssein" (ihrer Entäußerung) und im „subjektiven" und „objektiven" Geist ihre Vorstufen gehabt. Denken und Sein sind identisch, das Denken ist als Weltgedanke wirklich, das Wirkliche ist (an sich) ein sich selbst entwickelndes, schöpferisches Denken („Alles Wirkliche ist vernünftig, alles Vernünftige wirklich"). Den Gegensatz zu diesem System bildet der „alogische" Voluntarismus eines Schopenhauers. Der Intellekt, die Vernunft ist nur sekundär, gehört nicht ursprünglich zum Seienden, ist ein Produkt des ursprünglich blinden „Willen zum Leben", das An sich aller Dinge, der allem zeit- und raumlos, den Kategorien nicht unterworfen, als einheitliche Kraft zugrunde liegt. Als Erscheinung, Objekt ist die Welt Vorstellung, an sich ist sie analog dem, als was das Ich sich unmittelbar weiß, Wille (oder Trieb). „Außer dem Willen und der Vorstellung ist uns gar nichts bekannt noch denkbar". Der Wille ist „das Innerste, der Kern jedes Einzelnen und ebenso des Ganzen: er erscheint in jeder blind wirkenden Naturkraft: er erscheint auch im überlegten Handeln des Menschen" (Welt als Wille u. Vorstellung, I. Bd., § 10, 21, 23ff.). Nicht alogisch, sondern „rational" ist der Voluntarismus, wie er bei Wundt auftritt. Der Wille ist nicht das Intelligenzlose, sondern die Intelligenz selbst, er ist „vorstellender Wille". Es gibt dessen eine Stufenordnung, vom „Momentanbewußtsein" einfacher Willensaktionen bis zum göttlichen Weltwillen. Die Welt ist „die Gesamtheit der Willenskräfte, die durch ihre Wechselbestimmung, die vorstellende Tätigkeit, in eine Entwicklungsreihe von Willenseinheiten verschiedenen Umfangs sich ordnen" (System d. Philos.², S. 407ff.). E. v. Hartmann betrachtet Wille und Vorstellung (Idee) als zwei Attribute des als Allgeist gedachten „Unbewußten". Voluntaristen verschiedener Art sind Frauenstädt, Deussen, Mainländer, Bahnsen, Bilharz, Hamerling, Noiré („Alles, was uns von außen als Kraft erscheint, ist innerlich Wille"), C. Peters, Nietzsche („Wille zur Macht" als Weltprinzip), Tönnies, Paulsen, Martineau, Lachelier, Paulhan, Fouillée (Der

Wille ist das An sich der Dinge, „exprime ce que l'être est en lui-même"; jeder Bewußtseinszustand ist „idée-force", Kraftidee) u. a.

Da der Spiritualismus eine der metaphysischen Ansichten über die Realität ist, kann natürlich von einem stringenten Beweis für dessen Wahrheit keine Rede sein. Es ist aber zu zeigen, ob diese Weltanschauung Widersprüche und Unbegreiflichkeiten enthält, oder ob sie möglich ist.

Schwierigkeiten schafft der Spiritualismus, wenn er erstens auf realistischer Grundlage bleibt (als „Halb-Spiritualismus"), zweitens, wenn er einen anthropologischen Dualismus einschließt.

Erklärt man das Geistige für das Primäre, als den wahren Faktor und Erzeuger des Seienden und Geschehens, so aber, daß man die Körper, das Physische als real nimmt, so ist es schwer zu begreifen, wie aus Immateriellem, rein Geistigem Materie, Körperlichkeit, wie aus psychischen Kräften physische Vorgänge hervorgehen sollen. Ebensowenig, wie es zu verstehen ist, daß aus Materie Geist, aus physischen Vorgängen psychische entstehen oder hervorgehen sollen, ebensowenig ist eine „natürliche" Produktion des Körperlichen durch ein rein Geistiges möglich, denkbar. Alle gegen den Dualismus vorgebrachten Bedenken erheben sich auch angesichts der Behauptung, daß geistige Kräfte (Ideen, Gedanken, Wollungen) Körper entstehen lassen oder auf Körper gestaltend, lenkend einwirken. Ein allmächtiger göttlicher Wille freilich müßte neben „Seelen" auch Körper schaffen können; aber dann bliebe immer noch das Rätsel, wie seelische Kräfte auf physische Substanzen und Energien wirken sollen.

Soll demnach der Spiritualismus in diesem Punkt haltbar sein, so muß er mit dem Monismus Ernst machen, die Phänomenalität der Körperlichkeit energisch betonen. Liegt die Materialität nicht im „An sich" der Dinge, ist sie nur das Sein der Dinge in ihren Beziehungen zueinander, zu erkennenden Subjekten, also etwas relativ und (generell) Subjektives, bedingt durch die Sinnlichkeit und Gedanklichkeit erkennender Wesen, dann ist das Rätsel gelöst, wie es denn so etwas wie Körper und physische Vorgänge geben könne, wenn doch das „wahre", absolute Sein, die „Urkräfte" immateriell und psychischer Art sind. Denn das Physische ist dann nicht ein außerbewußtes Produkt des Bewußtseins, des Geistigen, sondern ein allgemeingültiger Bewußtseinsinhalt, entstehend durch die Wechselbeziehungen zweier psychischer Faktoren: des Subjekts und des, dieses beeinflussenden, determinierenden „transzendenten Faktors". Es wirkt hier nur Geistiges auf Geistiges und das Resultat, das „Physische", ist nicht eine absolute, selbständige Realität, sondern ein gedanklich bestimmtes und geordnetes System von möglichen, notwendigen Erfahrungsinhalten als Objekte des Erkennens. Was an sich, für sich psychisch ist, wird in seiner Beziehung auf andere, auf das objektiv-erkennende (objektivierende) Subjekt ein Physisches, Materielles. Geistige Kräfte wirken im All, heißt demgemäß: das Wirken, das uns körperlich, physisch erscheint (vom Standpunkt der „äußeren Erfahrung"), ist für sich (dem Standpunkt einer möglichen inneren Erfahrung gemäß) ein geistiges. Das physische Geschehen ist somit als Objektivation, Manifestation, Symbolisierung eines an sich psychischen Wirkens, Tuns aufzufassen. Einen Fehler grober Art begeht jeder Spiritualist, der die Reihe des als physisch, materiell betrachteten, gedachten Geschehens durch Interpolation psychischer Agentien durchbricht, er handelt dann dem Prinzip der geschlossenen Kausalität entgegen. Innerhalb der physikalischen Betrachtungsweise, irgendwo statt physischer Ursachen geistige Potenzen als kausale Faktoren zu setzen (wie dies in früheren Zeiten oft geschah), ist unmethodisch, unwissenschaftlich, aber auch völlig unnötig. Das „Innensein", welches man den Dingen zugestehen darf, vielleicht auch muß, kann nur da eingeführt werden, wo es wissenschaftlich erfaßbar ist, wie in der Psychologie und dann noch metaphysisch, zur Ergänzung und Deutung der erst konsequent und allseitig durchgeführten physischen Betrachtungsweise des Wirklichen.

Der „Psychismus" (und „Logismus") darf den „Mechanismus" nicht verdrängen oder ersetzen wollen, sondern er muß ihn, wie die innere Erfahrung die äußere, zur Einheit der Gesamterfahrung und ihrer metaphysischen Weiterführung vervollständigen. Es würde einen enormen Rückschritt bedeuten, würde die Wissenschaft der Natur physische Prozesse statt wieder aus physischen aus psychischen Akten ableiten, erklären; es wäre dies eine jede Exaktheit störende, unheilvolle μετάβασις είς ἄλλο γένος, analog der vom Materialismus begangenen. Gerade weil, vom metaphysischen Standpunkt, alles Naturgeschehen im Grunde psychischen Aktionen entspringen mag, darf nicht wissenschaftlich einiges rein physisch, anderes psychisch „erklärt" werden. Die Geschlossenheit der mechanisch-energetischen Naturbetrachtung und der Monismus der Metaphysik verbieten das gleichermaßen.

Die „Aporie" (Schwierigkeit) des anthropologischen Dualismus wird besser in einem späteren Paragraphen (beim psychologischen Problem) zur Sprache kommen.

Bevor wir den positiven Wert des Spiritualismus bestimmen, müssen wir noch einer Schwierigkeit gedenken, welche im „Panpsychismus" liegen soll. Daß die Allbeseelung zuweilen in phantastischer Weise ausgedacht wurde, daß es vielleicht zu vag ist, von „Gestirnseelen" u. dgl. zu sprechen (Fechner u. a.), ist zuzugeben. Auch dies, daß die panpsychistische Weltanschauung teilweise auf Gefühlen und Wertungen beruht. Aber daß sie bloß ein müßiges, fiktives Phantasiegebilde, reine Dichtung sei, dieser Behauptung läßt sich entgegnen, daß es logische Motive für die Allbeseelungs-Lehre gibt. Wir haben schon früher dargetan, daß das Psychische in primitivster Form wenigstens, schon ursprünglich dem Wirklichen eignen muß, da es in keiner Weise als aus Physischem entstanden gedacht werden kann. Es kann sich nicht aus bloß Materiellem entwickelt haben, da dies einer völligen, unbegreiflichen Neuschöpfung gleich käme, es muß daher in unentfalteter, einfachster Form schon dem Nicht-Organischen immanent sein. Daß Psychisches ohne physisches „Substrat" nicht vorkommt, ist Tatsache, dies braucht aber, wie wir wissen, nicht so ausgelegt zu werden, als ob es ein Produkt des Materiellen sei, sondern nur so, daß das psychische Fürsich-Sein immer in Beziehung zum Standpunkt der äußeren Erfahrung als physisches Objekt sich darstellt. Die Tatsache wiederum, daß ein reicheres Seelenleben an ein differenzierteres Nervensystem „gebunden" ist, braucht nur zu besagen, daß das psychische Sein durch seine Entwicklung sich (phylogenetisch) eine (innere) Organisation erwirbt, die ein reicheres Seelenleben des Individuums ermöglicht, „von außen" aber als kompliziertes, feines Nervensystem erscheint. Zu einfachem psychischen Geschehen aber ist solch eine Organisation nicht nötig, nur zu zusammenhängender, kontinuierlicher, eine große Mannigfaltigkeit einheitlich verknüpfender selbstbewußter Geistigkeit. Nur wo für solche Geistigkeit die Bedingungen bestehen, ist sie als vorhanden anzunehmen. Nicht aber dürfen wir uns Aggregate von Körperelementen, etwa Steine u. dgl., als einheitlich beseelt denken, sondern der Panpsychismus kann vernünftigerweise nur den Sinn haben, daß allem Wirklichen zwar nicht immer entwickelte Geistigkeit, aber doch wenigstens „Bewußtseinsdifferentiale", Potenzen, Elemente, Momente psychischer Art angehören. So wie in vielen unserer Bewußtseinsaktionen durch Übung eine „Mechanisierung" eintritt, durch welche die Bewußtheit auf ein kaum merkliches Minimum herabsinkt und dafür die Aktion automatisch gleichmäßig wird, so mag auch das anorganisch Psychische durch eine Art Mechanisierung kosmischen „Lebens" seinen, es vom Organischen unterscheidenden Charakter scheinbarer „Totheit" bekommen haben. Gegen einen so behutsamen, das „Innensein" der Dinge in genaue Koordination zur entsprechenden physischen „Außenseite" bringenden Panpsychismus kann wissenschaftlicherseits nichts Triftiges vorgebracht werden.

Daß das G e i s t i g e sich nun auch wirklich dazu eignet, als „An sich" der Wirklichkeit gedacht zu werden, ist durch die Erörterungen des Realitätsproblems bereits klar geworden. Wir haben gesehen, daß im Unterschiede von der mittelbaren, relativen Realität des Objektiven das Subjektive, das psychische Erleben, die Ichheit selbst und absolut unmittelbar wirklich ist; das Subjekt und das, was zu ihm gehört, ist nicht selbst subjektiv, sondern Bedingung aller Subjektivität. Es ist Selbst-Sein und das Muster, das Urbild alles Selbst-Seins. In der Tat deuten wir alle von Natur aus die Objekte als Manifestationen von Subjekten, die unserer Ichheit analog sind, wir setzen im Objektiv-Immanenten ein Transzendentes, ein Gegenstück zu unserem eigenen „Innensein", ein fremdes Innen- oder Für sich-Sein, welches niemals Objekt der Wahrnehmung, direkter Erkenntnis wird. Um die Setzung transzendenter Faktoren kommen wir aber auch logisch-metaphysisch nicht herum, und da ein anderes Sein als das „für sich" und „für andere" nicht denkbar ist, bleibt uns nichts übrig, als daß wir das Eigensein der gesamten Wirklichkeit als ein dem unsrigen analoges, seelisches auffassen. Daß hierbei jeder eigentliche Anthropomorphismus, jede Veranschaulichung der Natur zu vermeiden ist, liegt auf der Hand. Nicht Menschengeist dürfen wir den Dingen introjizieren, sondern Geist oder Psyche als Prinzip, als Beseeltheit überhaupt und in der Weise abgestuft, wie es den Erscheinungsobjekten und der Stufe ihrer Entwicklung entspricht.

Der Spiritualismus anerkennt den Eigenwert des Geistigen, er würdigt die Tatsache, daß überhaupt Werte erst durch Beziehung von Inhalten auf fühlend-wollende Subjekte, auf Geistigkeit zustande kommen. Durch diesen Umstand schon, sowie durch die Wirksamkeit geistiger Faktoren, Triebkräfte, Motive im Leben des einzelnen wie der Gesamtheit bekundet sich die Macht des Psychischen, dessen Wirklichkeit schon in der Wirksamkeit, Aktualität besteht. Das Geistige ist, weit entfernt, bloße Begleiterscheinung materieller Prozesse zu sein, durch und durch kausal, wirksam, lebendige Tätigkeit, Kraft im Ursinne des Wortes. Die Wirksamkeit geistiger Momente (Ideen, Motive, Triebe, Bedürfnisse) macht uns erst das Leben der Individuen und

Gemeinschaften, die Entwicklung des einzelnen und die Geschichte der Menschheit verständlich. So lange wir das All nur als Natur, als mechanisches oder energetisches System darstellen und erklären, werden uns zwar die einzelnen Naturphänomene in ihrer Abhängigkeit voneinander begreiflich, aber die physischen Vorgänge: Bewegungen, Energien, Kräfte selbst bleiben uns im Grunde doch rätselhaft, unverständlich. Indem nun die Metaphysik die quantitative Naturbetrachtung dadurch ergänzt, daß sie dem Zusammenhange des Objektiven einen „innern" Zusammenhang geistiger, psychischer Aktionen „supponiert", im Mechanismus die Manifestation eines lebendigen, zielstrebigen Treibens und Wirkens, einer sich entfaltenden psychischen Regsamkeit erblickt, erhält mit einem Male das Dasein Sinn, Bedeutung, Selbstwert. Wir haben damit das Unbekannte nicht durch noch unbekanntere Wesenheiten oder Kräfte, sondern durch Deutung im Sinne des uns prinzipiell Bekanntesten, unserer Geistigkeit, erklärt, begründet. Eine Bewegung oder Energie sagt uns erst etwas, wenn wir die „Triebfeder" derselben, den inneren „Grund", das „Motiv" und „Wozu" derselben kennen. Durch die Annahme, daß die Naturphänomene Erscheinungen lebendiger Regsamkeiten, Tendenzen, Strebungen sind, haben wir das „Welträtsel" zwar noch nicht gelöst, aber wir sind dieser Lösung immerhin so nahe gekommen, als es vom beschränkten Standpunkt erkennender Einzelwesen überhaupt möglich sein dürfte. Nur eine an sich schon selbst beseelte Natur ist als Vorstufe des (höheren) Geistes denkbar, dessen Wirksamkeit geeignet ist, uns die frühere Entwicklungsstufe der Welt begreiflich zu machen. Die Naturwissenschaft als solche freilich hat es nur mit den Objekten und ihren Relationen zu tun, mit der Gesetzmäßigkeit dieser, welche absolut physischer Art ist, an keinem Punkte in die eines „Innensein" umschlagen kann. Aber die Naturbetrachtung ist noch nicht die abschließende Wirklichkeitsbetrachtung; gibt sie sich dafür aus, so wird sie dogmatisch in dem gleichen Sinne, wie es die

Theologie ist. Ein wohlverstandener Spiritualismus ist mit dem exaktesten Naturbilde vortrefflich vereinbar, von ihm hat die naturwissenschaftliche Forschung nicht das geringste zu fürchten. Daß er zugleich metaphysischen, ästhetischen, ethischen, religiösen Bedürfnissen entgegenkommt, ist doch wohl kein Nachteil, sondern gerade darin liegt der Vorzug der spiritualistischen Weltauffassung vor der materialistischen, mit der aber die auf ihrem Gebiete durchaus berechtigte und notwendige quantitative Naturbetrachtung keineswegs schon identisch ist, zu sein braucht.

Ob wir die Wirklichkeit als eine Vielheit von geistigen Wesen oder als eine geistige Einheit oder als Viel-Einheit zu betrachten haben, wird weiter unten zu erörtern sein. Zunächst ist die Frage nach der besonderen Qualität, Art des Geistigen zu beantworten, welches wir den Dingen als „An sich" supponieren.

Nehmen wir die Extreme: „metaphysischer Intellektualismus" — „alogischer Voluntarismus", so ist es nicht schwer zu zeigen, daß sie beide einseitig, unzulänglich sind. Ein reines Denken, ein rein Logisches als Weltprinzip widerstreitet erstens der inneren Erfahrung, welche uns das Denken nicht als selbständige Qualität, sondern als Betätigung des Willens zeigt; das bloße, reine Denken ist ein Abstraktionsgebilde, welches nicht zum absoluten Prinzip hypostasiert werden kann, weil einem solchen die lebendige Kraft fehlen würde, welche in Wahrheit dem Denken immanent ist, die Denkentfaltung erst ermöglicht. Eine „dialektische" Selbstbewegung des „Begriffes" ist etwas Künstliches, Unwirkliches; Begriffe sind keine Dinge, keine Kräfte, sondern Momente des Bewußtseins, welches durch seine logisch gerichtete Tätigkeit gesetzlich Vorstellungen und Gedanken produziert und zusammenhängend verknüpft, entwickelt. Es ist aber auch schwer, das viele Alogische, das wenigstens in einzelnen Zuständen und Verhältnissen zutage tritt, mit dem Walten rein logischer Wirklichkeitsfaktoren zu vereinbaren. Mag auch Vernunft das All durchwalten, mag alles auf eine sinnvolle, vernünftige Entwicklung hinzielen, die einzelnen Phasen und

Momente erscheinen keineswegs immer selbst als logische Bestimmtheiten, als realisierte Vernunft. Ebenso einseitig ist nun auch der alogische Voluntarismus. Erstens ist in der Erfahrung nirgends ein leerer, blinder Wille gegeben, ein Wille ohne Inhalt, ohne Richtung, ohne Ziel. Es gibt überhaupt keinen reinen Willen als spezifische Qualität neben dem Intellekt und Gemüt, neben Vorstellen, Denken, Fühlen, sondern das Bewußtsein, das Psychische ist in Wirklichkeit eine Einheit, die als Momente bzw. Richtungen oder Seiten stets Wille, Vorstellung oder Empfindung, Gefühl einschließt. Ein absolut intelligenzloser Wille ist ein Abstraktum ohne Realität, kann nicht Weltprinzip sein. Wie aus einem solchen Willen jemals Intelligenz (Vorstellung, Gedanke) hätte entspringen können, ist unerfindlich. Ein Wille ohne intellektuellen Inhalt ist leer, eine Vernunft ohne Willensaktivität ist unkräftig. Dies muß für den Ansatz des „An sich" der Dinge wohl beachtet werden.

Doch ist es deshalb noch nicht notwendig, etwa Wille und „Idee" als zwei „Attribute" des Wirklichen zu betrachten. Ja, weil Wille und Logos gar nicht zwei voneinander getrennte Aktionen oder Inhalte sind, ist eine solche Auffassung nicht gerechtfertigt. Vielmehr ist zu sagen: dasselbe, was als lebendige Aktualität, als Dynamis, Kraft, Wille ist, ist, sofern es sich einheitlichzusammenhängend, harmonisch-zielstrebig betätigt, Vernunft. Das Logische ist der Inhalt, der Wille die „Form", das Triebwerk der geistigen Wirklichkeit. Die „Ideen", welche als Entwicklungsrichtungen gelten können, sind nicht selbständige, ruhende Wesenheiten, sondern typische Willensinhalte, Willensobjekte. Insofern aber bei aller Mannigfaltigkeit der Inhalte die sie realisierende Kraft, der Wille, konstant bleibt, insofern weiter der Wille das Dynamische, das Realisationsprinzip der Weltentwicklung ist, insofern endlich das vollständige, konkrete Psychische eine (Gefühl und Empfindung oder Vorstellung einschließende) Willenstätigkeit ist, so ist ein rationaler Voluntarismus wohl die beste Formulierung der absoluten Wirksamkeit und Wirklichkeit. Die „transzendenten Faktoren" der Dinge wären demnach als Willenszentren zu betrachten, deren ureigenstes Selbst im Wollen (vom einfachen Trieb bis zur zusammengesetzten Willkürhandlung) sich bekundet, so aber, daß das Wollen immer schon auch, durch die unaufhebbaren Beziehungen zu anderen Willenszentren, das Element der Intelligenz (und wären es bloße „Richtungsempfindungen") einschließt, ein Element, das zum einfachsten oder „Momentan"-Bewußtsein schon gehört, aber nicht so sehr auf das Selbst als auf die Beziehung desselben zum fremden Selbst hinweist. Die „Vorstellung" bildet gleichsam die Brücke zwischen Subjekt und Subjekt, in ihr wird das Subjekt zum Objekt, welches das Material zur Entstehung einer begrifflich fixierbaren gemeinsamen „Außenwelt" gibt.

Das Verhältnis des psychischen „An sich" zur physischen Erscheinung wird noch genauer zu besprechen sein. Hier ist nur noch zu bemerken, daß durch die spiritualistische Weltanschauung die strenge Gesetzlichkeit des Naturgeschehens keineswegs in Frage gestellt wird. Denn es ist das Psychische nichts Gesetzloses, sondern es ist im Gegenteil der Geist, der Wille die Urquelle aller Gesetzlichkeit. „La source de la mécanique est dans la métaphysique" — dieser Leibnizsche Satz hat seine Gültigkeit bewahrt und wird uns dazu dienen, die Naturgesetzlichkeit als Produkt und Objektivation geistiger Wirksamkeit zu begreifen.

c) Die Identitätslehre.

Unter diesem Namen sind verschiedene Auffassungen betreffs des ontologischen Problems zusammenzufassen, die alle dies gemeinsam haben, daß nach ihnen Geistiges und Körperliches, Bewußtsein und Sein im Prinzip identisch sind, derart, daß nur eine absolute Wirklichkeit besteht, welche als das Identische, Gemeinsame der beiden Daseinsweisen betrachtet wird; insbesondere betrifft dies den (mensch-

lichen) Organismus. Dieser besteht nicht aus zwei verschiedenen Wesenheiten, Seele und Körperelementen, sondern ist nur
ein Wesen, das auf zweierlei Weise sich darstellt, erscheint,
betrachtet werden kann, als psychisch und als physisch, je
nach dem Standpunkt der Betrachtung.

Die eine Form der Identitätslehre ist die realistische,
halb-dualistische. Das Absolute ist hiernach an sich
weder Geist noch Materie, sondern ein Drittes, Übergeord-
netes, zu dessen „Attributen" (allgemeinen Qualitäten) Bewußtsein und physisches Sein, Körperlichkeit gehören; beide
Attribute haben gleichen Realitätswert, sind beide Ausdrucks-
weisen desselben identischen Wesens, so daß sie in durchgängiger Korrelation zueinander stehen, ohne aufeinander
zu wirken. Weil beiden Attributen eine und dieselbe Wesenheit zugrunde liegt, entspricht je einer Bestimmtheit oder
Veränderung des einen je eine Bestimmtheit oder Veränderung des anderen Attributs, also etwa einem bestimmten
Gefühle ein bestimmter Nervenprozeß und umgekehrt.

Wird gelehrt, das Wirkliche sei das Materielle, das nur
in einer Beziehung, in seiner Abhängigkeit vom Nervensystem (Gehirn), als „psychisch" zu bezeichnen ist, ohne daß
es ein physisches Geschehen sui generis gibt, so ist dies
eine materialistische Form der Identitätslehre.

Aber es gibt auch eine idealistisch-phänomenali-
stische Identitätslehre. Diese tritt in folgenden Schattierungen auf: 1. Psychisches und Physisches sind beide nicht
absolut real, sondern nur Erscheinungen eines gemeinsamen
Dritten, eines „Ding an sich" unerkennbarer Art. 2. Psychisches und Physisches sind zwei Betrachtungsweisen derselben
Wirklichkeit, die an sich oder für sich als geistig, für andere
und sinnlich-kategorial (durch „äußere" Erfahrung) als physisch oder materiell erfaßt wird, so daß die unmittelbare,
absolute Realität des Wirklichen das geistige, die objektive
Erscheinung desselben das Körperliche ist (Spiritualistische Identitätslehre). 3. Es gibt nur Bewußtseinsinhalte
oder Erlebnisse, welche bei der Abstraktion vom Subjekt
(oder vom Organismus, dessen „Abhängige" sie sind), in

ihrem eigenen gesetzlichen Zusammenhang „physisch", als „Abhängige" des Subjekts (bzw. der physiologischen Subjektfunktionen) „psychisch" heißen (M o n i s m u s d e s G e - s c h e h e n s).

Die Identität von Denken und Sein spricht zuerst der Eleate P a r m e n i d e s aus: τὸ γὰρ αὐτὸ νοεῖν ἐστίν τε καὶ εἶναι. Und P l o t i n erklärt: νοῦς δὲ καὶ ὂν ταυτόν· αὐτὸς νοῦς τὰ πράγματα (Ennead. V, 42; 1, 10). Begründer der „realistischen" Identitätslehre ist (nach dem Vorgang G i o r d a n o B r u n o s) Spinoza. Die unendliche eine „Substanz" (Gott oder Natur) ist das Identische von Geist und Körperlichkeit (Denken und Ausdehnung), zweien ihrer „Attribute", die dasselbe Wesen „ausdrücken" und daher einander genau entsprechen. „Quod substantia cogitans et substantia extensa una eademque est substantia, quae iam sub hoc, iam sub illo attributo comprehenditur. Sic etiam modus extensionis et idea illius modi eademque est res; sed duobus modis expressa" (Eth. II, prop. VII, schol.). „Ordo et connexio idearum idem est ac ordo et connexio rerum" (l. c. II, prop. VII). Als möglich erklärt K a n t folgende (phänomenalistische) Identitätslehre: „Ob nun . . . gleich die Ausdehnung, die Undurchdringlichkeit . . ., kurz alles, was uns äußere Sinne nur liefern können, nicht Gedanken, Gefühl, Neigung oder Entschließung sein oder solche enthalten werden, als die überall keine Gegenstände äußerer Anschauung sind, so könnte doch wohl dasjenige Etwas, welches den äußeren Erscheinungen zugrunde liegt, was unsern Sinn so affiziert, daß er die Vorstellungen von Raum, Materie, Gestalt usw. bekommt, dieses Etwas, als Noumenon (oder besser als transzendentaler Gegenstand) betrachtet, könnte doch auch zugleich das Subjekt der Gedanken sein." „Auf solche Weise würde ebendasselbe, was in einer Beziehung körperlich heißt, in einer andern zugleich ein denkend Wesen sein, dessen Gedanken wir zwar nicht, aber doch die Zeichen derselben in der Erscheinung anschauen können. Dadurch würde der Ausdruck wegfallen, daß nur Seelen (als besondere Arten von Substanzen) denken; es würde vielmehr wie gewöhnlich heißen, daß Menschen denken, d. i. ebendasselbe, was, als äußere Erscheinung, ausgedehnt ist, innerlich (an sich selbst) ein Subjekt sei, was nicht zusammengesetzt, sondern einfach ist und denkt" (Krit. d. rein. Vern., S. 305 f.). In einem ähnlichen Sinne lehren ernstlich J. G. F i c h t e, F r i e s, H e i n r o t h, S c h l e i e r m a c h e r, H. R i t t e r u. a. S c h e l l i n g begründet die Identitätslehre als System. Im Absoluten sind Subjekt und Objekt, Geist und Natur (als die beiden „Pole" des Einen) identisch. „Was a u ß e r dem Bewußtsein gesetzt ist, ist dem Wesen nach ebendasselbe, was

auch im Bewußtsein gesetzt ist" (WW. I 10, 229). Dies lehrt, im
Sinne des Panlogismus, auch Hegel (Sein = Denken, objektive
Vernunft). Als das Identische von Sein und Denken bestimmt Trendelenburg die (organische) „Bewegung". Nach Schopenhauer
sind Willensakt und Körperbewegung „eins und dasselbe, auf doppelte Weise wahrgenommen: was nämlich der inneren Wahrnehmung (dem Selbstbewußtsein) sich als wirklicher Willensakt
kundgibt, dasselbe stellt sich in der äußeren Anschauung, in welcher
der Leib objektiv dasteht, sofort als Aktion desselben dar" (Welt
als Wille u. Vorstell., II. Bd., C. 4). Nach E. v. Hartmann ist
das „Unbewußte" das Identische von Natur und Geist. Durch
Fechner kommt die Identitätslehre in der modernen Psychologie
zur Geltung. „In der Tat, ein gemeinschaftlich Wesen liegt der
geistigen Selbsterscheinung und der leiblichen Erscheinung für
anderes, als das Selbst ist, unter. Innerlich erscheint's sich selbst
so, anderen äußerlich so; was aber erscheint, ist eines (Zend.
Avest. I, 252f.). Geistiges und Körperliches sind die Innen- und
Außenseite desselben Wesens, so aber, daß das Geistige die
eigentliche Realität, die „Selbsterscheinung" ist (vgl. Elem. d.
Psychophys. I, 4). So sagt auch Paulsen: „Das Körperliche ist
Erscheinung und Symbol des seelisch-geistigen Lebens, dieses ist
das eigentlich oder an sich Wirkliche" (Syst. d. Eth. I^5, 207;
Einl. in d. Philos.^{2}, S. 115). Auch nach Wundt ist das geistige
Sein „die Wirklichkeit der Dinge" (Grundz. d. physiol. Psychol. II^4,
648). Es ist anzunehmen, daß „was wir Seele nennen, das innere
Sein der nämlichen Einheit ist, die wir äußerlich als den zu ihr
gehörigen Leib erkennen" (l. c. S. 648). Nach Riehl hat der
Gegensatz von Körper und Geist nur „die Bedeutung entgegen-
gesetzter Richtungen der Betrachtung" (Philos. Kritizism. II^1, 63;
Zur Einf. in d. Philos. S. 164: „philosophischer Monismus"). Ähnlich lehren F. A. Lange, Spencer, Lewes, A. Bain, P. Carus,
Hodgson, Taine, Ribot, Paulhan, Fouillée, Grot, Höffding, Hering, G. E. Müller, E. König, K. Laßwitz, E.
Adickes, Ebbinghaus, Jodl, Palágyi, Heymans, welcher
von der „primären" Reihe der Bewußtseinsvorgänge begrifflich die
„abgeleitete, sekundäre Reihe" der Naturerscheinungen unterscheidet (Zeitschr. für Psychol. u. Physiol. d. Sinne XVII, 62ff.)
u. a. Den „Monismus des Geschehens" lehren R. Avenarius (in
materialistischer, realistischer Färbung), E. Mach (mehr idealistisch), Clifford, H. Gomperz u. a.

Aus unseren bisherigen erkenntnistheoretisch-metaphysischen Erörterungen geht hervor, daß wir das Verhältnis des
Psychischen und Physischen nur im Sinne des Identitätsstand-

punktes auffassen können, und zwar in der „phänomenalistischen" Form dieses Standpunktes. Da das Physische in seinen Merkmalen (Ausdehnung usw.) als solches keine absolute, vom erkennenden Subjekt völlig unabhängige Realität hat, sondern in seiner Beschaffenheit schon subjektiv bedingt ist, so kann es nicht als ein dem Geistigen gleichwertiges „Attribut" des Wirklichen bestimmt werden. Das Geistige oder „Für-sich-Sein" hingegen haben wir als ein Sein erkannt, welches nicht von einem erkennenden Subjekt abhängig ist, sondern das, was es ist, „an sich" ist. Ist demnach das Physische das Objekt- oder „Außen"-Sein, das Geistige das Subjekt- oder „Innen"-Sein des Wirklichen, so läßt sich der Identitätsstandpunkt so präzisieren: Dasselbe Wirkliche, welches als Objekt „äußerer" Erfahrung, „mittelbarer" Erkenntnis als physisch, materiell erscheint, ist für sich, unmittelbar erlebt, als Subjekt „innerer" Erfahrung, psychisch. Es gibt nicht zwei substantielle Prinzipien, zwei metaphysische Wesenheiten, von denen die eine eine absolut reale Materie, die andere eine immaterielle einfache Seele ist, sondern Körperlichkeit und Beseeltheit bezeichnen zweierlei „Verhalten" (bzw. Betrachtungsweisen) einer Einheit. Ein identisches Wirkliches ist „Körper" in bezug auf äußere Erfahrung, Seele für sich selbst als Subjekt-Sein. Es ist nicht eigentlich (an sich) ein Körper da, welcher die Eigenschaften der Ausdehnung usw. hat, und ein „Geist", der immateriell usw. ist, sondern nur insofern und dadurch, daß das identische Wirkliche als ausgedehnt usw. erscheint, ist und heißt es „Körper" (bzw. physisch), und insofern es sich „erlebend" verhält, ist und heißt es „Geist" (bzw. psychisch). Weil es aber nur ein Wesen, eine Einheit, ein permanentes Aktionszentrum ist, welches auf zweierlei Weise betrachtet und gedacht wird oder werden kann, je nachdem es als Objekt unter Objekten, im Zusammenhange mit anderen objektiven Erscheinungen, oder als Subjekt, als aktiver Bewußtseinszusammenhang berücksichtigt wird, muß die Reihe des Physischen in bestimmter, durchgängiger Koordination zur Reihe des Psychischen (und umgekehrt) stehen, gleichsam, als ob ein und derselbe Inhalt in zwei verschiedenen Sprachen ausgedrückt würde. Das Physische muß dem Psychischen „parallel" gehen, entsprechen, weil es ja ein „Ausdruck", eine Erscheinung, ein Zeichensystem desselben, des „Innenseins" ist. Das Physische ist nicht selbst das Geistige, dieses kein Physisches, es sind empirisch-begrifflich zwei Zusammenhänge von Geschehnissen vorhanden („methodischer Dualismus"), aber metaphysisch ist dies so zu deuten, daß nur die eine Reihe, das Psychische, absolute Realität hat, die andere, das Physische, bloß die (allgemeingültige) Manifestation, Sichtbarwerdung der ersteren ist, so daß also dasselbe Sein es ist, das nur anders ist für sich erlebt (oder demgemäß gedacht), anders als Objekt eines fremden Subjekts (oder demgemäß gedacht, konstruiert); oder anders im Selbstbewußtsein, in seinem unmittelbaren konkreten Zusammenhange, anders im Objektbewußtsein, als kategorial bestimmter, naturgesetzlicher Zusammenhang. So ist z. B. die Nervenbewegung nicht ein selbständiger, zum Psychischen hinzukommender Prozeß, sondern sie ist nichts anderes als die „Äußerung", objektive Erscheinungsweise desselben Seins, das durch „innere" Erfahrung als etwas Psychisches erfaßt wird. Ebenso können wir die Bewegungen der Körper überhaupt als die Erscheinung eines dem unsrigen analogen Eigenseins, irgendwelcher Tendenzen, Strebungen (bestimmt gerichteter Art) auffassen, so daß die „Reize", welche unsere Empfindungen auslösen, metaphysisch selbst psychischer Art sind, aber, da sie nicht Objekt der Erkenntnis sind, durch die ihnen entsprechenden, sie symbolisierenden Bewegungen und Energien substituiert werden müssen.

Für die Naturwissenschaft ist der Begriff der Kraft allmählich ein reiner Relationsbegriff geworden. Die „Kraft" dieser Art ist kein Ding, keine „qualitas occulta", nichts Metaphysisches mehr, sondern nur der Begriff für die berechtigte Erwartung gewisser Wirkungen, welche unter be-

stimmtem Zusammen mit anderen Dingen von einem bestimmten Dinge ausgehen können, ja müssen. Kraft ist in
diesem Sinne nichts als Wirkungsfähigkeit. A hat, ist
eine Kraft, heißt nur, es ist der Ausgangspunkt bestimmter
Wirkungsmöglichkeiten, bestimmter Betätigungen, Effekte
(z. B. Beschleunigungen: mechanische Kraft). Kraft ist also
ein Ding immer im Hinblick auf andere Dinge, auf einen
bestimmten Zusammenhang von Objekten. Soweit ist der
Kraftbegriff nur eine Entfaltung des Kausalbegriffs und von
rein phänomenaler Gültigkeit. Aber im Kraftbegriff liegt
ursprünglich mehr. Ursprünglich ist uns alle Kraft Willenskraft, weil wir in der Wirkungsfähigkeit unseres
eigenen Ichs, unserer eigenen Willensaktion das Muster aller
Wirksamkeit haben, das objektive Geschehen als Ausfluß
von Willenstätigkeiten deuten, die erst später zu Tätigkeiten
schlechthin werden. Aber wenn einmal die Entwicklung des
menschlichen Denkens so weit fortgeschritten ist, daß die
Dinge, wie sie sich uns darstellen, als etwas bloß Phänomenales erkannt werden, muß selbst der abstrakte Tätigkeitsbegriff aus der Sprache der „Physik" eliminiert werden.
Denn Phänomene, Objekte eines wissenschaftlichen Bewußtseins, allgemeingültige Erkenntnisinhalte, können nichts „tun",
sind keine absoluten, selbständigen Machtfaktoren, keine
wahren „Subjekte". Als solche sind vielmehr die nicht objektiven, aber den Objekten zugrunde liegenden „transzendenten Faktoren" zu betrachten. Diese können (relativ) selbständige, absolut reale Aktionszentren, wirkliche „Täter" sein.
Metaphysisch gesprochen, heißt „A ist, hat eine Kraft" so
viel wie: das Objekt A ist wirkungsfähig, kann eine
Veränderung im Objekt B nach sich ziehen (phänomenale
Kräftigkeit), weil und sofern es Erscheinung einer lebendigen
„innerlichen" Tätigkeit ist, durch welche die „innerliche"
Tätigkeit des B beeinflußt wird, was dann objektiv als bestimmter kausaler Zusammenhang sich darstellt, erscheint.
Die absolut reale, permanente Quelle möglicher
Wirkungen ist also nicht das Objekt als Phänomen, sondern der „transzendente Faktor" des-

selben, das Subjekt-Sein (metaphysischer Kraftbegriff im Unterschied vom rein physikalischen). Die „Subjektivität" ist das, was die Dinge zu Kräften macht, ist der
„Träger" der Kräfte und damit selbst als Kraft charakterisiert.

Das Geschehen als Objekt „äußerer" Erfahrung und
„mittelbarer" Erkenntnis führt sich so auf die Betätigung
von Kräften zurück, deren Wirkungen in naturgesetzlicher
Bestimmtheit begrifflich formuliert werden. Von psychischer
Kraft wiederum können wir um so mehr reden, als ja im
Psychischen der Ausgangspunkt zur Bildung des Kraftbe-
griffs zu suchen ist. Die psychische Aktion ist wirkungsfähig, sie modifiziert „innere" und „äußere" Zustände unserer
selbst wie auch fremder Dinge. Die permanente Quelle
der einzelnen psychischen Wirkungen ist nun das
Subjekt, die jedem Bewußtseinsvorgange immanente,
von dem Zusammenhange des Psychischen nicht
getrennte, zu ihm untrennbar gehörende Einheit,
welche das psychische Einzelgeschehen ebenso
bedingt, wie sie nur in einem solchen besteht. Das
Subjekt, die Ichheit ist nicht ein Ding unter Dingen, nicht
eine besondere Seelensubstanz, sondern die Einheit und Totalität ebendesselben Zusammenhanges von Betätigungen, der
durch äußere Erfahrung als leiblicher Organismus sich darstellt. Es entfaltet sich in einem System von psychischen
Kräften, einer geistigen Organisation. Anderseits ist es, „von
außen" betrachtet, der „transzendente Faktor" dieses leiblichen Organismus. Ein und dasselbe (absolute) Kraftsystem liegt also den psychischen wie den physischen Vorgängen im Organismus zugrunde, es ist das „Identische"
von Seele und Leib. Das Kraftsystem, das sich (phylo- und
ontogenetisch) in bestimmter Weise gebildet und organisiert
hat, ist das Identische, dessen Wesenheit, Charakter sowohl in der Reihe der psychischen als in
der Erscheinung der physischen Vorgänge zum
Ausdruck gelangt, so aber, daß das Psychische
das unmittelbarste Eigensein dieses Kraft-
systems, dieser Organisation ist. Oder: Das Subjekt

der Bewußtseinsvorgänge ist auch das Subjekt (ὑποκείμενον, subiectum im älteren, weiteren Sinne) der als physisch erfaßten Wirkungen. Der Schluß vom organisierten Subjekt auf das anorganische, primitive, unzusammenhängende Subjekt-Sein ergibt sich von selbst. Alle Wirklichkeit, die uns als materiell, physisch erscheint, ist eine unserem Innensein analoge Kraft, sofern sie als „Subjekt" der erfahrbaren Phänomene gedacht wird. Nur fehlt im Anorganischen die „Organisation", die innige Verknüpfung der Einzelteile zu einer einheitlichen Totalität, durch deren Verhalten wieder jedes Einzelne bedingt ist. Der Unterschied zwischen Anorganischem und Organischem besteht also zu Recht, er wird durch die Identitätslehre und durch den (wohlverstandenen) „Panpsychismus" nicht beseitigt. Anderseits ist für die Ansicht, daß die „Seele" des Organismus nicht eine besondere „Substanz" ist, welche irgendwo im Organismus ihren „Sitz" hat, noch später zu plädieren.

Weit entfernt, etwa nur eine Art des Materialismus zu sein, ist die hier vorgetragene Identitätslehre spiritualistisch (oder „objektiver Idealismus"). Das Geistige, das Bewußtsein ist hier nicht eine „zufällige" Seinsweise des Physischen, sondern es ist geradezu das Konstituierende der Wirklichkeit an sich. Die physikalisch-chemischen Energien sind demnach nicht das absolute, letzte Geschehen, sondern die Objektivation von Relationen psychischer Faktoren, der metaphysischen „Kräfte" des Universums, deren selbsteigene Qualität sich dem naturwissenschaftlichen Erkennen entzieht, so daß nur ihre sinnenfällig und begrifflich erfaßten konstanten Wirkungsweisen den Physiker beschäftigen. Es läßt sich diese Anschauung als spiritualistischer Dynamismus bezeichnen, weil hier auf die innere, lebendige, dabei sinnvolle Regsamkeit alles Wirklichen Gewicht gelegt wird. So wie den einzelnen physischen Vorgängen bestimmte Einzelprozesse psychischer Art entsprechen, als die „Innenseite" jener, so stellt sich ein (relativ) dauernder Verband oder Zusammenhang von metaphysischen Subjekten, Kräften, Willenszentren („Strebungsmittelpunkten") objektiv als ein (relativ) dauernder anorganischer oder organisierter Körper dar, der das Konstante im Wechsel je einer Gruppe von Qualitäten und Relationen bildet. Die absoluten „Kräfte" sind also nicht selbst besondere Substanzen immaterieller Art, aber freilich auch nicht bloß vorübergehende Geschehnisse: sie sind eben „Kräfte", d. h. permanente Quellen von Aktionen (deren „Subjekt-Moment" nicht weiter reduzierbar ist, dem Tätigsein zugehört), durch welche die Dinge ihren „substantiellen" Charakter erhalten und in deren ursprünglicher und erworbener Beschaffenheit (Konstitution, Charakter, „Struktur") der g e - m e i n s a m e G r u n d f ü r d i e K o o r d i n a t i o n der psychischen und physischen Reihe des einzelnen G e s c h e h e n s, der Z u s t ä n d e liegt.

<h1 style="text-align:center">§ 9.</h1>

<h1 style="text-align:center">Das Problem der Prinzipienanzahl.</h1>

Es ist dies das erste der „kosmologischen" Probleme und kann auch als Problem des Seinszusammenhanges bestimmt werden. Es handelt sich nämlich um die Frage, in welcher Weise der Zusammenhang der Wirklichkeitsfaktoren zu denken ist, ob als eine Vielheit, Pluralität von Einzelwesen, Individuen, oder als eine absolute Einheit. Demnach sind P l u r a l i s m u s und S i n g u l a r i s m u s (Külpe; auch „Monismus" oder „Henismus" genannt) zu unterscheiden.

Der P l u r a l i s m u s (metaphysischer Individualismus) ist jene Weltanschauung, nach welcher die Wirklichkeit an sich aus einer Vielheit einzelner, besonderer, voneinander numerisch und substantiell verschiedener, getrennt und für sich existierender Wesen oder Kräfte besteht. Diese Wesen stehen miteinander in Wechselwirkung oder in gesetzmäßiger Koordination; sie sind absolut einfach, beharrlich, Kraftzentren, haben die Fähigkeit, mit ihresgleichen Gruppen, Komplexe zu bilden — die Körper. Die Veränderungen dieser sind die

Folgen und Zeichen des Wechsels der zwischen den Seins-
elementen bestehenden Wechselbeziehungen. Es entsteht
nichts absolut Neues, es kann nichts vergehen, sondern alles
Geschehen besteht letzten Endes in Verbindungen und Tren-
nungen, Harmonien und Konflikten der Individuen, welche
das absolut Beharrliche im Wechsel der Phänomene bedeuten, ihr Eigensein ständig erhalten. Die Zusammengesetzt-
heit der Dinge sowie die Möglichkeit, sie in Teile und Teile
von Teilen zu teilen, verbunden mit dem Gedanken, daß doch
schließlich letzte Teile als unaufhebbare Seins-Einheiten
(„absolute Positionen") gesetzt werden müssen, führt zum
Pluralismus.

Werden die Seinselemente als körperlich, materiell oder
doch als ausgedehnt, als räumlich bestimmte Einheiten gedacht, aus welchen die Körper bestehen, so nimmt der Pluralismus die Gestalt des Atomismus an. Unteilbare (ἄτομα)
doch als ausgedehnt, als räumlich bestimmte Einheiten gestaltet und mit Bewegung begabt, existieren als ewige Prinzipien ohne innere Qualitäten, ohne Kräfte als höchstens
die der Anziehung oder Abstoßung; alle Dinge sind Kombinationen solcher Atome, Atomkomplexe, alle qualitative
Veränderung ist an sich nichts als quantitativ bestimm-
barer Relationswechsel. In der späteren Atomistik (Atomen-
theorie der Naturwissenschaft) werden die Atome meist nicht
mehr als kleinste Körperchen („Korpuskeln") bestimmt, sondern als unausgedehnte (aber nicht etwa geistige) Kraftpunkte.
In neuester Zeit erhebt sich seitens mancher Naturforscher
ein energischer Protest gegen die Atomistik überhaupt.

Den Übergang zu einem spiritualistischen Atomismus
bildet der hylozoistische Atomismus, nach welchem die
Atome als ursprüngliches Attribut die Eigenschaft der Empfindung oder des Strebens haben.

Vom metaphysischen Atomismus ist die bloß methodisch-
naturwissenschaftliche Atomistik zu unterscheiden, für die
das Atom durchaus nicht mit dem absoluten Wirklichkeits-
element zusammenzufallen braucht.

Der spiritualistische Atomismus heißt Monadologie,

Theorie der „Monaden" ($\mu o \nu \acute{\alpha} \delta \varepsilon \varsigma$, Einheiten). Es werden hier als letzte, absolut einfache Einheiten nicht materielle Substanzen, sondern immaterielle und zugleich psychische Wesen oder Kräfte angenommen, welche unserem eigenen Ich, unserer eigenen Seele analog sind und sich voneinander nicht bloß durch die Individualität, sondern auch qualitativ, graduell unterscheiden. Jede Monade ist eine „Welt für sich", ein „Mikrokosmus", eine Art lebendiger „Spiegel" des Universums. Die Monaden verbinden sich miteinander zu Komplexen, welche der Sinneswahrnehmung als Körper sich darstellen; die Naturphänomene sind Erscheinungen der rein psychischen Beziehungen zwischen den Monaden, der Ordnungen und des Ordnungswechsels dieser. Die niedersten, primitiven Monaden sind gleichsam schlafend, träumend, die höheren haben schon eigentliches Bewußtsein, und die als Seelen eines menschlichen Organismus fungierenden Monaden haben sogar Selbstbewußtsein und „Apperzeption". Allen Monaden kommt ein Streben zu, durch welches der gesetzmäßige Ablauf der inneren Zustände („Repräsentationen") der Monaden erfolgt und wodurch sie recht eigentlich Kraftzentren (als „metaphysische Punkte") sind. Der Zusammenhang des Weltgeschehens ist entweder ein Resultat der von Gott (der „Monade der Monaden") vorausbestimmten („prästabilierten") Harmonie, welche notwendig ist, weil die absolut einfachen, „fensterlosen" Wesen nicht direkt einander kausal beeinflussen können, oder er ist die Folge der wirklichen Wechselbeziehungen zwischen den Monaden.

Es gibt auch einen vermittelnden Standpunkt, demzufolge weder eine Vielheit isolierter Substanzen, noch eine einzige, universale Substanz besteht, sondern eine Viel-Einheit, eine All-Kraft, die in einer Mannigfaltigkeit von Sonderkräften, Sonderaktionen sich entfaltet.

Wird die absolute Einheit der Weltsubstanz betont, der gegenüber alles Einzelne, Besondere unwirklich, bloß phänomenal, jedenfalls aber durchaus sekundär und abhängig ist, so haben wir den Singularismus vor uns. In seiner materialistischen Form betrachtet er alle Körper als Konkretionen einer einheitlichen Materie (mit Verdichtungszentren; „Kontinuitätstheorie"). In seiner spiritualistisch-idealistischen Gestalt lehrt er die Existenz eines absoluten geistigen Wesens, dessen „Momente" oder Modifikationen die Vielheit des Einzelnen ist. Es gibt aber auch eine identitätstheoretische Form des Singularismus, welche typisch ist. Hiernach ist nur e i n wahrhaft Seiendes, eine absolute Substanz, die als Attribute Denken und Ausdehnung hat. Diese ewige, unvergängliche Substanz ist allen Dingen immanent; diese sind nicht absolute Individuen, sondern bloß „Modi", Daseinsweisen des einen Weltwesens, welches allein wahres Sein hat. Alles, was geschieht, geschieht zwar in den Dingen und durch sie vermittelt, es hat aber seinen wahren, letzten Grund in diesem einen Weltwesen, welches die „causa immanens" aller Vorgänge ist, zugleich der Weltgrund, aus dem alles mit Gesetzlichkeit folgt, was immer nur geschehen kann.

Das All-Eine kann als starres, unveränderliches S e i n , es kann ferner als Substanz mit Modifikationen oder auch als Urkraft bestimmt werden. Es kann aber auch als einheitlicher, ewiger Prozeß, als absolutes W e r d e n gedacht werden, in dessen Strom alles Einzelne nur als vergängliches, endliches Moment treibt, als ewiges Tun ohne andere Beharrlichkeit als die des gesetzlich verlaufenden Weltprozesses (metaphysischer A k t u a l i s m u s).

Der Atomismus tritt schon in der indischen Philosophie auf (System des Kenâda). In Griechenland tritt er zuerst als „qualitative Atomistik" auf bei Anaxagoras, nach welchem qualitativ verschiedene Urteilchen (σπέρματα, von Aristoteles „Homoeomerien", ὁμοιομέρεια genannt) die Dinge konstituieren. Eine Reihe von „Elementen" der Körper nehmen an die Pythagoreer, Heraklit, Parmenides, Empedokles (die „vier Elemente"). Die Atomistik begründen Leukipp und Demokrit. Das wahrhaft Seiende, Unveränderliche ist eine Vielheit von Atomen, verschieden an Gestalt, Größe, Lage, alle aber hart, dicht, bewegt; die Dinge sind Anhäufungen von Atomen, die Seele besteht aus den feinsten Atomen. Außer den Atomen besteht an sich nur der leere Raum. Eine ähnliche Atomistik lehren die Epikureer, insbesondere auch Lucrez. Punktuelle Atome nehmen die arabischen Mutaziliten an. In neuerer Zeit vertreten die Atomistik D. Sennert, G. Bruno,

Gassendi, R. Boyle, Galilei (punktuelle Atome; dagegen „Korpuskeln": Descartes, Hobbes, Spinoza, im Altertum Plato), Chr. Wolff u. a., in materialistischer Weise Holbach u. a., in hylozoistischer Diderot, Robinet, Buffon u. a. Eine dynamistische (methodische) Atomistik lehren Boscovich, Kant, Schelling, Herbart, J. H. Fichte, Ulrici, E. v. Hartmann („Dynamiden"), R. Hamerling, L. Noiré, E. Häckel (Massen- und Ätheratome), Zöllner, Fechner, Wundt u. a. Die chemische Atomtheorie wird in der ersten Hälfte des 19. Jahrhunderts begründet (Dalton, Richter u. a.). „Wirbelatome" nehmen Thomson, Tait an. Gegner der Atomistik sind Stallo, Clifford, Mach, P. Volkmann, Ostwald u. a. Als bloße „Rechenmarken" (bzw. „Fiktionen" methodischer Art) betrachten die Atome Schopenhauer, O. Liebmann, Schuppe, L. Busse, H. Cornelius, Riehl u. a. Zur Kritik der Atomistik als solcher vgl. § 13. Den Monismus als Weltanschauung vertreten besonders die Materialisten, auch E. Häckel u. a.

Monaden (psychophysischer Art) gibt es nach Nicolaus Cusanus, G. Bruno, F. M. van Helmont, H. More, Glisson. Aber erst Leibniz ist als Begründer der Monadologie aufzufassen. Die Monade ist die einfache Substanz, das „wahre Atom". Die Monaden sind „Entelechien", zielstrebige Kräfte geistiger Art, sie haben „quelque chose d'analogique au sentiment et à l'appetit" (Monadol. 18f). Nicht zwei gleiche Monaden gibt es (l. c. 9). Jede Monade ist ein „monde à part", eine Welt im kleinen, ein Spiegel des Alls, verschieden durch den Gesichtspunkt, von dem aus sie (mit verschiedener Klarheit) die Welt repräsentiert (l. c. 62, 83). Die Monaden sind „fulgurations continuelles" der göttlichen Monade, aus welcher die „prästabilierte Harmonie" der Monaden und ihrer Zustände herrührt. Bei Chr. Wolff sind die Monaden bloße Kräfte ohne Beseeltheit. Ähnlich bei Kant in seiner vorkritischen Periode. Auch Goethe nimmt die Existenz verschiedener Arten von Monaden an. Eine Vielheit immaterieller einfacher Substanzen („Realen"), von einfacher Qualität, welche sie gegen „Störungen" durch Selbstbehauptung erhalten, ohne daß sie sich selbst verändern, lehrt Herbart, der einen extremen Pluralismus vertritt. Monaden gibt es nach J. H. Fichte, Ulrici, Lotze, M. Carriere, Teichmüller, Frohschammer, Kirchner, Bahnsen, R. Hamerling, G. Spicker, Hellenbach, L. Busse u. a., nach Boström, Renouvier, Lachelier, Durand de Groos, E. Boirac, J. C. S. Schiller u. a. Einen vermittelnden Standpunkt nehmen u. a. Lotze, E. v. Hartmann, Wundt (Keine substantiellen Monaden, sondern Willenseinheiten) ein.

Dem Singularismus werden wir in seiner religionsphilosophischen Form, als Pantheismus, noch begegnen. Daß allen individuellen Erscheinungen nur ein All-Wesen zugrunde liegt, lehren die Upanishads, die Eleaten (ℓv $\varkappa a\iota$ $\pi\tilde{a}v$) nach welchen das Eine absolutes Sein, Heraklit, nach welchem es absolutes Werden ist ($\pi\acute{a}v\tau a$ $\varrho\varepsilon\tilde{\iota}$), Strato, die Stoiker, Amalrich von Bene, David von Dinant, Giordano Bruno, Spinoza („Res particulares nihil sunt nisi Dei attributorum affectiones, sive modi, quibus Dei attributa certo et determinato modo exprimuntur", Eth. I, prop. XXV, coroll.), Diderot, Deschamps, J. G. Fichte (Aktualismus, absolutes Ich als unendliche Aktion), Schelling, Hegel (Absolute Vernunft als Weltprozeß), Schopenhauer (Allwille), D. Fr. Strauß, E. Dühring u. a. Vermittelnd lehren Chr. Krause, Lotze, Fechner, M. Carriere, E. v. Hartmann, Volkelt, Wundt u. a.

Betrachten wir zuerst den extremen Pluralismus, so zeigen sich uns Schwierigkeiten, welche zur Ablehnung eines solchen Standpunktes führen müssen. Der extreme Pluralismus nimmt eine Vielheit selbständiger, isolierter, absolut voneinander gesonderter Einzelwesen an. Soll nun eine wenigstens sekundäre Einheit, eine Einheit als Resultante der Wechselwirkung, des Zusammenwirkens entstehen können, so muß die Möglichkeit einer Wechselwirkung bestehen. Aber es ist kaum einzusehen, wie absolut einfache, starre Substanzen einander zu modifizieren vermögen. Es fehlen ihnen wirklich die „Fenster", durch die etwas ein- oder hinausdringen könnte. Von irgendwelchen „Störungen" haben sie sicher nichts zu befürchten, ihre Wesenheit ist ja unveränderlich. Die Annahme einer „prästabilierten Harmonie" aber setzt zwar nicht, wie man gemeint hat, ein Wunder wohl aber ist sie gekünstelt und vor allem hebt sie schon den extremen Pluralismus, von dem sie ausgegangen, wieder auf, weil ohne konstante Verbindung der Monaden mit der Urmonade die gesetzliche Koordination aller Geschehnisse nicht gut denkbar ist. Eine Mannigfaltigkeit von Individuen kann nur unter zwei Bedingungen metaphysisch gesetzt werden: 1. müssen sie in einem inneren, stetigen Zusammenhange untereinander stehen, sie müssen zu einer einheitlichen Weltordnung gehören, Glieder eines Systems sein, Besonderungen einer Wesenheit sein, deren Qualität und Wirkungsweise sie miteinander gemein haben; 2. können sie keine starren Substanzen sein, sondern nur aktuale Faktoren, Kraftzentren, deren Betätigungen die Individuen in einen unaufhebbaren Gesamtzusammenhang, eine universale dynamische (bzw. teleologische) Einheit bringt, die räumlich-phänomenal sich auch als eine Stufenordnung materieller, physischer Einheiten darstellen läßt.

Der Atomismus als metaphysische Weltanschauung ist unhaltbar. Erstens, weil aus den Bewegungen isolierter, qualitätsloser Atome der Reichtum des Qualitativen in der Welt unmöglich abzuleiten ist. Wie durch das Zusammenkommen von Substanz-Atomen einheitliche Gebilde wie die der Organismen jemals hätten zustande kommen können, ist unerfindlich. Man muß bei einem solchen Atomismus dem „Zufall" zu viel Anteil am Weltgeschehen zuschreiben, oder aber der Gottheit die Funktion zuerkennen, die Atome zu passenden, erhaltungsfähigen Komplexen vereinigt zu haben, womit man aber schon ein Einheitsmoment in die Welt gebracht hat. Zweitens ist, wie wir früher erkannt haben, das Materielle als solches kein absolut, an sich Seiendes, es kann daher auch keine materiellen Atome als letzte Wirklichkeitsfaktoren geben. Welche Bedeutung aber der bloß methodische Atombegriff beanspruchen kann, ist erst später zu zeigen.

Eine substantialistische Monadologie ist aus den oben angeführten Gründen abzulehnen. Auch deshalb, weil sie dem wissenschaftlichen Seelenbegriff zuwider ist. Eine besondere, einfache Seelenmonade anzunehmen, dazu fehlt jedes zwingende Motiv, ja ein solcher Seelenbegriff paßt nicht recht zu den Tatsachen der Psychologie (darüber weiter unten). Die Seele ist kein einfaches Ding, sondern ein einheitliches Kraftsystem. Aus dem Zusammenwirken absolut isolierter substantieller Monaden ist aber eine solche Einheit nicht zu begreifen. Es ist also eine „Monadologie", wenn überhaupt, so nur als aktualistische oder dynamistische Monadologie möglich, wonach die Welt ein System von Aktionseinheiten- oder Kraftzentren ist. Dies aber ist kein extremer Pluralismus mehr, sondern bringt uns schon dem Singularismus näher.

Der Singularismus begegnet noch größeren Schwierigkeiten als der Pluralismus. In Wahrheit soll nur ein Wesen absolutes Sein haben, die Vielheit soll nur Schein oder Erscheinung sein (etwa, nach Schopenhauer, bedingt durch das „principium individuationis", durch Raum- und Zeitanschauung). Es ist aber in keiner Weise begreiflich zu machen, wie aus dem Einen das Viele hervorgeht. Die Frage wird nämlich laut: woher kommt der Schein dieser Vielheit? Sagt man, er sei ein Produkt der Beschränktheit der erkennenden Subjekte, so hat man eben schon eine Vielheit von Subjekten vorausgesetzt, und die Vielheit wird nicht erklärt. Für das unendliche Eine kann es doch keine Beschränkung geben, infolge deren es sich selbst nicht als Eines, sondern als Vielheit erblickt, ohne sich wirklich als solche zu setzen. Und gibt es nur ein Wesen, woher dann die Mannigfaltigkeit des Weltinhaltes, woher ferner die scharfe Abgrenzung der Ichs, der Subjekte voneinander, die doch eine Erfahrungstatsache ist? Woher die Gegensätze und die Kämpfe in der Welt, welche um bestimmte Zentren des Geschehens sich drehen und das Sein zerklüften? Gesetzt auch, das Moment der Vielheit gehöre nur der Welt als Erscheinung an, nicht der absoluten Wirklichkeit, so muß es doch irgendwie begreiflich sein, daß das Eine als Vieles erscheint, so muß es also einen „Grund" im An sich geben, aus dem die Mannigfaltigkeit der Phänomene entspringt, in dem sie wurzelt. Wird demnach das All als Einheit bestimmt, so kann es jedenfalls nicht als starres, einfaches, alle Mannigfaltigkeit ausschließendes Weltding aufgefaßt werden, sondern nur als gegliederte Einheit. Damit kommt man aber dem Pluralismus entgegen. In der Tat sind Pluralismus und Singularismus Einseitigkeiten, welche gebieterisch nach ihrer „Aufhebung" in einer höheren Synthese verlangen.

Erkenntniskritisch betrachtet, erweisen sich „Vielheit" („Mehrheit") und „Einheit" als Formbegriffe (Kategorien),

welche nicht aus irgendwelchen einzelnen Vorstellungen abstrahiert sind, sondern in Akten der Apperzeption, genauer
ihrer beziehenden, synthetisch-analytischen Funktion gründen. Vielheit und Einheit werden nicht einfach erlebt, hin-
genommen, sind nicht fertig „gegeben", sondern werden erst
(an der Wahrnehmung primär, an Vorstellungen und Begriffen sekundär) denkend gesetzt, auf Grund eines bestimmten Erlebniszusammenhanges. Indem wir Inhalte unseres Bewußtseins in einem Akte zusammenfassen, sie für sich als
Ganzes, relativ Selbständiges, Untrennbares, Zusammenge-
höriges betrachten, sind sie für uns und alle gleich Denkenden
Einheiten, und wenn wir solche Einheiten voneinander unterscheiden, getrennt setzen, einen Gesamtinhalt in solche Einheiten gliedern, zerlegen, so haben wir Vielheiten vor uns.
Jenseits dieser Beziehungen sind die Inhalte weder eins noch
vieles. Ein und Dasselbe (etwa einen Tisch) kann ich als
Einheit und zugleich auch — in Beziehung auf daran zu
unterscheidende Teile — als Vielheit betrachten. Einheit
und Vielheit sind also zunächst nur verschiedene
Setzungs- oder Auffassungsweisen desselben Inhalts, nichts Absolutes.

Nun muß aber beachtet werden, daß wir in zweierlei
Weise Einheit und Mehrheit setzen können. Einmal in „willkürlicher" Weise, nur deshalb, weil gewisse Gesichtspunkte es
so mit sich bringen, sowie auch auf Grund primitiver, vager
Erfahrung. Zweitens aber in eindeutig bestimmter Weise,
auf Grund rational bearbeiteter, methodischer Erfahrung und
zwingender Folgerungen oder Postulate. Es ergibt sich dadurch der Unterschied zwischen künstlicher, fiktiver (subjektiver) und natürlicher, wahrer, objektiver Einheit bzw.
Vielheit. Was etwa in der Ruhe und Bewegung zusammen-
bleibt und wovon man sonst gegründete Überzeugung hat,
daß es ein relativ Selbständiges, nach außen Abgeschlossenes
ist, das ist objektiv eines, ein Ding, so lange es in seiner
Art dauert. Zugleich erfahren wir aber, daß sich jedes als
Einheit betrachtetes und mit Recht als Einheit geltendes Ding
praktisch oder wenigstens theoretisch (oder potentiell) in eine

Mehrheit von „Teilen" zerlegen läßt, deren jeden wir wieder als Einheit auffassen, bis auch er wieder geteilt wird oder als geteilt gedacht wird. Die einzelnen teilbaren Dinge wiederum können wir als Teile höherer Einheiten, auf die sie sich beziehen lassen, betrachten. Denn eine absolute Lücke, ein absolut trennendes Nichts zwischen Ding und Ding besteht nicht, es kann auch nicht wahrhaft gedacht werden, so daß wir alles Mannigfaltige letzten Endes als stetig zusammenhängend, verbunden betrachten müssen. Kurz: Wir können uns den Gesamtinhalt dessen, was wir unter der Idee „Welt" zusammenfassen, ebenso gut als ein einheitliches Ganzes denken wie als ein (ins Unendliche oder Endliche) Gegliedertes oder Teilbares — ohne daß das eine das andere ausschließt. Freilich ist die Einheit des Universums nicht empirisch gegeben, ebensowenig die Existenz elementarster Bestandteile des Seins, aber beides sind Ideen von zumindest regulativer Bedeutung, welche uns die Aufgabe stellen, die Welt so zu denken, als ob sie eine Gesamtheit wäre, und als ob sie in eine Mannigfaltigkeit von Teilen gegliedert wäre.

Gilt dies zunächst nur von der Welt als Inbegriff aller möglichen Erscheinungen, von der Welt der Objekte, so führt doch der „objektive Phänomenalismus", den wir vertreten, zu weiterem. Aller Erscheinung muß ein „An sich" zugrunde liegen, das Phänomenale soll ja „wohl fundiert" sein. Demnach wird auch unserer Auffassung des Seienden als Einheit und Vielheit etwas an sich entsprechen müssen. In der Erfahrung selbst sind ja schon Motive vorhanden, welche das Denken zur Setzung von Einheit und Mehrheit in eindeutig bestimmter Weise veranlassen und nötigen. Wir haben aber ferner gezeigt, daß die Welt sich nicht bloß als Objektenwelt, sondern auch als ein lebendiger Zusammenhang von Subjekten, von Ich-Analoga auffassen läßt. So wie unser Ich selbst ein relativ selbständiges Kraftzentrum ist, so gibt es noch eine unbegrenzte Menge anderer uns analoger Kraftzentren, fremde Ichs oder wenigstens fremde Gruppen des Für-sich-Seins. Das Ich ist nun etwas, was sich — je nach

der Art der Selbstapperzeption — sowohl als Einheit wie auch
als ein Mannigfaltiges, inhaltlich zu Gliederndes auffaßt. Für
das Ich selbst ist Erlebtwerden und Sein essentiell eines.
Indem das Ich sich als eins setzt, ist es wahrhaft, an und für sich (nicht phänomenal-objektiv)
eine Einheit; und indem es sich als einen Zusammenhang distinkter, gesonderter Bewußtseinszustände setzt, fixiert, ist es ein Mannigfaltiges an
sich. Und zwar ist es so in seiner Selbstsetzung.
Das Ich ist nicht als Summe oder Aggregat selbständiger
Elemente gegeben, aber auch nicht als einfaches Wesen
außerhalb des Zusammenhanges des Bewußtseins, sondern
es gehören Einheit und Mannigfaltigkeit wesentlich zu ihm
oder es ist die Einheit eines Mannigfaltigen, welches
es zusammenhält, aneinander bindet, wie sie auch schon in
ihm zur Entfaltung kommt. Im Verhältnis zueinander sind
die Momente und Elemente des individuellen Bewußtseins
relativ selbständige Teileinheiten, aber sie haben kein absolutes Dasein, insofern sie eben Setzungsmomente einer Totalität sind, welche sie primär bedingt.

Analog diesem Verhältnnisse läßt sich nun das Welt-
Sein denken. Es ist eine „Welt“, ein „Universum“, als Inbegriff aller möglichen, in ihm selbst setzbaren und gesetzten
Subjekte, die relativ (im Verhältnis zueinander) selbständig
existieren, voneinander sich abheben, abgrenzen, einander
gegenüberstehen. Diese Mannigfaltigkeit ist aber zugleich als
Inhalt einer allumfassenden Einheit, die des „Absoluten“ (wie wir sie im Unterschiede von der „Welt“ nennen
wollen), zu deuten. Das Absolute ist das Absolute,
sofern es sich als Einheit lebendig setzt und erhält, und sofern es die Summe aller seiner Teilinhalte stets überragend umfaßt und einschließt,
und es ist in ihm eine Welt von Individuen, von
relativ selbständigen Aktionszentren, sofern es
eine solche in sich setzt. (Objektiver Idealismus). Nicht
als einfaches starres Weltding wird hier das Absolute gedacht,
sondern als eine ewig sich als Vieleinheit, als „Allheit“

setzende, betätigende Kraft, die ihrer Qualität nach — als Realisationsprinzip — Weltwille ist, d. h. ein Wille, dessen Partialmomente als relativ selbständige Willenszentren die ewige Willenstat des Absoluten in zeitlicher und beschränkter Weise, in fortschreitender „Entwicklung" zum Ausdruck, zur Objektivation bringen. Durch seine doppelte Beziehung: zum Absoluten einerseits, zu den übrigen Momenten im Absoluten anderseits — ist jedes Individuum sowohl ein durch die Gesamtheit des Existierenden Bedingtes, als auch ein mehr oder weniger kraftvoller, aktiver, bedingender Faktor im Weltgeschehen.

Die religionsphilosophische Deutung und Fassung dieses Verhältnisses des Absoluten zur Welt wird uns später beschäftigen.

§ 10.

Kausalismus und Teleologie.

Das kosmologische Problem zweiter Art ist die Frage nach der Art des Zusammenhanges des Geschehens. Ist der gesamte Ablauf des Geschehens als rein kausal, insbesondere rein mechanisch zu bestimmen, oder gibt es eine „Finalität", ein Wirken von „Zweckursachen", und wenn: wie weit ist das Gebiet, auf dem ein solches Wirken nach Zwecken anzunehmen ist, inwieweit ist also eine „Teleologie" ($\tau\acute{\varepsilon}\lambda o\varsigma$, Ziel, Zweck; $\tau\acute{\varepsilon}\lambda\varepsilon\iota o\varsigma$, zweckmäßig), eine „Zweckmäßigkeitslehre" statthaft?

Kausalismus (causa, Ursache; causalis, ursächlich) ist jener Standpunkt, welchem zufolge (— wenigstens außerhalb der Reihe bewußt handelnder, wollender Wesen) alles Geschehen rein kausal, nach dem Schema: Ursache — Wirkung verläuft, ohne daß es andere Arten von Wirksamkeit gibt als jene, bei welcher die Wirkung, der Effekt mit strenger Notwendigkeit, unabänderlich, gesetzlich aus bestimmten Ur-

sachen hervorgeht. Und zwar lehrt der realistische Kausalismus die absolute, von jedem erkennenden Subjekt unabhängige Geltung der Kausalität, während der idealistische Kausalismus behauptet, daß die Kausalität nur für
mögliche Erscheinungen oder Vorstellungskomplexe, als
denkend bestimmte gesetzliche Abfolge dieser, gilt, so aber
gleichwohl universal, ausnahmslos und alleinherrschend. Wird
des Näheren betont, daß das Kausalverhältnis ein mechanisches sei, d. h. daß Ursache und Wirkung sich zu einander verhalten wie Bewegendes und Bewegtes, welches Verhältnis quantitativ bestimmbar ist, wird alles Geschehen (in
der Natur wenigstens) auf Druck und Stoß blind wirkender
Ursachen zurückgeführt, dann spricht man von „Mechanismus"
oder von mechanistischer Weltauffassung. Diese
kann sich auch auf das Organische, ja selbst auf das Psychische
beziehen und bildet dann, wenn als endgültiger und einziger
Standpunkt gesetzt, einen Teil vom Inventar des Materialismus. Der Kausalismus in jeder Form ist, insofern er keine
„causae finales", nur „causae efficientes" anerkennt, antiteleologisch.

Die Teleologie leugnet nicht die Geltung der Kausalität, nimmt aber neben ihr auch noch — partiell oder universal — die Wirksamkeit von Zweckursachen an, aus denen
sie die Zweckmäßigkeit — welche der Kausalismus als bloßen,
notwendigen oder „zufälligen" Effekt betrachtet — begreiflich machen will. Entweder nimmt sie ein Gebiet des Geschehens von der Herrschaft der (mechanischen) Kausalität
aus oder aber sie unterordnet alles Einzelgeschehen dem
Kausalbegriffe, zugleich erklärend, daß dasselbe Geschehen
(oder doch ein Teil desselben, das organische) auch final
bestimmt sei. Die transzendente Teleologie nimmt Zweckursachen außerhalb der Dinge an, als Inhalte der göttlichen
Vernunft oder als „Ideen", durch welche das Geschehen an den
Dingen von vornherein zur Zweckmäßigkeit hingeleitet wird.
Das „Reich der Zwecke" wird hier als etwas Festes, Gegebenes aufgefaßt, nicht als Produkt ständiger, fortschreitender Realisation, wie es eine immanente Teleologie auf-

fassen könnte. Nicht selten wird die Teleologie auch anthropomorphistisch gestaltet, sei es, daß die Zwecktätigkeit in der Welt als völlig menschenartig vorgestellt (z. B. im Mythus), oder sei es, daß alle Zweckmäßigkeit auf den Menschen als eigentliches Objekt aller Zielstrebigkeit, als Endzweck der Schöpfung bezogen wird. Von der metaphysischen ist die bloß methodische Teleologie zu unterscheiden, deren regulativer Zweckbegriff Vorgänge und Zustände so betrachtet, als ob sie im Sinne eines τέλος erfolgten oder beständen, um so den Zusammenhang der Dinge (bzw. nur der organischen) vollständiger und besser zu verstehen und neue Zusammenhänge kausaler Art zu finden (Heuristische Bedeutung der Zweckidee).

Es mangelt auch nicht an Versuchen, Kausalismus und Teleologie in einer höheren Einheit zu verknüpfen, so daß das Gesamtgeschehen, je nach dem Standpunkt der Betrachtung, sowohl als kausal wie auch als final bestimmt wird.

Die streng kausalistische Weltansicht finden wir u. a. bei Demokrit (Grundsatz der Kausalität: οὐδὲν χρῆμα μάτην γίγνεται, ἀλλὰ πάντα ἐκ λόγου τε καί ὑπ᾽ ἀνάγκης, Stob. Eclog. I, 160); zugleich Mechanismus der Atome), den Stoikern und Epikureern (besonders auch Lucrez). Durch Kopernikus, Kepler, Galilei u. a. wird die mechanische Weltanschauung der neueren Zeit inauguriert, welche philosophisch durch F. Bacon, Hobbes, Newton, Descartes, Spinoza u. a. im Sinne eines universalen Kausalismus formuliert wird. Bei Spinoza tritt das Antiteleologische stark hervor. Mit mathematisch-logischer Notwendigkeit „folgt“ alles aus dem Wesen der Gottnatur, Zweckursachen gibt es nicht in der Natur („omnes causas finales nihil nisi humana esse figmenta“, Eth. I, prop. XXXVI, app.). Antiteleologisch lehren auch Hume, Maupertuis, Holbach u. a., die Materialisten überhaupt, ferner Nietzsche, E. Häckel u. a., in der Biologie z. B. die Darwinisten, welche aus äußeren Umständen („Selektion“) die Zweckmäßigkeit der Organismen als einen bloßen Spezialfall des Mechanischen (als „Anpassungserscheinung“) erklären wollen. Einen methodischen Kausalismus im Sinne universaler Anwendung des Kausalbegriffes wenigstens für die Welt der Erscheinungen vertreten Kant, Schopenhauer, F. A. Lange, Helmholtz, Lotze, E. v. Hartmann, Wundt, O. Liebmann, Riehl u. a. Die anthropomorphe Teleologie hat nur noch wenige Anhänger in der Philosophie (eigentlich nur in der „katholischen“).

Das Zweckprinzip (den *νοῦς*, Geist) führt in die Weltanschauung Anaxagoras ein, ohne im einzelnen davon Gebrauch zu machen. Eine anthropomorphistische Teleologie findet sich bei Sokrates. Zweckursachen neben dem Mechanismus nehmen Plato, Aristoteles, Plotin an; Aristoteles begründet die immanente Teleologie durch seinen Begriff der „Entelechie" (*ἐντελέχεια*), der Selbstverwirklichung von Zielen innerhalb der Wesen. Alles in der Welt geschieht im Prinzip zweckvoll (De anima III, 12). Endzweck ist Gott, dem alles hinstrebend sich unterordnet, so daß er (*ἐρώμενος*, als Willensziel) alles leitet (Metaphys. XII, 7). Die Zweckmäßigkeit der Welt wird von den Stoikern betont. So auch von den Scholastikern, welche besondere „causae finales" annehmen. Teleologen sind ferner H. More, R. Cudworth, Chr. Wolff (anthropomorphe Teleol.; „teleologia" = Lehre von den „fines rerum", Philos. rational. § 85).

Die Vereinigung von Mechanismus und Teleologie tritt in metaphysischer Form bei Leibniz auf. Der Mechanismus ist Erscheinung sowie Mittel der Zweckverwirklichung („La source de la mécanique est dans la métaphysique", WW. Gerhard, III, 607). Er betont, „que tout ce fait mécaniquement et métaphysiquement en même temps" (l. c. III, 607). Was an sich, in den Monaden zielstrebige Entfaltung innerer Zustände, in steter Koordination zu den Zuständen der anderen Wesen ist, erscheint uns zugleich als universaler Mechanismus. Daß alles als kausal und zugleich als teleologisch, in der Einheit des Weltgrundes verbunden zu denken ist, lehren (hypothetisch) Kant, Schelling, Schopenhauer, Trendelenburg, Ulrici, J. H. Fichte, Lotze, M. Carriere, J. Ward, J. Fiske, Wundt, E. v. Hartmann, Planck, Ravaisson, Fouillée, Paulsen, Sigwart, L. Busse, G. Spicker, R. Seydel, J. Reinke, A. Dorner, Windelband u. a.

Den regulativen Zweckbegriff führt Kant ein. Der Zweck ist keine Verstandeskategorie, kein „konstitutiver" Faktor objektiver Erkenntnis, aber doch mehr als eine Fiktion; er ist nämlich ein Prinzip der reflektierenden „Urteilskraft", ein „regulativer" Begriff, durch den wir Objekte des Erkennens im Sinne der Zweckidee deuten und so zu neuem einheitlichen Zusammenhang bringen. Er dient dazu, die Natur so zu betrachten, als ob Zwecke in ihr wirksam seien. Der Zweckbegriff (der für die Vernunftwelt konstitutiv gilt) dient der Naturforschung nur, um die Natur nach Analogie unserer Zweckwirksamkeit zu betrachten, ohne sie damit zu „erklären". „Der Begriff von Verbindungen und Formen der Natur nach Zwecken ist doch wenigstens ein Prinzip mehr, die Erscheinungen derselben unter Regeln zu bringen, wo die Gesetze der Kausalität nach dem bloßen Mechanismus derselben nicht zulangen" (Krit. der Urteilskraft, § 61). Das Organische müssen wir auch teleologisch deuten (l. c. § 77), ja selbst die ganze Natur ist als „System nach der Regel der Zwecke" zu interpretieren (l. c. § 67, 78). Möglich ist, daß „in dem uns unbekannten innern Grunde der Natur selbst die physisch-mechanische und die Zweckverbindung an denselben Dingen in einem Prinzip zusammenhängen mögen" (l. c. § 70). Den regulativen Zweckbegriff finden wir bei H. Cohen (Der Zweck ist keine Kategorie, sondern eine „Methode", eine Grundlage der Forschung), Natorp, Stammler, Fr. Schultze, Riehl u. a., auch bei Sigwart, Wundt. Nach den beiden letzteren Denkern ist die (regulative) Zweckbetrachtung nur die „regressive", von der Wirkung zur Ursache gehende Auffassung desselben Geschehens, welches „progressiv" sich als kausal darstellt. Die teleologische Betrachtungsweise sagt: wenn dieser Erfolg herauskommen sollte, so müssen die Ursachen so und so beschaffen sein. Sie sucht und findet also die Ursache aus der Wirkung (Sigwart, Kleine Schriften II^2, 43; Logik II^2, 252; „formaler" Zweckbegriff). „Stets ist diejenige Ordnung der Erscheinungen, bei welcher wir von dem Bedingenden zu dem Bedingten fortschreiten, eine Ordnung nach Kausalität, diejenige dagegen, bei welcher wir von dem Bedingten zur Bedingung zurückgehen, eine Ordnung nach dem Zweckprinzip". „Beim Kausalbegriff wird der Grund zur Ursache, die Folge zur Wirkung: beim Zweckprinzip wird die Folge zum Zweck, der Grund zum Mittel" (Wundt, Logik I^2, 642ff., Syst. d. Philos.^{2}, S. 311f.). Es gibt aber auch objektive Zwecke, welche der Wille erzeugt.

Daß alles Geschehen sich kausal bestimmen läßt, wird kaum mehr bezweifelt. Denn ob man nun das Verhältnis von Ursache und Wirkung im realistischen oder im idealistischen Sinne deutet, als an sich bestehende „Nötigung" oder als bloße gesetzliche Abfolge, als „funktionelle Abhängigkeit" der Phänomene voneinander, welche empirisch erfaßt oder kategorial gesetzt wird — jedenfalls ist man bereit, die Geltung des Kausalbegriffes als eine ausnahmslose zu betrachten, indem man entweder a priori überzeugt ist oder mit höchster Wahrscheinlichkeit voraussetzt, daß jedes mögliche Einzelgeschehen mit bestimmten andern „nach einer Regel" verknüpft oder zu verknüpfen ist. Die Gesetzlichkeit unseres Denkens selbst fordert, daß aller Inhalt des Erkennens, so fern er als Sukzession von Ereignissen aufgefaßt wird, in einen einheitlichen Zusammenhang sich bringen lasse, zu welchem wesentlich die Beziehung bestimmter Teilinhalte des Geschehens im Sinne der Kausalität gehört. Indem wir etwas als ein Ding auffassen, deuten wir ein Objekt als Subjekt, nach Analogie des eigenen Ichs. Die Dingheit ist gleichsam ein Reflex, ein Gegenstück der Ichheit. Was die Ichheit konstituiert, wird auch in die Dingheit „eingelegt“, d. h. sowie das Ich als einheitlich, identisch, beharrend, wirksam erfaßt wird, so deutet es von sich aus die Objekte der Sinneswahrnehmung als tätige, wirkende Subjekte. Das Wirken ist also etwas, was nicht objektiv erfahren, erlebt wird, sondern zum Objekt-Inhalt hinzugebracht wird, so aber, daß unmittelbar und in einem das Objekt als Ding, und als wirksam, als Urheber von Zustandsveränderungen, von „Effekten“, also als „Ursache“ erscheint. Die Dinge gelten uns, primär, als permanente Träger von Tätigkeiten, durch deren Äußerung sie zu Ursachen werden. Sobald wir auf Grund methodischer Erfahrung erkannt haben, daß bestimmte Wirkungsweisen zur „Natur“ eines bestimmten Dinges in Beziehung zu bestimmten anderen Dingen gehören, sagen wir, es sei der Zusammenhang zweier Inhalte ein kausaler, und zwar nicht bloß ein variabel-kausaler, sondern ein allgemeingültig-kausaler, unabänderlicher, gesetzlicher; denn die Formel, welche das ausnahmslose Statthaben des so bestimmten Zusammenhanges, der so bestimmten Abhängigkeit aussagt, ist ein Gesetz. Unsicher ist es sehr oft, ob wir voll berechtigt sind, solch ein Gesetz aufzustellen, auch werden in concreto oft gesetzliche Zusammenhänge durch den Konflikt mit anderem Kausalnexus verhindert oder modifiziert; aber wo wir ein Gesetz wahrhaft erkannt zu haben glauben, sind wir a priori, für alle mögliche Erfahrung der gleichen Art, überzeugt, daß es allgemein gelten müsse. Nicht auf Grund bloßer Assoziationen (Hume) oder bloßer Induktion (J. St. Mill u. a.) erwarten wir dies, sondern deshalb, weil 1. die Kausalität alles Geschehens im allgemeinen ein Postulat unseres Erkenntniswillens ist, der sich selbst nach dem Schema Grund — Folge begreift und auch die Inhalte des Objektbewußtseins nicht anders zusammenfassen kann; 2. weil die so und so bestimmte Wirkungsweise (— die wir nicht rezeptiv erfahren, aber auf Grund konstanter Sukzessionen, Abfolgen) als solche beziehend setzen, aus der Identität oder Gleichartigkeit der Dinge, an welchen sie auftritt, unmittelbar folgt; wir setzen a priori, denkgesetzlich, voraus, daß unter gleichen Bedingungen Gleichartiges sich gleichartig verhält. Das Eintreffen des antizipierten Kausalnexus, die beständige, ausnahmslose Verifikation der erwarteten Gesetzlichkeit an der Hand der Erfahrung, des Experimentes („Ausschlußverfahren") bestärkt im einzelnen die Überzeugung von der Gültigkeit des Kausalurteils.

Die Naturwissenschaft hat sich allmählich von der ursprünglich „animistischen" Kausalbetrachtung der Dinge als persönliche oder lebendige „Täter" und auch von der metaphysisch-abstrakten Auffassung der Ursachen als zwingende, determinierende „Kräfte" unbekannter Art entfernt. Ihr Bedürfnis nach Orientierung in der Phänomenwelt, nach geistiger Beherrschung der Mannigfaltigkeit von Ereignisarten durch Unterordnung derselben unter eine Reihe von Klassen allgemeiner Zusammenhänge, führt schließlich dazu, die Kausalität im rein „phänomenologischen" Sinne, als konstante, gesetzlich formulierbare „Abhängigkeit" bestimmter Erscheinungen von anderen, zu verwerten. Aber dies kann, muß nicht der letzte, entgültige Standpunkt sein. Das „Wirken", welches die abstrakte Naturwissenschaft zu „eliminieren" vermag (als „fetichistisch", wie J. St. Mill und E. Mach meinen), kann die metaphysische Weltanschauung nicht entbehren, d. h. jede Weltanschauung, welche die Tatsache der „Abhängigkeit" selbst prinzipiell begreifen will. Wird den Dingen, wie dem nicht gut auszuweichen ist, ein Eigensein zugestanden, ein „An sich" als letzte „Grundlage" der objektiven Erscheinungen, so muß auch die (von unserem Willen absolut unabhängige) Bestimmtheit der phänomenalen Kausalitäten im „Transzendenten" fundiert sein. Es muß also ein Zusammenhang von Aktionen der „Kraftzentren" bestehen, den wir als gesetzliche Abfolge der Erscheinungen auffassen, ein Zusammenhang, aus dem zu begreifen ist, daß auf a gerade b und nicht c als Wirkung erfolgt. Man kann sich etwa denken, daß in dem einheitlichen Systeme, welches die „Welt" darstellt, ein bestimmtes Einzelgeschehen, entspringend der Bestimmtheit eines Wirklichkeitsfaktors, als Reaktion ein bestimmtes anderes Geschehen bedingt, entspringend der Bestimmtheit eines andern Wirklichkeitsfaktors, usw. Ohne daß immer ein „Zwang" von einem Dinge auf andere ausgeübt werden müßte, ohne daß von einem Dinge etwas auf das andere übergehen muß (ohne „influxus physicus") kann jedes Geschehen aus den Dingen selbst entspringen und doch zugleich in seiner besonderen Bestimmtheit durch das „Zusammen" mit anderen bestimmten Dingen determiniert, gesetzt sein, derart, daß in diesen die „zureichenden Gründe" für jenes (als „Folge") zu suchen sind. Die kausale Notwendigkeit und Gesetzlichkeit hat also ihren Grund in der Natur der zur Totalität der Welt verbundenen Dinge selbst; in diesem Sinne ist sie zwar keine bloße zeitliche Abfolge, aber auch nicht eine blinde, starre über den Dingen schwebende (hypostasierte) Gesetzlichkeit, sondern ein Resultat des allgemeinen Zusammenhanges, der Wechselbeziehungen der Wirklichkeitsfaktoren. Fassen wir diese letzteren als Willenseinheiten auf, so ergibt sich, daß die Gesetzlichkeit des Naturgeschehens in dem Vereine der Willensfaktoren, in ihrem Zusammenhange zur Welteinheit wurzelt. Der Wille ist die primäre Quelle des Gesetzesbegriffes, das wollend Gesetzte, die Willenssatzung ist das Gesetz, dessen Geltung zuerst in sozialer Hinsicht bewußt und dann auch auf die Natur übertragen wird. Während die Naturwissenschaft den Willenscharakter der Gesetzlichkeit mit Recht als für sie irrelevant eliminiert und die reine Naturgesetzlichkeit als solche begrifflich formuliert, kann die Metaphysik nicht umhin, mit vollem Bewußtsein den Willenscharakter im Gesetzlichen zu betonen und in der

Permanenz und Identität der im Weltsystem verbundenen Willensfaktoren die Urquelle aller kausalen
Gesetzlichkeit zu erblicken, der gemäß jedes Einzelne seine bestimmte Zuordnung zu dem Komplex anderer Faktoren hat.

Ist so im Grunde (metaphysisch) alle Kausalität Willenswirksamkeit, Wechselbestimmtheit der Willensaktionen in den Einzelwesen und deren Zusammenhange, so
wird es nicht schwer sein zu zeigen, daß die universale
Geltung der Kausalität in keiner Weise einer vernünftigen,
zunächst rein immanenten und nicht anthropozentrischen
Teleologie widerstreitet, ohne daß ein Dualismus verschiedener absoluter Kausalitäten zu setzen ist.

Der Begriff des Zweckes hat seine Urquelle in der
Ichheit. Das Ich erfaßt sich selbst als wollend, als Ziele
erstrebend, Zwecke verfolgend. Der Zweck ist in diesem
Sinne ureigentlich eine „Willenskategorie“, eine Grundweise
der Willensgesetzlichkeit, welche eben in der Zielsetzung besteht, durch Reflexion zum abstrakten Begriff erhoben, aber
schon vorher in „animistischer“, „introjektionistischer“ Weise
auf die Objekte der Außenwelt angewendet wird. Der Zweck
ist nichts anderes als das Willensobjekt, das, worauf der
Wille „gerichtet“ ist, was er „erreichen“, verwirklichen will.
Er ist ein im Bewußtsein, gefühlsmäßig, vorgestellt oder
gedanklich (als Idee, Ideal) „vorweggenommener“, „anti-
zipierter“ Bestandteil des realisierten Willenseffektes. So ist
z. B. der Zweck des Studiums einer Wissenschaft ein bestimmtes Wissen, welches selbst zum Willens- oder Tätigkeits-
effekt gehört. Nur decken sich nicht immer Willenseffekt
und Zweck, weil zuweilen mehr, zuweilen weniger, zuweilen
partiell etwas anderes tatsächlich erreicht wird, als antizipierend intendiert wurde. In der Antizipation tritt der
Willenseffekt in anderer Form auf als wenn er bereits erreicht ist, nämlich als bloßes „Gefühl“ oder als dumpfes
„Richtungsbewußtsein“ oder als Phantasievorstellung oder
als Begriff, als „ideales“, nicht aber als primäres, psychisch
oder physisch „reales“ Gebilde. Die Willenstätigkeit ist, in
der Totalität aller ihrer Momente betrachtet, das den Zweck

verwirklichende, aus der Potentialität in die Aktualität über-
führende Prinzip.

Die Willenstätigkeit ist ein eigenartiger einheitlcher Zusammenhang von Empfindungen, Gefühlsmomenten, Vorstellungen, „Strebungen", aus welchem als Endmoment ein
bestimmter Effekt entspringt, mit „psychologischer" Notwendigkeit und Gesetzlichkeit. Unter gleichartigen Bedingungen reagiert ein gleichartiges Willenssubjekt immer
gleichartig — nicht infolge eines blinden mechanischen
Zwanges, sondern infolge der Identität des Wesens dieses
Subjekts. Die Willensvorgänge sind also unter die Kategorie
der Kausalität zu bringen, sie sind nicht inkausal, nicht gesetzlos, sondern lassen sich nach dem Schema Ursache und
Wirkung gliedern. Nun läßt sich aber der Willenseffekt nicht
bloß als Wirkung der vorangehenden Momente, sondern auch
als Zweck, als Willensziel bestimmen, insofern es zum Willen
gehört, daß die „Ursache" (die „Initialmomente") gleichsam
zur „Wirkung" hingezogen wird; insofern diese als Moment
der Willenskausalität antizipiert „wirkt", bzw. den Willen zur
Wirksamkeit bestimmt, ist sie eben ein „Zweck". Objektiv
aufgefaßt, ist aber nur ein e i n z i g e r Z u s a m m e n h a n g d a,
der von verschiedenen Gesichtspunkten aus bald
als „kausal", bald als „final" sich darstellt und
g e d a c h t w i r d. Irgend eine „Veränderung" an uns selbst
oder an anderen Wesen ist also, je nachdem, sowohl „Wirkung" unserer (inneren und äußeren) Willenshandlung wie
auch „Zweck" derselben, Handlungsziel; und die Handlung selbst ist, je nachdem, sowohl „Ursache" als auch
„Mittel". D i e W i l l e n s a k t i o n i s t d i e E i n h e i t v o n K a u-
s a l i t ä t u n d F i n a l i t ä t. Der Zweck ist aber nicht eine
Ursache außerhalb der Willenstätigkeit, nicht ein willens-
transzendentes Prinzip, sondern ein i m m a n e n t e s M o m e n t
d e r W i l l e n s a k t i o n s e l b s t, ein d e n W i l l e n a l s
s o l c h e n p r i m ä r K o n s t i t u i e r e n d e s. Irgend ein „Ziel",
sei es auch nur ein dumpfes „Richtungsgefühl" oder ein
Eigenzustand, wie „Selbsterhaltung" u. dgl., ist jedem Wollen
primär eigen. Es besteht aber eine Zweckentfaltung im Sinne

eines (durch Erfahrung und Vernunft vermittelten) Wachstums sowie einer Bewußtseinserklärung der Zwecke, einer Intensivierung und Extensivierung des Zweckbewußtseins. Anderseits besteht auch eine „regressive" Zweckbewußtseins-Entwicklung: eine „Mechanisierung", ein Unterbewußt-, Automatisch-Werden der Zielstrebigkeit durch wiederholte Übung. Zweckmäßiges wird so mit dem geringsten Aufwand an Energie geleistet, und es tritt so zugleich eine feste, konstante Gesetzlichkeit bestimmter Art auf.

Fassen wir einen Zusammenhang von Momenten einer Willenshandlung kausal auf, so begreifen wir das Endmoment aus ihren Ursach-Momenten, diese können wir weiter kausal ableiten, usf. Die finale Betrachtungsweise desselben Zusammenhanges macht uns die Initialmomente, die „Ursache", aus der Wirkung, dem zu erreichenden, erstrebten Effekt verständlich, der Sinn der Handlung leuchtet uns damit erst ein, wenn wir wissen, worauf das Unternehmen, die Arbeitsaufwendung abzielt, um wessen Effektes willen sie ins Werk gesetzt wird. Das geistige Leben ist ohne durchgängige finale Betrachtung unverständlich, das gesamte theoretische, praktische (ethische, soziale usw.) Verhalten ist erst sinnvoll für uns, wenn es als ein System von Zielstrebungen und Zwecksetzungen begriffen wird. Aber auch schon das organische Leben ist ohne die Idee des Zweckes nicht sinnvoll zu interpretieren. „Konstituierend" ist hier überall, wo Willenshandlungen nicht mit Sicherheit zu eruieren sind, zunächst nur der Kausalbegriff mechanischer oder „energetischer" Art. Die Biologie muß die verwickelten Prozesse an den Lebewesen, ebenso konsequent wie in der Sphäre des Anorganischen, auf ihre ursächlichen, physikalisch-chemischen Momente und Elemente zurückführen, um sie naturgesetzlich erklären zu können. Aber schon in der Findung der ursächlichen Faktoren selbst wird ihr die Zweckidee als „regulativ-heuristisches" Forschungsmittel unentbehrlich sein; sie wird demgemäß die Lebensvorgänge auch so betrachten, als ob sie für bestimmte Effekte bestimmt wären, aus deren Beschaffenheit auf die Art und Wirksamkeit von Organen und Organfunktionen geschlossen werden kann, und im Hinblick worauf die Struktur der Organismen und ihrer Organe erst voll begreiflich wird, ebenso wie eine Maschine erst im Hinblick auf die Idee ihrer „Zwecke" (beabsichtigten Effekte) als Maschine, als diese besondere „Struktur", verständlich wird. Die finale Interpretation der biologischen Tatsachen kann und soll die kausale — die sie voraussetzt und ergänzt — nicht entbehrlich machen, an irgend einem Punkte verdrängen oder durchbrechen, wohl aber erleichtern und abschließen, und sie dient dazu, den Mechanismus des organischen Seins und Geschehens als ein System von Mitteln für die Verwirklichung lebendiger Tendenzen verständlich zu machen. Endlich läßt sich der regulative („formale") Zweckbegriff auch auf das Anorganische in der Weise anwenden, daß man das kausal erklärte Sein und Geschehen im Kosmos im Hinblick auf die relativen Endmomente, erreichten oder zu erreichenden Effekte betrachtet und so denselben Zusammenhang, welcher als Reihe von Ursachen und Wirkungen erkannt und einheitlich geordnet wurde, zur Einheit eines finalen Zusammenhanges, sei es auch nur für Partialgebiete des Seins, synthetisch gestaltet.

Eine sichere Erkenntnis objektiver Zwecke des Kosmos und seiner Naturbestandteile ist freilich nicht möglich, für die Naturforschung als solche ist der Zweck nicht von „konstitutiver" Bedeutung. Aber wir glauben doch, daß neben der methodisch-formalen, regulativ-heuristischen Anwendung des Zweckbegriffes (des Finalurteils) in der Naturwissenschaft und der konstitutiven Bedeutung des Zweckes in den Geisteswissenschaften auch noch eine, wenigstens prinzipienhaft-allgemeine Verwertung der Zweckidee im Sinne einer absoluten (transzendenten) Gültigkeit desselben für das Gesamtgeschehen zulässig und notwendig ist. Eine metaphysische, zunächst „immanente" Teleologie ist ein Postulat des begründenden Denkens, aus dessen Gesetzlichkeit die Idee eines universalen Zusammenhanges der Wirklichkeitsfaktoren nach dem finalen Modus entspringt. Zunächst müssen wir aber streng zwischen „Zielstrebigkeit" (K. E. v. B a e r) und Zweckmäßigkeit unterscheiden. Daß alles Sein und Geschehen in der Welt in jedem einzelnen Zeitpunkt schon absolut zweckmäßig, d. h. den Zwecken der Wesen genau angemessen ist, kann nicht behauptet werden. Vielmehr finden wir, daß objektive Zweckmäßigkeit das Produkt einer ständigen E n t w i c k l u n g ist, in welcher sich die Wesen ihrer „Umgebung" (oder diese sich), die Organe ihren Funktionen, die Funktionen ihren Organen, die Aktionen und Zustände den intendierten Zielen solange anpassen, bis ein gewisses Gleichgewicht, eine bestimmte günstige Koordination erreicht ist; hierbei gehen viele Wesen, die sich nicht anzupassen vermögen oder sonst „untauglich" sind, zugrunde. Die Zweckmäßigkeiten der Dinge sind also nicht von Anfang an fertig gegeben, sie sind das Produkt der Beziehungen der Wesen zueinander, aber auch nicht bloß mechanisch-zufällige Wirkungen, sondern sie setzen von Anfang an die Zielstrebigkeiten (Erhaltungstendenzen u. dgl.) der Wesen voraus als innere Faktoren, die in Wechselwirkung mit äußeren die Zweckmäßigkeiten allmählich realisieren und steigern. Wenn wir also eine „Weltharmonie" annehmen wollen, so dürfen wir sie nur als eine „Idee" auffassen, welche in keiner endlichen Zeit absolut und total realisiert ist, weil sie ein Resultat ständiger Evolution (das scheinbare „Rückschritte" und „Rückbildungen" nicht ausschließt) ist.

Da wir nun die Wirklichkeitsfaktoren als Willenseinheiten gedeutet haben, so können wir jetzt leicht sehen, daß die Kausalität der Erscheinungen sich sehr wohl mit einer Finalität der transzendenten „Gründe" der Erscheinungen vereinbaren läßt. Haben wir doch schon die Kausalität selbst als Manifestation eines Willenszusammenhanges, eines Systems von Willenswirksamkeiten aufgefaßt. Alle Willenswirksamkeit ist in Einem kausaler und finaler Art. Die verschiedenen Vorgänge und Zustände a, b, c .... n entspringen, als Effekte, aus den Aktionen der Willenseinheiten in ihrem „Zusammen" mit anderen, als „Reaktionen" auf die fremden

Aktionen, und zugleich sind sie Mittel zur Realisierung von Strebungen, und ihre (relativen) Endmomente sind die (nächsten und weiteren) Ziele solcher Tendenzen (die auf „primitiver" Stufe oder auf der Stufe der „Mechanisierung" durchaus nicht „wissend", „voraussehend" zu sein brauchen). Weil und wofern jedes Wesen ein Willensmoment (als „Impuls") enthält oder ist, ist seine Wirksamkeit, welche als kausalmechanisch erscheint, für sich auch final, so daß in diesem Sinne die Kausalität als Erscheinung einer Finalität bestimmt werden kann. Der „Mechanismus" des Geschehens, der als stabilisierter, fixierter, „automatisch" gewordener Wirkungseffekt der Wesen aufgefaßt werden kann, erweist sich für den universalen Standpunkt des Metaphysikers als ein System von Bedingungen und Mitteln zur Verwirklichung und Objektivation finaler Tendenzen, als ein „Reich der Zwecke", das sich selbst lebendig setzt, in ewigem Akt realisierend entfaltet. Der Mechanismus des Geschehens ist nichts Absolutes, er ist etwas Äußerliches, dessen Sinn und Wert im finalen „Innensein" der Wirklichkeit beschlossen liegt. Er beherrscht nicht als brutale Naturgewalt die kosmische Entwicklung, sondern er ist nur die „Hülle", welche uns die innere, finale· Regsamkeit derselben Wirklichkeit, wie sie für sich selbst ist und wirkt, verbürgt, zugleich eine Form der Weltverwirklichung, im einzelnen aber eine naturhafte Schranke und Bedingung für jedes einzelne Weiterwirken. Die finale Notwendigkeit, welche Ursachen und Effekte miteinander verknüpft, ist kein Produkt mechanischer Ursachen, kommt aber durchgängig in der Gesetzlichkeit der Naturkausalität zum Ausdruck, zur Erscheinung und knüpft wiederum an diese an, sofern dieselbe das Resultat einer „Mechanisierung" von Willenswirksamkeit ist, welche in dieser Form in den Dienst reicherer, höherer Zwecksetzungen tritt. Die „Natur", der Inbegriff objektivierter und mechanisierter Willenswirksamkeiten, erscheint so als Vorläuferin und zugleich als Basis höherer, geistiger, bewußt-teleologischer Tätigkeit‚ durch die in fortschreitender Entfaltung ein

System von „Ideen", von vernünftigen, sinnvollen Willens-
inhalten zur Realisation gelangt.

§ 11.
Das Problem der Willensfreiheit.

In Verbindung mit dem kosmologischen Problem sei das
Problem der Willensfreiheit hier behandelt, wiewohl es in
erster Linie ein psychologisches und ethisches Problem ist. Es
steht auch zur Metaphysik in Beziehung, da die Frage nach
der Art der Gesetzlichkeit im Zusammenhang des Geschehens auch das vorliegende Problem schließlich berührt.

Durch Vermengung oder Vertauschung theoretischer und
praktischer, empirischer und metaphysischer Gesichtspunkte
ist in das Problem der Willensfreiheit manche Unklarheit
gebracht worden, ja es ist vielfach die eigene Voraussetzung,
die eigene Argumentation, die eigentliche Bedeutung derselben den Theoretikern so unklar, daß es schwer zu ersehen
ist, ob sie in Wahrheit mehr „Deterministen" oder „Indeterministen" sind. Diese beiden Gegensätze nämlich — Determinismus und Indeterminismus — durchziehen die Geschichte
des Problems bis auf den heutigen Tag, so aber, daß Über-
gänge zwischen beiden Richtungen bestehen, die man ebensogut als „deterministisch" wie als „indeterministisch" bezeichnen könnte.

Von der Willensfreiheit im engeren Sinne muß zunächst
die Freiheit des Handelns unterschieden werden, die
Möglichkeit zu handeln, wenn kein äußeres Hindernis, kein
äußerer Zwang im Wege steht. Ich bin also in diesem Sinne
frei, wenn ich tun (oder unterlassen kann), was ich will, wenn
ich an der Ausführung meines Willens nicht gehindert werde.
Diese Art der Freiheit leugnet niemand. Hingegen steht es
anders um die Freiheit des Willens selbst.

Der (absolute, extreme), freilich selten konsequent durch-
geführte) Indeterminismus behauptet, unser Wille (als
Vernunftwille, nicht als bloßer Trieb) sei absolut frei, ab-

solut unabhängig nicht bloß von äußeren Gewalten, Ursachen, Reizen, sondern auch von intraorganischen und
intramentalen Impulsen, er sei nicht ursächlich bestimmt,
keiner Kausalität unterworfen, sondern, wenn schon nicht
außerhalb aller Kausalität, so doch nur der eigenen Gesetzlichkeit unterworfen, vermöge deren er selbständig allem
Übrigen gegenübersteht. Zwar handeln wir nicht ohne
Motive, nicht grundlos, aber der Wille ist den Motiven nicht
unterworfen, das Wollen nicht ein Effekt der Motive, es steht
der Wille vielmehr über der Gesamtheit möglicher Motive,
so daß er sich ebensogut für das eine wie für das andere
entscheiden kann („liberum arbitrium indifferentiae"), in
jedem Moment das Gegenteilige tun kann (bzw. gekonnt
hätte); das Freiheitsgefühl, das wir tatsächlich erleben, das
Wahlbewußtsein, welches ebenso sicher besteht, ferner die
Reue, welche wir nach Ausübung einer schlechten Tat
empfinden nebst dem Glauben, wir hätten sie unterlassen
können, dies alles veranlaßt den Indeterministen zur Erklärung, daß die Motive den Willen niemals nötigen, sondern
stets nur anreizen; die Entscheidung aber hänge immer vom
Willen selbst ab, durch dessen Entschluß gleichsam eine
neue Reihe des Geschehens ins Werk gesetzt wird. Die
Naturkausalität hat auf dem Gebiete des Wollens keine Geltung, das Wollen ist nicht als Effekt einer Summe von Faktoren mit absoluter Sicherheit vorauszusagen, wenn auch —
wie die Moralstatistik lehrt — eine gewisse Konstanz im
Verhalten bestimmter Wollender unter ähnlichen Umständen zu verzeichnen ist. Ohne die Annahme der Willensfreiheit hat die ethische Verantwortlichkeit keinen Sinn, der
Mensch wäre nur ein Automat, dem nichts zugerechnet, nichts
als Verdienst oder Strafe zuerteilt werden könnte.

Der Determinimus betont, es gebe nirgends eine Ausnahme von der Kausalität, es bestehe kein gesetzloses Tun,
auch das Wollen sei kausal-gesetzlich bestimmt, determiniert.
Der naturalistische Determinismus (welcher seltener vor-
getragen wird) erklärt den Menschen zuweilen für einen
Spielball, mit-dem äußere und innere Kräfte schalten und

walten; sein Wollen ist das mechanische Resultat äußerer Ursachen und innerer Impulse, ein notwendiges, unabänderliches Produkt der Motive, welche den Willen nicht bloß erzwingen, sondern geradezu erst erzeugen. Das menschliche Wollen ist so nichts als die Fortsetzung des äußeren Naturgeschehens, eine bloße Spiegelung natürlicher, physischer Agentien im Bewußtsein, welches selbst als solches inkausal, ohne eigene Aktivität, ohne primäre Initiative ist. Der psychologische Determinismus anerkennt vieles von dem, was der Indeterminismus zur Grundlage seiner Theorie macht, aber er deutet es teilweise anders. Das Wollen ist zwar kein Produkt äußerer Kräfte oder innerer Reize, aber es ist auch nicht unmotiviert oder auch nur eine besondere Kraft neben und über den Motiven. Es besteht eine „Wahlfreiheit", aber nicht als „liberum arbitrium", sondern als Fähigkeit, momentane Motive zu hemmen und — im Zustand der „Überlegung" (Deliberation) andere, insbesondere „Vernunftmotive" (sozialer, ethischer u. a.) Art zur Geltung kommen zu lassen, deren „Kampf" (Wettstreit) zur „Entscheidung" und „Entschließung" führt; die Handlung selbst erfolgt mit gesetzlicher Notwendigkeit, nicht aber mit mechanischer, sondern mit psychologischer Gesetzlichkeit, welche freilich auch — vom Standpunkt der äußeren Erfahrung — eine physische Seite hat. Anders, als wir unter gegebenen äußeren und inneren Umständen gehandelt haben, konnten wir nicht handeln. Nicht wegen eines Zwanges, sondern weil wir selbst zur Zeit so beschaffen waren, daß die Wollung schließlich nicht anders ausfallen konnte. Nicht als isolierte, fremde Mächte determinieren die Motive den Willen, sondern als Momente desselben selbst, dessen konstante ureigene Reaktionsweise — der Charakter, die Persönlichkeit — im einzelnen Wollen und Handeln zum Ausdruck gelangt. Wenn eine Tat möglichst dem Grunde unserer eigenen Persönlichkeit entspringt, möglichst durch Überlegung, Vernunft, Selbstbewußtsein bestimmt ist, sind wir praktisch frei (unabhängig von momentanen Reizen und Trieben), und diese Freiheit kann (durch Fremd- und Selbsterziehung, durch individuelle und soziale Pädagogik) gesteigert werden; sie ist in ihrer Vollendung ein Ideal, dem wir uns immer mehr nähern können, um so mehr, wenn der Wille zur Freiheit selbst zum Motiv unserer Entwicklung wird. Ein starker und dabei guter, hochwertiger Wille ist so frei, als er es bei einem endlich beschränkten Wesen nur sein kann. Daß das Ich, der Charakter selbst durch die gesamte Vergangenheit des Weltgeschehens kausal bestimmt ist, tut nichts zur Sache, denn die Freiheit des Wollens, nicht die der Wesen, des Seienden ist hier Problem. Der Indeterminismus verlangt Unmögliches und Unnötiges; wäre das Wollen nicht durch Motiv und Charakter bestimmt, gäbe es keine Vorausberechnung von Handlungen, kein Verlaß auf die Leute (die ja immer grundlos plötzlich ganz anders wollen könnten, als man es von ihnen gewohnt ist), niemand könnte mit Recht (theoretisch) verantwortlich gemacht werden (da ja seine Taten nicht durch seinen Charakter bestimmt, sondern in diesem Sinne „grundlos" sind), es hätte die Erziehung (und Strafe) keinen Zweck (da ja der Wille durch Motive nicht bestimmt zu werden braucht). Worauf es aber dem Indeterminismus zumeist ankommt, die sittliche Freiheit, die Fähigkeit, ethischen Normen gemäß zu wollen und zu handeln, sich für das Gute zu entscheiden und dem Bösen (durch Hemmung der schlechten Impulse) zu widerstehen, das anerkenne der Determinismus ja selbst, ja er gebe erst die richtige Erklärung für die Möglichkeit und Erreichbarkeit solcher Freiheit, in welcher die Würde des Menschen liegt.

Gleichsam ein mißverstandener Determinismus ist der Fatalismus, der Glaube an das unabänderliche Walten des Schicksals (Fatum). Hiernach ist unser Wille ohne eigenen Einfluß auf das Geschehen, ohne Effekt (gleichsam auch ein umgekehrter Indeterminismus). Was vom Schicksal (oder von der Gottheit) bestimmt ist, muß erfolgen, ob wir wollen oder nicht, handeln oder nicht. Daß die Persönlichkeit des Handelnden selbst ein kausaler, aktiver Faktor des Weltgeschehens ist, ein nicht bloß determiniertes, sondern auch selbst determinierendes, bedingendes Wesen, ohne dessen Willenstätigkeit bestimmte Effekte — auch wenn sie durch die Reihe des Geschehens in gewissem Sinne prädeterminiert oder prädestiniert sind, — nicht zustande kommen können, daß es also wohl auf uns, auf unser Wollen und Tun (bzw. Unterlassen) mit ankommt, wenn etwas erreicht werden soll, übersieht der Fatalismus völlig. Richtig ist an dieser Lehre nur der Gedanke, daß ein Allgeist, der sowohl alle äußeren Faktoren wie auch unseren Charakter und dessen Reagieren auf Motive vorausschaute, sicher wüßte, was schließlich geschehen wird. Ferner ist auch die Überzeugung berechtigt, daß infolge der Konstellation äußerer Faktoren das angestrebte Resultat unseres Handelns ausbleiben kann, und daß schon jetzt, im Augenblick des Handelns, auf Grund der Weltkonstellation, bestimmt ist, ob es der Fall sein wird. Da wir aber nicht wissen können, was geschehen wird, und da jedenfalls unser eigenes Tun unter günstigen Umständen zum Ziele gelangen kann, wäre es töricht, auf den eigenen Willen zu verzichten und sich selbst eventuell in ungünstigstem Sinne zu determinieren.

Die Übergangsrichtungen zwischen Determinismus und absolutem Indeterminismus könnte man als **Autodeterminismus** bezeichnen, insofern die Bestimmung des Wollens durch die Persönlichkeit des Wollenden selbst, durch die Eigengesetzlichkeit der Willenskausalität betont wird, wobei eine mehr deterministisch und eine mehr indeterministische Gruppe von Ansichten zu unterscheiden ist. Eine Synthese von Determinismus und Indeterminismus bedeutet auch die Lehre, daß der Mensch an sich (als „Noumenon", „intelligibler" Charakter) frei, als Erscheinung aber naturgesetzlich determiniert sei.

Den absoluten Indeterminismus lehren manche Scholastiker, besonders Duns Scotus, nach welchem der Wille sich rein aus sich, ohne Bestimmung durch den Intellekt, entscheiden kann. Das „liberum arbitrium" — das übrigens vielfach nur im Sinne der „Wahlfreiheit" verstanden wird — wird hier als freier Wille „ad oppositos actus" bestimmt. So auch u. a. bei Malebranche („la puissance ... de vouloir le contraire"). Indeterministen sind ferner Descartes, H. More, Cudworth, Clarke, Crusius u. a., ferner von neueren: Fr. Schlegel, Chr. Krause, V. Cousin, Lotze, Renouvier, H. Schwarz u. a. Den „Autodeterminismus" vertreten sehr viele Denker, wie Sokrates, Plato, Aristoteles, die Stoiker (daneben metaphysischer Determinismus), Cicero, Epiktet, die Epikureer, Plotin u. a., ferner die Patristiker, Augustinus (zugleich Vertreter des theologischen Determinismus, wonach alles schließlich vom göttlichen Willen abhängig ist), die Scholastiker (Thomas u. a.), Leibniz, Chr. Wolff, Reid, Kant, J. G. Fichte, Hegel, Schopenhauer, Herbart, Trendelenburg, Ulrici, M. Carriere, Planck, Wundt, Lipps, E. Laas, Riehl, Schuppe, O. Liebmann, Windelband, Hensel, Cohen, Natorp, Sigwart, Fouillée, Ardigo, Höffding, Jodl, Green, W. James, Hagemann, Gutberlet, M. Offner u. a. Ein Teil von diesen ist auch zu den Vertretern des psychologischen Determinismus zu zählen, zu welchen besonders gehören: Spinoza, Hobbes, Hume, Hartley, Voltaire, Condillac, Bonnet, Herbart, Beneke, Schopenhauer, Schleiermacher, Czolbe, Fechner, Steinthal, Wundt, G. H. Schneider, E. Dühring, E. v. Hartmann, Horwicz, Paulsen, Th. Ziegler, Gizycki, F. Erhardt, Ziehen, Brentano, Höfler, Jerusalem, L. Müffelmann, Elsenhans, A. Bain, H. Spencer u. a. Einen strengeren Determinismus lehren Priestley, Holbach, Moleschott, C. Vogt, L. Büchner, E. Häckel, Buckle, Nietzsche u. a. — Über „Moralstatistik" vgl. man Quételet, v. Oettingen u. a.

Den theologischen Determinismus vertreten Luther, Zwingli, Calvin u. a. (Prädestinationslehre). — Zum Fatalismus bekennt sich bekanntlich der Islam; auch die Stoiker waren zum Teil Fatalisten, wiewohl sie eine gewisse Willensfreiheit (— spontane Ergebung, συγκατάθεσις, in den Weltlauf) anerkannten.

Nach Kant ist Freiheit (ethisch) „das Vermögen der reinen Vernunft, für sich selbst praktisch zu sein", die Autonomie der Vernunft. Im „kosmologischen" Sinne ist Freiheit „das Vermögen, einen Zustand von selbst anzufangen, deren Kausalität also nicht nach dem Naturgesetze wiederum unter einer andern Ursache steht, welche sie der Zeit nach bestimmte". Diese Freiheit ist nicht empirisch gegeben, sondern eine „Idee" der Vernunft, ein Postulat der Ethik zugleich. Naturnotwendigkeit bezieht sich nur auf Erscheinungen, Freiheit auf das Wesen an sich (als Noumenon), als intelligiblen Charakter. Das Wollen ist also zugleich frei und determiniert, je nachdem es aufgefaßt wird. „Alle Handlungen vernünftiger Wesen, sofern sie Erscheinungen sind, stehen unter der Naturnotwendigkeit; eben dieselben Handlungen aber, bloß respektive auf das vernünftige Subjekt und dessen Vermögen, nach bloßer Vernunft zu handeln, sind frei" (Prolegom. § 53). Die freie Wahl des Charakters ist „eine intelligible Tat vor aller Erfahrung". Diesen (schon bei Origenes vertretenen) Gedanken der präexistentialen Freiheit, des vorzeitlichen „Selbstsetzen" des eigenen Charakters, bilden Schelling (WW. I, 6; 7), Schopenhauer, Bahnsen, Mainländer u. a. weiter. So gehen nach Schopenhauer die Taten mit psychologischer Notwendigkeit aus dem empirischen Charakter hervor. Wie der Mensch ist, so muß er handeln („operari sequitur esse"). Aber das Sein des Menschen, als intelligibler Charakter, ist frei, grundlos durch den Urwillen gesetzt; der Charakter ist konstant, ändert sich nie.

Eine unbefangene Würdigung des Problems muß, indem sie dem absoluten Indeterminismus entgegentritt, doch alles das anerkennen, was zur Theorie des Autodeterminismus sich zusammenfassen läßt.

Gegen den naturalistischen Determinismus zunächst ist zu betonen, daß der menschliche Wille (— wo er normal, ungehemmt funktioniert —) kein mechanischer Automat ist. Wir handeln wollend, nicht rein passiv oder auch nur eindeutig reaktiv, sondern spontan, selbsttätig, selbständig. Schon das Organische als solches unterscheidet sich vom bloß Mechanischen dadurch, daß es auf äußere Reize stets in der ihm selbst eigenen Weise reagiert, infolge seiner bestimmten, ererbten und erworbenen Konstitution, welche sich zwischen das äußere Medium und die Handlungen als Zwischenfaktor einschiebt; und diese Konstitution des Organismus selbst, welche gegenüber den einzelnen Vorgängen der Umgebung etwas relativ Konstantes, Individuelles ist, ist zwar immer in bestimmter Beziehung zu den Einwirkungen der Umgebung tätig, aber nicht von ihnen absolut abhängig, so daß ihr Wirken aus den äußeren Ursachen allein nicht zu erklären, nicht als bloßer Effekt dieser zu begreifen ist. Es sind in der Organisation immer verschiedene Möglichkeiten der Wirksamkeit vorhanden, welche den Organismus von der Determiniertheit der Momentanreize weniger abhängig machen. Dies gilt nun auch von der psychischen Organisation, als deren Äußerung die physische aufgefaßt werden kann. Durch die Fähigkeit des Strebens, des Wollens ist das Subjekt vom Zwange der Umgebung frei, es muß nicht in einseitig bestimmter Weise sich verhalten, sondern kann, je nach den Impulsen und Wollungen, in der dem eigenen Wesen selbst gemäßen Weise handeln. Der Wille ist das Freiheit-konstituierende Prinzip; wir sind frei, weil und sofern wir wollen können, weil wir Willenswesen sind. Wenn ich so handle, wie ich „Lust habe", wie ich es „haben will", so ist meine Handlung im Sinne meines Willens, entspricht also in mir, nicht einem mir von der Umgebung auferlegtem Zwange. Ein Zwang besteht nur, wenn ich nicht so handeln darf, wie ich will, sei es infolge äußerer Gewalt, sei es infolge der Stärke gewisser Affekte, Leidenschaften, Triebe, Störungen, die meinen Willen nicht aufkommen lassen, schwächen oder hemmen, also infolge von Erregung, Krankheit, Geistesgestörtheit. Je kraftvoller, entschiedener der Wille ist, je leichter und sicherer er die psychische Organisation zu beherrschen, die ihm entgegenstehenden Triebe zu hemmen, zu regulieren vermag, je aktiver, spontaner also der Wille ist, desto freier ist er. Die Fähigkeit der Hemmung und Regulierung, die allem Willen (im engeren Sinne) eigen ist (z. B. dem Denkwillen), unterscheidet die „Willkürhandlung" von dem bloßen Triebeffekt. Dieser letztere unterliegt einem „inneren Zwang" (psychologischer Art), nicht aber die eigentliche („zusammengesetzte") Willenshandlung. Die Notwendigkeit und Gesetzlichkeit derselben ist nicht mit Zwang zu verspüren. Im Wollen verspüren wir keinerlei Zwang, keinerlei sich uns aufdrängende Gewalt, sondern wir haben hier ein Tätigkeitsbewußtsein, welches als solches unmittelbar real ist und worin eben das besteht, was man als Freiheitsgefühl bezeichnet. Wenn ich nicht dem Anreiz eines Triebes, einer Leidenschaft, eines einzelnen, sich aufdrängenden Motivs nachgeben muß, sondern imstande bin, zu „überlegen", andere bereitliegende Motive ins Bewußtsein steigen zu lassen (zu „apperzipieren"), so daß im Wettstreit der Motive jenes den Ausschlag geben kann, welches meinem eigentlichen wahren Wesen, meinem zentralen Ich, meiner Persönlichkeit entspricht, dann bin ich so frei, als ich es nur sein kann, denn dann ist die Handlung nicht bloß in mir, sondern aus mir, aus meinem „Grundwillen", meiner nach bestimmten Zielen hin tendierenden Persönlichkeit entsprungen, deren Beschaffenheit selbst — teils erworben, teils angeboren, angelegt — in die fernste Vergangenheit zurückführt, deren eigenartiger Zusammenhang, deren Konstitution den Einflüssen der Umwelt als eminent aktiver, selbständiger neuer Faktor gegenübersteht, die also selbsttätig in den Lauf der Begebenheiten eingreift, ihn modifiziert, so daß die Umwelt nicht bloß die Richtung des Handelns der Persönlichkeit bedingt, sondern auch in hervorragendem Maße von dieser selbst abhängig ist, bestimmt wird.

Wohl geht die Willenshandlung aus bestimmten Beweggründen, Motiven hervor, sie ist gleichsam eine „Funktion" der Motive. Aber nicht abstrakter, isolierter Motive, sondern nur so, daß die gereiften gefühlsbetonten Vorstellungen oder Gedanken erst durch die Konstitution des Charakters, des Subjekts zu aktuellen Motiven werden. Die Handlung ist also durch die Motive determiniert, die Motive selbst wieder setzten, um solche sein zu können, die bestimmte Seinsweise der Persönlichkeit voraus („operari sequitur esse"). Diese Seinsweise ist teils „angeboren", teils erworben, sie ist im einzelnen beständig etwas veränderlich, ist in großem, bei verschiedenen Individuen verschiedenem Maße modifizierbar(durch Erziehung, Androhung usw.) und ist empirisch derjenige Faktor, auf dessen Betätigung im Wollen und Handeln die psychologische und ethische Freiheit beruht. Der Charakter, die Eigenart im Wollen, ist der wahre Urheber der einzelnen Willenshandlung, als dasjenige, was unter normalen Verhältnissen im Wettstreit der Motive, bei der „Wahl" unter verschiedenen Handlungsmöglichkeiten zum Ausdruck gelangt. Erkannt wird der Charakter aus dem Zusammenhang der Willenshandlungen selbst, in denen er sich äußert, durch die er aber — ein bedeutsames Moment! — in manchem selbst gebildet, abgeändert werden kann, so daß wir als die Selbstbildner unserer Persönlichkeit und diese als ein Resultat

stetiger Entwicklung betrachtet werden können. Jede
Änderung unseres Wollens beeinflußt etwas unser
Ich, jede Änderung unseres Ich beeinflußt etwas
unser Wollen. Daraus ergibt sich, daß es eine Illusion ist,
wenn wir meinen, wir hätten jemals anders handeln können, als
es der Fall war. Freilich liegt bei jedem Ich theoretisch
die Möglichkeit zu einer Unzahl von Handlungen
vor, die wir uns während und nach der Tat vorstellen können.
Aber von diesen Möglichkeiten werden immer nur jene realisiert werden, welche infolge der Konstellation äußerer, innerer
Umstände mit unserem Charakter jeweilig gerade zu Motiven
werden können. Später, nach der Tat, durch die Folgen
klüger geworden oder durch unsere neue Disposition anders
urteilend, würden wir vielleicht anders handeln, meinen nun
aber, wir hätten auch früher so handeln, bzw. die Tat unterlassen können — ein Irrtum, weil die neuen Bedingungen
dazu damals fehlten.

Stets aber ist zu betonen: das „ich mußte so handeln" ist
nur im Sinne eines „psychologischen", nicht eines naturalistischen Determinismus zu verstehen. Nicht weil mich etwas
Fremdes (— außer oder in mir —) dazu zwang, erfolgte die
Willenshandlung, sondern weil ich sie wollte und weil ich
sie wollte, weil sie gesetzlich aus meinem eigenen Wesen
entsprang. Freiheit und Zwang schließen einander aus, nicht
aber Freiheit und gesetzliche Notwendigkeit. „Notwendig"
ist jede Wollung, weil wir sie als Folge eines zureichenden Grundes denken müssen, weil, wo der Grund — das so
und so motivierte Ich — besteht, die Folge — die Willenshandlung — nicht ausbleiben kann, unabtrennbar an ihn
geknüpft erscheint; das ist ein innerer, eigenartiger Zusammenhang, der vom Standpunkt der äußeren Erfahrung sich
wohl auch „naturgesetzlich", mechanisch-kausal auffassen
läßt, selbst aber nicht (in diesem Sinne) naturgesetzlicher,
mechanisch-kausaler Art ist. Die Willenskausalität ist
eine besondere, psychische Kausalität, welche gesetzlicher, konstanter Art ist; sie ist weder „grundlos" noch
mechanisch bestimmbar. Hier tritt das Haltbare im Indeter-

minismus (gemäßigter Art) zutage. Die Willensgesetzlichkeit, im Vereine mit der Vernunftgesetzlichkeit besonders, ist von der physikalischen Naturgesetzlichkeit wohl zu unterscheiden, sie ist nicht ein Teil oder Produkt der so bestimmten Natur. Es handelt sich hier vielmehr um zwei verschiedene, nicht miteinander zu vertauschende Betrachtungsweisen der Wirklichkeit. Vom Standpunkt der „Physik" ist alles „naturgesetzlich" bestimmt zu denken, herrscht einzig und allein die „Naturkausalität". Vom Standpunkt der Psychologie und der Geisteswissenschaften aber stellt sich wenigstens ein Teil der Wirklichkeit als ein innerer Zusammenhang dar, in welchem gefühlsbetonte Vorstellungen und Gedanken zu „Ursachen" des Geschehens werden, welches also mit geistiger — wie wir wissen kausal-finaler — Gesetzlichkeit entspringt. Schon das einfache Wollen macht ein Wesen relativ frei vom Zwange des Milieu. Die volle Freiheit im menschlichen Sinne aber ist wahrhaft Autonomie, besteht darin, daß der Vernunftwille, der von Zweckgedanken, Ideen geleitete Wille kraftvoll und fest zur Aktion gelangt und das Leben der Einzelnen wie der Gesamtheit regelt. Frei sein im höchsten Sinne heißt somit, das tun können, was die Vernunft, die Einsicht, das richtige Urteil über den Wert der Dinge mit logischer Gesetzlichkeit gebietet. Diese Gesetzlichkeit des Wertens, Denkens, Wollens ist die Selbstgesetzlichkeit vernünftiger Wesen, und so ist hier eine Koinzidenz von Freiheit und Notwendigkeit gegeben, welche nur durch die Einflüsse der „Natur" außer und in uns im Einzelnen alteriert wird. Absolut frei-gesetzlich kann ein endlich beschränktes Wesen nicht sein, es hat an der Freiheit teil, soweit es sich im Sinne derselben als Vernunftwesen entwickelt und betätigt, es ist dem Zwange unterworfen, sofern es „naturhaft" ist. Absolut frei und zugleich absolut gesetzlich kann nur Gott, das Absolute, der den Weltinhalt mit seiner Gesetzlichkeit ewig setzende und umfassende Weltwille sein. Anderseits mag es auch keinen absoluten Zwang geben. Sofern in allem Wille ist, alles am Willen partizipiert, ein relativ selbständiger Faktor des Geschehens ist, der nicht bloß kausal, sondern

auch final wirkt, ist es wohl, als anorganische Natur, eindeutig bestimmt, gleichwohl aber zugleich ein dem eigenen
Wesen gemäß Wirksames, Reagierendes, in seiner Grund-
beschaffenheit also von außen Unabhängiges. „Kein Ding
erleidet bloß, jedes reagiert seinem Wesen gemäß, jedes
verhält sich, wie es seinem Wesen und seiner Lage angemessen ist. Nicht einmal die leblose Natur kennt einen
rein äußeren Zwang. Alles besitzt eine Art Spontaneität, wenn
auch freilich nicht eine absolute. Eine Ursache ist also bloß
Veranlassung zu einer „Kraftäußerung" (G. Torres, Willensfreiheit und wahre Freiheit, 1904, S. 12; ähnlich schon
Schopenhauer, Lotze u. a.). Faßt man das Mechanische
metaphysisch als „mechanisierte", automatisch-eindeutig gewordene Wechselbeziehung zwischen den Willenseinheiten
auf, so hat man die Möglichkeit, die Naturgesetzlichkeit als
einen Spezialfall allgemeiner Willenswirksamkeit zu bestimmen, die auf höheren Stufen als aktive, bewußt und spontan
zwecksetzende psychologische, logische, ethische Kausalität
auftritt, so daß ein einheitlicher Geschehens-Zusammenhang
das All durchzieht. Die Konstanz und Identität des
Willens in seinen verschiedenen Formen und Einzel-
äußerungen ist der Quell der allgemeinen Gesetzlichkeit und
Notwendigkeit, die zugleich verschiedene Grade und Arten
der Freiheit, der „Spontaneität" bedeutet. Und der Mensch
insbesondere ist, wie Kant richtig, wenn auch in einer zu
modifizierenden Form es gesagt hat, als Naturwesen, als Teil
des Naturzusammenhanges, als bloßer Komplex von Energien
betrachtet, mit physikalisch-biologischer Gesetzlichkeit determiniert, als geistiges Subjekt aber, als vernünftige Persönlichkeit, als Glied eines immer weiter auszugestaltenden
„Reiches der Zwecke" oder „intelligiblen (Vernunft-, Kultur-)
Welt" frei (im Sinne des Autodeterminismus), wiewohl er
zugleich ein Glied des Allzusammenhanges des Seins ist,
der Weltordnung sich mit seinem Wollen und Wirken
einfügen muß, nicht als Sklave, sondern als Mitarbeiter am
großen Werke der ewigen Schöpfung, welche dem unendlichen Gestaltungswillen entquillt.

B.
Spezielle Prinzipienlehre.

1. Abschnitt: Naturphilosophie.

§ 12.
Die Aufgabe der Naturphilosophie.

Unter der Naturphilosophie*) ist nicht eine neben den Naturwissenschaften einhergehende, besondere, spekulative Wissenschaft von den Tatsachen der Natur zu verstehen, sondern die prinzipienhafte Untersuchung der allgemeinen Voraussetzungen und Ergebnisse der Naturwissenschaften selbst. Die Voraussetzungen logischer und erkenntnistheoretischer Art, die Methodik des Naturforschers im allgemeinen und auf den Spezialgebieten fällt der Logik als Methodologie zu. Hier, in der philosophischen „Prinzipienlehre", handelt es sich in erster Linie und direkt um die inhaltlichen, als fertig betrachteten Voraussetzungen und Ergebnisse der Naturforschung. Diese auf ihre logischen Motive und auf ihren Wert für die Gewinnung einer einheitlich-widerspruchslosen Weltanschauung zu prüfen, sie kritisch-abschließend zu verarbeiten, in einen allgemeinen Begriffszusammenhang zu bringen, um so ein Totalbild des Naturgeschehens auf Grund empirisch exakter Einzelforschung und spekulativer Weiterbildung naturwissenschaftlicher allgemeiner Hypothesen zu gewinnen, ist das Ziel der Naturphilosophie. Hierbei hat sie die Arbeit der Naturwissenschaften, die ja niemals fertig ist, zu einem vorläufig und relativ abgeschlossenen, abgerundeten Naturbilde weiterzuführen, wobei sie zunächst mehr spezielle Zusammenhänge — für das Anorganische, Physikalisch-Chemische und für das Organische, die Biologie — herstellen muß. Indem aber die Naturwissenschaften, sofern sie solcher besonderer Zu-

---

*) „Philosophia naturalis" schon bei Seneca, bei den Griechen φυσική, als „physica" lange Zeit hindurch bezeichnet.

sammenhänge und Erklärungsprinzipien bedürfen, selbst zu philosophieren beginnen, hilft ihnen die Philosophie durch die ihr eigene umfassendere Besinnung, z. B. durch genaue, logisch präzise Aufzeigung der Grenzen des Gegebenen und Hypothetischen, des Empirischen und Metaphysischen, und gibt so der Einzelforschung festere Grundlagen und festere Ziele, nicht selten auch Vorarbeiten, Gedanken für eine spätere mehr einzelwissenschaftliche Gestaltung. „Nicht wenige von den Theorien und Prinzipien, die wir heute als einen Besitz der Naturwissenschaft ansehen, haben früher zur Naturphilosophie gehört. Atomismus und Deszendenztheorie, die Prinzipien der Erhaltung des Stoffes und der Energie, um nur diese zu nennen, haben lange vor ihrer Einverleibung in die Physik, Chemie, Biologie als Annahme, Vermutung, Lehre in der Naturphilosophie eine Stätte gefunden. D. h. aber mit anderen Worten: diese Disziplin hat Erkenntnisse, die in einer Einzelwissenschaft später auf Grund zureichender Nachweise für ihre Gültigkeit aufgenommen worden sind, antizipiert" (Külpe, Einl. in die Philos.[2], S. 58).

Im Gegensatze zu älteren, überwundenen Formen der Naturphilosophie hat die wissenschaftlich fundierte naturphilosophische Spekulation überall von der Erfahrung auszugehen, nicht von der vagen Erfahrung des gemeinen Lebens, sondern von den methodisch erarbeiteten Erfahrungstatsachen der Wissenschaft, um diese einer letzten begrifflichen Bearbeitung zu unterziehen. Eine „Konstruktion" der einzelnen Naturphänomene aus metaphysischen, anderwärts gewonnenen Voraussetzungen, also eine aprioristisch-deduktive Methode, ist dem Geiste wissenschaftlicher Philosophie entgegen. Metaphysisch ist die Naturphilosophie nur in dem Sinne, daß sie die Ergebnisse der naturwissenschaftlichen Forschung und Hypothese abschließend der universalen Wirklichkeitsbetrachtung einreiht und für die letzmögliche Interpretation der Naturtatsachen die erkenntnistheoretisch-metaphysischen (ontologisch-kosmologischen) Gesichtspunkte mit verwertet, so aber, daß erst das Spezifische des rein naturwissenschaftlichen Standpunktes voll zur Geltung kommt. Niemals kann die Naturphilosophie die einzelwissenschaftliche Forschung und Betrachtungsweise ersetzen oder verdrängen wollen. Sonst würde sie sich der Gefahr aussetzen, zu phantastischer Begriffsdichtung, wenn nicht gar zu einer Art von Mythus hinabzusinken. Auch die Naturphilosophie als „Spekulation" darf Hypothesen niemals ohne wissenschaftlich oder logisch zureichende Gründe aufstellen, nicht Hypothesen „fingieren". Das hindert nicht, daß hier wohl immer ein Gebiet bleibender, permanenter Hypothesen besteht, d. h. von Annahmen, die man, bei allem Wechsel der Gestalt im Einzelnen, stets wird machen müssen, um die Mannigfaltigkeit der Phänomene und Gesetzlichkeiten einheitlich zu umfassen, zu erklären, gedanklich zu festigen.

Naturphilosophische Erörterungen finden sich bei einer großen Zahl von Philosophen und auch Naturforschern. Lange Zeit hindurch pflegten Naturwissenschaft und Naturphilosophie, noch nicht recht differenziert, Hand in Hand zu gehen. Mit den Grundstoffen und Grundkräften der Natur beschäftigen sich die „jonischen Physiologen", Thales, Anaximander, Anaximenes, ferner Empedokles, Anaxagoras, die Atomisten Leukipp, Demokrit, die Pythagoreer (Bedeutung der Zahl für die Naturbetrachtung), Plato, Aristoteles, bei dem wir zuerst eine systematische Naturphilosophie, einen präziseren Begriff des „Natürlichen" finden, Theophrast, Strato, die Stoiker, Epikureer, Lucrez (Mechanistische Naturbetrachtung) u. a., die Scholastiker (Lehre von den „qualitates occultae", von den „Formen" der Dinge, „Entelechien"). Zur Blüte gelangt die Naturphilosophie in der Renaissance, teils in phantastisch-dynamistischem (animistischem) Gewande, so bei Cardanus, Agrippa, Paracelsus, Patritius, Telesius, van Helmont, Giordano Bruno u. a., teils mehr im quantitativ-mechanistischen Sinne, bei Nicolaus Cusanus, Kepler, Kopernikus, Galilei, Leonardo da Vinci, zugleich eine neue Methode ausbildend, wie auch bei F. Bacon, Hobbes, Descartes, Gassendi, Newton, Leibniz u. a., mehr spekulativ bei Chr. Wolff, Rüdiger, Robinet u. a., materialistisch bei Holbach, Lamettrie u. a. Als kritische, „transzendentale" Theorie der Naturprinzipien (als Erscheinungen) bestimmt die Naturphilosophie („Metaphysik der Natur") Kant, der zugleich eine Entwicklungsgeschichte unserer Welt gibt (ähnlich später Laplace). Den Entwicklungsgedanken führt Erasmus Darwin durch, ferner Goethe, Lamarck, G. St. Hilaire. Eine rein spekulative, vielfach phantastische, aber durch mancherlei (Ent-wicklungsgedanken u. a.) sehr bedeutsame Naturphilosophie be-gründet Schelling, dessen Schule nur den großen Fehler be-geht, zu oft einzelwissenschaftliche und metaphysische Gesichts-punkte, Erklärung und Deutung zu vermengen. Das zeigt u. a. folgender Satz: „Mit der Naturphilosophie beginnt, nach der blin-den und ideenlosen Art der Naturforschung, die seit dem Verderb der Philosophie durch Baco, der Physik durch Boyle und Newton allgemein sich festgesetzt hat, eine höhere Erkenntnis der Natur; es bildet sich ein neues Organ der Anschauung und des Be-greifens der Natur" (Naturphilos. I, 83f.). Dieser Schule gehören an: L. Oken, Steffens, Nees v. Esenbeck, Eschenmayer, J. J. Wagner, Troxler, Carus, Schubert, Burdach, Oersted, u. a. Konstruktiv ist die Naturphilosophie Hegels und seiner Anhänger. „Empirischer", aber doch recht „spekulativ" ist die Naturphilosophie Herbarts, teilweise auch noch die Schopen-hauers, der aber schon erklärt: „Das einzig Brauchbare und Bleibende, was aus der Naturphilosophie unserer Tage hervor-gehen wird, wird sein eine Philosophie der Naturwissen-schaft: d. h. eine Anwendung philosophischer Wahrheiten auf Naturwissenschaft" (Neue Paralipomena, § 71). Mehr oder we-niger eng schließen sich an die Naturwissenschaften an: Lotze, J. H. Fichte, Ulrici, Planck, E. v. Hartmann, Fechner, Wundt, Renouvier, H. Spencer, Lewes, J. Fiske, P. Carus, N. Shaler, Pesch, Secchi, Schmitz-Dumont, Fr. Schultze, E. Häckel, Portig, Reinke, W. Ostwald, Heim u. a. Während nach dem Sinken des Ansehens der philosophischen Spekulation eine Abneigung der Naturforscher gegen alle Naturphilosophie eintrat, nahm, durch den Darwinismus besonders, das Interesse an synthetischen Erörterungen allmählich wieder zu, und neuer-dings blüht die (wissenschaftliche) Naturphilosophie lebhaft (vgl. „Annalen der Naturphilosophie", herausgeg. von Ostwald).

§ 13.

Mechanistische und dynamistische Naturerklärung.

Die Philosophie der anorganischen Natur um-faßt eine Mannigfaltigkeit von Problemen, die wir hier nur in kurzer Zusammenfassung und mit Reduktion auf das philo-sophisch besonders Bedeutsame erörtern können.

14*

Bei den Bestrebungen, die Fälle der Naturphänomene auf wenige Grundtypen des Geschehens und Seins zurückzuführen, ist historisch ein Gegensatz zwischen einer qualitativen und einer quantitativen Naturbetrachtung aufgetreten.

Die qualitative Naturbetrachtung ist die ältere und besteht auch noch lange nachdem schon eine quantitative Theorie der Naturphänomene (Atomistik) gezeitigt worden war. „Qualitativ" heißt aber diese Art der Naturerklärung, weil als Grundlage, als Prinzip, als Substanz aller Naturphänomene eine Summe qualitativ verschiedener Stoffe oder Kräfte angenommen wird, aus deren Kombinationen die Mannigfaltigkeit der Dinge und ihrer Eigenschaften abgeleitet wird. So wird z. B. die Wärme als ein besonderer Stoff oder als eine spezifische Kraft („Form") gedacht, oder man denkt sich die Körper aus Elementen von verschiedener Beschaffenheit zusammengesetzt, verlegt also die an den Phänomenen wahrgenommenen Qualitäten, in einer bestimmten Auswahl wenigstens, in die Prinzipien der Phänomene selbst. Diese Urqualitäten werden bald als einfache Stoffe, bald als Zustände oder Kräfte gedacht; je nachdem haben wir einen qualitativen Atomismus und Dynamismus zu unterscheiden.

Die qualitative Elementenlehre bei Anaxagoras („Homoeomerien"), Empedokles („Vier Elemente") u. a., der qualitative Dynamismus bei Aristoteles, den Scholastikern und einigen Renaissance-Philosophen.

Die quantitative Naturauffassung abstrahiert von der Mannigfaltigkeit der Qualitäten der Körper, wie sie uns durch Sinnesempfindungen bekannt sind, um ausschließlich das anschaulich-begrifflich zu konstatierende Quantitative, Meßbare, Ausdehnung und Bewegung (und was damit zusammenhängt) als Naturprinzip festzuhalten. Ihr ideales Ziel ist es, alle Qualität in Quantität (extensive und intensiv-dynamische) umzusetzen, das Qualitative der verschiedenen Naturphänomene (Wärme, Licht, Elektrizität usw.) zahlenmäßig auszudrücken, es auf die quantitativ bestimmbaren Relationen konstanter

Größen zurückzuführen, auf Relationen von Konstanten, welche gegenüber der individuell-subjektiven Mannigfaltigkeit der „Sinnesqualitäten" als das allgemeingültig-Objektive erscheinen, als feste Werte, deren wechselseitige „Abhängigkeiten" gesetzlich-mathematisch formuliert werden können. Raum, Zeit, Intensität bzw. Bewegung sind die allgemeinen Faktoren, mit denen der Vertreter quantitativer Naturerklärung operiert, der „Inhalt" der Objektvorstellungen tritt so gegenüber dem „Formalen" der Anschauung und des Denkens zurück (vgl. Kleinpeter, Die Erkenntnistheorie der Naturforsch. der Gegenwart, S. 114).

Die bisher meist zur Herrschaft gekommene Form der quantitativen Naturauffassung ist die mechanistische. Als Substanz, Substrat des Naturgeschehens wird hiernach eine „Materie" als Stoff, als beharrliche Raumerfüllung angenommen, mit dem Attribut der Ausdehnung und des Raumwechsels, der Bewegung. Innere Qualitäten oder Kräfte spezifischer Art bestehen nicht, sondern Kraft entwickelt die Materie nur durch ihre Bewegung (durch Druck und Stoß), durch Beschleunigung oder Verzögerung von Bewegungsgeschwindigkeit. Das mechanische Geschehen wird zum Urtypus, zur Urform, zum Prinzip des Naturgeschehens überhaupt. Auf der Bewegung qualitativ gleichartiger Massenteile („Atome"), auf dem Wechsel in der Komplexion und Kombination dieser bewegten Teile beruhen alle Naturphänomene; die Bewegung selbst ist nicht weiter abzuleiten, ist ursprünglicher, ewiger Art, ist an den Stoff untrennbar gebunden, so daß die Ruhe nur als ein Spezialfall der Bewegung (Gleichgewicht der Kräfte) gilt. Ihrer Masse, ihrem Bestande nach ist die Materie (bzw. die Summe ihrer Elemente) unveränderlich, unzerstörbar, es kann Materie weder rein entstehen noch vergehen (Gesetz der Erhaltung des Stoffes), in beständiger Veränderung sind nur die Formen der Kombinationen von Stoffteilen. Diese Teile (Atome) gelten bald als ausgedehnt und absolut voneinander (durch den „leeren Raum") getrennt, bald als punktuelle Körperelemente, als absolute oder relative Kraftzentren; zuweilen wird auch ein stetiger Zusammenhang der Kraftzentren angenommen (Kontinuitätshypothese). Zuweilen werden zwei Arten von Atomen unterschieden: Massen- und Ätheratome (Häckel u. a.). Der „Äther" gilt als das hypothetische, zu postulierende Substrat der optischen, auch der magnetisch-elektrischen Erscheinungen, als feinster, unwägbarer, alle Körper durchdringender Stoff, dessen Teile einander abstoßen; den Massenatomen werden meist „Anziehungskräfte" zugeschrieben, vermöge deren sie sich zu Komplexen vereinigen. Was uns also als Wärme, Schall, Licht usw. erscheint, ist objektiv nichts als eine Summe von Bewegungen oder Schwingungen der Massenteilchen bzw. des Weltäthers.

Die zweite Form der quantitativen Naturauffassung ist die dynamistische. Ihr gilt die Materie nicht als starrer, ausgedehnter Stoff, als passives, an sich träges Substrat der Bewegung, sondern als Kraft oder Resultanten von Kräften, als eine Art Gleichgewichtsstatus von Kräften („Dynamiden"), welche nicht von räumlichen Urmassen ausgehen, sondern durch ihre Spannungen räumliche Ausdehnung, Raumerfüllung erst setzen, „Stoff" im phänomenalen Sinne erst bilden („materiieren"). Der Stoff ist demnach nicht das Ursprüngliche, Primäre, sondern abgeleiteter Art, eine „Folgeerscheinung von Kraft" (Hamerling), ein Produkt der Wechselbeziehung von Kräften, Kraftäußerung.

Eine Weiterbildung des Dynamismus ist die (neuerdings entstandene) energetische Naturauffassung, welche die Materie als „Träger" der Energie eliminieren will, als einzige „Substanz" die objektiv gegebene Energie setzt; nur diese ist real, die Materie hingegen eine metaphysische Fiktion, überflüssig und schädlich. Damit fällt auch die universale Bedeutung des Mechanischen. Die Zurückführung aller Naturphänomene, Energien auf den im Grunde gleichartigen mechanischen Prozeß ist aufzugeben, weil sie widerspruchsvoll ist und vieles unerklärt läßt, weil ferner alles „Metaphysische", unverifizierbar Hypothetische aus der Naturwissenschaft zu entfernen ist. Die Aufgabe dieser ist es, das Gegebene ökonomisch zu beschreiben, es quantitativ-rechnerisch zu formulieren, und da ist es am zweckmäßigsten und objektivsten, die verschiedenen Formen der Energie als solche gelten zu lassen und sie nur mathematisch zu vereinheitlichen, durch ihr Gemeinsames, die Energie, das Maß der physikalisch-chemischen Arbeitsleistung. Ohne den Umweg mechanischer Suppositionen (z. B. Reduktion der Lichtenergie auf vermeintliche Ätherschwingungen) sind einfach die Abhängigkeiten der verschiedenen Energien voneinander der Rechnung und gesetzlichen Formulierung zu unterziehen; denn nichts als energetische Relationen der Umwelt sind es, die wir tatsächlich konstatieren können, alles Naturgeschehen ist durch Energieformeln eindeutig zu beschreiben, zu erklären. Es ist ein bloßes Vorurteil, daß alle physikalischen Vorgänge mechanisch zu erklären seien (Mach).

Endlich muß noch bemerkt werden, daß es eine große Reihe von Philosophen gibt, welche zwar den mechanisch-dynamischen Standpunkt der quantitativen Naturauffassung vertreten, zugleich aber betonen, daß es eben nur ein einseitiger, die Wirklichkeit nach ihrer „Außenseite" oder Erscheinung begreifender Standpunkt sei, bei dem noch ganz und gar nichts über das „Innensein" oder An sich der Wirklichkeit gesagt ist. Die Materie ist hier nicht als „Ding an sich", sondern nur als begrifflich bestimmte substantielle Einheit der Naturphänomene aufgefaßt („Methodischer Mechanismus").

Die quantitative Naturauffassung wird bereits von den Pythagoreern und noch mehr von Demokrit eingeleitet. In neuerer Zeit tritt sie im Gefolge der großen astronomisch-physikalischen Entdeckungen und Forschungen auf (Kopernikus, Kepler, Galilei, Newton, Descartes u. a.). „Mundus participat quantitate, et mens hominis... nihil rectius intelligit, quam ipsas quantitates, quibus percipiendis factus videri potest" (Kepler).

Mechanistisch ist die Naturauffassung der älteren und eines Teiles der neueren Atomistik, ferner die von Galilei, Hobbes, Descartes, Newton u. a., Helmholtz, Dubois-Reymond, Häckel u. a. Dynamisten sind Leibnitz, Kant, Schelling, Herbart, Schopenhauer, Lotze, Ulrici, J. H. Fichte, M. Carriere, E. v. Hartmann, R. Hamerling, G. Spicker, Zöllner, Hellenbach, du Prel, O. Caspari, F. Erhardt, Renouvier, Vacherot, P. Janet, H. Spencer u. a. Daß Stoff und Kraft nur zwei Auffassungsweisen einer untrennbaren Einheit sind, lehren Ueberweg, Hagemann, auch Moleschott, L. Büchner, Du Bois-Reymond, E. Häckel u. a.

Gegner der universal-mechanistischen Naturerklärung, Anhänger einer „beschreibend" unanschaulichen („phänomenalistischen") Physik sind Kirchhoff, Hertz (teilweise), Clifford, Stallo, Pearson, E. Mach (Materie ist nur ein „Gedankensymbol für Empfindungen". Das Konstante ist nur das „Verbindungsgesetz"der Erscheinungen), P. Volkmann, H. Cornelius, Kleinpeter, Helm, Ostwald. Letzterer wendet sich energisch gegen den „wissenschaftlichen Materialismus". Wir erfahren von der Außenwelt nur Energieverhältnisse; die Materie ist nur ein Gedankending, real ist nur die Energie, nur sie ist ein Wirksames. Materie ist nur ein Name für eine „räumlich zusammengesetzte Gruppe von verschiedenen Energien", und alles, was von ihr ausgesagt wird, sagen wir nur von Energien aus. „Was in dem Begriff der Materie steckt, ist erstens die Masse, d. h. die Kapazität für Bewegungsenergie, ferner die Raumerfüllung oder die Volumenenergie, weiter das Gewicht oder die in der allgemeinen Schwere zutage tretende besondere Art von Lagenenergie und endlich die chemischen Eigenschaften, d. h. die chemische Energie" (Abhandl. und Vorträge, 1904, S. 235). Die Masse ist nichts Absolutes, sondern nur die „Eigenschaft eines gegebenen Objekts, unter dem Einfluß von Bewegungsursachen eine bestimmte Geschwindigkeit anzunehmen" (Vorles. über Naturphilos., S. 283f.; Energetik, S. 6f., 13). Gegen diese „qualitative Energetik" erklären sich Boltzmann, Thomson, E. v. Hartmann, Wundt, Riehl u. a. Die Errungenschaften der Energetik als Bestandteil der Naturerklärung hingegen, wie sie durch R. Mayer, Joule, Helmholtz u. a. gezeitigt wurden, werden anerkannt. Das Quantum der Energie, Arbeitsfähigkeit in einem geschlossenen System bleibt bei allen Umwandlungen von Energien in andere unverändert. Diesem Satze von der Erhaltung der Energie ist der Satz der Konstanz der Materie vorangegangen (erst als Postulat, später erfahrungsmäßig erprobt), bei Aristoteles, Telesius, Descartes, Bacon, Galilei u. a.; Erhaltung der Kraft: Huygens, Leibniz, d'Alembert u. a.).

Die Bedeutung der quantitativen Naturauffassung ist durch die großartigen Fortschritte der Naturforschung so sehr an den Tag getreten, daß sie von niemandem in Frage gestellt werden kann. Dies gilt aber nur mit einer Einschränkung. Als eine vom Standpunkt äußerer Erfahrung und der begrifflichen Verarbeitung des Objektiven sich ergebende, konsequent zu verfolgende Betrachtungsweise, als ein ùnentbehrliches Mittel, die Fülle des Naturgeschehens möglichst präzis zu beschreiben und einheitlich darzustellen, zu erklären, ist die quantitative Naturauffassung unantastbar. Das Postulat der Geschlossenheit des Naturzusammenhanges (der Naturkausalität) bedingt die allseitige, nirgends eine Ausnahme machende Anwendung der quantitativen Formulierung des Naturgeschehens. Aber diese Betrachtungsweise hat nur Sinn und Geltung vom Standpunkte äußerer Erfahrung, nicht aber gilt sie für die absolute Wirklichkeit oder für die Wirklichkeit, wie sie sich der inneren Erfahrung darstellt und wie sie dem analog zu denken ist. Die quantitativ zu bestimmenden „Abhängigkeiten" der Phänomene sind nur eine Seite des Wirklichen, erschöpfen aber nicht das Sein, heben das Qualitative nicht auf, und dies gilt in zweierlei Hinsicht. Erstens haben die phänomenalen Qualitäten der Dinge bleibend ihre Existenz und ihren Wert für uns, auch wenn der Physiker sie auf quantitative Verhältnisse zurückführt, sie mathematisiert und mechanisiert oder energetisiert. Vom physikalisch-chemischen Stand- und Gesichtspunkt, für die Interessen desselben bedeutet freilich die Natur nichts als einen Inbegriff von bewegten Massen oder von Energiekomplexen; in anderer Hinsicht, für andere Interessen aber bedeutet sie und ist in der Tat mehr und anderes. Zweitens entzieht sich das „Innensein" der Dinge völlig der physikalisch-chemischen Erkenntnis, die Qualitäten der „transzendenten Faktoren" als solcher sind nicht Objekt der Naturwissenschaft, sind demnach durch die quantitative Naturauffassung überhaupt nicht zu eliminieren, sondern bleiben als ein metaphysischer Rest, welcher für die allgemeine Weltanschauung von Bedeutung ist. Die mechanisch-energetische Betrachtung der Welt gibt uns demnach, als eine einseitig-abstrakte, nicht die volle, lebendige Wirklichkeit, sondern nur eine Daseins- oder Erscheinungsweise des Wirklichen, welches an sich übermechanischer oder überenergetischer Art jenseits von Mechanismus und Energetik ist, wiewohl es als Inbegriff von Naturobjekten konsequent als physisches

System von Massen, Energien, Bewegungen sich muß wahrnehmen und denken, konstruieren lassen.

An sich also gibt es weder Materie noch Bewegung noch auch Energie physikalisch-chemischer Art. Gegen jede Hypostasierung und Verabsolutierung des Begriffs Materie ist die antimechanistische, energetische Naturauffassung im Recht. Sofern die Dinge einen Raum setzen und erfüllen, beharrliche Träger von raum--zeitlich bestimmten Wirkungen sind, sind sie materiell, können sie als Teile, Modi der Materie, der permanenten Raumerfüllung gelten. Die Materie oder Körperlichkeit ist also nicht das An sich der Dinge, sondern die Art und Weise, wie das Wirkliche als räumliche Objektivation sich darstellt. Die Materie ist nicht das wahre „Subjekt" des Geschehens, sondern schon eine (phänomenale) Modifikation des Subjekt-Seins; erst in Beziehung auf die Anschauungsform des Raumes ist der „Träger" der Körpereigenschaften Materie, materiell. Als solches räumliches Substrat, als permanenter Sitz, bleibende Quelle von Wirkungen im Raume, von Bewegungen und Energien verschiedener Art ist die „Materie" nicht zu „eliminieren". Eine „Substanz" als Beharrliches im Wechsel des Geschehens ist ein für die Naturwissenschaft unentbehrliches Denkmittel. Metaphysisch ist dieser Begriff nur, insofern das „subiectum" der Phänomene niemals selbst in die Erscheinung tritt; da aber die Qualitäten dieses Subjekts als solchen für die Naturwissenschaft nicht in Betracht kommen, sondern nur die raum-zeitlich-dynamischen Objektivationen dieses Substrats, welches bloß als $\dot{v}\pi\dot{o}\vartheta\varepsilon\sigma\iota\varsigma$, als Grundlage des Wechsels der Naturerscheinungen, als fester, einheitlicher Ansatzpunkt für das Denken und Forschen berücksichtigt wird, kommt keinerlei Metaphysik in die Naturwissenschaft, für welche die Materie nicht mehr und nicht weniger als einen „Grenzbegriff" bedeutet. So sind denn auch die „Atome" nicht als metaphysische Wesenheiten aufzufassen, sondern als Ansatzpunkt für das Denken, als letzte Einheiten, in die wir gedanklich das Materielle zerlegen, um das zusammengesetzte Geschehen besser berechnen und verstehen zu kön-

nen, als letzte Ausgangspunkte physikalisch-chemischer
Energien, nicht aber als starre, feine Massen, aus welchen
die Körper sich genetisch zusammengesetzt haben und in
die sie wieder zerfallen, also nicht als absolute „Monaden"
transzendenter Art. Das Atom ist nichts als ein naturwissenschaftlicher Denkinhalt von regulativer und methodischer Bedeutung, nicht ein Ding von absoluter (metaphysischer)
Realität.*)

Aber mit der „Energie", welche die neueste Richtung
der Physik als die alleinige „Substanz" des Naturgeschehens
ansieht, ist es nicht anders bestellt. Physikalisch-chemische
Arbeitsleistungen bestimmter Quantität gibt es nur für die
Wirklichkeit als Objekt der äußeren Erfahrung und der durch
sie vermittelten Erkenntnis. Die Energie ist ebensowenig von
absoluter Realität, ebensowenig das absolut von uns unabhängige Sein oder Geschehen an sich wie die Materie, sondern
gehört zur Welt möglicher Erfahrung, zur Welt der objektiven Erscheinung, welche ihrer Beschaffenheit nach subjektiv bedingt ist. Der Begriff der Energie, der auf physika-

---

*) „Nicht Atome sind uns gegeben, sondern die Empfindungen,
und statt von den Atomen zu Empfindungen, natürlich vergeblich,
einen Weg zu suchen, hat unsere Frage vielmehr diese zu sein:
Wie kommen wir von den Empfindungen aus zu der Annahme
von Atomen? Und in dieser Form ist die Frage beinahe so schnell
gelöst, wie gestellt. Der Begriff der Atome ist ein Erzeugnis der
Methode. Die exakte Wissenschaft sucht die Erscheinungen zu
messen und darum läßt sie alles Spezifische und Qualitative in
ihnen unberücksichtigt und beschränkt sich auf räumliche Größe
und Bewegung; sie sucht die Erscheinungen zu berechnen und ersetzt sie daher — durch Rechenpfennige. Atome sind Begriffe von
den Elementen der räumlichen Dinge nach Abstraktion von den
Empfindungen der Dinge.... Die Atomistik ist eine Zeichensprache
für Dinge, die für die Unterscheidung und Individualisierung der
Erscheinungen Stützpunkte, für die Rechnung Ansatzpunkte liefert
und einen abgekürzten Ausdruck für bestimmte Seiten der äußeren
Erfahrungen, insbesondere der chemischen, gibt. Zeichen aber
bleiben Zeichen" (Riehl, Einf. in d. Philos. d. Gegenw., S. 152f).
Ähnlich O. Liebmann, H. Cohen, Lipps, L. Busse, E. Mach,
P. Volkmann u. a.

lisch-chemischen Erfahrungen beruhende Energiebegriff, erschöpft nicht die volle Wirklichkeit, befaßt nur eine Seite des Geschehens in sich, ist nur von einer bestimmten Betrachtungsweise aus sinnvoll; für das p s y c h i s c h e Geschehen und das diesem analog gedachte „Innensein" der Dinge kommt dieser Begriff der Energie ebensowenig in Betracht, wie der Begriff des Physikalisch-Chemischen überhaupt. Es ist ebenso unerfindlich, wie aus Energien, also objektiv-physischen Vorgängen und Relationen, psychische, subjektive, für sichseiende Erlebnisse werden können;*) eine Energetik, welche aus der Energie auch das Geistige ableiten wollte, wäre ebenso „materialistisch" wie der ältere Materialismus es ist. Die Energie ist kein „Ding an sich", hat schon das erkennende. Subjekt zum Korrelat; die energetische Welt ist die Welt als Objekt-, nicht als Subjekt-Sein.

Es ist aber ferner auch nicht zulässig, die Energie als die wahre Substanz des Bestehenden zu bezeichnen. „Substanz ist nämlich keineswegs bloß das Beharrende, sondern das Beharrende als (relativ) selbständiger „Träger" von Eigenschaften. Die Energie aber ist nicht geeignet, die Rolle eines solchen ὑποκείμενον, eines substantiellen Trägers zu spielen. Die Energie ist kein Ding, auch keine Qualität eines Dinges, auch keine Aktivität, kein „Wirkendes". Sie ist eine R e l a t i o n, welche Dinge, Substanzen (als „membra relationis") voraussetzt, sie ist an körperliche Substanzen, an Massen gebunden, besteht nur und erst im dynamischen Zusammen verschiedener Substanzen und Substanzelemente. Energie ist nur das Maß einer Arbeitsleistung, welche von bestimmten, verschieden beschaffenen Körpern in ihrer bestimmten Beziehung zu anderen Körpern verrichtet wird, kein Sein, kein Geschehen für sich; ohne diese Körper, welche das primäre „Substrat"

---

*) „Energien gehören der Außenwelt an, der Welt der Objekte. Wie soll es also zu verstehen sein, daß irgend eine von ihnen sich selber subjektiv wird? Zwischen und inmitten jener objektiven Größen, die Energien heißen und welche, sofern sie erscheinen, für das Subjekt da sind, kann doch das Subjekt selbst nicht Platz nehmen" (Riehl, a. a. O. S. 157).

der Energie bilden, ist diese eine unwirkliche Abstraktion, ein Gedankending, genau so, wie die von ihren Eigenschaften losgelöst gedachte, hypostasierte Materie. Die Raumerfüllung, die Masse ist schon eine Bedingung, ein Faktor der Energie, sie ist nicht selbst Energie noch ein Produkt derselben. Indem die Masse von der Energetik als „Kapazität" für Energie definiert wird, ist ja eigentlich schon anerkannt, daß es Größen gibt, die nicht selbst Energie sind, sondern etwas, was — mag es auch nur in bezug auf Kraft (Beschleunigung) und Energie bestimmbar sein — die Energie erst ermöglicht, zustande kommen läßt. In den „Kapazitäten" steckt (wie Wundt, Riehl u. a. richtig bemerken) schon der (methodische) Begriff der Materie als einer Größe, welche neben den Energiegrößen festgehalten werden muß. So sehr die Energetik zur Klärung, zum „Positiverwerden" des physikalischen Substanzbegriffes beitragen mag: die völlige Elimination der „Materie" wird ihr schwerlich gelingen; als „Sitz der Energie" (Wundt) ist die Materie nicht zu vermeiden.

Was nun die Neigung der Naturwissenschaft betrifft, die verschiedenen Formen von Energien (Wärme, Schall, Licht usw.) auf mechanische Vorgänge zurückzuführen, so hat dies nicht bloß darin seinen Grund, daß am Mechanischen zuerst die neuere quantitative Naturerklärung sich ausgebildet hat. Sondern es liegt dies im Wesen der Mechanik selbst, welche die nächste, unmittelbarste, anschaulichste und exakteste Anwendung der Mathematik auf Naturphänomene darstellt. Beschreiben wir also nichtmechanische Vorgänge in Ausdrücken der Mechanik, bringen wir sie auf mechanischbestimmte Formeln, so haben wir — wie die neue Reaktion gegen die Einseitigkeiten der mechanischen Weltanschauung mit Recht betont — zwar nicht alles am Naturgeschehen, an den verschiedenen Energien begriffen und erklärt, so manches ist da lückenhaft und manche Hypothese muß aufgestellt werden, aber die großen Erfolge der mechanistischen Betrachtungsweise lassen doch hoffen, daß mit der Zeit eine immer vollständigere, genauere, einheitlichere mechanistische

Theorie der physikalisch-chemischen Geschehnisse möglich sein wird; man darf nicht vorzeitig eine Methode, die so glänzend sich bewährt hat, aufgeben. Daß man daneben den Versuch macht, direkt, ohne mechanistische Umdeutung, ohne mechanische Symbole der Abhängigkeiten der Energien mathematisch Herr zu werden, kann jedenfalls nur nützlich sein, auch wenn das gewünschte Ziel nicht erreicht werden sollte; denn es wir jedenfalls zeigen, wieweit man ohne die Anschaulichkeit mechanischer Bilder kommen kann und ohne das besonders zur Objektivierung geeignete Feste, Bestimmte der Bewegung und der an sie geknüpften Wirkungsfähigkeit (Kraft). Aber die Möglichkeit oder auch Notwendigkeit, sich die verschiedenen Formen des Naturgeschehens als eine Summe von räumlichen Veränderungen zu denken, zu berechnen, zu formulieren, ist nicht eins mit der Ansicht, die Wirklichkeit selbst sei nichts weiter als eine Summe von Massen- und Äthererscheinungen. „Die mechanistische Welt ist so imaginiert, wie das Auge und das Getast sich allein eine Welt vorstellen" (Nietzsche, Bd. XV, 296 f.). Die abstrakt-mittelbare Erkenntnisweise der Physik darf eben nicht mit der Weltanschauung identifiziert werden, die sich vom Standpunkt der begrifflich verarbeiteten Totalerfahrung ergibt, die „Tagesansicht" darf nicht durch die „Nachtansicht" (Fechner) verdrängt werden.

Die Kräfte, von welchen in der Physik (bzw. Chemie) die Rede ist, sind ebensowenig absolute Wesenheiten wie Materie und Energie. Die Zeiten, da man in der Naturwissenschaft „okkulte Qualitäten" annahm, sind vorüber. Der „positive" Kraftbegriff der Naturwissenschaft hat nichts mit dem endgültigen metaphysischen Kraftbegriff zu tun, ist kein Begriff irgend eines qualitativen Faktors, sondern ein reiner Relationsbegriff, der mechanisch sein Korrelat in dem Begriff der Masse hat. Die „Naturkräfte" sind weder Dinge noch Qualitäten besonderer Art, sondern nur verschiedene Kausalitäten, Wirkungsweisen von Körpern, gesetzliche Notwendigkeiten für diese, unter bestimmten Bedingungen sich in bestimmter, quantitativer Weise gegenüber anderen Körpern zu verhalten (etwa Bewegungen zu beschleunigen, zu hemmen oder Körperteilchen aneinander zu binden u. a.). Ebendasselbe, was seiner beharrlichen Raumerfüllung nach materiell, Materie ist, ist als Zentrum von Wirkungsfähigkeiten im Raume physische Kraft, nicht aber kommen Materie und Kraft selbständig, getrennt vor, um sich dann irgendwie miteinander zu vereinigen. Gebraucht also die Naturwissenschaft den Kraftbegriff im Sinne eines Relationsbegriffes, so begeht sie keinerlei „Fetischismus", und sie braucht diesen Begriff keineswegs zu eliminieren, um exakt, „positiv" zu werden; Materie, Kraft, Energie erweisen sich so als einander koordinierte, methodisch unentbehrliche, **fundamentale** Denkmittel, als Konstituenten methodisch geregelter Erfahrung, nicht als metaphysische Prinzipien okkulter Art.

§ 14.

Mechanismus und Vitalismus.

Die Natur als solche läßt sich vom Standpunkt der äußeren Erfahrung als eine Totalität mechanisch-energetischer Prozesse auffassen. Nun erhebt sich aber die Frage, ob die Organismen, in ihrer Konstitution wie ihren Funktionen nach, sich rein mechanisch-energetisch erklären lassen oder ob hier noch Kräfte besonderer, übermechanischer bzw. überenergetischer Art, also irgendwelche „Lebenskräfte" eine Rolle spielen.

Hier treten wieder zwei Richtungen einander gegenüber. Die eine ist die des biologischen Mechanismus, ein Name, der uns ganz allgemein die Ausschließung jeder spezifischen Lebenskraft bestimmen soll. Nach der mechanischen Biologie sind die organischen Substanzen von den anorganischen nur durch eine besonders hohe Komplikation ihrer Elemente unterschieden, durch komplizierte chemische Prozesse, welche sich in ihnen abspielen, durch eine große „Labilität", welche einen raschen, kontinuierlichen Wechsel von Zerfall (Dissoziation) und Aufbau (Synthese) ermöglicht, auf dem das (organische) „Leben" beruht, welches sich in der Fähigkeit der Assimilation, des Wachstums (durch „Intussuszeption"), der Fortpflanzung und Vererbung, der Irritabilität, Sensibilität, bzw. auch der (spontanen) Motilität bekundet. Alle Funktionen des Organismus sind letzten Endes nur Wirkungen, Äußerungen physikalisch-chemischer Prozesse, gebunden an die komplizierte, eigenartige Struktur des Organs, des Organismus, ja schon der organischen Substanz, des „Protoplasma". Die Gesetze, welche in der Welt der „toten" Natur obwalten, herrschen auch im Gebiete des Organischen, es gibt da keine Kräfte, die nicht mechanisch-energetischer Art sind. Das „Leben" ist eine rein physische Leistung, die Zweckmäßigkeit der Organe und ihrer Funktionen ist nicht irgendwie vorausgesehen, nicht final erzeugt, sondern das Ergebnis kausaler, äußerer und innerer Faktoren, ein Produkt allmählicher Entwicklung, in welcher das Unzweckmäßige, Untaugliche ausschied oder degenerierte und so schließlich dem Untergang geweiht ward.

Anders der Vitalismus (vita, Leben). In verschiedenen Formen ist diese Ansicht vom Wesen des organischen Lebens aufgetreten, jede mit dem Kern, daß eine rein mechanisch-energetische Theorie der Organismenfunktionen nicht durchführbar sei. Zwischen dem Organischen und dem Anorganischen besteht eine Kluft. Zwar ist der Organismus nicht anders als das Leblose, Anorganische ein Sitz physikalisch-chemischer Prozesse — dies wird von den neueren Vitalisten ohne weiteres zugegeben, und die gleichen Energiegesetze haben hier statt. Aber es kommt hier doch noch etwas Neues, Spezifisches hinzu, eine neue Konstante, ein Lebensfaktor, eine „vis vitalis", bzw. ein System von Lebensbedingungen eigener, übermechanischer Art. Der Organismus selbst ist nicht das Erzeugnis mechanisch-chemischer Energien allein, sondern er verdankt sein Dasein und seine besondere Struktur der Formung eines Stoff- und Energiekomplexes durch zielstrebige Kräfte, welche so wirken, als ob ihnen die Idee des ganzen Organes des ganzen Organismus a priori vorschwebte. Diese Kräfte ge-

stalten auch den schon entstandenen Organismus zweckmäßig
weiter, sie lenken die vorhandenen Energien in bestimmte
Richtungen, welche direkt abhängig sind von den Struktur-
bedingungen des Organismus, den nächsten Erzeugnissen
der plastischen Lebenskräfte. Während der ältere Vitalismus
die Lebenskraft als (unbewußte) Funktion der „vegetativen
Seele" („anima inscia") auffaßt, wird später die Qualität
der „Lebenskraft" weniger bestimmt angegeben, mehr in den
Organismus selbst verlegt und das Physische im organischen
Geschehen mehr berücksichtigt; vollends geschieht dies in
dem modernen „Neo-Vitalismus", der teilweise nicht sehr
scharf vom rechten Flügel des „Mechanismus" zu scheiden
ist. Man kann die beiden Gegensätze auch als biologischen
Monismus und Dualismus bezeichnen.

Die mechanistische Lebensauffassung ist schon bei Lucrez,
Descartes, Hobbes, den Materialisten (Lamettrie, Holbach u. a.) vorgebildet. Gegner einer spezifischen Lebenskraft
sind Moleschott, C. Ludwig, Lotze, Du Bois-Reymond,
Schleiden, Häckel, Preyer, Verworn, Weismann, Bütschli,
Th. Eimer, H. E. Ziegler, Wundt, Höffding, Spencer u. a.
— Die Seele als Lebensprinzip bestimmen Aristoteles (Begriff
der „Entelechie", der lebendigen Selbstverwirklichung), Dikaearch u. a., die Scholastiker, die Naturphilosophen der Renaissance (bei Paracelsus u. a. aber ein besonderer „archeus", „spiritus vitae", ähnlich J. B. van Helmont, Marcus Marci u. a.).
Plastische Kräfte nehmen R. Cudworth, H. More, Glisson
u. a. an. Die medizinische Schule von Montpellier spricht von
einer „force hypermécanique", A. v. Haller von einer Lebenskraft, Blumenbach von einem „nisus formativus", G. E. Stahl
von einer „anima inscia" als Baumeisterin des Organismus. Lebenskräfte gibt es ferner nach Treviranus, Oken, Troxler, Eschenmayer, Autenrieth, J. J. Wagner, Steffens, Schubert,
Herbart (als Erzeugnisse der „Selbsterhaltungen" der „Realen"),
Schopenhauer (als dirigierende, nicht produktive Kraft, Parerga II,
§ 96), J. Müller, Rud. Wagner, Bischoff, Cournot, Mamiani, M. Carriere, Ulrici, Hagemann u. a. Vermittelnd (Formprinzipien" annehmend): Liebig, Claude Bernard, R. Vir-
chow, E. Dühring, O. Liebmann, Adickes, L. Busse, E. v.
Hartmann, J. Reinke. Dieser (der schon zu den „Neovitalisten"
zu zählen ist) erklärt: „Das Lebensprinzip ist keine Kraft, sondern
der symbolische Ausdruck für ein verwickeltes Getriebe zahlreicher

Einzelwirkungen" (Einleit. in die theoret. Biologie, S. 55). Im Organismus ist eine „Maschinenstruktur" besonderer Art, gebildet und gelenkt von „Dominanten", überenergenetischen, zweckmäßig gestaltenden Kräften (Welt als Tat, S. 273ff.; Einl. in die th. Biol., S. 172ff.). Bei den Organismen tritt das Kausalprinzip in den Dienst des Finalprinzips (Philos. d. Botanik, 1905, S. 27). Die Selbstregulation ist hier von fundamentaler Bedeutung (l. c. S. 28). Die „nichtenergetischen Kräfte" der Tiere und Pflanzen sind „Systemkräfte", „Dominanten" und „Seelenkräfte". „Die Systemkräfte hängen ab von der Struktur des Organismus, seinen Systembedingungen"; diese sind Qualitäten, quantitativ nicht meßbar, Formprinzipien. Die „Dominanten" sind die „selbstbil·denden Kräfte des Organismus", sie bauen die Organe von früher Embryonal-Stufe an (l. c. S. 40f.). Das Qualitative der Organismen hängt von diesen beiden Arten von Kräften ab. Die Sinnesorgane z. B. sind Systembedingungen, deren Abhängige die spezifischen Sinneswirksamkeiten sind (l. c. S. 51). Das Wort „Dominante" ist „ein Symbol für die nicht vorstellbare Ursache der spezifischen Systembedingungen in Tieren und Pflanzen" (l. c. S. 52). „Selbstverständlich sind die Dominanten nichtenergetische Kräfte. Sie vermögen so wenig mechanische Arbeit zu leisten wie Systemkräfte, denen es an Betriebsenergie fehlt. Sie beherrschen nur mit den Systemkräften zusammen und durch diese den im Organismus tätigen Energiestrom; aus ihrer Wechselwirkung mit der Energie werden die Teile der Organismen aufgebaut." Die Dominanten bauen so die Eizelle zu einem Organismus aus (l. c. S. 54). Neo·Vitalisten sind ferner E. Rindfleisch, G. v. Bunge, G. Wolff, H. Driesch, O. Hamann, H. C. Schneider, auch P. Cossmann, F. Erhardt u. a. Nach Driesch herrscht im Organischen eine „dynamische" Teleologie, welche die Einsicht in die „Autonomie der Lebensvorgänge" zeitigt (Der Vitalismus, S. 5f.). Es gibt keine Maschine, „die ihre unendlich hohe typische Kompliziert·heit stets bewahrt, wenn man ihr ganz beliebige Teile nimmt" (l. c. S. 209). Neben das Physikalisch-Chemische tritt im Organischen eine „neue elementare Sonderheit", die „Entelechie" (l. c. S. 208). Das „Reaktionsbestimmende" bei Handlungen (welche eine „Geschichte" des organischen Individuums hinter sich haben) ist keine Maschine, sondern eine Art der Entelechie, ein „Psychoid" l. c. S. 221); die „Individualität der Zuordnung" ist für den Organismus charakteristisch (l. c. S. 220f.). Die Entelechie ist eine spezifische „Veränderungsart", welche als Regulationsprinzip wirkt (l. c. S. 235). ·

Die biologische Forschung ist noch nicht weit genug vorgeschritten, um in dem Streite zwischen Mechanismus und

Vitalismus eine präzise Entscheidung in jeder Beziehung treffen zu können. Folgendes scheint aber gesagt werden zu dürfen:

Die Überwindung der mythisch-metaphysischen Periode, in welcher man die organischen Prozesse, die unter dem Begriff „Leben" zusammengefaßt werden, durch Annahme einer empirisch nicht zu konstatierenden Lebenssubstanz oder Lebenskraft besonderer Art und Existenzweise zu „erklären" suchte, darf keinesfalls rückgängig gemacht werden. So wenig wir eine besondere, für sich existierende „Schlafkraft", „Sprachkraft", „Wachstumskraft" u. dgl. als „Ursache" des Schlafens, Sprechens, Wachsens usw. setzen werden, ebensowenig führt es zu irgend welchem positiven Ergebnis, wenn man dem „Leben" als Ganzem ein besonderes, an sich unbekanntes Leben erzeugendes, bedingendes, regulierendes Prinzip als Ursache unterlegt, ein Prinzip neben den bekannten Ursachen und Faktoren des Geschehens. „Principia non sunt multiplicanda praeter necessitatem" — dieser Satz nimmt hier die Gestalt an, daß man nicht ohne Not unverifizierbare, metaphysische Potenzen für die Erklärung von Tatsachen der Erfahrung heranziehen soll. Das Überempirische so weit als möglich zurückzuschieben, den immanenten Zusammenhang der Tatsachen, der Geschehnisse selbst zu erforschen, das einzelne aus seiner Stellung in diesem Zusammenhang zu bestimmen, zu erklären, darin liegt nicht zum wenigsten der immense Fortschritt der wissenschaftlichen Methodik neuerer Zeit.

Ein Fortschritt der Biologie ist aber auch die Einsicht, daß das Organische als ein Körper, als Sitz physischer Zustände und Geschehnisse den Gesetzen unterworfen sein muß, welche das physische Geschehen überhaupt bestimmen. Eine Ausnahme von der Gesetzlichkeit physikalisch-chemischer Vorgänge kann es, gemäß dem Postulat geschlossener, universaler Naturkausalität, nirgends geben. Dieses Postulat realisiert sich denn auch beständig an der Erfahrung, indem es immer mehr gelingt, organische Prozesse auf das Zusammenwirken physikalisch-chemischer Faktoren zurückzuführen, nicht in dem Sinne, daß das „Organische" als solches dadurch eliminiert, in „Mechanisches" begrifflich gewandelt wird, sondern nur in dem, daß die verschiedensten Vorgänge am Organismus in kausale Beziehung zu bekannten physischen Energien und Kräften außerhalb und innerhalb der Lebewesen gesetzt werden können. Hierbei wird, weit entfernt, das Spezifische der organischen Verbindungen und Reaktionen zu vernachlässigen, dieses gerade in seiner besonderen Formbestimmtheit erkannt und vom Anorganischen wohl unterschieden. Die Koordination der Geschehnisse und Zustände im Organismus, die Eigenart der Einheit und Wechselbedingtheit (Korrelation) der Teile und Elemente des Organismus, die Fähigkeit der individuellen Reaktion und Regulation, u. a.: das sind Konstanten, die den Organismus vom Anorganischen unterscheiden, und die Frage erhebt sich jetzt: sind diese Konstanten auch rein „mechanistisch" zu erklären?

Zunächst muß dem Vitalismus insofern Recht gegeben werden, als — wie es übertreibende, sich grober Begriffe und Analogien bedienende Biologen tun — der Organismus nicht restlos als „Maschine" betrachtet werden kann. Dies liegt aber gar nicht notwendig in der Konsequenz der „mechanischen Biologie" (im weiteren Sinne). Erstens ist vieles, was nicht „mechanisch" zu erklären ist, als Chemismus zu begreifen, der durchaus nicht mit bloß mechanischen Prinzipien zu erschöpfen ist, sondern ein Geschehen (relativ) eigener Art ist, zweitens ist die mechanistische Betrachtungsweise des Lebens nicht die einzige, nicht die absolute. Zwar muß der Biologe dem Organismus konsequent so betrachten, als ob er ein System physikalisch-chemischer Energieumsätze, Kräfte und Strukturen wäre, genau so wie jeder andere Körper. Aber damit ist noch nicht gesagt, daß die mechanistische Betrachtungsweise, welche methodisch unentbehrlich und unerläßlich ist, schon die endgültige, abschließende, volle Erklärung der Lebewesen und ihrer Lebensfunktionen gibt. Das Verdienst des Vitalismus ist es ohne Zweifel, auf die Unzulänglichkeit einer mechanistischen Biologie aufmerksam zu machen, welche sich unberechtigterweise zugleich als absoluten Standpunkt, als Lebensmetaphysik ausgibt. So wenig die Biologie zu ihren Theorien sich metaphysischer Prinzipien bedienen darf, kann es ihr gestattet sein, die Ergebnisse einer einseitigen, wenn auch notwendigen und fruchtbaren Betrachtungsweise zu verabsolutieren, zu metaphysischen Prinzipien zu machen. Das Organische als Körper, als Sitz physikalisch-chemischer Veränderungen ist empirisch-real, objektiv wirklich, aber es ist so nur als ein durch den Standpunkt der „äußeren" Erfahrung bestimmtes Sein. Das Eigen-Sein der Organismen, ihre „Innerlichkeit" ist damit noch nicht gegeben, es kommt uns nicht selbst zur Erscheinung, sondern wir müssen von der Erscheinung, in der es sich darstellt, auf es schließen, indem wir es als unserem eigenen „Innen-Sein" analog denken. Die Organismen sind also „für sich" nicht Maschinen, Mechanismen oder Chemismen, sondern es eignet ihnen eine „Regsamkeit", eine wahre, primäre „Lebendigkeit", wie unser eigenes Ich sie besitzt. Diese Lebendigkeit nun, deren Begriff aus unserer „inneren" Erfahrung geschöpft und auf die Außendinge, die Organismen insbesondere, übertragen worden ist (mit Recht, wie wir wissen), ist nicht „Objekt" der äußeren Erfahrung, gehört nicht zu den Inhalten derselben und kann daher auch nicht aus irgendwelchen „objektiven" Phänomenen, also aus physikalisch-chemischen Prozessen ersehen oder verständlich gemacht werden. Nicht die Lebensakte, nur die Lebensäußerungen sind Gegenstand der mechanistischen Betrachtungsweise, der rein kausalisch verfahrenden Biologie überhaupt. Sobald aber die Biologie die Zustände und Funktionen des Organismus nicht bloß kausal-mechanisch, als Effekt bestimmter physischer Ursachen untersucht, sondern teleologisch-final, als ein System von Mitteln und Zwecken, ist sie genötigt, eine „Interpolation" vorzunehmen, d. h. sie muß den Standpunkt der „äußeren" durch den der „inneren" Erfahrung und Betrachtungsweise ergänzen, denn nur diesem letzteren gehört das Gebiet der Finalität im ursprünglichen, vollgültigen Sinne an.

Auf diese Weise überwindet man die Einseitigkeit und Unzulänglichkeit der mechanistischen Betrachtungsweise ohne eigentlichen Dualismus und ohne eigentlichen Vitalismus, d. h. ohne Supposition eines unbekannten Lebensprinzips. Die Einführung der psychophysischen Betrachtungsweise in die Biologie (als Ergänzung, nicht Ersatz der mechanistischen), also einer Biopsychik neben der Biomechanik und Biochemie, ist unerläßlich. Ohne Berücksichtigung psychischer Faktoren, wie Empfindung, Gefühl, Streben, Trieb, Wahl u. dgl., ohne Beachtung der Bedeutung der „Mechanisierung" von Willensvorgängen durch Übung, der Entstehung von Dispositionen und Anlagen bestimmter Art durch funktionelle Übung u. dgl. ist ein volles Verständnis der biologischen Prozesse und Gestaltungen nicht möglich. Je höher die Stufe, auf der eine Organismenart steht, desto größer und leichter ersichtlich ist der Anteil psychischer Faktoren am Zustandekommen zweckmäßiger, zielstrebiger Reaktionen und Regulationen. Aber selbst einfache Prozesse, wie die „Reflexe", können am besten als Residuen früherer psychischer Aktionen verstanden werden. Wo wir überhaupt organische Funktionen als „Handlungen", als zielstrebige Akte deuten, müssen wir den kausalen durch den finalen, den mechanistischen durch den „psychistischen" Gesichtspunkt ergänzen. Die Biologie grenzt eben hart an die Psychologie; wie diese vielfach sich der physiologischen Betrachtungsweise bedient, wiewohl ihr eigentliches Objekt nicht physisch ist, so muß die Biologie, wenn sie es auch mit einem Physischen als Objekt zu tun hat, die psychologische Interpretationsweise mit heranziehen. Nur darf die Reihe des physischen Kausalzusammenhanges nicht durch einen wirklichen Dualismus durchbrochen werden, es dürfen nicht die zu postulierenden, aufzusuchenden physischen Faktoren durch psychische ersetzt werden, welche ja einer anderen Betrachtungsweise angehören. Diese Faktoren bilden in ihrer Gesamtheit das Innen-Sein des Organismus, sie konstituieren ihn, gestalten ihn, regulieren ihn — aber als „innere" Organisation, deren Erscheinung, Objektivation der Organismus als Leib ist. Es wirkt nicht eine Lebens-

kraft auf einen organisierten Leib, sondern eben dasselbe
Wesen, welches sich objektiv als physisches System darstellt,
ist für sich ein Ineinandergreifen zielstrebiger, zwecksetzender, den eigenen Verband (teilweise) selbst herstellender,
regulierender Agentien, „Entelechien". Nicht als ein Ding
unter Dingen, sondern als das Innen-Sein des Organismus
selbst ist die „Seele" ein Gestaltungsprinzip des Organischen,
in ihrem Wirken bestimmt einerseits durch die Reihe der Vorfahren, anderseits durch das äußere „Milieu". Sie gestaltet
im Organismus nichts anderes als sich selbst zu einer sich
entwickelnden „Form", welche nun ihrerseits (von „außen"
als bestimmte „Struktur" erscheinend) die organischen Funktionen bedingt. Sie ist also k e i n e P o t e n z u n b e k a n n-
t e r A r t, d e r R e i h e d e r N a t u r p h ä n o m e n e e i n g e-
f ü g t, s o n d e r n d a s s e l b e A g e n s, w e l c h e s a l l e r D i n g e
E i g e n s e i n k o n s t i t u i e r t, i m A n o r g a n i s c h e n s e i n
W i r k e n g ä n z l i c h „m e c h a n i s i e r t" h a t, i m O r g a n i-
s c h e n a b e r i n i n d i v i d u e l l b e s t i m m t e r, s i c h e n t-
w i c k e l n d e r A k t i v i t ä t a u f t r i t t.

§ 15.

Ursprung und Entwicklung der Organismen.

Die Frage nach dem U r s p r u n g e der Organismen gehört
wohl zu jenen, welche, bis jetzt wenigstens, auf empirischem
Wege nicht zu beantworten sind. Eine sichere Entscheidung
der Frage ist nicht möglich, es kann nur gesagt werden, was
auf Grund der Erfahrung und des Denkens eine gewisse
Wahrscheinlichkeit beanspruchen kann.

Nach der einen Ansicht sind die Organismen ebenso
ursprünglich wie die leblosen Dinge, sei es, daß sie als
Geschöpfe Gottes aufgefaßt werden (Schöpfungshypothese),
sei es, daß sie als gleich ewig gelten wie die nicht organisierten Dinge. Nach anderen ist das Organische sogar das
Primäre, aus dem das Anorganische sich erst entwickelt hat
gleichsam als Abfallsprodukt, Schlacke einer ursprünglich

organischen Masse, eines „Urorganismus", dessen Bedingungen in einer früheren Periode des noch nicht erstarrten Erdkörpers gelegen sein sollen (Kosmorganische Hypothese). Auch die Hypothese ist aufgestellt worden — welche freilich das Problem nicht löst, nur weiter hinausschiebt —, daß die Erdorganismen aus Keimen entstanden seien, welche von fremden Himmelskörpern herstammen, durch Meteoriten auf unseren Planeten gelangt sind (Kosmozoische Hypothese). Weit verbreitet ist endlich die Lehre von der „Urzeugung" (generatio aequivoca, spontanea, Autogonie, Abiogenesis), nicht in ihrer älteren Gestalt (Entstehung von Tieren ohne Zeugung aus organischen oder anorganischen Stoffen besonderer Art), sondern in dem Sinne, daß in einer früheren Periode der Erde unter günstigen Bedingungen (Wärme usw.) aus anorganischen organische Verbindungen entstanden seien, welche sich allmählich zu Lebewesen, zu bestimmt gestalteten Organismen entwickelten; daß eine „Urzeugung" in unserer Zeit nicht mehr besteht, hat insbesondere Pasteur als höchstwahrscheinlich dargetan.

Die Schöpfungshypothese geht auf die Bibel zurück, wird von allen theologisierenden und dualistischen Philosophen gelehrt, so z. B. von Gioberti, im Sinne einer Formung von Massen durch eine (unbewußte) Intelligenz von E. v. Hartmann, Reinke u. a. Die (potentielle) Ursprünglichkeit der Organismen lehren Liebig, Czolbe, Kerner u. a. Aus einem Ur- oder Allorganismus (bzw. aus organischer Masse) leiten die Organismen ab: Schelling (WW. I, 3, 306; I 4, 305f.; I 6, 467), Fechner (Ideen zur Schöpfungs- u. Entwicklungsgesch., S. I, 43; Zend-Avesta II, 46), Preyer (Naturwiss. Tats. u. Probl., S. 51ff.; Feuerorganismen) u. a. Die Lehre von der „Urzeugung" findet sich bei Empedokles, Aristoteles (de gener. anim. II, 1; Hist. anim. I, 5), den Stoikern, Lucrez (de rer. natur. II, 843 sgn.), Cardanus, J. B. van Helmont, Erasmus Darwin (Zoonom. sct. XXXIX, 4, 8), L. Oken („Urschleim"), Schopenhauer (Neue Paralipom., § 185), Wundt (Syst. d. Philos.², S. 507ff.), E. Häckel, G. Jäger u. a. Die „kosmogonische Hypothese vertreten de Maillet, Richter, Mohr, Helmholtz, W. Thomson, Arrhenius u. a.

Die „kosmozoische" Hypothese brauchen wir nicht zu erörtern, erstens weil sie gar keine empirischen Stützen hat, zweitens weil sie ja das Organische gar nicht ableitet, daher mit der Lehre von der Ursprünglichkeit der Organismen zusammenfällt. Die „Schöpfungshypothese" wiederum kann keine wahre Erklärung des Daseins der Lebewesen bedeuten, wofern Schöpfung soviel bedeuten soll als Herstellung aus dem Nichts. Ist aber mit „Schöpfung" nur die Gestaltung der Organismen aus Anorganischem durch eine geistige Kraft gemeint, so involviert dies einen Dualismus, den wir bereits als unannehmbar dargetan haben, das Einwirken rein geistiger, immaterieller Kraft auf eine physische Masse widerstreitet den Forderungen streng naturwissenschaftlichen Denkens. Nur in dem Sinne kann also mit einem gewissen Recht von der „Schöpfung" der Organismen gesprochen werden, als vom Gesichtspunkte der Religionsphilosophie alles Werden und Entwickeln sich als Betätigung des von Ewigkeit zu Ewigkeit Welt-setzenden absoluten, göttlichen Weltgrundes darstellt. Aber dieser Gesichtspunkt, der für alle s Seiende gilt, darf nicht mit Umgehung des kosmologischen in die Naturphilosophie eingeführt werden, er betrifft nur die letzte, abschließende Deutung des Weltgeschehens. Eine Ewigkeit der Organismen im Sinne ihres ursprünglichen Koordiniertseins mit dem Anorganischen kann man nicht gut annehmen, weil augenscheinlich in früheren Perioden der Erde (der Himmelskörper überhaupt) die natürlichen Bedingungen für die Existenz und Erhaltung solcher Organismen fehlten. Es bleibt demnach nur die Wahl zwischen der Hypothese der Urzeugung und der Lehre von der Entstehung des Anorganischen aus einem Urorganischen. Dem Postulate der Stetigkeit des Denkens, aus welchem der Satz „natura non facit saltus" entspringt, könnten beide Hypothesen genügen.

In der Tat ist es zur Zeit nicht gut möglich, einer dieser Hypothesen den absoluten Vorrang zu erteilen. Betrachten wir zunächst die Lehre von der Entstehung der Organismen aus Anorganischem, so hat sie sicherlich manches für sich; aber sie ist keineswegs einwandfrei.*) Es ist wohl gelungen, durch

---

*) Nach E. v. Hartmann war die Autogonie nicht möglich, „weil höchst labile chemische Verbindungen nicht von selbst aus

chemische Synthese aus anorganischer Materie organische Verbindungen verschiedener Art zu erzeugen, aber man muß beachten, daß dies unter künstlichen Bedingungen geschieht, welche in der freien Natur nicht bestehen. Allerdings wird darauf hingewiesen, daß in einer älteren Erdperiode analoge, den Übergang anorganischer in organische Verbindungen ermöglichender Verbindungen bestanden haben können. Auch wird man nicht wohl glauben können, daß unmittelbar aus anorganischer Substanz individualisierte Organismen hervorgegangen seien. Vielmehr könnten zunächst nur zusammenhängende organische Massen einfachster Art sich gebildet haben, welche sich erst allmählich zu Einzelorganismen mit zunehmender Strukturkomplikation entwickelten, nach der einen Seite hin zu pflanzlichen, nach der anderen zu tierischen Lebewesen. Betreffs der Ableitung des Anorganischen aus dem Organischen ist zu bemerken, daß unter den Bedingungen urältesten Erdendaseins weder Organismen noch organische Verbindungen von der uns bekannten Art existieren konnten. Das „Organische", von dem sich das Anorganische abgeschieden hat, muß jedenfalls ganz anders gewesen sein als das „Protoplasma", welches ja bei einer Temperatur, wie sie dereinst auf Erden geherrscht haben muß, nicht erhaltungsfähig hätte sein können.

Am besten mag es vielleicht sein, als Ausgangspunkt der Trennung des Organischen und Anorganischen vorläufig ein Protorganisches anzunehmen, welches noch nicht organisiert, nicht struktuell war, wohl aber infolge einer gewissen Labilität und Regsamkeit die Potenz zur Organisierung an sich trug, zugleich aber teilweise durch Stabili-

---

stabilen entstehen, weil die höchst komplizierten Maschinenbedingungen, die zu solchen rückläufigen Energieumwandlungen nötig sind, noch weniger von selbst entstehen, weil die labilen chemischen Verbindungen in den Organismen individualisiert sind und weil schon die primitivsten Organismen eine differenzierte Struktur besessen haben müssen, die ihnen Ernährung, Wachstum und Fortpflanzung ermöglichte" (Die Gnosis Nr. 9, 1903, S. 10f.). Ähnlich J. Reinke (Philos. d. Botanik, 1905, S. 190ff.).

sierung und Mechanisierung zum Anorganischen geworden
ist. Aus absolut Totem läßt sich kein Leben, aus Erstarrtem,
Stabilem keine wechselnde Aktivität herausklauben, und so
muß man wohl das „Lebendige", als Potenz wenigstens, als
etwas Ursprüngliches, Primäres ansehen, das sich einerseits
zu immer reicher gegliederten Organismen, anderseits zu
einer Reihe stabiler, wohl nicht absolut unlebendiger, aber
doch eines zentralen, individuell fluktuierenden Lebens ent-
behrender, in diesem Sinne „lebloser" Körper erst entfaltete.
Ob wir nun das Anorganische oder das Organische an den
Anfang setzen, jedenfalls ist die „Innerlichkeit" und Regsamkeit, welche das Leben im weitesten Sinne konstituiert, als
b l o ß e s Produkt toter Massen absolut nicht zu begreifen,
der Keim des Lebens muß, sei es in der oder jener Form,
organisiert oder nicht, dem Irdischen (wie auch dem Kosmischen) von Anfang an immanent gewesen sein. Hat es je
eine „Urzeugung" gegeben, so ist sie nicht aus einer „toten",
jeden Innenseins ermangelnden Masse, sondern aus einer
an sich schon ($\delta v v \acute{a} \mu \varepsilon \iota$ oder $\acute{\varepsilon} v \varepsilon \varrho \gamma \varepsilon \acute{\iota} \alpha$) „lebendig" regsamen Wirklichkeit erfolgt, welche als „Masse" sich nur der „äußeren
Erfahrung und Erkenntnis darstellt, für sich aber selbst lebendige Aktivität ist oder solche voraussetzt, wenn sie jetzt auch
mechanisiert erscheint. Es ist immerhin denkbar, daß die
Erde eine Art „Urorganismus" war oder ist, aus dem sich
die Einzelorganismen herausgeschieden haben, als Kinder des
„Erdgeistes" (F e c h n e r). Aber auch ohne eine solche etwas
„phantastisch" erscheinende Annahme ist eine Ableitung des
organischen Lebens aus einem „Urleben" überhaupt, aus
einem „Protorganischen", welches zugleich das „Protan-
organische" bedeutet, möglich und vielleicht auch berechtigt.

Daß die Organismen in ihren mannigfachen Arten nicht
einmal geschaffen worden sind, sondern, wie dies der b i o -
l o g i s c h e   E v o l u t i o n i s m u s   (die „Deszendenz-" oder
„Transmutationstheorie") annimmt, erst allmählich sich aus
wenigen Urarten, vielleicht aus nur einer Art entwickelt
haben, diese für die Forschung so ungemein fruchtbar gewordene Idee kann kaum mehr, vom Standpunkte der Wissen-

schaft wie der Philosophie, abgelehnt werden. Empirische Tatsachen wie „apriorische" Postulate haben die Entwicklungsidee schon frühzeitig ins Bewußtsein erhoben. Das „Apriori" in dieser Idee ist die Denkforderung der Kontinuität des Seins und Geschehens, welche dazu führt, eine stetige Stufenfolge von Daseinsformen zu setzen, und die Erfahrung bietet ein immenses Material zur Bestätigung dieses Postulats, auch des Gedankens, daß alles einzelne zeitlich geworden, aus anderem hervorgegangen und allmählich zur Ausbildung gekommen ist. Wie dieser Gedanke auf das kosmische Geschehen, auf die Entstehung der Himmelskörper aus „Urnebel" angewandt wurde — von Kant und Laplace besonders — ist bekannt. Ebenso die Anwendung auf das Organische, auf die Geschichte der individuellen und generellen Organismenbildung, der Ontogenese und Phylogenese. So gefestigt aber die Deszedenzlehre überhaupt erscheint, so unabgeschlossen ist die besondere Gestalt, welche diese Lehre annehmen kann. Während eine Zeitlang der Darwinismus oder die Selektionstheorie (Hypothese der „natürlichen Auslese", natural selection) herrschend war, hat sich seit kurzem eine Reaktion gegen sie erhoben, welche teils ältere Anschauungen (Lamarckismus) in den Vordergrund stellt, teils eine „Mutationstheorie" aufstellt, teils eine Synthese von Selektions- und anderen Theorien versuchte, während von anderer Seite der „Darwinismus" energisch abgelehnt wird.

Der Gedanke der Entwicklung findet sich in verschiedener Form bei Heraklit, Empedokles (Andeutung der Selektions-theorie), Anaximander (Anpassungsgedanke), Archelaus, Aristoteles, Lucrez (Selektionsgedanke), ferner bei Leibniz, Robinet, Buffon, Erasmus Darwin, Herder, Goethe, Kant, L. Oken, Steffens, J. E. v. Berger, Hegel (Geistige Ent-haltung im Absoluten, ewiger Weltprozeß) u. a., Psychische Trieb-kräfte der Evolution nehmen an Ulrici, M. Carriere, Planck, Fechner, Wundt, E. v. Hartmann, Durand de Gros, Fouillée, L. Noiré, R. Hamerling, Reinke, Nietzsche, L. Busse u. a. Nach Lamarck sind die Ursachen der Transmutation direkte Anpassungen an die äußeren Lebensbedingungen, besonders an die funktionelle Übung, d. h. an den Gebrauch oder Nichtgebrauch von Organen. Ähnlich lehren G. u. J. St. Hilaire, H. Spencer*) (das „Überleben des Passendsten", die Selektion ist nur sekundär wirksam), Lewes, Romanes, Sully, E. D. Cope, Ribot u. a.; Neo-Lamarckisten sind Eimer, Wettstein u. a. Ch. Darwin ist nicht extremer Selektionist, wenn er auch die Wirkung der „natürlichen Zuchtwahl" besonders betont. Es besteht in der Organismenwelt eine Reihe von „Variierungen". Die unter ihnen, welche für die Erhaltung der Lebewesen von Nutzen sind, werden im Kampf ums Dasein" (struggle for life, als Folge der Überzahl der Individuen — auf eine Idee von Malthus zurückgehend) durch die Auslese der Natur, d. h. durch die Begünstigung jener Organismen und Arten in bezug auf Erhaltung und Fortpflanzung fixiert, sie vererben sich, und durch wiederholte Selektion geht so aus einer Art schließlich (in langen Zeiträumen) eine neue hervor, als Produkt wiederholter, indirekter Anpassung der Organismen an die bleibenden Lebensbedingungen, ohne Zweckursachen, rein durch äußere Faktoren. Daneben gibt es auch eine „Sexualauslese" (bei der Bewerbung um die Weibchen), aber auch Gebrauch und Nichtgebrauch der Organe sowie „Migration" (Wanderung, besonders von M. Wagner ausgeführt) sind wirksam. Einseitiger betonen die „Allmacht" der Selektion E. Häckel u. a., besonders die Gegner der Vererbung individuell erworbener Eigenschaften („Neo-Darwinisten") A. Weismann (der aber Konzessionen an die Gegner gemacht hat) u. a. Von verschiedener Seite wurde die Allgemeinheit des Kampfes ums Dasein (um die Existenzbedingungen) bestritten (E. Dühring u. a.). Die „Mutationstheorie", die Lehre von der Entstehung neuer Arten durch sprungweise Variation, vertreten besonders de Vries, Waagen, Kölliker u. a.

Soweit sich zurzeit Stellung zum Problem der Artentwicklung nehmen läßt, muß jedenfalls die „Allmacht" der Naturauslese bestritten werden. Zweifellos spielt der Kampf ums Dasein, um die Erhaltung und Steigerung (Rolph, Nietzsche) der Existenz eine nicht unwichtige Rolle, er ist ein Faktor, der zur angestrengteren Betätigung der Organe

---

*) Spencer hat die Entwicklungsidee biologischer Form auf das Weltgeschehen angewandt. Von unzusammenhängender Gleichartigkeit geht die Entwicklung zu zusammenhängender Mannigfaltigkeit über, das Homogene differenziert sich, die Mannigfaltigkeit integriert sich (im Anorganischen, Organischen, Psychischen, Sozialen herrschen „integration" und „disintegration").

nötigt und so indirekt eine Steigerung der Leistungsfähig-keit der Organismen mit sich bringt. Zweifellos wird durch die „Auslese" der Natur vieles Schwache, Untüchtige oder doch den bestimmten Lebensbedingungen nicht Anzupas-sende ausgemerzt oder zurückgedrängt und so für die Er-haltung und Entfaltung anpassungsfähiger Individuen und Arten Raum geschaffen. Die Selektion besteht darin, daß Unzweckmäßiges leichter beseitigt, vernichtet, Zweckmäßiges erhalten, fixiert, begünstigt wird, wodurch wieder die Mög-lichkeit neuer zweckmäßiger Anpassungen gesteigert wird. Aber die natürliche Auslese (die mit der künstlichen des Züchters keineswegs in ihren Wirkungen sich deckt) ist wohl ein Hilfsmittel der Weiterentwicklung, nicht aber die einzige, auch nicht die primäre, erstwesentliche Triebkraft, nicht der Hauptmotor der Evolution. Sie kann zweckmäßige Varia-tionen befestigen und steigern helfen, nicht aber ursprüng-lich schaffen. Geringe Abweichungen können keinen An-griffspunkt für eine Wirksamkeit der Selektion geben, weil sie dem Individuum, der Art meist von keinem Nutzen sein können (wie z. B. ein kleiner grüner Fleck an einer Raupe, der doch als Schutzmittel gegen Vögel nicht ausreicht). Auf die Selektion allein oder in erster Linie bauen heißt doch, dem Zufall zu viel Konzessionen machen. Die Gewähr für eine dauernde Erwerbung neuer Eigenschaften, die sich nicht wieder durch Kreuzung verwischen, gibt die bloße Selektion nicht.

Nicht aus zufälligen Variationen ist die Entwicklung der Lebewesen begreiflich zu machen. Vor aller „indirekten" dürfte die „direkte" (durch das Naturmilieu, in teils „pas-siver", teils „reaktiver" Weise ausgelöste) Anpassung von Belang sein. Infolge dauernder Einwirkung der physikalisch-chemischen, klimatischen und analogen Einflüsse der Um-welt auf die Organismen bzw. deren Organe können bei noch nicht allzusehr stabilisierten, anderen Umgebungen und Lebensbedingungen vollkommen angepaßten und daher nicht weiter anpassungsfähigen Organismen Veränderungen in der Beschaffenheit (Farbe, Größe, Struktur usw.) von Organen eintreten, welche, bei gleichbleibendem Milieu, durch wiederholte, langwierige Vererbung sich fixieren und durch wiederholte Anpassung gesteigert werden. Von Wichtigkeit ist vielfach auch die „reaktive" Anpassung, besonders die „funktionelle", welche darin besteht, daß infolge der Reize der Umwelt Funktionen des Organismus variieren (in „fortschreitendem" oder „rückbildendem" Sinne) und durch Mechanisierung der so entstehenden Dispositionen, welche sich unter günstigen Umständen vererben, die Organe, den Organismus selbst modifizieren, wobei das Gesetz der „Korrelation" und „Mitübung" zur Geltung kommt (Parallele Abänderung anderer Organe). Daß Anpassungen in mehr „sprungweiser" Form auftreten und sich vererben, steht fest, aber es erscheint doch zweifelhaft, daß sie die Regel und nicht die Ausnahme gebildet haben. Es scheint allerdings nicht jedes Moment, jeder Faktor immer und überall von gleicher Wirksamkeit zu sein, sondern bald mehr die „passive", bald mehr die „reaktive" oder auch „aktive" Anpassung in Frage zu kommen. Die Möglichkeit einer funktionellen Anpassung ersehen wir aus der Entwicklung der Individuen, es sei nur an die Verstärkung der Muskulatur durch Turnen u. dgl. erinnert. Zu den Fällen aktiver Anpassung gehört auch diejenige Harmonie zwischen dem Lebewesen (dem Menschen insbesondere) und den Lebensbedingungen des Milieu, welche dadurch erfolgt, daß jenes nicht sich dem Milieu anpaßt, durch dieses geformt wird, sondern umgekehrt die Umwelt sich, den eigenen Bedürfnissen und Funktionen, dem eigenen Sein anpaßt.

Sehen wir aber der Tatsache der funktionellen Anpassung nach, so finden wir, daß sie einer Organbetätigung entspringt, welche sich wohl rein kausal-mechanistisch betrachten läßt, zu ihrem vollen Verständnis aber unweigerlich die Ergänzung des physikalisch-chemischen Standpunktes durch den psychophysischen erfordert. Die Übung, deren Wirkungen mit der Zeit bleibende Spuren in der Struktur des Organismus hinterlassen, stellt sich so als Betätigung und Effekt von Willens- oder Triebhandlungen dar, welche infolge häufiger

Wiederholung sich „mechanisieren", automatisch und zuletzt sogar zu „Reflexen" werden können. Aber auch sonst ist zu sagen, daß das Naturmilieu nicht absolut unmittelbar und rein mechanisch den Organismus formt, sondern erst durch das Medium von R e i z e n , welche seitens der Naturkräfte im Organismus ausgelöst werden und die nächsten Ursachen der funktionellen und morphologischen Variierungen sind. Vom „biopsychischen" Gesichtspunkte aus bestehen diese Reize in elementaren oder — bei der funktionellen Anpassung höherer Art — auch in komplizierteren, bewußteren inneren Zuständen, welche zu Trieben und Wollungen führen, als deren „Außenseite" die organischen Funktionen oder Bewegungen erscheinen, durch welche die Arten mit der Zeit variieren. P s y c h i s c h e F a k t o r e n sind als die inneren, intraorganischen Triebkräfte der Evolution anzusehen, welche in Reaktion zur Umwelt, im Zusammenwirken mit den äußeren Naturbedingungen in verschiedener Form der Anpassung die allmähliche Abänderung der Organismen herbeiführen, ohne daß eine besondere, als solche bewußte „Vervollkommnungstendenz" allgemein zu bestehen braucht, wiewohl diese Tendenz, beim Menschen wenigstens, sicherlich auch von Bedeutung sein kann. Mit Recht bemerkt (völlig im Sinne auch der W u n d t schen Lehre) A. F o u i l l é e : „La sélection extérieure présupose évidemment un ressort interne"; ein „nisus a fronte" (eine Strebung, ein „vouloirvivre") treibt zur Fortentwicklung (Psychol. des idées-forces I, p. XIX, 79). Und für den Menschen insbesondere gilt das Folgende vollauf: „Der bewußte, denkende Wille des Menschen ist nicht bloß das Produkt der Welt, sondern auch Faktor, eine Kraft unter andern Kräften. Die Evolution des Menschen ist nicht ... das Werk blinder Naturkräfte ..., sondern das Ergebnis stetigen Zusammenwirkens der blinden Naturkräfte mit den sehend gewordenen Naturkräften, d. h. menschlichen Zweckgedanken" (J o d l , Lehrb. d. Psychol., S. 160).

Läßt sich die biologische Entwicklung auch kausal erklären, bis zu einer gewissen Grenze wenigstens, so muß doch betont werden, daß erst die teleologische Betrachtungsweise uns das Verständnis in das ureigene Wesen der Evolution eröffnet. Es ist dazu gar nicht nötig, den Begriff eines „Schöpfungsplanes" heranzuziehen oder etwa anzunehmen, daß schon bei niederen Organismen Begriffe und Vorstellungen bestimmter zweckmäßiger Effekte als Motive des Handelns wirksam seien; „unbewußte" Zweckgedanken gibt es nicht, es gehört zur Natur des Gedankens, der Vorstellung überhaupt, ein Bewußtseinsvorgang zu sein, der wohl in verschiedenem, geringem Grade der Klarheit auftreten kann, auch nicht ein Gegenstand des Selbstbewußtseins, der Reflexion zu sein braucht, immer aber ein Bewußtseinsvorgang bleibt. Ein Wissen um die durch Aktionen zu erreichenden zweckmäßigen Erfolge bestimmter objektiver Art ist bei niederen Lebewesen sowohl in bewußter als in unbewußter Form ausgeschlossen. Anders steht es mit der Idee einer „Zielstrebigkeit" (K. E. v. Baer), vorausgesetzt, daß sie „cum grano salis" verstanden wird. Eine Zielstrebigkeit im Sinne einer Tendenz der Wesen auf Abänderung eines unpassenden, unlustvollen und auf Herstellung eines passenden, lustvollen oder wenigstens erträglichen Zustandes ist recht wohl denkbar, involviert keinerlei „Mystik". Jede Tätigkeit des Lebewesens, welche, kausal betrachtet, als Wirkung sukzedierender Bewegungen erscheint, stellt sich so „für sich" als Mittel zur Realisation einer konkreten, fallweise wechselnden Zielstrebigkeit im Sinne eines „Willens zur Selbsterhaltung bzw. Selbststeigerung" dar. Aber nicht auf einmal werden die Zweckmäßigkeiten erreicht, sondern diese sind das Resultat vielfacher zielstrebiger Aktionen, welche erst allmählich und unter günstigen Umständen bzw. Hinwegschaffung ungünstiger, nach mannigfachen Versuchen und Bemühungen zustande kommen, wobei ein Minimum von Zweckmäßigkeit von Anfang an und immer gegeben, erreicht sein muß, soll das Wesen erhaltungsfähig sein; diese fundamentale Zweckmäßigkeit kann weder durch Selektion noch durch direkte Anpassung geschaffen werden. Indem die Wirkungen zielstrebiger Aktionen und Reaktionen, wenn sie in der Richtung des Erstrebten liegen, selbst zu Zwecken werden können, deren Folgen und Nebenwirkungen wieder usw., entsteht schließlich durch Summation von Zwecken und Zweckmäßigkeiten ein zweckvoller (relativer) Endeffekt, der ursprünglich nicht einmal geahnt wurde, aber auch nicht zufälliger oder rein mechanischer Art ist, sondern als Endglied einer Finalreihe sich darstellt. Es ist dies ein Prinzip, welches von verschiedener Seite erkannt worden ist, besonders von Wundt, der es als Prinzip der „Heterogonie der Zwecke" bezeichnet und so formuliert: „Der Zusammenhang einer Zweckreihe besteht ... nicht darin, daß der zuletzt erreichte Zweck schon in den ursprünglichen Motiven der Handlungen, die schließlich zu ihm geführt haben, als Vorstellung enthalten sein muß, ja nicht einmal darin, daß die zuerst vorhandenen Motive die zuletzt wirksamen selbständig hervorbringen, sondern er wird wesentlich dadurch vermittelt, daß der Effekt jeder Wahlhandlung infolge nie fehlender Nebeneinflüsse mit der im Motiv gelegenen Zweckvorstellung im allgemeinen sich nicht deckt. Gerade solche außerhalb des ursprünglichen Motivs gelegenen Bestandteile des Effekts können aber zu neuen Motiven oder Motivelementen werden, aus denen neue Zwecke oder Veränderungen des ursprünglichen Zweckes entspringen" (Ethik[2], S. 266). Dieses Prinzip beherrscht aber auch die geistige (kulturelle) Entwicklung, und es weist mit anderem darauf hin, daß die natürliche Evolution eine Vorstufe der geistig-kulturellen Entwicklung ist, daß ein Stufenbau von Zielstrebigkeiten und Zwecksetzungen besteht, welche insgesamt auf die Realisation gattungsmäßig wirksamer, typischer Willensinhalte sich beziehen. Es ist statthaft, diese typischen Willensinhalte als Ideen zu bezeichnen, in einem an den Platonismus anknüpfenden, ihn aber „modernisierenden" Sinne. Diese Ideen sind als Grundlagen der Evolution nicht selbst dem Flusse des Werdens unterworfen und doch auch nichts starr Seiendes, im „Jenseits" Wesenhaftes. Sie sind vielmehr die, mannigfache Einzelformen annehmenden konstanten Grundrichtungen, Grundgesetze der Evolution, welche die Entwicklung konstituieren und regulieren, als feste, wenn auch immer weiter verschiebbare, weiter oder höher rückbare Zielpunkte des Strebens und Wollens. Im geistig-kulturellen Leben erst nehmen sie die Gestalt von Zweckmotiven, von als solchen bewußten Willensobjekten, von Idealen an, welche keine kraftlosen Schemen, sondern im und durch den Willen der Individuen und Gemeinschaften wirksame Mächte sind.

2. Abschnitt: Philosophie des Geistes.

§ 16.

Das Wesen der Geisteswissenschaft. Natur und Geist.

Sieht man von der Mathematik ab, welche als „neutrale" Formalwissenschaft bezeichnet werden kann, so lassen sich sämtliche Disziplinen in zwei Gruppen scheiden: in Naturwissenschaften und Geisteswissenschaften. Und dies in zweifacher Weise, je nachdem der Begriff der „Natur" in weiterem oder in engerem Sinne genommen wird. In keinem Falle aber handelt es sich bei dieser Einteilung um einen metaphysischen Gesichtspunkt, es ist hier nicht von einem dualistischen Gegensatz zwischen zwei Wirklichkeiten selbständiger Art die Rede.

Nach der einen Bedeutung ist Natur der Inbegriff der (in der Idee einheitlich zusammengefaßten) Dinge als Objekte, als physische Realitäten, als Körper und Eigenschaften von Körpern, also als „Inbegriff äußerer Objekte und ihrer äußeren Relationen" (Wundt). Als Natur in diesem Sinne stellt sich uns die Wirklichkeit dar vom Standpunkte der „äußeren" Erfahrung und der durch sie vermittelten Erkenntnis. „Natur" ist daher das Wirkliche nicht seinem Fürsich-Sein nach, sondern erst in Beziehung auf die Gesetzmäßigkeit des Erkennens, sie hat also ein relatives, kein absolutes Sein, ist kein Reich von „Dingen an sich", sondern von objektiven Phänomenen mit „empirischer Realität". Zu einem System von Naturobjekten wird uns das Seiende durch eine besondere Betrachtungsweise, welche von der Tatsache des Bewußtseinscharakters von Inhalten und Tätigkeiten geflissentlich oder unbewußt abstrahiert und die Gesetzlichkeit des Objektiven, Physischen als solchen begrifflich verarbeitet. Jede Wissenschaft, welche sich dieser Betrachtungs- und Erkenntnisweise bedient, ist dadurch eine Naturwissenschaft, eine „objektivierende" Disziplin.

Aus dieser Begriffsbestimmung geht schon hervor, daß der Standpunkt der Geisteswissenschaft jener ist, welcher das Wirkliche so betrachtet und denkt, wie es sich unmittelbar durch „innere" Erfahrung darstellt, nämlich als Inbegriff von Aktionen und Wirkungen von Subjekten, als Bewußtseinsfunktionen und Bewußtseinsgebilde, d. h. als psychische oder geistige Realitäten. Es ist also der „Geist" keine metaphysische Substanz unbekannter Art, nichts Überempirisches, Hypothetisches, sondern ein einheitlicher Inbegriff von Akten und Inhalten, die in ihrem Zusammenhange ein „Bewußtsein" konstituieren, nichts vom Bewußtsein Gesondertes. Ebendasselbe Wirkliche, das sich vom Standpunkte der „äußeren" Erfahrung als physisches Objekt, als Naturgegenstand darstellt, ist für sich, als Zentrum oder Einheit von Bewußtseinsakten (Vorstellungen, Gefühlen, Wertungen, Wollungen usw.) „psychisch" oder „Geist". Das Geistige ist in diesem Sinne gleichsam die Innerlichkeit der Naturwirklichkeit, die Subjektivität oder Selbsterscheinung des Wirklichen. Natur und Geist sind nicht zwei gesonderte Seinsgebiete, sondern die beiden Daseinsweisen einer Wesenheit, welche in ihnen gleichsam zum Ausdruck, zur Manifestation gelangt, so aber, daß das Geistige die unmittelbarste, die (erkenntnistheoretisch) absolute Wirklichkeit des Seienden bedeutet. Die Geisteswissenschaften ziehen wohl den Standpunkt der Naturwissenschaft ergänzend heran, sie bedienen sich der Naturwissenschaften als Hilfsdisziplinen (z. B. bei der Berücksichtigung des Naturmilieu in der Geschichte, Soziologie usw.), aber ihr Interesse ist doch in erster und letzter Linie der Erforschung der Gesetzmäßigkeiten und Formen des geistigen Lebens als solchen zugewandt. Den Zusammenhang der geistigen Akte und Gebilde untereinander zu erforschen, mit Berücksichtigung der Naturbedingungen derselben, ist die Aufgabe aller Geisteswissenschaften. Ihre Methoden sind die der Wissenschaft überhaupt, nur modifiziert durch die besondere Art der Betrachtung, welche den Geisteswissenschaften eignet. Beschreibung, Analyse, genetische Erklärung, Induktion und Deduktion werden hier wie in den Naturwissenschaften angewendet, bloß das Experiment hat hier nur sehr begrenzte Bedeutung (Experimentalpsychologie); das Quantitative der Naturwissenschaft tritt zugunsten der Qualität, die hier als solche interessiert, zurück, spielt aber immerhin — in der Psychologie und „Statistik" — eine gewisse Rolle. Viel mehr als in den Naturwissenschaften kommt hier die Zweckidee, das teleologische Moment zur Geltung. Die kausale Betrachtung des geistigen Lebens ist ohne ausgedehnte Anwendung des Zweckgedankens nicht durchführbar, ohne Hinblick auf Ziele und Zwecke der geistigen Funktionen und Akte sind uns die Ursachen, die Motive geistiger „Stellungnahmen" und Erzeugnisse des Einzel- und Gesamtgeistes nicht verständlich zu machen. Endlich wird für die Geisteswissenschaft, im engeren Sinne wenigstens (die „Kulturwissenschaft"), der Begriff des Wertes von Bedeutung. Die Beziehung von Handlungen und deren Erzeugnisse auf Wertungen und Werte als Maßstab der Beurteilung geistiger Tatsachen unterscheidet die Geisteswissenschaften von der Naturwissenschaft, welche dem objektiv Gegebenen oder Gedachten gegenüber völlig neutral bleibt, sich jedes Werturteiles, jeder Wertbeziehung enthält.

In einem zweiten Sinne bedeutet „Natur" einen Gegensatz oder Unterschied zur „Kultur", zur Bearbeitung physischer und psychischer Gegebenheiten, Materialien durch die planvoll-vernünftige Geistestätigkeit. „Geist" im engeren Sinne heißt dann die Einheit aktiv-vernünftiger, bewußt-zwecksetzender Aktivität. In diesem Sinne umfaßt die Natur nicht bloß die Körperwelt, sondern auch Psychisches, soweit es impulsiv, triebmäßig auftritt, nicht schon durch den Vernunftwillen geregelt und geformt ist. Insofern sich nun eine Wissenschaft mit Erzeugnissen des menschlichen Geistes als Kulturgebilden (Sprache, Sitte, Recht, Kunst, Wirtschaft usw.) befaßt, wobei sie die „natürlichen" Anfänge und Formen des Kulturlebens genetisch verwerten muß, kann sie als „Kulturwissenschaft" bezeichnet werden. Die Individualpsychologie, welche die elementarste Geisteswissenschaft ist, müßte dann — aber nur bei diesem Gesichtspunkte der Einteilung, nicht nach dem ersten — zu den „Naturwissenschaften" gerechnet werden. Das historische Moment tritt zwar in den Geistes- oder Kulturwissenschaften bedeutsamer hervor als in den Naturwissenschaften, fehlt aber diesen letzteren nicht und eignet sich nicht zum Fundament einer Einteilung der Disziplinen. Die rein geschichtliche Betrachtungsweise, isoliert genommen, ergibt noch keine Wissenschaft; eine solche ist die „Geschichte" erst dadurch, daß sie ihr Objekt, den zeitlichen Verlauf von Begebenheiten und Handlungen, nicht bloß beschreibend darstellt, sondern auch in einen kausalen, soweit als möglich auch gesetzlichen Zusammenhang bringt, ihn also durch allgemeine Begriffe und durch Kausalurteile verarbeitet. Ohne Beziehung des Einzelnen, Individuellen auf irgendwelche allgemeinen Zusammenhänge und Gesetzlichkeiten gibt es keine Wissenschaft, mag das Individuelle, nur einmal Dagewesene auch noch so sehr den Zielpunkt des Interesses bilden, wie dies ja in der Historik der Fall ist. Jede Wissenschaft ist eine kausal-erklärende, nicht eine bloße beschreibend-wertende „Ereigniswissenschaft", jede will das Allgemeine, Typische im Singulären erkennen, und wo dies nicht direkt möglich ist, wenigstens das Singuläre mit Allgemeinem, Gesetzlichem in logische Verbindung bringen. Reine „Gesetzeswissenschaften" gibt es ebensowenig; nicht irgendwelche „Gesetze" sind das Objekt der Wissenschaft, sondern Klassen von „Tatsachen", welche durch Gesetze ihres Zusammenhänges zu erklären sind — Gesetze, welche dem Bereiche der Tatsachen selbst direkt entnommen werden oder die (wie in der Geschichtswissenschaft) anderen Disziplinen (Psychologie, Soziologie usw.) entlehnt werden müssen.*)

Eine Gesetzlichkeit gibt es in den Geisteswissenschaften zweifellos, nur sind es eben keine „Naturgesetze" im striktesten Sinne des Wortes. Es sind nicht Notwendigkeiten, welche, von außen an das Geschehen herantretend, es in mechanisch-eindeutiger Weise bestimmen, es sind nicht Zwangsgesetze. Sondern die Gesetzlichkeit des Geistigen ist durch die Form des geistigen Geschehens selbst gesetzt, ist nur ein Ausdruck für die Konstanz des Verhaltens geistiger Prozesse und Zusammenhänge, für die psychische Kausalität, deren fundamentale Wirkungsweise sich unter allen Umständen gleichbleibt; die besonderen Gesetzlichkeiten, Typen, Rythmen geistigen Lebens und Schaffens sind Resultate der Beeinflussung der allgemeinen Bewußtseinsgesetzlichkeit durch besondere Inhalte, Materialien der Betätigung sowie durch äußere Faktoren und Bedingungen. Die Kompliziertheit des unter den mannigfachsten wechselnden Einflüssen stehenden, sich im einzelnen ständig verändernden Geisteslebens verhindert die Aufstellung einer so großen Reihe fester Gesetze, wie es die stabilen Verhältnisse der Natur als solcher gestatten. Das hindert jedoch nicht, daß die Möglichkeit der Formulierung „empirischer" und kausaler Gesetze in den Geisteswissenschaften in dem Maße zunehmen wird, als man die Zusammenhänge des Geschehens mit immer genauerer und vollständigerer Herausarbeitung der wesentlichen Faktoren aufhellen wird. Jedenfalls aber gibt es allgemeine psychische Gesetze, welche unverkennbar im geistigen (logischen, ethischen, sozialen, religiösen) Geschehen, im Kulturleben schlechthin zutage treten. Eine Reihe allgemeiner Gesetze des geistigen Geschehens hat Wundt treffend formuliert als „Beziehungs-" und „Entwicklungsgesetze". Die drei allgemeinsten Beziehungsgesetze sind die Gesetze der „psychischen Resultanten", Relatio-

---

*) Vgl. Riehl, Zur Einf. in d. Philos. d. Gegenw., S. 170f.

nen" und „Kontraste". Ein wichtiges, das geschichtliche Leben charakterisierendes Entwicklungsgesetz ist das der „Entwicklung in Gegensätzen" (vgl. Wundt, Grundr. d. Psychol.[5], S. 392 ff.; Syst. d. Philos.[2], S. 598; Log. II[2]2, 282 ff.). Von höchster Bedeutung ist das im Geistigen wirksame, geradezu das Wesen des Geistes konstituierende Prinzip der „schöpferischen Synthese". Es besagt, daß „die psychischen Elemente durch ihre kausalen Wechselwirkungen und Folgewirkungen Verbindungen erzeugen, die zwar aus ihren Komponenten psychologisch erklärt werden können, gleichwohl aber neue qualitative Eigenschaften besitzen, die in den Elementen nicht enthalten waren, wobei namentlich auch an diese neuen Eigenschaften eigentümliche, in den Elementen nicht vorgebildete Wertbestimmungen geknüpft werden" (Wundt, Philos. Stud. X, 112 f.; Grundr. d. Psychol.[5], S. 394; vgl. Tönnies, Bibl. du congrès internat. de philos. 1901, p. 415 ff., G. Villa, Höffding, L. F. Ward, Eucken u. a.). Ein ewiges Schaffen über sich selbst, über jedes Einzelmoment hinaus, ein ewiges Heraustreiben, Heraussetzen und Formen immer neuer Gebilde und Werte, ein sich selbst erzeugendes Leben ist das Urgesetz alles Geistes. Entwicklung ist von ihm unabtrennbar: als ewige Auseinanderlegung in eine Mannigfaltigkeit von Elementen und ewige Synthese des Mannigfachen zu immer höheren, reicheren Einheiten, als ein Sein im Werden, als sich selbst setzende, erhaltende, weiterführende und potenzierende, gestaltende Tätigkeit und Kraft, deren Realität in ihrer Aktualität selbst liegt.

Die Unterscheidung von Geistes- und Naturwissenschaften besonders durch J. Bentham, Ampère, Hegel („Geisteslehre"), J. St. Mill, Wundt u. a. verbreitet. Nach Wundt beginnt die Aufgabe der Geisteswissenschaft überall da, „wo der Mensch als wollendes und denkendes Subjekt ein wesentlicher Faktor der Erscheinungen ist" (Log. II[2] 2, 18). Sie nimmt den Standpunkt der unmittelbaren Erfahrung, der direkten Erkenntnisweise ein (Grundr. d. Psychol.[5], S. 3f.), hat es mit der unmittelbaren Wirklichkeit des Bewußtseins, nicht (wie die Naturwissenschaft) mit Abstrak-

tionsprodukten und hypothetischen Hilfsbegriffen zu tun (ib.).
Münsterberg bezeichnet die Naturwissenschaften (zu denen er
auch die Psychologie rechnet) als „objektivierende", die Geisteswissenschaften als „subjektivierende" Wissenschaften; während jene
es mit künstlichen Abstraktionsgebilden zu tun haben, fassen die
letzteren das Wirkliche als unmittelbar erlebtes System von geistigen Stellungnahmen („Selbststellungen") auf (Grdz. d. Psychol. I;
ähnlich schon Dilthey, Einl. in d. Geisteswissensch. I, 36). Als
das Gemeinsame der „Kulturwissenschaften" sieht Ad. Menzel
an die Anwendung des Zweck- und Wertgedankens, der Kritik
und die durch die Theorie selbst herbeigeführte Veränderlichkeit
der Objekte (Wissensch. Beilage d. Philos. Gesellschaft Wien,
1903). Nach dem Vorgange Windelbands (Gesch. u. Natur-
wissensch. 1894, 2. Aufl. 1900) will H. Rickert an Stelle der Einteilung in Natur- und Geisteswissenschaften die von Gesetzes- und
Ereigniswissenschaften oder von generalisierend-systematischen und
individualisierenden Disziplinen setzen, ohne es an Konzessionen
fehlen lassen zu können. „Ihr Material besteht entweder aus Naturobjekten, die von Werten losgelöst, oder aus Kulturvorgängen, die
auf Werte bezogen sind." Es gibt generalisierende Kulturwissenschaften und individualisierende Körperwissenschaften (z. B. die
Phylogenese), ja selbst die Geschichte — deren Interesse dem Individuellen zugewandt ist — braucht allgemeine Begriffe, Generali-
sationen (Die Philos. im Beginne des 20. Jahrh., hrsg. von Windelband, II. Bd. 1905, S. 51 ff.; Die Grenzen der naturwiss. Begriffsbildung, 1902).

Insofern die Psychologie die allgemeinen Formen und
Gesetze des seelischen Lebens erforscht, ist sie die allgemeinste Geisteswissenschaft und zugleich eine Grundlage der
speziellen Geisteswissenschaften. Eine „Grundlage" nicht in
dem Sinne, daß das Spezifische des höheren Geisteslebens
schon durch eine rein psychologische Betrachtungsweise sich
erschöpfen ließe; gegen jeden einseitigen „Psychologismus"
ist zu betonen, daß das Kulturleben theoretisch-praktischer
Art Wertungen und Normen einschließt, welche als
solche — so sehr sie in psychologisch beschreibbaren Akten
wurzeln — überpsychologisch, Objekte einer besonderen
geisteswissenschaftlichen oder „kulturlichen" Stellungnahme
sind. Dies berechtigt aber noch nicht zu einer antipsychologischen Auffassung des Geisteswissenschaftlichen und Kulturlichen. Freilich, eine gekünstelte, unnatürliche Psychologie,

welche das seelische Leben in Atome zerschlägt, an die Stelle lebendiger Bewußtseinszusammenhänge einen hypothetischen Mechanismus von isolierten Elementen setzt, oder gar das Psychologische durch Physiologie ersetzt, eignet sich ganz und gar nicht zur Basis der Geisteswissenschaft. Als solche kann nur eine nicht bloß analytische, sondern auch synthetische Psychologie dienen, welche dem Seelenleben in seiner konkret-wirklichen, aktualen Beschaffenheit und Gesetzlichkeit gerecht wird. Nicht bloß das „objektivierte", sondern auch das „stellungnehmende", wertende, das lebendig-aktive Subjekt ist Gegenstand psychologischer Untersuchung (gegen Münsterberg, Grdz. d. Psychol. I, 13 ff., u. a.). Ohne Psychologie ist eine zureichende Beschreibung, Analyse, Genese und Kausalerklärung des Kulturlebens nicht möglich, die Abtrennung der Psychologie von den Geisteswissenschaften müßte unheilvoll werden, zu blasser „Ideologie" oder Metaphysik im schlechten Sinne zurückzuführen. Die wertende „Stellungnahme" des Subjekts wird durch die psychologische Erklärung der Geistesfakten nicht im geringsten gestört, sie bleibt nach wie vor ein konstituierender Faktor des Kulturlebens.

a) Psychologie.

§ 17.

Die Aufgabe der Psychologie.*)

Die Wirklichkeit stellt sich uns auf zweifache Weise dar: 1. als Inbegriff physischer Tatsachen, als Objekt der durch die Sinne vermittelten, „äußeren" Erfahrung und derjenigen Erkenntnisweise, welche, vom Bewußtseinscharakter des Erlebten abstrahierend und den vom subjektiven Tun unab-

---

*) Der Ausdruck „psychologia" zuerst bei Melanchthon, Goclenius, Casmann, aber erst seit Chr. Wolff gebräuchlich.

hängigen Bestimmtheiten der Erlebnisinhalte nachgehend,
diese kategorial, begrifflich zu „Dingen" mit Eigenschaften
und Zuständen verarbeitet, und 2. als unmittelbarer Befund
„innerer" Erfahrung, als Zusammenhang von Erlebnissen in
ihrer unmittelbar wahrgenommenen Beziehung auf das erlebende Subjekt, als Subjektfunktionen, als Bewußtseinsvorgänge, als psychische Prozesse und Akte. Gegenstand der
Psychologie ist also nicht eine metaphysische Seelensubstanz,
auch nicht eine neben der Körperwelt vorhandene zweite
Welt von Geschehnissen, sondern es ist nur eine Gesamterfahrung da, welche in ihrer unmittelbaren Eigenwirklich-
keit, als Totalität von Bewußtseinsvorgängen: Empfindungen, Vorstellungen, Gefühlen, Wollungen u. dgl., aufgefaßt
und untersucht wird. Die Psychologie unterscheidet sich
von den Naturwissenschaften vor allem durch die Verschiedenheit ihres Standpunktes, wodurch ihr freilich sofort ein neues Objekt erwächst: das erlebende Subjekt. Die
Psychologie, weit entfernt, vom Subjekt, von der Einheit
des Vorstellens, Fühlens, Wollens, abstrahieren zu können,
ist direkt eine „Subjektwissenschaft". Sie ist, kurz definiert,
die Wissenschaft vom seelischen Leben schlecht-
hin, von den Formen, Prozessen und Gesetzen desselben. Sie ist dies nicht als metaphysische Disziplin, auch
nicht als Wissenschaft eines vorgeblichen „inneren Sinnes",
sondern als Wissenschaft der unmittelbaren Erfahrung (Wundt). Die Beziehung der Erlebnisse (als Akte
oder Zustände) auf das mit diesen untrennbar gegebene Subjekt ist ihr wesentlich; vom Subjekt losgelöste, hypostasierte
Geschehnisse sind als solche nicht psychisch, sind physische
Objekte der Naturwissenschaft oder aber unwirkliche Fiktionen. Nicht rein gedankliche Konstruktionen fallen der
Psychologie zu, sondern Erlebbares und im Sinne des Erlebten begrifflich Verarbeitetes, immer aber im Rahmen des
Bewußtseinsgeschehens Bleibendes, Bewußtseinsimmanentes
als solches geht sie an. Das Getriebe des Subjekt-Erlebens
selbst in seiner Eigenbeschaffenheit, seinen Grundformen,
Elementen, Faktoren, Zusammenhängen, Gesetzen will der

Psycholog erforschen, nicht das Wesen einer unbekannten Seelensubstanz, aber auch nicht das physische Nervenleben. Zwischen Metaphysik und Physiologie nimmt die Psychologie eine eigene, selbständige Stellung ein, wenn sie auch in Metaphysik mündet und die Physiologie als Hilfswissenschaft benutzt, wodurch sie eine Vermittlung, einen Übergang zwischen Natur- und Geisteswissenschaften herstellt.

Das Psychische ist also weder eine metaphysische Entität noch eine Summe von Gehirnprozessen, sondern es ist das Erfahren und Erleben als solches selbst, so wie es vom Subjekt als Akt und Zustand gesetzt und vorgefunden wird. Es ist der konkret-subjektive Zusammenhang von Bewußtseinsvorgängen, denn „Für ein Subjekt-Sein" und „Bewußt-Sein" sind ein und dasselbe; ein absolut unbewußtes Seelenleben hat daher keinen Sinn, es wäre ein Erleben, das nicht erlebt wird, etwas hinter dem Erleben, aber nicht dieses, nicht das Psychische im empirischen Sinne selbst. Daß nicht jedes Erleben, nicht jeder Bewußtseinsvorgang Gegenstand eines Wissens, einer besonderen Apperzeption, einer Reflexion, eines Erkenntnisurteils ist, daß es also in diesem Sinne „unbewußt" (ungewußte) und unterbewußte Seelenprozesse gibt, wird keineswegs geleugnet, nur das „absolut Unbewußte" (etwa im Sinne E. v. Hartmanns, für den die Psychologie die Lehre von unbewußten Geistesakten ist) ist es, was wir (mit vielen, z. B. Wundt, Paulsen, Brentano, Sigwart, Höffding, Ziehen u. a.) bestreiten. Insofern die Psychologie den einheitlichen Zusammenhang und nicht ein Aggregat von isolierten Elementen psychischer Vorgänge zum Gegenstande hat, ist sie Seelenlehre und nicht „Psychologie ohne Seele" (F. A. Lange, der übrigens recht hat, sofern er dies im antimetaphysischen Sinne meint).

Die Aufgabe der Psychologie geht dahin, das seelische Leben beschreibend darzustellen, d. h. durch geeignete Worte und Begriffe möglichst eindeutig in seiner Qualität zu fixieren, so daß jeder andere es in seiner eigenen Erfahrung wiedererkennen kann, ferner es auf typische, allgemeine Formen zu bringen, es zu klassifizieren, des weiteren es in Elemente, Momente, Faktoren zu zergliedern, zu analysieren, um dann auch, synthetisch, die Formen der Verknüpfungen, Zusammenhänge der psychischen Elemente und Gebilde kausal und genetisch zu erklären und sie möglichst auf Gesetze der seelischen Wirksamkeit und Entwicklung zurückzuführen; diese Gesetze, auf dem Wege der Induktion gewonnen, können dann wieder deduktiv zur Ableitung weiterer Eigentümlichkeiten des Seelenlebens verwendet werden. Die Beziehungen psychischer Vorgänge zu solchen des als physisch betrachteten Organismus, zu Nervenprozessen insbesondere, erforscht die Psychophysiologie (oder physiologische Psychologie); die Psychophysik hingegen untersucht die zwischen Sinnesreizen und Empfindungsintensitäten bestehenden Relationen, wobei sie das (elementare) psychische Geschehen quantiativ, mathematisch verarbeitet, durch eine Reihe von („psychophysischen") Methoden Wertgrößen von Empfindungen feststellt. Es wird hierbei besonderes Gewicht auf die Ermittelung der Reiz- und Unterschiedsschwellen gelegt, d. h. derjenigen Reizintensitäten, deren Zuwachs nötig ist, damit auf einem bestimmten Sinnesgebiete Empfindungen überhaupt auftreten bzw. von anderen eben unterschieden werden können.*)

Alle Psychologie bedient sich, direkt oder indirekt, der „inneren" Wahrnehmung, der unmittelbaren Selbstauffassung der Erlebnisse, welche ohne Beziehung auf solche Selbstwahrnehmung absolut unbeschreibbar, unverständlich

---

*) Für mittlere Intensitäten hat sich die Gültigkeit des Weber-Fechnerschen („psychophysischen") Gesetzes herausgestellt, wonach die Reizintensitäten in geometrischer Progression zunehmen müssen, sollen die Empfindungsstärken arithmetisch wachsen; der Reizzuwachs muß dem „Normalreiz" stets proportional sein, wenn die Empfindungsstärke sich „eben merklich" ändern soll. Dieses Gesetz läßt verschiedene Deutungen zu (vgl. Fechner, Elemente der Psychophys.[2], 1889; Wundt, Grdz. d. physiol. Psychol. I[4], ferner Schriften von G. E. Müller, A. Elsas, Brentano, F. A. Müller, Delboeuf u. a.).

sind. Die psychologischen Urteile sind Aussagen über Inhalte unmittelbarer Erlebnisse, die nicht neben einem besonderen Wahrnehmungsinhalte da sind, sondern selbst die „inneren" Wahrnehmungsinhalte konstituieren, als welche sie beurteilt und begrifflich fixiert werden. Indem ich ein Erlebnis in seiner Zugehörigkeit zu meiner Subjektivität, als Bestandteil meines Ich-Zusammenhanges gegenwärtig habe, so daß ich ein Urteil über dessen Beschaffenheit und Verlauf zu geben vermag, bediene ich mich der inneren Wahrnehmung direkt. Es ist dies aber keine — mit Recht (von Hume, Comte, Wundt u. a.) bestrittene — momentane „Selbstbeobachtung". Eine solche, an deren Stelle in Wahrheit oft eine gedankliche Reflexion gesetzt wird, ist nicht möglich, weil die Beobachtung immer ein neuer geistiger Akt ist, der erst einsetzen kann, wenn das Erlebnis vorüber ist, weil ferner die Absicht des Beobachtens das psychische Erlebnis beeinflußt, abändert, weil endlich Affekte und Gefühle durch die auf sie gerichtete Aufmerksamkeit geschwächt, ja gehemmt werden. Das psychische Erlebnis ist kein beharrendes Ding, welches dem Beobachten gegenübersteht, es ist ein Bestandteil des beobachtenden Subjekts selber, und es gibt daher eine „Introspektion" immer nur gegenüber dem soeben aufgetretenen und jetzt erst zum Objekt werdenden Bewußtseinsvorgang, also als Erinnerungsurteil. Durch Übung kann die Fähigkeit solcher Selbstwahrnehmung und Erinnerungsbeobachtung sehr vervollkommnet werden, es kann unter verschiedenen Bedingungen ähnliches untersucht werden, so daß das „Zufällige" des erstmaligen Befundes, der Einzelfälle überhaupt, teilweise eliminiert wird. Aber es bleiben immer Fehler, Lücken, Denkzutaten, Individualisierungen, welche erst durch Hinzunahme der Befunde fremder Beobachter sowie durch Vergleich der verschiedenen Beobachtungsresultate sowie der Resultate der Erschließung fremden Seelenlebens durch die „objektive" Methode einigermaßen rektifiziert werden können (Komparative Methode. Unter die genaue Kontrolle des Beobachtens kommen die psychischen Vorgänge und ihre Selbstwahrnehmung durch die experimentell verfahrende Psychologie. Indem konstante, willkürlich zu bestimmende und zu variierende, genau bekannte Bedingungen des Auftretens bestimmter psychischer Prozesse hergestellt werden können, ohne daß die Person, mit welcher experimentiert wird, um das Was der Versuche im allgemeinen oder im besonderen weiß, so daß die Absicht des Beobachtens hier nicht störend wirkt, können durch eine große Zahl Versuche (unter mannigfachen Bedingungen und bei verschiedenen Individuen, mit Hilfe feinster Apparate zur Zeitmessung u. dgl.) psychologische Aussagen gewonnen werden, die genauer sind als die der reinen Introspektion entspringenden und die durch genaue Feststellung der mannigfachen Reizfaktoren und Reizzusammenhänge quantitativ-gesetzlich bestimmt werden können. Nicht bloß Reiz- und Unterschiedsschwellen sind auf diese Weise ermittelt worden, sondern auch kompliziertere Prozesse konnten genauerer Erkenntnis zugeführt werden, so z. B. (durch die „Reaktionsversuche") die Zeiten, welche Erkennungs-, Unterscheidungs-, Assoziations-, Wahlvorgänge brauchen. Mittels der „Ausdrucksmethoden" und mit Hilfe sinnreicher Apparate (Dynamometer, Sphygmograph, Pneumatograph, Plethysmograph) wird der Ablauf der Gefühle in seiner Beziehung zu physiologischen Prozessen immer genauer erforscht. Eine Reihe psychologischer Laboratorien (das älteste, von Wundt 1879 begründet, in Leipzig) ermöglicht den Betrieb der Experimentalpsychologie, welche schon vieles geleistet hat, freilich aber die „Introspektion" und Komparation nicht entbehrlich machen kann.

Die Elemente, welche durch Analyse der psychischen Gebilde erhalten werden, sind nicht etwa selbständige, für sich allein existierende Wesenheiten, nicht Bewußtseinsatome, die äußerlich miteinander sich zusammengesetzten Zuständen summieren, wie dies der „psychologische Atomismus" (die „atomistische Psychologie") hinstellt. Ein gewisses einheitliches Geschehen ist vielmehr das Primäre, es entsteht nicht aus Teilen, sondern läßt sich nur, von verschiedenen Gesichtspunkten aus, in verschiedene Teile, Momente, Elemente gliedern, welche niemals für sich allein, sondern stets in real-untrennbarer Verbindung mit anderen auftreten. Es gibt keine selbständigen, einfachen „Seelenvermögen“, sondern ein Gesamtgeschehen, welches je nach der Richtung und den besonderen herausgehobenen Momenten als Vorstellung, Gefühl, Wille sich darstellt. Und die psychischen Elemente selbst, Empfindungen und (elementare) Gefühle und Strebungen sind wohl aus dem Ganzen seelischer Erlebnisse durch die Aufmerksamkeit und durch den Begriff herauszuheben und für sich zu fixieren, zu untersuchen, nicht aber als Dinge oder Kräfte aufzufassen, die von selbst, unabhängig von jeder Subjekttätigkeit, miteinander Verbindungen eingehen und zu den höheren geistigen Gebilden und Prozessen zusammenwachsen können. Sind aber auch diese Elemente nicht selbständige Wesenheiten, so gehören sie doch dem Bestande des seelischen Lebens wirklich an, sie sind in ihm enthalten, müssen sich aus demselben herausheben lassen, sind nicht bloße Gedankendinge, nicht hypothetische Setzungen, wie etwa die Atome der Physik. Indem die Psychologie in besonnener Weise von diesen begrifflich fixierten Elementen Gebrauch macht, abstrahiert sie keineswegs vom realen Charakter des Seelenlebens, geht sie durchaus nicht über dieses hinaus zu fiktiven oder hypothetischen, unwirklichen und unwirksamen Gebilden (gegen Münsterberg).

Die Psychologie ist eine deskriptiv-analytische und zugleich genetische Wissenschaft. Das Werden komplizierterer, reicherer Bewußtseinsformen aus einfacheren Anfängen zu verfolgen, die Entwicklung der Individual- und Sozialpsyche und ihrer mannigfachen Gebilde, die „Psychogenese“ also, klärt uns erst vollends über die Natur und Gesetzlichkeit der Bewußtseinsvorgänge auf. Da aber die Entwicklung des Seelenlebens einerseits eng mit den Lebensvorgängen überhaupt, anderseits mit dem sozialen Leben zusammenhängt, so werden Biologie und Soziologie — Disziplinen, die teilweise selbst der Psychologie als Hilfswissenschaft bedürfen — der Seelenwissenschaft gute Dienste leisten. Insbesondere hat sich die Betrachtung psychischer Prozesse unter dem Gesichtspunkt biologischer Begriffe (Anpassung, Differenzierung, Selbsterhaltung, Selektion usw.) schon als sehr fruchtbar gezeigt. Für die Evolution des geistigen Lebens ist von Klärung auch die Heranziehung der Ergebnisse der Kindespsychologie und der Tierpsychologie, die nur mit großer Behutsamkeit zu betreiben ist, da die Gefahr besteht, das primitive Seelenleben zu sehr im Sinne des ausgebildeten umzudeuten. Von Wichtigkeit ist ferner die Betrachtung der Abnormitäten und Krankheiten des Bewußtseins, die Psychopathologie, welche manche Gesetzlichkeit des normalen Seelenlebens genauer, vollständiger erkennen läßt.

Seitdem die Psychologie in nahe Beziehung zur Physiologie getreten ist, sind ihre Erfolge nicht unwesentlich fortgeschritten. Die Lehre von den Sinnesfunktionen insbesondere hat durch die Anwendung physiologischer Hilfsmittel und die Verwertung physiologischer Untersuchungen (Bau und Funktionen der Sinnesapparate, Sinnesnerven usw.) viel gewonnen. Wo die rein psychologische Analyse uns im Stiche läßt, da kann mitunter der Einblick in die physiologischen Korrelate psychischer Prozesse uns zu geistiger Klarheit verhelfen, der Psychologie selbst Fingerzeige geben für ein bestimmteres Vorgehen. Da die psychischen Vorgänge Geschehnisse innerhalb eines Organismus sind, die allenthalben mit den Lebensprozessen desselben verquickt sind, so ist es eine Notwendigkeit, soweit als möglich diese Lebensprozesse in ihren Beziehungen zu den Bewußtseinsvorgängen zu erforschen. Aber die Psychologie ist nicht, wie manche glauben, ein Teil der Physiologie. Keine Physiologie kann mehr leisten als dies, daß sie uns die Nervenprozesse, welche als das physische Korrelat des Psychischen erscheinen oder sich denken lassen, aufzeigt und erklärt. Die Bewußtseinsvorgänge hingegen, mit ihren Qualitäten und Werten, ihren eigenartigen Gliederungen und Synthesen, Intentionen und Setzungen sind nur durch unmittelbare Wahrnehmung der „inneren" Erfahrung konstatierbar und nur mittels psychologischer Begriffe darstellbar. Das Eigenartige des Bewußtseins-

geschehens kann durch keine Beschreibung von Nervenprozessen ersetzt oder auch nur verstanden werden, die Ge-
hirn- und Nervenphysiologie kann immer erst dann für die
Psychologie von Nutzen werden, wenn die Bewußtseinspro-
zesse, um deren Verständnis es sich handelt, selbst, in ihrer
Eigenart, in ihren Eigenverbindungen bekannt und erkannt
worden sind. Vom Auftreten physiologischer Prozesse läßt
sich immer nur auf das Dasein bestimmter psychischer Vorgänge schließen, wenn vorher ein allgemeiner Konnex zwischen beiden Arten des Geschehens bekannt geworden ist.
Es muß auch betont werden, daß die Gehirnphysiologie als
solche in vieler Hinsicht selbst schon von der Psychologie
abhängig ist und sie hat „viel mehr Fragen an die Psychologie gestellt, von deren Beantwortung ihre eigene Deutung
der Befunde abhängt, als daß sie selbst imstande gewesen
wäre, die psychologische Analyse zu unterstützen" (Wundt,
Die Philos. im Beg. d. 20. Jahrh. I, 25). Gerade weil es
nur eine Wirklichkeit ist, welche in der Physiologie und
Psychologie von zwei Seiten betrachtet wird, muß die eine
dieser Betrachtungsweisen, die psychologische, voll zu ihrem
Recht gelangen, d. h. das Bewußtseinsgeschehen, das Erleben als solches (als Empfindung, Gefühl, Denken, Assoziation usw.) darstellen und erklären. Der Zusammenhang
des Psychischen mit dem Physiologischen, der einen mit der
anderen Betrachtungsweise ergänzt jede derselben, vertritt
auch überall da, wo zurzeit oder überhaupt die eine Methode
nicht durchführbar ist, durch die andere („Substitution"), aber
sie liefert noch nicht die kausale Erklärung der psychischen
Einzelgeschehnisse. Diese immer wieder aus anderen psychischen Geschehnissen oder Faktoren als Glieder des Bewußtseinszusammenhanges, Bewußtseinsverlaufs zu erklären, als
Effekte psychischer Antezedentien und Resultate psychischer
Elementenverbindungen, ist die Aufgabe der Psychologie, gefordert durch die Konsequenz ihres Standpunktes, durch das
Prinzip des geschlossenen Kausalzusammenhanges, das wir bereits kennen gelernt haben; die psychischen Elemente selbst (die
Empfindungen und ihre Gefühlsbetonungen) können empi-

risch freilich nicht weiter erklärt, sondern nur zu den physischen Reizen in Beziehung gesetzt werden, mit der Reservation aber, daß diese Reize nicht die Empfindungen „bewirken", sondern nur „auslösen", während die wahren Ursachen der elementaren Bewußtseinsvorgänge nur in dem (gleichfalls als psychisch zu denkenden) „Innensein" der Reize, der „transzendenten Faktoren" also, gesucht werden können. Es ist nicht richtig, daß die psychischen Geschehnisse „inkausal" seien; sie sind dies nicht, weil sie nicht Gedankendinge, sondern Momente des Bewußtseinsprozesses sind, dessen Bestandteile in gesetzlicher Abfolge aus anderen, bzw. aus der Synthese anderer hervorgehen, nicht als Aggregate, sondern (durch eine Art „psychischer Chemie") als ein qualitativ Neues und Einheitliches, wodurch der Bestand an seelischen Werten vergrößert wird („Wachstum geistiger Energie": W u n d t). Vom Standpunkt der „inneren" Erfahrung stellt sich das Erleben als Zusammenhang von Subjektsetzungen dar, als verbunden durch eine p s y c h o l o g i s c h e K a u s a l i t ä t, d i e j e d e m p s y c h i s c h e n E i n z e l a k t s e i n e b e s t i m m t e R o l l e z u w e i s t u n d i h n z u r W i r k u n g v o r a n g e h e n d e r u n d z u r (T e i l-) U r-s a c h e f o l g e n d e r M o m e n t e m a c h t, w o b e i d a s e i g e n t-l i c h W i r k s a m e, d i e T o t a l k r a f t, i m m e r d i e G e-s a m t p s y c h e, d a s e i n h e i t l i c h e, s i c h i n d e r M a n n i g-f a l t i g k e i t s e i n e r E r l e b n i s a k t e s e t z e n d e u n d p e r-m a n e n t e r h a l t e n d e S u b j e k t i s t. Von diesem wahren, lebendigen Subjekt, nicht von dessen körperlicher Erscheinungsweise, dem leiblichen Organismus oder dessen zentraler Repräsentation (Gehirn, „System C" bei A v e n a r i u s) sind die psychischen Einzelvorgänge „Abhängige". Der physische Organismus und das physische Geschehen an ihm ist nicht das Primäre, s e t z t d a s E r l e b e n s c h o n v o r a u s, ist Inhalt und Gegenstand desselben und kann es nicht erst erzeugen oder begreiflich machen; das die „Prinzipialkoordination" zwischen Organismus und „Umgebung" konstatierende, erlebend-aussagende Subjekt wird vom „psycho-physischen Materialismus" (den auch der Avenariussche „Empiriokritizis-

17*

mus" vertritt) nur scheinbar eliminiert, es ist als Urvoraussetzung aller „Aussagen" festzuhalten, kann nicht in ein bloßes Objekt unter Objekten verwandelt werden, ist kein physischer Aussageinhalt, sondern das Einheitszentrum lebendig-geistiger Akte, in deren Gesetzlichkeit es sich ganz unmittelbar-konkret bekundet.

Insofern die Psychologie die für alle Subjekte des Erlebens typischen Seelenprozesse untersucht, ist sie Individualpsychologie im weitesten Sinne des Wortes. Einen engeren Sinn hat das Wort „Individualpsychologie" als Charakterologie oder Differentialpsychologie (Psychologie der individuellen Differenzen), welche „die Variationsformen, in denen seelische Funktionen bei verschiedenen Individuen auftreten können, zum Gegenstande hat" (L. W. Stern, Zeitschr. f. Psychol., 22. Bd., S. 13; vgl. Über Psychol. d. individ. Differenz. 1900). Es handelt sich hier um die Ermittelung engerer, spezieller Gruppen und Typen psychischer Verhaltungsweisen (z. B. in bezug auf die Art des Gedächtnisses: auditives, visuelles, taktives, verbales Gedächtnis u. dgl.). Im Anschlusse daran sei auch auf die neuerdings ins Leben getretene „Psychologie der Aussage" als Form der angewandten Psychologie (vgl. L. W. Stern, Beiträge zur Psychol. d. Aussage, 1. H.) verwiesen. Angewandte Psychologie ist auch die pädagogische Psychologie (vgl. die Arbeiten von Strümpell, Ostermann, Chrisman, G. Maier u. a., sowie die „Zeitschrift für päd. Psychol.").

Rein auf die analytisch-komparative Methode ist angewiesen die Völkerpsychologie (oder Sozialpsychologie). Sie hat das „Völkerbewußtsein" zum Gegenstande, d. h. die Gebilde des „Gesamtgeistes", der „Kollektivseele", also alle jene Geistesprodukte, welche (wie Sprache, Sitte, Mythus, Recht, Wirtschaft usw.) dem Zusammenwirken einer zu einer Gemeinschaft vereinigten Individuenmehrheit, nicht der bloßen Summe von einzelnen Subjekten entspringen, daher nur durch die Aufzeigung sozialpsychischer Gesetzlichkeiten zu erklären sind. Sie ist die Wissenschaft „von den

Elementen und Gesetzen des geistigen Völkerlebens" (Lazarus), eine „Lehre von der Volksseele" und hat jene psychischen Vorgänge zum Gegenstand, welche „der allgemeinen Entwicklung menschlicher Gemeinschaften und der Entstehung gemeinsamer geistiger Erzeugnisse von allgemeingültigem Werte zugrunde liegen" (Wundt, Völkerpsychol. I 1, S. 6 ff.). Der aktuale, lebendige Zusammenhang der Einzelsubjekte im „Volksgeiste" zu einem „Gesamtbewußtsein" ist eine neue Quelle geistiger Gebilde, deren Entstehung und Entwicklung aus dem Einzelbewußtsein allein nicht abgeleitet, nicht begriffen werden kann. Der „Gesamtgeist" ist keine unbekannte metaphysische Wesenheit, keine geistige Substanz außerhalb der Individualseelen, aber auch nicht die bloße Summe oder ein Aggregat von Einzelsubjekten, sondern er ist aktuell, wirksam, real gegeben schon in der ursprünglichen Einheit und Gemeinsamkeit des sozialen Lebens, in welches sich der Einzelne von Anfang an eingebettet findet, von dem er seine geistige Nahrung erhält, von dem er ein Ausschnitt ist, wie er selbst mit seinesgleichen den Gesamtgeist konstituiert, beständig setzt, um von ihm und dessen Schöpfungen, dem „objektiven" Geist, beständig beeinflußt, gestaltet zu werden — ein Prozeß, der in immer höheren, reicheren Formen immer wiederkehrt.*) Der Gesamtgeist ist keine Fiktion, kein Abstraktum ohne Realität, sondern eine lebensvolle, wirksame, schaffende, wertende, normierende Macht, der kein Individuum sich völlig entziehen kann, wenn auch die große Persönlichkeit selbst zur Weiterentwicklung des Gesamtgeistes wesentlich beiträgt. Gesamtgeister niederer Ordnung können sich miteinander zu höherem Gesamtbewußtsein und Gesamtwillen zusammenschließen, so daß sich eine Stufen-

---

*) Der Begriff des Gesamt- oder Volksgeistes findet sich bei Montesquieu, Wegelin, J. G. Fichte, Hegel, Renan, Steinthal, Lazarus, Schäffle, Fechner, Wundt u. a. Nach letzterem ist die Volksseele „ein Erzeugnis der Einzelseelen, aus denen sie sich zusammensetzt; aber diese sind nicht minder Erzeugnisse der Volksseele, an der sie teilnehmen" (Völkerpsychol. I 1, S. 9ff.; Eth.[2], S. 449, 453, 458ff.; Grundr. d. Psychol.[5], S. 378f.).

ordnung von Lebens- und Geistessphären ergibt, welche zu „unterst" das (relative) Individuum, zu „oberst", der Idee nach, den universalen „Weltwillen" erkennen läßt (Chr. Krause, Fechner, Wundt, Paulsen u. a.).

Wenn es auch schon bei Pythagoreern, Demokrit, Hippokrates, Plato u. a. an psychologischen Erörterungen und Einsichten nicht gefehlt hat, so ist doch Aristoteles als der Begründer der Psychologie zu betrachten, die er nicht rein metaphysisch, sondern auch empirisch, analytisch behandelt (Lehre vom „Gemeinsinn", Assoziation u. a.). Beiträge zur Psychologie liefern Peripatetiker, Stoiker, Epikureer, Plotin, Galen u. a. Trotz des starken Reflexionscharakters der patristischen und scholastischen Psychologie und ihrer Ableitung der Bewußtseinsvorgänge aus einer Reihe von (im Seelenbegriff geeinten) „Vermögen" (potentiae) findet sich in ihr manches Brauchbare, so bei Nemesius, Clemens, Tertullian, Augustinus, Avicenna, Albertus Magnus, Thomas Aquinas, Duns Scotus, Suarez u. a. Später erfährt die Psychologie manche Förderung durch Melanchthon, Goclen, Casmann u. a., mehr noch durch L. Vives, der die Empirie mehr berücksichtigt. Das Physiologische zieht schon Descartes stark heran (Pass. anim.) und Spinoza fördert die Affektenlehre. Durch Leibniz wird der Begriff des Unterbewußten, der Apperzeption u. a. eingeführt. Eine „Vermögenspsychologie" recht spekulativer Art begründet Chr. Wolff, welcher „rationale" und „empirische" Psychologie unterscheidet. Mit Hobbes beginnt in England eine psychologische Arbeitsweise, die immer mehr empirisch-analytisch wird und teilweise viel Physiologisches heranzieht, als „Assoziationspsychologie", wie sie Locke, Hartley, Priestley, Hume, Erasmus Darwin, James Mill, Th. Brown begründen, als Sensualismus (Condillac) und Materialismus (Holbach, La Mettrie u. a.) in Frankreich, während Bonnet gemäßigter ist (Berücksichtigung der Aufmerksamkeit). Vermittelnd zwischen spekulativer Vermögens- und empirischer Assoziationspsychologie lehren de Crousaz, G. F. Meier, Irving, Eberhard, Tiedemann, Tetens, Mendelssohn, Sulzer, Garve, Meiners, Feder, Moritz, Platner, v. Creutz, Hemsterhuis u. a. Von Kant (Geltendmachung der Dreiteilung des Seelenlebens: Erkennen, Fühlen, Begehren; Lehre vom „innern Sinn" u. a.), nach welchem Psychologie keine erakte Wissenschaft werden kann, sind beeinflußt Chr. E. Schmidt, Maaß, F. A. Carus, Fries, Biunde, Chr. Weiß, Abel, Hoffbauer, Jacob, E. Reinhold u. a. Spekulativ-konstruktiv (logisierend) ist die Psychologie der Schulen Schellings und Hegels;

für die vergleichend-genetische Psychologie sind C. G. Carus, H. Steffens u. a. immerhin von gewisser Bedeutung. Selbständiger tritt die Psychologie auf bei La'romiguière, Destutt de Tracy, Cabanis, bei Maine de Biran, Royer-Collard, Jouffroy, bei Bailey, Galuppi, Mamiani, Ardigo, Garnier, Lelut u. a.

Als Gegner der Vermögenspsychologie tritt Herbart auf, der zwar die Psychologie metaphysisch fundiert, aber die Erfahrung reich verwertet und auch den — freilich verunglückten — Ver-such einer mathematischen Psychologie macht (Lehre von der Statik und Dynamik, den Hemmungsverhältnissen der Vorstellungen). Zu seiner Schule gehören Stiedenroth (teilweise), Schilling, Drobisch, Volkmann, Lindner, Waitz (teilweise) u. a. Die Methode der Naturwissenschaften will für die Psychologie Beneke verwenden, dessen Psychologie trotz eines guten Restes spekulativer Konstruktionen viel Brauchbares enthält. Zwischen Metaphysik und Empirie vermitteln in verschiedener Weise J. H. Fichte, Fortlage, Ulrici, E. v. Hartmann u. a.; nach letzterem untersucht die Psychologie „die gesetzmäßige Abhängigkeit der bewußt psychischen Phänomene von dem jenseits des Bewußtseins Belegenen" (Mod. Psychol. S. 25). In eine neue Phase tritt die Psychologie durch die Verwertung physiologischer Ergeb-nisse und Methoden bei J. Müller, E. H. Weber, Donders, Hering, du Bois-Reymond, Lotze, Preyer, Horwicz, Helmholtz, Ziehen u. a. Die „Psychophysik" begründet Fechner. Mit dem allen ist die experimentelle Psychologie eingeleitet, welche durch Wundt systematisch ausgebildet und von vielen Psychologen bearbeitet wird, so von Münsterberg, Ebbinghaus, Külpe, E. Meumann, Stumpf, Schumann, L. W. Stern, G. Martius, Kiesow, Kraepelin (Chemische Methoden), A. Lehmann, C. Lange, Grot, Richet, Binet, V. Henri, Mosso, Titchener, Ladd, St. Hall, Scripture u. a. Für die biologisch und genetisch orientierte Psychologie kommen in Betracht Ch. Darwin, Huxley, Morell, Maudsley, Spencer, Lewes, Galton, Romanes, Baldwin, Ribot, Jodl, W. Jerusalem u. a. Hervorragend in der psychologischen Analyse und Genese sind ferner W. James, Sully, Stout, Höffding, Fouillée, J. Ward, Ch. A. Mercier, Masci, Ferri, Cesca u. a., ferner die „Assoziationspsychologen" J. St. Mill, A. Bain, Th. Ziehen u. a. und die Vertreter einer analytischen, reinen Psychologie wie Dilthey, Lipps, H. Cornelius, Rehmke, ferner F. Brentano, A. Höfler, Meinong u. a. Als „Abhängige" von physiologischen Prozessen betrachten das Psychische d. h. die physischen Erlebnisse in dieser ihrer Abhängigkeit, ohne Dualismus des Geschehens — R. Avenarius, und seine Schule (Carstanjen, J. Petzolt, R.

Willy, W. Heinrich u. a.), E. Mach u. a. Die Völkerpsychologie
haben Steinthal und Lazarus begründet. Von katholisierenden
Psychologen seien Tongiorgi, Sanseverino, Gutberlet, J.
Müller genannt.

§ 18.

Intellektualismus und Voluntarismus; Assoziations- und Apperzeptionspsychologie.

Das Bestreben, die Mannigfaltigkeit des psychischen Geschehens begrifflich zu vereinheitlichen, hat zunächst eine
„Vermögenspsychologie" gezeitigt, welche eine Reihe von
Seelenkräften oder Seelenvermögen als Ursachen und Träger
intellektueller, emotioneller und Willenszustände setzt, bald
mit wenigen Grundkräften auskommend, bald wieder eine
ganze Menge besonderer Vermögen (z. B. des Gedächtnisses, der Phantasie, des Urteils, der Wahl u. dgl.) annehmend. Zwischen diesen Vermögen, meist als Potenzen
der sie einschließenden einen Seele aufgefaßt, besteht eine
beständige Wechselwirkung; so beeinflußt z. B. das Gefühls-
vermögen den Verstand, dieser den Willen, dieser den Verstand, dieser das Gemüt. Seit Mendelssohn, Tetens,
Kant ist zu den beiden Grundvermögen des Erkennens und
Wollens als selbständige Seelenpotenz das Gefühl hinzuge-
kommen, und die Vermögenspsychologie — im Altertum
bei Plato, Aristoteles u. a., im Mittelalter bei den Scholastikern, in neuerer Zeit besonders bei Chr. Wolff
blühend — findet noch viele Anhänger, wiewohl besonders
die englischen und französischen Psychologen schon einen
anderen Standpunkt einnehmen. In Deutschland ist es erst
Herbart, der die Vermögenspsychologie erfolgreich bekämpft und dadurch der neueren „Assoziationspsychologie"
auch hier vorgearbeitet hat. Mit Recht wird da gesagt, die
„Seelenvermögen" seien nichts als hypostasierte Klassenbe-
griffe, nur Namen für bestimmte Gruppen von Vorgängen,

deren Ursachen, Kräfte dadurch gar nicht erklärt werden, sie seien unhaltbare, unreale Mitteldinge zwischen der Seele selbst und ihren Zuständen, können nicht selbständige Faktoren sein (vgl. H e r b a r t, Lehrb. d. Psychol. als Wissensch. II, § 152 u. Einl.; V o l k m a n n, Lehrb. d. Psychol. I⁴, 16; H e g e l, Enzykl., § 379, 445, u. a.). So hat sich denn auch von der Vermögenspsychologie nur die Unterscheidung mehrerer Klassen, Typen, Grundrichtungen des Bewußtseins (meist als intellektuelle, emotionelle und volitionelle Vorgänge) erhalten, wobei betont wird, daß ihnen allen die eine, einheitliche, ungeteilte Seelenkraft zugrunde liege, eine Ansicht, die übrigens auch schon in älterer Zeit ausgesprochen wurde (A u g u s t i n u s, T h o m a s, D u n s S c o t u s, D e s c a r t e s, L o c k e u. a.).

Als Reaktion gegen die Vermögenspsychologie tritt zunächst die i n t e l l e k t u a l i s t i s c h e Psychologie auf. Ihren Namen hat sie daher, weil sie Akte oder Elemente intellektueller, auf das Erkennen gerichteter Art als psychisches Grundgeschehen betrachtet. Dieses ist seiner primären, wahren Natur nach ein Denken oder Vorstellen oder sinnliches Empfinden, Gefühle und Wille hingegen sind nichts Selbständiges, sondern sekundärer Art, Zustände, Wirkungen, Erscheinungen des Vorstellungs- oder Empfindungslebens oder Namen für bestimmte Komplexe von Vorstellungselementen. Aus den wechselseitigen Beziehungen dieser Elemente sucht der psychologische Intellektualismus das Gefühls- und Willensleben abzuleiten, wobei er mitunter dazu gelangt, die beiden Bewußtseinsarten völlig auf bloße Vorstellungselemente oder Vorstellungsverhältnisse zurückführen zu wollen. Der Wille z. B. soll nichts sein als eine Summe von Muskelempfindungen und Bewegungsvorstellungen, keine spezifische Bewußtseinstätigkeit.

Der V o l u n t a r i s m u s behauptet nun im geraden Gegensatz zum Intellektualismus, daß die Willensprozesse für das seelische Geschehen überhaupt typisch seien. Sie können nicht auf intellektuelle Vorgänge zurückgeführt werden, wie die „heterogenetische" Willenstheorie meint, sondern sind fundamental-primärer Art („Autogenetische" Willenstheorie). Dies ist allem Voluntarismus gemein. Dann aber scheiden sich die Wege. Der extreme, einseitige Voluntarismus betrachtet den Willen als eine einfache Grundkraft des Bewußtseins, aus deren Wirken und Entwicklung Gefühl und Vorstellung entspringt. Der gemäßigte, wahrhaft „empirische" Voluntarismus nimmt Wollen als das, als was es sich im Bewußtsein darstellt, als ein eigenartiges, aber nicht einfaches, sondern Gefühl und Empfindung als Momente einschließendes, durch das Merkmal der „Strebung", der „Ziel-Tendenz" charakterisiertes Geschehen. Der vollständige Bewußtseinsvorgang ist als Ganzes immer ein Willensvorgang oder Folge eines solchen, ohne daß es eine einfache Willensqualität neben oder hinter dem Vorstellen, Denken, Fühlen gibt. „Die voluntaristische Psychologie behauptet also keineswegs, daß das Wollen die einzige real existierende Form des psychischen Geschehens sei, sondern sie behauptet nur, daß es mit den ihm eng verbundenen Gefühlen und Affekten einen ebenso unveräußerlichen Bestandteil der psychologischen Erfahrung ausmacht, wie die Empfindungen und Vorstellungen, und daß nach Analogie des Willensvorganges alle anderen psychischen Prozesse aufzufassen seien: als ein fortwährend wechselndes Geschehen in der Zeit, nicht als eine Summe beharrender Objekte" (Wundt, Grundr. d. Psychol. [5], S. 17; vgl. Log. II[2] 2, 152, 164 ff.).

Den Intellektualismus vertreten in verschiedener Weise Spinoza, Herbart (Vorstellungen und ihre Verhältnisse sind das wahre Geschehen in der Seele, das Gefühl ist ein Zustand von Vorstellungen), Hegel (Logisches Schema des Psychischen), manche Assoziationspsychologen, die (wie schon Condillac) alles auf die Verbindung von Empfindungen zurückführen. Manche, wie Horwicz, Th. Ziegler, Feldegg, bestimmen als psychisches Urgeschehen das Gefühl. Voluntaristen sind: im gewissen Sinne schon Augustinus, Scotus Eriugena („Tota animae natura voluntas est"), Alfarâbi, Duns Scotus („Voluntas est motor in toto regno animae") u. a., ferner Schopenhauer, E. v. Hartmann (unbewußter Wille), Nietzsche, Fortlage („Trieb" als Grundkraft), F. Tönnies, Paulsen, Hughes, Wundt, de Sarlo, G. Villa, Lachelier, Fouillée, N. Lossky, R. Goldscheid,

Hellpach u. a.; viele andere Psychologen lehren wenigstens die Ursprünglichkeit des Willens (Strebens). F. Brentano gliedert das Bewußtsein in Vorstellen, Urteilen, Phänomene der Liebe und des Hasses.

So wenig es besondere, selbständige Erkenntnis-, Gefühls-, Willensvermögen gibt, so sicher ist es, daß die Klassifikation der Bewußtseinsmannigfaltigkeit in intellektuelle, Gefühls- und Willensvorgänge eine zweckmäßige Ordnung und Gliederung des Seelenlebens ergibt. Soll jede Seite, jedes Moment des Bewußtseinszusammenhanges zur Geltung kommen, in bezug auf seine Eigenbeschaffenheit und seinen Anteil am Seelenleben im allgemeinen und besonderen klar werden, so führt eine solche Klassifikation und „isolierende" Abstraktion am besten zum Ziele. Es ist aber wohl zu beachten, daß es in Wirklichkeit ebensowenig reine Empfindungen oder Vorstellungen gibt wie reine Gefühle oder reine, leere Wollungen ohne Empfindungs- oder Vorstellunggrundlage. Das konkret-lebendige Bewußtsein ist ein einheitlicher Prozeß, der als Ganzes allen seinen Momenten, in die er sich naturgemäß und methodisch gliedern läßt, vorangeht, nicht erst aus isoliert bestehenden Vorstellungen, Gefühlen, Wollungen als deren Summe irgend einmal entsteht. Es ist das eine, einheitliche Seelenleben, welches in bezug auf seinen objektivierbaren, auf die Sinnesreize direkt sich beziehenden Inhalt Vorstellen, in bezug auf die Stellungnahme, Reaktion des Subjekts gegenüber diesen Inhalten Gefühl, in bezug auf die aktive, zielsetzende, regulierende Funktion Wille heißt. Es kann das eine oder das andere Moment überwiegen, so daß die anderen ganz in den Hintergrund treten oder von nur unwesentlicher Bedeutung erscheinen, niemals aber ist uns ein Bewußtsein gegeben, welches nur vorstellend, nur fühlend, nur wollend sich verhalte. Zunächst ist nicht abzusehen, wie jemals aus reiner Empfindung oder Vorstellung etwas qualitativ so verschiedenes, wie Gefühl und Wille es ist, hätte entspringen können; aus Gesichts-, Gehörs-, Bewegungsempfindungen, aus den Verhältnissen von Vorstellungen kann niemals ein so spezifisches, durchVorstellungselemente absolut unbeschreibbares und in ihnen selbst auch nicht angelegtes Seelensein, wie Lust, Unlust u. dgl., sich erzeugen. Gefühle und Wollungen sind nicht die Vorstellungsinhalte selbst, an welche sie gebunden erscheinen, sie unterscheiden sich im Erleben fundamental von ihnen, und was im Bewußtsein qualitativ von etwas anderem unterschieden wird, ist eo ipso ein Anderes. Sie sind auch nicht Zustände von Vorstellungen oder deren Elementen. Denn Vorstellungen sind keine Dinge, keine Subjekte, welche Zustände haben können, sie sind Glieder des Bewußtseinszusammenhanges, Richtungen desselben, Abhängige des Subjekts. Dieses, des Subjektes Zustände bzw. Akte, sind die Gefühle und Wollungen. Daß nicht Empfindungen oder Vorstellungen das Primäre oder ursprünglich allein das Bewußtsein Konstituierende sein können, ergibt sich auch daraus, daß ein rein „theoretisch", bloß empfindend sich verhaltendes Wesen, ohne Gefühl und Wille also, sich nicht hätte erhalten können. In der Tat finden wir schon bei den niedrigsten Organismen Anzeichen triebartiger Reaktionen, und anderseits zeigt sich die Annäherung an rein intellektuelle Zustände als das Produkt einer langen Entwicklung und Übung, durch welche erst das Emotionelle und Volitionelle momentan stark zurückgedrängt werden kann. Wer aus rein intellektuellen Elementen oder Prozessen das Gefühl und den Willen ableitet, kann dies nur, indem er den Reichtum des seelischen Lebens in künstlicher Weise reduziert, und indem er ferner unbemerkt das, was abzuleiten wäre, schon in das einseitig Zugrundegelegte (als „Spannung", „Tendenz" u. dgl.) hineinlegt (so z. B. Herbart). Den gleichen Fehler begeht freilich, wer etwa aus dem bloßen Lust- und Unlustgefühl die Sinnesempfindung und Vorstellung, oder aber aus einem leeren, blinden Willen Vorstellung und Intelligenz zu deduzieren sucht. Es ist eben völlig unstatthaft, der Erfahrung nicht entsprechend und unmethodisch, eine Seite, ein Moment des Bewußtseins zur Ursache oder Substanz der anderen zu stempeln. Elemente und Momente des Seelenlebens, die erst durch isolierende Abstraktion als begrifflich unterscheidbare Bestandteile gefunden worden sind, dürfen nicht zu selbständigen Trägern oder Faktoren des Bewußtseins gemacht werden.

Einen wohlverstandenen gemäßigten „Voluntarismus" treffen die hier vorgebrachten Bedenken nicht. Denn er will ja nicht die Eigenheit des Vorstellens und Fühlens, der Intelligenz und des Gemüts eliminieren, er erkennt ja durchaus die Mehrheit von Richtungen, Seiten, Momenten, Elementen (Empfindungen und Elementargefühle) des Bewußtseins an. Das Wertvolle an ihm ist zunächst die Betonung der Ursprünglichkeit, der Primalität des Willens. Spannungsempfindungen und Bewegungsvorstellungen kommen wohl in Willenshandlungen vor, aber sie allein sind noch keineswegs das, was die innere Erfahrung unzweideutig und unabweisbar als „Willenstätigkeit" erkennen läßt; Gefühle der Lust und Unlust wiederum sind Initial- und Endmomente von Willensvorgängen, für sich allein genommen, als bloße Gemütsaffektionen, sind sie noch nicht mit dem Willensvorgang selbst identisch. Anderseits ist das „Wollen" auch nicht ein spezifisches Bewußtseinselement neben anderen. Es ist überhaupt kein elementarer Teil des Bewußtseins, es ist vielmehr die psychische Tätigkeit (Aktivität und Reaktivität) selbst in ihrer Ganzheit und Vollendung. Das Wollen ist ein qualitativ-eigenartiger, von Anfang an bestehender Zusammenhang (nicht eine Summe), als dessen Momente Gefühle und Empfindungen (später auch Vorstellungen und Gedanken) auftreten, ein Zusammenhang, der sich wohl in Bestandteile gliedern, nicht aber aus irgendwelchen Fakten ableiten läßt. Der Wille ist ein Prinzip, ein Grundfaktor des Bewußtseins, nur in seinen Einzelformen genetisch bestimmbar, nicht in seiner allgemeinen, typischen Wesenheit konstruierbar. Jede „heterogenetische" Willenstheorie, die aus einem noch willenlosen Geschehen das Wollen ableitet, setzt stillschweigend die Tatsache des Willens, als einfacher Strebung wenigstens,. voraus. Wie etwa aus bloßen Reflexbewegungen eine Willenshandlung, wie aus absolut automatischen Vorgängen eine Zielstrebigkeit hervorgehen soll, ist unerfindlich. Sicher ist nur, daß die zusammengesetzten Wahl- oder Willkürhandlungen, bei welchen eine Reihe von Motiven wirksam ist, aus einfachen, eindeutig bestimmten Willensvorgängen, aus „Triebakten", hervorgegangen sind, und daß das „Wollen" im höheren, engeren Sinne, der „Vernunftwille" im Sinne des durch „Überlegung" charakterisierten Wollens nichts Primäres ist. Am besten ist es — Tatsachen der Individual- und Gattungsentwicklung weisen darauf hin — anzunehmen, daß aus dem Triebwillen, als dem ursprünglichen, Empfindung und Gefühl einschließenden Bewußtseinsvorgang, sich sowohl die Willkürhandlungen als auch, durch „Mechanisierung" jener wie auch dieser, die automatischen und schließlich auch die Reflexhandlungen entwickelt haben; sekundäre Triebe treten daneben auf, als Produkte der „regressiven" Entwicklung des Willens, durch „Elimination aller zwischen dem Anfangs- und Endpunkt gelegenen psychischen Mittelglieder" (Wundt, Grundr. d. Psychol.[5], S. 229 ff; Grdz. d. physiol. Psychol. II[4], 512 ff., 582 ff.). Als Triebhandlung also ist der Wille eine ursprüngliche, mit dem Psychischen uranfänglich gegebene Bewußtseinsweise, nicht als ein leerer oder ein „reiner" Wille, sondern als eine empirisch bekannte eigenartige Einheit, an welcher Gefühl und Empfindung sich unterscheiden lassen, eine Einheit, die durch alle Phasen der Bewußtseinsentwicklung bestehen bleibt, wenn auch ihre Momente mannigfacher und selbständiger werden, wodurch sich eben die Scheidung in theoretisches, Gemüts- und Willensleben im engeren Sinne ergibt. Das heißt: wenn auch jeder Bewußtseinszustand als Ganzes Willenstätigkeit oder Wirkung einer solchen ist, so bilden sich doch allmählich Zustände und Akte heraus, bei welchen eines der Momente des Bewußtseins, sei es das Gefühl, sei es die Vorstellung, besonders zur Geltung kommt, gleichsam die Bewußtseinsenergie in sich konzentriert, so daß die anderen Momente oder Richtungen in den Hintergrund treten. Intellekt, Gemüt, Wille sind demnach nicht drei „Seelenvermögen", sondern das eine Bewußtsein, welches als vollständige Aktivität, als Akt Willenstätigkeit ist, ist Intelligenz, sofern die Aktivität auf die Verarbeitung von Vorstellungsmaterial gerichtet ist, Gemüt, sofern die typischen Willensrichtungen, die im „Gefühl" sich kundtun, hervortreten, Wille im engeren Sinne, sofern die als solche bewußte Richtung nach einem (äußeren oder inneren) Ziel, auf Verwirklichung einer Intention zur Geltung kommt. Der Intellekt ist keine Sonderkraft neben dem Willen, sondern seiner „subjektiven", zentralen Seite nach selbst Willensbetätigung; es ist der Wille, der das Denken reguliert, von bestimmten Zielpunkten auch das durch „Assoziation" verfügbare Vorstellungsmaterial ordnet, verknüpft. Der Trieb zum Erkennen, der ursprünglich nur einen Teil des Selbsterhaltungstriebes bildet, später aber sich verselbständigt, zum „funktionalen Bedürfnis" wird, geht aller Theorie voraus, ist der Motor im Reiche der logischen Prozesse, der später in der Form des entwickelten, logische Zwecke bewußt setzenden und methodisch verfolgenden, theoretischen Vernunftwillens auftritt. Der Wille, der aller Intelligenz als geistige Energie zugrunde liegt und sie in Bewegung setzt, wird auf einer höheren Stufe der Entwicklung selbst von der Intelligenz beeinflußt, d. h. er läßt sich jetzt nicht mehr bloß von Empfindungen und Vorstellungen bestimmen, sondern auch von Gedanken, Urteilen, Ideen, Zweckbegriffen.

Während die „äußere" Willenshandlung zu (relativen) Endmomenten realisierte Bewegungsvorstellungen hat, besteht die „innere" Willenshandlung in der Fixierung und Leitung von Bewußtseinsinhalten als solchen, von Vorstellungen und Begriffen. Das Denken ist eine innere Willenshandlung, eine Betätigung des einheitlichen Bewußtseins, des Subjekts. Die Assoziationspsychologie (James Mill, Bain, Spencer, Ziehen u. a.) will alle, auch die höheren Formen des geistigen Lebens auf bloße Assoziation, d. h. passiv, von selbst sich ergebenden Verbindungen von

Vorstellungen (nach raum-zeitlicher „Berührung" und Ähnlichkeit) begreiflich machen. Das Denken soll nur eine Art der zusammengesetzten Assoziation sein, keine besondere Bewußtseinstätigkeit, kein Spontaneitätsakt. Prüfen wir aber unbefangen unser Bewußtsein, so finden wir, daß Denkakt und Assoziation sich scharf voneinander unterscheiden. Während bei der Assoziation Vorstellung an Vorstellung sich anreiht, in einer von unserem Willen unabhängigen Abfolge, die um so leichter sich gestaltet, je passiver wir uns dem Spiele der Vorstellungen überlassen (z. B. im Zustande der „Träumerei"), verhalten wir uns beim Denken aktiv; das Subjekt hemmt, unterbricht, fixiert den Vorstellungsverlauf, es hebt bestimmte Glieder desselben willentlich heraus, hält sie aufmerksam fest und in einem, einheitlichen Bewußtseinsakt zusammen (Urteil, Begriff). Die Leistung des Willens, bestimmte, interessierende, bestimmten Intentionen und Zwecken entsprechend erscheinende Teilinhalte des Bewußtseins anderen gegenüber dadurch zu bevorzugen, daß diese gehemmt, geschwächt, sie selbst aber festgehalten, klarer bewußt und in Zusammenhang mit älteren, klaren Bewußtseinsinhalten (letzten Endes mit dem Selbstbewußtsein, als Zugehörige desselben) gebracht werden, heißt (aktive) Apperzeption. Die Apperzeption,*) ist kein neues „Seelenvermögen", sondern eine Funktion des wollenden Bewußtseins, sie ist eine „Tätig-

---

*) „Apperzeption" bedeutet bei Leibniz die Erhebung einer Vorstellung ins Selbstbewußtsein und zur Klarheit (Nouv. Ess. II, ch. 9, § 4; Gerh. VI, 600). Ähnlich Tetens (Philos. Vers. 1, 296) und Kant („Empirische Apperzeption", Krit. d. rein. Vern. S. 121), der aber den Begriff der „transzendentalen Apperzeption" als reine Einheitssynthese des logischen Bewußtseins (Krit. d. r. Vern., S. 121 ff., 133, 172, 659) neu prägt. Bei Herbart u. a. bedeutet Apperzeption Assimilation einer Vorstellung durch andere, ältere, stärkere („Vorstellungsmassen" (Psychol. als Wiss. II, § 125). Apperzeption im obigen Sinne ist ein von Wundt begründeter Begriff (Grundr. d. Psychol.5, S. 249, 259f.; Grdz. d. phys. Psychol. II 4, 266ff.).

keit" nicht außerhalb der Bewußtseinsinhalte, sondern als bestimmter, als „aktiv" erlebter, vom Subjekt auf sich selbst
bezogener Zusammenhang verschiedener Momente (Gefühle,
Spannungsempfindungen, Strebungen), als solcher aber ist sie
eine Wirksamkeit, deren Auftreten von fundamentaler Bedeutung für das Bewußtsein ist. Selbst die „Assoziationen"
(von Vorstellungselementen zu komplexen Gebilden und Vor-
stellungssukzessionen) erfolgen schon unter dem Einfluß der
Apperzeption, nicht aber der „aktiven", sondern der „passiven", triebartigen oder „mechanisierten" Apperzeption,
welche einen Bewußtseinsinhalt dem anderen, irgendwie
verwandten oder zugeordneten zuführt, während bei der
„aktiven" Apperzeption die Aufmerksamkeit, welche
gleichsam die Innenseite der Apperzeption darstellt, schon
im Vorhinein durch bestimmte Intentionen und Zwecke auf
ein gewisses, ideell antizipiertes Ziel oder auf eine gewisse
Richtung hin angelegt, vorbereitet, „gespannt" ist. Durch
die aktive Apperzeption erfährt der Vorstellungsverlauf eine
Umformung, d. h. er gestaltet sich anders, als es ohne den
Aufmerksamkeits- und Denkwillen geschehen würde, es findet
eine planmäßige, zweckvolle, einheitlich-abschließende Ordnung, Regulierung, Gliederung, eine organische Synthese
auf Grund von analytischen Funktionen statt. So entstehen,
vermittelt durch Assoziationen, das Material dem Bestande
dieser entnehmend, es aber neu formend, die apperzeptiven Verbindungen verstandesmäßiger und phantasie-
mäßiger Art (Gesamtvorstellungen, Gedanken usw.), in welchen sich die Totalkraft des Bewußtseins in ihrer Subjekt-
Einheit aktiv, schöpferisch betätigt, indem sie den Willen
zu geistiger Gestaltung durch sie realisiert. Die apperzeptive Kraft der Psyche unterscheidet das psychische Geschehen von jedem bloßen Mechanismus, läßt es nicht zu,
daß man das Bewußtsein als ein Aggregat psychischer Atome,
die von selbst (gleichsam als kleine Subjekte) sich miteinander verbinden, in ihrem Zusammen selbst denken, handeln
usw., bestimmt. So wichtig es ist, das Psychische soweit als
möglich in Elemente zu zerlegen, um der Mannigfaltigkeit des

seelischen Geschehens Herr zu werden, so unhaltbar ist jede extreme Assoziationspsychologie, welcher wir (mit Wundt, E. v. Hartmann, Külpe, Meumann, G. Villa, James, Titchener u. a.) eine Apperzeptionspsychologie entgegensetzen, welche über die Elemente, in die sich das Bewußtsein zergliedern läßt, nicht die Aktivität der Psyche vergißt, durch welche diese Elemente zur Einheit verbunden sind. Denn die Apperzeption ist eine „Einheitsfunktion", sie ist die fundamentale, typische Betätigung des Einheitswillens, welcher das Subjekt selbst konstituiert und in den Erlebnisinhalten zu „objektivem" Ausdruck gelangt.

§ 19.

Der Seelenbegriff.

Die verschiedenen Auffassungen des Verhältnisses des Geistigen, Psychischen zum Körperlichen, Physischen haben wir bereits früher kennen gelernt. Hier haben wir uns noch mit dem Begriff der Seele genauer vertraut zu machen.

Zwei Gruppen von Anschauungen betreffs der Natur der Seele sind zu unterscheiden: Substantialitätshypothese und Aktualitätstheorie.

Der „substantiale" Seelenbegriff bestimmt die Seele als einen von der Mannigfaltigkeit der Bewußtseinstatsachen verschiedenen, ihnen zugrunde liegenden, selbständigen Träger, als permanente, dingliche Ursache der psychischen Vorgänge. Die Seele ist eine Substanz, ein beharrliches Wesen, welches die Bewußtseinszustände, auf äußere Veranlassung in sich produziert, sie als Zustände und Akte in sich hat; sie ist das einheitliche Subjekt, dem die psychischen Einzelzustände als Eigenschaften inhärieren. Die materialistische Substantialitätstheorie bestimmt als dieses Bewußtseinssubstrat das Gehirn (die Großhirnrinde). Die spiritualistisch-monadologische Hypothese definiert die Seele als eine immaterielle, unausgedehnte, einfache, unteilbare, unvergängliche, beharrliche Substanz, als ein unkörperliches Seelending, als eine „Monade", welche mit dem Leibe durch Wechselwirkung verbunden und in ihren besonderen Funktionsrichtungen, soweit sie wenigstens auf sinnlicher Grundlage wirken, an den lebenden Organismus gebunden ist, aber auch selbständig, ohne diesen Leib existieren kann, jedenfalls etwas Selbständiges ist, was nach Zerstörung des Leibes bestehen bleibt. Die Seelensubstanz ist zwar nicht ein direkter Gegenstand der Erfahrung, aber sie wird notwendig zur Mannigfaltigkeit der psychischen Phänomene, als permanenter Grund derselben, hinzugedacht. Dieser Seelenbegriff ist ein ausgesprochen überempirischer, transzendenter, metaphysischer Begriff.

Die „Aktualitätstheorie" betont zunächst, daß die Bewußtseinsvorgänge selbst aktual, wirksam-wirklich, nicht Erscheinungen eines unbewußten (physischen oder immateriellen) Seins sind, daß sie also selbst das Psychische konstituieren. Zugleich wird jedes Recht, eine Substanz als Träger des Bewußtseins zu setzen, bestritten. Die Seele ist nicht ein unbekannter Träger der psychischen Erlebnisse, sondern ist allein mit und in diesen Erlebnissen gegeben, ist also nichts vom Bewußtseinsgeschehen Gesondertes. Die Seele ist kein Ding, sondern reines Geschehen oder reine Tätigkeit (Aktualität), empirisch verknüpft mit einem organisierten Körper, selbst aber weder ein Körper noch eine immaterielle Substanz, sondern der einheitliche Zusammenhang der Erlebnisse selbst. Im Psychischen als solchen gibt es kein absolutes Ruhen oder Beharren, kein starres, festes Sein, sondern da ist alles lebendiger Prozeß oder Moment, Gebilde eines solchen. Während aber eine Richtung der Aktualitätstheorie in der „Seele" nur einen Namen für die Summe, den Komplex, den Ablauf einer Menge von einzelnen Bewußtseinselementen, als ein „Bündel von Perzeptionen" auffaßt, als „Resultante" der Mannigfaltigkeit von „Elementen" bestimmt, anerkennt der „rechte Flügel" der Aktualitätstheoretiker die primäre Einheit des Seelenlebens, dessen aktiver, stetiger Zusammenhang ein wahres „Subjekt" des psychischen Einzelgeschehens ist.

Konzessionen an die Aktualitätstheorie macht der „linke Flügel" der Substantialitätstheoretiker. Die Seele ist hiernach eine Substanz, aber keine starre, absolut einfache Wesenheit jenseits des Bewußtseins, sondern ein einheitliches, im Bewußtseinsgeschehen sich entfaltendes, in ihm permanent sich erhaltendes Subjekt der geistigen Aktionen und Zustände.

Als substantiellen, in den Körpern wohnenden und von ihm trennbaren Lebenshauch oder als eine Art Schattenbild des Leibes faßt der „Animismus" der Naturvölker die Seele auf. Als materielle Substanz bestimmen die Seele Demokrit (Seelenatome), die Stoiker (Pneuma), Epikureer, überhaupt die Materialisten und viele Physiologen. Als immaterielle Substanz neben dem Leibe, nur mit diesem (zugleich als Lebensprinzip oder neben diesem) definieren die Seele Plato, Plotin, die meisten Patristiker und die Scholastiker („forma substantialis", „forma per se existens", durch „naturalis unio" mit dem organischen Leibe verbunden), Descartes, Locke, Berkeley, Leibniz (Seelenmonade), Bonnet, Chr. Wolff („Anima est substantia simplex"), Mendelssohn, Platner u. a., ferner Günther, Gioberti, Mamiani, Herbart („Die Seele ist ein einfaches Wesen; nicht bloß ohne Teile, sondern auch ohne irgend eine Vielheit in ihrer Qualität", Lehrb. zur Psychol.[3], S. 108ff.), und seine Schule, Gutberlet, Hagemann u. a. Eine aktuale, einheitliche, aber nicht starr-einfache Substanz ist die Seele nach Heinroth, Chr. Krause, Beneke, Trendelenburg, Lotze (Seele ist Substanz nur als „relativ feststehender Mittelpunkt ankommender und ausgehender Wirkungen", Mikrok. II[4], 164; vgl. S. 149ff.), J. H. Fichte, Fortlage, Ulrici, M. Carriere, Planck, Brentano, A. Vannérus, G. Thiele, Glogau, Witte, J. Bergmann, L. Busse, Sigwart, Külpe, James, Ladd, J. Ward, Janet, E. Dreher u. a.

Die Aktualitätstheorie im Sinne der Auffassung der Seele als „Summationsphänomen" vertreten (vielleicht schon Protagoras) Hume (Seele = „a bundle of conceptions in a perpetual flux and movement", Treat. IV., sct. 2, 6), J. St. Mill, L. Knapp, Czolbe, O. Caspari, Lewes, E. Mach, verschiedene Assoziationspsychologen u. a. Als aktiven Bewußtseinszusammenhang bestimmen die Seele Aristoteles (Seele = „Entelechie", Selbstverwirklichung eines Organismus in zielstrebiger Aktivität), Spinoza (Seele = „idea corporis"), Kant, Fichte, Schelling, Hegel (der Geist ist „absolute Aktualität"), Schopenhauer, F. A. Lange, Fechner („Was fest in sich ist, braucht nicht auf Festes aufgeklebt zu werden", Über das Seelenleben, S. 205), Paulsen, Höffding, P. Carus, E. Laas, Riehl, Simmel, Ebbinghaus, Jodl, Jerusalem, Cesca, Grot, Lipps, Cornelius, Münsterberg, Natorp, Schuppe, Wundt u. a. Letzterer erklärt: das geistige Leben ist „nicht eine Verbindung unveränderter Objekte und wechselnder Zustände, sondern in allen seinen Bestandteilen Ereignis, nicht ruhendes Sein, sondern Tätigkeit, nicht Stillstand, sondern Entwicklung" (Vorles. üb. d. M. u. T.^{2}, S. 495; vgl. Grundr. d. Psychol.^{5}, S. 17 f.). Träger der psychischen Vorgänge ist die einheitlich permanierende Bewußtseinsaktivität selbst, metaphysisch als „reiner Wille" bestimmbar, ein Glied höherer Willenszusammenhänge (Log. II 2, 248 ff.; Syst d. Philos.^{2}, S. 372 ff., 385). Die Seele ist „der gesamte Zweckzusammenhang geistigen Werdens und Geschehens, der uns in der äußeren Beobachtung als das objektiv zweckmäßige Ganze eines lebenden Körpers entgegentritt" (Syst. d. Philos.^{2}, S. 606). Nach E. v. Hartmann ist die Seele „die Summe der auf den betreffenden Organismus gerichteten Tätigkeit des einen Unbewußten" (Philos. d. Unb.^{3}, S. 547; II^{10}, 404 ff.). — In neuester Zeit macht sich, als Reaktion gegen den extremen Aktualitätsstandpunkt, eine Neigung zum substantialen Seelenbegriff teilweise wieder geltend.

Zu bemerken ist auch noch, daß die Pluralisten eine Vielheit von Seelen oder Bewußtseinszentren annehmen, „Monisten" aber nur eine All-Seele, welche der wahre „Träger" des Einzelbewußtseins ist (Averroës, Spinoza, Fechner, Paulsen, E. v. Hartmann u. a.).

Die Substantialitätstheorie materialistischer Richtung brauchen wir hier nicht weiter zu berücksichtigen, da wir schon wiederholt gezeigt haben, daß das Materielle nicht die Ursache des Psychischen sein kann. Als „Träger" der psychischen Vorgänge kann das Gehirn höchstens in dem (nicht materialistischen) Sinne bezeichnet werden, daß die feste, relativ beharrende physische Organisation, der ein individuelles Bewußtsein koordiniert ist, im Gehirn überhaupt repräsentativ vertreten, zentralisiert erscheint, ohne daß aber das Gehirn das wahre Subjekt des Bewußtseins ist. Wenden wir uns nun dem monadologischen Begriff der Seelensubstanz zu. Daß die Seelenmonade, die immaterielle Seelensubstanz kein Wahrnehmungsobjekt, sondern eine metaphysische Wesenheit ist, geben die meisten „Dualisten" zu, aber sie erklären auch, die Annahme einer solchen Seelensubstanz sei logisch gefordert. Erstens, wird gesagt, können wir uns kein Geschehen ohne Substrat, keine Tätigkeit ohne Täter, ohne ein beharrendes Subjekt denken; zweitens ist die Einheit des Bewußtseins sowie die Identität des Ichs, des Selbstbewußtseins nicht als Summe oder Resultante einer Mannigfaltigkeit von Elementen begreiflich; drittens fordert die Eigenart des Bewußtseins gegenüber den physischen Prozessen die Existenz eines unkörperlichen, einfachen, vom Leibe prinzipiell oder numerisch unterschiedenen Wesens. Dazu kommt noch, unbemerkt oder ausdrücklich, das Postulat nach Unsterblichkeit, welches man an die Existenz einer Seelenmonade gebunden erachtet. Die Aktualitätslehre bekämpft vor allem die Meinung, als ob die Seele ein Ding unter Dingen, ein Wesen hinter dem Bewußtsein sei, sie bestreitet die Zulässigkeit der Bildung eines immateriellen Substanzbegriffes, da „Substanz" ein Begriff sei, der nur auf physische Objekte Anwendung habe. Das Bewußtsein selbst, welches den Substanzbegriff bilde, bedürfe keiner Substanz, sei reines, selbständiges, in sich seiendes Geschehen. Eine „Seelensubstanz" könne uns nichts erklären, was nicht aus dem Bewußtseinsgeschehen selbst zu entnehmen ist, sie sei unnütz, ja methodisch unbrauchbar, schädlich.

In den Voraussetzungen der spiritualistischen Substantialitätstheorie liegt manches Richtige. Die Einheit und Identität des Bewußtseins ist tatsächlich nicht als Summationsphänomen begreiflich, auch ist es wahr, daß wir ein einzelnes Geschehen, einen einzelnen Akt ohne „Täter", ohne permanentes Subjekt nicht wahrhaft ausdenken können, wiewohl es Philosophen gibt, die scheinbar jeglichen Substanzbegriff (auch für das Physische) „eliminieren". Aber daraus folgt keineswegs schon die Notwendigkeit eines Seelensubstantialismus im dualistischen Sinne. Es folgt daraus nur, daß die extreme Aktualitätstheorie über das Ziel schießt, wenn sie das Bewußtsein als bloßes „Bündel" oder als bloßen „Komplex" selbständig existierender Elemente auffaßt und den „Fluß" des psychischen Geschehens übertreibt, das relativ Konstante darin nicht würdigt.

Die „Seele" ist weder eine starre, einfache Substanz noch ein Empfindungsaggregat. Eine einfache, starre Substanz widerstreitet dem Reichtum und der ununterbrochenen Regsamkeit des geistigen Lebens; wie dieses aus einer „einfachen", unteilbaren, ungegliederten, an sich unveränderlichen Wesenheit hervorgehen soll, ist absolut unerfindlich. Die Seele muß zwar einheitlich, nicht aber einfach sein, die nicht wegzuleugnende Einheitlichkeit und Identität des Bewußtseins und der Ichheit nötigt gar nicht zur Setzung einer Seelenmonade, sondern ist als Charakter des Bewußtseins, der Subjektivität selbst zu begreifen.*) In dem Bemühen, das Eigenartige des Bewußtseins aus einem bewußtseinstranszendenten Prinzip abzuleiten, begeht der Dualist den gleichen Fehler wie der Materialist. Ja es sieht oft so aus, als ob die einfache Seelensubstanz eigentlich nach Analogie der materiellen Dingheit, als ein feinster, ätherischer Kraftstoff unkörperlicher Art gedacht würde. Aber auch wenn es gelingt, die Seelenmonade ganz immateriell zu denken, ergeben sich noch Schwierigkeiten, insbesondere ist auf diesem Standpunkt die strenge Koordination von Psychischem und Physischem unbegreiflich, wenn man nicht eine prästabilierte Harmonie oder eine, Denkpostulaten und methodischen Konsequenzen widerstreitende „Wechselwirkung" zwischen Seele und Körper annehmen will. Dies wäre gegen die Lehre von der „aktualen Seelensubstanz" zu sagen, welche zwar die Fehler des starren Substantialismus vermeidet, aber durch ihre Separation der Seelenmonade vom leiblichen Organismus ebenso bedenklich erscheint. Inwiefern dieser „linke Flügel" der Substantialitätshypothese schließlich dazu kommen könnte, sich dem „rechten Flügel" der Aktualitätstheorie noch mehr zu nähern, wird aus dem Folgenden wohl zu ersehen sein.

---

*) Daß aus der Einheit und Identität des Bewußtseins und des Subjektmoments nicht auf die Existenz einer einfachen Seelensubstanz geschlossen werden darf, weil dies „Paralogismen" ergibt, zeigt Kant (Krit. d. rein. Vern., S. 293 ff.).

Was die Aktualitätstheorie noch so „gemäßigter" Art von jedem monadologischen Seelenbegriff unterscheidet, ist die Betonung des Gedankens, daß es unberechtigt ist, eine vom Bewußtseinszusammenhange verschiedene, jenseits des Erlebens belegene Seelensubstanz vorauszusetzen. Wir haben nicht ein Bewußtsein, weil wir in uns eine irgendwo „sitzende" Seele haben, sondern eine Seele haben wir, beseelt sind wir, weil und insofern wir Erlebnisse, Bewußtsein besitzen. Wollen wir das Wesen der Seele beschreiben und erklären, dürfen wir nicht auf unbekannte Dinge oder Kräfte, die ad hoc erdacht sind, verweisen, sondern wir müssen die Gesetzlichkeit des Bewußtseins als solchen selbst darstellen. Die Seele ist im Bewußtsein gegeben, ist das Bewußtsein selbst. Sofern ein Wirkliches Bewußtsein hat oder ist, ist es eo ipso Seele, mag es auch, von „außen" oder physikalisch betrachtet, als ein Körper erscheinen. Das Bewußtsein ist nichts Einfaches, nichts Starres, Ruhendes, daher ist die Seele keine einfache, starre, ruhende Seelensubstanz. Das Erleben, Bewußtsein ist kein Ding, keine Kraft, neben welcher noch physische Dinge oder Kräfte im Organismus bestehen, sondern es ist (wie früher dargetan worden) die Innerlichkeit derselben organisierten Wirklichkeit, die sich auch als Leib darstellt. Die Seele ist nicht der Leib — das wäre Materialismus, sondern der Leib ist ein Teilinhalt des Bewußtseins und zugleich der objektive „Ausdruck" der Seele, gleichsam die (räumliche) Veräußerlichung derselben, welche, da sie selbst im Leibe phänomenal sich darstellt, nicht ein isolierter Teil des Menschen, des Individuums überhaupt ist. Die Seele ist nicht im Leibe, eher kann man sagen, daß der Leib „in der Seele" sei, d. h. daß er ein Phänomen auf psychischer Basis bedeutet. Die Einheit des physischen Organismus spiegelt die Einheit der Seele, des organischen Innenseins ab, und die Gliederung des Organismus hat in der seelischen Organisation ihr Gegenstück.

Nicht als ein einfaches Wesen, wohl aber als eine Einheit in der Mannigfaltigkeit ist die Seele zu bestimmen. Diese Einheit ist nicht „Summationsphänomen", nicht bloßer Schein, nicht unreal und inkausal, sondern sie ist in ihrer unmittelbaren Aktualität wirklich und wirksam. Sie durchzieht und bedingt das psychische Geschehen von Anfang an, nicht als entwickeltes Selbstbewußtsein, sondern als ursprüngliches, unableitbares Subjektmoment, als Moment unmittelbarer Selbstbeziehung, Fürsich-Sein. Das Bewußtsein hat, braucht keine Substanz als beharrenden Träger. Aber nicht, weil es untersubstantiell, sondern weil es übersubstantiell ist. Deute ich ein Außending als „Substanz", so unterlege ich denkend dem Wahrnehmungsobjekt, das als solches niemals absolut beharrlich ist, einen beharrenden Faktor, um für den Fluß des Geschehens feste Punkte zu gewinnen. Dem Bewußtsein gegenüber ist das aber nicht nötig. Denn die Identität, das Fürsich-Sein, welches wir den Objekten der Außenwelt supponieren, finden wir in uns selbst unmittelbar vor, die wir uns als permanente Subjekte von Erlebnissen fühlen und apperzipieren. Da das Bewußtsein ein substantielles Moment in sich selbst einschließt, bedarf es keiner Anheftung an ein Seelending. In diesem Sinne ist es richtig, daß der durch Übertragung der (relativen) Konstanz des Ichbewußtseins auf die Objekte funktionierende Substanzbegriff nicht auf die Urquelle des Begriffes, das Bewußtsein, angewandt werden darf (Wundt).

Die Seele ist also keine Substanz, wenigstens keine Einzelsubstanz unter anderen. Aber sie ist Subjekt, d. h. einheitliches, sein Tun und Erleben auf sich selbst beziehendes Aktionszentrum. Es gehört zum Wesen des Bewußtseins, nicht bloß in eine Mannigfaltigkeit von Inhalten sich auseinanderzulegen, sondern auch diese Mannigfaltigkeit immer wieder synthetisch zur Einheit zu verknüpfen und darin sich selbst zu bewahren. Das Bewußtsein ist nicht „reines Geschehen" im passiven Sinne, sondern Aktivität (und Reaktivität), Subjektaktion, eine sich selbst als solche setzende, erhaltende und inhaltlich entwickelnde Einheit im Zusammenhang von Erlebnissen. Diese aktuale, dynamische Einheit, welche alles Bewußtsein konstituiert, nicht außerhalb eines Bewußtseins anzutreffen oder zu denken ist, ist der permanente „Träger" der einzelnen Erlebnisse; diese sind Glieder des Bewußtseinszusammenhanges, Zustände und Reaktionen oder Aktionen der in einem Individualbewußtsein sich entfaltenden, als „Entelechie" sich entwickelnden Subjekteinheit, welche in ihre Betätigungen selbst eingeht, diesen ebenso immanent ist, wie sie ihr selbst. Täter und Tat kommen nicht äußerlich zusammen, sind nicht zwei Wesenheiten, sondern ein Einheitliches ist es, an dem erlebend und begrifflich beide als Subjekt und Prädikat unterschieden werden. Weil sie eben Korrelate sind, ist ein Tun ohne Agens nicht denkbar, ebenso wie ein Agens ohne Tätigkeit oder Zustand. Es ist nicht erst ein Subjekt da, welches von irgendwoher Bewußtsein aufnimmt, und ebensowenig gibt es erst Einzelinhalte, aus welchen ein Subjekt besteht, sondern das Primäre ist das individuell charakterisierte Bewußtseinserleben, welches in sich das Subjekt-Sein schon einschließt. Inwieweit es ein Bewußtsein geben mag, das sich in Subjekt und Objekt noch nicht oder nicht mehr gliedert, lassen wir hier dahingestellt sein; mag aber auch die deutliche Unterscheidung des Ich und einer davon verschiedenen Außenwelt weder ursprünglich noch vom Bewußtsein untrennbar sein, das Moment der Subjektivität ist, wenigstens der Potenz nach, mit dem psychischen Erleben gegeben. Daß das Subjekt sich als „Ich" von anderen Subjekten und von den Objekten (den „Nicht-Ichs"), schließlich sein zentrales Selbst, seine einheitlich-identische Aktivität von der Vielheit und Sukzession seiner Erlebnisinhalte unterscheidet, zum Selbstbewußtsein fortschreitet, ist allerdings ein Entwicklungsprodukt, welches von der primären Subjektivität, dem Seelen-Sein schlechthin, wohl zu unterscheiden ist, ohne daß die Seele dadurch zu etwas „Unbewußtem" wird (gegen E. v. Hartmann, Drews u. a.). Das „empirische" Ich oder „historische" Ich als solches ist nicht die Subjektivität selbst, sondern schon ein Produkt der Subjekts- und Bewußtseinsentwicklung.

Eine Vielheit der Seelen ist insofern zweifellos vorhanden, als die Einheit des Bewußtseins sich als solche nicht bloß einmal, sondern in einer wohl unbegrenzten Anzahl von Individuen setzt und vorfindet, die einander mit relativer Selbständigkeit gegenüberstehen. Indem aber diese Einheitszentren allseitig durch Wechselbeziehungen miteinander verknüpft sind und indem diese Zentren eben Zentren innerhalb der einen, prinzipiell gleichartigen Bewußtheit oder Geistigkeit sind, erscheinen sie letzten Endes als Glieder eines geistigen Allzusammenhanges, in welchen auch der Inbegriff objektiver Inhalte fällt. Dieses „Universalbewußtsein" ist das vereinigende „Band der Geister", nicht ein Ding außer ihnen, auch nicht deren Summe, sondern ihr aktual-realer Zusammenhang, der in und mit ihnen selbst synthetisch ersteht (wie dies Plotin, Malebranche, Hegel, Krause, Fechner, Wundt, E. v. Hartmann, Lipps, Bergmann u. a. lehren). —

In Kürze wollen wir hier auch die Frage der Unsterblichkeit der Seele berücksichtigen. Die Argumente, die bisher für die Notwendigkeit einer individuellen Unsterblichkeit vorgebracht wurden, sind nicht zwingend. Im Gegenteil ist auf Grund der wissenschaftlichen Erfahrung und ihrer Deutung eine Möglichkeit der Erhaltung des Ichs, der empirischen Persönlichkeit nicht recht einzusehen. Das individuell bestimmte Seelensein ist das Produkt einer (Stammes- und Einzel-)Entwicklung, es ist eine Organisation, die zu ihrem Bestande einer Reihe von Bedingungen bedarf, die eben als die Lebensbedingungen bestimmt werden. Daß der leibliche Organismus stirbt, zerfällt, anorganisch wird, wissen wir, und wir müssen konsequent annehmen, daß auch das „Innensein" des Menschen, die psychische Organisation in ihrer individuell-persönlichen Bestimmtheit, mit ihren Vorstellungen, Erinnerungen usw. durch den Tod aufgehoben wird. Die Individualseele als solche ist ein Gewordenes, und schon deshalb ist anzunehmen, daß sie nicht den Ewigkeitscharakter des Seienden als solchen hat, daß sie vergehen muß. Gleichwohl ist im Unsterblichkeitsglauben ein haltbarer Kern enthalten. So wenig das Körperliche als solches, als Substanz, jemals zu nichts werden kann, wenn es auch seine Form wechselt, so wenig ist es denkbar, daß seelisches Sein als solches vergehen könnte. Nicht die Seele, das Bewußtsein, sondern der Mensch stirbt, d. h. er büßt seine „Menschheit", sein so und so generell bestimmtes und dazu noch individualisiertes Körper- und Seelensein ein. Die Körperlichkeit bleibt auch nach dem Tode bestehen, und so auch das, was ihr „An sich", ihre Innerlichkeit bildet, also etwas Psychisches. Dieses, das Seelenprinzip, besteht (ohne „Seelenwanderung") in anderer Form weiter fort, wirkt weiter, bleibt ein aktualer Teil, ein Glied des Allzusammenhanges, „lebt" in ihm weiter, zu neuen Synthesen verwendet, verwertet. Das „empirische" Ich, als bloße Form eines ihm zugrunde liegenden Allgemeineren, vergeht, d. h. das E w i g e in uns nimmt es gleichsam in seine Allheit zurück, um aus dem Stoffe desselben neue Formen zu prägen, so daß also unsere Seele ein sterbliches und ein unsterbliches Moment enthält. Das Geistige als solches, als Prinzip, ist ewig; in ihm beschlossen bleibt ewig der Zusammenhang aller möglichen Realisationen, Formen, Gebilde, so aber, daß die „früheren" in die „späteren" eingehen, sich in sie durch ihr Wirken umsetzen. In einem „zeitlosen" Sinne ist alles, was jemals gewirkt, „unsterblich", es hat an der Weiterentwicklung der Welt mitgearbeitet und ist so in den späteren Momenten einbeschlossen. Auch das, was vom menschlich-empirischen Standpunkt als „vergangen" angesehen werden muß, ist für das überzeitliche Allbewußtsein ein untilgbares Glied des Allzusammenhanges. Die Unsterblichkeit, welche allein möglich, allein aber auch wahrhaft wertvoll, nicht bloß ein Wunsch des egoistischen Selbsterhaltungsstrebens ist, ist nicht individueller, wohl aber überindividueller Art, ist lebendiges Weiterwirken psychischer Kraft am Weltgetriebe und an der geistigen Entwicklung des Universums. Das „Jenseits" ist nur „die Erweiterung des diesseits schon in Gott geführten Lebens" (Fechner, Tagesansicht, S. 39). Es ist aber mehr als bloßes Leben in der Erinnerung der Nachwelt, es ist ewige Teilnahme am Alleben, am Weltschaffen, am göttlichen Sein. (Ähnliche Gedanken bei Plato, Aristoteles, Plotin, Averroës, G. Bruno, Spinoza, J. G. Fichte, Schleiermacher, Hegel, Schopenhauer, Lotze, Planck, Fechner [Lehre vom „Tatenleib" als Projektion der Persönlichkeitswirkungen ins All], Renan, Paulsen, Br. Wille, Wundt, Schuppe, Münsterberg u. a.)*)

b) Ethik.

§ 20.

Die Aufgabe der Ethik.

Von dem theoretischen, Erkenntnis zum Ziele nehmenden Verhalten wird allgemein das praktische Verhalten des Menschen unterschieden. „Praktisch" ist das Verhalten, insofern es auf die Formung, Gestaltung, Bearbeitung von Verhältnissen der Außenwelt als solche und in ihren Beziehungen zu anderen lebenden Wesen, zu fremden Ichs gerichtet ist. Zum praktischen Verhalten gehört nun insbesondere die Art und Weise, wie wir unser Leben einrichten, von welchen wesentlichen Gesichtspunkten wir dabei verfahren, wie wir werten und Gewertetes zu realisieren suchen. Als Tatsache finden wir den Umstand vor, daß ein Teil solcher menschlicher Wirksamkeit, menschlicher Willenstätigkeit allgemein, prinzipiell einer eigenartigen Bewertung unterzogen wird, indem manches in besonderer

---

*) Über „Beweise" für die Unsterblichkeit vgl. Plato, die Scholastiker, Leibniz, Chr. Wolff, Mendelssohn, Platner, Kant (aus Postulaten der „praktischen Vernunft"), J. H. Fichte, G. Runze, Huber, J. Royce, V. Bernies u. a.

Weise gebilligt, anderes wieder mißbilligt, getadelt, verurteilt wird. Es sind dies Beurteilungen eigener Art, bekannt unter dem Namen sittliche oder moralische, ethische Wertung und Beurteilung gegenüber Willenshandlungen, welche selbst Wertungen einschließen. Es ist nun von Wichtigkeit, die Mannigfaltigkeit dieser „sittlichen" Werttatsachen zur begrifflichen Einheit und Ordnung zu bringen, das Wesen, das Prinzip derselben zu finden, um die festen, allgemeingültigen Gesichtspunkte sittlicher Beurteilung, welche wir für die Selbst- und Fremderziehung benötigen, zu erkennen und bewußt, methodisch anzuwenden.

So ergibt sich eine eigene Disziplin, die Ethik (Moralphilosophie, Praktische Philosophie)*) als die Wissenschaft von den sittlichen Werttatsachen und den Prinzipien des Sittlichen. Sie betrachtet das menschliche Wollen und Handeln unter dem Gesichtspunkt moralischer Beurteilung, forscht nach dem Wesen der sittlichen Werttatsachen, nach ihrem Prinzip und Ursprung, nach ihrer Entwicklung und ihrer Bedeutung für das gesamte Kulturleben (Theoretische Ethik), um sodann auf Grund der gewonnenen Einsichten die Normen des sittlichen Verhaltens zu systematisieren und in typischer Weise auf die Lebensverhältnisse anzuwenden (Praktische Ethik). Die Ethik ist also nicht, wie manche es haben wollen, eine bloß beschreibende und erklärende Disziplin, sondern sie ist zugleich (wie die Logik) eine Normwissenschaft, freilich nicht in dem Sinne, daß sie aus eigenem Ermessen, von rein subjektiven Gesichtspunkten aus Regeln und Gesetze für das, was als sittlich gut zu gelten habe, aufstellt, sondern nur so, daß sie die den sittlichen Werttatsachen immanenten Normen herausschält, begrifflich fixiert und in „imperativischen" Urteilen des „Sollens" formuliert; ihre Normen muß die Ethik also der Idee des Sittlichen selbst entnehmen, nicht sie an das Sittliche heranbringen, nachdem sie sie etwa aus

---

*) Ethik, ἠϑική zuerst bei Aristoteles; „philosophia moralis" bei Seneca.

fremden Gebieten des Geschehens entlehnt hat. Daß die Ethik, als solche und durch ihre pädagogische Anwendung selbst an der Entwicklung des Sittlichen beteiligt sein kann, ist etwas anderes. Sie braucht deshalb nicht spekulativ-metaphysisch zu sein, ihre Grundsätze nicht aus apriorisch-metaphysischen Voraussetzungen zu entnehmen. Sie soll vielmehr, will sie den Bestand der sittlichen Tatsachen unbefangen kennen lernen, eine Ethik „von unten auf" sein, d. h. methodisch-empirisch verfahren, indem sie vor aller Normierung zunächst einmal festzustellen sucht, was alles zu den sittlichen Werttatsachen gehört, worin die sittliche Wertung besteht und was eigentlich und allgemein als sittlich (bzw. unsittlich) beurteilt wird.

Im Gegensatz zur rationalistischen, aprioristischen („reinen", „idealistischen", antipsychologischen) Ethik, welche die Gesetze des Sittlichen aus dem „reinen" Vernunftwillen deduktiv, ohne systematische Verwertung der psychologischen, biologischen Tatsachen ableitet, wobei das Willensleben oft künstlich logisiert, intellektualistisch umgedeutet wird, ist es die Methode der (nicht notwendig „empiristischen", wohl aber empirischen) genetischen Ethik, die Beschaffenheit und die Elemente der sittlichen Werttatsachen zunächst durch psychologische Analyse festzustellen, sodann das Werden, die Entwicklung dieser Tatsachen im individuellen und sozialen Bewußtsein entwicklungsgeschichtlich und historisch zu verfolgen, wobei auf die biologischen und soziologischen Grundlagen des Sittlichen Rücksicht zu nehmen ist, und dann erst die allgemeinen sittlichen Prinzipien, Normen, Ideale begrifflich zu formulieren und deduktiv zu verwerten. Induktion und Deduktion gehören, wie in anderen Wissenschaften so auch in der Ethik, zusammen; so wenig eine rein induktive, so wenig ist eine rein deduktive Ethik konsequent möglich und zuverlässig. „Idealistisch", zu bestimmten ethischen Idealen gelangend, die nicht als „empirische Tatsachen" verwirklicht sind, aber uns bei der

Gestaltung praktischer Tatsachen leiten können und sollen, kann auch eine nicht-apriorische Ethik sein, ja die „genetische" Ethik kann, bei aller „empirischen" Methode, ganz wohl ein „ethisches A priori" anerkennen, das sie vielleicht bei ihrer analytisch-genetischen Arbeit konstatieren muß. Daß die Ethik sich der Psychologie als Hilfswissenschaft bedient, nötigt noch keineswegs zu jenem extremen „Psychologismus", der in der Ethik nur einen Teil der Psychologie oder nur angewandte Psychologie erblickt. Denn die Denkarbeit und Normierung, welche die Ethik als Normwissenschaft leistet, ist nicht mehr die „Methode" der Psychologie, muß von anderen, allgemeineren Gesichtspunkten erfolgen, als sie der Psychologie zu Gebote stehen. Die Berücksichtigung der Soziologie und Geschichte (Kultur-, Sittengeschichte), der Ethnologie und Anthropologie und der Biologie ferner muß noch keineswegs zu einem „Historismus" führen, der die Tatsache der geschichtlichen Existenz von Wertungen schon als letztes Resultat der Ethik ansieht. Vielmehr ist es richtig, daß die bloße Aufzeigung einer Mannigfaltigkeit moralischer Wertungen noch keine Ethik konstituiert; eine Vorarbeit darf nicht mit dem Ganzen der Wissenschaft konfundiert werden. Ebenso wahr aber ist es, daß diese Vorarbeit für die Gewinnung einer möglichst o b j e k t i v e n, im guten Sinne „positiven" Ethik von großem Werte ist, aber als Material, welches erst — als Ergänzung des unzulänglichen, leicht irreführenden Befundes des Individualbewußtseins des Moralphilosophen allein — methodisch verarbeitet, analysiert und kritisiert werden muß, um die allgemeinen, dem historischen Werden immanenten, in verschiedene Phasen sich besondernden P r i n z i p i e n des sittlichen Wollens und der sittlichen Beurteilung festzustellen und das I d e a l zu entdecken, welches die gesamte Entwicklung leitet. Dies ist viel „wissenschaftlicher", als das ideale Sittengesetz nur aus dem eigenen, individuellen Bewußtsein herauszuholen, es bringt in viel höherem Maße das Ethische in Beziehung zu den übrigen Gebieten der Kultur, des Lebens überhaupt. Indem die Ethik das Sittliche als einen Teil der allgemeinen

Geistesentwicklung erkennen läßt, ist sie evolutionisti-
sche Ethik.

Sozial-Ethik ist die Ethik in zweierlei Beziehung.
Erstens, indem sie, mehr als es früher meist der Fall war,
die soziale Bedingtheit des Sittlichen berücksichtigt, das
Sittliche als eine soziale Tatsache, aus sozialen Motiven entspringend und sozialen Zwecken dienend, darstellt. Zweitens, sofern sie das soziale Gesamtstreben selbst ethisch kritisiert, bewertet und normiert („Ethik des Gesamtwillens":
R. Goldscheid).

Eine Grundlage der Ethik ist die allgemeine Werttheorie, welche das Wesen des Wertes, der Wertung, die
Gesetzmäßigkeit des Wertens und die Rangordnung der
Grundwerte und der auf sie gerichteten Betätigungen untersucht. Sie lehrt zwischen individuell-subjektiven und gattungsmäßigen, allgemeingültigen, objektiven Werten unterscheiden, ferner zwischen berechtigten, wahren und fiktiven
eingebildeten Werten, endlich zwischen niederen und höheren
Werten, wobei die Feststellung des Wertmaßstabes und der
Wertkriterien von Wichtigkeit ist. Die Werttheorie dient
nicht bloß der Ethik, sondern auch der Ästhetik, Rechtswissenschaft, Nationalökonomie usw. als Vorarbeit. Sie ist
Psychologie und Kritik der Werttatsachen als solcher (Arbeiten von Bentham, Beneke, A. Meinong, Chr. Ehrenfels, Kreibig, F. Krueger, O. Kraus, E. v. Hartmann, O. Ritschl, M. Reischle, J. Cohn, H. Cornelissen u. a.).

Der Gedanke, daß die Ethik eine von theologischen,
politischen, nationalen, metaphysich-spekulativen Voraussetzungen möglichst unabhängige Disziplin sein muß, hat
sich in den letzten Jahren, nicht zum wenigsten infolge der
Intentionen der „Gesellschaft für ethische Kultur" (F. Adler,
St. Coit, Jodl u. a.), Bahn gebrochen. Die Ethik ist nicht ein
Resultat der Metaphysik, sie ist vielmehr philosophische Prinzipienlehre, welche als solche metaphysisch ausmündet,
nicht aber in irgend einer transzendent-metaphysischen Spekulation wurzelt. Ebenso tritt sie zur Religion und Theologie

in Beziehung, ohne auf theologische Dogmen sich aufbauen zu müssen. Das hindert nicht, daß eine gewisse allgemeine Lebens- und Weltanschauung immer der Rahmen sein wird, in dem die Ethik sich hineinfügt, aber nicht in dogmatischer, sondern streng kritischer Weise, als kritische Ethik („Ethischer Kritizismus"). Nur eine solche kann der Aufgabe der Moralphilosophie, die Grundlagen der sittlichen Wertung festzustellen und sie für eine harmonische (individuelle und soziale) Lebensführung bewußt-methodisch zu verwerten, wahrhaft gerecht werden. Jede Einseitigkeit muß das Ziel der Ethik, die allgemeingültige Ordnung der Lebensverhältnisse innerhalb der sozialen und humanen Gemeinschaft, verrücken. Nicht in der sklavischen Formulierung der bestehenden religiösen oder Klassenmoral, sondern in der Herausarbeitung des idealen Grundzuges der Moral, des von allen temporären und lokalen Zutaten, Modifikationen, Einflüssen befreiten „reinen" Sittlichen als idealen Endzieles der moralischen Evolution besteht die wahre Aufgabe der („idealrealistischen") Ethik.

Aussprüche moralphilosophischer Art finden sich (abgesehen von den alten Religionssystemen) schon bei den älteren griechischen Denkern, bei den „Gnomikern", Sittenlehren bei den Pythagoreern, bei Heraklit, Demokrit u. a. Die Allgemeingültigkeit der ethischen Werte bestreiten die Sophisten, während Sokrates sie verteidigt und die Tugend für ein Wissen, für ein Lehrbares erklärt. Eine Wendung ins Spekulativ-Metaphysische nimmt die Ethik bei Plato, während Aristoteles sie als eine eigene, auf psychologischer Analyse fußende Disziplin begründet. Bei den Stoikern (Weiterbildung der kynischen Ethik) wird sie insbesondere als Pflichtenlehre ausgebildet und bei den Epikureern (Weiterbildung der kyrenaischen Ethik) tritt sie als Lebenskunst auf. Theosophisch und mystisch wird sie bei den Neuplatonikern. Einen theologischen Charakter erhält die Ethik im Christentum, bei den Patristikern und Scholastikern. Die Ethik der Renaissance knüpft wieder an das heidnische Altertum an (Stoische Elemente). Allmählich beginnt die Ethik selbständiger zu werden, wobei sie aber teilweise noch starke Beziehungen zur Metaphysik hat. Spekulativ-rationalistisch ist sie bei Descartes, Spinoza, Geulinex, Cudworth, H. More, Leibniz, Chr. Wolff u. a., empirisch-psychologisch bei F. Bacon, Hobbes, Locke, Shaftesbury, Cumberland, Wollaston, Hutcheson, Hume, Ad. Smith, Ferguson, J. Bentham, Helvetius, d'Alembert, Voltaire, Rousseau u. a. Als aprioristische „Kritik der praktischen Vernunft" und „Metaphysik der Sitten" begründet die Ethik, als Theorie der ethischen Formalprinzipien, welche unabhängig von der Erfahrung im Vernunftwillen liegen, Kant, dessen Lehren J. G. Fichte weiterbildet. Spekulativ bearbeiten die Ethik Hegel, Chr. Krause u. a., auch Schleiermacher und Schopenhauer, welche aber der empirischen Methode mehr Zugeständnisse machen. Auf Psychologie gründen sich die ethischen Theorien Benekes (Wertlehre) und Herbarts, der die Ethik als einen Teil der „Ästhetik", der Lehre von den unmittelbaren Beurteilungen von Willens-Verhältnissen überhaupt, auffaßt; ähnlich Ziller, Allihn, Steinthal u. a. Eine „formalistische", aprioristische Ethik vertreten Staudinger, H. Cohen, Natorp, Hensel, Bauch u. a., „idealistisch" ist auch die Ethik von Lotze, H. Green, Martineau, J. Mackenzie, Wentscher, H. Schwarz, Lipps, Schuppe, Sidgwick u. a., „idealrealistisch" die ethische Lehre E. v. Hartmanns, Wundts, P. Bergemanns, Sigwarts, Unolds, Höffdings, Paulsens, Brentanos, C. Stanges u. a. Empirisch-positiv, biologisch, psychologisch, soziologisch fundiert sind die Moralsysteme von A. Comte, J. St. Mill und der „Evolutionisten" Ch. Darwin, Spencer, J. Fiske, F. Alexander, Williams, L. Stephen, E. Laas, Ratzenhofer, Gizycki, Carneri, Nietzsche, A. Tille, Simmel, W. Stern, Jodl, A. Döring, R. Goldscheid u. a. Die „katholische" Ethik vertreten V. Kathrein u. a.

Die ethischen Grundprobleme lassen sich folgendermaßen klassifizieren: 1. Kriterium, Ursprung, Gültigkeit des Sittlichen (Erfolgs- und Gesinnungsethik, heteronomistische oder autoritative, autonomistische Ethik; Ethischer Rationalismus, Apriorismus, Empirismus, Evolutionismus; Ethischer Absolutismus, Relativismus, Subjektivismus). 2. Die sittlichen Motive (Ethischer Intellektualismus oder Reflexionsmoral, Gefühlsmoral). 3. Die sittlichen Objekte und Zwecke (Individualismus und Universalismus; Eudämonismus, Formalismus, Evolutionismus).

§ 21.

Kriterium, Ursprung, Gültigkeit des Sittlichen.

1. Das Sittlichkeitskriterium. Das Problem stellt sich hier so: was ist das Objekt der ethischen Beurteilung; woran erkennen wir allgemein, ob etwas unter die ethische Wertkategorie fällt, ob irgendwo eine sittliche Tatsache, im Guten oder im Schlechten, vorliegt und auf wen bezieht sich das sittliche Werturteil? Die Erfolgsethik mißt die Handlungen vorzugsweise an ihrem objektiven Erfolg, an ihrer Wirkung, beurteilt sie ethisch aus der Art und dem Grade dieser Wirkung, schätzt die „guten Werke" als solche, wertet die Handlung in bezug auf ihren Effekt, ihre Folgen. Bestimmte Wirkungen der handelnden Wesen gelten als sittlich, als gut, als lobenswert; sittlich, gut ist das Handeln, ist der Mensch indirekt, um des guten Effektes seines Tuns willen. Anders die Gesinnungsethik. Der Erfolg eines Handelns ist ihr nicht das Kriterium sittlicher Beurteilung, da dieser Erfolg etwas Äußerliches, vom Handelnden Unabhängiges sei und man aus einer, im objektiven Sinne „richtigen" Handlung, also aus ihrer „Legalität", keineswegs schon die „Moralität" des Wollens, der dauernden Willensrichtung, der Gesinnung des Menschen ersehen könne. Gut ist nicht der Mensch um der Wirkung seines Handelns wegen, sondern, umgekehrt, gut ist die Handlung, sofern sie auf die gute Gesinnung, den guten Willen des Menschen hinweist. Also nicht die Beschaffenheit der äußeren Handlung, sondern **der Charakter des Willens,** des Menschen ist es, was bei der ethischen Beurteilung im Vordergrunde steht, zu stehen hat.

Zu einer Erfolgsethik neigt der Eudämonismus (und Utilitarismus). Die Gesinnung bewerten Demokrit, Plato, Aristoteles, die Stoiker, die christliche, scholastische Ethik (besonders Abaelard: „Non enim quae fiant, sed quo animo fiant, pensat Deus, nec in opere, sed in intentione meritum operantis vel laus consistit", Eth. C. 3, vgl. C. 7), Eckhart, Luther, Leibniz u. a. Eine reine Gesinnungsethik begründet Kant, der scharf zwischen „Legalität" und „Moralität" unterscheidet; von letzterer kann nur die Rede sein, wenn „das moralische Gesetz unmittelbar den Willen bestimmt" (Krit. d. prakt. Vern., S. 87; WW. IV, 287; VII, 16). „Es ist überall nichts in der Welt, ja überhaupt auch außer derselben zu denken möglich, was ohne Einschränkung könnte für gut gehalten werden, als allein ein guter Wille" (WW. IV, 241). Die Gesinnung betonen besonders idealistische Ethiker wie J. G. Fichte, Schleiermacher, Wundt, Martineau, Lipps, H. Schwarz, die Neukantianer und viele andere Ethiker.

Es ist sicher, daß alle wahre, sich selbst verstehende Ethik „Gesinnungsethik" sein muß. In zweifacher Beziehung: deskriptiv und normativ. Zunächst lehrt die Betrachtung der historischen Entwicklung des Sittlichen, daß die Gesinnung des Handelnden immer mehr zu allgemeiner Berücksichtigung gelangt. Ursprünglich freilich ist das geistige Leben der Gemeinschaft noch zu wenig differenziert, als daß schon auf die Motive der Handelnden Rücksicht könnte genommen werden; da beurteilt man den Täter nach dem Effekte seiner Tat (oder Unterlassung), da verurteilt man ihn dieses Effektes wegen. Wer etwas tut, was im Sinne des Gemeinschaftslebens ist, was dem Ideal desselben gemäß ist, der ist ein Tüchtiger, ein „Guter", wer Mitglieder der Gemeinschaft schädigt oder den Intentionen der Gemeinschaft zuwiderhandelt, der ist schlecht, böse, auch wenn er nichts Schlechtes beabsichtigt, gewollt hat. Aber dann lernt man Absicht und Effekt des Handelns unterscheiden, und schließlich bricht sich der Gedanke Bahn, daß die Gesinnung, aus der etwas geschieht, das Wesentliche ist. Denn die bloß äußerlich gute Tat kann „zufälliger" Art sein, sie bürgt noch nicht für den Willen des Täters. Es ist aber für die Gemeinschaft der Menschen von höchstem Werte, daß man sich auf den Willen der Gemeinschaftsmitglieder dauernd verlassen kann, daß man von ihm dauernd ein gutes Verhalten erwarten darf. So bleibt zwar bis auf unsere Zeit die Neigung zu oberflächlicher Beurteilung der Menschen nach ihren objektiven Taten bestehen, ja sie muß stets den Ausgangspunkt bilden, um die Gesinnung des Handelnden empirisch annähernd erschließen zu können, aber das Bewußtsein ist doch wach und all-

gemein geworden, daß es auf die Gesinnung selbst in erster
Linie ankommt, daß die Beschaffenheit dieser uns erst berechtigt, jemanden als gut oder böse zu werten. Eine Tat
kann objektiv gut, legal sein, und doch kann der Wille ein
indifferenter oder sogar ein schlechter sein; und umgekehrt
kann aus einem guten Willen etwas Schlechtes entspringen,
weil eben die Umstände nicht immer und nicht völlig in der
Macht des Wollenden sind, weil dieser irren kann, u. dgl.
Es muß also die Ethik auch als kritische und normative
Disziplin die Gesinnung zum „eigentlichen" Objekt der Beurteilung machen. Aber sie muß sich hierbei davor hüten,
Gesinnung und bloße Absicht zu verwechseln. Gewiß ist
jemand, der etwas Gutes beabsichtigt, es aber aus Willens-
schwäche nicht ausführt, höher zu bewerten als der „Böse-
wicht", aber tadelnswert ist er doch, trotz seiner „guten
Absicht"; der bloße Wunsch, Gutes tun zu wollen, ist nicht
mit dem aktualen guten Willen eins, ist nur der Schatten
eines solchen. Ferner darf die Gesinnungsbewertung doch
nicht so weit gehen, daß dadurch die Handlung selbst, in
ihrer objektiven Beschaffenheit, vernachlässigt wird, daß man
etwa erklärt, es komme auf sie gar nicht an, sie sei gleichgültig für die ethische Beurteilung, wenn nur die Absicht oder
Gesinnung gut sei. Das ist ein nicht ungefährlicher Standpunkt, der leicht zu sittlichen Unterlassungen, Irrungen und
„Sünden" führen, verführen kann, sei es, daß man die „guten
Werke", das energische Wirken für das Gemeinschaftsleben
völlig verachtet, sei es, daß man von dem (im allgemeinen
gar nicht unrichtigen) Grundsatz „Der Zweck heiligt die
Mittel" in unrichtiger, der ethischen Gesetzlichkeit
in ihrer Totalität widersprechender Weise Gebrauch
macht („Jesuiten-Moral"). Gewiß müssen wir zu guten
Zwecken oft Mittel anwenden, die uns ohne Beziehung auf
diese Zwecke anderswertig erscheinen müssen (z. B. strenge
Züchtigung verderbter Kinder), aber immer müssen diese
Mittel in das einheitliche System ethischer Bewertung hinein-
passen, den ethischen Grundsätzen nicht entgegen sein (wie es
z. B. der Meuchelmord ist). Es gibt zweifellos schlechte

Taten zu guten Zwecken, es sollen aber — der ethischen Idee gemäß — möglichst nur gute und beste Mittel zum Guten angewandt werden.

Zu betonen ist, daß die Gesinnungsethik als solche noch nicht „formalistisch" sein muß. Die Gesinnung muß nicht als etwas Ursprüngliches in sich selbst, in der Natur des Willens als solchen beruhen, sie braucht nicht vom Zwecke des Handelns abgetrennt oder gar selbst mit dem Zwecke konfundiert zu werden. Gut, sittlich ist die Gesinnung, der Wille nicht als „formaler", „reiner" Wille, sondern als zwecksetzender Wille, also durch die Beziehung auf den Zweck des Handelns. Es gehört zum Willen, einen Zweck zu setzen, und die dauernde Richtung (Intention) des Willens auf einen bestimmten Endzweck ist es, was wir Gesinnung nennen, so daß also die Gesinnung eine gute dadurch wird, daß sie auf das Gute, den ethisch positiv bewerteten Zweck gerichtet ist. Sofern eine Handlung als zur Realisation eines Zweckes geeignete erscheint, gilt sie als gut. Je nach der Art der Zwecke gibt es verschiedene Arten des Guten (Gut im Sinne des Nützlichen, Angenehmen usw.). Ein Spezialfall des „Guten" ist „das Sittlich-Gute", dessen Inhalt wir vorläufig noch unbestimmt lassen. Es ist kein Ding, kein Geschehen, keine Eigenschaft, sondern ein Ideelles, ein zu verwirklichender, gewollter, gesollter Zweck, es ist ein allgemeiner Willensinhalt, ein Willensobjekt. Wenn eine Handlung wahrhaft aus dem auf diesen Inhalt gerichteten Willen entspringt, dann ist sie und ist zugleich der Wille gut. Das Gute geht nicht aus einem ursprünglichen, an sich „reinen" Willen hervor, sondern der „reine Wille" ist der wahrhaft ethische, den sittlichen Zweck zum herrschenden oder ausschließlichen Motiv habende Wille. Dieser pflichtmäßig motivierte Wille ist gut, weil er durch den Gedanken der Pflicht motiviert ist, gewiß; aber im Begriffe der Pflicht liegt schon auch ein Inhaltliches, eine Beziehung des Wollens auf Zwecke, deren Realisation eben Pflicht ist, ohne die „Pflicht" ein leeres, abstraktes, unlebendiges Sollen ist. Davon weiter unten mehr.

2. Ursprung und Gültigkeit des Sittlichen. Die Existenz und Gültigkeit der Sittengebote leitet die **autoritative** Ethik aus den Satzungen, Forderungen machtvoller Persönlichkeiten ab. Sittlich gut ist hiernach etwas, weil und sofern diese Persönlichkeiten durch ihren Willen bekundet haben, daß so und nicht anders gehandelt werden soll. Das sittliche Sollen ist der Wille von Autoritäten, welche Macht und Einfluß auf die Menschen hatten, diesem ihren Willen Anerkennung zu verschaffen; allmählich wurzelten sich die diesem Willen gemäßen Handlungsweisen ein, sie wurden gewohnheitsmäßig, wurden zur Sitte und zur Sittlichkeit, indem sie schließlich auch aus dem Willen der Handelnden selbst entspringen, während sie anfangs nur aus Furcht oder Achtung, später gewohnheitsmäßig ausgeübt wurden. Ihre Sanktion, ihre Rechtfertigung aber verdanken die Sittengebote einzig und allein der „Satzung" der Autoritäten, sei es dem Willen Gottes (und der Priester, der Kirche), sei es politischen Gesetzgebern, dem Staate, der Konvention. Insofern diese Ableitung und Begründung des Sittlichen die Sittengesetze nicht aus dem Wesen des Menschen als eigenartige Wesensbetätigung, sondern aus einem dem Sittlichen nicht immanenten, den Menschen äußerlich übermittelten Wollen deduziert, mit dessen Anderssein auch das Sittliche ein ganz anderes Gegensätzliches hätte sein können, ist sie **heteronomisch** (ἕτερος, νόμος, fremdgesetzlich).

Die **autonomistische** Ethik hingegen lehrt, die Menschen seien von selbst, aus eigener Kraft zur Setzung oder Findung der Sittengebote gekommen, sei es durch Intuition oder auf Grund von Erfahrungen. Die Sittlichkeit ist also ein Produkt der Selbstgesetzgebung des Menschen, welcher das Gute tut, nicht weil es andere wollen, sondern weil er selbst es will oder anerkennt, weil es ihm ursprünglich eigen ist oder weil er es sich selbst erworben hat. Nicht weil jemand es gefordert hat, ist etwas gut, sondern es soll sein, weil es gut ist, weil es allgemeinen Zwecken dient.

Auf Autoritäten stützt sich die **theologische** Ethik (auch **Duns Scotus:** Gut ist, was Gott will, weil er es will). Die Autorität des Staates zieht zur Begründung des Sittlichen Hobbes heran. Nach H. v. Kirchmann ist das Sittliche „ein Gebotenes, was für den Menschen gilt, nur weil es von der Autorität geboten ist" (Grundbegr. d. Rechts u. d. Moral, S. 63). Autoritativ ist die ethische Begründung bei M. Stirner, P. Rée u. a. Die ethische Autonomie betont besonders Kant, der als „heteronom" alles Handeln bezeichnet, das nicht aus dem reinen, sich selbst gesetzlich normierenden Vernunftwillen entspringt. So auch Fichte, die Kantianer, ferner Riehl, Lipps, Hensel u. a., während andere Ethiker „Autonomisten" im weiteren Sinne sind.

So berechtigt der ethische Autonomismus auch ist, etwas Richtiges liegt in der autoritativen Ethik doch. Erstens werden heute die speziellen Sittengebote dem Kinde durch Erziehung übermittelt, es erzeugt sie nicht aus Eigenem, sondern befolgt sie zum Teil auf Grund der Autorität der Eltern und Lehrer. Gut ist, zunächst wenigstens, etwas, weil und wofern die Autorität des Erziehers es gebietet. Noch mehr Wahrheit enthält die autoritative Ethik. Eine ganze Reihe von Sittengeboten wird in der heutigen Gesellschaft zunächst aus dem Grunde befolgt oder anbefohlen, weil die Vorfahren es so gewollt und getan haben, also auf Autorität hin. Und noch mehr! Für die Entwicklung des Sittlichen kommen auch jene Stufen in Betracht, wo Priester, Persönlichkeiten überhaupt durch ihre Satzungen, Gebote, Ideale oder durch ihr Vorbild, jedenfalls durch ihre Autorität, durch die Macht ihres Geistes zu Faktoren sittlicher Gestaltung und Weitergestaltung wurden. Ist auch die Sittlichkeit ein Produkt des Gemeinschaftslebens, des Gesamtgeistes, so ist doch auch nicht zu verkennen, daß bedeutende Persönlichkeiten die Masse an Intelligenz, Gemüt, starkem und gutem Willen überragen und den Gesamtgeist selbst aktiv beeinflussen und umbilden. Endlich ist die Tatsache zu verzeichnen, daß Sittlichkeit und Religion ursprünglich aufs innigste miteinander verknüpft sind, daß die Neigung allgemein besteht, die Sittengesetze als Gebote göttlicher Mächte aufzufassen, auszugeben, deren Autorität eine bessere Befolgung der Gesetze gewährleistet („Zehn Gebote").

Das alles ist zu berücksichtigen, es darf aber auch nicht

überschätzt werden. Ein ethischer Autonomismus kann dabei ganz wohl aufrechterhalten werden. Wohl erhält das Kind seine sittliche Bildung von außen; aber ohne innerliche Bearbeitung des Aufgenommenen, ohne eigene ethische Billigung bzw. Mißbilligung, die infolge ererbter Anlagen und selbständiger Urteils- und Wertungsentwicklung in der Regel nicht ausbleibt, also ohne Aufnahme des Sittengesetzes in den eigenen Willen ist wohl ein „legales", aber kein „moralisches" Verhalten möglich. Mag manches unter die Kategorie des objektiv Sittlichen Fallende auch nur gewohnheitsmäßig oder aus Furcht getan werden, die Einsicht in die innere Notwendigkeit sittlichen Verhaltens erwacht doch und es bildet sich eine sittliche Gesinnung aus, welche aus eigenem Willens- und Vernunftinteresse, nicht auf bloße Autorität hin so wirkt, wie sie wirkt. Der Mensch unserer Zeit, unserer Kultur kommt schon mit einer Anzahl ethischer Prädispositionen zur Welt, welche sich, unterstützt durch die ethische Erziehung, später zum sittlichen Wollen entfalten, so daß Auto- und Heteronomie an der individualen Sittlichkeitsentstehung vereint arbeiten. Der Bestand an Sittengeboten, den wir heute teilweise oder zuerst autoritativ empfangen, ist gattungsmäßig selbständig, autonom geschaffen und gefunden worden, als Produkt des Gesamtgeistes und der ihm immanenten Persönlichkeiten. Die Persönlichkeiten, auch die „führenden Geister" unter ihnen, erfinden das Sittliche als solches nicht, sie finden es schon vor, erheben sich aber über die bisherige Stufe desselben, indem sie es läutern, erweitern, ergänzen, fortbilden und auf bewußte, wohlformulierte Normen bringen. Zu Autoritäten werden diese Persönlichkeiten letzten Endes doch nur durch ihren lebendigen Zusammenhang mit dem Gesamtgeist, den sie auch nur deshalb mitreißen können. Dieser, der Gesamtgeist, ist der primäre Erzeuger der Sittlichkeit, sie ist ein organisches Gebilde, nicht das willkürliche Produkt Einzelner, nichts „Zufälliges", sondern im Wesen des Gemeinschaftslebens selbst begründet. Das Sittengesetz, das als göttliches Gebot dargestellt wird, ist letzten Endes von Gott doch nur deshalb gewollt, weil es ein im Gemeinschaftsleben wurzelndes und dieses bedingendes Gesetz ist und weil vorausgesetzt .wird, daß Gott selbst ein sittliches Wesen ist, das nur Sittliches, nur Gutes wollen und fordern könne, jenes Gute, dessen allgemeine und sichere Ausübung dem religiösen „Gesetzgeber" besonders klar und gewiß ist. —

Die autonomistische Ethik ist entweder Apriorismus oder Empirismus oder Evolutionismus.

Der ethische Apriorismus tritt in verschiedenen Gestalten auf, als Rationalismus, Intuitionismus und formaler Apriorismus. Das Gemeinsame darin ist die Lehre, daß die Gewißheit, mit welcher die ethischen Bewertungen und Urteile gefällt werden, eine absolute und primäre, unmittelbare sei, also der ethische Absolutismus. Das Sittliche, Gute zieht ohne weiteres, ohne Beziehung auf Erfahrungen irgendwelcher Art, rein durch sich selbst, durch die Beschaffenheit des Wollens und Handelns, die sittliche Billigung nach sich. Die Gültigkeit der ethischen Urteile steht a priori, unabhängig von Erfahrung, von empirischen Zwecksetzungen und Willenserfolgen fest, sie entspringen unserer eigenen Vernunft, welcher sie „eingeboren" sind (Rationalismus) oder deren Gesetz sie ausdrücken (Formalismus), oder sie sind Aussagen über unmittelbare, aus dem nicht weiter ableitbaren Wesen des sittlichen Bewußtseins sich ergebende Stellungnahmen des Ichs gegenüber bestimmten, unbedingt so zu wertenden, allgemeingültigen Inhalten (Intuitionismus). Das Sittliche ist als solches evident, selbstgewiß, das Seinsollende kündet sich dem Bewußtsein mit unmittelbarer, intuitiver Sicherheit an, es ist unbedingt gefordert, richtet sich nach keiner Erfahrung, sondern schreibt dieser, dem praktischen Verhalten, sein Gesetz vor, welches die Gewähr seiner Richtigkeit und Notwendigkeit in sich selbst hat.

Den ethischen Apriorismus und Absolutismus begründet (nach dem Vorgange des Sokrates) Plato. Nach Cicero ist uns das göttliche Sittengesetz eingeboren, auch nach Augustinus („scripta in cordibus hominum"). Die Ursprünglichkeit des Gewissens lehren die Scholastiker, Kern des Gewissens ist die „Synteresis", das „Fünklein", das uns von der einstigen moralischen Reinheit geblieben. Den ethischen Rationalismus vertreten Melanchthon,

Charron, Bayle, Bossuet („règles invariables de nos mœurs"),
Leibniz, Chr. Wolff, R. Cudworth (Ewigkeit und Unwandel-
barkeit der Idee des Guten), Clarke, Price, Reid, Dugald
Stewart (Schottische Schule) u. a. Den Intuitionismus bereitet
die (teilweise empiristische) Lehre von „moral sense" (Shaftesbury, Cumberland, Hutcheson („decori et honesti sensus",
„landi et vituperii sensus") u. a. vor, ihn vertreten besonders
englische Ethiker, wie Lecky, Green, Martineau, Sidgwick
u. a., ferner Herbart, nach welchem die (Willensverhältnisse zum
Objekt habenden) sittlichen „Geschmacksurteile" ursprüngliche Evidenz haben und „praktische Ideen" erzeugen (WW. II, 339ff.),
F. Brentano. Nach ihm bildet eine „gewisse innere Richtigkeit"
den Vorzug gewisser Akte des Willens vor anderen (Vom Urspr.
sittl. Erk., S. 11); das „mit richtiger Liebe" zu Liebende bemerken wir mit unmittelbarer Evidenz (l. c. S. 21). Antiempiristisch
lehren V. Cousin, Gioberti, Rosmini, Boström, Ulrici,
Lotze u. a. Den formalen Apriorismus begründet Kant. Quelle
des Sittengesetzes ist die „praktische Vernunft", der reine Vernunftwille, dessen Gebot, der „kategorische Imperativ", unbedingt
und ohne Rücksicht auf Erfahrung, auf irgendwelche „Materie"
des Willens (empirische Zwecke) gilt; das „Sollen" ist etwas Ursprüngliches, liegt in der vernünftigen Geistigkeit selbst, welche
dem „empirischen Ich" die Richtschnur für die Entwicklung zum
Ideal, zum geistigen „Reich der Zwecke", gibt. „Reine Vernunft
ist für sich allein praktisch und gibt (dem Menschen) ein allgemeines Gesetz, welches wir das Sittengesetz nennen" (Krit. d.
prakt. Vern., S. 37). Das Sittengesetz ist a priori gültig, es normiert die Erfahrung, muß unabhängig von ihr motivieren, darf
nichts Empirisches enthalten. Die sittliche Autonomie, Selbstgesetzgebung ist die Betätigungsform der praktischen Vernunft, so wie
die theoretische Vernunft gesetzgebend für das Erkennen ist. Aprio-
risten sind ferner J. G. Fichte, die Neukantianer, O. Liebmann, H. Cohen, Natorp, Staudinger, L. Woltmann, P.
Hensel u. a.

Der ethische Empirismus bestreitet die Existenz
„angeborener" sittlicher Grundsätze und Begriffe. Vor jeder
Erfahrung gibt es kein Sittlichkeitsbewußtsein, dieses entstammt erst der Erfahrung und dem Nachdenken. Erst wenn
wir die Beschaffenheit und Wirkung von Handlungen empirisch kennen gelernt haben, kommen wir zur Fällung ethischer Urteile und zur Abstraktion ethischer Maximen. Es
gibt wohl moralische Anlagen und wir beurteilen auch nicht

selten instinktiv-unmittelbar etwas als gut oder schlecht, aber diese Anlagen sind nichts Ursprüngliches, sondern Produkte der Erfahrungen und Urteile der Vorfahren, und sie sind nicht intellektueller Art, sondern Dispositionen zu gewissen Gefühlen, Trieben und Wertungen. Es wird zugleich meist ein ethischer Relativismus gelehrt, welcher kein absolutes, unbedingtes Sittengesetz, keine „Sittlichkeit an sich" anerkennt, sondern betont, sittlich (bzw. unsittlich) sei eine Handlung erst in bezug auf das wollende und urteilende, wertende Subjekt; doch muß dieser Relativismus nicht ethischer Skeptizismus oder Subjektivismus sein, welcher jedwede Allgemeingültigkeit des Sittlichen bestreitet, alles von der Satzung des Einzelindividuums abhängig macht. Der Relativismus ist vielmehr in der Regel ein genereller, er betont zwar die nationale, soziale, historische Bedingtheit der ethischen Beurteilungen, aber diese anerkennen in ihrer intersubjektiven, objektiven, allgemeingültigen Wertigkeit bestimmte Rassen, Nationen, Gemeinschaften, Zeiten.

Wird das Werden und Vergehen, die Entwicklung des sittlichen Lebens, die Umwandlung ethischer Werte in bezug auf Inhalt und Intensität betont, so nimmt der Empirismus die Form der evolutionistischen Ethik an, die aber auch mit der Anerkennung eines gewissen „ethischen A priori" vereinbar ist. Die Sittlichkeit ist in ihren konkreten Formen das Produkt geistiger Entwicklung und Verfeinerung, sie bildet sich aus primitiven Anfängen oder Vorstadien heraus und erfährt im Laufe der Zeiten, unter den Einflüssen des gesamten Kulturlebens sowie aus ihrer eigenen Gesetzlichkeit heraus mannigfache Abwandlungen im Sinne des Fortschrittes, in günstigem und zuweilen auch im ungünstigen Sinne (vgl. Jodl, Gesch. d. Ethik I, 38). Etwas absolut Starres, Stabiles gibt es im Reiche der sittlichen Formen nicht, der sittliche Prozeß steht nie still, aber er wirkt nicht blind, nicht gesetzlos, sondern es gibt feste Prinzipien und Gesetzlichkeiten der Moralentwicklung, welche diese einem bestimmten, allgemein anzustrebenden und zu verwirklichenden Ziele zuführt. Je nachdem als die Evolutionsprinzipien biologische, soziale, humane, reale oder ideale Faktoren bestimmt werden, ergeben sich verschiedene Formen der evolutionistischen Ethik.

Den ethischen Empirismus vertreten F. Bacon, Locke (Bekämpfung der Lehre von den angeborenen sittlichen Grundsätzen, Hinweis auf den ethischen Relativismus in ethnologischer und historischer Hinsicht), Hume, Ad. Smith, Mandeville, J. Bentham, Helvetius, Holbach, Volney u. a., die meisten Eudämonisten (und Utilitaristen) überhaupt. Vertreter der genetischen, evolutionistischen Ethik wurden bereits im vorangehenden Paragraphen angeführt.

Mit welchem Recht auch der ethische Empirismus die Existenz angeborener sittlicher Ideen bestreiten mag, so abgeneigt man jetzt sein muß, der Annahme eines von allem Anfang an gegebenen Gewissens, welches uns von vornherein das Gute und Böse unterscheiden läßt, beizupflichten, so sicher es ferner ist, daß eine große Verschiedenheit der ethischen Wertungen in ethnischer, sozialer, historischer Hinsicht besteht, daß sich die sittlichen Urteile und Begriffe entwickelt und gewandelt haben, daß es keine „Sittlichkeit an sich" (im ontologischen Sinn) gibt: im ethischen Absolutismus und Apriorismus ist doch mehr Wahrheit enthalten, als der extreme Empirismus und vor allem der subjektivistische Relativismus und Skeptizismus es zugeben wollen.

Unzweifelhaft unterliegt das einzelne Sittengebot der Entwicklung. Zunächst bezüglich der Intensität der Wertung, welche gegenüber einer ganzen Reihe von Tugenden und Lastern verschieden ist bei verschiedenen Rassen, Nationen, in verschiedenen Gesellschaftsgruppen und historischen Phasen. Aber auch dem Inhalt gewisser Handlungen gegenüber, rein qualitativ, wechseln die Wertungen, sie sind anders bei Naturvölkern als auf der relativen Höhe geistiger Kultur, anders bei den semitischen Orientalen als bei den Germanen, anders im heidnischen Altertum als im christlichen Mittelalter, wieder anders in der Zeit des Rinascimento, zur Reformationszeit, in der Gegenwart usw. Anderseits ist es aber nicht zu verkennen, daß ein Grundstock moralischer Wertungen allgemein vorkommt, die verschiedensten Rassen, Nationen, Sozietäten, Zeiten umspannt, immer wieder sich geltend macht, ja sogar das Bestreben zeigt, seinen Bestand an allgemeinen Werten zu erweitern. Es gibt also Sittengebote, die nicht lokal und temporal abhängig sind, sich nicht erst aus den besonderen Bedingungen bestimmter Gemeinschaften ergeben, sondern (wie z. B. die Wertung des Gehorsams gegen den Anführer, der Treue gegen die Volksgenossen, der Ehrfurcht gegen die Eltern, Greise, der Achtung des Lebens und Eigentums der Genossen u. a.) überall auftreten, wo Gemeinschaften von Menschen bestehen. Sie gehören zur Gemeinschaft überhaupt, sind Produkte des Sozialwillens als solchen, sind U r b e - d i n g u n g e n jedweder wirklichen Gemeinschaft und insofern allgemeingütig, objektiv. Sie sind nicht Erzeugnisse der sittlichen Entwicklung, sondern liegen ihr schon zugrunde und erhalten sich auch in ihr gleichsam als die „ethischen Konstanten".

Dieser Grundstock der Sittlichkeit, so „ursprünglich" er ist, darf aber nicht als ein System fertiger Begriffe aufgefaßt werden, die schon dem Urmenschen „angeboren" sind. „Angeboren" ist nur die psychische Organisation des Menschen, aus welcher eine Reihe von Bedürfnissen und Trieben entspringt. Zu ihnen gehören auch die s o z i a l i - s i e r e n d e n Triebe, welche sich in der Gemeinschaft zu spezifischen s o z i a l e n Trieben und Gefühlen gestalten. Erst mit und in der Gemeinschaft entsteht die Sittlichkeit. Aber nicht gleich als besonderes Ordnungsprinzip neben anderen, sondern in der Form der (Ur-)S i t t e, aus welcher sich erst allmählich Recht, Sittlichkeit, Sitte und Brauch herausdifferenzieren. Die Sitte ist das ungeschriebene Gesetz, welches das Verhalten der Mitglieder der Gemeinschaft in bezug auf ihr Tun und Unterlassen als Gesellschaftsglieder regelt, sie ist die primäre und primitive soziale Lebensordnung. Sie spezifiziert sich in eine Summe von Regeln und Geboten, welche dem W i l l e n z u r G e m e i n s c h a f t überhaupt und zu dieser Gemeinschaft im besonderen entspringen. Dieser Gemeinschaftswille ist das „A priori" aller sittlichen

Evolution, das Prinzip der sittlichen „Autonomie". Er ist den Gesellschaftsgliedern immanent, und so sind die durch ihn gesetzten Wirkungen und Regeln zugleich Normen, welche die Individuen sich selbst auferlegen. Die Sittlichkeit ist ihnen nicht angeboren, aber der zum Gemeinschaftsleben prädisponierte, bestimmte Mensch erzeugt sie mit psychologischer Notwendigkeit und Gesetzlichkeit als eine Grundform des Lebens, als eine überindividuelle Lebensregelung, die zu einer objektiven Macht wird, der sich die Einzelnen in der Regel willig fügen. Der Einzelne wächst in der Gemeinschaft auf, in sie hinein, er ist in seiner Existenz und Beschaffenheit durch das Gemeinschaftsleben bedingt und bestimmt, er bringt die „sozialen Instinkte" mit auf die Welt, und diese sagen ihm, daß er nicht anders kann, als den allgemeinen Lebensregeln, welche in den sittlichen, der Sitte gemäßen Wertungen zum Ausdruck kommen, beipflichten.

In der Gemeinschaft bildet sich so die Idee der Pflicht aus. Der Wille zur Gemeinschaft fordert gebieterisch, kategorisch die Konsequenzen seiner selbst, nämlich ein Verhalten, mit welchem ein Gemeinschaftsleben vereinbar ist. Auch später, wenn ein Zwang nicht empfunden oder erlitten wird, bleibt das Gefühl der Verpflichtung — das jetzt erst zum rein ethischen Pflichtbewußtsein geworden ist — bestehen und wirksam, auch gegenüber den unsozialen Neigungen der differenzierten, von der Gemeinschaft sich abhebenden und ihr vielfach auch sich entgegensetzenden Individualität. Es tritt als nicht abzuweisendes, immer wieder Erfüllung heischendes „Sollen" auf, als die „innere Stimme" des Gewissens, welche unsere Taten antizipierend und nachfolgend beurteilt, bewertet. Es ist das Gewissen keine geheimnisvolle Kraft, nichts Mystisches, sondern es ist das in jedem („normalen") Individuum latente, immanente Gemeinschaftsbewußtsein, welches gegenüber dem „Individuellen" in ihm sich geltend macht. Der „kategorische Imperativ" ist nichts anderes als die ethische Forderung des Gemeinschaftswillens, welche dem Einzel-Ich als solchem (mit größerer oder geringerer Kraft) entgegentritt, als sozialer Kern des Individualgeistes. Insofern dieser Gemeinschaftswille den Individualneigungen oft entgegentritt, erweckt der Imperativ Unlust, insofern er aber zu unserer eigenen Geistigkeit gehört, müssen wir ein Gefühl der „Achtung" haben, welches sogar bei wahrhaft ethischen Naturen zur liebevollen Ehrfurcht, ja zum enthusiastischen Heroismus führen kann. Solche Persönlichkeit, bei welcher Individual- und Gemeinschaftswille einheitlich-harmonisch verbunden sind, die das Sittliche nicht bloß tut, sondern auch seiner selbst wegen will, ist die ethische Persönlichkeit, deren Sich selbst-Binden ein Akt der Freiheit ist. Ja so sehr kann das Pflichtbewußtsein dem Menschen einverleibt sein, daß es den Charakter des „Bindenden" ganz verliert, daß es zum (sekundären) impulsiven sittlichen Gefühle, zum „sittlichen Takt" wird. Es muß aber bemerkt werden, daß die Pflichten, welche im Gemeinschaftsleben entstehen, nicht alle direkt „soziale Pflichten" sind. Denn der Gemeinschaftswille fordert auch ein bestimmtes Verhalten der Individuen als solcher, und aus der Idee der Gemeinschaft ergibt sich die Notwendigkeit starker, tüchtiger, der Gemeinschaft dienlicher Mitglieder, welchen daraus Pflichten gegen sich selbst erwachsen.

Daß wir Pflichten haben und solche anerkennen, das ist eine allgemeine, ursprünglich in der sozialen Natur des Menschen angelegte und begründete Tatsache. Ein Grundstock von Pflichten ergibt sich aus der Konsequenz des mit sich einstimmigen Gemeinschaftswillens. Bedeutsame Veränderungen in der Beschaffenheit der Gemeinschaft und ihrer Mitglieder, wie sie sich in der historischen Entwicklung kundgeben, bedingen aber eine Evolution der Moral. Manche Gebote oder Verbote veralten, sie verlieren ihren Sinn, ihren Zweck, ihren Wert, andere, neue werden notwendig und wertvoll, und so verschiebt sich das Bild des sozialen Moralsystems beständig. In der Regel ist der Prozeß der moralischen Evolution ein stetiger und langsamer. Alte, eingewurzelte Wertungen zeigen die Neigung, auch dann noch zu beharren, wenn sie veraltet sind. Ohne Kämpfe mit älteren, stabilisierten Sittlichkeitswerten, geleitet von Persönlichkeiten, denen die Notwendigkeit ethischer Reformation besonders klar, besonders Bedürfnis ist, ohne hartnäckige Gegenwehr seitens der besonders „konservativen" Klassen, Stände geht diese Evolution nicht von statten. Ein Kampf der sittlichen Ideen liegt ihr zugrunde, bedingt durch Fortschritte verschiedener Art; Individualisierung der Gesellschaftsmitglieder und damit Streben nach größerer Selbständigkeit; ferner Wandel in den einzelnen Kulturgebieten (Religion, Sozietät im engeren Sinne, Staatsleben, Wirtschaft usw.), Erweiterung der Gemeinschaft und besonders das Erwachen der Einsicht, daß alle Menschen als solche eine (ideale) Gemeinschaft bilden, daß sie einander als Menschen achten müssen, also das Aufhören oder die Einschränkung der „Ameisenmoral", welche die außer der engeren Gemeinschaft Stehenden ganz anders behandelt wissen will als die Stammesgenossen. Der „kategorische Imperativ" wird so schließlich zum Wortführer nicht mehr bloß des sozialen, sondern des menschlichen, humanen Gemeinschaftswillens in uns, durch den wir uns verpflichtet fühlen, in jedem, auch dem Fremden, dem „Niedrigen", ja auch dem „Feinde" den Mitmenschen, die Menschlichkeit und Menschheit zu achten und (im ethischen Sinne) zu lieben.

Die verschiedenen Sittengebote und sittlichen Einzelwerte sind zum Teil relativ und von nur lokal-temporaler Gültigkeit. Bedenken wir jedoch, daß sie in Wahrheit eigentlich nur Mittel zur Realisation gewisser sittlicher Zwecke, Ideen, Ideale sind, welche bei weitem nicht so variieren und fließend sind wie die ihnen dienende moralische Technik, so können wir, ohne an eine vom menschlichen Geiste unabhängige, substantiale Sittlichkeit zu glauben, dem ethischen Skeptizismus gewappnet entgegentreten. Sittliche Evolution ist nicht „Umwertung aller Werte" (wie Nietzsche sie will), sondern allmählicher Fortschritt in der Besinnung auf das „Richtige", auf das dem zum Bewußtsein seiner selbst kommenden, geläuterten, in diesem Sinne „reinen" Vernunftwillen ethisch zweckdienliche Verhalten und Werten. Die „absolute" Sittlichkeit ist keine andere als die ideale, in keinem endlichen Moment verwirklichte, aber ewig erstrebte und in ewiger Entwicklung mit wachsender Annäherung zu objektivierende Sittlichkeit. Sie wird zum Ideal, indem sie dem Willen als das „höchste Gut" vorschwebt, dem zuzustreben er sich gedrungen fühlt; so ist sie das Gesetz des Willens selbst, aber ein Gesetz, das nur in stetiger Entwicklung zur Geltung kommt. Die Relativität einzelner Pflichtinhalte aber ist mit der formalen Absolutheit der Pflicht als solcher durchaus vereinbar. Hier ist ein Punkt, an dem Apriorismus und Evolutionismus zusammenkommen können und müssen.

§ 22.

Die sittlichen Motive.

Nicht die Mannigfaltigkeit von Einzelmotiven, welche zu sittlichen Handlungen führen können, soll hier betrachtet werden, sondern das Problem, um welches es sich wesentlich handelt, ist folgendes: Worin liegen die Beweggründe sittlichen Handelns, im Intellekt, in der Vernunft, wie die Reflexionsmoral des ethischen Intellektualismus behauptet, oder im emotionalen Leben, im „Gemüt", als der Einheit von Gefühlen, Affekten, Neigungen, wie die Gefühlsmoral meint? Ist die Vernunft oder ist das Gefühl das Bestimmende, Treibende, den sittlichen Willen Determinierende? Und ferner: Was soll, normativ, dieses Bestimmende sein?

Vertreter der Reflexionsmoral — die übrigens nicht immer schroff von der Gefühlsmoral zu trennen ist — sind Sokrates, Plato, Aristoteles, die Stoiker u. a., überhaupt alle griechischen Ethiker, welche in der rechten Einsicht ($\varphi\varrho\acute{o}\nu\eta\sigma\iota\varsigma$) oder „rechten Vernunft" („recta ratio" bei Cicero) die Grundbedingung der Sittlichkeit erblicken, wie dies auch die Scholastiker und neuere Ethiker tun. Auf verstandesmäßige Überlegung führen das Sittliche Hobbes, Bolingbroke, Mandeville, J. Bentham

u. a. zurück. Reflexionsmoralisten sind ferner Cudworth, Clarke, Chr. Wolff u. a., auch Kant, nach welchem das Motiv des Wirklichen allein in der Vernunft liegt, liegen soll, wobei er aber auch das Gefühl der Achtung heranzieht, J. G. Fichte, Hegel, H. Cohen, E. v. Hartmann u. a. Mehr vermittelnd lehren Spinoza, Locke, Herbart, Wundt u. a. Aus Gefühlen und Neigungen (Liebe, Wohlwollen, Sympathie usw.) leiten das moralische Verhalten ab das Christentum, ferner Shaftesbury, Cumberland, Hutcheson, Hume und Ad. Smith ("Sympathie"), La Rochefoucauld, Labruyère, Voltaire, Rousseau, Schopenhauer (Mitleidsmoral), L. Feuerbach, L. Knapp, Comte, Beneke, Ch. Darwin, Spencer, J. St. Mill, Huxley, A. Baratt, L. Stephen, A. Sutherland, Ribot, W. Stern, Ratzenhofer u. a.

Vom psychologischen Gesichtspunkt muß zunächst bemerkt werden, daß es weder reine Gefühlsmotive noch reine Vernunftmotive gibt. Jedes "Motiv" enthält einen spezifischen Inhalt, bestehend in Empfindung oder Vorstellung, und ein Gefühlsmoment, ohne welches der Wille keine "Triebfeder" hätte. Der reine Intellekt kann auf den Willen nicht einwirken, es fehlt da noch das "Interesse", das zur Willensbetätigung treibt; und ein Gefühl ohne Empfindungs- oder Vorstellungsgrundlage, ohne "objektive" Seite ist nicht zu konstatieren. Gleichwohl ist die Unterscheidung von Reflexions- und Gefühlsmoral eine berechtigte. Denn erstens kommt der Anteil, den das Gefühl in den sittlichen Motiven hat, in Betracht; zweitens gibt es zweifellos ein unmittelbares Bewußtsein des Willens durch gefühlsbetonte Empfindungen und Einzelvorstellungen, also durch Wahrnehmungsmotive, und außerdem eine Leitung des Willens und Handelns durch gedankliche, kompliziertere, logisierte Motive, durch Reflexion, durch intellektuelle Motive (Verstandes-, Vernunftmotive: vgl. Wundt, Eth.², S. 510). Gefühle kommen in beiden Arten von Motiven vor, aber sie wirken viel lebhafter, intensiver, unmittelbarer, wenn sie Komponenten der Wahrnehmungsmotive sind. Sie können so energisch auftreten, daß ihre Empfindungs- oder Vorstellungsgrundlage im Bewußtsein fast ganz zurücktritt, und dann glaubt man "rein gefühls- oder triebmäßig" gehandelt zu haben. Und wiederum treten bei den intellektuellen Motiven die Gefühle oft so sehr in der Apperzeption zurück, daß man „rein vernünftig" zu verfahren meint. In Wahrheit ist selbst das abstrakteste, besonnenste Denken gefühlsbetont, Gefühle und Willenstendenzen liegen ihm zugrunde, geben ihm die zielgemäße Richtung und kommen in Urteilen und Begriffen, insbesondere aber in Werturteilen und Wertbegriffen zum Ausdruck. Alles Werten ist Beziehung eines Etwas auf den gefühlseinschließenden Willen, ist ein Urteil über den Bezug dieses Etwas zum (begehrenden) Willen. Sagt mir nun die Vernunft, die einsichtige Überlegung, was ich tun (oder unterlassen) soll, so sagt sie mir etwas darüber aus, was sie für einen ihr angemessenen Wert hält, und sie determiniert mein Wollen nur durch das dieser Wertung immanente Gefühlsmoment. Nur wirkt hier das Gefühl mehr indirekt, es löst nicht unmittelbar die Handlung aus, sondern das Denken und die Abwägung der Motive tritt hemmend dazwischen und läßt es nur zu dem kommen, was vom Standpunkt der Besonnenheit als wahrhaft wertvoll erscheint. Wer z. B. einem Impulse des Mitleids unmittelbar gehorchend ein Almosen gibt, handelt im Sinne der Gefühlsmoral; wer aber auf Grund vernünftiger Überlegung, ob das Almosen hier am Platze, hier ethisch zweckdienlich ist, handelt (positiv oder negativ), läßt sich durch das Urteil des Intellekts leiten, aber doch nicht ohne Mitwirkung eines oder mehrerer (an verschiedene Erwägungen geknüpfter) Gefühle. Und wer endlich für Mitleid nicht empfänglich ist, aber einen sittlichen Charakter hat, der die „Pflicht um der Pflicht willen" ausübt, in diesem Falle also etwa das Almosen austeilt, der ist wohl über Leidenschaft, Effekt, Instinkt, Trieb u. dgl. erhaben, aber auch er handelt nicht „gefühllos", sondern aus Pflichtgefühl, aus einem mit dem Gedanken des Seinsollenden, der Pflicht verbundenen „affektiven" Zustand. Die Lust, nicht immer zum Pflichtinhalt, aber zur Pflichterfüllung, und die Unlust gegenüber der Pflichterfüllung, sie zumindest wirken als Triebfedern. Das ergibt noch keinen „Eudämonismus". Aber auch dann, wenn der Inhalt der Pflicht, der spezifische Zweck lustvoll ist (z. B. Wohltun als solches), ist das noch kein Handeln aus eudämonistischen Motiven, kommt noch keine „Heteronomie" in das Gebiet des Sittlichen hinein, wie der ethische „Rigorismus" glaubt, wie er sich besonders bei Kant findet. Der große Ethiker hat ja recht mit der Erklärung, daß ein absolut sittliches Wesen absolut frei von allen Nebenmotiven, ausschließlich durch die Idee der Pflicht sich leiten lassen muß, und daß die Menschheit sich dem Ideale solchen Verhaltens in dem Sinne nähern soll, daß sie auch unabhängig von Gefühlen der Zuneigung u. dgl. sittlich handeln könnte; damit ist aber die Berechtigung noch nicht gegeben, von dem, der wirklich Pflichtbewußtsein hat und aus ihm heraus handelt, die „Abweisung" aller Nebenmotive (z. B. der Freundschaft, Elternliebe) zu fordern,*) und im Grunde will es ja auch Kant nicht, er will nur die Reinheit des Sittengesetzes gegenüber allen nicht ethischen Motiven in begrifflicher und normativer Schärfe herausarbeiten. Und in dem Gedanken, daß wir auch Gefühlen der Sympathie, des Wohlwollens, der Freundschaft u. dgl. in bestimmten Fällen, wo es sich um wahre, ernste, unvermeidliche Pflichten handelt, mit der Strenge des Pflichtbewußtseins und des Sittlichkeitswillens begegnen dürfen oder müssen, liegt sicherlich eine Wahrheit.

Entwicklungsgeschichtlich liegt die Sache so, daß zuerst nur aus Wahrnehmungsmotiven, impulsiv gehandelt wird. In der Gemeinschaft bilden sich, als Folge des Zusammenlebens, besondere soziale und moralische Gefühle und Neigungen heraus. Zugleich beginnt aber auch der Prozeß der beurteilenden Wertung, die Reflexion macht sich geltend, um auf höheren Kulturstufen in wohlformulierten, überlegten

---

*) „Das Wesentliche der Bestimmung des Willens durchs sittliche Gesetz ist, daß er als freier Wille, mithin nicht bloß ohne Mitwirkung sinnlicher Antriebe, sondern selbst mit Abweisung aller derselben, sofern sie jenem Gesetze zuwider sein könnten, bloß durchs Gesetz bestimmt werde" (WW. VII, 19). Der Passus „sofern sie jenem Gesetze zuwider sein könnten" schränkt den „Rigorismus" schon bedeutend ein.

Sittengeboten zu sprechen. Anderseits erfahren diese eine „Einverleibung", sie werden zu impulsiven Motiven, als Produkt der Vererbung, Erziehung, des Beispiels. Rationalisierung und Emotionalisierung der sittlichen Motive wechseln beständig miteinander ab, gehen nebeneinander einher. Da die „impulsive" Motivation nicht selten das Richtige verfehlen, die „recta ratio" nicht zur Geltung kommen läßt, so ist es eine ethische Forderung, daß, neben dem nicht recht erlernbaren „sittlichen Takt", die Gewöhnung zur Besonnenheit wie in jeden, so auch im sittlichen Handeln Platz greife, welche möglichst rein im Sinne des sittlichen Willens und der sittlichen Vernunft die richtigen Mittel zur Erreichung der sittlichen Zwecke wählen und ergreifen läßt.

Was auch immer als sittlicher Zweck bestimmt wird: das Kriterium des sittlichen Handelns ist, daß dieser Zweck selbst das Hauptmotiv des Willens bilde. In diesem Sinne ist die Forderung, das Sittliche müsse Selbstzweck sein, durchaus berechtigt. Doch darf man keineswegs glauben, daß das sittliche Motiv von Anfang an bestimmend gewesen ist. Es sind sittliche Zwecksetzungen vielfach aus Handlungen hervorgegangen, welche erst außersittliche (religiöse, wirtschaftliche, egoistische) Motive zur Voraussetzung hatten. Durch die wiederholte Ausübung der Handlung erfolgte aber eine Disposition, eine Neigung zur Ausübung der Handlung als solcher, sie wird zum funktionellen Bedürfnis; ferner wird die Wirkung der Handlung, die zunächst etwa um eines Vorteiles willen angestrebt war, oft selbst geschätzt, sie wird mit zum Motiv, später sogar zum Hauptmotiv des Handelns (Gesetz der „Motivverschiebung") und selbst zum Zweck („Heterogonie der Zwecke"), wie dies Hartley, J. St. Mill, Wundt, Höffding u. a. deutlich gezeigt haben. Aus einfachen Anfängen erwächst so mit der Zeit eine reiche Mannigfaltigkeit sittlicher Einzelmotive und Einzelzwecke.

§ 23.

Objekt und Zweck des sittlichen Handelns.

1. Das Objekt des sittlichen Handelns. Je nachdem als Objekt sittlicher Förderung der Einzelne, das Individuum als solches oder aber ein Allgemeines, Universales, sei es eine einheitliche Gemeinschaft als solche oder ein ideelles Gebiet geistiger Werte, bestimmt wird, ergibt sich einerseits der ethische Individualismus, anderseits der ethische Universalismus; auch eine Vereinigung beider Gesichtspunkte ist möglich.

Der Individualismus erblickt im einzelnen das eigentliche und letzte Wirkungsziel, der Einzelne ist das wahrhaft Reale, die Gemeinschaft ist nur ein Produkt von Individuen und nur ein Mittel zur Erhaltung und Förderung dieser, nicht Selbstzweck; Ideen, geistige Werte sind gleichfalls letzten Endes nur wertvoll, sofern sie den Interessen, der Wohlfahrt der Individuen dienen. Die Individuen und ihre Wohlfahrt oder möglichste Vollkommenheit sind alleiniger Selbstzweck. Wird das eigene Ich des Handelnden selbst als wahres Objekt höchstbewerteter Tätigkeit betrachtet, so ergibt das eine Moral des Egoismus (im weiteren Sinne), die aber nicht geradezu anti-altruistisch sein muß, da ja das „wohlverstandene Interesse" des Handelnden die Berücksichtigung der Interessen anderer fordern kann. „Egoistisch" ist solche Moral aber doch, weil sie schließlich alles nur um der bewußt-beabsichtigten, berechneten Förderung des eigenen Ich tut (oder unterläßt), alles als Mittel dazu betrachtet und verwertet. Die Ansicht, daß die „unselbstischen", uneigennützigen Handlungen aus ursprünglich egoistischen hervorgegangen sind, teilt zuweilen auch die Moral des Altruismus (alter, der andere; Comte), die sich aber vom Egoismus oft auch schon dadurch unterscheidet, daß sie die Ursprünglichkeit auch von altruistischen, auf die Förderung anderer hinzielender Handlungsweisen betont. Von fundamentaler Bedeutung für diese Moral ist aber die Forderung, wahre Sittlichkeit bestehe einzig und allein in der Förderung der Mitmenschen, des „Nächsten" aus reiner Liebe zu unseren „Brüdern"; dieser Förderung haben wir gegebenenfalls unsere eigenen Interessen, unser eigenes Selbst aufzuopfern, wir sollen den Nächsten immer so lieben wie uns selbst, aber auch mehr als uns selbst. Ein rein uneigennütziges Handeln nicht bloß, sondern auch Wollen ist möglich, ist zu erreichen.

Den ethischen Individualismus gemäßigter Richtung vertreten die antiken Ethiker, die christliche Ethik, Spinoza, Leibniz, Chr. Wolff, Kant (teilweise), Schopenhauer u. a. „Egoistische" Moraltheorien geben genetisch die Epikureer, Hobbes, Spinoza, La Rochefoucauld, Helvetius, Bolingbrocke, d'Alembert u. a., normativ besonders M. Stirner, Nietzsche (teilweise) u. a. Teilweise altruistisch begründen die Moral F. Bacon, Shaftesbury (soziale Neigungen), Hume, A. Smith, Ferguson, L. Feuerbach, L. Knapp, Comte, Kératry, Ch. Darwin, Ribot (soziale Instinkte), A. Sutherland, H. Spencer, Tolstoj u. a., die zugleich, wie die (sozialen) „Utilitaristen" altruistisch normieren.

Mit dem Individualismus im weiteren Sinne ist ein ethischer „Kollektivismus," der auch die Vereinigung der Individuen ethisch bewertet, wohl vereinbar (wie z. B. im „Utilitarismus"). In schroffem Gegensatz aber zum einseitigen, extremen Individualismus (etwa eines Stirner, Nietzsche) steht der ethische Universalismus. Dieser unterordnet das Individuum der Gesamtheit, welche nicht als ein bloßes Individuen-Aggregat, sondern als primäre Einheit betrachtet wird, deren Realität ebenso groß, ja größer — weil aktualer, wirkungsreicher — als die der Einzelseelen ist. Insofern nun der Inhalt dessen, was der „Gesamtgeist" in und vermittelst der „Teilgeister" schafft, zu einem System geistiger, ideeller Werte, die auch als Kulturwerte" bestimmt werden können, erwächst, ist es weder das eigene Selbst, noch das fremde Ich als solches, welches das wahre Objekt des sittlichen Handelns ergibt, sondern das überindividuelle „Reich der Zwecke" oder die allgemeine Geistesentwicklung ist wie der Endzweck so auch das Objekt dieses Handelns. Außer diesem humanen (oder „kulturellen") Universalismus gibt es aber auch einen politischen und einen sozialen Universalismus, der bei der Gemeinschaft als solchen stehen bleibt.

Den ethischen Universalismus lehren (zum Teil schon Kant: Schaffung eines Vernunftreichs als sittliches Endziel), Herder, J. G. Fichte, Hegel, Chr. Krause, Schleiermacher, Comte, Wundt. E. v. Hartmann, Unold u. a., ein politischer Universalismus tritt schon bei Hobbes, ein sozialer bei verschiedenen Evolutionisten, wie Jhering, Simmel, P. Carus u. a. auf.

Zunächst wird es angebracht sein, die Ausdrücke „Egoismus" und „Altruismus" genauer zu bestimmen, weil sie in verschiedener Bedeutung gebraucht werden. „Egoismus" ist erstens so viel wie „Selbstsucht" im Sinne der Vernachlässigung fremder Interessen. Ein solcher Egoismus ist nicht der allgemeine Ursprung moralischer Handlungen. Das Ich, welches sich seinen Mitmenschen entgegensetzt, sie nur als Mittel für die Selbstförderung betrachtet und wertet, ist schon das Produkt der sozialen Entwicklung. In der primitiven Gemeinschaft unterscheiden sich die Einzelnen nicht beträchtlich voneinander, sie haben auch noch keinen bedeutenden Bestand an Sonderinteressen, vielmehr ist das Interesse des Einzelnen vielfach auch das des Anderen und ein instinktives, triebhaftes Zusammenwirken im Sinne der „Gemeinnützigkeit" ist durch das soziale Leben bedingt, liegt schon in diesem selbst. Später allerdings treten auch Individuen auf, die ihr eigenes Ich auf Kosten der anderen fördern wollen, das sind erst die „Egoisten" im engsten Sinne des Wortes. Sie und ihre Handlungen, sofern sie egoistisch sind, werden allgemein mißbilligt, der „Egoismus" wird als Fehler, als Laster gebrandmarkt, besonders unter dem Einflusse der altruistischen Moral, welche in der Selbstaufopferung, Selbstlosigkeit das Höchste, Wertvollste sieht. Als Reaktion gegen den extremen Altruismus, der keine Rangordnung der Individuen vor dem Forum der Moral anerkennt, wird dann wieder der Egoismus prinzipiell hoch gewertet. In dieser Auffassung liegt etwas Richtiges. Es gibt Persönlichkeiten von so hohem Werte für die Gemeinschaft, die Menschheit, die Kultur, daß eine Unterordnung fremder Interessen unter die großen Zwecke dieser Persönlichkeiten (oder „Heroen") seitens dieser selbst, wenn schon nicht besonders gebilligt, so doch jedenfalls entschuldigt werden kann. Vorausgesetzt ist hierbei, daß es sich um große, bedeutende Zwecke, nicht um kleinliche, tierische Triebe ethisch „Mißratener" handelt, und daß die Ausübung der „Macht" gegenüber den Schwächeren im Sinne der Opferung dieser nicht zu umgehen ist. Ein „Ausleben" der starken Persönlichkeit ist moralisch entschuldbar oder auch zu billigen, wenn die Persönlichkeit nicht bloß einen „machtvollen", sondern zugleich einen auf allgemeine, hohe Werte gerichteten Willen besitzt. Nur die ethisch wertvolle Persönlichkeit ist, das liegt in der Konsequenz der ethischen Idee, unter Umständen zum „harten", „rücksichtslosen" Egoismus berechtigt; es ist dies aber keine „niedrige Selbstsucht" mehr, sondern ein ideal-personaler, universale Werte realisierender Egoismus, der in seinen Wirkungen mit dem Altruismus sich begegnen kann. Es ist dies ein Egoismus, der unter Umständen seinen Zwecken sogar sein eigenes Ich aufopfert, ein Egoismus, der leicht in einen „Universalismus" umschlagen kann, weil er im Dienste von Ideen steht (z. B. der Idee des Übermenschen", der Potenzierung des Menschlichen zu einem kraftvoll-harmonischen, herrlichen Typus, bei Nietzsche).

„Egoismus" bedeutet zweitens auch die mit der Achtung fremder Interessensphären verbundene Verfolgung persönlicher Zwecke, das Anstreben der Wohlfahrt und Vervollkommnung des eigenen Ich in materieller und geistiger Hinsicht. Ein solcher, an sich noch keineswegs antimoralischer Egoismus, der in verschiedenen Formen der Bewußtheit und Willkür auftreten kann, ist schon am Anfange der sozialmoralischen Evolution zu finden. Aus dem „wohlverstandenen Interesse" ergaben und ergeben sich immer wieder Motive zu objektiv moralischem, den Sittengeboten entsprechendem Verhalten, und solange der Mensch nicht allgemein zur „reinen Sittlichkeit" gelangt, werden egoistische Antriebe, wenigstens als Nebenmotive, nicht auszuschalten sein. Sie haben an der Schöpfung so vieler universaler Werte realer und idealer Art mitgearbeitet, und sie werden es weiter tun, und sind daher keineswegs zu verachten, allzu „rigoristisch" zu verdammen. Nur muß man fordern und erwarten, daß die Menschheit es immer mehr und immer allgemeiner lernen wird, das Gute aus möglichst „lauteren", rein sittlichen Motiven zu tun.

Endlich nennt man nicht selten „Egoismus" jedes menschliche Streben, und zwar deshalb, weil jedes Wollen auf etwas gerichtet sei, dessen Realisierung für das eigene Ich lustvoll, wertvoll sei. Auch die sogen. „uneigennützigen" Handlungen seien im Grunde egoistischer Art, die Förderung fremden Wohles werde eben nur angestrebt, weil sie dem eigenen Ich Lust bereite oder Unlust erspare. Demgegenüber muß aber bemerkt werden, daß der Begriff „Egoismus", wenn er so weit gefaßt wird, keine ethische Kategorie mehr ist, daß er so nicht gefaßt werden darf, weil der Begriff „Altruismus" den unaufhebbaren Gegensatz zum Egoismus bildet, wie er in den beiden engeren Bedeutungen sich bestimmt. Es ist ja richtig, daß es ein Handeln ohne Beziehung auf das Werten und die Gefühle des Ich nicht gibt, ein Altruismus im Sinne absoluter Selbstlosigkeit ist pure Fiktion. Aber der echte ethische Altruismus ist keineswegs auf Egoismus zurückzuführen. Das, was diesen konstituiert, ist d e r W i l l e z u r F ö r d e r u n g d e s e i g e n e n Ich und die Freude an d i e s e r F ö r d e r u n g. Der A l t r u i s m u s hingegen besteht in der Gesinnung der Liebe zum eigenen Ich, im W i l l e n z u r F ö r d e r u n g d e s W o h l e s f r e m d e r I n d i v i d u e n u n d i n d e r F r e u d e a n d i e s e r F ö r d e r u n g. Die Liebe zum „Nächsten" kann so stark sein, daß sie persönliche Opfer und Aufopferung mit sich bringt, welche als Mittel zur altruistischen Betätigung gewollt werden. Daß das alles, als „Grundwille" des Handelnden, das eigene Ich „befriedigt", berechtigt nicht, hier von „Egoismus" zu sprechen, nicht einmal, wenn diese „Befriedigung" als solche bewußt angestrebt wird, was aber durchaus nicht der Fall sein muß. Freilich kommt ein solcher Altruismus noch nicht auf primitiven Kulturstufen vor, hier gibt es nur einen Altruismus im

Sinne eines „Gruppenegoismus", eines „Willens zum Zusammenhalten", zur gegenseitigen Respektierung und Förderung als Konsequenz des Gemeinschaftswillens, der freilich auch schon teilweise zu verschiedenen „Opfern" veranlassen kann.

Der Altruismus bedeutet gegenüber dem Egoismus einen außerordentlichen sittlichen Fortschritt. In seiner primären Form, als Ausfluß sozialer Instinkte und Bedürfnisse ist er geradezu der Urquell aller sittlichen Ordnung, und er behält seine Bedeutung als „egoistisch gefärbter Altruismus" auch auf den höheren Stufen des Gemeinschaftslebens. Seltener ist der „reine" Altruismus, die opferwillige Gesinnung und Liebe gegen die Mitmenschen. Sie ist von höchstem moralischem Werte, bedeutet einen Höhepunkt in der Moralentwicklung, denn sie setzt eine bedeutende Stärke des Geistes in der Überwindung der selbstischen Neigungen, einen höheren Typus Mensch voraus. Der Altruismus in diesem Sinne wird zunächst, wie jede „Tugend", der „Tüchtigkeit" und Kraft wegen geschätzt, die der „Uneigennützige", der Opferwillige und der Entsagende bekundet, dem stärksten Gegner gegenüber, den eigenen Trieben und Neigungen. Aber nicht bloß dieses formalen Charakters wegen wird reiner Altruismus gebilligt und bewundert, wenn erst einmal der Sinn für die Größe solchen Verhaltens erwacht ist, sondern auch wegen seiner sozialen Bedeutsamkeit. Menschen, welche aus Liebe zu ihren Mitmenschen sich opfern können, erscheinen damit als höchst wertvolle Mitglieder der (engeren oder weiteren) Gemeinschaft, insbesondere wenn erst einmal die Zugehörigkeit eines Jeden zur großen menschlichen Gesellschaft erkannt und anerkannt, die Schranken engherziger „Ameisenmoral" durchbrochen worden sind. Gewiß gibt es auch einen „schwächlichen Altruismus", welcher aus allzu großer „Güte" im Sinne eines besonders „weichen" Herzens und ohne jede besonnene Abschätzung von Zwecken und Werten sich betätigt. Solcher „Altruismus" ist aber nicht mehr rein ethischer Art, er ist nicht selten schädlich, weil er die Eigenkräfte und dazu noch öfter die Kräfte und die Entwicklung der „Beschenkten" hemmt, verhindert, den wahren sittlichen Zwecken entgegenwirkt. Dieser, aber auch nur dieser Altruismus ist es, der von den Angriffen des „Amoralismus", den Vertretern aristokratischer „Herren-Moral" (Nietzsche u. a.) getroffen wird. Solcher Altruismus kann auf Schwäche und Degeneration, jedenfalls aber auf Verrückung des Normalmaßstabes des Ethischen hinweisen, der „wahre" Altruismus aber ist keine Schwäche, sondern höchste Kraft und Macht, Zeichen eines „aufsteigenden" Lebens, eines Fortschrittes in der kulturellen Entwicklung. So wie manche Persönlichkeit einen gewissen „idealen" Egoismus auch vom ethischen Standpunkt bekunden darf, weil und wenn sie nur dadurch ethisch wertvoll wirken kann, so gibt es Persönlichkeiten, deren ganze Größe und Stärke gerade im höchsten Altruismus zur Geltung kommt; sie sind „Heroen", „Adelsmenschen", wie die „großen Egoisten", ja oft noch mehr als diese, ragen wie sie weit aus der Masse der „Herde" hervor, stehen über der weit schwächeren, niedrigeren „Herden-Moral" (im Sinne der Massen- oder Klassenmoral).

Egoismus und Altruismus sind eben nicht die sittlichen Zwecke selbst, sondern nur relativ wertvolle Mittel zur Realisierung dieser, ihr Wert ist durch diese Zwecke bestimmt, bedingt (wie z. B. Wundt u. a. es richtig dargetan haben). So wertvoll das eigene Ich, die fremde Persönlichkeit, das Individuum überhaupt sein kann und ist, es ist nicht das „Einzige", nicht das Letzte, Höchste, Absolute. Dem Individualismus muß zunächst ein ethischer „Kollektivismus" zur Seite treten, zunächst aus individualistischem Motive selbst. Der Einzelne, so stark er ist, kann ohne die Gesellschaft nicht leben, nicht wirken, keine „Macht" betätigen, er bedarf der Gesellschaft, um überhaupt eine Persönlichkeit zu sein und sie zur Geltung zu bringen. Der „Wille zur Macht" als Wille zu kraftvollem Schaffen genommen, fordert geradezu die Beachtung und Förderung des Gemeinschaftslebens und dessen Zwecke. In einer armseligen Gesellschaft, in einer Gemeinschaft zurückgebliebener, versklavter Seelen gibt es

weit weniger Materie für den Willen zur Tat, für das „Ausleben"
starker und edler Persönlichkeiten als in einer wohlorgani-
sierten, aus möglichst kultivierten und individualisierten, dabei aber zugleich sozialisierten Individuen bestehenden Gemeinschaft. Also schon um des Wohles und der Förderung
der Individuen und Individualitäten willen ist die Gesellschaft
so viel als möglich zu fördern. Anderseits hat eine Gesellschaft
um so größeren Wert, je tüchtiger, selbständiger, kultivierter
ihre Mitglieder sind. Es liegt also die Förderung der Individuen, die Pflege und Ausbildung kraftvoller Individualitäten
im Interesse des Gemeinschaftslebens selbst. Die
Harmonie zwischen dem Individualisierungs- und dem
Sozialisierungswillen herzustellen, muß ein Ideal wahrhaft
sozialer Ethik sein. Der Einzelne soll als Mitglied der (engsten
und weitesten) Gemeinschaft, die Gemeinschaft als Organisation der Einzelnen Objekt des sittlichen Handelns sein; es
gehört dies notwendig zur Technik der Moral, und in der Tat
ist prinzipiell schon seit uralter Zeit so verfahren worden.

Inwiefern die Gemeinschaft auch ohne direkte Beziehung
auf das Individuum sittlich wertvoll, in gewissem Sinne sogar
„Selbstzweck" ist, weil sie dem sittlichen Endzweck unmittelbar dient, wird besser erst weiter unten zu erörtern sein.

2. Die sittlichen Zwecke. Die Frage, welche jetzt
in Betracht kommt, ist die nach dem spezifischen Inhalt des
Sittlichen, nach demjenigen Zweck, dessen Erstrebung eine
Willenshandlung zur sittlichen macht. Was ist der wahre,
letzte Zweck sittlicher Betätigung, der höchste Wert, der
allgemein gewollt ist und der das sittliche Sollen bestimmt?
Was ist das „Gute" inhaltlich, welchem Endziele dienen
unsere „Tugenden" und was sollen wir zuhöchst werten, zur
Richtschnur unseres Lebens und Wirkens machen? Verschiedene Antworten geben darauf der Eudämonismus,
der Evolutionismus, der Formalismus.

Eudämonistisch ist jede Moral, welche als den Endzweck alles, also auch des der Sittlichkeit gemäßen Handelns
das Glück, die (subjektive) „Wohlfahrt" (εὐδαιμονία) bestimmt.
Was in richtiger Weise zur Erreichung dieses einzig ver-

nünftigen Endzwecks getan (oder unterlassen) wird, ist gut, ist sittlich, und das Sittliche, die Tugend dient zu gar nichts anderem, als zur Gewinnung der Glückseligkeit, eigener oder fremder. Je tauglicher ein Verhalten dazu ist, desto besser, wertvoller ist es. Die Idee der Glückseligkeit ist demnach die höchste Norm für das Werten und Handeln, sie bestimmt den wahren Sinn des Lebens, welches „von Natur" dem Glücke zustrebt. Das Glück ist das Absolute im Leben, das Regulativ desselben, es bestimmt mit Recht, was zu geschehen sei, es dient nichts Höherem, ihm dient alles, es muß die Richtung des Lebens und Wirkens bestimmen.

Das, worein das wahre Glück gesetzt wird, kann sehr verschiedener Art sein. Wird die Lust als solche, das ruhige, behagliche oder auch stürmische Genießen ($\dot{\eta}\delta o\nu\dot{\eta}$) in den Vordergrund gestellt, der Genuß als Endzweck alles Lebens und Tuns betrachtet, so ergibt das den hedonistischen Eudämonismus oder H e d o n i s m u s , der wieder verschieden ist, je nachdem der sinnliche, physische Genuß (E t h i s c h e r M a t e r i a l i s m u s) oder der geistige, ideelle Genuß, die „reine Freude" (z. B. an wissenschaftlicher Arbeit, an der Kunst) betont wird. Ist das nicht der Fall, wird von Glück, Wohlfahrt im allgemeinen, als dem Zustande voller, harmonischer Bedürfnisbefriedigung, gesprochen, diese in verschiedene objektive Betätigung (z. B. vernunftgemäßes oder kraftvolles Handeln) gesetzt, so ist das E u d ä m o n i s m u s s c h l e c h t - h i n (im engeren Sinne). Insofern dieser das gemeinnützige Wirken und Streben als den Zweck des sittlichen Handelns bestimmt, heißt er U t i l i t a r i s m u s (Nützlichkeitsstandpunkt; auch „Utilismus", „Utilitarianismus"). Möglichst viel Glück und Wohlfahrt möglichst vieler Individuen zu bewirken, „das größtmögliche Wohl der größtmöglichen Anzahl" („The greatest happiness of the greatest number"; B e c - c a r i a , H u t c h e s o n, J. B e n t h a m u. a.) ist die utilitarische Formel. Durch eine Art von „Moralbudget" sollen (nach B e n t h a m) bei jeder wichtigeren Handlung Nutzen und Schaden als Folgen berechnet werden. Aus persönlichen Utilitätsmotiven („wohlverstandenem Interesse") ist das altruistische Verhalten hervorgegangen. Unser eigenes Wohl erfordert die Förderung fremder Wohlfahrt. Je größer die Summe des realisierten Glückes ist, desto mehr kommt gleichsam auf uns selbst. Innerhalb des Utilitarianismus gibt es verschiedene Besonderungen, die einen mehr nach dem Hedonismus zu, andere mehr sich dem ethischen „Evolutionismus" annähernd, so daß manchmal geradezu eine Synthese von Utilismus und Evolutionismus vorliegt (z. B. bei H. Spencer).

Hedonisten sind die Kyrenaiker, Kyniker („Negativer" Hedonismus, Vermeidung von Unlust = Ziel des Handelns), Epikureer (Geistige Freuden), Helvetius, Lamettrie, Volney u. a., Grant Allen („Neo-Hedonism"), Duboc u. a., welche die „Lust" als Strebungsziel betonen (Hedonisten im weiteren Sinne). Eudämonismus (oder wenigstens eudämonistisch gefärbt) sind die Morallehren der antiken Philosophen (Plato, Plotin ausgenommen, insofern sie ein „Urgutes", ein Gutes an sich als Idee, Weltmacht annehmen), aber teilweise (Aristoteles, Stoiker) nur in dem Sinne, daß ein bestimmter sittlicher Inhalt, die vernunft- oder naturgemäße Betätigung, anerkannt wird, der dem wahren Glück als Endziel dient; ähnlich lehrt die christliche Ethik („Transzendenter Eudämonismus", insofern die Seelenwohlfahrt und das Seelenglück im Jenseits betont wird, aber doch nicht eudämonistische Begründung des Sittlichen), ferner die Moraltheorie bei F. Bacon, Hobbes, Spinoza, Locke, Leibniz, Chr. Wolff und besonders den Moralisten des 18. Jahrhunderts, ferner bei L. Feuerbach, E. Dühring, Czolbe, Fechner, A. Döring, Adickes u. a. Utilitaristen sind F. Bacon, Hobbes, Spinoza, Helvetius, Paley, Beccaria, Hutcheson u. a., ferner J. Bentham, J. St. Mill (der aber Qualitäten des Glückes unterscheidet und das Selbständigwerden des Sittlichen, durch Motivverschiebung, anerkennt), A. Bain, H. Spencer, Gizycki, Th. Ziegler, Jhering (Das Sittliche ist der „Egoismus der Geselschaft") u. a., teilweise auch Sidgwick (der zugleich Intuitionist ist), ferner L. Stephen und andere auch als „Evolutionisten" aufzuführende Ethiker.

Soll der Begriff „Eudämonismus" seinen guten Sinn bewahren, so darf er nicht so weit gefaßt werden, wie das manchmal geschieht. Wir haben schon dargetan, daß es ein Wollen und Handeln ohne Gefühle der Lust und Unlust nicht gibt; direkt und indirekt, aktuell oder potentiell, klar bewußt oder „unterbewußt" wirken Gefühle immer als Komponenten der Willenshandlung. Alles was wir freiwillig tun, tun wir aus Lust zu einem bestimmten Effekt, bzw. aus Unlust gegenüber dem Ausbleiben dieses Effektes. Das liegt in der Natur des Begehrens und Wollens, das haftet jeder Willenstätigkeit an, ist ein psychologisches Faktum, dessen Anerkennung uns noch keineswegs zum Hedonisten oder Eudämonisten macht. Erst wenn die Lust zum Wollen und Handeln die Form eines „Willens zur Lust, zum Glück" annimmt, wenn Lust oder Glückseligkeit zum Hauptzweck des Handelns genommen werden, erst dann ist das Verhalten ein hedonistisches, bzw. eudämonistisches. Wer in allen Dingen nur oder in erster Linie einen „Genuß" sucht, wer auf lustvolle Erregung, Vergnügen, Freude als sein eigentliches, ihm im Grunde allein direkt wertvolles Ziel losstrebt, der ist der wahre Hedonist. Zweifellos gibt es einen solchen hedonistischen Typus von Menschen, vom sinnlichen „Lüstling" angefangen bis zum ästhetisch empfindenden, geistig hochstehenden Lebenskünstler, Typen von verschiedenem Werte für die Kultur. Aber dieser Typus ist keineswegs der ganze Typus Mensch, es ist nicht wahr, daß alle Menschen Hedonisten sind, mögen sie es meistens auch zuweilen, zu bestimmten Zeiten ihres Lebens sein. Neben dem funktionellen Bedürfnis des „Lusttriebes" gibt es zunächst noch andere funktionelle Bedürfnisse, welche mindestens ebenso ursprünglich, ja noch älter und jedenfalls häufiger sind. Der Trieb zur Betätigung angesammelter physischer und psychischer Energie drängt ohne „Willen zur Lust" in primärer Weise zur Arbeit und zum Spiele, die Organe verlangen nach entsprechender Betätigung, die um ihrer selbst willen erstrebt wird, nicht um einer vorgestellten „Lust schlechthin" (vgl. Paulsen, Syst. d. Eth. I⁵, 238). Abgesehen davon aber drängen die Bedürfnisse des physischen und geistigen Lebens überhaupt, also auch die „materialen" im Unterschiede von den „formalen", zur Erstrebung und Erreichung bestimmter Effekte, die als notwendig oder tauglich, als zweckmäßig für das Leben und den Lebenswillen sich darstellen. Die Lust, welche uns die Befriedigung dieses Willens bereitet, ist in der Regel eine Komponente in der Motivation zum so und so bestimmten Wollen, aber nicht der Zweck desselben. Willenszweck ist meistens nicht ein allgemeines subjektives Gefühl der Befriedigung, sondern ein bestimmter objektiver (realer oder ideeller Inhalt, dessen Realisation, Aktualisierung eben erstrebt wird. Lustvoll ist dieser Inhalt, sofern er unserem Willen entspricht, aber diese Lust ist nicht der Zweck unseres Handelns, nicht der spezifische Willensinhalt. Ist dieser nun ein sittlicher Inhalt, und ist die Verwirklichung desselben lustbringend oder beglückend, so ergibt das kein eudämonistisches Handeln. Lust und Glückseligkeit als Folge, als Nach- und Nebenwirkung eines sittlichen Verhaltens und Wollens ist selbst bei den strengsten ethischen Anforderungen nicht zu mißbilligen, im Gegenteil ist zu wünschen, daß das „Glück" sich möglichst an das sittlich gute Handeln knüpfe, nicht als „Belohnung", sondern damit das Sittliche als solches nicht nur als unbedingt Seinsollendes, sondern zugleich auch als höchstes Gut gewertet werde. Wer die Sittlichkeit in das Erlangen und Bewirken von Glückseligkeit nur um der Glückseligkeit willen setzt, ist echter Eudämonist, nicht aber, wer umgekehrt das wahre oder höchste Glück in die Sittlichkeit setzt, diese direkt wertet, zum höchsten Strebungsziel nimmt.

Der Inhalt des Sittlichen, das Endziel des Handelns in ethischer Hinsicht ist nicht Lust oder Glück, kann es nicht sein. Die Menschheit würde, wenn sie nur hedonistisch oder eudämonistisch gehandelt hätte, eine höhere Kulturstufe nicht erreicht haben, sie hätte sich mit dem Nächsten begnügt, was zur Stillung der Begierden nach Lustgefühlen dienen kann, wie es ja bei primitiven Naturvölkern vielfach der Fall ist, welche infolgedessen (natürlich sind auch noch andere Ursachen wirksam) nicht oder fast nicht fortschreiten. Der Wille zur Kultur, zum Fortschreiten in der Ausbildung der menschlichen Anlagen und Kräfte, zur Schaffung objektiver, dauernder Werte fordert höchste Energie, Arbeit, bringt mannigfache Opfer, viel Beschwerden, Unlust, Unbehagen, Unglück mit sich, er ist einem perpetuellen und allgemeinen Hedonismus feind, negiert ihn, bejaht aber das Wirken und Schaffen und die Objekte desselben. Er erzeugt Pflichten, die der Einzelne und die Gemeinschaft anerkennen und befolgen, nicht um Lust oder Glück zu erwerben, sondern in einfacher Konsequenz dieses dem Gesamtgeist immanenten und in den Einzelnen wirksamen Willens. Dieser Wille geht nicht auf Lust oder Glück, er hat ein ideales, niemals absolut erreichtes Ziel, die Schaffung, Gestaltung einer neuen, geistigen, „idealen" Welt, einer Kulturwelt, eines „Reich der Zwecke", in welchem der höchstmögliche Reichtum an individuellen und Gemeinschaftswerten vernünftig-harmonisch zur Einheit verknüpft ist. Das ist, wie noch zu zeigen sein wird, der sittliche Endzweck menschlicher Tätigkeit, daß der „ideale Mensch" die reine Menschlichkeit in einer idealen Lebens- und Gemeinschaftsordnung sich objektiviere. Ist dem so, so kann das Streben nach Glückseligkeit für sich und andere immer nur ein Mittel zum sittlichen Zweck, nicht aber ethischer Selbstzweck sein. Sofern er sich mit einer sittlichen Lebenshaltung verträgt oder gar eine solche fördert, erleichtert, ist ein gewisser Eudämonismus und Utilitarismus (im psychologischen Sinne) nicht bloß zulässig, sondern es muß sogar vom rein ethischen Standpunkt die möglichste Verbreitung physischer und geistiger Wohlfahrt gefordert werden. Erstens deshalb, weil glückliche, harmonische Menschen das Menschheitsideal besser, schneller ins Praktische umsetzen können, weil sie bessere Bedingungen für ihr Wirken, für ihre Fortentwicklung haben als Elende, Traurige, Unglückliche, weil z. B. die Förderung materieller, wirtschaftlicher Wohlfahrt die Möglichkeit reicherer intellektueller, ästhetischer, geistiger Evolution überhaupt ermöglicht, also ein Mittel für den Kulturwillen ist. Zweitens aber, weil die Berücksichtigung und Förderung fremden Wohles eine Bedingung gedeihlichen

Gemeinschaftslebens ist, in welchem allein der sittliche Endzweck sich (annähernd) verwirklichen läßt.

Als Moralprinzip aber ist aller Eudämonismus zu verwerfen, so viel ethische Effekte auch das eudämonistisch-utilitaristische Verhalten erzielen mag. Ein so subjektiver, individueller, variabler Zustand wie das Lust- und Glücksgefühl es ist, eignet sich nicht zum ethischen Wertmaßstab. Die Selbstbeglückung im Sinne des reinen Egoismus widerstreitet der Notwendigkeit altruistischen Verhaltens, wird, konsequent durchgeführt, geradezu antimoralisch, da irgendwelche wahre Pflichten hier nicht anerkannt werden. Wer aber Pflichten anerkennt — und jeder besonnene, den Sinn des Lebens und den Wert der Gemeinschaft wenigstens „gefühlsmäßig" Verstehende tut es — muß oft auf eigenen Genuß, eigenes „Glück" (im Sinne ihm zusagender Güter) verzichten; wohl ihm, wenn er sittlich so reif ist, daß ihm aus der Pflichtbetätigung ein neues, ideales Glück erwächst. Die Beglückung anderer wiederum hängt zu wenig von unserer Macht ab, ist so individuell bestimmt, als daß sie zum Gegenstande eines „Moralkalküls" gemacht werden könnte. Die Folgen unserer Handlungen in bezug auf Glücksförderung abzuschätzen, ist etwas, was nur fallweise mit einiger Sicherheit gelingt, methodisch aber nicht durchführbar ist. Eher sind wir in der Lage, objektive Werte zu produzieren oder zu fördern, welche auch geeignet sind, die allgemeine Wohlfahrt zu erhöhen. Die Lust oder die Glückseligkeit darf aber nicht das Absolute sein, dem alles gewidmet, geopfert wird. Nicht Glück um jeden Preis gestattet der Kulturwille, auch nicht für die Allgemeinheit, sondern nur ein der Sittlichkeitsidee sich einfügendes, den menschlichen Kulturfortschritt nicht aufhaltendes, die Ausbildung und Entwicklung der reinen Humanität nicht störendes Glück. Das „Glück" ist also nicht selbst höchster Wertmaßstab, sondern es hat sein Maß an einem Anderen, am sittlichen Zwecke, mit dem es nicht zusammenfällt. Wie hoch auch das Bestreben der Menschheit, zu einem glücklichen Leben zu gelangen, eingeschätzt werden mag, es ist nicht identisch mit dem Willen zum Ethischen, wie ihn die Evolution des Geisteslebens dem kritischen Blick erkennen läßt.

Gegenüber allen Versuchen, ein subjektives Moralprinzip aufzustellen, ist zu betonen, daß die Bewirkung von Gefühlen individueller Subjekte nicht der eigentliche, letzte, höchste Zweck sittlichen Handelns ist. Moral und Ethik gehen vielmehr auf ein Objektives, auf eine Lebensordnung, welche als solche vom menschlichen „Grundwillen" gewollt wird und uns als eine unbedingt gesollte in der Idee als Ideal gegenübertritt. Ohne Rücksicht auf Plus und Minus von Lust- und Unlustzuständen der Individuen, wenn auch nicht im Gegensatz zur wahren, wohlverstandenen „Förderung" dieser, beansprucht die sittliche Lebensordnung ihre Rechte, ihre Verwirklichung, führt sie die Menschheit zu höheren und höheren Daseinsstufen.

Ein objektives Moralprinzip stellt nun der ethische Evolutionismus auf. Nicht auf Mehrung von Lust und Glück hat es die Moral abgesehen, sondern (in erster Linie wenigstens) auf die Neigung und Vermehrung objektiver Werte als solcher, also auf die Entwicklung unseres Daseins im Sinne fortschreitender Vervollkommnung. Gut ist demnach alles, was zur Vervollkommnung des Daseins beiträgt, schlecht, was ihr entgegenwirkt, die Entwicklung hemmt oder gar rückläufig macht, und ethisch bestimmt ist das beiderseitige Verhalten, insofern es der entsprechenden Gesinnung entspringt.

Zu unterscheiden sind der individualistische und der universalistische, der naturalistische und der idealistische Evolutionismus.

Der individualistische Evolutionismus heißt auch Perfektionismus (Vervollkommnungsstandpunkt). Das eigene und fremde Ich so viel als möglich zu vervollkommnen, die Persönlichkeit zu fördern, ihre Anlagen und Kräfte auszubilden und zu steigern, damit möglichst viel Wertvolles von ihr produziert werden kann, das ist die oberste Maxime dieses Moralprinzips. Die Tugend ist eine „Fertigkeit, sich

und andere so vollkommen zu machen, als durch unsere
Kraft geschehen kann" (C h r. W o l f f). „Fördere wie in
dir, so auch in anderen als Basis alles sittlich wertvollen
Glückes das Gute oder den Wert der Persönlichkeit" (L i p p s,
Eth. Grundfrag., S. 79).

Anhänger einer „Persönlichkeitsmoral" sind Spinoza, Leib-
niz, C h r. W o l f f, M e n d e l s s o h n u. a., ferner (idealistisch) L i p p s,
J. S e t h u. a., auch N i e t z s c h e (teilweise naturalistisch) u. a.

Der u n i v e r s a l i s t i s c h e Evolutionismus bestimmt als
Endzweck des sittlichen Handelns die Förderung der allgemeinen Daseinsentwicklung und der mit ihr verbundenen
objektiven Werte. Der n a t u r a l i s t i s c h e Evolutionismus
nimmt gewöhnlich eine b i o l o g i s c h bestimmte Form an. Die
Moral ist hiernach ein Ausdruck der Entwicklung menschlicher Art, ihres Auf- oder Niederganges. Die Wertungen
als „gut" beziehen sich, wenn sie richtig, normal, Zeichen
aufsteigenden Lebens sind, auf die Höherentwicklung,
Höherzüchtung, Kräftigung, Steigerung des menschlichen
Lebens, der menschlichen Rasse und ihrer lebenstüchtigen
Eigenschaften physischer und psychischer Art. Das starke,
machtvolle Leben in seinem beständigen Fortschreiten zu
höheren und höheren Formen gilt hier als Endzweck aller
Moral, aller Ethik, freilich nicht das Leben als Abstraktum,
sondern in seiner Gebundenheit an individuelle und gat-
tungsmäßige Träger, deren Höherzüchtung mit bezweckt ist.
Der i d e a l i s t i s c h e Evolutionismus bestimmt als sittlichen
Zweck die Förderung der geistigen Entwicklung als Prozeß
schöpferischer Werterzeugung, durch welchen die Idee der
Menschheit sich in der Zeit objektiviert, die Ausbildung und
Entfaltung aller menschlichen Kräfte, welche ein Reich
geistiger Werte, ein Kulturreich ermöglichen. Die menschliche Lebensaufgabe ist niemals abgeschlossen, sie hat ihr
Ziel im Idealen, ist ein Teil des universalen Prozesses geistiger
Allentwicklung, der zu dienen wir Menschen uns verpflichtet
fühlen. Der sittliche Prozeß ist die Betätigung des Gesamtgeistes, der, den Individuen immanent, sein eigenes Leben hat.

Naturalistische Evolutionisten sind besonders W. J o r d a n, G.
H. S c h n e i d e r, O. A m m o n, A. T i l l e („Hebung und Herrlicher-

gestaltung der menschlichen Rasse"), Nietzsche. Nach N. ist „gut", im natürlichen, berechtigten Sinne, was ̄die Kraft, die Macht, den „Willen zur Macht" befriedigt und erhöht. Die kraftvolle, edle, vornehme Menschenart (und Persönlichkeit) wertet sich selbst als gut, den Gegensatz der Niedrigen, Schwachen als schlecht, während diese, die „Schlechtweggekommenen" die ersteren, die „Herren" als „böse" werten (aus Sklaven-Ressentiment), ihre eigenen Eigenschaften aber, Demut, Gehorsam, Friedensliebe u. dgl. als gut („Sklaven-Moral"). Der Ethiker muß aber eine „Umwertung aller Werte" vornehmen, die natürliche Rangordnung, welche in dem aufsteigenden Leben wurzelt, gegenüber der Decadence zur Geltung bringen (Jens. von Gut u. Böse[2], S. 228ff.; WW. XV, 349ff., 435ff.).

Den idealistischen Evolutionismus vertreten in verschiedener Weise Leibniz, Lessing, Goethe, Schiller, Herder, teilweise Kant („Reich der Zwecke"), J. G. Fichte, Schelling, Hegel, Schleiermacher, Chr. Krause, M. Carriere, Planck, Trendelenburg, Boström, G. Glogau, E. v. Hartmann, Wundt, Unold, P. Bergmann u. a.*).

Der „Perfektionismus" kann Anspruch auf höchste Beachtung machen, sofern er sich mit dem ethischen Universalismus verbindet, diesen nicht ausschließt und wenn er es vermeidet, zu sehr nach dem Eudämonismus hinzuschielen,

---

*) Nach Fichte ist die Kultur „das letzte und höchste Mittel für den Endzweck des Menschen, die völlige Übereinstimmung mit sich selbst, — wenn der Mensch als vernünftig sinnliches Wesen; — sie ist selbst letzter Zweck, wenn er bloß als sinnliches Wesen betrachtet wird." Vervollkommnung ins Unendliche ist des Menschen Bestimmung (Üb. d. Bestim. d. Gelehrt., 1. Vorles.). Nach Hegel ist die Sittlichkeit „die Vollendung des objektiven Geistes" (Encykl., § 513), ein Produkt der Allvernunft selbst. Nach E. v. Hartmann besteht das Sittliche in der willigen Mitarbeit am universalen Selbsterlösungsprozeß des Absoluten. „Die Sittlichkeit erschöpft sich darin, daß das Individuum sich (um der Wesensidentität aller willen) der objektiven Teleologie des Weltprozesses hingibt" (Zur Gesch. u. Begr. d. Pessim.[2], S. 287). Nach Wundt ist die „fortschreitende sittliche Vervollkommnung der Menschheit" Zweck des ethischen Handelns. „Jede Handlung, die ... an der Entfaltung geistiger Kräfte und an der Vergeistigung der Natur durch ihre Umwandlung in ein Substrat geistiger Zwecke mithilft, ist im objektiven Sinne sittlich" (Syst. d. Philos.[2], S. 653ff.). Die individuellen Zwecke sind den sozialen, diese den humanen untergeordnet (Eth.[2], S. 493ff.).

wie dies besonders im 18. Jahrhundert oft geschieht. Also die Förderung der Persönlichkeit darf nicht ein bloßes Mittel zur Mehrung der Lustgefühle, der Glückseligkeit des Ichs sein, mag sie auch naturgemäß das individuelle Glück steigern. Aber die Ausbildung einer „harmonischen" Persönlichkeit kann auch nicht Selbstzweck sein. Vom rein ethischen Standpunkt ist die Vervollkommnung der (eigenen und fremden) Persönlichkeit von höchstem Werte erst als ein Mittel zur Realisierung des sittlichen Endzwecks. Das eigene und fremde Ich in jeder Beziehung zu entwickeln, es zu wahrer Persönlichkeit sich ausbilden zu lassen, ist ethisch, wofern dies dem sittlichen Endzwecke untergeordnet wird. Wir sollen uns zu selbstbewußten, einheitlichen, harmonischen, kraftvollen, sich selbst in der Gewalt habenden, das Trieb- und Vorstellungsleben zweckvoll zu beherrschen und zu regulieren vermögenden Persönlichkeiten entwickeln und solche Entwicklung achten und fördern, wo es nur geht, weil und sofern der sittliche Endzweck dies mit sich bringt und fordern läßt. Die möglichst kraftvolle, ausgeglichene, harmonische Persönlichkeit repräsentiert erst den Vollmenschen, den „Adelsmenschen", der zu den höchsten Leistungen befähigt erscheint und zum tüchtigen Streiter für die sittliche Idee werden kann. Wollen wir das Menschliche, das Vollmenschliche verwirklichen helfen, so müssen wir in unser eigenen und in jeder fremden Individualität die Menschheit achten und fördern, nicht bloß als ein Mittel für egoistische Interessen gebrauchen, sondern als Glied der großen Gemeinschaft, als Träger der sittlichen Idee. „Handle so, daß du die Menschheit sowohl in deiner Person als in der Person eines jeden andern jederzeit zugleich als Zweck, niemals bloß als Mittel brauchst" — diese zweite Form des „kategorischen Imperativs" bei K a n t (WW. IV, 277) ist ganz im Sinne eines wohlverstandenen Perfektionismus, dem die Persönlichkeit als solche sittlich wertvoll ist, wenn sie auch nicht das Letzte und Höchste sein kann. Ein „Persönlichkeitskultus" ohne Beziehung auf energische Mitarbeit an der Schaffung objektiver Werte, rein um des Selbstgenusses willen, aus bloßer Freude am eigenen Selbst ist entweder ethisch indifferent oder kann auch, wenn er sogar dem von jedem verlangten „sittlichen Minimum" entgegenwirkt, unethisch sein, schon weil er von den Aufgaben und Pflichten des Gemeinschaftslebens abhält, ohne doch allein, direkt das Ü b e r p e r s ö n l i c h e zu fördern, an dem allein wir schließlich den Maßstab für die Beurteilung des sittlichen Wertes der Individualität gewinnen. Das gilt auch für den „Übermenschen", insofern er nicht bloß einen höheren Typus, sondern auch eine höhere Stufe der Persönlichkeit bedeutet, den kraftvollen Adelsmenschen. Nur wenn dieser Mensch nicht bloß „kraftvoll" ist, sondern auch einen g r o ß e n, s i t t l i c h w e r t v o l l e n L e b e n s i n h a l t hat, wenn er sich also in den Dienst der geistigen Entwicklung stellt, ist er ein wahrer Übermensch, ein den gewöhnlichen „Herdenmenschen" im vollen Sinne Überragender. Nur ein solcher Übermensch kann uns zum Ideal, zum Ziele individueller und sozialer „Züchtung" d. h. Pädagogik sein, nur er stellt einen wirklichen „aufsteigenden" Gang der Menschheitsentwicklung dar, nicht aber der bloß brutale Kraftmensch, der seinem egoistischen Machtwillen um jeden Preis den Sieg, die Gewalt zu verschaffen strebt und dem dieser sein Zweck auch die schlechtesten Mittel heiligt (wie etwa Caesare Borgia, den N i e t z s c h e hoch wertet, obwohl er im Grunde den wahrhaft edlen Vollmenschen im Auge hat, nicht die „blonde Bestie").

So kommen wir zu dem Ergebnis, daß der ethische Evolutionismus ein u n i v e r s a l i s t i s c h e r sein muß. Nicht so, daß er den Wert des Individuums, der Persönlichkeit geringschätzt (— eine Gefahr, der er, z. B. bei H e g e l, nicht immer ganz entgangen ist —), den Einzelnen nur als „Kulturfutter" betrachtet, sondern mit voller Berücksichtigung des Eigenwertes der Persönlichkeit, welchen sie ja schon vom juridisch-sozialen Gesichtspunkte beanspruchen kann. Nur dürfen die anerkannten individuellen Zwecke nicht die einzigen und nicht die höchsten, letzten sein. Denn die Entwicklung geht über den Einzelnen weiter fort zu Zielen, die

nur gattungsmäßig, nur im Gemeinschaftsleben sich erfolgreich objektivieren lassen. So sind denn den individuellen
zunächst die sozialen Zwecke übergeordnet, und diese zu
fördern ist ein Imperativ der Ethik wie schon der vorwissen-
schaftlichen Moral. Soweit es in unserer Macht steht, sollen
wir für die Gesellschaft wirken, uns an ihrer Weitergestaltung
mit lebendigem Willen beteiligen, das soziale Ideal möglichster Harmonie der Interessen der Gemeinschaftsmitglieder,
möglichst vollkommener Organisation, bei welcher die Einzelnen und die Gesamtheit im bestmöglichen Verhältnisse
zueinander stehen, fördern helfen. Aber auch die Gesellschaft
und ihre Organisation als Staat ist nicht das Höchste, so wertvoll sie für das Kulturleben ist. Ihre Entwicklung ist eine
fortschrittliche, wenn sie nicht bloß an Kraft und Macht
wächst, sondern auch an inneren Gehalte, an Kultur. Das
kann sie aber nicht, ohne einmal den „sozialen Egoismus"
zu mildern, in den anderen Gesellschaften das Menschliche
zu achten und zu ehren. Über den einzelnen Gesellschafts-
verbänden erhebt sich so die Idee einer universalen menschlichen Gemeinschaft, nicht als Staat, sondern als große, einheitliche Kulturgemeinschaft, deren Entstehung,
Wachstum, Entwicklung zu fördern zum sittlichen Zweck
wird. So gesellen sich den sozialen die humanen Zwecke
des Sittlichen, es ist die Idee der Humanität im Sinne
harmonischer Vereinigung der Menschheit zur
Ausbildung höchster, reinster, vollkommenster
Menschlichkeit, welche zu oberst die moralische Evolution leitet. Diese Idee ist der sittliche Endzweck, den der
Ethiker nicht etwa willkürlich aufstellt, sondern aus dem geschichtlichen Werdeprozeß des Sittlichen selbst als das ihn
beherrschende Leitmotiv, Regulativ herausnimmt und zum
Gegenstand des Wissens und voll bewußten, planmäßigen
Wollens und Wirkens erhebt. Dem ethischen Relativismus
wird so die „absolute" Grundlage gegeben, denn jetzt erscheinen die mannigfachen Tugenden als besondere Mittel
im Dienste der Sittlichkeitsidee und ihrer konkreten Formen (individuelle, soziale, humane Tugenden), als

Mittel, über deren Tauglichkeit, Güte im einzelnen Streit sein kann, die aber alle für die Gesichtspunkte bestimmter Zeiten und Völker moralische Eigenschaften sind, sofern sie sittlichen Zwecken dienen sollen. Keine dieser Tugenden, so wertvoll und allgemeingültig sie sein mag, ist Selbstzweck, sie empfängt ihren ethischen Wert erst im Hinblick auf den sittlichen Zweck, dem sie zu dienen hat, der ihrer Ausübung den Pflichtcharakter verleiht, wobei es zuweilen zu einem „Pflichtenkonflikt" kommen kann, d. h. zu einem Zweifel, welche Tugend, wenn in einem bestimmten Falle mehrere Tugenden nicht zusammen ausgeübt werden können, den Vorrang haben soll.

Der humane Endzweck des sittlichen Handelns ist aber nicht naturalistisch-biologisch zu bestimmen. „Das Leben ist der Güter höchstes nicht." Das besagt ethisch, daß zwar ein gesundes, starkes, biologisch tüchtiges Leben, gebunden an eine kräftige Rasse, als Mittel für die geistig-kulturelle Entwicklung wertvoll ist, daß es im Interesse der Erhaltung und Fortentwicklung der Menschheit und der gedeihlichen Betätigung ihrer Zwecke auch ein Gegenstand der Moralpädagogik sein muß, daß es aber nicht der höchste Wert, die höchste Norm ist. Vielmehr ist es oft notwendig, im Dienste der sittlichen Betätigung und Entwicklung das Leben hintanzusetzen, es zu schädigen, zu opfern. Einem vollkommneren Leben zulieb muß das bestehende Leben sich unterordnen, und das „vollkommnere" Leben der Menschheit ist dasjenige, in welcher das rein „Biotische" die Unterlage für die Entfaltung eines geistigen, ideellen Lebens bildet. Die Veredlung der „Rasse" ist nicht ausschließlich im physischen Sinne anzustreben, sie darf nicht die geistigen Anlagen vernachlässigen; nicht der „robuste" Mensch ist das Ideal der Evolution, sondern der Vollmensch, der seinen kraftvollen Organismus zum Träger geistiger Potenzen macht, deren Gebilde die Kulturwerte, ihm mindestens ebenso teuer werden wie sein Naturleben. Nicht Leben um jeden Preis, sondern vollmenschliches, vergeistigtes, vernünftig-zweckvolles Leben ist sittliches Postulat als Ausfluß des menschlichen Grund-

willens, der als Gesamtwille das Leben reguliert. „Der
Mensch lebt, weil es seine Bestimmung ist, zu leben. Die
Bestimmung dieses Lebens aber besteht in dem, was es
seinem eigensten Wesen gemäß hervorbringt. Dieses eigenste
Wesen des Lebens ist geistiges Leben. Auf die Erzeugung geistiger Schöpfungen ist daher unmittelbar oder
mittelbar alles Leben gerichtet. Jede solche Schöpfung und
jedes ihr dienende Hilfsmittel ist, weil der Zweck des Lebens
deren Erreichung ist, ein Gut. Güter rein um ihrer selbst,
nicht um äußerer fremdartiger Zwecke willen erstreben und zu
ihrer Erstrebung mithelfen, ist sittliches Leben" (Wundt,
Syst. d. Philos.², S. 662 f.). „Als Endzweck der Sittlichkeit
haben wir ... die Förderung des Kulturfortschrittes zu betrachten, die Vervollkommnung, Bereicherung, Erhöhung des
Lebens, seine fortlaufende Vergeistigung und Verfeinerung,
und zwar sowohl auf intellektuellem als auch auf emotionellem
Gebiete" (P. Bergemann, Ethik als Kulturphilos., S. 463).
Nicht eine einseitige intellektuelle Kultur ist das Ziel des
menschlichen Grundwillens, sondern die möglichst harmonische Ausbildung aller schöpferischen, Werte erzeugenden
Anlagen, wobei das Gemüts- und Willensleben in keiner
Weise zurücktreten darf. Nicht bloß derjenige, der aus reinem
Willen zur Wissenschaft, zur Kunst, zu geistiger Arbeit überhaupt, ideale Werte schafft, sondern jeder, der aus Pflichtbewußtsein im kleinen und kleinsten Kreise wirkt, als Mitarbeiter an dem Prozeß kultureller Evolution, hat Anteil an
der Herausarbeitung des idealen Vollmenschen. Was der
Geringste dem Geringsten tut, was er für das Gemeinschaftsleben leistet, das ist, sofern es „guter Gesinnung" entspringt,
objektiv und subjektiv sittlich. Und da für die Beurteilung
des sittlichen Charakters als solchen nicht der Erfolg, sondern, abgesehen vom Zweck des Wollens, das Maß an
Pflichtgefühl, an Seelenstärke, an Opferwilligkeit in Betracht
kommt, so kann ein einfacher Arbeiter sittlich höher stehen
als etwa ein großer Künstler oder Gelehrter. Auch indirekt
ist der große Bau humaner Kultur zu fördern, und es ist der
schöne Dichterausspruch zu beherzigen: „Immer strebe zum

Ganzen, und kannst du nicht selber ein Ganzes werden, als ein dienendes Glied schließ an ein Ganzes dich an."

Daß wir sittliche Wesen sind oder sein können, das liegt in unserer eigenen, menschlichen Natur begründet, das gehört zur Funktion des Menschentums in uns, wie es sich in den Individuen und ihren Gemeinschaften darstellt und nach Entwicklung und immer reicherer Ausbildung verlangt. Die sittlichen Normen sind so letzten Endes nicht bloß sozial bedingte Sittengebote, sie sind nicht Naturgesetze des Handelns, sondern Idealgesetze, entspringend dem universalen Menschheitswillen, der seinem Inhalte nach zugleich praktische Vernunft ist. Die Sittlichkeit entfaltet sich zu einem teleologischen System ethischer Mittel (Pflichten, Tugenden) für eine Reihe von Zwecken, die alle in den sittlichen Endzweck der Realisierung des vollkommenen, idealen Menschen einmünden, ihm als Unterzwecke dienen. Dieser Endzweck der Vergeistigung des Menschen, des Herrschendwerdens der Vernunft in der menschlichen und durch sie auch in der äußeren Natur, kann nur noch metaphysisch weiter bestimmt werden. Ist, wie wir anzunehmen allen Grund haben, die Weltentwicklung an sich ein unendlicher Prozeß der Geistesrealisierung, der Aktualisierung immer neuer geistiger, zweckvoller Potenzen zur Schaffung immer neuer Werte, ist das All seinem Eigensein nach ein „Reich der Zwecke", so ordnet sich die sittliche Entwicklung der Menschheit dieser überhistorischen, überzeitlichen, überempirischen Weltordnung ein, und so erscheinen letzten Endes die Sittengesetze, ihrem Prinzipe nach, als Ausfluß der Weltgesetzgebung, des göttlichen Weltwillens, in dem alles beschlossen ist und seine bestimmte Stelle, seine eigene, zweckvolle Bestimmung hat. Als Bürger des „Gottesstaates" („regnum gratiae": Augustinus, Leibniz u. a.), als Angehörige des idealen Vernunftreiches, nach dessen immer umfassenderen Aktualisierung direkt und indirekt, mit und ohne, ja gegen die „Absicht" der Einzelnen die Entwicklung drängt, sind wir über unser vergängliches, empirisches Ich erhaben, nehmen wir das

überindividuelle, unbedingte Sittengesetz in unserm Willen
auf, werden wir zu bewußten Mitarbeitern im Dienste des
universalen Geisteslebens. Das ist der Kern des idealistischen Evolutionismus, der mit der wohlverstandenen religiösen Ethik in keinem Widerspruche steht, aber auch nicht,
wie manchmal geglaubt wird, mit der Kantschen Ethik, die
keineswegs so rein „formalistisch" ist, wie sie es wohl sein
möchte. —

Der ethische Formalismus, den wir noch zu betrachten
haben, erkennt eigentlich keinen „Zweck" des sittlichen
Willens an, sondern dieser ist ihm Selbstzweck. Nicht der
Inhalt, sondern allein die Form, die Art des Wollens macht
dieses zu einem sittlichen. Die sittliche Form des Willens
ist nichts anderes als die Gesetzlichkeit desselben, d. h. die
Allgemeingültigkeit des Wollens, nicht, wie im Erkennen, als
eine bestehende, sondern als eine unbedingt gesollte. Sittlich
gut ist der Wille, wenn er eine solche Form hat, daß er sich
zum Prinzip eines allgemeinen Verhaltens eignen könnte,
wenn er Praktisch-Allgemeingültiges wollend setzt. Die „praktische Vernunft" fordert a priori, von sich aus, ohne jede Beziehung auf irgendwelche „materiale" Inhalte oder Zwecke,
völlig unabhängig von eudämonistischen, perfektionistischen
und anderen Motiven die Tauglichkeit des Wollens als allgemeingültige Norm für jedes mögliche Einzelwollen (Ethische
„Autonomie"). Es ist die von Kant gegebene Begründung
der Ethik, deren Grundsatz lautet: „In der Unabhängigkeit...
von aller Materie des Gesetzes (nämlich einem begehrten Objekte) und zugleich doch Bestimmung der Willkür durch die
bloße allgemeine gesetzgebende Form, deren eine Maxime
fähig sein muß, besteht das alleinige Prinzip der Sittlichkeit"
(Krit. d. prakt. Vern., S. 39). Der „kategorische Imperativ"
ist „derjenige, welcher nicht etwa mittelbar durch die Vorstellung eines Zweckes, der durch die Handlung erreicht
werden könne, sondern sie durch die bloße Vorstellung dieser
Handlung selbst (ihrer Form), also unmittelbar als objektiv
notwendig denkt und notwendig macht" (WW. VII, 19). Er
lautet: „Handle so, daß die Maxime deines Willens jederzeit

zugleich als Prinzip einer allgemeinen Gesetzgebung gelten
könne" (Krit. d. prakt. Vern., S. 36), oder auch: „Handle
nach derjenigen Maxime, durch die du zugleich wollen kannst,
daß sie ein allgemeines Gesetz werde" (WW. IV, 277).*) Ähnliches — Einheit im Wollen unbedingt — lehren Vorländer, H. Cohen, Natorp, Hensel, B. Bauch u. a.,
wobei auch erklärt wird, eine Uniformität des Handelns
folge aus diesem Imperativ nicht, da man voraussetzen müsse,
daß die gleichen individuell-sozialen Bedingungen für das
Handeln vorhanden sind (vgl. B. Bauch, Die Philos. im
Beginne des 20. Jahrh. I, 97; Simmel, Kant).

Daß die Pflicht um der Pflicht willen, nicht aus
bloßer Rücksicht auf außersittliche Zwecke oder Erfolge
befolgt werden will und soll, damit ein sittlicher Willensakt
zustandekommt, das ist das Richtige in diesem Formalismus.
Die „praktische Vernunft" und der reine Sittlichkeitswille
fordert sittliche Pflichterfüllung unbedingt, und das ethische
Urteil macht dieses Pflichtmäßige ohne Rücksicht auf den
äußeren Erfolg zu seinem Maßstab. Aber daraus folgt noch
nicht, daß das Sittliche in der bloßen Form des Wollens
bestehe, das „Was" des Sittlichen ist mit dem subjektiven
moralischen Verhalten noch nicht gesetzt, sondern ist das
notwendige Korrelat zu diesem „Formalen". „Wenn bereits
feststeht, was das Pflichtmäßige ist, so soll dasselbe aus eben
den Gründen vollbracht werden, aus welchen es dieses ist,
und nicht aus irgendwelchen ‚eudämonistischen‘ Nebenzwecken. Dieser wahre Satz ist sehr wohl von dem falschen
zu unterscheiden, daß das Pflichtmäßige selbst nicht auf
Zwecken beruhe; nur jene Nebenzwecke begründen wirkliche Heteronomie" (Ueberweg-Heinze, Grundr. d. Geschichte d. Philos. III⁹, 349). Das Sittliche ist seinem Inhalt
nach ein Zweck, den zu realisieren Pflicht ist, aber nicht ist
umgekehrt die rein formal bestimmte Pflicht der sittliche
Inhalt; ohne Beziehung auf einen solchen Inhalt ist der
Pflichtbegriff leer. Sagt man aber, der Inhalt sei in einer

---

*) Ähnliches spricht schon Paley aus.

Mannigfaltigkeit von Moraleinzelheiten vorhanden, er komme jedoch nicht für die Grundlegung der Ethik in Betracht, so setzt sich eine solche Ethik der Gefahr aus, dem individualistischen Subjektivismus Tor und Tür zu öffnen. Denn schließlich kann, wenn es an einem festen, objektiven Inhalt des Sittlichen gebricht, alles mögliche zum „Prinzip einer allgemeinen Gesetzgebung" sich eignen, ohne im geringsten unter die Kategorie des Ethischen zu fallen. Gewiß ist es eine Probe, die wir anstellen können, um uns zu vergewissern, daß ein Sittengesetz ein wahres Sittengesetz ist, uns in Gedanken vorzuhalten, ob ein solches Verhalten, wie das unsrige es ist, für jeden unter ähnlichen Umständen Befindlichen Norm sein könnte, sollte; jedenfalls können wir so eine Hilfe für die Beurteilung unsittlicher Handlungen gewinnen. Aber dieses formale Kriterium genügt nicht, es ist zu weit, zu vag, zu abstrakt, es bedarf einer Ergänzung durch die Zwecke des sittlichen Handelns, im Hinblicke auf welche unser Wollen und Handeln als ein Gesolltes sich darstellt. Nicht alles, was „gesetzlich" sein könnte, ist sittlich, wenn auch alles Sittliche zum allgemeinen Willensgesetz erhoben werden kann und muß. Was, unter bestimmten Umständen, Pflicht ist, das muß von jedem anderem gefordert werden, weil es eben Pflicht, ein Inhalt des sittlichen Willens, der sittlichen Vernunft ist; auf die besonderen Umstände muß hierbei Rücksicht genommen werden, welche Pflichten ausschalten oder auch hinzufügen können, die unter den gewöhnlichen, vorgesehenen Umständen zu fordern sind, bzw. nicht zu verlangen sind, weil es sich eben um (typische) „Ausnahmen" handelt (z. B. Unwahrheit gegenüber verfolgenden Mördern u. dgl.), oder das Interesse einer höheren, zweckdienlicheren Moral, als die herkömmliche es im einzelnen ist, verlangt. Im „Normalen" wie in der „Ausnahme" muß aber der sittliche Vernunftwille mit sich selbst einstimmig bleiben, er muß (und will) konsequent seine Identität bewahren durch die feste Richtung auf das als sittlicher Zweck Erkannte oder auch nur dunkel Gefühlte. Der wahrhaft universale sittliche Zweck ist es, was die Einstimmigkeit und Allgemeingültigkeit des sittlichen Willens ermöglicht, was ihn zum objektiven „Prinzip einer allgemeinen Gesetzgebung" befähigt. Korrigiert man den „kategorischen Imperativ" so, daß man sagt: „Handle so, daß der Zweck deines Handelns in der Richtung des universalen Vernunftwillens liegt", dann ist der Allgemeinheit und Gesetzlichkeit der praktischen Vernunft Genüge getan, ohne den Formalismus überspannen zu müssen, ja unter „Aufhebung" des Formalismus in einem umfassenderen Standpunkt. Weil aber der Einzelne nicht durchweg von selbst diese „Richtung" erkennt, bedarf es einer früh einsetzenden Moralpäda-gogik, welche auf Grundlage der Verarbeitung der Moraltatsachen durch die Ethik die Wege zum „Richtigen" weist. Auf diesem Gebiete ist noch sehr viel zu leisten, vor allem wird auch unabhängig von bestimmten religiösen Dogmen, wenn auch nicht notwendig ohne jede Verbindung mit der Religion, eine ethische Jugendbildung Platz greifen müssen, zu welcher die Anfänge bereits gemacht worden sind (vgl. Fr. W. Foerster, Jugendlehre, 1904; A. Döring, Sittenlehre, 1898). Es bedarf ferner einer auf die Fortbildung und Läuterung des Gemeinschaftslebens gerichteten Sozialpädagogik und Sozialethik (vgl. Natorp, Sozialpädagogik[2], 1904; R. Goldscheid, Zur Ethik des Gesamtwillens I, 1903; Unold, Grundlg. f. e. mod. prakt. eth. Weltansch. 1896).

c) Rechtsphilosophie.

§ 24.

Die Aufgabe der Rechtsphilosophie.

Während die Jurisprudenz die geordnete Kenntnis und Erkenntnis der positiven Rechtsnormen und der positiven Rechtstechnik ist, als allgemeine Rechtswissenschaft sich mit den Grundsätzen, Grundbegriffen und Methoden, als Rechtsgeschichte sich mit der historischen Entwicklung des positiven, geltenden Rechts und seiner Formen befaßt, wobei die „vergleichende Rechtswissenschaft" die allgemeinen Ursprünge, Typen und Gesetzmäßigkeiten der Rechtsentwicklung überhaupt erforscht (Arbeiten von Bachofen, McLennan, Lubbock, H. S. Maine, Morgan, Dargun, Kohler, A. H. Post, Wilken, Letourneau u. a.), macht die Rechtsphilosophie das Recht als solches, die Rechtsidee zum Gegenstande der Reflexion, um aus der Erkenntnis des Wesens, des Sinnes und des Zwecks des Rechts eine tiefere Einsicht in die Bedeutung des positiven Rechts zu gewinnen, um einen festen Wertmaßstab zur Beurteilung des Wertes bestehenden Rechts und Fingerzeige zu rationeller Weiterbildung desselben zu haben, zur Ausgestaltung im Sinne des „richtigen Rechts", der möglichsten Annäherung an die Rechtsidee. Sie hat es nicht, wie ehedem bestimmt wurde, mit einem besonderen „Naturrecht" als eigener Realität zu tun, sondern sie hat die Vernunft im Recht, die Logik des Rechtslebens herauszuarbeiten, die allgemeingültigen Prinzipien des Rechts und der Rechtsinstitutionen, zugleich auch das der Rechtsentwicklung immanente Ziel, den Rechtszweck als Rechtsideal zur Aufstellung von Normen für die methodische Bearbeitung positiver Rechtssatzungen.

Die Methode der Rechtsphilosophie ist nicht mehr das spekulativ-konstruktive, teilweise metaphysische Verfahren früherer Zeiten, sondern die kritische. Nicht aus vorgefaßten, willkürlich aufgestellten Begriffen darf das Rechtsleben konstruiert werden, sondern man muß von der Erfahrung ausgehen, das wirkliche Recht auf seinen allgemeinen Inhalt analysieren und vermittelst psychologscher Untersuchung die Natur des Rechtsbewußtseins studieren, um die Motive des Rechtslebens genauer, ihren Elementen nach zu ergründen. Ferner muß an der Hand der vergleichenden Rechtswissenschaft den primitiven Ursprüngen des Rechts nachgegangen und der Versuch unternommen werden, das Typische der Rechtsentstehung und Rechtsentwicklung auf ethnologischer und historischer Grundlage festzustellen. Aber die historische Betrachtung des Rechtslebens genügt noch nicht, sie ist erst die Vorarbeit zur Gewinnung der Rechtsprinzipien auf dem Wege kritischer Besinnung. Von der so erreichten Rechtsidee aus wird dann wieder das konkrete und positive Rechtsleben beleuchtet, beurteilt und bewertet; insofern ist die Rechtsphilosophie die „Lehre vom spezifischen Rechtswert", sucht sie „die allgemeingültige Rechtsformel, den formalen absoluten Zweck jedes einzelnen geschichtlichen Rechts, den systematisch gegliederten Inbegriff von Postulaten, die an jede empirische Rechtswirklichkeit ergehen" (E. Lask, In: Die Philos. am Beginne des 20. Jahrh. II, 4).

Mit der Rechts- wird auch die Staatsphilosophie verbunden, welche die Idee des Staates, den Ursprung, die Bedeutung, den Zweck, den Wert des Staates von umfassendsten Gesichtspunkten aus zu untersuchen hat. Beide, Rechts- und Staatsphilosophie, müssen einerseits von den Ergebnissen der Soziologie Gebrauch machen, anderseits auch ethische Gesichtspunkte zur Geltung kommen lassen, aber so, daß das spezifisch Rechtliche erst voll herausgearbeitet wird, damit keine unmethodische und unsachliche Vermengung des Juridischen und Ethischen erfolgt. In abschließender Weise wird die Beziehung, welche das Rechts- und Staatsleben nicht bloß zum Ethischen, sondern zu den Gebilden des Gesamtgeistes, zum Kulturleben überhaupt hat, sowie die Stellung, welche das Recht innerhalb der universalen Weltanschauung und des sie formulierenden Begriffssystems einnimmt, zu erörtern sein.

Die Einseitigkeiten der „spekulativen" und der „historischen" Rechtsschule lassen sich durch die vom Geiste des Kritizismus, der kritischen Verarbeitung des juridischen Erfahrungsmaterials, unter Herausarbeitung des „A priori" im Rechte beseelte Methode überwinden.

Gedanken zur Rechtsphilosophie finden sich schon bei einigen Sophisten (Lehre von der Konventionalität des Rechts, „Machttheorie": Hippias, Polos, Thrasymachos, Kallikles; Gedanke des Naturrechts bei Alkidamas), bei Plato und Aristoteles (Staatsphilosophie, Idee des „besten Staates", erste „Utopie" bei Pl.), bei den Stoikern (Lehre vom universalen Naturrecht: besonders Cicero, Seneca, Marc Aurel u. a., in die römische

Jurisprudenz übergehend), bei den Epikureern (Konventions-charakter von Recht und Staat, Utilitätsmotive), ferner bei Thomas v. Aquino u. a. Das „Naturrecht" lehren besonders, teilweise mit Zurückführung desselben auf das göttliche Gesetz, Melanchthon, Oldendorp, B. Winkler, D. Sotho, Molina u. a., ferner Albericus Gentilis und Hugo Grotius, dann mit der Fiktion eines „Naturzustandes", aus dem der Mensch durch „Vertrag" heraustritt, Hobbes, Spinoza, später Rousseau. Als Naturrechtslehrer bekannt sind Pufendorf, Leibniz, Chr. Thomasius, Chr. Wolff, Seckendorf, H. v. Cocceji u. a. Vom Ethischen scheidet streng das Recht als Ordnungsprinzip Kant, in dessen Sinne u. a. A. Feuerbach lehrt, nach welchem das Recht der „praktisch-juridischen Vernunft" entspringt, teilweise auch J. G. Fichte. Spekulativ begründet das Recht als Gebilde des „objektiven Geistes" Hegel und seine Schule (Michelet u. a.), in anderer Weise Chr. Krause und seine Schule (H. Ahrens', Röder u. a.). Spekulativ-theologisierend lehren Rechtsphilosophie Ad. Müller, de Bonald, J. Stahl u. a. Im Gegensatze zum Naturrecht steht die historische Rechtsschule: Edm. Burke, Hugo, Savigny, Puchta, Bluntschli, F. Dahn (letzterer schon vermittelnd) u. a. Ethisierend ist die Rechtsphilosophie bei Trendelenburg, J. H. Fichte u. a. Das soziale Moment betonen mehr oder weniger L. Knapp, Jellinek, Jhering, Ulrici, Lasson, Pikler, Spencer, Gumplovicz, Ratzenhofer, Schröder, Tönnies, Dilthey, Wundt, R. Stammler u. a. Psychologisch bestimmen das Recht Stricker, M. Benedict, Hoppe u. a. (früher schon Herbart). Ein Natur- oder Vernunftrecht anerkennen v. Hertling, V. Cathrein, Gutberlet u. a. Eine Rechtsphilosophie im Sinne des kritischen oder „methodischen" Idealismus vertreten Schuppe, H. Cohen, Natorp, E. Lask u. a., besonders R. Stammler, der das Recht als die „Form" des sozialen Lebens bestimmt, als einen „Zwangsversuch zum Richtigen", zum „richtigen Recht", d. h. zu dem der idealen Gemeinschaft entsprechenden Recht. Für die juristische Prinzipienlehre und Rechtsphilosophie überhaupt sind von Bedeutung Arbeiten von Bergbohm, Bierling, Rümelin, Brodmann, M. Liepmann, M. E. Mayr, P. Eltzbacher, von Jodl (Üb. d. Wesen d. Naturrechts, 1893), Fouillée, A. Aall, Wallaschek u. a.

Für die Staatsphilosophie kommen in Betracht Plato, Aristoteles, die Stoiker, Augustinus, Thomas, Dante, Campanella, Th. Morus („Utopia"), Hobbes, Spinoza, Macchiavelli, J. Bodin, R. Filmer, die „Monarchomachen" (Languet, Buchanan, Mariana u. a.), J. Milton, Locke, Montesquieu, Rousseau, Kant, J. G. Fichte, Hegel, Ad. Müller, J. Stahl,

L. v. Stein, R. v. Mohl, Bluntschli, Schäffle, K. Marx, Lasalle, Gumplovicz, A. Menger u. a. Der Staat wird bald auf Konvention zurückgeführt (z. B. Hobbes, Rousseau), bald als etwas Organisches betrachtet (Puchta, Hegel u. a.), bald theologisch begründet (J. Stahl u. a.), bald auf Macht, Gewalt zurückgeführt (L. v. Haller, Gumplovicz u. a.), oder zugleich soziologisch, kulturell, ethisch begründet.

§ 25.

Die Idee des Rechts.

Ein Grundproblem der Rechtsphilosophie ist die Frage: ist alles Recht etwas historisch Gewordenes, Relatives, vom besonderen Volks- und Zeitgeist Abhängiges, gibt es also nur positives Recht, welches einzig und allein im Gesetzeswillen des Staates und der Gesellschaft seinen Grund und seine Norm hat, oder besteht auch irgendwie ein allgemeingültiges, absolutes, in der menschlichen Natur oder in der Vernunft als solcher gründendes Recht, ein Idealrecht, welches als oberster Wertmaßstab für die Beurteilung der „Richtigkeit" des bestehenden Rechts gelten kann? In bezug auf dieses Problem gehen die Ansichten auseinander. Die einen anerkennen ein besonderes „Natur-" oder „Vernunftrecht" als Grundlage des positiven Rechtslebens, die andern sehen im Recht eine bloße staatliche Satzung, bzw. ein Ereignis des Machtwillens herrschender Gesellschaftsklassen, während wieder andere geneigt sind, eine die positive Rechtsentwicklung leitende, ihr immanente allgemeine Rechtsidee anzunehmen.

Der Begriff des „Naturrechts" ist jetzt, besonders in den Kreisen der Juristen, recht verachtet, es gilt meist als rückständig, diesen Begriff ernst nehmen zu wollen. In der Tat ist eine Theorie, nach welcher der Mensch von Natur (bzw. von Gott) aus, im „Naturzustand", irgendwelche ihm angeborene und der Vernunft als solche evidente „Urrechte", unverlierbare, ewig gültige Rechte gehabt haben soll, keine im juristischen Sinne haltbare Theorie, sondern eine Fiktion, welche das Recht zurückdatiert, also etwas, was erst sich innerhalb des Gemeinschaftslebens gebildet und entwickelt hat, in einen fingierten, präsozialen „Naturzustand" verlegt, das Recht als ein rein individuelles Besitztum betrachtet. Es gibt kein konkretes „Naturrecht"*) v o r und n e b e n dem positiven Recht, es gibt nur sozial und staatlich gesetztes „Recht". Es hat auch keinen „Naturzustand" im Sinne eines unsozialen Lebens der Individuen, der zum „bellum omnium contra omnes" (H o b b e s) hätte führen müssen, gegeben (— er scheint übrigens von Hobbes, auch von Rousseau nur in fiktiver Weise aufgestellt zu sein). Auch als „Vernunftrecht" kann der alte Begriff des Naturrechts nicht unverändert gelten. Die Vernunft, rein als solche, als Funktion des Individualgeistes, erzeugt keinerlei Rechtsbegriff, das Recht ist ein Gebilde des Gesamtgeistes, und erst sekundär auch ein individualer Besitz. Inwiefern in dem Gedanken des Vernunftrechts doch ein haltbarer Kern steckt, soll weiter unten gezeigt werden, hier müssen wir vorerst energisch jeden Versuch ablehnen, das Vernunftrecht erstens als ein in irgend einer Phase der Menschheitsentwicklung schon bestehendes „Urrecht", zweitens als ein der individualen Vernunft Eingeborenes, ursprünglich Einwohnendes und daher auch Selbstevidentes zu bestimmen. Gegen die Annahme eines k o n k r e t e n Naturrechts, freilich auch n u r gegen eine solche, hat sich die Jurisprudenz mit Recht gewehrt.

Das Recht als s p e z i f i s c h e Art der Regelung des Ge-

---

*) Das „ius naturale" ist nach den Institutionen (I, 2, 2) das, „quod natura omnia animalia docuit", das allen Völkern gemeinsame Urrecht („ius gentium"). Nach A. G e n t i l i s ist es „instinctus naturae, qui itidem immutabilis" (de iure belli III, 2); ähnlich H u g o G r o t i u s, nach welchem das Naturrecht das der vernünftigen Natur des Menschen Gemäße ist (de iure belli I, 10, 1). Es ist nach P u f e n d o r f dasjenige Gesetz „quae cum rationali natura hominis ita congruit, ut humano generi honesta et pacifica societas citra eandem constare nequeat" (de off. hom. II, 1, 2).

meinschaftslebens, als Inbegriff staatlicher Gesetze, ist nichts Ursprüngliches, sondern ein Produkt historisch-sozialer Entwicklung. Es tritt im und zugleich mit dem Staat auf. Aber dies nur als reines, für sich bestehendes, von Sitte und Sittlichkeit unterschiedenes Recht, als Gesetzesrecht, an dessen Entstehung der Machtwille der Herrschenden und Regierenden mit beteiligt ist. Dieses Gesetzesrecht geht aber nicht aus dem Nichts hervor, es ist auch nicht ein bloßes Produkt der staatlichen Gewalt, sondern es bildet sich aus im Anschlusse an das schon früher bestehende, vorgefundene und im Kern auch meist anerkannte Gewohnheitsrecht, welches erst im Gesetzesrecht (teilweise) zur „Kodifikation" gelangt und aus der Stabilisierung einer Summe überlieferter und gehandhabter „Rechtsgewohnheiten" entstanden ist. Diese Rechtsgewohnheiten nun sind, je weiter die historische Entwicklung zurückliegt, desto inniger mit der Sitte verknüpft. Sie sind nichts anderes als eine Form der Sitte, sind ein Inbegriff von Rechtssitten. In der Sitte ist das, was später sich zum Recht differenziert, angelegt, als Potenz enthalten. Die Sitte ist habituell gewordene Einheit des sozialen Verhaltens, sie hat zur Funktion eine bestimmte, in den Lebensbedingungen, Vorstellungen und Wertungen der Gemeinschaft wurzelnde Regelung der Lebensweise der Mitglieder der Gemeinschaft, sie ist also bindend, verpflichtend, normativ, sie ist ein soziales Ordnungsprinzip, ein Ausfluß des Gesamtgeistes, für den Einzelnen eine objektive Macht, die er achtet, fürchtet, verehrt, je älter, eingewurzelter, bewährter sie ist, je mehr sich ihr Ursprung in das Dunkel der Vergangenheit und der religiösen Überlieferung verliert. Die Sitte geht nicht aus planmäßiger Überlegung hervor, sondern sie entspringt organisch aus Instinkten, Trieben, Bedürfnissen, zu welchen nach und nach auch Erfahrungen verschiedener Art sowie bewußte Zwecksetzungen kommen. So verschieden nun die Sitten verschiedener Völkerschaften sind, ein Grundstock gemeinsamer, gleichartiger Regelungen besteht doch. Sofern nämlich ein Gemeinschaftsleben überhaupt möglich sein soll, müs-

sen gewisse **Normen** des Verhaltens der Gemeinschaftsmitglieder sich mit **teleologischer Notwendigkeit** ausbilden, als Mittel zur festen Organisation, als bleibende
Formen des Gemeinschaftslebens. Je mehr im Verlaufe der
kulturellen Entwicklung die verschiedenen Gesellschaften
einander in der Struktur, in ihren Anschauungen und Wertungen ähnlich werden, desto umfassender muß das Gleichartige in der Regelung des sozialen Lebens werden. Nur ist
jetzt das Stadium der bloßen Rechtssitte längst überwunden,
es gibt ein System von fixierten „Gesetzen", ein „objektives
Recht" und als Korrelat zu ihm das „subjektive Recht" als
Inbegriff von Befugnissen, von „Freiheiten", ein Gesetzesrecht, dessen Setzung, Wahrung und zwangsmäßige Durchführung der Staat, der staatlich organisierte Gesamtwille
und seine Organe im Auge hat. Die Sitte genügt im engen
Kreise der durch Verwandtschaft, gemeinsame Abstammung,
Gleichartigkeit des Habitus, der Interessen usw. organisch
geeinten Stammes- und Volksgemeinschaft. Sie genügt nicht
mehr im Staate, welcher eine Reihe ethnisch verschiedener
sozialer Gruppen umspannt, machtvoll zusammenhält. Mit
dem Staate entsteht die Notwendigkeit ausdrücklicher
Zwangsgesetze, welcher die Freiheit der Einzelnen und der
Sondergruppen zugunsten eines geordneten sozialen Ganzen
einschränkt. So erweist sich das Recht als **das konstituierende Prinzip staatlich organisierter Gemeinschaft,** als die Regelung des „äußern" Verhaltens
der Menschen, d. h. jenes Verhaltens, welches in direkter
Beziehung zum sozial-staatlichen Zusammenleben steht, für
die Erhaltung und das Gedeihen desselben als notwendig, als
unerläßlich erscheint. Das Recht „mißt die Machtsphären der
Individuen im Zusammenhang mit der Aufgabe ab, welche
sie innerhalb dieser äußeren Organisation gemäß ihrer Stellung in ihr haben" (Dilthey, Einl. in d. Geisteswiss. I, 97).
Es sichert durch seinen Zwang die Aufrechterhaltung (zunächst der infrasozialen Beziehungen, es bringt in das Getriebe des sozialen Lebens Einheit, Ordnung, Festigkeit und
ist insofern „das System der durch Zwang gesicherten sozialen

Zwecke" (Jhering, Zweck im Recht I, 240), es ist „die Summe der Erhaltungsbedingungen der Gesellschaft" und zugleich das „ethische Minimum" (Jellinek, Die sozial-eth. Bedeut. d. Rechts, S. 42).

Daß der Machtwille Einzelner und, noch mehr, herrschender Partialgruppen und Klassen an der Rechtsbildung beteiligt war und noch ist, kann nicht bestritten werden. Aber zum Recht wird das Gesetz doch erst durch seine Aufnahme in den Gesamtwillen, durch seine Anerkennung seitens der Gemeinschaft, mag diese Anerkennung zuerst auch eine unfreiwillige sein. Nicht jede Verordnung ist Recht geworden, nicht jedes Gesetz ist als Rechtsgesetz zur Geltung gekommen. Erst wenn die Satzung irgendwie zur Regelung des Gemeinschaftslebens tauglich erscheint, sich dem Gesamtwillen einfügt, ist sie Rechtsgesetz, sei es auch noch so schlecht, unvernünftig, relativ „ungerecht". Der Gemeinschaftswille will, wofern er lebendig ist, lieber eine schlecht soziale Regelung als absolute Anarchie, als einen Zustand der Gesetzlosigkeit, und so ist es nicht bloß Furcht vor der Macht oder Gewalt, sondern auch und in erster Linie der Rechtswille selbst, der das objektive Recht konstituiert. Recht ist niemals eine bloße Gewalt, sondern „disziplinierte Gewalt" (Jhering), es mag vielfach aus der Gewalt hervorgegangen sein, wird aber, infolge von „Motivverschiebung" und „Heterogonie der Zwecke", dann selbständig, zu einem für sich Wertvollen, weil und wofern es ein Ordnungsprinzip ist. Ursprünglich aus der Sitte organisch sich entwickelnd, erfährt das Rechtsleben mancherlei Modifikationen, es wird vielfach zum Gegenstand der Willkür, es wird mißbraucht oder einseitig, bestimmten Sonderinteressen zuliebe ausgestaltet. So kommt mancherlei Unrecht in das positive Recht hinein, aber nicht auf die Dauer. Denn die Tendenz des reinen Rechtswillens ist es, das Unrecht immer wieder aufzuheben, zu eliminieren, die Reinheit des Rechts zu wahren, es gegen Willkür und Unverstand, seine beiden Erzfeinde, zu beschützen. Es ist die Idee des Rechts, welche im „Kampf ums Recht" immer sieghafter auftritt, immer mehr Widerstände bricht, immer mehr die Gesetzgebung zu regulieren, zu beherrschen sucht, es ist die immanente Rechtslogik, welche (als Inhalt des Rechtswillens) zur Realisation, zur konsequenten Durchführung zu gelangen strebt. Überlebtes, den veränderten sozialen und kulturellen Verhältnissen nicht mehr entsprechendes, unzweckmäßig gewordenes Recht muß schließlich, trotz aller konservativen Beharrungstendenz von Rechtsinstitutionen, dem besseren, tauglicheren Rechte weichen, und anderseits muß das einseitigem Klasseninteresse dienende, nur partiales Recht ausdrückende Gesetz dem universalen Gemeinschaftsrecht weichen.

Die Entwicklung des positiven Rechts erfolgt keineswegs in beständigem Fortschritt, es findet im einzelnen genug Stillstand und sogar Rückschritt statt. Ein Fortschritt ist aber gleichwohl unverkennbar, ein Fortschritt von schlechterem zu besserem positiven Recht. Die Motive, welche dazu führen, sind gemischter Art, es ist keineswegs, wie Stammler meint, alles gesetzte Recht ein als solcher gewollter „Versuch, richtiges Recht zu sein". Wahr ist es aber, daß der Rechtswille als solcher die Tendenz zum „richtigen" Recht, zum „reinen" Recht hat. Es besteht sichtlich das der Kulturentwicklung immanente Streben nach Rationalisierung des Rechts, nach konsequenter Ausgestaltung des Rechtsgedankens. Nicht bloß im Sinne des „Gesetzgebers", um die Intentionen desselben richtig und genau durchzuführen, sondern auch im Sinne der reinen Rechtsvernunft, der Rechtsidee, des Rechtsideals. Die Rechtsidee ist die Norm zur Bewertung bestehenden Rechts und mit ein Antrieb zur Rechtsentwicklung.

Die Rechtsidee ist kein besonderes, konkretes Natur- oder Vernunftrecht, aber sie ist die dem Rechte immanente Vernunft, sie ist zugleich der reine Rechtszweck. Ein Recht ist „richtig", wenn es ein wahres, ein volles Recht ist. Das „wahre" Recht ist ein positives Recht, welches der Rechtsidee, dem Rechtswillen möglichst entspricht. Die Idee des Rechts ist aber keine andere als die Richtung des Gemeinschaftswillens auf möglichst harmonische Regelung des Gemeinschaftslebens.*) Das Recht ist um so besser, je mehr es sich zu solcher Regelung eignet, ein je besseres Mittel es zur Realisierung des Rechtszweckes ist. Da aber die Gemeinschaft einer beständigen Entwicklung unterworfen ist, die Verhältnisse sich immer wieder verschieben, die Einsicht und der gute Wille begrenzt ist, so ist das absolut vernünftige Recht, das „Vernunftrecht" im Sinne des der sozial-staatlichen Vernunft entsprechenden Rechts, ein Ideal, dem das konkrete, positive Recht sich nur mehr oder weniger annähern kann; das „formal" richtige Recht des Juristen ist nicht mit dem Idealrecht zu identifizieren, welches sich erst von umfassenderen sozialen Gesichtspunkten ergibt und erst den Begriff der Gerechtigkeit in einem mehr als formal-juristischen, in einem sozial-ethischen Sinn zur Geltung kommen läßt. Das Idealrecht ist kein konkretes System von Satzungen, sondern ein Richtungsziel für die Entwicklung und Weitergestaltung positiver Rechtsordnungen im Sinne sozialer Gerechtigkeit, welche mit bestimmten Pflichten ebensoviele bestimmte subjektive Rechte verknüpft und die möglichste Harmonie der Individual- und Sonderinteressen erstrebt.

Je mehr das positive Recht ein von sozialer Vernunft und sozialem Willen durchtränktes Recht ist, desto mehr entwickelt es sich zum vernünftigen Recht, so daß in der Idee positives und Vernunftrecht zusammenfallen. Soll das Recht vernünftig sein und bleiben, so darf es, so wertvoll es für sich als Ordnungsprinzip ist, nicht zum Selbstzweck werden, es darf der bloßen Form nicht der lebendige Rechtsgehalt, der Rechtszweck geopfert werden, der ein Bestandteil des Systems der Kulturzwecke ist. Letzten Endes muß der Rechtswille sich dem allgemeinen Kulturwillen einordnen,

---

*) „Richtigkeit eines rechtlichen Willensinhalts heißt Übereinstimmung mit dem sozialen Ideal" (Stammler, Lehre vom richt. Recht, S. 201). Soziales Ideal ist die „Gemeinschaft frei wollender Menschen" (l. c. S. 198), in der jeder die allgemeinen Zwecke zu den seinigen macht.

es darf nichts Recht werden, was die echte Kultur der Menschheit zu hemmen, zu schädigen geeignet ist. Das Recht ist, seiner Idee nach, dazu da, das soziale Leben so zu ordnen, daß es die Freiheit zur vollen Kulturentfaltung hat und bewahrt, es darf also in keinem Falle kulturfeindlich sein.*) Da aber der Wille zur humanen Kultur ein sittlicher Wille ist, so muß das Recht sich auch der Sittlichkeitsidee unterordnen. Nicht daß es mit der Moral zu konfundieren wäre, daß nur moralische Gesichtspunkte für das Recht in Betracht kämen, nein, es hat, wenn auch desselben Ursprungs wie die Moral (aus der Sitte), sein Eigenleben, seine Eigenlogik und Eigentechnik. Aber die Beziehung zur Sitte und zur Sittlichkeit büßt das Recht nicht ein, es strebt vielmehr, wie die Rechtsgeschichte zeigt, nach einer Harmonie mit der Moral, wie sie der einheitliche, seine Einheit unbedingt zu bewahren suchende Sozial- und Kulturwille bedingt. Recht und Moral, beide Sprößlinge eines Stammes, entwickeln sich teilweise selbständig, treten aber auch immer wieder in Wechselwirkung. Eine solche besteht auch zwischen dem Recht und der politischen, wirtschaftlichen, religiösen Kultur, so daß die Rechtsidee und ihre konkreten Formen die übrigen Kulturideen und ihre Formen sowohl beeinflussen als auch von ihnen beeinflußt werden, von Ideen, nicht bloß von materiellen Bedürfnissen etwa wirtschaftlicher Art, wie die „materialistische Geschichtsphilosophie" meint.

Das Recht, „das mit uns geboren ist", ist kein besonderes Recht, sondern der Anspruch auf Recht, das „A priori" alles Rechts, wurzelnd in der Tatsache, daß der Einzelne als Mitglied der Gemeinschaft mit ein Träger des Gemeinschafts- und Rechtswillens ist, dessen Grundforderungen

---

*) Das Recht ist „das organische Ganze der von der Willenstätigkeit abhängigen Bedingungen zur Verwirklichung der Gesamtbestimmung des menschlichen Lebens und der darin enthaltenen wesentlichen Lebenszwecke". „Der letzte und höchste Zweck des Rechts liegt in der Vollendung der Persönlichkeit und der menschlichen Gemeinschaft" (Ahrens, Naturrecht I, 278, 286). Vgl. Rümelin, Red. u. Aufs. I, 76; Wundt, Eth.², S. 580.

also auch ihn betreffen. Ebenderselbe Gemeinschaftswille, der zur Konsequenz bestimmte Pflichten jedes Mitgliedes hat, bedingt auch bestimmte Grundrechte für jeden Einzelnen, sofern er einfach Gesellschaftsglied ist. Anerkennt ihn die Gemeinschaft als Teil ihrer selbst, so muß sie konsequenterweise auch die Rechtsbefugnisse des Einzelnen anerkennen, welche sich aus seinem Charakter als Mitglied der Gemeinschaft mit logischer Notwendigkeit ergeben. Gewiß ist die Lehre, Gesellschaft und Staat seien durch einen „Vertrag" zustande gekommen, im strengen, historischen Sinne unhaltbar. Aber etwas ist an dieser Lehre doch richtig: es läßt sich vom Standpunkt des entwickelten Rechtsbewußtseins das Verhältnis des Einzelnen zur Gesamtheit nach Analogie einer Konvention betrachten, der zufolge der Einzelne seine Aktionsfreiheit einschränkt und regelt, soweit es das soziale Zusammenleben erfordert. Die Rechtsvernunft nötigt daher zu dem Schlusse, daß die Gemeinschaft als solche Pflichten gegen ihre Mitglieder hat, daß diesen die Möglichkeit gegeben sein muß, außer Schutz und Sicherheit etwa auch eine Sphäre für produktive Arbeit zu erlangen. Das „Recht auf Arbeit", als Korrelat des „Rechts auf Existenz" liegt in der Konsequenz der sozialen Bindung der Individuen, es ist ein „Urrecht" im wohlverstandenen Sinne, wie es etwa J. G. Fichte aufgefaßt hat, ein Postulat der sozialen Vernunft und des Sozialwillens, der sozialen Gerechtigkeit. In solchen Postulaten aber besteht dasjenige, was an dem alten Begriffe des Vernunftrechts haltbar ist und was das Tiefe in den Lehren eines Grotius, Pufendorf u. a. bildet. So kommt schließlich die Lehre vom „Naturrecht" doch noch zu Ehren, aber frei von allem Theologischen, spekulativ Metaphysischen und von aller Hypostasierung zu einem eigenen, konkreten Rechtssystem, mit voller Berücksichtigung des Gewordenseins jedes Rechtes und dessen historisch-nationalen Bedingtheit, welche ja ein Rechts-A priori, als feste, ideelle Grundlage der Rechtsentwicklung, als allgemeine Forderung, die an das

Werden des Rechts herangebracht wird und der sich jenes fügen muß, nicht ausschließt. Die Idee **harmoni-scher Ordnung**, welche das **Rechtsbewußtsein** konstituiert, ist, ohne ein angeborener Begriff zu sein, das **Über-historische**, das ideale Richtungsziel der geschichtlichen Rechtsentwicklung, dem das positive Recht selbst sich immer mehr wird annähern müssen, soll es dem Kulturwillen genügen.

d) Sozialphilosophie.

§ 26.

Die Aufgabe der Sozialphilosophie.

Mit Tatsachen des sozialen Lebens beschäftigen sich verschiedene „Sozialwissenschaften" (z. B. die National-ökonomie). Was diese Disziplinen miteinander gemein haben, ist das Soziale, die soziale Bedingtheit ihrer Objekte. Es bedarf nun einer allgemeinen Wissenschaft, welche von umfassenderen Gesichtspunkten aus das soziale Leben als solches betrachtet, es beschreibt, erklärt, wertet und normiert. Diese allgemeine Wissenschaft ist ein Teil der Philosophie, es ist die **Sozialphilosophie** (Social Philosophy: **Hobbes**) oder (seit **Comte** sogenannte) **Soziologie**. Sie ist **die Theorie und Kritik des sozialen Lebens**. Sie beschreibt die Formen des Gemeinschaftslebens, die „Strukturen" desselben, analysiert die zusammengesetzten sozialen Erscheinungen, um zu den Elementen, Faktoren, Triebkräften des Gesellschaftslebens zu gelangen, die Funktionen der gesellschaftlichen Organisation in ihrer typischen Bedeutung zu erforschen (Soziale „Statik" und „Mechanik"). Sie geht ferner dem Werden der Gesellschaften nach, indem sie die soziale Evolution kausal und teleologisch zu erklären und zu deuten sucht (Soziale „Dynamik", als Grundlage der Geschichtsphilosophie). Sie ist bemüht, die Idee und den immanenten

Zweck des sozialen Lebens begrifflich herauszuarbeiten, um so einen festen Maßstab für die kritische, wertende Beurteilung der sozialen Institutionen zu gewinnen. Kurz, die Soziologie will Einheit und Ordnung in die Fülle der sozialen Erscheinungen bringen, will, wo nicht feste Gesetze, so doch wenigstens Gleichartigkeiten, Typen, Rhythmen, Konstanten im Gemeinschaftsleben feststellen, den inneren Zusammenhang der sozialen Geschehnisse ergründen, um das auf analytisch-induktivem Wege Gewonnene deduktiv, zum Verständnis des sozialen Einzelfaktums zu verwerten und um aus der Idee der sozialen Evolution womöglich das soziale Ideal in objektiv gültiger Weise zu normieren. Wird es auch letzten Endes nicht umgangen werden können, das soziale Leben zur allgemeinen Weltanschauung in Beziehung zu setzen, wird also die Soziologie wie jede philosophische Disziplin in ihren Endmomenten metaphysisch, so darf doch der Sinn des sozialen Lebens nicht in metaphysischer Weise aprioristisch konstruiert werden, sondern die soziologische Kritik und Wertung muß auf breiter empirischer Basis erfolgen.

Um auf möglichst gesicherter Grundlage zu arbeiten, bedarf die Soziologie einer Reihe von Hilfswissenschaften, der Biologie, Anthropologie, Ethnologie, vergleichenden Rechts- und Religionswissenschaft, der politischen, Wirtschafts- und Kulturgeschichte. Von fundamentaler Bedeutung ist für die Sozialphilosophie die Psychologie, insbesondere als Völkerpsychologie. So wichtig auch die äußeren Bedingungen des sozialen Lebens, welche in ihrer Totalität das „Naturmilieu" bilden, sind, so sind doch die nächsten Faktoren und Ursachen sozialer Geschehnisse psychischer Art. In Instinkten und Trieben, Gefühlsimpulsen und zwecksetzenden Willensakten, in Vorstellungen und Gedanken verschiedener Art sind die Motive und Triebfedern sozial bedeutsamer Handlungen zu suchen, mögen die ihnen zugrunde-liegenden Bedürfnisse und Tendenzen auch durch äußere Faktoren ausgelöst werden. Nicht aus starren Naturgesetzen und auch nicht aus einem apriorischen logischen Schema, sondern nur aus der gesetzlichen Regsamkeit der Individual-

und Sozialseele, aus der Wechselwirkung psychischer Faktoren in einem sie umspannenden einheitlichen Zusammenhange ist das soziale Leben dynamisch zu erklären, zu interpretieren. Die Aufzeigung der Motive des sozialen Geschehens führt, indem sie eine Kausalerklärung ermöglicht, zugleich zu einer teleologischen Erklärung, welche — unter Berücksichtigung der „Heterogonie der Zwecke" — eine immanente soziale Finalität, ein Streben nach immer ausgedehnterer und vollkommenerer Realisation selbst gesetzter Ziele und Zwecke erkennen läßt, Zwecke, die erst rein impulsiv, triebmäßig, später auch bewußt-planmäßig gesetzt werden und welche Folgewirkungen haben, die selbst zu Zwecken werden, wofern sie in der Richtung des Sozialwillens liegen.

Die „organisistische" Schule zieht mit Vorliebe b i o l o g i s c h e Analogien heran, erklärt das Gesellschaftsleben wesentlich durch biologische Gesetzlichkeiten, indem sie die Gesellschaft (bzw. den Staat) als eine Art Organismus auffaßt. Gegenüber den Einseitigkeiten dieser Richtung ist zunächst zu bemerken, daß zwar gewisse Analogien zwischen Gesellschaft und Organismus zweifellos bestehen (Einheit in der Wechselwirkung, Korrelation der Teile, Wachstum, Zerfall, Arbeitsteilung und Differenzierung, Kreislauf, Störungen, Selbstregulierung u. a.), aber auch Unterschiede gewichtiger Art (größere Selbständigkeit und Freiheit der Gemeinschaftsglieder, loserer, nicht physisch, sondern nur geistig, durch Sprache usw. vermittelter Verband, Selbstbewußtsein der Individuen, während im Organismus eine größere Bewußtseinszentralisation herrscht, u. a.). Ferner wird durch die zu starke Betonung biologischer Analogien dem spezifisch Sozialen Abbruch getan, welches überbiologisch ist und besondere Gesichtspunkte der Betrachtung bedingt. Die vorwiegend biologisch gerichtete Soziologie wird leicht zu vag, zu konstruktiv, sie wird dem Reichtum der historischen Sozialentwicklung nicht gerecht, und sie vernachlässigt das höhere, aktivere, bewußtere Leben zugunsten der mechanisierten oder triebmäßigen Regungen. So wenig wie mecha-

nische genügen biologische Formeln zur Erfassung der Eigenart des sozialen Lebens, des inneren Triebwerkes des Gesellschaftlichen, welches uns erst die psychologische Betrachtungsweise näher zugänglich macht; ist ja das Verständnis
des Organismus selbst schon teilweise durch dessen Analogie zum Gesellschaftsleben bedingt und kann doch die
Biologie letzten Endes der Ergänzung durch Psychologie
nicht entbehren. Die Gesellschaft ist kein quasibiologischer
Organismus, wohl ist sie aber mehr als ein Aggregat, sie ist
eine O r g a n i s a t i o n, resultierend aus einem „Gesamtgeist",
einem einheitlichen Zusammenhang von Einzelseelen, dessen
Erzeugnis die soziale Gemeinschaft ist, ein Gebilde von
relativ selbständiger, objektiver Art, mit einem Eigenleben
ausgestattet und mit Funktionen, welche in gesetzlicher Weise
zur Wirkung gelangen. Nicht starre Naturnotwendigkeiten
zwingen die gesellschaftliche Entwicklung in ihren Bann,
aber auch nicht gesetzloser Zufall, regellose Willkür ist im
Sozialen herrschend. Gibt es vielleicht auch keine spezifischen
soziologischen Gesetze, so ruht doch jedenfalls das Gesellschaftsleben auf dem Untergrunde p s y c h i s c h e r Gesetz-
l i c h k e i t e n, psychischer Faktoren, deren Kausalität, modifiziert durch äußere Verhältnisse, in der bestimmten Sukzession und Koexistenz, in der Ordnung der sozialen Verhältnisse und Geschehnisse zum Ausdruck gelangt. Solche Gesetzlichkeiten liegen den einzelnen sozialen Gebilden zugrunde, wie Sprache, Sitte, Recht, Religion, Wirtschaft, sie
spezifizieren sich in ihnen, und diese relativ selbständigen
Formen des „objektiven Geistes" treten in Wechselwirkung
miteinander, wobei in verschiedenen Zeiten diese oder jene
Gebilde besonders richtunggebend sein können, ohne daß
man sagen dürfte, eines von ihnen, etwa die Wirtschaft,
sei die ausschließliche Ursache und Substanz der sozialen
Evolution. Totalursache der sozialen Veränderungen ist immer
der (von einem bestimmten Milieu und von seiner eigenen
Vergangenheit abhängige) Gesamtgeist, dessen Einheit im
Wechsel des Geschehens erhalten werden will.

Die Soziologie gliedert sich in t h e o r e t i s c h e und p r a k -

tische (angewandte) Soziologie. Letztere macht, gestützt auf die Ergebnisse der theoretischen Soziologie und unter sozialethischen Gesichtspunkten normativer Art, den Versuch, die Richtung der sozialen Entwicklung im Sinne des sozialen Ideals möglichst objektiv zu bestimmen und womöglich auch zu beeinflussen. Je nachdem dieses Ideal aufgefaßt und, noch mehr, je nach der Verschiedenheit der Anschauungen betreffs der notwendigen Technik (der Mittel) zur annähernden Verwirklichung des sozialen Ideals, des sozialen Telos, ergeben sich verschiedene Richtungen praktischer Soziologie. Der soziologische Individualismus erwartet das soziale Heil in dem freien Schalten- und Waltenlassen („Laissez faire laissez passer") der Individuen im wirtschaftlichen Kampfe. Der Sozialismus (im weiteren Sinne) fordert eine (totale) oder partielle) Vereinigung der Individuen zu einer Gesamtproduktion, deren Ergebnisse den Einzelnen in gleicher, jedenfalls aber in einer der geleisteten Arbeit voll entsprechenden Weise zugute kommen sollen, so daß schroffe Unterschiede bezüglich des Eigentums und der Lebenshaltung nicht bestehen. Der extreme Individualismus ist der Anarchismus, welcher Staat und Zwangsrecht verwirft, nur die freie Assoziation anerkennt; der extreme Sozialismus ist der kommunistische Sozialismus der Sozialdemokratie, welcher die Produktionsmittel nur einer einzigen Eigentümerin, der Gesellschaft zuweisen will, welche die Erträgnisse der Produktion an ihre Mitglieder entsprechend verteilt. Unter den sozialistischen Richtungen ist auch der Staatssozialismus bemerkenswert, welcher dem Staat die Aufgabe ausgleichend-verteilender Gerechtigkeit (Verstaatlichung einer großen Reihe von Produktionen) zuweist („Kathedersozialismus"). Mehr noch dem Individualismus Rechnung tragend ist die Lehre des Rechtssozialismus, welcher nur eine gerechte praktische Anerkennung der Pflichten der Gesellschaft gegen alle ihre Mitglieder auf Basis der bestehenden Rechtsordnung fordert.

Gedanken zur Sozialphilosophie begegnen wir schon bei einigen Sophisten, bei Plato und Aristoteles (Theorien des Idealstaates), den Stoikern und Epikureern (besonders Lucrez), auch bei Scholastikern; im Mittelalter zeigt-Ibn Chaldun schon Ansätze zu einer exakten (Milieu, Klima, Nation usw. berücksichtigenden) Soziologie. In neuerer Zeit kommen für die Soziologie in Betracht: Hobbes, Spinoza, Locke, Montesquieu (Milieu), Turgot, G. Vico, Hume, Ad. Smith und die Physiokraten (Individualismus), Ferguson u. a., Kant (Idee des Völkerbundes und „ewigen Friedens"), J. G. Fichte (Ethische Bestimmung der Gesellschaft, Staatssozialismus), Hegel (Logische Notwendigkeit des Daseins der Gesellschaft, der Staat als vernünftige, persönliche Macht), Chr. Krause, F. Baader, de Bonald u. a. Als selbständige Disziplin begründet (der von St. Simon beeinflußte) A. Comte nach „positivistischer" Methode die Soziologie (oder „physique sociale"); diese hat die Gesetzlichkeiten des sozialen Geschehens zu erforschen, die „Statik" und „Dynamik", d. h. die Struktur und die Entwicklung der Gesellschaft (Cours de philos. pos. IV, 210ff.). Die Soziologie fußt unmittelbar auf die Biologie*) (l. c. IV, 342), verfährt aber auch psychologisch-historisch. Biologisch-psychologisch ist die Soziologie von H. Spencer (Soziale Organe und Geiste, viele Analogien, aber auch Unterschiede betr. des Biologischen; Individualismus), P. Lilienfeld (Gesellschaft = realer Organismus), A. Schäffle, Novicow, R. Worms, Izoulet, P. Lacombe, R. de la Grasserie, E. de Greef, E. de Roberty, Espinas u. a. Nach Fouillée ist die Gesellschaft ein „organisme contractuel". Psychologisch-genetisch erklären das soziale Leben Herbart, Nahlowsky, G. Lindner, Steinthal und Lazarus (Lehre vom „Volksgeist"), Jhering, Rümelin, Wundt, P. Barth, Tönnies, Th. Achelis, V. Zenker, J. Duboc, Simmel, Nietzsche, Tarde (Nachahmung als Grundprinzip), Le Bon, Ribot, Lavrow, Karejew, Mackenzie, Giddings, L. F. Ward, O. Thon, Ratzenhofer u. a. Ethnologisch fundieren die Soziologie Maine, Morgan, Lubbock, Tylor, McLennan, Spencer, Bachofen, O. Caspari, Laveleye, A. Bastian, Starke, Westermarck, Wilken, Vierkandt, Ratzel, Lippert, Hellwald, Steinmetz, H. Schurtz, H. Post, Mucke, E. Grosse, Cunov, Hildebrand, J. Kohler, v. Dargun, Letourneau u. a. Den Darwinismus berücksichtigen besonders Schäffle, Huxley, Tille, Ammon, Haycraft, Vadala Papale, Vaccaro, Morselli, Ferri; vgl. auch

---

*) Mit einem Organismus vergleichen schon die Gesellschaft Plato, Aristoteles, die Stoiker, F. Bacon, Hobbes, de Bonald, Chr. Krause, Saint-Simon, die „organische Staatstheorie" u. a.

C. Jentsch, Sozialauslese, ferner die bei G. Fischer (Jena) erschienenen Schriften über „Natur und Staat". Physikalisch-chemische Analogien verwertet H. Carey. Die statistische Methode (Lehre vom „homme moyen") verwertet Quételet. Nach L. Gumplovicz ist die Soziologie die „Lehre von den sozialen Gruppen, ihrem gegenseitigen Verhalten und ihren dadurch bedingten Schicksalen". Der „Rassenkampf" ist der konstante Faktor der Geschichte. Induktiv bearbeitet die Soziologie Durkheim; zu erwähnen sind auch Arbeiten von Bordier, Winarsky, Coste, Fonsegrive, Bernès, G. Richard, Sacher, A. Fischer, Th. Ziegler. Nach Adickes ist die Soziologie eine selbständige, nicht zur Philosophie gehörige Wissenschaft; die Möglichkeit einer soziologischen Gesetzeswissenschaft bestreiten Dilthey, v. Below u. a. Den anarchistischen Individualismus vertreten Krapotkin, M. Stirner, Mackay, Tolstoj u. a. Sozialisten sind die Verfasser von Staatsromanen Th. Morus, Campanella, F. Bacon, Cabet, Bellamy u. a., ferner Morelly, Mably, Babeuf, Own, St. Simon, Bazard, Enfantin, Fourier, Louis Blanc, Proudhon, Considérant, Weitling, Marlo, Lassalle, K. Marx (Wirtschaftliche Grundlage des sozialen Lebens; Klassenkämpfe führen, durch den Widerspruch zwischen dem individualistischen Charakter des Kapitalismus und der Sozialisierung der Produktionsmittel im Großbetrieb, zur „Expropriation der Expropriateure", und zwar naturgesetzlich-notwendig), Fr. Engels u. a. „Marxisten" sind in der Soziologie Labriola, Loria, Kautsky, Mehring, Plechanow, Bernstein, L. Woltmann u. a. Die beiden letzteren suchen den Sozialismus kritizistisch-kantisch zu formen. Eine Art ethischen Sozialismus vertreten die Neukantianer K. Vorländer, H. Cohen, P. Natorp*) u. a. Staatssozialisten sind Rodbertus, Ad. Wagner, G. Schmoller u. a. Den Rechtssozialismus vertreten A. Menger, L. Schröder, L. Stein u. a. Hier sind auch u. a. noch E. Dühring, F. Oppenheimer (Agrarkollektivismus) zu nennen. Zur Kritik des Marxismus vgl. Arbeiten von Barth, Weisengrün, Masaryk, O. Lorenz, R. Stammler u. a.

§ 27.

Die soziale Idee.

„Gesellschaft" ist jeder durch die Einheit von Interessen und Zwecken verbundene Individuen-

---

*) Die Sozialpädagogik untersucht die „Wechselbeziehungen zwischen Erziehung und Gemeinschaft."

komplex. Das Band, welches die Individuen miteinander verknüpft, zu irgendwelchem Zusammenwirken veranlaßt oder nötigt, kann ein äußeres sein, sei es bloße momentane Not oder Gefahr oder „zufällige" Interessenübereinstimmung überhaupt, sei es dauernder Zwang, der durch Verhältnisse oder Gewalt, Macht irgendwelcher Art bedingt ist; es kann dies Band aber auch ein inneres sein, wenn nämlich gleiche Abstammung, gleichartige Beschaffenheit des Habitus, gemeinsames Schicksal die Einheit herstellt, wenn also das Gemeinschaftsleben auf dem Untergrunde gleicher Rasse oder Nationalität oder geschichtlicher Tradition funktioniert. Zu beachten ist, daß äußerlich verbundene Gesellschaften mit der Zeit sich verinnerlichen und daß anderseits „natürliche" Gemeinschaften infolge verschiedener Einflüsse (z. B. Durchsetzung mit fremden ethnischen Elementen) die innere Einheit einbüßen können. Zu unterscheiden sind ferner die durch gleiche Abstammung und gleichartigen „Volksgeist" geeinte natürliche Gemeinschaft und die durch die Gleichheit geistiger Zwecke verbundene, verschiedene nationale Gruppen umfassende Kulturgesellschaft,*) die infolge immer weitergehender Vereinheitlichung der Endzwecke eine zunehmende Verinnerlichung erfährt, auch wenn sie in mehr äußerlicher Form sich zu entwickeln begonnen hat.

In der entwickelten Kulturgesellschaft spielt der Vertrag, die Konvention eine nicht geringe Rolle. Er stiftet, am Leitfaden gemeinsamer Interessen, eine Summe sozialer Sondergruppen, die zusammen das große Ganze der Gesellschaft bilden. Freie Vereinbarung zum Zusammenwirken in politischer, wirtschaftlicher, religiöser, wissenschaftlicher, künstlerischer Tätigkeit, bzw. zur Förderung ihrer Zwecke ist für die höheren Stufen der sozialen Evolution charakteristisch. Aber entgegen einer veralteten Anschauung ist zu betonen, daß der Vertrag nicht den Anfang des Gemeinschaftslebens

---

*) Betreffs dieser Unterscheidung vgl. Tönnies (Gemeinsch. u. Gesellschaft, S. 3, 9 ff.); anders bei Wundt, Syst. d. Philos.², S. 621 ff.

bildet, daß die Gesellschaft nicht durch Satzung (θέσει), sondern auf „natürliche" Weise (φύσει) entstanden ist (wie schon Aristoteles erkannt hat, ἄνθρωπος φύσει ζῷον πολιτικόν, auch die Stoa). Ein „contract social" (wie ihn nach dem Vorgang der Epikureer, Hobbes', Spinozas' besonders Rousseau bestimmt) ist nichts als eine (wohl auch als solche, gemeinte) Fiktion zur theoretischen Begründung des Staates, die als solche nicht völlig der Zweckmäßigkeit entbehrt, wenn auch die historische Staatsbildung sich vielfach anders gestaltet hat. Jedenfalls setzt der Vertrag schon soziale Gruppen voraus, die präkonventionaler Art sind. Ein „Naturzustand", in welchem die Menschen vereinzelt, einsiedlerisch lebten, einander bekämpfend und ungesellig ihrem Lebensunterhalt nachgehend, hat nie existiert. Schon bei den primitivsten Völkerschaften tritt eine, wenn auch lockere soziale Gruppierung auf, ein Zusammenhalten wenigstens in Not und Gefahr, ein Zusammengehörigkeitsgefühl, welches die Individuen mit ihresgleichen verbindet. Es ist nicht anzunehmen, daß es beim „Urmenschen" anders war, besonders wenn man berücksichtigt, daß ein Gemeinschaftsleben schon bei einer Reihe von Tieren statt hat, insbesondere auch bei den Affen. Überall wo ein solches Gemeinschaftsleben biologisch wertvoll erscheint, zum Schutze und zur Förderung bestimmter Arten dienen kann, ist es zu finden. Und so ist es vollkommen begreiflich, daß auch die Menschen von Natur aus auf das soziale Leben angelegt sind, daß ihre psychophysische Organisation zur Sozialisierung drängen mußte. Nur in Gemeinschaft mit seinesgleichen vermochte der Mensch nicht bloß sich gegenüber den stärkeren und mehr instinktbegabten Tieren zu erhalten, sondern auch seine intellektuellen und übrigen Anlagen zu entfalten, seine Ziele zu erreichen. Kennen wir auch nicht den ältesten Zustand des Menschengeschlechts, so müssen wir ihn doch als einen solchen denken, daß er den allgemeinen Erkenntnissen entspricht, die wir betreffs der Natur des Menschen, seiner Triebe, Bedürfnisse usw. gewonnen haben. Da spricht alles dafür, daß schon in ältester Urzeit die Menschen gesellig

gelebt haben, freilich nicht in staatlich organisierten, umfassenden Verbänden, wohl aber in kleineren Gruppen, in Hor-
den, welche, sich in Familien und Sippen gliedernd, zu
Stämmen und Stammesverbindungen, Völkerschaften
sich entwickelten. Differenzierung einheitlicher Verbände in
Sondergruppen und Assoziation von Teilgruppen zu Gesamt-
verbänden, erst nur vorübergehend, dann auch dauernd, erweitern die soziale Gemeinschaft, indem sie sie zugleich inhaltlich reicher gestalten.

Was die primitivste Gemeinschaft zusammenhält, das
sind nicht bloß die Gefühle verwandtschaftlicher Zusam-
mengehörigkeit, auch nicht der gemeinsame Wohnort allein,
sondern auch gemeinsame Bedürfnisse und Interessen, welche
der Lebensfürsorge dienen. Instinktiv schließen sich zur Abwehr und zum Angriff wie zum Beutemachen die verwandt-
schaftlich und lokal zusammengehörigen Individuen zusammen. Ein bedeutsamer sozialisierender Faktor ist aber auch
der Geselligkeitstrieb, welcher gruppenbildend wirkt und oft
das Verwandtschaftsprinzip durchbricht (z. B. in den „Män-
nerbünden", auf deren Bedeutung besonders H. Schurtz
aufmerksam gemacht hat). Immer ist aber das einheitliche
„Gesamtbewußtsein", ein gewisser „Korpsgeist", das Erste,
Primäre, es geht dem Auftreten von Individualitäten mit
Sonderinteressen voran. Society is prior to man (Spencer).
Die Gleichartigkeit der Bedürfnisse, Gefühle, Triebe, Vorstellungen erzeugt ein Gesamtwirken, das aus einer bloßen
Summe selbständiger Individuen nicht resultieren könnte. Die
Frage, ob der gesellschaftliche Organismus ein einheitliches
Bewußtsein besitzt, ist zu bejahen, mit der Einschränkung,
daß dieser Gesamtgeist nicht ein Ich neben den Einzelichs,
sondern diesen immanent ist. Der soziale Gesamtgeist verändert sich durch das soziale Zusammenleben, von welchem
er ebenso beeinflußt wird, wie er selbst es schon bedingt und
gestaltet. Die Gewohnheit des Lebens in der Gemeinschaft
fügt zu den primären sozialisierenden Instinkten und Trieben
neue, sekundäre Sozialtriebe, welche das soziale Band ver-
stärken; in gleichem Sinne wirken Erfahrungen betreffs der

Nützlichkeit des Gemeinschaftslebens, welche aus bloßen Neben- und Folgewirkungen primärer Tendenzen neue soziale Zwecke und Motive gestalten. Während auf niederen Stufen der sozialen Evolution die Vergesellschaftung rein triebmäßig erfolgt, kommen später zielbewußte, gedanklich geleitete Willenshandlungen zur Geltung, die sozialen Institutionen werden planmäßig organisiert und bestimmte Ideen und Ideale wirken jetzt direkt auf das soziale Handeln ein. Das soziale Zweckbewußtsein leitet also in zunehmendem Maße der Bewußtheit und der Aktivität die Entwicklung des Gesellschaftswesens, welche zwar im einzelnen vielfach von „irrationellen" Faktoren (z. B. dem Machtwillen einzelner Gruppen und Persönlichkeiten) abhängt, im ganzen aber doch einem festen, dem sozialen Vernunftwillen gemäßen Ziele zustrebt; von einem rein passiven, naturnotwendigen Getriebenwerden der Gesellschaft kann nicht die Rede sein, die aktive Sozialregulation besteht und kann sich immer mehr steigern. Es sind, wie Wundt bemerkt, allgemeine Gesetze der Willensentwicklung, die sich in den „abwechselnden Evolutionen sozialer Triebe zu willkürlichen Gesellschaftsakten und den an sie sich anschließenden Involutionen willkürlicher Handlungen einzelner zu sozialen Trieben, die wiederum den Individuen sich mitteilen und in ihnen neue, auf die Gemeinschaft wirkende Impulse anregen können" (Log. II² 2, 599), bekunden. Von zwei Extremen hat sich die besonnene Soziologie fernzuhalten: von einer überspannten „Ideologie", welche die soziale Evolution auf lauter Vernunftakte zurückführen möchte, und vom soziologischen Naturalismus (bei Marx, Gumplovicz u. a.), welcher dazu neigt, eine eherne Notwendigkeit anzunehmen, welche ohne aktives Zutun des Menschen das Gesellschaftsleben bestimmt und vorausbestimmt.*) Sicherlich bestehen natürliche und historisch ent-

---

*) Diese Einseitigkeiten beleuchtet vortrefflich R. Goldscheid, Grundlin. zu ein. Krit. d. Willenskraft, 1905, welcher die Notwendigkeit einer „willenstheoretischen", den Anteil des zwecksetzenden Willens am historisch-sozialen Leben herausarbeitenden Betrachtung mit Recht betont.

standene Verhältnisse, welche das soziale Leben determinieren, aber neben der Abhängigkeit der sozialen Zustände und Geschehnisse von diesen Verhältnissen gibt
es auch eine soziale Kausalität und Finalität, welche
selbst Verhältnisse schafft und modifiziert, den Zwecken
des Gemeinschaftswillens entsprechend, und diese allmählich, nicht ohne Widerstände und Umwege, realisierend. Der Geist und dessen zentrale Aktivität, der Wille
ist es, was, allerdings unter dem Einflusse der „Natur",
die soziale Organisation aktiv gestaltet und weiterbildet, die
Verhältnisse den eigenen Intentionen, Zwecken so gut als
möglich anpassend. Von der Natur ausgehend und überall
an ihre Einflüsse gebunden, erhebt sich das Gemeinschaftsleben der Menschen doch über die Natur; durch kulturelle
Formung erfolgt allmählich eine zunehmende Rationalisierung der sozialen Verhältnisse, wie sie die Einheit und
Konsequenz der sozialen Idee als Inhalt des sozialen Grundwillens fordert. Postulate der sozialen Vernunft machen sich
geltend, zeitigen sozialpolitische Gedanken, welche unter günstigen Umständen früher, unter widrigen später die Praxis
bestimmen.

Typisch für die Entwicklung jener Gemeinschaften,
welche den Weg von den primitivsten Zuständen bis zur
Phase relativer Kultur zurückgelegt haben, ist das Zusammen-
spiel von sozialer Differenzierung und Integrierung.
Die anfangs fast homogene Gruppe gliedert sich unter dem
Einflusse äußerer und innerer Faktoren in Sondergruppen,
welche je eine Anzahl von Individuen umfassen, die, dem
Prinzip der Arbeitsteilung gemäß, ganz bestimmten Beschäftigungen obliegen. Es sondern sich Gruppen nach Alter,
Geschlecht, Beschäftigung ab und treten dann sofort in
Wechselwirkung miteinander. Es bilden sich soziale Schich-
ten, Klassen, Stände, durch welche die Gesellschaft eine
reichere Struktur erhält. Die Arbeitsteilung trennt die Individuen, die gleichartig beschäftigten (Krieger, Handwerker
usw.) schließen sich durch ihre gemeinsamen Interessen zusammen, aber es kommt auch wiederholt zu Kämpfen zwi-

schen verschiedenen Ständen und Klassen, zum Wettstreit
um Macht, Einfluß, Eigentum. Der Krieg besonders führt
(direkt und indirekt) zur Scheidung der Gemeinschaft in
Herren und Untertanen (Sklaven, Hörige, Leibeigene), er
bringt auch ethnisch Verschiedenes zusammen, und neue
soziale Bande werden notwendig. Es bildet sich die Gesellschaft zum Staate aus, welcher unter einem Gesetze, Rechte
mannigfache Gruppen zwingend zusammenschließt, während
in der „gentilgenossenschaftlichen" Organisation Verwandtschaft und Tradition genügte. Hier gibt es noch keinen
„Herrscher", nur Sippen- und Stammesälteste, welche den
Vorsitz im Rate der Alten, der Sippen- und Familienvorstände,
der Krieger führen, und dazu besondere Anführer im Kriege;
hier hat noch das ganze bewaffnete Volk Anteil an der
„Gesetzgebung". Später wird das anders, der Anführer eines
siegreichen Volkes wird zum Herrscher, dessen Macht so
groß werden kann, daß sie den Charakter des Despotis-
mus annimmt. Allmählich mit der wirtschaftlichen und geistig
kulturellen Erstarkung des Volkes kommt dieses wieder zur
Geltung, die Macht der Herrscher und die des Adels geht
zurück, die Gemeinschaft erhält wieder ihren Anteil an der
Gesetzgebung, sie gewinnt politische Freiheit und Selbständigkeit. Um diese in einem großen Staatswesen ausüben
zu können, mußte das Volk erst reif werden, es mußte, besaß
es ein starkes Solidaritätsgefühl nicht von Anfang an, erst zu
einem gedeihlichen Zusammenwirken erzogen werden, und
dazu diente und dient die Macht der fürstlichen und staatlichen Gewalt, auch wenn sie oft ihre Sonderzwecke ver-
folgte oder ihr Recht mißbrauchte und tyrannisch, ausbeute-
risch verfuhr. Der Staat, der erst dem Machtwillen einzelner
Gruppen und Persönlichkeiten diente, wird so zu einer wahrhaft sozialen Organisation, zur „organisierten Macht" der
Gesellschaft, die in fester, unverbrüchlicher Ordnung die
große Mannigfaltigkeit verschiedenster Gruppen kraftvoll verbindet, nicht bloß (als „Rechtsstaat") das Leben und Treiben
der Einzelnen schützt und bewacht, sondern auch (als „Kulturstaat") den Fortschritt humaner Entwicklung durch Schaffung

zweckdienlicher Anstalten fördert. Auch im Kulturstaat hört der „Zwang" nicht auf, aber er ist ein Zwang nur für die der rechtlichen Ordnung widerstrebenden Elemente, nicht für jene, die den Staatswillen in ihren eigenen Willen aufnehmen. Daß freilich der bestehende Staat kein Idealstaat ist, daß nicht alles, was von Staatswegen zu geschehen oder zu unterbleiben hat, im Sinne der reinen Staatsidee ist, ist sicher; aber zum „Anarchismus" nötigt das keineswegs, nur zur Forderung nach beständiger Anpassung der Staatsorganisation an die Zwecke des Kulturwillens, der Kulturidee in ihrer umfassenden, auch das Sittliche einschließenden Bedeutung.

Die soziale Differenzierung zerklüftet das Gesellschaftslebens, sie bringt Gegensätze und harte, lange Kämpfe hinein. Die ungleiche Macht, der ungleiche Besitz, die ungleichen Interessen, Ziele und Anschauungen der verschiedenen Sondergruppen lassen das soziale Band locker werden, und es bedarf immer neuer Momente zur Sozialisierung. Aber diese Differenzierung hat nicht bloß eine schlechte Wirkung, sie ist doch überwiegend nützlich. Denn sie ermöglicht erst die Entwicklung mannigfacher Anlagen und Kräfte, sie gibt dem Gesellschaftsleben einen reicheren, stetig zunehmenden Inhalt, sie vervielfacht die menschlichen Zwecksetzungen und die Mittel zu deren Realisierung. Sie wirkt kulturell, indem sie die humanen Potenzen zur Entfaltung bringt in der Weise, daß die Besonderung der Tätigkeit und der sozialen Stellung mit den kleinsten Mitteln ein Maximum von Nutzwirkung erzielt. Sie wirkt individualisierend, erzeugt eine reiche Mannigfaltigkeit von Individualitäten, welche an die Stelle bloßer Herdenmenschen treten, und durch ihre Initiative, ihre Ideen, ihre Tatkraft das kulturelle Leben und die Gemeinschaft selbst fördern. Soll aber die Differenzierung und der Prozeß der Individualisierung, der Schaffung selbständiger Persönlichkeiten, sozial wertvoll sein, so muß er stets von einem Prozesse erneuter Sozialisierung begleitet oder gefolgt sein. Es zeigt sich als der Zielpunkt der sozialen Evolution die Erreichung größtmöglicher Harmonie

zwischen der Sozialisierung und der Individualisierung, die höchste Solidarität möglichst selbständiger, kraftvoller Persönlichkeiten. Die soziale
Bindung darf die Möglichkeit der Herausarbeitung und Betätigung personaler Potenzen nicht hindern, die Individualisierung nicht bloß auf Kosten des Solidaritätsbewußtseins
erfolgen. Beides, das individualisierende und das sozialisie-
rende Moment, ist für die gedeihliche Entwicklung humaner
Kultur eine Notwendigkeit. Welche Interessen auch dem
Entstehen und Werden des Gesellschaftslebens ursprünglich zugrundeliegen, sicher ist, daß sich im Verlaufe desselben die humane Kultur als das Endziel darstellt,
dem wie der individuale Mensch so auch die menschliche
Sozietät dienen will und soll und an welchem diese ihren
obersten Wertmaßstab hat.

Die verschiedensten Versuche, die „soziale Frage" zu
lösen, geben nichts anderes als die Theorie einer besonderen
Technik zur Realisation des sozialen Ideals. Wie verschieden sie dieses Ideal auch formulieren, im Grunde wollen sie
doch dasselbe, die kulturell gedeihliche Gesellschaftsordnung.
Durch eine Art „Selbstregulierung" wird sich die Gesellschaft
immer mehr nach der Richtung solcher Ordnung hin bewegen, ohne jemals, wie es ja bei der Beschränktheit des
Endlichen nicht anders sein kann, das Ideal ganz zu verwirklichen. Über die Art der Technik, des Systems von
Mitteln zur sozialen Reform kann man wohl verschiedener
Meinung sein, wer aber die menschliche Natur kennt und
den historischen Prozeß der Sozialentwicklung unbefangen
betrachtet, muß überzeugt sein, daß weder ein absoluter
„Kommunismus" noch ein „anarchistischer" Individualismus
zum Ziele führen kann. Beide Richtungen sind einseitig,
die eine vernachlässigt die unausrottbare und kulturell höchst
wertvolle Individualisierungstendenz, die andere verkennt die
Notwendigkeit fester, geordneter Sozialität, welche den
Schwächeren die Möglichkeit freier, vor jeglicher Art Aus-
beutung gesicherter Wirksamkeit und Entfaltung gewährleistet. Worauf es vor allen Dingen ankommt, ist, daß eine

Gesellschaft so organisiert ist, daß ihre Institutionen den Boden nicht bloß für die Erhaltung, sondern auch für die möglichste Steigerung des Daseins der Gesellschaftsglieder bietet. Eine Gesellschaft, die sich ihres Grundwillens, ihrer Idee bewußt ist, muß in jedem ihrer Mitglieder ein Wesen von sozialem Werte erblicken, ein Wesen, an dessen Erhaltung und Gedeihen ihr gelegen sein muß. Je größer die Zahl tüchtiger, gesunder, arbeitsamer, Mitglieder ist, desto höher steht die Gesellschaft, deren eigenes Interesse also die Förderung der Einzelnen fordert. Nicht die Schwachen untergehen zu lassen, sondern sie zu kräftigen und Bedingungen für ein gedeihliches Leben und Wirken aller zu schaffen, fordert die soziale Idee; eine gerechte Sozialpolitik und eine umfassende Sozialhygienik tun not, sie allein können die Gesellschaft heben und die Rasse verbessern, die Nation zu höchstmöglichen Leistungen befähigt machen. Nicht erst der humane Kulturwille und die Sittlichkeitsidee, schon der Sozialegoismus selbst führt mit logischer Notwendigkeit zum Sozialaltruismus. Und er führt auch zu einem kollektivistischen „Mutualismus“, zu einer Kooperation jener Individuen oder Gruppen, die ihre Ziele allein nicht durchzuführen vermögen, zur freien Assoziation. Da aber nicht alles dem guten Willen und der Einsicht der Einzelnen und der Sondergruppen überlassen werden kann, so ist es für lange eine Aufgabe des Staates, den Prozeß der Solidarisierung und Sozialisierung tunlichst zu fördern, ohne aber die Initiative der Individuen und ihrer freien Vereinigungen lahmzulegen. Alles Äußerliche, Zwangsmäßige allmählich zu verinnerlichen, zu lebendigem Zusammengehörigkeitsbewußtsein zu wandeln, das liegt in der Richtung des sozialen Fortschrittes; mit Fichte kann man insofern sagen: „es ist der Zweck aller Regierung, die Regierung überflüssig zu machen“ (Best. d. Gelehrten, 2. Vorles.), der Staat ist ein „Mittel zur Gründung einer vollkommenen Gesellschaft“, deren Charakter „Wechselwirkung durch Freiheit“ ist (ibid.). Solch eine vollkommene, ideale Gesellschaft, aber auch nur sie, brauchte keine Regierung im Sinne bloßer Zwangsorganisation, aber selbst sie könnte ohne „Regierung", ohne konzentrierte, einheitliche Regelung nicht bestehen.

Während das Gemeinschaftsleben erst im wesentlichen der Lebenserhaltung dient, wird es dann auch immer mehr zu einem Mittel für die Lebenssteigerung (γινομένη μὲν οὖν τοῦ ζῆν ἕνεκα, οὖσα δὲ τοῦ εὖ ζῆν, Aristoteles, Polit. I, 2; III, 8). Es wird, indem es selbst kultiviert wird, zu einem Fundamente der Kulturarbeit, es ermöglicht erst eine von den Einflüssen der Natur relativ unabhängige, ruhigere und sichere Geistestätigkeit; in der Gesellschaft erst wird der Mensch wahrhaft zum Menschen, zum freien, vernünftigen, schöpferischen Wesen. So dient das Gesellschaftsleben der Vervollkommnung des Menschengeschlechts. „Gemeinschaftliche Vervollkommnung, Vervollkommnung seiner selbst durch die frei benutzte Einwirkung anderer auf uns, und Vervollkommnung anderer durch Rückwirkung auf sie, als auf freie Wesen, ist unsere Bestimmung in der Gesellschaft" (Fichte, Best. d. Gelehrt., 2. Vorles.). Der Sozialwille ist dem Individualwillen übergeordnet, sein Inhalt muß und soll zu Zwecken der Einzelwillen werden, aber nur sofern er, der Sozialwille, rein ist und selbst sich in den Dienst eines Höheren, des kulturellen Menschheitswillens, stellt, wenn er dem universalen Geistesleben dient (vgl. Eucken, Der Wahrheitsgehalt in der Relig., S. 89). Der Einzelne hat Pflichten gegen die Gesellschaft, diese hat Pflichten gegen die Individuen, beide zusammen haben Pflichten gegen die Humanität, gegen die Menschheit und deren kulturelle Ziele. Es ist das Ideal jeder Gesellschaft, zu einer reinen Kulturgemeinschaft sich zu entwickeln, und das Ideal der Menschheit ist ein „Menschheitsbund" (Chr. Krause), eine universale Kulturgemeinschaft, welche mit dem größten Umfange den reichsten, gegliedertsten Inhalt verbindet, eine Mannigfaltigkeit von Sondergruppen einschließt — also nicht als ein „Völkerbrei" oder als ein „Weltstaat". Der kulturelle „Kosmopolitismus" ist übernational, aber er braucht keineswegs antinational zu sein.*)

---

*) Vgl. Herder, Ideen zu ein. Philos. d. Menschheit; Kant,

Worauf es in erster Linie ankommt, ist das einträchtige Zusammen- und Wechselwirken der verschiedenen national gefärbten Sozietäten im Sinne menschlichen Fortschrittes, in der harmonischen Ausgestaltung des humanen Lebens und in der Erzeugung eines immer mehr sich ausdehnenden Wertgebietes, also in der Arbeit an der Förderung des „Wachstums geistiger Energie".

e) Geschichtsphilosophie.

§ 28.

Die Aufgabe der Geschichtsphilosophie.

Die Soziologie führt durch ihren auf die soziale „Dynamik" gerichteten Teil unmittelbar in die Philosophie der Geschichte,*) ja diese kann mit diesem Teil geradezu identifiziert werden, sie wäre dann ein Teil der Soziologie, während sonst das Sozialphilosophische oft als ein Teil der Geschichtsphilosophie betrachtet wurde. Man kann aber auch, nimmt man die Aufgabe der Geschichtsphilosophie im umfassenderen Sinn, die Philosophie der Geschichte der Soziologie koordinieren, selbständig behandeln. Sie ist, so genommen, historische Wissenschaftslehre (Logik) und historische Metaphysik, d. h. die Wissenschaft von den formalen und materialen Prinzipien der Geschichte. Sie untersucht von logischen und erkenntniskritischen Gesichtspunkten aus die Grundbegriffe, Grundsätze, Methoden der Historik, sucht das Spezifische dieser Wissenschaft zu bestimmen, die Bedeutung, die Gültigkeit und die Grenzen der historischen Arbeit zu ermitteln. Aber damit ist noch nicht, wie manche es haben wollen, die Aufgabe der Geschichtsphilosophie erschöpft. Auch der histo-

----

Ideen zu ein. allg. Geschichte; Zum ewigen Frieden; Wundt, Syst. d. Philos.², S. 629ff.

*) „Philosophie de l'histoire" zuerst bei Voltaire.

rische Inhalt ist zu berücksichtigen, philosophisch zu bearbeiten. Dies geschieht, indem er zu Tatsachen und Gesetzen der Psychologie, Soziologie und anderer Geisteswissenschaften in Beziehung gebracht wird, letzten Endes zu den Ergebnissen der Natur- und Geistesphilosophie, um mit ihnen zusammen das allgemeine Weltbild herzustellen. Die Zusammenhänge, welche der Historiker vorfindet oder herstellt, werden mit Zuhilfenahme gesicherter Prinzipien zur Einheit eines Gesamtzusammenhanges verknüpft, welcher nicht bloß die verschiedenen Phasen und Perioden des geschichtlichen Lebens kausal erklärt, sondern auch teleologisch begreiflich macht, durch Aufzeigung der den historischen Geschehnissen immanenten Ziele in ihrer Beziehung zu den Zielen der Menschheit überhaupt. Als Ausdruck von Willensintentionen und Ideen verschiedener Art, welche in verschiedenen Zeiten und Räumen in wechselnder Weise zur Geltung, zur Herrschaft gelangen, als Resultat zielstrebiger, aber durch „äußere" Einflüsse verschiedenster Art bestimmter Trieb- und Willenshandlungen, auf Grundlage organischer Bedürfnisse und verwebt mit Vorstellungen, Gedanken, Ideen und Idealen, wird die Geschichte, der zeitliche Verlauf menschheitlicher Entwicklung verständlich, indem sie sich so dem System unserer allgemeinen Einsichten einreiht. Nicht die historischen Tatsachen im Einzelnen zu erklären, sondern ihren Gesamtzusammenhang aus Prinzipien und Gesetzlichkeiten begreiflich zu machen und den Sinn, die Bedeutung, den Zweck, den Wert des geschichtlichen Werdens zu ergründen, fällt der Geschichtsphilosophie zu. Wohl kennen wir das „Endziel" der Geschichte nicht, es ist auch nicht mit logischer Notwendigkeit zu demonstrieren, da uns die konstanten Voraussetzungen dazu fehlen. Aber auf Grund der Kenntnis des bisherigen Geschehens und der Erkenntnis der Triebkräfte und Tendenzen desselben, wurzelnd in der Gesetzmäßigkeit menschlich-geistiger Organisation überhaupt, darf man doch ein historisches Telos, ein Geschichtsziel in der Idee antizipieren, sei es auch nur in regulativer, die Einheit der historischen Erkenntnis erleichternder Weise. In der Geschichte wird die Gegenwart durch das Vergangene erklärt, die Vergangenheit durch die Verhältnisse der Gegenwart begreiflicher gemacht, das Ganze aber kann durch eine besonnene, empirisch wohlfundierte Antizipation nicht positiver zukünftiger Verhältnisse, wohl aber des vor uns liegenden idealen Zieles aller Geschichte nur an Klarheit gewinnen. Diese historische Teleologie darf aber nicht die Kausalerklärung umgehen und sie darf nicht die immanenten Ziele der Völker und Persönlichkeiten übersehen — nicht etwa gleich theologisch (aus einem göttlichen Erziehungsplane z. B.) oder metaphysisch (aus dem „dialektischen" Prozeß des „Absoluten" z. B., oder aus transzendenten Ideen) verfahren; metaphysisch darf sie nicht in ihrer Grundlage, nur in ihrem Abschlusse sein.

Die Geschichtswissenschaft, das ist sicher, hat es nicht direkt mit allgemeinen Gesetzlichkeiten zu tun, sondern mit einem Individuellen, Einmaligen. Die besonderen Zustände, Verhältnisse, Begebenheiten einer Zeit, einer Nation stellt sie dar, ihnen wendet sie ihr Interesse zu, um zu berichten, wie es geschehen ist und woher es so kam. Mit der Frage nach dem „Warum" der Begebenheiten wird aber das bloß erzählende Verfahren schon überschritten, die Historik wird damit erklärend, kausal ableitend. Das kann sie aber nur, indem sie die (individual-sozialen) menschlichen Handlungen allgemeinen Begriffen unterordnet, Begriffen von Gesetzlichkeiten teils „natürlicher" Art (Milieu u. dgl.), teils psychologischer und soziologischer Art. Die Faktoren, welche das geschichtliche Leben beeinflussen, sind in der Natur und im menschlichen Geiste begründet, ihr Wirken ist ein gesetzliches, typisches und es kommt in der Geschichte unter besonderen, spezifischen Bedingungen zur Geltung. Besteht die Kunst des Historikers in der möglichst getreuen und lebendigen Wiedergabe dessen, was nur einmal sich begeben, so wird die Geschichte doch erst zur vollen Wissenschaft, wenn sie das historisch Individuale in Zusammenhang mit anderem historisch Individualen unter Vermittlung von Gesetzlichkeitsbegriffen zu bringen vermag oder wenigstens versucht. Es ist also der Unterschied, der zwischen den historischen und den „Gesetzeswissenschaften" besteht, kein schroffer, absoluter, die Historik verfährt also nicht rein „individualisierend", sie kann das „Generalisieren" nicht entbehren.*) Inwiefern von Gesetzen der Geschichte gesprochen werden kann oder nicht, wird der nächste Paragraph dartun. Dort muß auch der Gegensatz zwischen individualistischer und „kollektivistischer" Geschäftsauffassung zur Sprache kommen.

Anfänge einer Geschichtsphilosophie bringt erst (— sieht man von verschiedenen Mythen und der Zend-Religion ab —) die christliche Weltanschauung und die sie darstellende Philosophie. Diese Geschichtsphilosophie ist theologisch gerichtet, betrachtet die Entwicklung des Menschengeschlechts als Mittel zur Verwirklichung des „Reiches Gottes" auf Erden mit dem Endziele der Einigung in Gott (Augustinus u. a.). Eine Erfüllung göttlichen Planes sehen in der Geschichte Bossuet, Lessing („Erziehung des Menschengeschlechts"), de Bonald, Fr. v. Schlegel, v. Bunsen, Rocholl, Strindberg u. a. Den Versuch, gesetzliche Grundlagen der Geschichte zu bestimmen, macht schon der Araber Ibn Khaldun (Milieu u. s. w.), später tun dies in genetischer Weise Macchiavelli, J. Bodin, Montesquieu, Leibniz, G. Vico, Turgot, Voltaire, Condorcet, Iselin, Wegelin, Herder (Geschichte = Fortsetzung der Naturentwicklung, Geschichtsziel = Humanität), Kant, Schiller, Fichte u. a., welche meist nebst geistigen und sozialen Faktoren das Naturmilieu berücksichtigen und einen Fortschritt der Menschheit annehmen. Spekulativkonstruktiv verfahren Schelling (Die Geschichte ist „eine fortgehende, allmählich sich enthüllende Offenbarung des Absoluten"), Hegel (Die Geschichte ist „der vernünftige, notwendige Gang des Weltgeistes" gewesen, ist „der Fortschritt im Bewußtsein der Freiheit"), Stutzmann, J. Görres, Chr. Krause, J. Bahnsen u. a., weniger konstruktiv verfahren F. A. Carus, W. v. Humboldt,

---

*) So muß denn auch Rickert, welcher die Historik als „individualisierende Kulturwissenschaft" bestimmt, zugeben: „Es soll ... nicht geleugnet werden, daß die Geschichte auf dem Wege zu ihrem Ziel allgemeine Begriffe braucht und generalisierend verfährt, ebenso wie umgekehrt in den generalisierenden Wissenschaften die Darstellung des Individuellen als Ausgangspunkt für die Bildung allgemeiner Begriffe nicht entbehrt werden kann" (Die Philos. im Beg. d. 20. Jahrh. II, 66).

V. Cousin, Rosmini, Wachsmuth, E. v. Lasaulx, G. Mehring, C. Herrmann, Preger, Michelet, G. Biedermann, Renouvier, Lazarus, Steffensen u. a. Aus natürlichen, sozialen und geistigen Faktoren suchen die Geschichte zu erklären Comte (Entwicklung der Vernunft und des Altruismus), Buckle (Betonung des Naturmilieu; Fortschritt primär bloß im Intellektuellen), Ad. Bastian, B. Kidd (Moralisch-religiöser Fortschritt) P. Barth, K. Breysig, K. Lamprecht, Th. Lindner, L. Stein, L. Hartmann u. a. Zur Methodologie der Geschichte und ihrer Philosophie kommen in Betracht Arbeiten von O. Lorenz, Lamprecht, Bernheim, R. Mayr, Gothein, Jodl u. a., v. Below, Dilthey, Simmel, Windelband, Rickert, Münsterberg, Gottl u. a. (Gegner des Naturalismus, der Annahme historischer „Gesetze"), Xénopol, A. Grotenfeld, Naville u. a. Über die „materialistische Geschichtsphilosophie" (K. Marx, Engels u. a.) vgl. den nächsten Paragraph. Keinen Fortschritt zeigt die Geschichte nach Schopenhauer u. a.

§ 29.

Die historische Kausalität.

Welche Faktoren sind von wesentlichem Einfluß auf das geschichtliche Leben? Geist oder Natur, Ideen oder physische Verhältnisse und Bedürfnisse? In bezug auf diese Frage gibt es zwei extreme Standpunkte: die ideologische und die naturalistische Geschichtsauffassung.

Die ideologische Geschichtsauffassung stellt sich als ein einseitiger historischer Idealismus dar, als ein Idealismus, dem die realistische Grundlage fehlt, der den Anteil von Naturfaktoren an der Entfaltung der geschichtlichen Verhältnisse nicht oder nicht gebührend berücksichtigt und verwertet. Geistig-vernünftige Mächte sind es, welche nach dieser Anschauung den Lauf der historischen Begebenheiten lenken, überzeitliche, transzendente „Ideen" (oder göttliche Gedanken), aber auch vernünftige Überlegungen und Zwecksetzungen der Menschheit und geistige Gefühle (z. B. religiöser Art). Das Natürliche außerhalb des Menschen und in ihm (als Trieb, Leidenschaft) ist nur ein Mittel, eine stoffliche Unterlage für die Erreichung von Zwecken, welche die göttliche oder die der Menschheit immanente Vernunft sich setzt. Nicht der Idealismus, der hier zum Ausdruck kommt, ist das Abzulehnende, sondern die Methode der Konstruktion der Geschichte rein aus ideellen und idealen Faktoren mit Überspringung, Umgehung der real-natürlichen Basis.

Ebenso einseitig ist die naturalistische Geschichtsauffassung. Sie erblickt das einzig oder wesentlich Wirksame der Geschichte in dem Walten von Naturfaktoren, äußerer (Milieu) und innerer (Rasse, sinnliche Bedürfnisse, Triebe u. dgl.), und von Naturgesetzlichkeiten. Das geschichtliche Leben läuft mit strenger Notwendigkeit ab, die Vernunft und der zweckbewußte Wille des Menschen sind nur von sekundärer Bedeutung, hinter ihnen steht der Zwang, die Gewalt natürlicher Verhältnisse, welche der gesamten Kulturentwicklung die Richtung zuweisen, es in ihrem Sinne determinieren, so daß an diesen a priori festgesetzten Effekten der wollende Mensch kaum etwas zu ändern vermag. Das geschichtliche Leben ist demnach nur ein Teil des Naturgeschehens, eine Weiterführung desselben unter besonderen Bedingungen, aber mit der gleichen Gesetzlichkeit und Notwendigkeit. Es gibt historische Gesetze und diese sind nur eine Abart der Naturgesetze, jedenfalls aber das Produkt von solchen. Nicht der Realismus, der dieser Auffassung immanent ist, muß abgelehnt werden, sondern die Verkennung der Rolle, welche ideelle Faktoren im Geschichtsverlaufe spielen, der zwecksetzenden Willenstätigkeit und deren idealen Inhalte, des Geistigen überhaupt. Ebensowenig wie eine reine Vernunftnotwendigkeit, herrscht in der Geschichte reine Naturgesetzlichkeit.

Eine Abart des historischen Naturalismus oder der „materialistischen" Geschichtsauffassung ist die ökonomische Geschichtstheorie, wie sie K. Marx begründet hat („Marxismus"). Sie lehrt, das gesamte geschichtliche Leben sei beherrscht von wirtschaftlichen Faktoren, und zwar von den Produktionsverhältnissen. Diese entwickeln sich mit naturgesetzlicher Notwendigkeit und bestimmen das soziale, politische, das kulturelle Leben überhaupt, welches nur ein Reflex, eine oberflächliche Erscheinung des ihm an sich zugrundeliegenden Wirtschaftslebens ist. Die Produktionsverhältnisse bilden die „reale Basis, worauf sich ein juristischer und politischer Überbau erhebt und welcher bestimmte gesellschaftliche Bewußtseinsformen entsprechen. Es ist nicht das Bewußtsein der Menschen, das ihr Sein, sondern umgekehrt ihr gesellschaftliches Sein, das ihr Bewußtsein bestimmt" (Marx, Zur Krit. d. polit. Ökonom. 1859). Ideen sind demnach keine primären, aktiven Faktoren der Geschichtsentwicklung, sondern immer nur Zeichen, Symptome, Wirkungen wirtschaftlicher Agentien, aus welchen der Gang der Geschichte wesentlich zu erklären ist. Das Geistige, Ideelle hat kein Eigenleben, keine Eigentendenz, es folgt nur den Veränderungen des sozial-wirtschaftlichen Seins, spiegelt diese wieder.*)

Das nicht zu unterschätzende Verdienst der ökonomischen Geschichtsauffassung ist es, die vorher allzuwenig berücksichtigten wirtschaftlichen Verhältnisse in ihrem unbestreitbaren Einflusse auf das gesamte Kulturleben hervorgehoben zu haben. Als Reaktion gegen einen oft recht vagen und verschrobenen, wirklichkeitsfremden Ideologismus wird diese Auffassung immer gute Dienste leisten, indem sie den Blick auf eine „reale" Unterlage der Kulturentwicklung lenkt. Aber sie selbst ist dem Fehler nicht entgangen, vage Spekulationen

---

*) Die Einseitigkeit dieser Anschauung haben selbst „Marxisten" zu mildern sich genötigt gefühlt, so Engels und noch mehr Ed. Bernstein, welcher erklärt: „Die rein ökonomischen Ursachen schaffen zunächst nur die Anlage zur Aufnahme bestimmter Ideen, wie aber diese dann aufkommen und sich ausbreiten und welche Form sie annehmen, hängt von der Mitwirkung einer ganzen Reihe von Einflüssen ab" (Die Voraussetzungen des Sozialismus, 1889, S. 9). Zur Kritik der ökonomischen Geschichtstheorie vgl. Schriften von P. Barth, Masaryk, Weisengrün, R. Stammler, O. Lorenz, E. Belfort-Bax, L. Woltmann, Lindner, R. Goldscheid u. a.

an die Stelle „exakter" und objektiver Geschäftsbetrachtung zu
setzen. Zunächst ist es nicht richtig, daß gerade die Produktionsverhältnisse das für die historische Kausalität allein Ausschlag-
gebende sind, es kommen neben und auch vor ihnen andere wirtschaftliche Faktoren in Betracht (vgl. dazu A. Penzias, Die
Metaphys. d. materialist. Geschichtsauffass. 1905). Dann aber
sind die wirtschaftlichen Verhältnisse überhaupt nicht die
einzigen und nicht einmal immer die wesentlichen, am stärksten wirksamen Agentien der Geschichte, wenn sie auch mitunter eine hervorragende Bedeutung gewinnen. Von Anfang
an wirken zweifellos Bedürfnisse und Verhältnisse wirtschaftlicher Art auf das soziale und geistige Leben ein, aber
neben ihnen bestehen ebenso ursprünglich noch andere
Faktoren, teils äußere Naturbedingungen, teils Anlagen,
Bedürfnisse, Triebe des Menschen selbst. Das Wirtschaftsleben ist wohl ein bedeutsamer kausaler Faktor, aber
nur einer unter mehreren, mit denen er stets zusammen-
wirkt. Wohl gehen von den wirtschaftlichen Veränderungen
mannigfach Einflüsse aus, die im Prozesse der Entwicklung
des Rechts, der gesellschaftlich-staatlichen Verhältnisse, der
Religion, Kunst, Technik usw. sich geltend machen. Aber
weder entspringen diese Kulturgebilde wirtschaftlichen
Motiven, noch werden sie von wirtschaftlichen Veränderungen so weit beherrscht, daß sie nur als Ausdruck oder Wirkung dieser erscheinen könnten. Sie haben vielmehr ihr
Eigenleben, ihre eigenen selbständigen Impulse, Motive,
Zwecke, ihre Eigengesetzlichkeit, und sie sind aktive Potenzen, welche oft selbst das Wirtschaftsleben beeinflussen,
im Sinne religiöser, ethischer, juridischer, sozialer, politischer Tendenzen und Ideen.*) Sicherlich gibt es Zeiten, in

---

*) „Die wirtschaftlichen Verhältnisse werden durch Klassen-
und Standesorganisation vielleicht ebenso häufig beeinflußt wie
umgekehrt" (Breysig, Kulturgesch. II, 764). Die Welt der Ideen
dringt auch ein in die Ökonomie und verhindert, daß sie ein
Tummelplatz des reinen Begehrens werde" (P. Barth, Philos. d.
Gesch. I, 325). „Die ökonomische Erklärung verschleiert die Fülle

welchen gerade das wirtschaftliche Moment besonders wirksam ist, aber auch solche, wo es sich anderen, geistigen Lebensformen unterordnet, von ihnen mächtig beeinflußt wird (z. B. von der Sitte, von religiösen Satzungen, von sozialen Forderungen). Die Wirtschaft ist also nicht die einzige oder die allein wesentliche Triebfeder des geschichtlichen Lebens, sondern sie steht in Wechselwirkung mit den anderen Kulturgebilden, welche in ihrer Gesamtheit erst bestimmte geschichtliche Phasen begreiflich machen. Und „Unterbau" ist die Wirtschaft nur insofern, als sie ein notwendiges Mittel zur Lebenshaltung und zu solcher Lebenssteigerung ist, daß eine allgemeine, gesicherte Basis zur Verwirklichung geistiger Zwecke geschaffen wird; außerdem ist sie selbst, ihrer Form nach, schon ein Gebiet geistiger, kultureller Aktivität, welches sowohl durch die Ausübung von Verstandes- und Willenskräften, als auch durch die Herstellung geordneter Lebensverhältnisse von hoher kultureller Bedeutung wird, je mehr es sich von der bloßen Befriedigung sinnlicher Bedürfnisse oder bloßen Besitz- und Machtwillens entfernt. Nicht als End- und Selbstzweck, wohl aber als Mittel zur Förderung der Gesamtkultur ist die menschliche Wirtschaft ein hoch zu wertender Faktor geschichtlichen Lebens.

Dem historischen Naturalismus überhaupt ist eine real-idealistische Geschichtsauffassung entgegenzustellen, welche den Anteil der Ideen, des Geistigen, des zwecksetzenden, auf ideale Ziele gerichteten Willens durchaus berücksichtigt, ohne die reale Basis der Geschichte, die natürlichen Verhältnisse, Einflüsse, Impulse zu vernachlässigen. Eine solche Anschauung wird im Naturmilieu (Boden, Klima, Lage usw.) eine Bedingung geschichtlichen Werdens, einen Anlaß

---

und den Inhaltsreichtum der geschichtlichen Ereignisse und des sozialen Lebens überhaupt" (Masaryk, Die philos. u. soziol. Grundlagen d. Marxismus, S. 147 f.). Vgl. Th. Lindner, Geschichtsphilosophie.

zur Auslösung von Kraftbetätigungen verschiedener Art und
von mannigfachen Vorstellungen, Gefühlen, Trieben erblicken, sie wird auch den Anteil der R a s s e an der Entstehung und Wandlung historischer, kultureller Verhältnisse
ins Auge fassen, aber sie wird sich vor einer Überschätzung
der kausalen Wirksamkeit des einen (B u c k l e u. a.) wie des
anderen Faktors (G o b i n e a u, H. S t. C h a m b e r l a i n u. a.)
hüten. Im gleichen Milieu können verschiedene Rassen und
Nationen sich verschieden entwickeln, gleichartige Rassen
und Nationen können in verschiedenen Umwelten verschiedene Kulturen entwickeln, es muß aber auch der Einfluß beachtet werden, welchen der (friedliche und feindliche) Ver-
kehr der Rassen und Nationen miteinander auf die Geschichte
ausübt, die Veränderung, welche die Rassen und Nationen
durch äußere und innere Einwirkungen erleiden, durch
Wandel und Wechsel des Milieu, durch die eigene Vergangenheit, durch Einverleibung fremder oder neuer Ideen und
Tendenzen, durch das k u l t u r e l l e L e b e n s e l b s t, welches
allmählich die Naturgrundlage in seinem eigenen Sinne formt,
verändert, die äußere und innere Natur den Zwecken und
Mitteln des Kulturlebens anpaßt, so daß die natürlichen
Faktoren immer mehr zurücktreten; ja schon auf niederen
Stufen der Menschheitsentwicklung wirken diese zum Teil
erst durch die psychischen Regungen (Bedürfnisse usw.),
die sie im Menschen hervorrufen.

Das geschichtliche Leben ist zwar den Einflüssen der
Natur nicht entzogen, es hat seine natürliche Unterlage, aber
es selbst ist k e i n N a t u r p r o z e ß, kein Ablauf von Vorgängen nach der Notwendigkeit physischer Gesetze. Das
Wesentliche in der Geschichte ist das P s y c h i s c h e u n d
G e i s t i g e, welches zum Motive von Handlungen wird, die
untereinander in einem i n n e r e n Kausalzusammenhange
stehen. Es herrscht in der Geschichte — nicht isoliert, sondern im Zusammenwirken mit den Naturbedingungen — die
g e i s t i g e K a u s a l i t ä t mit der ihr eigenen Gesetzlichkeit.
Psychologisch bestimmbare typische Verhaltungs- und Wirkungsweisen liegen als unmittelbarste Faktoren dem histori-

schen Werden zugrunde und lassen, ohne daß schon spezifische historische Gesetze aufgestellt werden können, eine
Reihe von Rhythmen, Gleichartigkeiten, Analogien im geschichtlichen Leben erkennen, welche der kulturellen Entwicklung ein bestimmtes Gepräge verleihen. Diese Gesetzlichkeiten treten aber nicht von außen, als Zwangsgewalten,
an das geschichtliche Werden heran, sondern sie sind die
Formen der geistigen Kausalität selbst, sind der
Ausdruck der im Prinzip sich stets gleichbleiben-
den, identischen, konstanten Beschaffenheit der
Psyche, des Geistes, des Willens. Dem Einzelnen
gegenüber treten die Gebilde des sozialen Lebens freilich als
objektive Mächte auf, die ihn beeinflussen und formen, aber
doch nicht so, daß der Eigenwille, des Eigendenken, die Spontaneität der Individuen, der Persönlichkeiten ausgeschaltet
würde. Die beständige Veränderlichkeit des geistigen Lebens in seinen Einzelheiten, der Einfluß, den die
Individualwillen auf den Gang der Geschichte ausüben, sie
benehmen dieser die Starrheit und Berechenbarkeit absolut
fester Naturgesetzlichkeit im Sinne eines mechanischen
Zwanges. Gewiß erfolgt in der Geschichte alles mit Notwendigkeit, aber nur deshalb, weil die menschliche Willens-
und Geistestätigkeit unter dem Einflusse äußerer Bedingungen nicht anders sich äußern kann, als ihr eigenes Wesen
es mit sich bringt, und weil die menschlichen Handlungen
insgesamt ihre Gründe haben, aus denen sie als Folgen gesetzlich entspringen, Gründe, die in den vergangenen Handlungen und deren Produkte liegen. Die geschichtlich entstandenen Verhältnisse bestimmen das Handeln, aber sie
selbst können durch die Aktivität des Geistes modifiziert
werden, welcher das „Gegebene" frei, spontan, seinen eigenen
Intentionen gemäß zum kulturellen Weiterbau verwerten
kann. Das geschichtliche Leben ist nicht ein Stück Natur,
sondern eine Fortsetzung des „Innenseins" der Natur, es
ist ein Ausschnitt aus dem universalen Geistesleben und hat an der Gesetzlichkeit desselben Anteil. So walten in der Geschichte das Prinzip „schöpferi-

scher Synthese" und das Gesetz des „Wachstums geistiger Energie", welches immer Neues, Unberechenbares, Reicheres aus dem Früheren hervorgehen läßt.

In mannigfacher Weise bestimmen psychische Kräfte das geschichtliche Leben, als Gefühle, Strebungen, Vorstellungen, Denk- und Willensakte. Erst herrscht das Triebleben vor, welches auch später in Wirksamkeit bleibt, so aber, daß das Instinktive, Triebhafte, immer mehr von der Macht vernünftiger Willensaktivität beherrscht wird. Auf allen Stufen der geschichtlichen Entwicklung wirken Ideen nicht als transzendente Wesenheiten von selbständiger Existenz (L. Ranke u. a.), auch nicht immer als logische Gebilde, sondern als typische Willensinhalte, Grundrichtungen des Strebens und Wollens, immanente Ziele der psychischen Aktivität. Sie haben verschiedenartige Bedürfnisse zum Untergrunde und sie selbst lösen Bedürfnisse und Wollungen aus; so treiben sie, als Motive, zum Handeln und zur Weiterentwicklung der Verhältnisse, erst nur in der Form dumpfer Regungen, dann auch als Vorstellungs- und Gedankenmotive, als klar bewußte theoretisch-praktische Ideen und Ideale.*) Aber auch in ihrer begrifflichen Gestalt wirken die Ideen nicht als „reiner Intellekt", sondern nur vermittelst des Willens, den sie zu bestimmten Tätigkeiten sollizitieren, um so zur Realisation zu gelangen. So sind Ideen und Ideale zwar keine „Realitäten", wohl aber „Aktualitäten", sie haben Wirkungswert, werden zu lebendigen Kräften, die zwischen Gesamtgeist und Individuen hin und her spielen. Sie lösen sich gleichsam von den sie

---

*) „Die geschichtliche Entwicklung vollzieht sich unter der fortwährenden Einwirkung des menschlichen Triebes, alle Ereignisse und Vorgänge nach Gesichtspunkten höherer Einheit zu ordnen: so erwachsen aus den Dingen die Ideen und sie beherrschen als Forderungen und Ziele des Handelns einen Teil der Zukunft" (Lamprecht, Deutsche Geschichte II², 355). „Indem die Ideen zur Befriedigung eines Bedürfnisses antreiben, werden sie Ursachen der geschichtlichen Entwicklung" (Lindner, Geschichtsphilos., S. 25 ff.).

erzeugenden Akten ab, führen ein relativ unabhängiges Leben, haben ihre eigene Entwicklungsgesetzlichkeit, unterliegen einem „Kampf ums Dasein", einer Art Auslese, sie überleben Generationen, Zeiten, Völker, wandern von Nation zu Nation, stellen einen stetigen Zusammenhang zwischen den entferntesten Zeiten und Räumen her. Sie treten in Wechselwirkung zueinander, beeinflussen sich gegenseitig, differenzieren sich und die Völker, wirken aber auch vereinheitlichend, organisierend.*) Besonders klar bewußt und zu besonders starken Willensmotiven werden die Ideen in den Köpfen großer historischer Persönlichkeiten, welche sich in ihren Dienst stellen, sie zur Verbreitung, Anerkennung, zu realem Leben bringen. —

Der historische Individualismus erblickt die eigentlichen Träger und aktiven Faktoren der Geschichte in großen Persönlichkeiten, in „führenden Geistern" und „Heroen" (Carlyle), in den Individualitäten überhaupt. Die Masse ist träg, konservativ, sie ist aber vom Nachahmungstrieb beseelt (den besonders G. Tarde betont), folgt, wenn auch langsam, den Intentionen der ihr imponierenden erfinderischen und energischen Persönlichkeiten, deren Ideen und Willenshandlungen in erster Linie den Lauf der historischen Ereignisse lenken. Fürsten, Staatsmänner, Reformatoren, Denker und Künstler, sie sind es, welche eigentlich Geschichte machen, die Massen werden nur geschoben, geben nur den Rückhalt, das Milieu zum Wirken, sind aber unproduktiv, passiv, höchstens reaktiv. Anders urteilt der historische Kollektivismus, die kollektivistische Geschichtsauffassung (Lamprecht, Bernheim, Breysig u. a.). Nicht einzelne Persönlichkeiten wirken, als primäre Faktoren, geschichtsbildend, sondern die Gesamtheit des Volkes in ihrer

---

*) Vgl. W. v. Humboldt, WW. VII, 12ff.; L. v. Ranke, Histor.-polit. Zeitschr. II, 794; Wachsmuth, Entwurf einer Theorie d. Geschichte, S. 49ff. (Zeitlose Ideen). Ferner: O. Flügel, Ideal. u. Material., S. 90ff., 180; Ratzenhofer, Polit. I, 27, Soziol. Erk., S. 316, 357; Goldfriedrich, Die histor. Ideenlehre in Deutschland, S. 521ff.

Einheit als Kollektivseele, Volksgeist, Zeitgeist lebt sich in der Geschichte aus. Bedürfnisse, Verhältnisse, Ideen innerhalb einer nationalen Gesamtheit führen gesetzlich zu bestimmten Zuständen und Vorgängen, die sich mit dem Wandel der Organisation und Beschaffenheit der Volkseinheit und ihrer Teilgruppen notwendig verändern. Die Individuen, auch die „führenden", sind stets durch den Volks- oder den Zeitgeist bedingt, sie sind nur Verwirklicher von Intentionen, welche in der Gesamtheit angelegt sind, nur Mandatoren des Gesamtwillens oder des Gruppenwillens, nur besonders energische und einsichtsvolle Verwirklicher allgemeiner Ideen. Das Individuum wirkt nicht durch die Gesellschaft, sondern die Gemeinschaft ist es, welche vermittelst der Individuen, der Persönlichkeiten wirkt.

In der Tat geht es nicht an, die Geschichte durch die Handlungen einer Reihe mehr oder weniger bedeutender Individuen zu erklären. An der Geschichte, den Schicksalen eines Volkes ist in erster Linie das Volk als Ganzes beteiligt, die allgemeinen Tendenzen und Verhältnisse führen mit historischer Notwendigkeit zu bestimmten Zuständen und Ereignissen. Die geschichtlichen Begebenheiten, politische wie kulturelle, sind nicht aus dem Wirken von Persönlichkeiten allein ableitbar, sie sind angelegt und vorbereitet in früheren Zuständen sowie im Gesamthabitus, in den Bedürfnissen, Willenstendenzen, Ideen der Zeit und des Volkes. Die Persönlichkeit selbst mit ihren Anschauungen und Wollungen ist mehr oder weniger vom Volksgeist abhängig, sie muß an das Vorhandene anknüpfen, kann sich zu dem, was sie ist, nur in einer so und so bestimmten Gemeinschaft entfalten und nur das ausführen, was irgendwie zum Gemeinschaftsleben in Beziehung steht; erst wenn das Sinnen und Tun der Persönlichkeit mit allgemeinen Bedürfnissen und Tendenzen in Verbindung steht, erst dann kann es ein Faktor der Geschichte werden. Der Boden, auf dem die Persönlichkeit wirkt, muß ein günstiger sein, die Bedingungen zum Erfolge müssen im Gesamtgeist oder im Zeitgeist gegeben sein. Auch wenn die Persönlichkeit in Gegensatz zu herrschenden Anschauungen und Intentionen tritt, müssen allgemeine Grundlagen und Voraussetzungen vorliegen, welche in jener bestimmte Ideen auslösen und die Verbreitung dieser ermöglichen und begünstigen. Die große Persönlichkeit schafft nicht aus dem Nichts, sie wurzelt im Gesamtleben, wirkt nur in inniger Fühlung mit diesem. Sie ist aber keineswegs ein bloßes „soziales Atom", kein bloßes Stück der Masse, sie überragt diese weit, übertrifft sie an Einsicht, Verständnis der Situation, der Folgen von Zuständen, sie hat eine feineres Gefühl für Unzuträglichkeiten und Mißstände, einen lebhafteren Trieb nach Änderung der stabil, schlecht gewordenen Verhältnisse, ein heftigeres Begehren nach dem Besseren, Zweckmäßigeren, Wertvolleren, eine größere Willenskraft. Zum „führenden Geist" wird sie durch ihren scharfen Blick für die Not der Zeit, für die oft nur dumpf erstrebten Ideale des Volkes, durch die kraftvolle Initiative, deren sie fähig ist, durch ihr Organisationstalent, durch das Imponierende, Suggerierende ihres Charakters usw. Die große Persönlichkeit schöpft aus den Tiefen des Gesamtgeistes, aber sie selbst ist eine Gestalterin des Gesamtlebens, eine eminent aktive, formende, reformierende und revolutionierende Kraft, fähig, den geschichtlichen Fortschritt zu beschleunigen, aber auch ihn aufzuhalten. Sie schafft neue Werte, zwingt zur Anerkennung derselben, prägt der Kultur ihren Stempel auf. Sie ist ein historischer Faktor, ist als solcher gebührend zu würdigen, aber sie wirkt nur als Glied der Gesamtheit und von dieser getragen, wie auch die Masse nur wirkt, geführt von den Individualitäten der Nation. Beide Faktoren sind untrennbar (mit Überwiegen bald des einen, bald des anderen) an der Geschichtsentwicklung beteiligt, sie gehören zusammen, beeinflussen einander, wirken zusammen, und über ihnen stehen Ideen und Ideale, welche nach Verwirklichung verlangen und, früher oder später, ihre Diener finden.

§ 30.

Die historische Finalität.

Wo von Willenshandlungen die Rede ist, da gibt es nicht bloß Ursächlichkeit im Sinne psychologischer Kausalität, sondern immer auch Finalität; Zielstrebigkeit und Zwecksetzung. Es besteht demnach auch eine historische Teleologie zu Recht, Ziele werden im geschichtlichen Leben angestrebt, Zwecke verwirklicht oder zu verwirklichen gesucht. Schon in der Form primitiver Bedürfnisse wirkt der Zweck, und er wirkt auf höheren Stufen weiter, in gedanklicher Klarheit. Freilich sind nicht alle historischen Ereignisse zweckmäßig, es ist keineswegs „alles Wirkliche vernünftig" (Hegel), mag es auch seinen zureichenden Grund haben und mag es auch schließlich doch ein Durchgangsstadium, ein Mittel zur Objektivation der Vernunft sein. Äußere Umstände, menschliche Beschränktheit, unvorhergesehene „Zufälle", gegeben im unbeabsichtigten Zusammentreffen verschiedener Kausalitäten, Widerstände der Natur und der Massen — das alles ist ein Hindernis für die volle ständige Zweckmäßigkeit geschichtlich gewordener Verhältnisse und Institutionen. Aus zweckbewußten Tätigkeiten entspringen unzweckmäßige, nicht beabsichtigte Effekte, welche den finalen Zusammenhang durchbrechen, stören. Anderseits werden freilich auch Neben- und Folgewirkungen von Zwecksetzungen oft selbst zu Zwecken, erzeugen selbst oft Zweckmäßigkeiten, und so gibt es auch in der Geschichte ein Wachstum der Zwecke und ein Erreichen immer zweckmäßigerer Zustände, ohne daß diese von Anfang an vorausgesehen werden müssen.

Dem historischen Pessimismus, welcher einen wahren Fortschritt in der Geschichte nicht anerkennt, sondern meint, es bleibe im wesentlichen alles beim Alten oder es werde gar immer schlechter und schlechter, die Menschheit ginge zurück, woran etwa (nach Rousseau, Tolstoj u. a.) das Kulturleben, die Zivilisation schuld sei, diesem Pessimismus läßt sich mit mindestens ebensoviel, ja mit größerem Recht ein historischer Optimismus entgegensetzen, nicht ein solcher freilich, welcher alles Werdende und Gewordene, Seiende für gut, vollkommen hält, sondern ein solcher, der zwar die Existenz einer Reihe von Übeln in der Menschheit zugibt, jedoch glaubt, daß die Verhältnisse und die Menschen selber besser werden können. Wohl gibt es in der Geschichte Zeiten des (relativen) Stillstandes, der „Reaktion", des (relativen) Rückschrittes und des Niedergangs, besonders wenn man einzelne Völkergruppen ins Auge faßt, welche ins Dasein treten, blühen und wieder vergehen. Gibt es einen Fortschritt, so ist er doch keineswegs ein stetiger, immerwährender, gleichmäßiger, totaler. Aber es gibt einen Fortschritt, er folgt unfehlbar jeder Periode der Ruhe oder des Niedergangs, getrieben durch frische Kräfte, die sich irgendwo, sei es auch in anderen Volksgemeinschaften angesammelt haben, die das Erbe anderer Völker, anderer Zeiten antreten und vermehren. Völker kommen und vergehen, Kulturen blühen auf und schwinden dahin, aber die Kultur lebt immer fort, taucht immer wieder empor aus dem Abgrunde, in dem sie scheinbar begraben ist, zeitigt immer neue Blüten und Früchte. Der Fortschritt besteht, aber er erfolgt in „Spiralen"; so erreicht er, Senkungen passierend, immer höhere Höhen. „On recule pour mieu sauter" (Leibniz), dem Zurück folgt das Vorwärts, der Aktion zwar die „Reaktion", aber dieser wieder neue Aktion, wie es das Prinzip der „Entwicklung in Gegensätzen" mit sich bringt, welches im Wesen der menschlichen Psyche tief begründet ist. Die Begrenztheit menschlicher Energie ist schuld daran, daß oft Partialgebiete der Kultur auf Kosten anderer florieren, so daß mit hoher äußerer und innerer Kultur auf einem Felde menschlicher Tätigkeit (z. B. der Technik) eine große Unkultur, ein Zurückbleiben oder ein Verfall auf anderem Gebiete zusammen bestehen kann.

Aber diese Schäden dürfen nicht, wie es mitunter geschieht, der Kultur in die Schuhe geschoben werden. Sie entspringen in Wahrheit nur der beschränkten Kapazität der Menschheit für Kultur sowie Mißbräu-

chen, welche mit Produkten der Kulturarbeit getrieben werden. Kultur kann es nie genug geben, das sei
allen „Kulturverächtern" und „Kulturmüden" gesagt. Nur
muß man nicht partielle Kultur mit Vollkultur verwechseln, nicht bloße äußerliche „Zivilisation" schon als
innerlich angeeignete, wahre Kultur betrachten, nicht
„Technik" als System von Kulturmitteln für ausgebildete
Kultur nehmen. Wahre Kultur darf und kann die Menschen
wohl vom „Naturstande" entfernen, nicht aber zur Unnatur
verleiten, sie muß eine höhere Natur, eine vergeistigte Natur
schaffen. Kultur, die mehr ist als bloße Zivilisation, ist
aktive Verarbeitung der äußeren und inneren
(menschlichen) Natur zu zweckmäßigen, dem
Willen zur humanen Vervollkommnung entsprechenden Werten. Sie ist nicht „unnatürlich", sondern die
Anlagen und Kräfte der menschlichen Natur selbst treiben
und nötigen zur unausgesetzten Kulturarbeit, zur Durchdringung der Natur mit den Intentionen und Ideen des menschlichen Willens und der menschlichen Vernunft. Die „Vollkultur" aber liegt erst in der möglichen Harmonie aller
Partialkulturen, in ihrem Zusammenwirken zur Erhöhung des Typus Mensch, der, indem er die äußere
Natur „rationalisiert", zugleich sich selbst zum Vernunftwesen
entwickelt, so aber, daß nicht in einseitiger, schädlicher Weise
der Intellekt auf Kosten des Gemütslebens und der Willenskraft
ausgebildet wird, also in der Weise, daß alle „guten", der
Idee der „Menschlichkeit" entsprechenden Potenzen zur Entfaltung und zur Geltung kommen. Nicht Halb-, nicht Pseudo-
kultur, sondern echte, den ganzen Menschen ergreifende
und erhöhende, harmonische Totalkultur ist das ideale Ziel
der Menschheit und ihrer Geschichte.

Die Menschheit ist ihren Anlagen und Wollungen nach
zur Überwindung der gegebenen Natur, zur Kultivierung
derselben im Sinne immer stärkerer und ausgebreiteter Rationalisierung und Ethisierung bestimmt. Die Kultur, deren
Hervorbringung und Weiterbildung höchster Zweck der
Menschheit ist, ist selbst wieder ein Mittel zur Veredlung

der Menschheit. Menschheit und Kultur dürfen nicht abstrakt genommen, nicht voneinänder losgerissen werden, sie gehören untrennbar zusammen, sind wechselseitig Mittel und Zweck, und sind in der Idee humaner Kultur, welche eine Kulturmenschheit bedingt, einheitlich verbunden. Die menschliche Geschichte hat den Sinn, den Zweck, den die Menschheit sich selbst in ihr setzt, und sie verfolgt den Zweck, der in ihrem eigenen Wesen angelegt, ihm angemessen ist und ihr so als höchstes Gut, als oberster Wert notwendig sich darstellt. So viel Opfer, so viel Unlust, Sorgen, Mühe, Schmerz die Kulturarbeit im Gefolge hat, die Menschheit geht unterdessen ihren Weg und bezeugt so, daß ihr wahres Glück nicht im Genuß, sondern im rastlosen, energischen, Werte produzierenden und sie selbst vervollkommnenden Schaffen besteht. Es muß aber, soll nicht hartes und ungerechtes Leid, welches die Kräfte lahmlegt, Platz greifen, eine Aufgabe der Kultur sein, die Wunden, die der Weg zu ihr geschlagen, zu lindern und möglichst viel Vorkehrungen zu treffen, daß die Verhältnisse, welche Not und Leid über die Menschen oder gewisse Klassen derselben bringen, wegfallen, besseren weichen müssen. So weit darf man dem „Eudämonismus" schon Konzessionen machen, ohne ihn als ethisches Prinzip anzuerkennen; denn hier handelt es sich nicht um den Gesichtspunkt der „Pflicht". Aber nicht das Glück, welches nur die subjektive Seite des Wollens und Erreichens, die Willensbefriedigung ist, ist der Zweck der Geschichtsentfaltung, sondern ein Objektives, Überindividuelles, Allgemeines und doch Konkretes; die Durchdringung der Natur, der Menschheit selbst mit dem Geiste der Vernunft, die höchstmögliche Synthese reichster Mannigfaltigkeit von Inhalten zu harmonischer, organischer, in sich zweckvoller Einheit. Diesem Ziel, dessen Bewußtsein selbst ein Produkt geschichtlicher Entwicklung ist, wird die Menschheit immer nachgehen und sich ihm wohl immer mehr nähern, ohne es vielleicht jemals völlig zu erreichen. Aber als Ideal ist und bleibt das Ziel immer eine Macht, welche die Menschheit heranzieht, zu neuem Leben und zu neuem Wirken anspornt. Diesem Ideal muß, direkt oder indirekt, mit oder wider Willen und Bewußtsein, alles dienen, selbst jene Kraft im Menschen, „die nur das Böse will und stets das Gute schafft." Denn es ist, wie Hegel sagt, die „List der Vernunft", die Leidenschaften für ihre Zwecke zu verwenden, so im Mikrokosmos, im Menschen, wie im Makrokosmos, im Universum.

Wir haben früher die Überzeugung gewonnen, daß der universale Zusammenhang des Geschehens, der von einem Standpunkte aus als ein kausaler sich darstellt, zugleich ein finaler, ein Zusammenhang von Mitteln und Zwecken ist. Das All in seinem Fürsich-Sein ist ein teleologisch bestimmtes System, ein Reich der Zielstrebigkeiten und Zwecksetzungen, deren unendliche Mannigfaltigkeit zu einer für das endliche Erkennen unerfaßbaren Einheit verknüpft ist. Alles, was geschieht, erfolgt zunächst aus ihm immanenten Zielen, weil es das Wesen des Wirklichen ist, in lebendiger Regsamkeit sich zu entfalten, zu entwickeln, die in ihm schlummernden Potenzen zu verwirklichen. Überall in der Welt ist, wie Aristoteles es zuerst prinzipienhaft formuliert hat, „Entelechie", alles wird durch die ihm immanente „Form" getrieben, die Einheit, zu der jedes Wirkliche sich zu gestalten strebt, die ihm immanente „Idee", bestimmt den Gang des Weltgeschehens als „causa finalis". So muß sich auch das geschichtliche Leben der Menschheit irgendwie dem All-Leben einreihen, es muß ein Mittel für Zwecke sein, die wir im einzelnen nicht erkennen. Nichts in der Welt geschieht μάτην, umsonst, es gibt nichts Zweckloses im All, mag auch im einzelnen viel relative Unzweckmäßigkeit bestehen. So müssen wir auch glauben, das Leben der Menschheit als Krönung des Erdenlebens wird samt diesem seine Wirkungen haben, welche irgendwie die Unterlage für weiteres Leben, für weitere Gestaltungen darbietet, mag auch dereinst Erde und Menschheit selbst vergehen, d. h. sich in anderes wandeln. „Es kann die Spur von meinen Erdentagen nicht in

Äonen untergehen" — das gilt vom Individuum wie von der Gesamtheit der Menschen, es gilt von allem, was da lebt und wirkt und sich in seine Gebilde mit hineinbildet. Schon als Mitglieder der menschlichen Gemeinschaft und ihrer Sondergruppen haben wir Pflichten und Zwecke, es bedarf keineswegs erst eines Jenseits, um uns zu tatkräftigem, schaffensfreudigem Leben zu bestimmen, hohe Ziele und Ideale winken uns schon auf Erden, schon in der Gegenwart. Aber „es wächst der Mensch mit seinen größeren Zwecken", und so muß die Idee eines ewigen All-Lebens, Allwirkens, zu dessen aktiven, schöpferischen Mitarbeitern wir bestimmt sind, in welchem alles von uns Geleistete, alle Werte „aufgehoben", erhalten sind, uns freudig stimmen, uns anspornen, zur Ausdauer ermutigen, indem sie unser vergängliches Dasein an das Ewige, Unendliche anknüpft. Dem Schoße des Allebens entsprossen, in welchem sie als Potenz angelegt war, entwickelt sich die Menschheit von Stufe zu Stufe, entfaltet sie ihre Anlagen zu immer reicheren, mannigfacheren Leistungen und dann kehrt sie, nach vollbrachter Arbeit, in das Alleben zurück, es in neuer Form weiter fördernd. Ihr Schaffen und die von ihr erzeugten Werte dienen ihr selbst und zugleich haben sie ihre Stellung im universalen Zweckzusammenhang, dem sie zugehören, in den sie einmünden. So kommt, aber erst zum Schlusse der Geschichtsphilosophie, auch die transzendente Teleologie zur Geltung.

f) Ästhetik.

§ 31.

Die Aufgabe der Ästhetik.

Es gibt außer den theoretischen und praktischen Werten ein besonderes Wertgebiet, das Reich des „Ästhetischen".*)

---

*) „Ästhetisch ($\alpha i\sigma\vartheta\eta\tau\iota\varkappa\acute{o}\varsigma$) bedeutet ursprünglich alles auf die Sinneswahrnehmung ($\alpha i\sigma\vartheta\eta\sigma\iota\varsigma$) Bezügliche, erst seit A. Baum-

Vom Ästhetischen im weitesten Sinne, umfassend das Schöne und Häßliche, Erhabene und Komische, das ästhetisch Wertvollere und Geringartigere — also nicht bloß vom „Schönen", wie oft bestimmt wurde — handelt eine besondere, empirisch fundierte und philosophisch ausmündende Wissenschaft, die Ästhetik. Sie ist die Wissenschaft vom ästhetischen Genießen und Schaffen, von den ästhetischen Werten, den Bedingungen und Gesetzen ihrer Entstehung. Sie ist zunächst deskriptiv, beschreibt auf Grundlage psychologischer Beobachtung die ästhetischen Tatsachen, zerlegt diese sodann analytisch in ihre Faktoren und Elemente, um die zusammengesetzten, komplizierten Erscheinungen und Prozesse in der Totalität ihrer Momente zu erkennen. Zu diesem Behufe, und um den Zusammenhang der ästhetischen Zustände und Vorgänge mit dem psychischen Leben überhaupt zu erforschen, um die subjektiven Ursachen dieser Zustände möglichst vollständig zu ergründen, dient das genetische Verfahren, welches das Ästhetische aus der Gesetzlichkeit des Bewußtseins ableiten hilft; denn aus dem Wesen der Psyche, aus der Art ihres Verhaltens im allgemeinen und im besonderen (bestimmten Reizen gegenüber) muß das Ästhetische seiner subjektiven Natur nach begreiflich gemacht werden, als Spezialfall seelischen Erlebens. Weil aber das Psychische innig mit den Lebensvorgängen zusammenhängt, eine biotische Seite hat, so muß die Ästhetik auch die biologischen und physiologischen Grundlagen und Faktoren des Ästhetischen berücksichtigen, die biologische Bedeutung derselben untersuchen. Das ästhetische Schaffen und Genießen ist aber auch vielfach abhängig vom sozialen Leben und beeinflußt dieses selbst, es wird demnach auch der soziale Faktor des Ästhetischen, der Kunst in Rechnung gezogen werden müssen. Für die Anfänge und die Entwicklung des Ästhetischen, für die Fest-

---

garten (1750) das der Wahrnehmung des Schönen Zugehörige; Ästhetik („Aesthetica") im engeren Sinne nennt B. die „ars pulcre cogitandi", „ars formandi gustum".

stellung ästhetischer Gesetzlichkeiten und Differenzen leistet die ethnologische und die kulturgeschichtliche Betrachtung der ästhetischen Tatsachen gute Dienste. Bei alledem bleibt das Hauptmittel zur möglichst getreuen Darstellung und Begründung des ästhetischen Verhaltens die Psychologie des Ästhetischen, teils die Individualpsychologie, welche sich für die elementaren Grundlagen des Ästhetischen des Experiments zu bedienen vermag und als „Differentialpsychologie" die typischen Abarten des ästhetischen Verhaltens feststellt, teils die Völkerpsychologie, welche den im Gesamtgeist wurzelnden allgemeinen Bedingungen dieses Verhaltens (im aktiven und passiven Sinne) nachgeht.

Aber die Ästhetik ist, bedarf sie auch der psychologischen Grundlage, doch mehr als bloße Psychologie. Nicht bloß das subjektive Verhalten beim ästhetischen Genießen und Schaffen will sie erkennen, sondern auch die objektiven Bedingungen, welche geeignet sind, ästhetische Wertungen auszulösen. Sie analysiert nicht bloß die Psyche des Künstlers und des ästhetisch Genießenden, sondern auch das Objekt des ästhetischen Verhaltens, wie dieses im Bewußtsein sich darstellt. Was am Objekt wirkt ästhetisch, und wodurch, weshalb wirkt es so, was ist die Gesetzlichkeit, die der ästhetischen Wertentstehung zugrunde liegt? — so lautet jetzt die Frage der Ästhetik. Worauf gründet sich das ästhetische Verhalten und Werten, auf welche allgemeinen, gesetzlichen Bedingungen des Verhältnisses von Objekten zum erlebenden Subjekt beruht es, womit rechtfertigen sich die ästhetischen Wertungen und Bewertungen, welchen festen Wertmaßstab gibt es da? Damit wird die Ästhetik zu einer kritischen Wissenschaft, indem sie aus der Mannigfaltigkeit ästhetischer Wertungen gleichsam die Grundwerte und Wertgrundlagen heraussondert. Ein ästhetisches „A-priori" findet sich so, gegründet in der Gesetzlichkeit des ästhetischen Bewußtseins, welche in der ganzen Mannigfaltigkeit verschiedener Wertungen sich identisch erhält. Die

Aufzeigung dieser Gesetzlichkeit bringt mit sich den normativen Charakter der Ästhetik, nicht als ob diese dem Genie Regeln zu geben hätte, auch nicht in dem Sinne, als ob sie im einzelnen vorausbestimmen könnte, was alles als schön, was als nicht schön zu gelten habe, sondern so, daß sie die allgemeinen Bedingungen formuliert, welche notwendig sind, um ein ästhetisches Verhalten auszulösen, um eine Kunstwirkung allgemeiner oder bestimmter Art zu erzielen. Um zu solchen ästhetischen Formen zu gelangen oder auch nur die allgemeine, wertbegründende Gesetzlichkeit des ästhetischen Bewußtseins zu erkennen, ist es gar nicht notwendig, antipsychologisch und deduktiv zu verfahren; eine breite empirische, psychologische Grundlage kann für die Ästhetik, soll sie nicht „konstruieren", sondern den Tatsachen möglichst gerecht werden, d. h. sie auf Grund von Erlebnissen begrifflich konstituieren, nur förderlich sein. Bevor wir entscheiden, welche ästhetischen Wertungen die „richtigen" sind, müssen wir die Natur und den Ursprung, die Motive und Ziele ästhetischer Wertungen überhaupt untersuchen (wie K. Groos treffend bemerkt). Wir müssen die Garantie haben, daß die Grundlagen, Maßstäbe, Normen des ästhetischen Wertens der Gesetzlichkeit des ästhetischen Verhaltens selbst entnommen, nicht äußerlich an die ästhetischen Objekte herangebracht, nicht „spekulativ", aus irgendwelchen anderweitigen Voraussetzungen her, aufgestellt werden. In diesem Sinne ist die Ästhetik (wie Fechner es haben will) „von unten auf" zu errichten, nicht von Ideen, sondern von Erlebnissen und Beurteilungen muß sie ausgehen. Das hindert nicht, daß sie schließlich auch dazu gelangt, das Wesen, die Idee des Ästhetischen, der Kunst zu bestimmen, die Bedeutung derselben für das Gesamtleben darzutun und das ästhetische Gebiet metaphysisch zur allgemeinen Weltanschauung in Beziehung zu setzen, um von da aus wieder Licht auf die ästhetischen Tatsachen zu werfen. Aber vor aller spekulativen Ausdeutung des Ästhetischen muß dieses beschrieben und erklärt, muß es begründet werden, damit es in seiner Eigenart zur Geltung komme. Und da wird es auch notwendig sein, sich vor dem Fehler der intellektualistischen Ästhetik zu hüten, den Zustand und Akt des ästhetischen Verhaltens als eine Art des Erkennens aufzufassen, während hier doch in Wahrheit Gefühl und Phantasie von wesentlichster Bedeutung sind, Vorstellung und Urteil hier nicht als Mittel zu theoretischen Zwecken fungieren.

Die Ästhetik ist Theorie sowohl des ästhetischen Genießens als auch des künstlerischen Schaffens. Als allgemeine Ästhetik hat sie es mit der Grundlegung, Erklärung, Kritik des ästhetischen Verhaltens überhaupt zu tun. Die spezielle Ästhetik untersucht die verschiedenen Formen des Ästhetischen und sodann die Eigenart und Gesetzlichkeit der verschiedenen Kunstarten, indem sie diese klassifiziert und systematisch ordnet. Nicht bloß die Arten des Kunstschaffens macht sie zum Gegenstande der Forschung, auch die Natur der künstlerischen Persönlichkeit, deren Beziehungen zum „Milieu“, zur Umwelt, zur Gesellschaft, zum Zeitgeist sie beachten muß, wobei sie die Ergebnisse der Kunstgeschichte benutzt.

Auf die Betonung eines oder des anderen Faktors des Ästhetischen bezieht sich die Unterscheidung von formaler und Gehalts-Ästhetik. Die formale (Form-)Ästhetik (ästhetischer Formalismus) erblickt das eigentliche, wesentliche Moment in der Form, in der eigenartigen Verbindungsweise, in den Verhältnissen der ästhetischen Objekte, bzw. der sie repräsentierenden Bewußtseinsinhalte. Auf dieses Formale, dessen Zusammenstimmung und Harmonie als schön gefühlt wird, bezieht sich das ästhetische Urteil in erster Linie, der Inhalt des Vorgestellten, die Bedeutung desselben kommt nur sekundär in Betracht oder wird auch irgendwie auf die „Form“ im weiteren Sinne zurückgeführt. Hingegen betrachtet die Gehalts-Ästhetik als den eigentlichen Inhalt der ästhetischen Wertungen die Beschaffenheit des Objektes selbst, insofern sie etwas, eine „Idee“ oder eine reale Wirklichkeit symbolisiert, darstellt; die formalen Verhältnisse

(Symmetrie, Rhythmus, Harmonie usw.) sind nicht der Gegenstand der ästhetischen Urteile, sondern nur Mittel zur Darstellung und Erfassung des ästhetischen Gehaltes. Eine vermittelnde, immer mehr zur Geltung kommende Richtung erklärt, nicht das Formale allein, nicht der Gehalt allein konstituiere das ästhetische Objekt, sondern dem ästhetischen Gefallen liege die „vollkommene Angemessenheit der Form an den Inhalt" zugrunde; auf die angemessene, harmonische Darstellung eines bedeutsamen Inhalts realer oder ideeller Art (Stimmung u. dgl.) komme es stets an, Form und Stoff seien nur die beiden Seiten eines untrennbaren Ganzen.

Verschiedene Richtungen der Ästhetik ergeben sich, je nachdem die Begründung derselben rein psychologisch oder vorwiegend biologisch oder auch physiologisch erfolgt; eine Vereinigung psychologischer und biologischer Betrachtungsweise ist möglich und kommt in der Tat vor. Die psychologischen Theorien sind mannigfacher Art, je nachdem das Hauptgewicht auf das eine oder das andere Moment gelegt wird. Bald wird die „innere Nachahmung", bald die „Einfühlung", bald der „ästhetische Schein", bald die „bewußte Selbsttäuschung" (Illusionstheorie), oft das „uninteressierte Wohlgefallen", oder die „Ruhe in der harmonischen Fülle der Erlebnisse", dann wieder das Moment der „Werbung um Liebe" u. a. betont. So ergeben sich verschiedene Definitionen und Erklärungen des Ästhetischen, des Schönen. Eine Art der biologisch gerichteten Ästhetik bezieht die ästhetische Wertung auf die kraftvolle Äußerung des Lebens, welche als solche gefällt. Auch wird die Beziehung des ästhetischen Verhaltens zum Spiel häufig berücksichtigt, ja die Kunst als eine Form des Spiels oder als Produkt des „Spieltriebes" betrachtet.

Betreffs der Aufgabe der Kunst bestehen verschiedene Ansichten. Der ästhetische Idealismus verlangt von der Kunst nicht Abbildung der wirklichen Welt, sondern die Schöpfung einer phantasievoll konzipierten idealen Welt, die ihr Eigenleben lebt und eine innere Wahrheit besitzen muß, die uns eine solche Welt als möglich auffassen läßt; die Phantasiewelt unterscheidet sich von der wirklichen durch ihre größere Angemessenheit an unsere idealen Forderungen, die ästhetischen mit einbegriffen. Diese Idealwelt muß aber keineswegs eine Welt des Märchens, des Phantastischen sein, sie kann ihre Einzelheiten ganz wohl der realen Wirklichkeit, dem wirklichen Leben entlehnen; nur läßt die Kunst diese reale Wirklichkeit nie unverändert, sie „komponiert", stellt alles in einer solchen Konzentration und in einer solchen Weise dar, daß das Bedeutsame, die Idee des zu Darstellenden recht plastisch zum Ausdruck gelangt. Wird der Stoff im möglichsten Anschluß an das wirkliche Leben gewählt, kommen Verhältnisse der Wirklichkeit zu starker Geltung, will ein Stück wirklichen Daseins, wirklichen Lebens dargestellt werden, so ergibt das eine realistische Kunst. Insofern diese das Typische, die Idee des zur Darstellung kommenden mit künstlerischen Mitteln herausarbeitet, ist sie zugleich idealistisch, real-idealistisch. Hingegen neigt die als Naturalismus bezeichnete Kunstrichtung dazu, nicht bloß das wirkliche Leben möglichst „naturgetreu" darzustellen, sondern es so zu lassen, wie es erlebt, vorgefunden wird, mit seiner ganzen, durch keine ideelle Bedeutsamkeit geläuterten Häßlichkeit und Niedrigkeit. In technischer Beziehung und durch das Heranziehen von früher mißachteten Gebieten und Seiten des Lebens hat der Naturalismus seine große Verdienste, aber er darf nicht Selbstzweck sein, da Kunst mehr ist als bloße „Nachahmung der Natur". Im Realen ein Ideales, Bedeutsames, im Individuellen ein Allgemeines, Typisches, Charakteristisches, in der Realität also eine Idee zu lebendig-anschaulichem, kraftvollem, ergreifendem Ausdruck zu bringen, das ist die Aufgabe der Kunst. So wird sie ein Medium, durch welches wir in innigste Fühlung mit der Fülle des Daseins und Lebens treten und zugleich über die Enge und Beschränktheit des Daseins erhoben werden, indem unser ganzes geistiges Wesen sich erweitert, bereichert und, den Sinn des Lebens intuitiv erfassend, sich mit dem Leben, welches die Kunst in höhere Regionen erhebt, versöhnt.

Gedanken zur Ästhetik finden wir zuerst bei Plato, der schon (neben der Berücksichtigung formaler Momente) die spekulative Gehaltsästhetik einleitet (das Schöne als Symbol der Idee), wie sie dann schon bei Plotin ausgebildet wird (Begriff der Urschönheit). Eine Kunsttheorie gibt schon Aristoteles, welcher die gefühlsreinigende Wirkung der Kunst ($\varkappa\acute{\alpha}\vartheta\alpha\varrho\sigma\iota\varsigma$) betont und das Typisieren derselben wohl beachtet. Daß das Schöne das ist, was unmittelbar gefällt, lehrt schon Thomas v. Aquino (Neuscholastische Ästhetik bei Jungmann, S. Meier u. a.). Einen ästhetischen Intellektualismus vertreten Leibniz, Chr. Wolff, Baumgarten (Schönheit = „perfectio phaenomenon", „perfectio cognitionis sensitivae"), während Mendelssohn, Sulzer, Eschenburg, Riedl, G. F. Meier, Garve u. a. mehr das Gefühlsmäßige im Ästhetischen berücksichtigen. Eine Gefühlsästhetik begründen Shaftesbury (Gefühl der Harmonie), Home, Burke, Hutcheson u. a., während Erasmus Darwin schon das Biologische heranzieht. Eine psychologische Theorie des Schönen gibt Hemsterhuis (Größte Vorstellungsfülle in kürzester Zeit). Für die Theorie der Kunst sind von Bedeutung Boileau, Dubos, Batteux, Diderot, Gottsched, Breitinger u. a., ferner Leibniz, Herder (auch für die Lehre vom ästhetischen Genießen von Bedeutung), Goethe u. a. Auf eine neue Grundlage stellt die Ästhetik Kant. Die Ästhetik ist Kritik des Geschmacks, der ästhetischen (Geschmacks-) Urteile, Kritik der ihnen zugrunde liegenden ästhetischen „Urteilskraft", des „Vermögen, die formale Zweckmäßigkeit (sonst auch subjektive genannt) durch das Gefühl der Lust oder Unlust... zu beurteilen." Sie ist eine besondere Quelle apriorischer Urteile, und diese haben subjektive Allgemeinheit, erwarten Einstimmung jedes fremden Geschmacks mit dem eigenen. Die ästhetische Beschaffenheit des Gegenstandes besteht in der Beziehung der Vorstellungen auf das fühlende Subjekt, nicht aufs Erkennen, in der inneren, unmittelbaren Zweckmäßigkeit, welche den Zweckbegriff ausschließt, rein in dem richtigen Zusammenspiel von Einbildungskraft und Verstand besteht, die als lustvoll empfunden wird. Schön ist, was uninteressiert, rein durch sich selbst, durch seine Form unmittelbar gefällt; Schönheit ist die „Form der Zweckmäßigkeit eines Gegenstandes, sofern sie ohne Vorstellung eines Zweckes an ihm wahrgenommen wird." Die „anhängende Schönheit" (im Unterschied von der „freien") setzt aber einen „Begriff von dem voraus, was der Gegenstand sein soll." Das Schöne vermittelt zwischen Natur und Sittlichkeit, weist (wie das Erhabene) auf · das Unendliche, Übersinnliche hin (Krit. d. Urteilskr.). Diese Lehre bildet weiter Fr. Schiller. Der „Spieltrieb" ist echt menschlich, er löst uns von Bedürfnis und Begehren ab. Die Kunst verbindet Sinnlichkeit und Geistigkeit zur Harmonie, ist daher von höchster kultureller Bedeutung; ähnlich Grillparzer, W. v. Humboldt. Psychologisch bearbeitet die Ästhetik Bouterwek (Das Schöne beruht auf dem Gesetz einer „harmonischen Tätigkeit aller geistigen Kräfte"). Psychologisch verfährt auch Beneke, welcher schon die ästhetische Einfühlung betont (Lehrb. d. Psychol.[3], § 246), ferner Herbart, welcher eine formalistische Ästhetik begründet, welche auch R. Zimmermann, Volkmann, Th. Vogt, Hanslick u. a. vertreten. Eine spekulative Gehaltsästhetik, für welche das Schöne die Erscheinung der Idee in einem Sinnlichen, durch ein solches bedeutet, lehren Schelling (Schönheit = „das Unendliche endlich dargestellt"), Hegel (das Schöne = „das sinnliche Scheinen der Idee"), K. Rosenkranz, Solger, Chr. Krause, Chr. Weise, V. Cousin, M. Carriere, Th. Vischer (Schön ist „die Idee in der Form begrenzter Erscheinung"; später Betonung des „Einfühlen", des „Leihen" der eigenen Seele in das Objekt), Schasler, Schopenhauer (Die Kunst wiederholt die „durch reine Kontemplation aufgefaßten ewigen Ideen", sie erkennt und teilt sie mit; schön ist etwas als „Ausdruck einer Idee"; das ästhetische Verhalten ist willenloses, rein beschauliches Verhalten), Lotze, E. v. Hartmann, Ruskin, R. Kralik u. a. Vermittelnd lehren Köstlin, Siebeck, v. Kirchmann, Volkelt, Wundt, Jodl u. a. Als reine kritische Wissenschaft bestimmen die Ästhetik H. Cohen, P. Natorp, Kühneman, J. Cohn, Renouvier u. a. Psychologisch bearbeiten sie Fechner, Meumann, Dessoir, Külpe u. a. (Experimente), ferner R. Vischer, H. v. Stein (Gefühlsästhetik), Lipps (Einfühlung), P. Stern, R. Groos („Innere Nachahmung", durch welche das Bewußtsein „den ästhetischen Schein erzeugt und in der Erzeugung dieses Scheins spielend verweilt"), Witasek, Ribot, K. Lange (Illusionstheorie), A. Döring, W. Jerusalem, R. Marschall, Dilthey, Riehl u. a. In verschiedener Weise ist die Ästhetik biologisch gerichtet bei Ch. Darwin (Sexuelle Auslese, Liebeswerbung als Quelle ästhetischer Qualitäten), H. Spencer (Spieltheorie), W. Bölsche, W. Jerusalem, Nietzsche, R. Hamerling, Haberland, G. Naumann u. a., physiologisch bei Grant Allen, G. Hirth u. a. Soziologisch betrachten die Kunst Taine (Milieu-Theorie), Guyau, Tarde, Séaille, M. Burkhard, E. Reich u. a., ethnologisch E. Grosse, K. Bücher (Arbeit und Rhythmus), Y. Hirn u. a.

§ 32.

Der ästhetische Genuſs.

Welcher Art ist das Verhalten der Psyche, welches durch ästhetische Objekte (Reize) ausgelöst wird, und worauf beruht es, worin gründet es? Was macht etwas zu einem ästhetischen Objekt, was läßt es als ein solches werten? Wertungsweise und Wertgrundlage des ästhetischen Gebietes bilden das Problem.

Zunächst muß bemerkt werden, daß der Wertbegriff als solcher die Beziehung auf ein wertendes Subjekt einschließt. Es gibt keinen Wert an sich, im metaphysischen Sinne. Daß etwas als Wert gilt, hängt von seiner Tauglichkeit zur Befriedigung eines Bedürfnisses, eines Begehrens, eines Wollens, einer Zwecksetzung ab. Das Werten ist eine „Stellungnahme" des Subjekts zu seinen Erlebnissen, ob sie nun unmittelbar gefühlsmäßig oder urteilend und auf Grund einer Reflexion, einer Vergleichung, einer Schätzung erfolgt. Ohne jede Beziehung auf ein Subjekt gäbe es keinerlei Werte, insofern ist jeder Wert relativ und subjektiv. Aber es gibt nicht bloß Wertungen, die von den besonderen Interessen der Einzelsubjekte abhängen, sondern auch solche, welche im Wesen, in der Gesetzlichkeit des Bewußtseins überhaupt gegründet sind. Zu diesen Werten gehören die theoretischen Erkenntniswerte und die praktischen Sittlichkeitswerte, so auch die ästhetischen Werte. Das heißt zunächst nur: das menschliche Subjekt ist normalerweise so geartet, daß es gewisse Eindrücke lieber will als andere, daß sie ihm in verschiedener Weise sich darstellen, teils es relativ gleichgültig lassend, teils in ihm Wohlgefallen erregend, teils Mißfallen. Es gibt Eindrücke, die durch sich selbst, so wie sie vorgestellt werden, als lustvoll, und andere, die als unangenehm, mißfällig unmittelbar durch Gefühl und Wille gewertet werden, bzw. im Vergleiche miteinander bewertet, abgeschätzt werden, je nach dem Vorzug, den sie auf sich ziehen. Und das geschieht allgemein, die ästhetische Wertung gehört zur Natur der menschlichen Psyche selbst und die Art dieser

Wertung ist eine gattungsmäßige, gleiche, mögen auch die Wertungsobjekte selbst verschieden sein, mag auch darüber Streit sein, was mit Recht als ästhetisch, als schön gewertet werden kann oder soll. Das Verhalten, welches ästhetische Objekte im Subjekt auslösen, ist der „ästhetische Zustand", der sich im positiven Sinne als „ästhetischer Genuß" bestimmt. Die Schönheit ist, formal, dasjenige Prädikat, welches die Eigenschaft eines Objekts ausdrückt, als ästhetisch wertvoll gefühlt und beurteilt zu werden. Diese Eigenschaft erhält das Objekt dadurch, daß es gewisse Qualitäten hat, welche die ästhetische Wertgrundlage abgeben, Qualitäten, die zwar allgemeingültig, „objektiv", als schön gewertet werden können, aber nicht schon an sich, unabhängig von jedem Bewußtsein schön, ästhetisch sind. Objektive Schönheit ist also so viel wie überindividuell gewertete Schönheit, d. h. eine solche, welche nach den „Regeln" des normalen, gebildeten Geschmacks Anspruch auf allgemeine Wertung hat, die ein ästhetisches Bewußtsein auszulösen geeignet sind, wenn nur ein offener, unbefangener Sinn für diese Qualitäten, die Sache selbst vorhanden ist; denn es gibt auch „unnatürlichen", „verbildeten", „degenerierten", „rohen" Geschmack und es gibt ästhetische Vorurteile, welche die Wertung trüben, beeinträchtigen, nicht so ausfallen lassen, wie sie unter „normalen" Umständen ausfallen müßte. Daß es aber allgemeine, konstante objektive Bedingungen ästhetischer Wertung gibt, daran ist nicht zu zweifeln; das Ästhetische hängt, wie jeder Wert, nicht bloß von uns, sondern auch von den Objekten ab, welche wahrhaft schön sind, sofern sie mit Recht als schön gewertet werden.

Was charakterisiert nun den „ästhetischen Zustand", was konstituiert ihn? Er ist kein Zustand des Erkennens, kein Wille zur Erklärung, Begründung, Begreiflichkeit eines Inhalts; er ist auch kein praktisches Verhalten, kein Wille zum Eingriff in die Außenwelt, zur Regelung irgendwelcher Verhältnisse. Er besteht im Schauen, im aufnehmenden (rezeptiven) und tätigen, Eindrücke verarbeitenden, synthetischen Schauen, Zusammenschauen, welches durch die Sinne ver-

mittelt wird, selbst aber eine Wirksamkeit der Einbildungskraft, der (reproduzierenden) Phantasie ist. Dieses Schauen
ist kein Ausschauen nach etwas für praktische Zwecke Wert-
vollem, es steht nicht im Dienste praktischer Interessen, es
gibt sich vielmehr den Eindrücken um ihrer selbst willen
hin, es ruht im Objekt, geht nicht zu anderem, nicht Dazu-
gehörigem über. Es ist von einem uninteressierten Gefallen begleitet, d. h. es ist als solches lustvoll, angenehm,
ohne daß wir an eine Förderung irgendwelcher Zwecke
denken, es hat also einen Eigenwert. So gefällt uns z. B.
eine Waldung unmittelbar, ohne daß wir an den praktischen
Wert des Holzes der Bäume denken. Wer den praktischen
Zweck der Objekte gar nicht in seinem Bewußtsein auszuschalten weiß, wer gleich an ihn denkt, der kommt nicht
in jene Bewußtseinsverfassung, welche als ästhetischer Zustand sich kennzeichnet. Ein Mitschwingen praktischer
Zweckgedanken dagegen ist nicht schädlich, ist vielfach
nicht zu vermeiden und oft auch für das ästhetische Wohlgefallen förderlich, insbesondere, wenn es sich um einen dem
Objekt selbst anhaftenden, nicht um einen vom Subjekt erst
„zufällig" herangebrachten Zweck handelt, ein praktisches
„Interessiert-Sein" braucht mit solchen Zweckgedanken nicht
verbunden zu sein.

Aber man darf nicht etwa glauben, daß der ästhetische
Zustand ein völlig interesseloser sei, in welchem das Wollen
gänzlich zum Schweigen gebracht und wir „reines Subjekt
des Erkennens" (Schopenhauer) geworden sind. Erstens
könnte das ästhetische Verhalten sich (phylogenetisch) aus
einem solchen entwickelt haben, in welchem noch bewußt-
praktische Interessen und Zwecksetzungen bestanden, die
jetzt gleichsam mechanisiert sind, so daß durch „Motivverschiebung" dasjenige, was früher nur als Mittel zum Zweck
gewertet wurde, jetzt für sich selbst gefällt. Zweitens kann
auch im jetzigen ästhetischen Verhalten selbst ein Willensmoment, ein Interesse enthalten sein. Dies letztere wollen
wir zunächst ins Auge fassen, denn es besteht tatsächlich.

Das ästhetische Objekt „interessiert" uns, es lenkt unsere

Aufmerksamkeit auf sich und löst in uns den Willen zum Schauen aus. Wir begehren nicht den Besitz des Objekts, aber wir sind nicht willenlos, nicht ohne Willensregung, wenn auch der Wille hier ein ruhiger, im Akte des Schauens ruhender ist. Der Wille ist hier aktuell, er hat nur eine andere Richtung als im Praktischen. Er will nicht das Objekt, sondern er will das Schauen des Objekts, welches ihn befriedigt; in dieser Willensbefriedigung liegt das ästhetische Gefallen. Weil das Schauen als solches den Willen befriedigt, so daß er in ihm verharrt, kommt es zu keinem weiteren Begehren, es schweigt die sinnliche, die praktische Begierde, die Welt der praktischen Interessen ist momentan vergessen, das Subjekt ist aus ihr herausgetreten und gleichsam mit dem Angeschauten Eins geworden, es verhält sich beschaulich — aber es ist nicht ohne Wollen, ist vielmehr vom lebhaften Willen zum Schauen beseelt, der es eben aus der Wirklichkeit herausreißt und an das ästhetische Objekt fesselt.

Worin besteht nun die Triebfeder dieses Willens? Er wird nicht „von außen" erzeugt, sondern nur ausgelöst, ja er besteht potentiell schon vor aller Einwirkung äußerer Reize. Es liegen ihm Bedürfnisse der psycho-physischen Organisation zugrunde, und zwar funktionelle Bedürfnisse. Vom physiologischen Standpunkte stellen sich diese als aufgespeicherte, nach Entladung verlangende Energien dar, welche ihren Sitz in den Sinnesorganen, Muskeln, Nerven, im Gehirn haben. Das unverbrauchte oder einseitig angewandte Organ braucht eine ihm gemäße Funktion. Das ist die „äußere" Erscheinungsweise eines Zustandes, der für sich, „von innen" erfaßt, psychisch ist. Jeder Teil der psychischen Organisation, welche in ihrer Einheit das Ich bildet, strebt, wenn er nicht genügend und nicht in der entsprechenden Weise funktioniert, nach Betätigung, nach Erregung zu der ihm gemäßen Wirksamkeit. Das Ohr will hören, das Auge sehen, die Muskeln bewegen, die Phantasie braucht Nahrung, das Gefühlsleben will erregt werden, usw. Ein Streben nach Reizung überhaupt, sodann nach intensiv und qualitativ entsprechender, der Organisation entsprechender

Reizung, Anregung, Betätigung geht von den verschiedenen „psychischen Organen" aus, soweit und wenn sie nicht oder nur einseitig beschäftigt sind.*) In solchen funktionellen Bedürfnissen wurzeln biologisch und psychologisch die ästhetischen Triebe, welche den „Willen zum Schauen" konstituieren. Eine Tätigkeit, welche ohne Beziehung auf praktische Zwecke, rein für sich erstrebt und lustvoll ist, heißt S p i e l. Und eine Art des Spiels zunächst ist der „ästhetische Zustand", wie dies K a n t, S c h i l l e r, S p e n c e r, R i b o t, L a z a r u s, G r o o s, K. L a n g e u. a. erkannt haben. Das Spiel dient sowohl der Erholung („Abspannung") als auch besonders der ergänzenden, wohlangemessenen, Übung von Organen und hat auch durch die „Einübung" zweckvoller Funktionen hohen biologischen Wert (G r o o s).**) Das Spiel ist lustvoll durch die ohne Zweckbewußtsein zweckmäßige, für die Verfassung bestimmter Organe und Funktionen angemessene, förderliche Aktivität, als Ausfluß des Tätigkeitswillens des Ichs, der durch das Spiel die entsprechende Betätigung erhält.

Beim ästhetischen Genuß handelt es sich um ein S p i e l s i n n l i c h - g e i s t i g e r K r ä f t e. Was diese in z w e c k m ä ß i g e r W e i s e b e s c h ä f t i g t, ohne doch eine d i r e k t e B e z i e h u n g z u p r a k t i s c h e n I n t e r e s s e n und z u m E r k e n n t n i s w i l l e n z u h a b e n, wirkt ästhetisch, wird als (ästhetisch) schön gewertet auf Grund von Gefühlen lustvoller Befriedigung. Schon an

---

*) „Die große Mühle des Lebens in uns mahlt unablässig, und sie mahlt oft leer, bis ihr von der Gelegenheit das Korn aufgeschüttet wird. Dies Leermahlen der Triebe führt im letzten Grunde zur ästhetischen Betätigung des Menschengeschlechts" (M. H a b e r l a n d t, Die Welt als Schönheit, S. 19).

**) „Das Tier arbeitet, wenn ein Mangel die Triebfeder seiner Tätigkeit ist, und es spielt, wenn der Reichtum an Kraft diese Triebfeder ist, das überflüssige Leben sich selbst zur Tätigkeit stachelt". (S c h i l l e r). Ähnlich J e a n P a u l, B e n e k e, H. S p e n c e r („overflow of energy"), R i b o t u. a. Nach G r o o s ist das Spiel biologisch, „Einübung unfertiger Anlagen". Nach K. L a n g e ist es ein „Ersatz der Wirklichkeit".

einfache Wahrnehmungen der Sinne, an Farben-, Gehörs-, Tastempfindungen knüpft sich ein elementares ästhetisches Wohlgefallen (bzw. Mißfallen), bestimmte Qualitäten (und Intensitäten) werden als angenehm, andere als unangenehm empfunden, und eine wird, in irgend einer Reihe geordnet, anderen vorgezogen. Jene Quantitäten und Intensitäten von Reizen, welche für das Sinnesorgan (überhaupt oder zur Zeit oder bei diesem Typus von Menschen) entsprechend sind, leichtere, günstigere Funktionen bedingen, erscheinen gefälliger als andere. Freilich kommt hierbei auch der „assoziative Faktor" (Fechner) in Betracht, Erinnerungen an heitere oder traurige, erregende und deprimierende Wirkungen seitens solcher Objekte, an welchen etwa besondere Farben (blau: Himmel, schwarz: Nacht, rot: Blut usw.) vorkommen, in Betracht; es dürfte aber doch auch schon mit der einfachen Wahrnehmung als solcher ein Element ästhetischer Wirkung verbunden sein. Ästhetische „Elementargefühle" knüpfen sich auch an raum-zeitliche Formen, an Gestalten, Kurven usw., auch an Bewegungen, welche etwas das Auge nötig hat, um bestimmte Gestalten zu erfassen. Das eigentliche Gebiet des Ästhetischen beginnt freilich erst mit der Vorstellung zusammengesetzter Inhalte, mit der Erfassung bestimmter Anordnungen, Verhältnisse, Komplexe. Die Sinne als solche liefern immer nur das Einzelmaterial zur Herstellung ästhetisch bedeutsamer Bewußtseinsgebilde, erst die Synthese einer Mannigfaltigkeit verschiedener Eindrücke oder Inhalte löst die ästhetische Wertung im engeren, höheren Sinne aus.

Die synthetische Einheitsfunktion des Ich ist das „A priori" aller „Geschmacksurteile". Das läßt sich auch psychologisch, nicht bloß „kritisch" dartun. Soll etwas als ästhetisch wertvoll beurteilt, erlebt werden, so muß es die Mannigfaltigkeit von Eindrücken sich „spielend" und harmonisch zur Einheit verknüpfen lassen und so in die Einheit des anschauenden Subjekts eingehen. Der Wille zum Schauen ist ein Wille zum Einheitsschauen, ein Wille zur Harmonie, und was diesen Willen erfüllt, befriedigt, gilt uns als schön. Symmetrie, Proportionalität, Rhythmus usw. sind formale Faktoren, welche die synthetische Einheitsfunktion begünstigen, erleichtern, ihr eine allgemeine, konstante Basis geben, vorausgesetzt, daß das Bewußtsein so weit „gebildet" ist, um solche Verhältnisse zu apperzipieren; der primitive Mensch begnügt sich mit primitiven, rohen Eindrücken, mit einfachen Verhältnissen, ihm geht die Intensität der Reize über die Qualität derselben, für das Kompliziertcre, Feinere hat er kein Verständnis.

So wie eine harmonische Ordnung von Gedanken als richtig, eine solche von Handlungen als gut geachtet wird, so werten wir die harmonische Einheit anschaulich gegebener Inhalte als solcher als schön, unmittelbar, ohne alle Reflexion, eben weil sie funktionellen Bedürfnissen, zu oberst dem synthetischen Tätigkeitswillen entspricht. Solche Einheit ist nicht an sich, fertig gegeben, sie muß erst im Bewußtsein festgestellt, gesetzt werden. Das geschieht aber nicht willkürlich, rein subjektiv, sondern durch den objektiven Inhalt selbst bestimmt, gleichsam „aufgegeben". Es kommt im einzelnen sowohl auf das Objekt als auch auf das Ich an, ob und wie leicht, wie vollkommen die Mannigfaltigkeit von Eindrücken diese Einheit ergibt. Aber nicht um die „Vollkommenheit" von Dingen außer uns handelt es sich, sondern um die „Vollkommenheit", die Harmonie der synthetischen Zusammenfassung, des Zusammenspiels unserer seelischen Funktionen und der Inhalte ihrer Betätigung. Ein inneres Zusammenstimmen, Zueinanderpassen der Einzelheiten in der sie umspannenden Einheit des Anschauens liegt der ästhetischen Wertung zugrunde, in Wahrheit eine „Zweckmäßigkeit ohne Zweck". Da die synthetische Zusammenfassung der anschaulichen Mannigfaltigkeit eine geistige Tätigkeit (im engeren Sinne) ist, welche das Material der Sinne in eigenartiger Weise verarbeitet, so ist es richtig, daß (wie Schiller sagt) das Schöne Sinnlichkeit und Geist harmonisch verbindet und daß diese unmittelbare, spielerische Vergeistigung des Sinnlichen als solche lustvoll ist. Das ästhetische Schauen, so „ruhig" es auch ist, schließt eine lebendige Aktivität der

Psyche ein, welche sich vor allem als Wirksamkeit der
Phantasie darstellt. Diese ist es, welche die Eindrücke
nicht bloß zur Einheit verknüpft, sondern sie auch noch
weiter verarbeitet. Die Eindrücke lösen allerhand zu ihnen
in Beziehung stehende Vorstellungen aus, welche teils unterbewußt, teils bewußt mit ihnen verschmelzen und durch ihre
Gefühlstöne das ästhetische Gefühl konstituieren helfen.
Dieser Verschmelzungsprozeß verleiht erst den Eindrücken
die Bedeutung, die sie für uns haben, er gibt ihnen ihren
Inhalt, ihren Gehalt, der mit den Formalen der Elemente ein
Ganzes bildet, in welchem zwar bald der eine, bald der andere
Faktor überwiegen, niemals aber einer ganz fehlen kann;
selbst die einfache Klangfolge, die einfache Linienführung
scheint uns etwas (und sei es eine bloße Stimmung) zu
bedeuten.. Eine eminent wichtige Leistung der Phantasie ist
das, was man als „Einfühlung" bezeichnet hat: das Hineinlegen unseres eigenen Ichs, unserer eigenen
Psyche, unserer Lebendigkeit in das Objekt,
welches wir solcherart beleben, beseelen, zu
einem Analogon unserer selbst machen, ohne daß
uns dieser Prozeß gesondert zum Bewußtsein kommt, ohne
Reflexion, sondern unmittelbar mit der Einheitssynthese.
Durch diesen Prozeß scheinen uns die Dinge, auch anorganische, ein Eigenleben zu führen, Kräfte zu entfalten wie wir, zu streben, zu fühlen wie wir, wie ein
Lebewesen überhaupt; gleichwohl wissen wir, abgesehen vom
Moment des ästhetischen Zustandes, daß die Dinge nicht
wirklich leben oder so leben. „Ich versetze mein Ich spielend
in das fremde Objekt, und diese Selbstversetzung, die jeden
leblosen Gegenstand personifiziert, gilt mir als bestehend,
obwohl ich recht gut weiß, daß sie in Wirklichkeit nicht
stattfindet" (Groos, Einleit. in d. Ästhet., S. 191). Diese
„Einfühlung" ist (wie Groos treffend bemerkt), bald bloße
„Zufühlung" in der Ruhe des Anschauens, bald aktive „Nach-
fühlung", welche das Objekt nicht bloß personifiziert, sondern auch die hineingelegten Strebungen und Gefühle innerlich nachahmt, wodurch das ästhetische Erleben bereichert

wird. Die harmonische Synthese und die „Einführung" sind nur Momente eines Prozesses, es gilt hier der Satz Siebecks: „Harmonie ist die nach außen gewendete Beseelung" (Das Wesen d. ästhet. Anschauung, S. 140). Das Harmonische des ästhetischen Objekts läßt es unmittelbar als etwas Organisches, Organisiertes auffassen, und damit als Äußerung einer lebendigen Regsamkeit und eines Fühlens. Alles Schöne ist Ausdruck, Symbol von Leben, welches den Dingen eignet oder welches wir ihnen „leihen", sie uns dadurch nahe bringend. Im ästhetischen Zustand kehren wir zurück zu jener Auffassungsweise der Welt, für welche diese eine Summe im Grunde gleichartiger, lebendiger, ein „Innen-Sein" besitzender Wesen bedeutet, und zwar deshalb, weil wir sie in ihrer unmittelbaren, anschaulichen Daseinsweise nehmen, so daß wir momentan die Ergebnisse abstrahierender Begriffsbildung der Wissenschaft unberücksichtigt lassen.

Das Eigenleben, welches das ästhetische Objekt durch ein sinnliches, anschauliches Medium darstellt, gehört mit zum ästhetischen Gehalt, zu dem, was das Vorgestellte bedeutet. Einen solchen lebensvollen Inhalt in der rechten, ihn zum eindringlichen, charakteristischen Ausdruck bringenden Form anschaulich zu erleben, in solcher Anschauung die Grundkräfte der Psyche sich harmonisch betätigen zu lassen, das erzeugt den ästhetischen Genuß. Auch wenn das Objekt, wie es uns vom Standpunkte des gewöhnlichen, praktischen Verhaltens erscheint, unlustvoll, abstoßend wirken müßte, kann es, wenn die Kraft seiner Darstellung oder seiner, es aus der gemeinen Wirklichkeit herausreißenden, es in seinem bedeutsamen Eigenleben erfassenden Betrachtung groß ist, als ästhetisch beurteilt werden, weil und wofern die Psyche das Widerstrebende, Widerwärtige, Häßliche zu harmonischer Synthese zu bringen vermag. Es kann ein vom praktisch wertenden Standpunkt Schlechtes, Häßliches im Lichte des ästhetischen Schauens sogar als schön empfunden, mit „ästhetischer Sympathie" (Lipps) betrachtet werden. Die ästhetische Darstellung und Betrachtung ist imstande, alles mögliche zu „verklären", es in einem anderen Lichte erscheinen zu lassen, welches die schlechten Wirkungen des Objekts vergessen, übersehen läßt. Es ist dies aber schon eine Wirkung der Kunst, es gehört dazu schon eine Künstlerseele, einerlei, ob sie ein Kunstwerk produktiv schafft, oder nur Naturobjekte künstlerisch betrachtet. Denn es ist eine Leistung künstlerischer Schauung, das Objekt aus der realen Wirklichkeit herauszulösen und es rein seiner „Form" nach, d. h. als Gebilde phantasievoller Bewußtseinstätigkeit zu nehmen und zu werten. Diese Abhebung des Objekts von der Welt, der es real zugehört, hat zur Folge, daß die Gefühle, Affekte, Stimmungen, welche von ihm ausgehen, zwar nicht zu „Scheingefühlen" oder bloßen „Gefühlsvorstellungen" (E. v. Hartmann, K. Lange u. a.) werden, aber doch eine gewisse „Reinigung" und Färbung erhalten. Die Gefühle, welche an die aktive Tätigkeit des Schauens sich knüpfen, beeinflussen die mit dem Inhalt des Vorgestellten verbundenen Gefühle, das Ich bleibt in der Fülle der es ergreifenden Eindrücke seiner Kraft, Aktivität, Freiheit bewußt, es hat das Bewußtsein des Spieles, des freien Spielens über dem ihm dargebotenen Stoffe, des „Ursacheseins" (Groos). Durch seine synthetische Funktion fühlt sich das anschauende Ich als Macht, und das gibt den von ästhetischen Objekten ausgelösten Gefühlen und Affekten eine eigenartige Abtönung, Stimmung, so z. B. dem Erhabenen, dem Tragischen gegenüber.

Es gibt neben dem „Kunstschönen" ein „Naturschönes", aber es währt lange, bis der Mensch dazu gelangt, die Natur direkt als ästhetisches Objekt aufzufassen und zu werten, eine lange kulturelle, ästhetische Erziehung war dazu nötig; erst spät stellt sich ein ästhetisches „Naturgefühl" ein, und die Kunst ist es, welche an dieser Erziehung wesentlichen Anteil gehabt hat und noch hat.

§ 33.

Das Wesen der Kunst.

Die Kunst ist aus dem Spiel hervorgegangen. Die spielende Nachahmung interessanter Gegenstände und Vorgänge sowie die spielende Betätigung angesammelter Energie, welche sich so entladet, finden wir schon auf primitiven Entwicklungsstufen der Menschheit. Innere Spannungen machen sich bei Naturvölkern zuerst in der Form des Tanzes, begleitet von mehr oder weniger rhythmischem Lärm, Luft, Affekte verschiedener Art (Liebe, Haß, Trauer, Freude usw.) lösen solche Tänze aus, welche bald dadurch zu einfachen Schauspielen werden, daß pantomimisch Handlungen des wirklichen Lebens zum Ausdruck gebracht, dargestellt werden. Tanz, Musik, Dichtung differenzieren sich aus einer Ureinheit, welche unentfaltet die verschiedenen Elemente enthält. Diese spielende Betätigung erzeugt, wenn sie nicht mehr bloß triebhaft zum Ausbruch kommt, sondern willkürlich zur Ausübung gelangt, die primitive Kunst, wenigstens das Gebiet der „Zeitkünste". Die „Raumkünste" gehen aus der spielenden Betätigung der Anlagen für Symmetrie hervor, zuerst ebenfalls rein triebhaft ausgelöst, indem etwa bei der Bereitung tönerner Gefäße diesen eine symmetrische Form und Ausschmückung (Ornament) gegeben wird. Die primitive Kunst ist, soweit sie nicht auf der Wirksamkeit des Spieltriebes oder funktioneller Bedürfnisse beruht, durch Motive bestimmt, welche noch sehr praktischer Art sind. Insbesondere hat die Ausschmückung des eigenen Leibes (mit Zierrat, Farben, Tätowierungen) und der Gegenstände (mit Zeichnungen, Schnitzereien) sowie die übrige Kunst soziale und religiöse Zwecke. Die Kunst ist hier noch kein selbständiges Kulturgebiet, sondern dient dem Willen zu sozialem Ansehen, zur Hervorhebung der eigenen Persönlichkeit, zum Zeichen des Ranges, zur Liebeswerbung bei dem andern Geschlecht, aber auch zur Abwehr böser Geister, zauberischer Einflüsse (Amulets), zur Beeinflussung dämonischer, göttlicher Mächte, zur Darstellung von göttlichen Wesen, zur Ausschmückung von Tempeln und Begräbnisstätten, usw. Allmählich wird aber, was erst nur als Mittel zum Zweck wertvoll war, für sich selbst gewertet und ausgeübt, der „ästhetische Sinn", der sich durch die Übung immer mehr entwickelt, verfeinert, verstärkt hat, verlangt nun nach Betätigung schlechthin, auch wenn praktische Zwecke mit den Erzeugnissen des künstlerischen Schaffens nicht zu verbinden sind.

Ein Wille zur Kunst besteht nun, aber nicht in der Masse, sondern in Individualitäten, deren ästhetischer Sinn besonders ausgebildet ist. Die Kunst differenziert sich, dem Prinzip der Arbeitsteilung gemäß, von den übrigen Beschäftigungen, sie wird eine um ihr selbst willen geschätzte Beschäftigung. Ihren Stoff freilich entnimmt sie wie aus der Natur so auch aus dem sozialen und religiösen Leben, und noch lange bleibt sie mit den Intentionen desselben innig verknüpft. Auch später, wo sie noch selbständiger geworden, erfährt die Kunst mannigfache Anregungen vom sozialen Leben, sie spiegelt, direkt oder indirekt, Zustände desselben ab und wirkt dann selbst auf das Gemeinschaftsleben ein. Sie hat soziale Wirkungen, indem das von ihr Dargestellte der Zeit ihren „Spiegel vorhält", indem es allmählich zu bestimmter Anschauungs- und Wertungsweise anregt, den Sinn, das Verständnis, das Interesse für die Leiden und Freuden der Gemeinschaftsmitglieder, der verschiedenen Gruppen, Stände, Berufe der Gesellschaft, für die Schicksale der Menschen überhaupt erweckt, stärkt. Und sie wirkt auch dadurch sozial, sozialisierend, indem sie durch die Abstimmung einer Menge von Individuen auf einen Gleichklang der Gefühle die Seelen einander nähert, sie zu einer Einheit wiederholt zusammenschließt; daher die sozialpädagogische Bedeutung von Festen, Theateraufführungen usw. (man denke an das alte Griechenland: Olympische Spiele usw.).*) Endlich kann die Kunst zur Abschwächung des Egoismus beitragen, indem die wieder-

---

*) Vgl. M. Burkhard, Ästhetik u. Sozialwissenschaft 1895, S. 4f.; E. Reich, Kunst u. Moral, 1901.

holte Hingabe an ein uninteressiertes Verhalten, verbunden
mit der Erweiterung des Ichs durch die Erfassung so vielen
fremden, uns aber jetzt näher gerückten Lebens, bei einer
Reihe von Individuen und bei ganzen Völkern nicht ohne
Spuren bleibt.

Aber die sozialen und religiösen Wirkungen, welche sich
an die Kunst knüpfen und vielfach auch zu Nebenzwecken
derselben gemacht werden, sind nicht die eigentlichen, nicht
die Hauptzwecke des künstlerischen Produzierens. Die Kunst
hat ihren Eigenzweck, ihren Eigenwert. Sie will nicht be-
lehren, nicht Moral predigen, nicht politisch-sozial agitieren,
mag das alles auch sich mit ihr verbinden lassen. Was sie
direkt und in erster Linie erzielen will, ist nichts als ein
möglichst lebhaftes, starkes, allgemeines Wohlgefallen am Kunstwerk, die freudige Anteilnahme
an der besonderen Art, wie der Künstler etwas
geschaut und wie er es zum Ausdruck gebracht
hat. Der Künstler will sich mitteilen, er will uns die Art seines
persönlichen Schauens aufdringen, unseren Willen zum
Schauen für sich und sein Werk gewinnen, unsere Seele in
eine der seinigen verwandte Stimmung bringen, wodurch
sein eigenes Ich, sein Machtgefühl, sein Schöpferbe-
wußtsein sich erweitert und befestigt. Das ist der (objektive) Zweck der Kunst. Die (subjektive) Triebfeder
des künstlerischen Schaffens enthält keine Beziehung zum
„Zuschauer". Sie besteht in den Gefühlen der Spannung und
Erregung, welche in der leicht empfänglichen und überaus
regsamen Phantasie des Künstlers Eindrücke bestimmter Art
auslösen. Um sich von der Erregung, welche die „Fülle der
Gesichter" erzeugt, zu befreien, um das so lebendig Vorgestellte und Gefühlte zu festem, objektivem Ausdruck zu
bringen, stellt es der Künstler mit sinnlichen Mitteln dar.
Der Trieb zur Gestaltung geht von der Phantasie aus,
welche beim Künstler eine ungewöhnliche Stärke erreicht,
ihm einen reichen, anschaulichen, lebensvollen Inhalt darbietet, verschieden, je nach der Art der Phantasie und des
oder der Sinne, welche ihr Eindrücke zuführen. Das Kunst-

werk ist die Fixation des phantasievoll Erschauten, es ist
für den Künstler selbst ein Mittel zur konstanten Erregung
eines bestimmten ästhetischen Erlebens, er genießt im Kunstwerk sein eigenes Phantasieleben, dessen Versinnlichung und
Verkörperung das Kunstwerk ist; in ihm erscheint das Leben
des Künstlers von diesem abgelöst, es tritt ihm als ein Objektives gegenüber, als eine zu selbständigem Leben erwachte
Schöpfung, welche zugleich eine Spiegelung der Künstlerseele, der Persönlichkeit des Schaffenden selbst ist. So stellt
sich das Kunstwerk insbesondere dem Betrachter dar, er
hat zugleich mit der Freude am Kunstwerk selbst den Genuß,
den ihm die Persönlichkeit des Künstlers bereitet. Der Spieltrieb wird zum Kunsttrieb, indem das Spiel der Phantasie sich
in gestaltende, bildende, das Kunstwerk schaffende Tätigkeit umsetzt, welche insofern Arbeit ist, als das auszu-
führende Kunstwerk den Zweck dieser Tätigkeit bildet, der
dem Künstler und den Betrachtenden ästhetischen Genuß
bereiten soll.

Die Kunst ist die Fähigkeit zur Erzeugung des ästhetischen Zustandes unter besonders günstigen, erleichternden
und steigernden Bedingungen. Sie stellt ihren Gegenstand
so dar, daß die synthetische Einheitsfunktion den Eindrücken gegenüber in leichter und doch gehaltvoller,
energischer Weise sich betätigen kann, so daß zugleich
die ästhetische Einfühlung in günstigster Weise erfolgt. Je besser ·dies dem Kunstwerke gelingt, desto
größer, stärker ist seine Wirkung auf den Betrachter. Die
objektive Bedingung dazu ist die möglichst formvollendete
Darstellung eines bedeutsamen Inhalts, d. h. eine solche
„Komposition" (in Farben, Tönen usw.), eine solche Formung
sinnlicher Materialien, Eindrücke, daß dadurch das Eigenleben, das Charakteristische und Typische des Objekts in
plastischer Anschaulichkeit erfaßt zu werden vermag. Nicht
sklavische Nachahmung der Natur ist die Aufgabe der Kunst,
sondern künstlerisch ist nur die persönlich bedingte
Herausarbeitung des Bedeutsamen eines Objekts
in einem sinnlichen Material, die Durchdringung

des Stoffs durch die Form. Die Wirklichkeit, die der Künstler darstellt, ist nicht die gemeine Wirklichkeit mit allen ihren Zufälligkeiten, gleichgültigen Einzelheiten usw., sondern die idealisierte Wirklichkeit. „Idealisiert" wird die Wirklichkeit entweder durch Umbildung, Ergänzung derselben im Sinne des Ideals, oder aber („realistische" Kunst) nur so, daß das Bedeutsame derselben durch „Komposition" (Volkelt) hervorgehoben und konzentriert wird. Dieses „Bedeutsame" nun ist das, was man als die Idee des Kunstwerkes bezeichnet hat. In der Tat symbolisiert alle wahre Kunst im Realen ein Ideales; das Einzelne, Individuelle selbst wird anschaulich mit möglichster Schärfe dargestellt, so aber, wie es die Künstlerseele primär, der Betrachter sekundär schaut, schauen soll; als Repräsentation eines Typischen, welches in ihm selbst unmittelbar, ohne Reflexion, zum Ausdruck gelangt. Nicht als Gegenstand der Erkenntnis tritt hier die Idee auf, sondern als Bestandteil des ästhetischen Gehaltes, dessen „subjektiv zweckmäßige" Anschauung als solche Gefallen erweckt, ohne daß das begriffliche, abstrakte Denken in Kraft zu treten braucht; der Begriff ist unanschaulich, die Idee wird anschaulich, durch ein sinnliches Medium ins Bewußtsein erhoben. Es handelt sich beim Ästhetischen um „die Idee, welche ganz in der Erscheinung gegenwärtig, die Erscheinung, welche ganz von der Idee gebildet und durchleuchtet ist" (Carriere, Ästhetik I, 70). Die Idee muß auch nicht immer ein Gattungsmäßiges sein, sie kann auch ein Individual-Typisches, im engeren Sinne „Charakteristisches" sein (z. B. im Porträt). Wesentlich ist, daß das Objekt so dargestellt ist, daß wir es leicht und gern in die Sphäre ästhetischen Schauens erheben, und es als eine Welt für sich auffassen können, in die wir unsere eigene Seele hineinlegen, um sie sofort aus ihr herauszufühlen. So sehr auch das Dargestellte der realen Wirklichkeit ähnlich sein mag, es darf, ja muß sich von ihr unterscheiden, es muß als Kunstprodukt empfunden werden, freilich als ein solches, welches nichts Gekünsteltes enthält, sondern eine „innere Wahrheit", eine Zusammenstimmung aller Teile aufweist, die es zu einer Wirklichkeit sui generis macht. Der „ästhetische Schein" (Schiller), der uns das Kunstwerk als eine Wirklichkeit auffassen läßt, ist nicht durch die genaue „Nachahmung der Natur" bedingt, sondern durch die Kraft und Harmonie, mit welcher ein Bedeutsames lebensvoll dargestellt ist.

Die Kunst formt Materialien, Elemente der anschaulich erfaßten Welt im Sinne menschlicher Bedürfnisse und Ideale. Sie bewirkt in uns „reine" Gefühle, bietet veredelten Genuß, sie vergeistigt unser Sinnenleben und gibt zugleich unserer Geistestätigkeit neue Nahrung. Indem sie die verschiedensten Seelenregungen auslöst, die verschiedensten Gefühle und Stimmungen erweckt, mannigfache, ungeahnte Einblicke in das Gesamtleben der Natur und Menschheit gewährt, erweitert und bereichert sie unser Ich, ergänzt und hebt sie unser Dasein, unsere Menschlichkeit, gibt sie uns Ersatz für die Lücken und Mängel des Lebens. So ist die Kunst ein eminenter Kulturfaktor, ein Mittel zur fortschreitenden Entwicklung des Menschengeschlechts.*) Indem sie das Leben in jeglicher Gestalt darstellt, verherrlicht, idealisiert, erhebt sie zugleich den Menschen über die Niedrigkeit und Enge des gemeinen, bloß „praktisch" betrachteten Lebens („Befreiende" Wirkung der Kunst), läßt sie ihn ahnen, daß das verwirrende Getriebe des Daseins auf dem Untergrunde einer ewigen Ordnung, eines gesetzlichen Allzusammenhanges, der zugleich unendliches Alleben ist, ruht. Das künstlerische Genie, begabt mit dem Blick für die feinsten Regungen des Daseins, mit „Sym-

---

*) Hier möge die Definition angeführt werden, welche K. Lange von der Kunst gibt: „Kunst ist jede Tätigkeit des Menschen, durch die er sich und anderen ein von praktischen Interessen losgelöstes, auf einer bewußten Selbsttäuschung beruhendes Vergnügen bereitet und durch Erzeugung einer Anschauungs-, Gefühls- oder Kraftvorstellung zur Erweiterung und Vertiefung unseres geistigen und körperlichen Lebens und dadurch zur Erhaltung und Vervollkommnung der Gattung beiträgt" (Das Wesen der Kunst II, 6o).

pathie" für jede Daseinsform als solche und als Ausdruck eines eigenen Lebens und Webens, läßt uns durch die Kraft seiner Schöpfung mit sympathisieren. Die Kunst ist so ein Mittel für die Menschheit, am Leben der Dinge anschaulich-gefühlvoll Anteil zu nehmen, in das Alleben sich zu versenken und mit ihm in unmittelbare Verbindung zu treten. So ergänzt die Kunst die Wissenschaft und die Religion, welche in anderer Weise den Zusammenhang des Subjekts mit der Objektenwelt herstellt. *Mit ihnen teilt sie das Symbolische des Ausrucks,* durch welchen uns das Sein der Dinge nahegebracht wird. Durch sinnliche Zeichen (Farben, Töne usw.) vergegenwärtigt sie uns typische Formen der Dinge, mit den Eindrücken, welche sie im Künstler hervorrufen und die nun auch der Betrachter gewinnen soll; hierbei hat jede Kunst ihr besonderes Zeichensystem. „Es erhellt . . ., daß jede Kunst ein System von Zeichen ist und daß der Künstler weniger darauf ausgeht, die Dinge selbst wiederzugeben, als vielmehr darauf, in seiner besonderen Sprache die von ihnen empfangenen Eindrücke mitzuteilen: seine Nachahmungen sind ‚Übersetzungen'. Der Architekt übersetzt durch Wirkungen von Linien und Kombinationen von Ornamenten, deren erste Vorbilder ihm die Natur geliefert hat, — die Idee, welche er sich von den menschlichen Beschäftigungen und Geschicken macht, für die er Schutzstätten baut. Der Bildhauer überträgt in Marmor und Erz unser vergängliches Fleisch und den Geist, der es belebt. Der Maler setzt in Formen und Farben die Bilder um, welche gewisse Vorgänge des Lebens und der Welt in eine davon ergriffene Seele einprägen. Die Musik und die Poesie übersetzen, die eine mit Tönen, die andere mit Worten alles, was im Innern des Menschen vorgeht oder wenigstens alles, was man davon zum Ausdruck bringen kann, sei es mit Worten oder mit Tönen" (V. Cherbuliez, Die Kunst und die Natur I, 1905, S. 36). „Nicht bloß der Charakter und das geheime Wesen der Dinge ist es, was sich uns in einem Kunstwerk offenbart; es ist ebenso der Charakter des Künstlers selber. Dieser kann nicht nachahmen, ohne zu übersetzen, noch kann er übersetzen, ohne auszulegen, und jede Auslegung ist eine Arbeit des Gedankens, worin das. Ich sich kundgibt" (l. c. S. 41). Die Art und Weise des Ausdruckes, durch welchen der Künstler eine Daseinsform symbolisiert, charakteristisch-typisch darstellt, ist abhängig von der besonderen Beschaffenheit der Künstlerseele, von ihren Neigungen und Stimmungen, vom Blickpunkt ihres Interesses. Das Kunstwerk stellt sein Objekt so dar, wie es der Künstler geschaut haben will, und damit stellt es zugleich die Seele, das Phantasiespiel des Künstlers dar, uns zum „Mitspielen" lebhaft anregend.

In der Kunst gibt sich die Gesetzlichkeit der gestaltenden Phantasie kund, welche ihrer spielenden Betätigung, so frei diese ist, das Zufällige, Willkürliche benimmt. Die Phantasie hat, wie die Vernunft, ihr Ordnungsprinzip, vermöge dessen im Zusammenhange der Elemente, welche die Phantasie herstellt, jeder Teil seine bestimmte, durch die Einheit des Ganzen geforderte Stelle hat. Auf dieser „Logik des Ästhetischen", auf der Zusammenstimmung der Teile eines Kunstwerkes, ihrer richtigen Anordnung im Sinne der Idee des Kunstwerkes beruht die „ästhetische Wahrheit". Dieselbe Einheit und Identität des Bewußtseins, des Willens, der Ichheit, welche der Logik und der Ethik zugrundeliegt, ist auch eine Grundbedingung des ästhetischen Schaffens und der Beurteilung solchen Schaffens auf seinen formalen Wert hin.

g) Religionsphilosophie.

§ 34.

Die Aufgabe der Religionsphilosophie.

Mit der ästhetischen haben die religösen Werte dies gemein, daß sie, mag auch ihr Anspruch auf Realität ein anderer sein, wie jene an eine Tätigkeit der Phantasie gebunden erscheinen. Das religiöse Verhalten unterscheidet sich vom

Erkennen und praktischen Handeln, es besteht in einer eigenartigen „Stellungnahme" der Psyche, die mit dem ästhetischen Verhalten manche Ähnlichkeit aufweist, ohne aber im Ästhetischen zu wurzeln. Dieses Verhalten (Religion im subjektiven Sinne) sowie die durch dasselbe bedingten Gebilde und Werte (Religion im objektiven Sinne) müssen genau so wie die anderen Gebiete des Geisteslebens philosophisch bearbeitet werden. Es ist die Aufgabe der Religionsphilosophie, Ursprung, Wesen, Wahrheitsgehalt und Wert der Religion in ihrer subjektiven und objektiven Form kritisch zu untersuchen. Zunächst ist sie eine beschreibend-erklärende Wissenschaft, indem sie die Tatsachen des religiösen Lebens in ihrer Eigenartigkeit darstellt, sie analysiert und aus den konstanten Bedingungen seelischen Lebens überhaupt sowie aus den besonderen Bestimmtheiten desselben begreiflich macht, wobei sie das Genetische, die Entwicklung des religiösen Bewußtseins heranzieht. So ist sie Psychologie der Religion, welche sich auf die Ergebnisse der Individual- und noch mehr der Völkerpsychologie stützt, bzw. kann die Religionspsychologie als ein Teil der Völkerpsychologie aufgefaßt werden. Die psychologische Methode ergänzt sich durch die historisch-vergleichende, welche bereits von der vergleichenden Religionswissenschaft und der Religionsgeschichte gehandhabt wird, um sowohl das Konstante, Allgemeine als auch die Differenzen, Variationen und Entwicklungsstufen der Religion zu erforschen. Aber die Religionsphilosophie will nicht bloß das Dasein und Werden der religiösen Tatsachen in ihrer Gesetzlichkeit begreiflich machen, sie will diese auch kritisch und spekulativ bearbeiten. Indem sie die Prinzipien der Erkenntnistheorie zum Maßstabe nimmt, prüft sie den religiösen Glauben nach seinem Anspruch auf Berechtigung, auf seine Einstimmung mit den Grundsätzen und Postulaten des Geistes überhaupt, nach seinem Werte für die Herstellung einer einheitlichen Weltanschauung, nach seinen Wertgrundlagen. Metaphysisch wird die Religionsphilosophie dadurch, daß sie die religiösen Begriffe in Zusammenhang mit den übrigen Grundbegriffen und Grundergebnissen des Denkens bringt und die Erfahrung im Sinne des religiösen Bewußtseins ergänzt und deutet; ebensowenig wie die übrigen philosophischen Disziplinen darf sie aber von metaphysischen Voraussetzungen ihren Ausgang nehmen, mit reiner Spekulation arbeiten, sondern sie muß nach einer möglichst breiten und gesicherten empirischen (psychologischen, anthropologischen, ethnologischen, soziologischen, historischen) Unterlage trachten, zu der auch die Theologie (als Wissenschaft oder System, nicht als Dogma) gehört. Die Idee der Religion aus der Mannigfaltigkeit ihrer historisch gewordener Formen herauszuarbeiten und sie aus der Gesetzlichkeit der Psyche begreiflich zu machen, um sie dann erst spekulativ zu verwerten, das allein entspricht dem methodischen Geiste. Es darf nur nicht, wie das nicht selten geschieht, die Meinung gehegt werden, als ob die psychologisch-historische Erklärung der Ursprünge und Entwicklung der Religion und ihrer Sonderformen schon über den Wahrheitsgehalt derselben entschiede; um ihn zu ermitteln, bedarf es besonderer Gesichtspunkte, welche philosophischer Art, d. h. prinzipienhaft kritisch-wertender Art sind. Den (logisch-praktischen) Wert des religiösen Bewußtseins und der objektiven Religion zu bestimmen, ist die Psychologie als solche nicht mehr kompetent, da ihr keinerlei Wertung und Normierung zufällt.

Religionsphilosophische Erörterungen, insbesondere über Existenz und Wesen der Gottheit, bilden in älterer Zeit nur einen Teil der Metaphysik, die bei Aristoteles geradezu ϑεολογική genannt wird und später (seit Raymund v. Sabunde) „theologia naturalis" („Natürliche Theologie") heißt, als Wissenschaft vom Göttlichen durch das bloße „Licht der Vernunft" (lumen naturale) im Unterschiede von der Offenbarungslehre („Theologia naturalis est scientia de deo, quatenus sine fide cognosci potest", Baumgarten, Met., § 800). Psychologische Erklärungen der Religion geben schon Epikur, Lucrez, Petronius, ferner Hobbes, Shaftesbury, Hume, Rousseau, Holbach u. a. „Rationalistisch" erklären die Religion auch Locke, Herbert v. Cherbury, Tindal, Toland, Ch. Blount, H. S. Reimarus, Voltaire, Diderot und andere Anhänger der natürlichen- oder „Vernunft-Religion". Kritisch begründet die Religionsphilosophie

Kant, der die Religion zur Ethik in Beziehung setzt, sie als eine „auf die Erkenntnis Gottes angewandte Moral" (WW. VIII, 508) betrachtet, aus Postulaten der praktischen Vernunft die Gottesidee ableitet, zugleich eine Erkenntnis des Göttlichen negiert (Kritik der Gottesbeweise). Auf Glaubensgefühl (Jacobi), „Ahnung" des Über-sinnlichen auf Grundlage ästhetischer Weltbetrachtung (Fries, Apelt, de Wette), „Gefühl schlechthinniger Abhängigkeit" (Schleiermacher, A. Baur u. a.), Gefühl der „Gottinnigkeit" (Chr. Krause) wird die Religion von Vertretern einer spekulativen Religionsphilosophie zurückgeführt, welche bei Hegel dialektisch-konstruktiv wird (Ableitung der Religionstatsachen aus dem Pro-zeß der Entfaltung des Absoluten). Mehr oder weniger spekulativ sind die religionsphilosophischen Systeme von A. E. Bieder-mann, O. Pfleiderer, Lipsius, A. Lasson, R. Seydel, Rau-wenhoff u. a. Von Kant beeinflußt erscheinen Ritschl, W. Her-mann, G. Thiele u. a. Empirische und kritisch-spekulative Unter-suchung verbinden Herbart, Drobisch, Taute, Beneke, Dit-tes, Lotze, Ulrici, Fechner, Teichmüller, E. v. Hartmann, Ed. Caird, M. Müller, Guyau, Sabatier, Eucken, Natorp, Dor-ner, Runze, Glogau, Spicker, W. Bender, G. Claß, Tröltsch, James, M. Jastrow, Höffding, C. P. Tiele u. a. Für die Religionspsychologie und Religionswissenschaft kommen in Betracht Arbeiten von L. Feuerbach, M. Müller, Réville, Tylor, Spencer, Caspari, Usener, Ad. Bastian, E. Koch, Lub-linski, James, Starbuck, Marillier, R. de la Grasserie, Murisier, Ribot, Ziemssen, Achelis (Archiv für Religions-wissenschaft, 1898ff.) u. a.*)

---

*) Von neueren Begriffsbestimmungen der Religionsphilosophie sei nur die von G. Runze angeführt, nach welcher sie zur Aufgabe „die philosophische Belehrung und Verständigung über die Re-ligion im allgemeinen" hat. „Die allgemeine Religionsphilo-sophie erörtert nach einer einleitenden Orientierung über die not-wendigen Voraussetzungen, welche das induktive Tatsachenmaterial betreffen, nämlich die objektiven Tatsachen der Religionsgeschichte, die Tatsachen der subjektiven Religiosität und die Namen für Religion, zuerst den Ursprung der Religionen (Mythen, Kulte, Dogmen) sowie der subjektiven Religion, namentlich in ihrem Verhältnis zur Moral, zur wissenschaftlichen und philosophischen Vernunfterkenntnis, insbesondere zur Metaphysik, endlich zur Kunst." Die besondere Religionsphilosophie würde sodann die hervorragendsten Vorstellungen von dem, was Gegenstand des frommen Glaubens ist, auf ihre Wahrheit und auf ihren Wert zu prüfen haben" (Katech. d. Religionsphilos., S. 3, 12f.).

§ 35.

Das Wesen der Religion.

Religion ist (subjektiv) lebendiger Glaube an das Walten übermenschlicher, göttlicher Mächte, verbunden mit dem Gefühl des Verpflichtetseins gegenüber diesen Mächten und Verehrung (Kult) dieser. Auf die Frage: was liegt diesem Glauben, diesem Verhalten des Menschen zugrunde, was ist der Ursprung desselben, hat man verschiedene Antworten gegeben. Nach der autoritativen Religionstheorie ist die Religion von außen an die Gläubigen herangetreten, sei es durch göttliche Offenbarung selbst oder als Erfindung kluger Priester und Staatsmänner (wie schon Kritias, später Macchiavelli, Bolingbroke lehrten. Die autogenetische Religionstheorie betrachtet hingegen die Religion als organisches Produkt der menschlichen Psyche, leitet sie aus Funktionen derselben ab. Und zwar lehrt sie: 1. die Ursprünglichkeit, das „Angeborensein" oder die Apriorität der Religion, ihre Wurzeln im Wesen der Vernunft selbst, welche von sich aus zum Glauben an das Göttliche gelangt (Cicero, Marsilius Ficinus, Campanella, Coornhert, Bodin, Herbert von Cherbury und die übrigen Vertreter der „natürlichen" Religion, auch Lessing u. a.; 2. den Ursprung der Religion aus dem Kausaltrieb und dem Willen zur Erklärung der Naturerscheinungen (Fr. Schultze u. a.); 3. aus der (gefühlsmäßigen) Idee des Unendlichen (Schleiermacher, Schelling, Ed. Caird, M. Müller, P. Natorp u. a.); 4. Gefühlen der Bewunderung der Schönheit, Zweckmäßigkeit des Alls (Shaftesbury, Rousseau, Fries u. a.), der Abhängigkeit (Schleiermacher, Chalybaeus, ferner A. E. Biedermann, O. Pfleiderer u. a., welche zugleich die Freiheit in der Abhängigkeit betonen), der Beschränktheit, Hilfs- und Erlösungsbedürftigkeit (Herbart, Drobisch, Spicker u. a.), der Furcht (Lucrez, Petronius, Hobbes, P. Rée u. a.; Caspari: „Furcht in der Liebe"), Ehrfurcht, Hoffnung, Liebe, Dankbarkeit (Herder,

Rousseau, G. E. Schulze, Sabatier u. a.: Furcht und Hoffnung); 5. aus Wünschen, welche die Phantasie hypostasiert, so daß die Götter „Wunschwesen", idealisierte Menschen sind und Theologie eigentlich „Anthropologie" ist (L. Feuerbach: Was der Mensch „selbst nicht ist, aber zu sein wünscht, das stellt er sich in seinen Göttern als seiend vor; die Götter sind die als wirklich gedachten, die in wirkliche Wesen verwandelten Wünsche des Menschen"; der Gott der Menschen ist „nichts anderes als das vergötterte Wesen des Menschen"); 6. aus sittlichen Idealen (Kant, Fichte, Natorp, Wundt: Religion ist „die konkrete sinnliche Verkörperung der sittlichen Ideale", u. a.). Als Anfänge der Religion, als private „Naturreligionen" (im Unterschiede von den späteren „ethischen" Religionen) betrachtet man teils den Animismus und die Toten- und Ahnenverehrung (Tylor, Spencer, Caspari), teils den „Naturismus", die Verehrung von Naturkräften (M. Müller, Réville u. a.), den Fetischismus u. a. Betreffs des Wahrheitsgehalts der Religion gibt es neben dem religionsphilosophischen Objektivismus einen Subjektivismus, welcher alle Religion für subjektiv, das Göttliche für eine „Illusion" der Phantasie ansieht, und einen Skeptizismus, welcher das Dasein der Gottheit als ungewiß betrachtet.

Die autoritative Religionstheorie ist betreffs des Ursprungs der Religion völlig unhaltbar. Die Religion ist ein organisches Gebilde menschlichen Seelenlebens, in dessen eigener Gesetzmäßigkeit sie gründet und aus der sie mit psychologischer Notwendigkeit, ohne allen „Zufall" und ohne alle Willkür entspringt. Die menschliche Psyche ist so geartet, daß sie, veranlaßt durch die Eindrücke der Außenwelt, von selbst zu jenem Verhalten gelangen mußte, welches als Religion bezeichnet wird. Aber einen haltbaren Kern hat die autoritative Theorie dennoch. Es ist richtig, daß vielfach die Religion in den Dienst der Politik getreten ist und daß sie den Zweck des Staates, eine feste Ordnung der Gesellschaft aufrecht zu erhalten, zu fördern geeignet ist und daher auch in diesem Sinne verwertet wurde und wird. Von alter Zeit an hängt die Religion mit dem sozialen und sittlichen Leben innig zusammen, sie sanktioniert die Normen des sozial-sittlichen Verhaltens, verhilft ihnen zu festerer Anerkennung und treuerer Befolgung. Zweifellos hat also die Religion eine soziale Funktion, noch mehr: sie ist vielfach auch bewußt im Hinblick auf Zwecke sozialen Lebens geformt und benutzt worden. Aber auch jene Richtung der autoritativen Theorie hat etwas für sich, welche den Anteil der „Priester" an der Ausbildung der Religion betont. Zweifellos hat es große religiöse Persönlichkeiten gegeben, „Religionsstifter", welche ihre Ideen zur Geltung gebracht haben. Aber sie haben die Religion nicht erfunden, sondern stets fanden sie eine Art der Religion vor, die sie weiterbilden konnten, und religiöse Bedürfnisse, die ihnen schon entgegenkamen. Die Religion kann durch Persönlichkeiten eminent geformt, gefördert, ethisiert werden, ist aber nicht das Erzeugnis Einzelner, sondern des Gesamtgeistes, dessen Züge sie trägt und mit dessen Entwicklung sie sich ebenfalls entwickelt. Wie das Gleichartige der in einer Gemeinschaft Vereinigten in allgemeinen Formen der Sprache und der Sitte sich kundgibt, so kommt es auch in der Religion, als einem Inbegriff typischer Glaubensmeinungen einer Gemeinschaft, eines Volkes, zum Ausdruck. Die Religion hat zwar ihre Anlagen in der Psyche als solcher, kommt aber im Gemeinschaftsleben zur Entfaltung und trägt durchgehend die Züge dieses Lebens, sowohl in formaler (Verstärkung des Glaubens durch die Beistimmung anderer) als auch in materialer Beziehung (Übereinstimmender Inhalt des Mythus, des Kultus; Hypostasierung sozialer Gliederungen, Bedürfnisse, Ideale).

Die Natur der menschlichen Psyche selbst führt den Menschen zur Religion. Allgemeinste Grundlage derselben ist der Animismus im weitesten Sinne, die Beseelung, Belebung von Naturobjekten, Naturkräften. Der Mensch deutet ursprünglich alles ihm irgendwie Auffallende als ein Wesen mit quasimenschlichen Kräften, als ein Willenszentrum. Er schreibt den Dingen den Willen zu, entweder zu schaden oder zu nützen; so klassifiziert er die Dinge in gute, böse, indifferente. Die Außenwelt ist ihm wesentlich nur ein Komplex von Wesen, welche zu seinem eigenen wollenden Ich in lebendiger Beziehung stehen, ihn aktiv beeinflussen und sich von ihm selbst beeinflussen lassen. Die „personifizierende Apperzeption" läßt den Menschen, ohne Reflexion, in Naturdingen jeglicher Art lebendige Mächte erblicken. Später lernt er bereits einigermaßen zwischen organischen und anorganischen Dingen unterscheiden, zugleich kommt die Neigung auf, die eigene Beseeltheit zu hypostasieren, zu verdinglichen. Jetzt werden ihm viele Dinge zum Sitz von „Seelen", „Geistern", d. h. unkörperlichen, aber noch nicht absolut immateriellen Individuen, welche in den Dingen hausen, wobei sie oft ihre Stätte wechseln, verschiedene Gestalten annehmen können. Das ist schon eine höhere Entwicklungsstufe des Animismus, ist „Animismus" im engeren Sinn, Glaube an das Walten von Geistern, die auch unabhängig von Körpern bestehen können, insbesondere Geister Verstorbener, welche nach dem Tode weiter wirken, meist als böse Dämonen, welche die Lebenden beneiden, hassen und daher schädigen wollen. Der Glaube an die Existenz solcher Geister wird gezeitigt und genährt durch die als solche unverstandenen Traumbilder (und Halluzinationen) Verstorbener, welche für wirkliche Wesen genommen werden.

Eine primitive Religion dürfte zu den allgemeinen Besitztümern der Menschheit gehören, jedenfalls ist sie frühzeitig aufgetreten, auf Grund des allgemeinen Animismus. Zur Religion wird dieser, indem verschiedene Gefühle: der Furcht vor schädlichen Wirkungen der Wesen, der Dankbarkeit für das ihnen zugeschriebene Gute, der Ehrfurcht vor ihrer Macht, der Bewunderung ihrer Größe u. dgl., ein besonderes Verhalten der Menschen diesen wahrgenommenen und phantasievoll gedeuteten Mächten gegenüber auslösen. Im Mythus deutet der Mensch die Welt wahrnehmbarer Objekte zu Trägern an sich übersinnlicher Kräfte um, im Kultus gibt er den Gefühlen praktischen Ausdruck, welche diese in ihm erregen, sowie dem Wunsche, sie für sich zu gewinnen, sie günstig zu stimmen, sie zu versöhnen oder sie abzuwehren, sie aus feindlichen zu freundlichen, willfährigen Gewalten zu machen. Es ist dem Menschen ein nicht abzuweisendes Bedürfnis, sich mit den von ihm personifizierten Kräften auf guten Fuß zu stellen, die Abhängigkeit, in der er sich ihnen gegenüber fühlt, zu mildern, indem er sich aktiv zu ihnen verhält, indem er Kraft der Kraft entgegensetzt. Die Religion ist so ein Mittel zur Befreiung des Menschen von dem Drucke der Naturgewalten, zur Erlösung von der Not des Lebens, von der Beschränktheit seines Seins und Tuns, zur Überwindung des Gegensatzes von Ich und Außenwelt, Geist und Natur, Wille und Schicksal.

Aus dem ursprünglichen Polydämonismus und dem späteren Polytheismus entwickelt sich zunächst ein „Henotheismus", welcher eine Gottheit über alle anderen stellt, sie besonders oder ausschließlich verehrt, und schließlich der Monotheismus, der nur eine Gottheit anerkennt als Schöpfer und Erhalter der Welt und als Walter alles Guten, als Träger der sittlichen Weltordnung; in solcher Kulturreligion ist die Gottheit, viel mehr als auf früheren Religionsstufen, eine Macht, welche im Sinne ethischer Ideen und Ideale gedacht wird. Das Eudämonistische fehlt auch der höchsten Form des religiösen Monotheismus nicht, aber es tritt immer mehr zurück gegenüber den ethisch-metaphysischen Bedürfnissen des Menschen, und zwar parallel mit der Steigerung der Fähigkeit, den groben Anthropomorphismus und Anthropopathismus zugunsten einer geistigen Auffassung des Göttlichen abzulegen. Das Interessierte, „Allzumenschliche" der ursprünglichen Motive der Religion wird durch die Religionsentwicklung selbst geläutert; was erst nur als Mittel zu Zwecken praktischer Lebensförderung Wert besaß, wird jetzt vom religiösen Bewußtsein um seiner selbst willen, um seiner „Heilswirkung" im besten Sinne des Wortes gewertet. Der Wille zur Religion ist jetzt an die Stelle bloßer religiöser Triebe getreten als ein Wille zur Einheitssetzung zwischen dem Ich und dem Unendlichen, Absoluten, zu einer lebendigen, innigen, gefühlten Einheitssetzung. Es ist ein Wille zur Erlösung vom

Drucke des Endlichen, zur Erhebung der Ichheit in die Sphäre unendlichen Allebens, zur Eingliederung in die unendliche All-Einheit, ein sich Eins-Fühlen mit dem Unendlichen, Ewigen, Absoluten. Religiöses Leben ist Leben in und mit dem Unendlichen, „Leben in Gott und aus Gott" (R. Seydel) mit Bewußtsein der Einheit, welche Ich und Welt umfaßt (Ed. Caird). Die verschiedenen Formen und Stufen der Religion lassen sich als ebensoviel Arten und Stufen der Annäherung an die ideale Religion betrachten, welche das Verhältnis des Menschen, des Endlichen überhaupt, zum Göttlichen in seiner Reinheit ausdrückt.

Das religiöse Bewußtsein schließt alle Momente der Psyche ein: Intellekt und Phantasie, Gefühl und Wille. Die Religion wendet sich an die ganze Natur des Menschen, wurzelt in der Totalität des Seelenlebens, hat aber ihre besondere Richtung. Der Intellekt nun ist in ihr tätig, indem er die Mannigfaltigkeit der Objekte zu höchster Einheit synthetisch verknüpft, in der Idee göttlicher Allheit, welche insofern ein Postulat der theoretischen Vernunft ist. Diese bedarf zum Abschlusse ihrer Arbeit ein Absolutes, Unbedingtes, bei dem sie nicht weiter zu fragen braucht, worauf es sich gründe. Der Verstand verbindet die Erscheinungen nach der Ordnung der Kausalität, er sucht und setzt für jedes Geschehen eine zeitliche Ursache, für diese wieder eine Ursache usf. Die Vernunft aber geht auf das Unbedingte, sie sucht den obersten, überzeitlichen Grund, der aus sich selbst zu begreifen (in diesem Sinne „causa sui") ist und durch dessen Idee die ganze Reihe des Bedingten einheitlich verknüpft wird, ohne daß der Weltgrund selbst einen Teil der bedingten, zeitlichen Erscheinungen bildet, ohne daß er also zu einer Welturstche wird. Zwar gibt es keine absolut stringenten „Beweise" für das Dasein Gottes,*), sie

---

*) Die typischen „Gottesbeweise" sind: 1. Der Beweis „e consensu gentium", aus dem Vorkommen des Gottesbegriffs bei allen Völkern (Aristoteles, Cicero, Clemens Alexandrinus u. a.); 2. der „psychologische" Beweis, aus dem „angeborenen" Gottes-

setzen entweder dieses schon voraus oder man kann aus den ihnen zugrundeliegenden Prämissen auch zu anderen Folgerungen gelangen. Insbesondere ist es logisch ganz unzulässig, aus dem bloßen Begriffe Gottes die Existenz der Gottheit ableiten zu wollen. Gewiß: ist „Gott" der Begriff eines realen Wesens, dann müssen wir dieses Wesen notwendig als seiend setzen, aber in dem bloßen Gedanken eines Göttlichen, Vollkommenen liegt noch keineswegs die Existenz eingeschlossen, welche niemals, analytisch, aus einem Begriffe herausgeklaubt werden kann, sondern ein Prädikat ist, das nur auf Grund der Erfahrung oder logischer Verarbeitung dieser mit einem Begriff, synthetisch, verknüpft werden darf (vgl. K a n t, Krit. d. rein. Vern., S. 469 ff.). Eine rein begriffliche Deduktion der Existenz Gottes ist nicht möglich. Aber etwas anderes ist es, wenn man a u f G r u n d d e n k e n d e r V e r a r b e i t u n g des a n s c h a u l i c h - b e g r i f f l i c h e n W i s s e n s i n h a l t s, im v e r n ü n f t i g e n B e g r ü n d e n d e r E r f a h r u n g durch eine oberste s y n t h e t i s c h e E i n h e i t, das P o s t u l a t des A b s o l u t e n aufstellt, des Unbedingten, das „in sich" (in se) und „durch sich" (per se) besteht, des Allumfassenden, Unendlichen, außer dem es nichts gibt, was es begrenzen, bestimmen, bedingen könnte,

---

bewußtsein, welches auf Gott selbst hinweise (C a m p a n e l l a, D e s c a r t e s: „Idea, quae in nobis est, requirit Deum pro causa Deusque proinde existit); 3. ontologischer Beweis: aus dem Begriffe Gottes folgt dessen Existenz notwendig, Gott kann nur als existierend gedacht werden (A n s e l m v. C a n t e r b u r y, gegen ihn G a u n i l o; ferner D e s c a r t e s, H e g e l u. a.); der kosmologische Beweis, aus der Reihe des Bedingten auf ein Unbedingtes, auf einen obersten Weltgrund (A r i s t o t e l e s, A u g u s t i n u s, A v e r r o ë s, T h o m a s, L e i b n i z, S c h l e i e r m a c h e r, L o t z e u. a.); der teleologische (physiko-theologische) Beweis, aus der Zweckmäßigkeit der Welt auf einen vernünftigen Urheber und Lenker derselben (S o k r a t e s, A r i s t o t e l e s, C i c e r o, P h i l o, A u g u s t i n u s, die S c h o l a s t i k, L e i b n i z, Chr. W o l f f, H e r b a r t, U l r i c i u. a.); der moralische (ethiko-theologische) Beweis, aus der Idee sittlicher Weltordnung (M e l a n c h t h o n, K a n t, A. D o r n e r u. a.). Triftige Bedenken gegen die Gültigkeit der „Gottesbeweise" bringen H u m e, K a n t u. a.

kurz des Weltgrundes. Der menschliche Geist ist so geartet, daß er nicht umhin kann, ein Absolutes zu setzen, nicht aus subjektiv-individueller Willkür, sondern infolge der ihm immanenten Vernunftgesetzlichkeit selbst, aus welcher die Idee des Absoluten entspringt, eine Idee, welche durch Erfahrung nicht als „wahr" demonstriert werden kann, eine transzendente Idee, aber eine solche, welche, weit entfernt mit der Erfahrung im Widerspruch zu stehen, diese in ihrem eigenen Sinne ergänzt. Dieses Postulat gibt freilich kein Wissen vom Absoluten, welches als solches nicht Objekt besonderer Erkenntnis werden kann, aber es erzeugt einen Vernunftglauben von höchster subjektiver Gewißheit, eine innere Zuversicht, welche dadurch bedingt ist, daß unsere ganze Weltanschauung einen Abschluß nach der Seite des Absoluten hin verlangt, dessen Idee sich jener harmonisch einfügt. Diesem Vernunftglauben liegt aber nicht bloß ein intellektualistisches Moment zugrunde, sondern auch Gefühl und Wille. Erstens in allgemein-formaler Hinsicht, insofern aller Glaube Gefühle (der Erwartung, Zuversicht, des Vertrauens u. dgl.) einschließt und den „Willen zum Glauben", zum vertrauensvollen Hin- und Annehmen eines empirisch und logisch nicht Bewiesenen, voraussetzt; zweitens in der besonderen Weise, daß verschiedene Gefühle, Willenstendenzen, Wünsche praktisch-ethischer Art uns an das Sein eines Göttlichen glauben lassen. „Wir fordern eine Beschaffenheit des Universums, zu der unsere Gefühlserregungen und Betätigungstriebe passen" (James, Der Wille zum Glauben, S. 91). Gott ist ebenso sehr ein Postulat der praktischen als der theoretischen Vernunft, der Wille zur Einheit der sittlichen Weltordnung fordert ihn ebenso wie der Wille zur Einheit der Welterkenntnis. Die Endlichkeit und Beschränktheit sittlicher Wirksamkeit im Sinne geistiger Schöpfung und Harmonisierung erzeugt das Ideal eines Weltgrundes, aus dessen Wesen die Weiterführung der geistig-sittlichen Arbeit über alles Endliche hinaus zu erhoffen ist.

Wie auch die Gottesidee begrifflich bestimmt werden mag, sie muß der Einstimmigkeit der Vernunft mit sich selbst Genüge tun, darf also weder mit den logischen Grundsätzen noch mit logisch verarbeiteten, empirisch erhärteten Wissenschaftsinhalten in Widerspruch stehen. Wissen und Glauben stehen einander oft feindlich gegenüber, aber eine Konkordanz beider ist doch recht gut möglich. Die Wissenschaft darf nur nicht ihre Grenzen überschreiten wollen, indem sie etwa Sätze, die nur für das Gebiet des Erfahrungsimmanenten, Phänomenalen, Relativen Geltung beanspruchen können, auf das Transzendente, Überempirische, Absolute überträgt. Im Gebiet des Endlichen und Phänomenalen, des irgendwie objektiv Gegebenen hat die Wissenschaft unbegrenzte Forschungs- und Behauptungsfreiheit, hier muß sie mit eiserner Konsequenz ihre Postulate aufrecht erhalten, nirgends eine Durchbrechung der Reihe des Bedingten, der physikalisch-psychologischen Kausalordnung zugeben, kurz, im Endlichen, Relativen, Bedingten ist Gott nirgends und niemals zu finden, zu setzen, hier gibt es nur „natürliche" Ursachen, hier hat die Religion nichts zu sagen. Es überschreitet die Kompetenz einer entwickelten, von der „Urwissenschaft" längst abgelösten, selbständig gewordenen Religion, selbst eine Art Wissenschaft lehren zu wollen, für ein Gebiet, das nur mit streng wissenschaftlichen Mitteln, nicht mit dem Organ des Glaubens zu bewältigen ist. Wohl kann und muß die Religion die Beziehungen, welche zwischen dem Transzendenten, Absoluten und der Welt, der Menschheit zu setzen sind, berücksichtigen, aber es ist nicht mehr ihre Aufgabe, eine theoretische, pseudowissenschaftliche Erklärung des Naturgeschehens als solchen zu geben oder bezüglich dieses Geschehens die Freiheit der Wissenschaft irgendwie zu begrenzen. Jedenfalls kann die theologische Interpretation des Weltgeschehens die wissenschaftliche Erklärung der Phänomene nicht entbehrlich machen, nicht ersetzen. Ohne daß es der Lehre einer „doppelten Wahrheit" (wie sie seit Averroës, Occam u. a. aufkam) bedarf, wonach etwas philosophisch-wissenschaftlich wahr sein kann, was theologisch

falsch, zu verwerfen ist, muß man doch (wie dies besonders
Kant getan) die Forderungen der Wissenschaft streng von
den Postulaten der Religion und religiösen Metaphysik unterscheiden, dem Wissen geben was des Wissens, dem Glauben
was des Glaubens ist. Es ist eine Aufgabe der Philosophie,
durch ihre Kritik zur Überwindung der zwischen Wissen und
Glauben bestehenden Gegensätze beizutragen, Wissenschaft
und Religion von umfassenden Gesichtspunkten so zu beleuchten, daß eine Harmonie zwischen ihnen möglich ist,
ohne daß der Geltungssphäre der einen oder andern Abbruch getan wird, ohne jegliche Verfälschung, Verunreini-
gung einer dieser Sphären. Als Ideal ergibt sich so eine
Vernunftreligion, nicht als reines Produkt des Intellekts,
sondern als vernünftige Bearbeitung des Glaubensinhalts,
der jeder Kulturreligion entnommen, in einer positiven Form
der Religion aber als besonders ausgebildet, besonders sich
dem Ideale der Religion nähernd betrachtet werden kann.

§ 36.

Die Gottesidee.

Forderungen des Geistes und Gemütes zeitigen, auf dem
Boden phantasievoller Weltauffassung, die Gottesidee. Der
Atheismus aber erklärt diese Idee für illusorisch, für eine
bloße Fiktion der Phantasie, die ihren Nutzen hat, oder auch
als schädlich zu bewerten ist, weil sie dem freien Denken
Fesseln anlegt, Aberglauben erzeugt, durch Furcht und
Schrecken die Menschen niederhält und ihr Leben verküm-
mert. Der konsequente „Freigeist" entschlägt sich alles Glaubens, nichts nimmt er an, was nicht wissenschaftlich gesichert
ist, er anerkennt kein „Übernatürliches", ist gegen allen
„Supranaturalismus". Die Welt ruht in sich selbst, ist ewig,
unentstanden, unvergänglich, es gibt keinen Weltgrund,
keinen göttlichen Walter, keine Vorsehung; alles geschieht
mit strenger Notwendigkeit nach Naturgesetzen, die nirgends

und niemals durchbrochen, außer Kraft gesetzt werden. Gott ist nur eine Erdichtung der Menschheit, ein Gespinst der von Furcht erregten Einbildungskraft, eine Hypostasierung von Wünschen, kurz ein rein subjektives Gebilde des Menschengeistes, nichts Wirkliches, nur eine „unwissenschaftliche" Hypothese. So lehren Lucrez, Holbach, L. Büchner, M. Stirner, Bahnsen, E. Dühring, Nietzsche u. a.

Die Bedenken des Atheismus gegen den Glauben an Gott treffen in Wahrheit nur den theoretisch-praktischen Mißbrauch der Gottesidee, nicht diese selbst. Sie ist keineswegs ein Produkt phantastischer Willkür, sondern die Phantasie, in der sie geboren wird und deren Gestalten sie umhüllen, ist von einer, in der Entwicklung der Religion und Philosophie allmählich sich reiner herausarbeitenden Vernunft beseelt, es ist keine alogische oder antilogische Phantasie. Dann aber ist sie auch nicht pure Phantasie im Sinne bloßer „Einbildung", sondern ihre Wirksamkeit ist durch den Inhalt der Erfahrung selbst bedingt. Die erfahrbare Welt selbst macht auf den menschlichen Geist einen solchen Eindruck, daß er genötigt ist, sie im Sinne der Gottesidee zu deuten, sich selbst in seiner Idealisierung ihr „einzulegen" und als Gottheit sich gegenüberzustellen. Der Weltinhalt selbst ist an dem Zustandekommen der Gottesidee beteiligt, mag auch die Form, in der sie ethnologisch-historisch auftritt, subjektiv bedingt sein. Der Umstand, daß wir Gott als Prinzip zwar abstrakt denken, immer aber nur symbolisch vorstellen und konkret bestimmen können, wobei wir den Anthropomorphismus immer mehr abschwächen, läutern, aber nicht ganz eliminieren können, ist kein Einwand gegen die Realität der Gottesidee. Auch wenn wir von Gott keinen „konstitutiven" und reinen Begriff haben, wenn die Gottesidee uns nur als „Ideal der Vernunft" (Kant) aufgegeben ist, ist sie weit entfernt davon, eine bloße Illusion sein zu müssen. Auch ein Glaube kann berechtigt sein, es kann ihm sehr wohl ein Wirkliches entsprechen, mag dieses auch unerkennbar sein oder in seinem „An sich" nicht zu erfassen sein. Auch der Begriff der Offenbarung hat seinen guten Sinn, versteht man unter ihm die Manifestation der göttlichen Wirksamkeit in der Natur und in der Seele religiöser „Heroen", deren Geist ganz besonders empfänglich ist für die Aktualisierung der Gottesidee. So wenig es endlich eine Quelle wirklicher, unmittelbarer Gotteserkenntnis gibt, wie sie der Mystizismus zu haben vermeint, welcher phantasievoll Erschautes für bare Wirklichkeit nimmt, weil er den Zustand religiöser „Ekstase" nicht versteht, so liegt doch der Mystik*) die Wahrheit zugrunde, daß da, wo das „diskursive" Denken nichts mehr ausrichtet, die intensive Versenkung des Menschen in die Tiefe seines religiösen Gemütes, seiner religiös gestaltenden Phantasie das Bewußtsein der Einheitsfühlung mit dem Göttlichen, mit dem All-Einen begünstigt. —

In verschiedener Weise wird die Idee Gottes begrifflich bestimmt, sowohl bezüglich des Wesens der Gottheit als auch ihres Verhältnisses zur Welt.

Der theologische Dualismus nimmt zwei göttliche Prinzipien an; ein gutes, positives, schaffendes und erhaltendes, und ein böses, negatives, zerstörerisches, die miteinander um die Weltherrschaft kämpfen. So lehrt der Zendavesta, der Manichäismus, während nur ein negatives Prinzip in Gott besonders J. Böhme lehrt. Zur Kritik des Dualismus sei hier nur bemerkt, daß eine Zweiheit göttlicher Prinzipe der reinen Idee der Gottheit, als des Absoluten, Unbedingten, Unendlichen und in diesem Sinne Vollkommenen, widerstreitet. „Es gibt keinen Gott außer Gott" — diese (mohammedanische) Glaubensformel muß auch die aller Vernunftreligion sein. Als „aufgehobenes" Moment kann das „Negative" wohl im Absoluten, sofern es sich wenigstens in der Welt entfaltet, eingeschlossen sein (wie etwa Volkelt es meint), keinesfalls aber kann ein „böses Prinzip" im Gegen-

---

*) Mystiker sind besonders Plotin, Proklus, Dionysius Areopagita, Bernhard von Clairvaux, Bonaventura, die Grafen St. Victor, Meister Eckhart, Suso, Tauler, Ruysbroek, Seb. Frank, J. Böhme, Angelus Silesius, St. Martin, Baader u. a.

satze zur unendlichen Gottheit als selbständige Macht gedacht werden, welche ja das Unendliche begrenzen, zu einem Endlichen machen würde. Auch widerstreitet die Einheitlichkeit der Naturgesetze und der Weltordnung der Annahme zweier einander entgegengesetzten Weltprinzipien. Es ist also nur ein Monotheismus zulässig.

Dieser ist Theismus (θεός, Gott) im engeren Sinne, wenn Gott als ein persönliches, von der Welt unterschiedenes „extramundanes" und „supranaturales" Wesen aufgefaßt wird, welches die Welt erschaffen hat und beständig auf sie einwirkt, als allmächtige, allweise, allgütige Kraft, von der alles Existierende abhängig ist. Die Welt ist eine Schöpfung Gottes, ist außerhalb der Gottheit, diese außerhalb der Welt, auf die sie einwirkt; die Naturgesetze sind Produkte des göttlichen Vernunftwillens, der sie jederzeit außer Kraft zu setzen vermag und dessen Vorsehung alles leitet. Die Welt ist, soweit sie nicht aus Seelen besteht, ein aus dem Nichts oder aus einer chaotischen Materie von Gott Geschaffenes und kann von Gott auch wieder ins Nichts zurückgeführt werden, denn sie hat keine Ewigkeit, ist ein Zeitliches und daher Vergängliches. Gott ist der Herr der Welt, zugleich der liebende Vater der lebenden Geschöpfe, deren Heil er will, insbesondere der Mensch, die „Krone der Schöpfung", ist das von Gott geliebte göttliche Ebenbild, zu dessen Heile Gott auch Wunder tut oder getan hat.

Eine Abart des Theismus, die diesem aber als Vernunftreligion gegenübergestellt wird, ist der Deismus, welcher Gott und Welt sondert, aber die von Gott geschaffene Welt als eine ihren Gesetzen ausnahmslos überlassene betrachtet, so daß alle von der positiven Religion gelehrten Wunder „natürlich" erklärt werden.

Theisten sind unter den Philosophen die Patristiker und Scholastiker, Descartes, Locke, Leibniz, Kant, Jacobi, Baader, Günther, Michelet, C. H. Weisse, Braniss, Herbart, Trendelenburg, W. Rosenkrantz, Lotze, J. H. Fichte*)

---

*) „Der höchste, wahrhaft das Weltproblem lösende Gedanke

(„Ethischer Theismus"), Ulrici, Wirth, H. Schwarz, Thran-
dorff, Sengler, Th. Weber, Fr. Rohmer, A. L. Kym, J.
Eitle, Külpe u. a., de Bonald, Lammenais, V. Cousin,
Secrétan, A. C. Fraser, J. Lindsay u. a., so aber, daß viele
unter ihnen dem Deismus oder Pantheismus Konzessionen machen,
sich von dem Theismus der positiven Religion unterscheiden.
Deisten („Freidenker") sind Herbert v. Cherbury, Ch. Blount,
J. Toland, M. Tindal, A. Collins, Shaftesbury, Voltaire,
H. S. Reimarus, Lessing u. a.

Der (seit Toland und Fai so genannte) Pantheismus
($\pi\tilde{\alpha}\nu$ All, $\vartheta\varepsilon\acute{o}\varsigma$), die Allgottheitslehre, besteht wesentlich in
der Ansicht, daß Gott und Welt nicht zwei getrennt existie-
rende, gleich reale Wesenheiten sind, daß also Gott der Welt
selbst immanent ist, in ihr sich entfaltet und betätigt, so
daß die All-Einheit Gott, Gott selbst die Einheit des Alls
ist. Gott ist nicht etwa die Welt als Summe der Dinge,
kein „Summationsphänomen", sondern das Primäre, das Absolute, Wahrhaft-Seiende, dem gegenüber die Welt ein relativ
Nichtiges ist („Akosmismus"). Die Dinge sind nur Modifikationen des göttlichen All-Einen, nur Wellen im unendlichen
Ozean, nicht selbständige Substanzen. Die Welt der Dinge
(„natura naturata") ist nur die sinnenfällige Entfaltung des
göttlichen Seins (der „natura naturans"), ist nichts Absolutes.
Gott allein hat wahres Sein, er ist das Sein der Welt, ist das
Substantielle, Kraftvolle, Wirksame (als „causa immanens") der
Welt, er ist und wirkt in ihr, sie ist in ihm, so daß in allem,
im Kleinsten wie im Größten, ein Göttliches ist, ohne daß ein
Einzelnes oder eine Zahl Einzelner Gott bzw. göttlich wäre.
Gott ist kein Ding unter Dingen, er ist kein Sonderwesen,
er hat keine Persönlichkeit, er ist unpersönlich oder über-
persönlich. Er ist nicht Schöpfer der Welt, da diese ja
nur eine getrübte Spiegelung seiner selbst, also ewig wie er
ist; und da die Naturgesetze Gesetze seines Wirkens sind,
gibt es keine Durchbrechung der Weltgesetzlichkeit, die mit

---

ist die Idee des in seiner idealen wie realen Unendlichkeit sich wis-
senden, durchschauenden Ursubjekts oder der absoluten Persönlichkeit" (Spekulat. Theologie, S. 180).

dem Einigkeitscharakter des Absoluten in Widerspruch stände.

Der naturalistische Pantheismus faßt das All-Eine als unpersönliche, substantielle, ohne Bewußtsein werdende Urkraft auf. Der idealistische Pantheismus erblickt im göttlichen Einen ein lebendiges, aktuoses Subjekt, dessen Entfaltung (Emanation oder Evolution) die Welt ist, und das sie als Weltgeist: Allvernunft oder Allwille bestimmt, als überpersönliche Geistigkeit, die in der Objektenwelt gesetzlich zum Ausdruck gelangt, als kausal-teleologisch wirkendes Prinzip.

Eine Synthese von Theismus und Pantheismus ist der (seit Chr. Krause so genannte) Panentheismus (All in Gott-Lehre). Gott wird hier sowohl als eine transzendente Persönlichkeit als auch als weltimmanent gedacht. Gott ist das Überweltliche, das aber der Welt nicht gegenübersteht, sondern sie einschließt, sie umfaßt, sich in ihr auswirkt. Die Welt ist der zeitliche Widerschein des überzeitlichen Absoluten, das in den Weltprozeß eingeht, zugleich jegliches gegebene Weltsein überragend.

Pantheisten verschiedener Richtung sind die Upanishaden, der Buddhismus, die Eleaten (ἕν καὶ πᾶν), Strato von Lampsakos, die Stoiker, Plinius, Amalrich v. Bene, David v. Dinant („Manifestum est, unam solam substantiam esse, non tantum omnium corporum, sed etiam animarum"), Giordano Bruno („Geradezu nichts ist alles, was außer diesem Einen ist"), Spinoza („Quidquid est, in Deo est, et nihil sine Deo esse neque concipi potest." „Deus est omnium rerum causa immanens, non vero transiens." Die Dinge sind „modi" der „Attribute" der einen Substanz), Toland, Diderot, Deschamps, Goethe („Was wär ein Gott, der nur von außen stieße, im Kreis das All am Finger laufen ließe! Ihm ziemt's, die Welt im Innern zu bewegen, Natur in sich, sich in Natur zu hegen, So daß, was in Ihm lebt und webt und ist, Nie seine Kraft, nie seinen Geist vermißt"), Schelling („Gott und Universum sind eins oder nur verschiedene Ansichten eines und desselben, Gott ist das Universum, von der Seite der Identität betrachtet, ist alles, weil er das allein Reale, außer ihm also nichts ist"), Hegel (Gott ist das Welt-Subjekt, die Weltvernunft, die „Idee", die in der Welt sich entfaltet, der „lebendige Prozeß, sein Anderes, die Welt zu setzen", als „absoluter Geist" selbstbewußt),

Schleiermacher (Gott ist die „volle Einheit" der Welt), Schopenhauer (dessen Lehre freilich mehr „Pansatanismus" ist), L. Feuerbach, D. Fr. Strauß, E. Häckel (mit Neigung zum Atheismus hin), R. Hamerling, Ed. v. Hartmann („konkret-monistischer Pantheismus", Gott ist unbewußter, unpersönlicher Weltgeist), Schellwien u. a. — Panentheisten sind, bald mehr theistisch, bald mehr pantheistisch denkend, Augustinus („Omnia... sunt in ipso",) Scotus Eriugena („In Deo immutabiliter et essentialiter sunt omnia"), Eckhart („Got hât allîu dies in îme selber, und ûzer Got enist niht"), Nicolaus Cusanus (Gott ist „quodlibet in quolibet", ist „actus omnium"), Malebranche („Dieu est tout être"), Geulincx, J. Böhme, Angelus Silesius, Lessing, Herder, Chr. Krause („Alles ist und lebt in, mit und durch Gott. Kein Wesen ist Gott, außer allein Gott. Aber, was Gott ewig schuf, das schuf er in sich selbst, unvergänglich, zu seinem Gleichnis. Die Welt ist nicht außer Gott, denn er ist alles, was ist; sie ist ebenso wenig Gott selbst, sondern in und durch Gott. Was Gott in ewiger Folge, ohne Zeit und über alle Zeit schuf, das offenbart, in ewigem Bestehen zeitewig lebend, das ihm von Gott urangestammte Wesentliche in stetig neuer Gestaltung"), Fortlage („transzendenter Pantheismus"), M. Carriere („Semipantheismus"), Fechner („Es ist ein Gott, dessen unendliches und ewiges Dasein das gesamte endliche und zeitliche Dasein nicht sich äußerlich gegenüber noch äußerlich unter sich, sondern in sich aufgehoben und sich untergeordnet hat"), Paulsen, Wundt, Eucken, O. Pfleiderer, Dorner, Walthofen, Boström, Emerson („Überseele") u. a.

Verstehen wir, ganz abstrakt, unter Gott das Absolute, Unbedingte, so muß jedem, den Gegensatz von Gott und Universum überspannenden Theismus ebenso entgegengetreten werden wie dem Gott und Natur identifizierenden Pantheismus. Gott ist weder die „oberste Ursache" der Welt noch eins mit der Welt selber. Eine „erste Ursache", die irgendeinmal angefangen hat zu wirken, vorher aber wirkungslos war, ist ein Unding. Es gehört zur Ursächlichkeit ein Zusammenhang von Geschehnissen, in welchem ein Glied durch das andere in infinitum bedingt ist. Der Gesamtzusammenhang, der alle möglichen Zeiten umspannt, bedarf nicht wieder einer Ursache, er ist kein Einzelnes, Bedingtes, sondern die Totalität aller Bedingungen und Bedingtheiten, in der Idee des Universums zusammengefaßt. Es widerstreitet ferner der Idee des unendlichen Absoluten, dieses als veränderlich zu denken, und so denkt man es, schreibt man ihm einen einmaligen Entschluß zur Weltschöpfung zu. Will man Gott als Weltschöpfer auffassen, so muß man die Schöpfung als „creatio continua", als zeitloses Setzen des Weltinhalts und dessen Entfaltung betrachten. In Gott gibt es keine Zeitmomente, keinen Anfang und kein Ende, Gott als Gottheit muß als überzeitlich gedacht werden, indem er als Einheit gedacht wird; die Zeit gehört nur der Mannigfaltigkeit des Weltgeschehens an, wie es sich den erlebenden Subjekten notwendig darstellt. Gott ist kein Endliches, zu dem noch etwas, die Welt, einmal hinzukommen könnte, er muß sie daher, wenigstens potentiell, ewig in sich gehegt haben. Als Absolutes kann Gott keine Begrenzung an etwas haben, es kann daher die Welt nicht außer Gott sein, nicht ein zweites Absolutes, das ihn begrenzt, das gleichsam da einsetzt, wo Gott aufhört. Die Welt ist „in" Gott, wie der organische Leib „im" psychischen Ich ist, als Moment und Inhalt seiner Wirksamkeit; und Gott ist „in" der Welt, wie das Ich in seinem Leibe, als innerlich wirksames Formprinzip. Gott setzt die Welt in sich, sich in der Welt, von Ewigkeit zu Ewigkeit, als zeitloser Urgrund, dessen Entfaltung das unendliche All ist. Das Universum ist die Manifestation, die „Veräußerlichung" der göttlichen Aktualität, die von ihr untrennbare „Außenseite", die rein als solche betrachtet Natur ist. Gott ist nicht selbst die Natur, nicht der Inbegriff materieller Einzelphänomene, er ist auch nicht die Summe psychischen Innenseins der Wirklichkeit, sondern er muß als Einheit der universalen Mannigfaltigkeit gedacht werden, als synthetische Form, zu welcher die Welt den Inhalt bildet: als Weltgeist. Gott ist kein Ding unter Dingen, keine Einzelperson, welche der Welt gegenübersteht, und doch ist er mehr als die „Summe der Dinge"; das Unendliche geht nicht aus Endlichem hervor, sondern dieses ist schon ein Moment des, primär seienden, Unendlichen, Allbefassenden. Das Eine,

Absolute, Unendliche hat keine Teile, die Dinge sind nicht
„Teile der Gottheit", sondern relativ selbständige Momente
und Faktoren, als Glieder der aktualen, weltumspannenden
Einheit. Die Welt der einzelnen Wirklichkeitsfaktoren ist
von der göttlichen All-Einheit unterschieden und zugleich,
als in ihr beschlossen, mit ihr lebendig verbunden.*)

Da alles „An sich" der Wirklichkeit geistiger Art ist,
muß auch Gott als G e i s t gedacht werden. Nicht aber als
eine Art geistiger Substanz, sondern als „actus purus" (L e i b -
n i z, vorher schon A r i s t o t e l e s, die S c h o l a s t i k), als
reine, sich selbst verwirklichende Aktualität, als lebendige
Wirksamkeit, als Welt-Subjekt. Und nicht als menschlich beschränkter, als Einzelgeist, sondern als Allgeist muß Gott
gedacht werden, der nicht der Krücken diskursiven Denkens,
nicht des Mittels der Willensüberlegung bedarf, sondern alles
in allem in einer überzeitlichen Synthese um- und erfaßt, so
daß das göttliche Bewußtsein, von jeder „Rezeptivität" frei,
über Zeit und Raum und Individualität erhaben, alles in sich
hat und weiß, was immer nur war, ist und sein wird. Das
göttliche Selbstbewußtsein kann nicht wie das unsrige das
eines individuellen, eine Außenwelt sich gegenüber vorfin-
denden Subjektes sein, es muß das Weltbewußtsein einschließen, in und mit diesem gegeben sein; ja, das Welt-

---

*) „Der W e l t g r u n d kann nicht völlig losgelöst von dem
W e l t i n h a l t gedacht werden. Er kann diesem als das Prinzip
aller Weltentwicklung gegenübergestellt, aber er kann niemals
als ein dieser Entwicklung selbst Äußerliches angenommen werden.
Wie vielmehr überall der Grund in der Folge nur dadurch wirksam
ist, daß er selbst in sie eingeht, so ist auch die Gottesidee nur
durchführbar, wenn Gott als W e l t w i l l e, die Weltentwicklung als
Entfaltung des göttlichen Willens und Wirkens gedacht wird.
Das ist die Wahrheit des Lessingschen Wortes, man könne sich
wohl Gott außerhalb der Welt, nimmermehr aber die Welt außerhalb Gottes denken. Damit geht die Gottesidee in die Idee eines
höchsten Weltwillens über, an dem die Einzelwillen teilnehmen,
und neben dem ihnen doch eine eigene, selbständige Wirkungs-
sphäre zukommt . . ." (W u n d t, Syst. d. Philos.², S. 433 f.).

bewußtsein kann als das „entfaltete“ göttliche Bewußtsein aufgefaßt werden. Die Weltentwicklung ist so die unendliche Betätigung des göttlichen Geistes, dessen Unendlichkeit in keinem endlichen Momente zu erschöpfen ist, so daß die Evolution der Welt eine ewige sein muß. Die Unendlichkeit Gottes nötigt auch zum Glauben an die Unerschütterlichkeit der Weltordnung, der Weltgesetzlichkeit; die absolute Identität des göttlichen Geistes bedingt die absolute Konstanz dieser Gesetzlichkeit. Sie ist als Ausfluß des göttlichen Weltwillens selbst zu betrachten. Gott ist als aktuales Seinsprinzip Wille, nicht als Streben oder Begehren, an dem der Endlichkeitscharakter, die Bedingtheit anhaftet, sondern als ewig schöpferischer, jedmögliche Potenz in sich realisierender Wille, dessen Objekt der Weltinhalt als Inhalt des göttlichen Bewußtseins selbst ist und der in sich die Einzelwillen einschließt. Dieser Wille ist nicht „blind“, sondern ein Vernunftwille, dessen unendlicher Inhalt nur in unendlicher Zeit realisiert wird, so daß die einzelnen Momente des Weltgeschehens als solche nicht die Vernunft des Alls zum vollen Ausdruck bringen können. Im Endlichen, in der Beziehung endlicher Momente der Weltordnung zu anderen erscheint vieles als unvernünftig, in der All-Einheit schließt sich alles, auch der Gegensatz des Guten und Schlechten, zu höchster Synthese zusammen („coincidentia oppositorum“). Alle wahre Theodicee („Gottesrechtfertigung“) muß dahin gipfeln, daß das Schlechte, Unrichtige, Üble in der Endlichkeit, Beschränktheit, Bedingtheit des Einzelnen wurzelt, dessen „Wille zum Leben“ im Konflikt mit fremden Willenseinheiten notwendig das Bewußtsein des „Übels“ erzeugt; in der Vereinzelung, Individualisierung, welche immer die Opposition gegen anderes bedingt, liegt etwas wie eine „Schuld“, die „gebüßt“ werden muß und die denn auch zum Untergange des Individuums führt (wie das schon Anaximander begriffen hat). In gewissem Sinne ist das sich absolut setzen wollende Einzelsein ein „Abfall“ von der All-Einheit, ein für die Weltentwicklung zwar notwendiger, aber zugleich auch im Göttlichen aufzuhebender Abfall. Die Allvernunft aber zeigt sich darin, daß das Getriebe des Einzelseins und Einzelwirkens sich zu einem immer mehr erweiternden Zweckzusammenhang organisiert, zu einem „Reich der Zwecke", in welchem alles seinen Platz, seine Funktion, seine Bedeutung, seinen Wert hat. Die göttliche Vernunft (der „Logos") ist die Uridee, im Hinblick auf welche die Weltentwicklung erfolgt, innerlich· getrieben durch den Zug zum Ideal, zum Göttlichen hin, zu dem, was alles Werden festigt, es in sichere Bahnen leitet, als „ordo ordinans" (Fichte). Sofern Gott das universal-synthetische Prinzip des Alls ist, alles in ihm lebt und webt und er es in sich einschließt, alles der Allvereinigung zuführt, ist er die Liebe, die alles umfängt. Gott als Wille, Vernunft, Liebe ist und bleibt eine absolute Einheit, und es ist nicht mehr eine rein philosophische Auffassung, wenn man die Gesichtspunkte, unter welchen das göttliche Walten zu betrachten ist, hypostasiert, zu selbständigen Wesenheiten macht. Es muß die Aufgabe der Religionsphilosophie sein, das Richtige, Haltbare in der Trinitätslehre von allem mythischen Beiwerk zu reinigen, welches die Einheit und Absolutheit Gottes gefährdet.

Alle Religion ist symbolisch, muß es sein. Auch die religiöse Metaphysik der Philosophie, so sehr sie bemüht sein muß, das grob Anthropomorphische von ihrer Gottesauffassung fernzuhalten, kann keine adäquate Erkenntnis der Gottheit gewähren. Für das All-Eine, Unendliche gibt es keine Kategorien, die ihm gerecht werden könnten, es ist überkategorial, absolut transzendent für unser Erkennen, welches nur auf Endliches angelegt ist. Auch die philosophische Auffassung Gottes ist, sofern sie einen positiven Inhalt hat, nur symbolisch, nur die Form, in der sich unsere Vernunft das Absolute zurechtlegt, ihm verschiedene „Attribute" zuschreibend, die von uns und der Welt aus bestimmt sind, Gottes Wesenheit aber nicht adäquat und erschöpfend ausdrücken können. Ein Wissen von Gott kann nur Gott selbst haben, das Unendliche kann in keine endliche Form eingehen. Nichts von den Eigenschaften des endlichen Seins als solchen kann ein Prädikat der Gottheit sein, diese ist insofern „überseiend" (wie dies seit P l a t o wiederholt gesagt wurde); nur insofern der Inbegriff aller möglichen Prädikate des Seienden in der Einheit des Göttlichen beschlossen ist, ist Gott das All-Sein, als welches er aber keinem endlichen Sein und dessen Bestimmtheit vergleichbar ist.

Literatur.[*)]

1. Zur „Einführung in die Philosophie" und zur Philosophiegeschichte.

Cornelius, H., Einleitung in die Philosophie, 1903.
Deussen, Allgemeine Geschichte der Philosophie, 1894 ff.
Dictionary of philosophy and psychology. . . . Written by many hands and ed. by James M. Baldwin, 1901—03.
Eisler, Wörterbuch der philosophischen Begriffe. Historisch-quellenmäßig bearbeitet. 2. Aufl. 1904.
Erdmann, J. E., Grundriß der Geschichte der Philosophie, 4. Aufl. 1896.
Falckenberg, Geschichte der neuen Philosophie, 5. Aufl. 1904.
Flügel, O., Die Probleme der Philosophie und ihre Lösungen, historisch-kritisch dargestellt, 1876.
Gramzow, Geschichte der Philosophie seit Kant, 1904—05.
Herbart, Lehrbuch zur Einleitung in die Philosophie, 5. Aufl. 1883.
Jerusalem, Einleitung in die Philosophie, 2. Aufl. 1902.
Külpe, Einleitung in die Philosophie, 3. Aufl. 1904.
Lange, Geschichte des Materialismus, 5. Aufl. 1896.
Paulsen, Einleitung in die Philosophie, 10. Aufl. 1905.
Riehl, Zur Einführung in die Philosophie der Gegenwart, 2. Aufl. 1905.
Schwegler, Geschichte der Philosophie im Umriß, 12. Aufl. 1883.
Strumpell, Einleitung in die Philosophie vom Standpunkte der Geschichte der Philosophie, 1886.
Überweg-Heinze, Grundriß der Geschichte der Philosophie, 9. Aufl. 1900 ff.
Windelband, Geschichte der Philosophie, 2. Aufl. 1900.
— Geschichte der neuen Philosophie, 2. Aufl. 1899.
Wundt, Einleitung in die Philosophie, 1900.

---

*) Im folgenden ist eine Reihe (besonders neuerer) für das philosophische Studium besonders geeigneter, orientierender Werke angeführt, zumeist solcher, welche das Gesamtgebiet einer Disziplin behandeln. Betreffs der Schriften der übrigen, im Texte angeführten Autoren vgl. Überweg-Heinze, Grundriß der Geschichte der Philosophie, und Eisler, Wörterbuch der philosophischen Begriffe.

2. Zur Erkenntnistheorie und Logik.

Aristoteles, Metaphysik. Philos. Bibl.
— Organon. Philos. Bibl.
Avenarius, R., Der menschliche Weltbegriff, 1891.
— Kritik der reinen Erfahrung, 1888—90.
Bacon, F., Novum Organon.
Beneke, Lehrbuch der Logik, 1832.
Berkeley, A Treatise concerning the principles of human Knowledge, 1710. Deutsch in der Philos. Bibl.
Bradley, Appearance and reality, 2. ed. 1897.
— The principles of Logic, 1883.
Braig, Vom Erkennen, 1897.
Busse, L., Philosophie und Erkenntnistheorie I, 1894.
Cohen, H., Kants Theorie der Erfahrung, 2. Aufl. 1885.
— Logik der reinen Erkenntnis, 1902.
— System der Philosophie I: Logik der reinen Erkenntnis, 1902.
Cornelius, H., Einleitung in die Philosophie, 1903.
Descartes, Meditationes de prima philosophia. Deutsch in der
    Universalbibliothek.
Drobisch, Neue Darstellung der Logik, 5. Aufl. 1887.
Dühring, Logik und Wissenschaftstheorie, 1878.
Eisler, Das Bewußtsein der Außenwelt. Grundlegung zu einer
    Erkenntnistheorie, 1900.
Eitle, Grundlinien zu einer Theorie der Erkenntnis, 1890.
Erdmann, B., Logik I, 1892.
Erhardt, Metaphysik I, Erkenntnistheorie, 1894.
Fichte, Grundlage der gesamten Wissenschaftslehre, 1802.
Goering, System der kritischen Philosophie, 1874—75.
Hartmann, Ed. v., Kategorienlehre, 1896.
Hegel, Wissenschaft der Logik, 1833—34 (WW. III—V).
Herbart, Hauptpunkte der Logik, 1808.
Heymans, Die Gesetze und Elemente des wissenschaftlichen Denkens, 1890—94.
Hobhouse, The theory of Knowledge, 1896.
Hume, Enquiry on human understanding, 1748. Deutsch in der
    Philos. Bibl.
— Treatise on human nature, 1739—40. Deutsch von Lipps, 1895.
Husserl, Logische Untersuchungen, 1900—01.
Jerusalem, Der kritische Idealismus und die reine Logik, 1905.
— Die Urteilsfunktion, 1895.
Jevons, The Principles of science, 5. ed. 1887.
Kant, Kritik der reinen Vernunft, 1781.
— Logik.

Kant, Prolegomena zu einer jeden künftigen Metaphysik, 1783.

Kleinpeter, Die Erkenntnistheorie der Naturforschung der Gegenwart, 1905.

Laas, Idealismus und Positivismus III, 1884.

Leibniz, Nouveaux essais sur l'entendement humain, 1765. Deutsch in der Philos. Bibl.

Liebmann, O., Gedanken und Tatsachen, 1881—1904.

Lipps, Grundzüge der Logik, 1893.

Locke, Essay concerning human understanding, 1690. Deutsch in der Philos. Bibl.

Lotze, System der Philosophie, I. Logik, 2. Aufl. 1880.

Mach, E., Beiträge zur Analyse der Empfindungen, 4. Aufl. 1903.

Mauthner, Beiträge zur Kritik der Sprache, 1901 f.

Mill, J. St., System der deduktiven und induktiven Logik. Deutsch von Schiel, 3. Aufl.

Palágyi, Die Logik auf dem Scheidewege, 1903.

Plato, Werke, übersetzt von Schleiermacher, 3. Aufl. 1855—62.

Prantl, Geschichte der Logik im Abendlande, 1850—70.

Renouvier, Essays de critique générale, 2. éd. 1874—96.

Rickert, Der Gegenstand der Erkenntnis, 2. Aufl. 1904.

Riehl, Der philosophische Kritizismus, 1876—87.

Schleiermacher, Dialektik, 1839.

Schroeder, Vorlesungen über die Algebra der Logik, 1890 ff.

Schubert-Soldern, Grundlagen einer Erkenntnistheorie, 1884.

Schuppe, Erkenntnistheoretische Logik, 1878.

— Erkenntnistheoretische Logik, 1882.

— Grundriß der Erkenntnistheorie und Logik, 1894.

Sigwart, Logik, 2. Aufl. 1889—93.

Überweg, System der Logik, 4. Aufl. 1874.

Uphues, Psychologie des Erkennens I, 1893.

— Zur Krisis in der Logik, 1903.

Venn, Symbolic Logic, 1881.

— The Principles of empirical and inductive Logic, 1889.

Volkelt, Erfahrung und Denken, 1885.

Wundt, Logik, 2. Aufl. 1893—95.

Ziehen, Psychophysiologische Erkenntnistheorie, 1898.

3. Zur Metaphysik.

Die Fragmente der vorsokratischen Philosophen (herausgegeben und übersetzt von Diels, 1904), die klassischen Schriften von Plato, Aristoteles, Plotin, die Fragmente der Stoischen und Epikureischen Philosophie (auch Lucrez, Von der Natur der Dinge, Univ.-Bibl.), die Schriften von **Augustinus**, **Duns Scotus** (De divisione naturae, deutsch in der Philos. Bibl.), **Albertus Magnus**, **Thomas von Aquino**, **Duns Scotus** u. a., ferner:

Beneke, System der Metaphysik, 1840.

Bruno, G., De la causa, principio et uno. Deutsch in der Philos. Bibl.

Büchner, L., Kraft und Stoff, 19. Aufl. 1898.

Descartes, Principia philosophiae. Deutsch in der Phil. Bibl.

Dilles, Weg zur Metaphysik I, 1903.

Fechner, Die Tagesansicht, 1879.

— Zend-Avesta, 2. Aufl. 1901.

Ferrier, Institut. of Metaphys., 1854.

Fichte, Grundlage der gesamten Wissenschaftslehre, 1802.

Fries, System der Metaphysik, 1824.

Häckel, Die Welträtsel.

Hartmann, Ed. v., Geschichte der Metaphysik, 1900.

— Kategorienlehre, 1896.

— Philosophie des Unbewußten, 10. Aufl. 1890.

Hegel, Wissenschaft der Logik, 1833—34.

Herbart, Allgemeine Metaphysik, 1828.

Heymans, Metaphysik, 1904.

Holbach, Système de la nature, 1770.

Janet, P., Principes de métaphysique et de psychologie, 1897.

Kant, Prolegomena zu jeder Metaphysik, 1783.

Leibniz, Die kleineren philosophisch wichtigen Schriften, Philos. Bibl. (auch Univ.-Bibl.).

Liebmann, Zur Analysis der Wirklichkeit, 3. Aufl. 1900.

Lotze, Grundzüge der Metaphysik, 2. Aufl. 1887.

— Mikrokosmus, 5. Aufl. 1896 ff.

— System der Philosophie, II: Metaphysik, 1879.

Malebranche, De la recherche de la vérité, 1712.

Mansel, Metaphysics, 1860.

Petronievics, Prinzipien der Metaphysik, 1904.

Reinke, J., Die Welt als Tat, 2. Aufl. 1901.

Renouvier (et L. Prat), La nouvelle Monadologie, 1899.

Schopenhauer, Die Welt als Wille und Vorstellung.

— Werke.

Spinoza, Ethica. Deutsch in der Philos. Bibl.

Trendelenburg, Logische Untersuchungen, 1862.

Weber, Th., Metaphysik, 1888—91.

Wundt, System der Philosophie, 2. Aufl. 1897.

4. Zur Naturphilosophie.

Aristoteles, Physik. Deutsch in der Philos. Bibl.
Carus, C. G., Natur und Idee, 1861.
Darwin, Ch., Sämtliche Werke, 1875—88.
Driesch, Der Vitalismus als Geschichte und als Lehre, 1905.
Fries, Die mathematische Naturphilosophie, 1822.
Häckel, E., Die Welträtsel.
— Die Lebenswunder, 1905.
Hartmann, Ed. v., Die Weltanschauung der modernen Physik, 1902.
Hegel, Vorlesungen über die Naturphilosophie, 1842.
Helmholtz, Vorträge und Reden, 3. Aufl. 1884.
Holbach, Système de la nature, 1770.
Kant, Metaphysische Anfangsgründe der Naturwissenschaft, 1786.
Kleinpeter, Die Erkenntnistheorie der Naturwissenschaft, 1905.
Kroman, Unsere Naturerkenntnis, 1883.
Lamarck, Zoologische Philosophie. Deutsch 1903 (Original 1809).
Lasswitz, Geschichte der Atomistik, 1890.
Lotze, Grundzüge der Naturphilosophie, 2. Aufl. 1889.
Mach, E., Die Mechanik in ihrer Entwicklung, 3. Aufl. 1897.
— Populärwissenschaftliche Vorlesungen, 1896.
Newton, Naturalis philosophiae principia mathematica, 1687.
Örsted, Der Geist in der Natur, 1850—51.
Oken, Lehrbuch der Naturphilosophie, 2. Aufl. 1831.
— Annalen der Naturphilosophie.
Ostwald, Vorlesungen über Naturphilosophie, 1902.
Pesch, Die großen Welträtsel, 2. Aufl. 1892.
Reinke, J., Einleitung in die theoretische Biologie, 1902.
Robinet, De la nature, 1766.
Schaller, Geschichte der Naturphilosophie I, 1841.
Schelling, Ideen zu einer Philosophie der Natur, 1803.
Schmitz-Dumont, Naturphilosophie als exakte Wissenschaft, 1895.
Schopenhauer, Werke.
Schultze, Fr., Philosophie der Naturwissenschaften, 1881—82.
Shaler, The interpretation of nature, 1893.
Spencer, The principles of biology, 1864—67.
Ulrici, Gott und die Natur, 2. Aufl. 1866.
Volkmann, P., Erkenntnistheoretische Grundzüge der Naturwissenschaften, 1896.

5. Zur Psychologie.

Aristoteles, De anima. Deutsch in der Philos. Bibl.

Avenarius, R., Bemerkungen zum Begriff des Gegenstandes der Psychologie. Vierteljahrsschrift f. wiss. Philos., 18. Jahrg. 1894; 19. Jahrg. 1895.

Bain, The emotions and the will, 3. ed. 1875.

— The senses and the intellect, 4. ed. 1894.

Baldwin, Handbook of psychology, 1890—91. Deutsch 1898.

Beneke, Lehrbuch der Psychologie, 3. Aufl.

Brentano, Psychologie vom empirischen Standpunkte I, 1874.

Busse, L., Geist und Körper, 1903.

Condillac, Traité des sensations. Deutsch in der Philos. Bibl.

Dessoir, Geschichte der neueren deutschen Psychologie I, 2. Aufl. 1902.

Ebbinghaus, Grundzüge der Psychologie I, 1901.

Fechner, Elemente der Psychophysik, 1860.

Fichte, J. H., Psychologie.

Fortlage, System der Psychologie, 1855.

Gutberlet, Psychologie, 1881.

Hartmann, Ed. v., Die moderne Psychologie, 1901.

Hellpach, Die Grenzwissenschaften der Psychologie, 1903.

Herbart, Lehrbuch zur Psychologie, 3. Aufl. 1850.

— Psychologie als Wissenschaft, 1824—25.

Höffding, Psychologie in Umrissen, 2. Aufl. 1893.

Höfler, Psychologie, 1897.

James, The principles of psychology, 1890.

Jerusalem, Lehrbuch der Psychologie, 3. Aufl. 1902.

Jodl, Lehrbuch der Psychologie, 1896, 2. Aufl. 1903.

Külpe, Grundriß der Psychologie, 1893.

Ladd, Psychology, 1894.

— The philosophy of mind, 1895.

Lipps, Grundtatsachen des Seelenlebens, 1883.

— Leitfaden der Psychologie, 1903.

Lotze, Grundzüge der Psychologie, 5. Aufl. 1894.

— Medizinische Psychologie, 1852.

Münsterberg, Beiträge zur experimentellen Psychologie, 1889.

— Grundzüge der Psychologie I, 1900.

Natorp, Allgemeine Psychologie, 1904.

Rabier, Psychologie, 1881.

Rehmke, Lehrbuch der allgemeinen Psychologie, 1894.

Ribot (eine Reihe Monographien).

Siebeck, Geschichte der Psychologie I, 1880—84.

Sommer, R., Geschichte der deutschen Psychologie, 1892.

Spencer, The principles of psychology, 2. ed. 1870—72. Deutsch, 1882—86.
Stout, Analytic Psychology, 1896.
Sully, Outlines of psychology, 1902.
Villa, Einleitung in die Philosophie der Gegenwart, 1902.
Volkmann, Lehrbuch der Psychologie, 4. Aufl. 1894.
Wundt, Grundriß der Psychologie, 1896.
— Grundzüge der physiologischen Psychologie, 5. Aufl. 1902.
— Völkerpsychologie, I 1 und 2, 2. Aufl. 1905.
Ziehen, Leitfaden der physiologischen Psychologie, 2. Aufl. 1893.

6. Zur Ethik.

Adickes, Ethische Prinzipienfragen, Zeitschr. f. Philosophie u. philos. Kritik, Bd. 116, 117.
Alexander, S., Moral order and progress, 1891.
Aristoteles, Ethica Nicomacheia. Deutsch in der Philos. Bibl.
Baumann, J., Handbuch der Moral, 1879.
Beneke, Grundlegung zur Physik der Sitten, 1822.
— Grundlinien des natürlichen Systems der praktischen Philosophie, 1837—40.
Bergemann, Ethik als Kulturphilosophie, 1904.
Carneri, Grundlegung der Ethik, 1886.
Cathrein, Moralphilosophie, 1899.
Cohen, H., Ethik des reinen Willens (System d. Philos. II), 1905.
Döring, Handbuch der Sittenlehre, 1898.
Dorner, Das menschliche Handeln, 1895.
Ehrenfels, v., System der Werttheorie.
Fichte, J. G., Das System der Sittenlehre, 1798.
Gizycki, v., Moralphilosophie, 1888.
Goldscheid, Zur Ethik des Gesamtwillens I, 1903.
Hartmann, Ed. v., Phänomenologie des sittlichen Bewußtseins, 1879, 2. Aufl. 1886.
Hensel, Hauptprobleme der Ethik, 1903.
Herbart, Allgemeine praktische Philosophie, 1808.
Höffding, Ethik, 2. Aufl. 1901.
Janet, Histoire de la philosophie morale, 1858.
Jodl, Geschichte der Ethik in der neueren Philosophie, 1882—89.
Kant, Grundlegung zur Metaphysik der Sitten. Philos. Bibl.
— Kritik der praktischen Vernunft, 1786.
Lipps, Ethische Grundfragen, 1899.
Lotze, Grundzüge der praktischen Philosophie, 1884.
Martineau, Types of ethical theory, 3. ed. 1891.

Meinong, Psychologisch-ethische Untersuchungen zur Werttheorie, 1894—99.
Paulsen, System der Ethik, 4. Aufl. 1896—97.
Ratzenhofer, Positive Ethik, 1901.
Schleiermacher, Entwurf eines Systems der Sittenlehre, 1835.
Schwarz, H., Das sittliche Leben, 1901.
Sidgwick, Outlines of the history of ethics, 2. ed. 1888.
Sidgwick, The methods of ethics, 6. ed. 1901.
Simmel, Einleitung in die Moralwissenschaft, 1892—93.
Spencer, The principles of ethics, 1879—93.
Stange, Einleitung in die Ethik, 1901.
Staudinger, Das Sittengesetz, 1887.
Stephen, L., The science of ethics, 1882—93.
Stern, W., Kritische Grundlegung der Ethik, 1897.
Unold, Grundlegung für eine moderne praktische ethische Welt-
    anschauung, 1896.
Wentscher, Ethik I, 1902.
Woltmann, System des moralischen Bewußtseins, 1898.
Wundt, Ethik, 2. Aufl. 1902; 3. Aufl. 1904.
Ziegler, Geschichte der Ethik, 1881—92.

7. Zur Rechtsphilosophie.

Ahrens, Naturrecht, 1870—71.
Bergbohm, Das Naturrecht der Gegenwart, 1892.
Bierling, Juristische Prinzipienlehre, 1894—98.
Dahn, F., Die Vernunft im Recht, 1879.
— Grundlinien der Rechtsphilosophie, 1879.
Feuerbach, A., Kritik des natürlichen Rechts, 1796.
Fichte, J. G., Grundlage des Naturrechts, 1796—97.
Grotius, Hugo, De iure belli et pacis, 1632. Deutsch in der Philos.
    Bibl.
Gumplovicz, Geschichte der Staatstheorien, 1905.
Hegel, Grundlinien der Philosophie des Rechts, 1833, 2. Aufl. 1840.
Hildenbrand, Geschichte und System der Rechts- und Staats-
    philosophie I, 1860.
Hobbes, English works, 1839—45.
— Opera philosophica, 1839—45.
Jhering, Der Zweck im Recht, 2. Aufl. 1884—86.
Jouffroy, Prolegomènes au droit naturel, 1835.
Knapp, L., System der Rechtsphilosophie, 1857.
Krause, Chr., Das System der Rechtsphilosophie, 1874.
Lassalle, Das System der erworbenen Rechte, 1860.

Lasson, System der Rechtsphilosophie, 1882.
Mohl, R. v., Geschichte und Literatur der Staatswissenschaften, 1855—58.
Montesquieu, De l'esprit des loix, 1748.
Pufendorf, v., De iure naturae et gentium, 1672.
Savigny, Über den Beruf unserer Zeit, 1814.
Schuppe, Grundzüge der Ethik und Rechtsphilosophie, 1882.
Stahl, J., Die Philosophie des Rechts, 3. Aufl. 1854—56.
Stahl, Geschichte der Rechtsphilosophie (Bd. I von: Philosophie des Rechts).
Stammler, Die Lehre vom richtigen Recht, 1902.
Stein, L. v., System der Staatswissenschaften, 1852.
Trendelenburg, Naturrecht.
Wallaschek, Studien zur Rechtsphilosophie, 1889.

8. Zur Sozialphilosophie.

Achelis, Soziologie, 1899.
Aristoteles, Politik. Philos. Bibl.
Barth, Die Philosophie der Geschichte als Soziologie I, 1897.
Carey, Die Grundlegung der Sozialwissenschaft, 1863.
Comte, Cours de philosophie positive, 1830—42.
Coste, Les principes d'une sociologie objective, 1899.
Durkheim, Eléments de sociologie, 1889.
Eisler, Soziologie, 1903.
Fouillée, La science sociale contemporaine, 1883.
Greef, E. de, Introduction à la sociologie, 1886—96.
Giddings, Principles of sociology, 1896.
Gumplovicz, Grundriß der Soziologie, 2. Aufl. 1905.
Hobbes, English works, 1839—45.
— Opera philosophica, 1839—45.
Letourneau, La sociologie, 2. ed. 1892.
Lilienfeld, Gedanken über die Sozialwissenschaft der Zukunft, 1873—81.
Mackenzie, An introduction to social philosophy, 2. ed. 1895.
Natorp, Sozialpädagogik, 2. Aufl. 1904.
Novicow, Conscience et volonté sociale, 1897.
Plato, Der Staat. Philos. Bibl.
Quételet, Physique sociale, 1834.
Ratzenhofer, Die soziologische Erkenntnis, 1902.
Rousseau, Du contrat social, 1762.
Schäffle, Bau und Leben des sozialen Körpers, 2. Aufl. 1896.
Simmel, Über soziale Differenzierung, 1891.

Spencer, The principles of sociology.
— The study of sociology, 1873.
Stein, L., Der Sinn des Daseins, 1903.
— Die soziale Frage im Lichte der Philosophie, 1897.
Tarde, La logique sociale, 1894.
Tönnies, Gemeinschaft und Gesellschaft, 1887.
Vanni, Prime linee di un programma critico di sociologia, 1888.
Ward, L. F., Outlines of sociology, 1898.
— Pure sociology, 1898.
Woltmann, L., Der historische Materialismus, 1900.
Zenker, Die Gesellschaft, 1889—1903.

9. Zur Geschichtsphilosophie.

Bahnsen, Zur Philosophie der Geschichte, 1872.
Barth, Die Philosophie der Geschichte als Soziologie, 1897.
Bernheim, E., Lehrbuch der historischen Methode und der Ge-
	schichtsphilosophie, 4. Aufl. 1903.
Comte, Cours de philosophie positive, 1830—42.
Flint, Philosophy of history, 1893.
Gottl, Die Grenzen der Geschichte, 1904.
Hegel, Vorlesungen über die Philosophie der Geschichte, 1837.
Herder, Ideen zur Philosophie der Geschichte der Menschheit,
	1784—91.
Herrmann, C., Philosophie der Geschichte, 1870.
Lamprecht, Die kulturhistorische Methode, 1900.
Lindner, Th., Geschichtsphilosophie, 1901; 2. Aufl. 1904.
Lloyd, A. H., Philosophy of history.
Lorenz, O., Die Geschichtswissenschaft, 1886—96.
Mehring, G., Geschichtsphilosophie, 1877.
Renouvier, La philosophie analytique de l'histoire, 1896—97.
Rickert, Die Grenzen der naturwissenschaftlichen Begriffsbildung,
	1896 f.
Rocholl, Philosophie der Geschichte, 1893.
Simmel, Probleme der Geschichtsphilosophie, 2. Aufl. 1905.
Vico, Principyi di una scienza nuova d'intorno alla commune natura
	delle nazioni, 1744.

10. Zur Ästhetik.

Allen, Grant, Physiological Aesthetics, 1877.
Baumgarten, Aesthetica, 1750.

Bosanquet, History of aesthetics, 1892.
Bouterwek, Ästhetik, 1806.
Burke, A philosophical inquiry into the origin of our ideas of the sublime and the beautiful, 1757.
Carriere, Ästhetik, 3. Aufl. 1885.
Cohn, J., Allgemeine Ästhetik, 1901.
Fechner, Vorschule der Ästhetik, 1868.
Groos, Der ästhetische Genuß.
Guyau, Les problèmes de l'esthétique contemporaine, 1884.
Hartmann, Ed. v., Philosophie des Schönen, 1887.
Hegel, Vorlesungen über die Ästhetik, 1836—38.
Herbart, Werke. Herausgeg. von Hartenstein, 2. Aufl. 1883—93.
Hirn, Y., Origins of art, 1900.
Home, Elements of criticism, 1762.
Jungmann, Ästhetik, 1884.
Kant, Kritik der Urteilskraft, 1790.
Kirchmann, v., Ästhetik, 1868.
Koestlin, Ästhetik, 1869.
Lange, K., Das Wesen der Kunst, 1902.
Lipps, Ästhetik I, 1903.
Lotze, Geschichte der Ästhetik in Deutschland, 1868.
— Grundzüge der Ästhetik, 1884.
Marshall, H. R., Aesthetic principles, 1895.
Müller, J., Eine Philosophie des Schönen, 1897.
Schasler, Ästhetik, 1871—72.
Schasler, Geschichte der Ästhetik, 1871.
Schiller, Philosophische Schriften, 1902.
— Werke, 1862.
Schopenhauer, Werke.
Solger, Vorlesungen über Ästhetik, 1829.
Stein, H. v., Vorlesungen über Ästhetik, 1887.
Taine, Philosophie de l'art, 1865; deutsch 1902—03.
Vischer, Ästhetik, 1846.
— Das Schöne und die Kunst, 1897.
Volkelt, System der Ästhetik I, 1905.
Weisse, C. H., System der Ästhetik, 1830.
Witasek, Grundzüge der allgemeinen Ästhetik, 1904.
Zimmermann, R., Allgemeine Ästhetik, 1865.
— Geschichte der Ästhetik, 1858.

11. Zur Religionsphilosophie.

Bender, W., Das Wesen der Religion, 1886.
Caird, J., An introduction to the philosophy of religion, 2. ed. 1891;
    deutsch 1893.
Dorner, Grundriß der Religionsphilosophie, 1903.
Drobisch, Grundlehren der Religionsphilosophie, 1840.
Eucken, R., Der Wahrheitsgehalt der Religion, 1901.
Feuerbach, L., Werke, 1846—57; neue Ausgabe 1903 ff.
Glogau, Vorlesungen über Religionsphilosophie, 1898.
Grasserie, R. de la, De la psychologie de la religion, 1889.
Hartmann, Ed. v., Die Religion des Geistes, 1882.
Hegel, Vorlesungen über die Philosophie der Religion, 1832.
Höffding, Religionsphilosophie, 1902.
Hume, Dial. concern. Natur. religion, 1779. Deutsch in der Philos.
    Bibl.
Kant, Die Religion innerhalb der Grenzen der bloßen Vernunft,
    1793.
Krause, Chr., Absolute Religionsphilosophie, 1834.
Leibniz, Theodicee. Deutsch in der Philos. Bibl.
Müller, M., Ursprung und Entwicklung der Religion.
Natorp, Die Religion innerhalb der Grenzen der Humanität, 1894.
Pfleiderer, O., Geschichte der Religionsphilosophie von Spinoza
    bis auf die Gegenwart, 3. Aufl. 1893 (Bd. I von: Religions-
    philosophie).
Pfleiderer, Religionsphilosophie, 3. Aufl. 1894.
Pünjer, Geschichte der christlichen Religionsphilosophie seit der
    Reformation, 1893.
Pünjer, Grundriß der Religionsphilosophie, 1886.
Rauwenhoff, Religionsphilosophie, 1889.
Runze, Religionsphilosophie, 1901.
Sabatier, Esquisse d'une philosophie de la religion, 4. éd. 1891;
    deutsch 1898.
Salter, Die Religion der Moral, 1885.
Schleiermacher, Reden über die Religion, 1799.
Seydel, R., Religionsphilosophie, 1893.
Siebeck, Lehrbuch der Religionsphilosophie, 1893.
Taute, Religionsphilosophie, 1840.
Teichmüller, Religionsphilosophie, 1886.
Tiele, Einleitung in die Religionswissenschaft, 1899.
Vatke, Religionsphilosophie, 1888.

Namen- und Sach-Register.

A.

Aall 341.
Abaelard 292.
Abbildung 70.
Abel 262.
Abfall 436, 437.
Abhängigkeit 40, 73, 134, 142, 259, 417 f., s. Kausalität.
Absicht 294.
Absolute 76, 181 ff., 370, 371, 429, 431, 433, 434, 435.
Absolutismus, ethischer 299.
Achelis 356, 417.
Adelsmensch 329.
Adickes 165, 225, 321, 327.
Adler 289.
Aenesidemus 39.
Ästhetik 388, 392.
Ästhetisch 390 ff.
Ästhetische Sympathie 405.
Ästhetischer Schein, s. Schein.
Ästhetischer Zustand 398, 400, 401.
Äther 214.
Agnostizismus 38 ff., 41.
Agrarkollektivismus 357.
Agrippa 39, 210.
Ahnung 417.
Ahrens 341, 349.
Akademie 39.
Akosmismus 431.
Aktivität 269, 403, 404.
Aktivität, psychische 379.
Aktualismus 174, 176.
Aktualität 435.
Aktualitätstheorie 274 ff., 278.
Albericus Gentilis 341.
Albertus Magnus 262.
d'Alembert 40, 54, 216, 291.
Alexander, S. 291.
Alfarâbi 266.
Algazel 39.
Alkidamas 340.

Allbeseelung, s. Panpsychismus.
All-Einheit 435.
Allen, Grant 396.
Allgemeingültigkeit 52.
Allheit 284.
Allihn 291.
All in Gott-Lehre, s. Panentheismus.
All-Leben 285, 388.
All-Seele 277.
All-Vernunft 437.
All-Wesen 176.
Altruismus 312, 314 ff., 315, 316, 318, 372.
Amalrich von Bene 176, 432.
Ameisenmoral 317.
Ammon 327, 356.
Amoralismus 318.
Ampère 248.
Analogie 17.
Anamnese 56.
Anarchismus 364.
Anaxagoras 174, 185, 210, 212.
Anaximander 210, 236, 436.
Anaximenes 210.
Angeboren 56 ff., 67, 68, 75, 418.
Angewandte Psychologie 260.
Animismus 152, 188, 276, 420, 421.
Anlagen 67.
Anpassung 61, 238, 239 f., 257.
Anschauung 62, 64.
Anschauungsformen 62, 76, 90, 101.
Anselm von Canterbury 424.
An sich 33, 38, 40, 42, 50, 51, 53, 108 ff., 114, 160, s. Ding an sich.
Anthropologie 18, 352.
Anthropomorphismus 5.
Anthropopathismus 437.
Antipsychologismus 22.
Apelt 417.
Apodiktisch 76.
Apperzeption 5, 57, 272, 273.
Apperzeption, personifizierende 421.

Coornhert 418.
Cope 237.
Cornelissen 289.
Cornelius 22, 60, 61, 93, 123, 175, 216,
　263, 277.
Coste 357.
Coßmann 226.
Cournot 225.
Cousin 58, 132, 201, 300, 372, 431.
Creatio continua 434.
Creutz, v. 262.
Crousaz, de 262.
Crusius 200.
Cudworth 57, 152, 185, 200, 225, 291,
　300, 308.
Cumberland 291, 300, 308.
Cunov 356.
Cyrenaiker 321.
Czolbe 60, 89, 201, 232, 276, 321.

D.

Dahn 341.
Dalton 175.
Dante 341.
Dargun 256, 339.
Darstellung 406.
Darwin, Ch. 41, 263, 308.
Darwin, Erasmus 210, 232, 236, 237,
　262, 291, 313, 395.
Darwinismus 211, 236.
Darwinisten 184.
David von Dinant 176, 432.
Deismus 429.
Delboeuf 34, 235, 253.
Demokrit 39, 56, 88, 89, 174, 184,
　210, 215, 262, 276, 290.
Denken 6, 26, 29 f., 45 ff., 50, 56,
　58, 60 ff., 64, 66, 69, 70, 72, 73,
　79, 83 ff., 416.
Denken, reines 55, 66, 72 ff.
Denkform 78.
Denkgesetze 31, 76, 77.
Denkmittel 7, 15, s. Kategorien.
Denknotwendigkeit 44, 57.
Denkökonomie 61.
Denkprozeß 25.
Denkwille 30, 33 ff., 79.
Descartes 8, 15, 16, 20, 34, 39, 45,
　57, 83, 89, 131, 134, 174, 184,
　200, 210, 216, 225, 265, 276, 290,
　428.
Deschamps 176, 432.
Deszendenzlehre 235.
Dessoir 376.

Destutt de Tracy 110, 263.
Determinismus 197 ff.
Deussen 153.
Dialektik 3, 120.
Dichtung 407.
Diderot 175, 176, 395, 416, 432.
Differentialpsychologie 360, 390.
Differenzierung 257, 362 ff., 364.
Dikaearch 225.
Dilthey 41, 110, 152, 249, 263, 341,
　345, 357, 372.
Ding an sich 64, 89, 91, 94 ff., 106.
　s. transzendenter Faktor.
Dinge 47 ff., 69, 413, 434, s. Objekt.
Dionysius Areopagita 429.
Disintegration 237.
Dispositionen 67.
Dittes 417.
Dogma 416.
Dogmatismus 35, 36 ff.
Dominanten 225 f.
Donders 263.
Döring 291, 321, 338, 396.
Dorner 185, 417, 424, 433.
Dreher 276.
Drews 282.
Driesch 226.
Drobisch 263, 417, 418.
Dualismus 128, 130 ff., 132 ff., 156.
Dualismus, theologischer 429.
Duboc 356.
Dubois-Reymond 215.
Dugald Stewart 300.
Dühring 41, 60, 89, 176, 201, 225,
　237, 357, 428.
Duns Scotus 200, 262, 265, 266, 296,
　297.
Durand de Groos 175, 236.
Durkheim 357.
Dynamiden 214.
Dynamik 263.
Dynamik, soziale 351, 368.
Dynamismus 170, 212.
Dynamometer 255.

E.

Ebbinghaus 165, 263, 277.
Eberhard 262.
Eckhart 15, 292, 429, 433.
Egoismus 312, 314, 315, 316, 318.
Ehrenfels 289.
Eigenleben 404, 405.
Eigenschaften 48, 49 ff., 51, 69, 87 ff.
Eimer 225, 237.

H.

M.